溥仪写真书系

溥儀全傳

愛新覺羅兆基題

◎王庆祥 陈宏 张临平 著

群众出版社
·北京·

图书在版编目（CIP）数据

溥仪全传 / 王庆祥，陈宏，张临平著. -- 北京：群众出版社，2016.4

ISBN 978-7-5014-5513-3

Ⅰ.①溥… Ⅱ.①王… ②陈… ③张… Ⅲ.①溥仪（1906～1967）－传记 Ⅳ.①K827=7

中国版本图书馆CIP数据核字(2016)第061180号

溥仪全传

王庆祥　陈宏　张临平　著

出版发行：群众出版社
地　　址：北京市西城区木樨地南里
邮政编码：100038
印　　刷：北京通天印刷有限责任公司

版　　次：2016 年 4 月第 1 版
印　　次：2016 年 4 月第 1 次
印　　张：29.25
开　　本：787 毫米 × 1092 毫米　1/16
字　　数：524 千字

书　　号：ISBN 978-7-5014-5513-3
定　　价：95.00元

网　　址：www.qzcbs.com
电子邮箱：qzcbs@sohu.com

营销中心电话：010-83903254
读者服务部电话（门市）：010-83903257
警官读者俱乐部电话（网购、邮购）：010-83903253
公安综合分社电话：010-83901870

自 序

溥仪冲龄即位，是为清朝末代皇帝——宣统。六岁时发生辛亥革命。按照《清室优待条件》，退位后仍保持尊号，留居紫禁城，史称“逊帝”，直至1924年11月5日被冯玉祥驱逐出宫。继而在天津一住七年，他依靠清朝遗老，联络各地有实力的军阀，联络各帝国主义国家驻津领事馆和驻军司令部以及各国来华军政人物。日本驻津领事馆和天津日本驻屯军司令部趁机在溥仪这位能够影响中国的政治人物身上耍尽阴谋并屡屡得逞。

“九一八”事变给溥仪带来重大转身，同时也给他带来终生的自责和永远的悔恨。1931年11月11日溥仪乘日本商轮“淡路丸”号暗渡白河，离津出关，踏上险途。自1932年至1945年，溥仪先后出任伪满洲国傀儡政权的“执政”和“皇帝”，听任日本关东军操纵摆布，裁可反动诏书和法令，出卖东北主权和江山，支持日本发动侵略战争，协助殖民统治者残害东北人民，成为民族罪人。

1945年8月15日日本天皇宣布无条件投降，“康德皇帝”退位。三天后溥仪被苏联远东部队俘虏，在赤塔和伯力度过五年战俘的囚居生活。1946年8月16日起溥仪为远东国际军事法庭审判日本甲级战犯连续出庭作证八天，证实日本利用他为傀儡在我国东北实行侵略和殖民统治的真相。

1950年8月1日溥仪被引渡回国后，在抚顺战犯管理所经历了藏匿、侦讯、等待审判和故地重游等令人难以置信的改造过程，并在1956年7月2日沈阳特别军事法庭审判伪满总务厅次长古海忠之时出庭作证，愤怒揭露日本战犯残害中国人民的罪行。长达十年的人道主义教育和改造，终于使溥仪认罪悔过，脱胎换骨，神奇般地完成了从皇帝到公民的转变。

在新中国成立十周年的历史时刻，毛泽东亲自点名第一个特赦溥仪，他得以以公民身份重返北京，重建幸福家庭。他真诚热爱社会主义祖国，先后在中国科学院北京植物园和全国政协文史资料研究委员会的岗位上做了不少有益的工作。

中国末代皇帝已经走完了他从皇帝到罪犯再到公民波澜起伏的一生，在人类历史上写下浓重一笔。表现这一笔的，有各类文字著作和多种影视作品，还有世间留存的溥仪生平照片与实物，向一代代世人揭露封建制度的丑陋，鼓舞人们走向进步、发展和辉煌未来。

当此纪念抗日战争胜利七十周年之际，回顾末代皇帝溥仪的一生历程令人感触深刻。在前半生，他站到了日本侵略者一边，是中国人民的公敌，随着抗日战争的胜利而归于灭亡；在后半生，他经过改造而回到了人民中间，成长为正义和公理必胜的形象代表。他的一生，从足下到心田，从实践到理论，是中国人民抗日战争彻底胜利最完整、最鲜明、最可靠、最有力的历史见证。

溥仪的一生，涵盖了二十世纪的前六十年，而与他有过夫妻关系的五位女士中，他特赦后的新婚妻子李淑贤逝世于1997年，他的“福贵人”李玉琴逝世于2001年，延伸到他的家属正好可以涵盖整个二十世纪。换一句话说，溥仪与他的五位夫人郭布罗·婉容（皇后）、额尔德特·文绣（皇妃）、他他拉·玉龄（“祥贵人”）、李玉琴（“福贵人”）和李淑贤（妻子）在这个世纪中的人生沉浮，完全可以折射出二十世纪中国的伟大变化，呈现从旧的清朝封建帝国到半封建半殖民地社会的中华民国，再到殖民地的伪满洲国，最后到新的社会主义中华人民共和国，乃至改革开放以后的现实中国这几个历史阶段的内涵。我们撰写《溥仪全传》，就是要与广大读者一起透视中国在二十世纪这一百年间最真实的变化。

半个世纪以前，《我的前半生》一书由群众出版社隆重推出，这是溥仪先生最重大的成就。这部轰动世界的著作至今还以各国文字、数十种译作一版接着一版发行，这本浸透了溥仪心血和劳动的著作，也内含毛泽东、周恩来、彭真等老一辈中央领导人的关注、思考、批评、建议和热情鼓励，作为“皇帝的自传”，确已取得了辉煌成功。正像周恩来总理在1960年1月26日接见溥仪及其家属谈话时所说：“你的东西基本上是要与旧社会宣战，彻底暴露，这是不容易的事，末代皇帝肯这样暴露不容易。沙皇、威廉的回忆录都是吹自己，英国的威尔斯亲王也是吹自己。历史上还找不出这样的例子，你创造了一个新纪元。”[1]

对于溥仪和他所代表的那段历史，当然不可能只有一本自传。笔者有幸在1979年秋偶与溥仪夫人李淑贤女士相逢，有幸看到溥仪特赦后所写书稿、文稿、发言稿、日记、笔记、会议记录、学习体会、思想总结、书信、接待外宾或会见各国记者的谈话记录、电话记录以及溥仪本人的回忆等亲笔手稿，还有各种出席证、请柬、溥仪亲手编存的家庭影集和音像资料等一大摞家传遗存，都是最可靠的第一手资料，宝贵之至，机遇得天独厚地降临在笔者身边。由此笔者和李淑贤建立起长达十八年的合作关系，出书多种，其中最重要的就是李淑贤回忆录《我的丈夫溥仪》《溥仪的后半生》和笔者依据李淑贤生前授权而整理、注释的《溥仪日记》。

这以后笔者又接触到与溥仪有密切关系的人，如溥仪的“福贵人”李玉琴，溥仪的二弟溥杰、三妹韫颖及妹夫郭布罗•润麒，溥仪的族侄毓嵒、毓嵣，还有溥仪生平知情人，如当年的随侍李国雄，溥仪特赦后在全国政协的同事杜聿明、董益三等。笔者从北京、南京和东北三省档案馆、图书馆，又陆续搜集到两千万字资料。其中，查阅了中国第一历史档案馆所藏五千卷溥仪档案，查阅了中央档案馆所藏溥仪在抚顺战犯管理所期间所写全部交代材料。居然连溥仪随便写来，与婉容、文绣互相间传递的纸条都保留下来了，确能再现历史中生动的细节。此外还搜集到溥仪生平图片资料两千余幅，以及当年电影纪录片素材多种，足以显示溥仪一生许多具有重要意义的场景。

笔者从事溥仪研究几十年，出版相关著作也有几十部了，但如《中国最后一个“皇妃”——李玉琴自述》《随侍溥仪33年纪实——李国雄回忆录》，不过是某位人士、某一角度的个人回忆；或如《“皇帝”的背叛——溥仪与“九一八”》《伪满洲国皇宫揭秘》《溥仪与伪满洲国》等，也只是某一时段、某一处所、某一事件的始末叙述。虽然各含其价值，却也明显都有局限。

撰写这部《溥仪全传》的念头是应邀出席2013年9月9日至12日在澳门理工学院举行的“天人古今：华人社会历史教育的使命与挑战”国际学术研讨会而产生的。笔者的发言内容涉及研究的缘起、查阅的资料、采访的人

1　摘引自孟向荣著：《探寻丢失的历史——〈我的前半生〉出版史话》，中国文史出版社2016年3月版，第12页。

物、出版的成果，根据这些成果制作的影视、举办的展览等等。依据多年实践，笔者提出：溥仪生平研究成果具有很强的历史教育作用；溥仪研究口述著作对社会历史教育具有引导作用；以溥仪研究为基础的影视作品具有广泛的历史教育影响；以溥仪研究为基础的遗存具有一定的社会历史教育价值。笔者认为：华人社会历史教育要关注溥仪研究的成果，因为后者不但能够成为前者的一项内容，还能在实践中发挥推动作用。由此笔者想到，应该有一本以全方位为视角的《溥仪全传》，以细节切入历史，让溥仪走向世界，让更广大读者了解中国末代皇帝一生的全貌。

溥仪是当今世界没有人能够取代的历史和时代的典型，为了写出他的真实，笔者与伪满皇宫博物院副研究馆员陈宏和溥仪研究会会员、颇有成绩的溥仪研究学者张临平两位年轻合作学友商定：共同撰写这部专著，以笔者的研究实践为基础，要充分利用多年来笔者已经收集到的多角度、多层次的丰富素材，经过考订、鉴别，而使溥仪生平经历的许多生动情节显现于世，把对于时代的认识体现在一个人身上，以历史价值和社会效益为原则，为溥仪研究的深化创造条件，追求学术性、社会性和可读性的和谐、统一。这本书定由群众出版社出版是我们共同的心愿，让《溥仪全传》也能成为《我的前半生》那样的精品，也能够走出书斋，走向社会，面向世界。

王庆祥

2015年7月

目录

第一章
逊清“小朝廷”

醇王世家

溥仪的祖父醇贤亲王奕譞（1840—1890），字朴菴，是清朝第六代皇帝道光（旻宁）的第七子，是光绪帝的生身之父。

1859 年 3 月，十九岁的奕譞和慈禧的胞妹结婚，所以，慈禧既是奕譞的嫂子也是妻姐，这亲上亲的双层关系让他对慈禧十分忠心。奕譞帮助慈禧杀过肃顺、帮助慈禧垂帘听政以及管理过“神机营”等被认为有功，后来因此被封为“世袭罔替”的所谓“铁帽子王”。

慈禧对奕譞的信任使他变得异常小心，战战兢兢。同治皇帝去世后，慈禧立奕譞的儿子载湉为光绪帝，奕譞大惊失色，当即叩首痛哭，昏迷伏地，掖之不能起。

溥仪的祖母脾气秉性和她的姐姐慈禧完全相反，是一个极其拘谨固执的旧式家庭妇女，平日里有许多忌讳，像“死”“完了”一类的话，她都非常忌讳。有一年，奕譞因为西山的妙高峰“园寝”（墓地）刚修好，他就带着全家人到那里去看，因为看到修得很趁心，便高兴起来，兴高采烈地叫人把饭拿到坑穴中来吃，祖母因为觉得丧气，就不高兴至极，但又不能表示反对，所以那顿饭她连筷子都没有动一下，大家看到这种情况，不敢说也不敢笑，一顿饭都没吃好。

自从她的儿子被接进宫立为光绪帝以后，她心里有苦说不出，没有办法，只能对于她后来所生的孩子格外的疼爱。她的所谓疼爱的方法也很奇特，就是怕孩子吃多了生病，永远给孩子减食，因此把孩子饿成皮包骨。有时，家里的下人实在看着不忍，就偷偷地给他一些东西吃。这终究不顶什么事，结果这个孩子由于营养不良活活地饿死了。用给孩子节食的办法来疼爱孩子并非只有醇王府这样，在皇宫里也一样，光绪皇帝十多岁的时候每次到太监房中，总是先翻吃的东西，一旦找到拿起就跑。等到太监追上跪地哀求的时候，光绪已经把东西吃进了一大半。

奕譞虽然一生效忠慈禧，但是慈禧却因为与光绪关系紧张、矛盾激化而迁怒到已经死去的奕譞身上。有一天，她听人说奕譞在妙高峰的园寝（墓地）“风水好”，所以才从醇王府里出了一个光绪皇帝。理由是奕譞的园寝内有一棵大白果树，白果树的“白”字和埋在地下的王爷的“王”字连在一起，不就是个“皇”字吗？不但出了一个光绪，也许还出第二个皇帝呢。于是她就命人把白果树锯掉了。孰知由此更以讹传讹，说在锯树时，从树身穴里爬出了很多蛇。更牵强附会说义和团就是这些蛇精出洞作祟的结果，如果不锯白果树，天下就太平了。

溥仪的父亲载沣及六叔、七叔是祖父奕譞的侧室刘佳氏所生。刘佳氏一辈子吃斋念佛，也最喜欢溥仪，因为按王府里的规矩，第一个孩子归祖母扶养，所以溥仪从出生就一直在刘佳氏身边，这也是刘佳氏最疼爱溥仪的原因。正因如此，当溥仪三岁奉慈禧太后旨意进宫时，刘佳氏立即昏了过去，精神受到了极大刺激，并患上了时发时愈的神经病。

载沣从小就性格怯懦，喜欢读书，经常读史书，自号“书癖”，很多人认为他庸碌无能，只是一个窝囊书生。有一次载沣和自己的弟弟打架磕伤了门牙，大哭不止，家人问他疼不疼，他回答说：“疼倒是不疼，可是以后怎么吃饭啊？”家人就劝他：“吃不了饭不要紧，往后只吃面就行了。”于是他就破涕为笑了。

庄士敦曾描述载沣在香港见到香港总督时羞羞腆腆不爱说话。金梁形容载沣在当了摄政王之后，仍是见了大臣常常对坐无言，即使是为了重大事件去请示，也吞吞吐吐地作不出明确的决定，处理政事毫无主见。

由于奕譞的关系，载沣很早就步入政坛，十七岁在内廷行走，十九岁作为钦差头等专使大臣出使德国“谢罪”，后又任监国摄政王，成为清王朝最高统治者。

溥仪的母亲瓜尔佳氏是荣禄的第八个女儿，人称“八妞儿”。荣禄是慈禧的心腹重臣，身兼北洋大臣、直隶总督等要职，在军机处领班多年，深受慈禧的信赖，所以慈禧“指婚”将瓜尔佳氏许配给载沣，并收作养女。瓜尔佳氏有才智、爱时髦，性格活泼，很会交际，吃喝穿戴都很奢华，嫁到醇王府不久便自己另立了一个精美的小厨房，雇用专门的厨师为自己烹调饮食。载沣所得的亲王俸禄能装一大箱子，但用不了多久便被她花光了。北京各处酒楼、剧院、商店都有她的足迹，她赶庙会、看赛马、逛集市时后面总拥着一大群人，把她当做“新闻人物”。载沣曾责备她有违祖制，她反驳说：“欧洲的皇后、王妃都是这样，我仰慕她们的文明仿效一下，你不用来管我！”慈禧曾对荣禄说过：“你的女儿很顽皮，无论什么人，她都不放眼里，真是连我都不怕。”

溥仪 12 岁时有一次顶撞了端康太妃，母亲瓜尔佳氏因而受到端康的斥责，个性极强、受不了刺激的她自宫中回家后就吞服了鸦片烟，溥仪就此失去了亲生母亲。

1906 年 2 月 7 日（光绪三十二年正月十四日），溥仪出生在北京什刹海后海北河沿的醇亲王府，这年载沣 24 岁，溥仪是他的第一个儿子。载沣喜出望外，当天报到了宗人府，并奏请慈禧赏赐乳名。三天后，慈禧太后懿旨到了，赏载沣之子乳名“午格”，并赐了一批“添盆”珍物。又隔一天，醇亲王载沣在日记里写道：“十八日，丙戌。内阁奉〇〇上谕：醇亲王载沣之第一子著命名溥仪。钦此。余选定字曰曜之，号曰少涵。”[1]

因为正月十四日为道光帝的忌辰，所以载沣把溥仪的生辰改为正月十三日。

溥仪登极

光绪三十四年（1908 年），光绪和慈禧相继病倒。光绪躺在病榻上只有两个太监服侍，已经瘦成皮包骨了，只睁着眼睛在大口喘气。一日，他对身边守候的大臣说：“你去禀报太后，说我现已经病成这个样子，恐怕不能长远侍候在太后膝下了，请太后赶紧给我过继一个儿子吧，我就是死了也可以放心了。”王公大臣们不敢怠慢，连忙禀报。慈禧闻知后忧郁地说：“怎么他也病到这样啊！他的后事还没有准备，他还没地（指陵寝）呢。”按照祖制，每一位新皇帝一即位，马上就着手开始建造陵寝，这是历代皇朝奉行不变的定制。可是光绪皇帝却例外，从登极就一直受慈禧的管制，慈禧太后为自己的陵寝花费了大量的银子，却从来就没有张罗给光绪皇帝建陵，而大臣们也没有敢向慈禧上奏为光绪动土建陵的，所以光绪直到病入膏肓时还没有自己的陵墓。

重病的慈禧太后自知命在旦夕，便命人密传军机大臣世续及张之洞等人，主张为同治和光绪立嗣，并宣布了自己的决定，立三岁的溥仪“承继同治，兼祧光绪”。世续、张之洞都很吃惊，因为他们知道，同治、光绪都是幼主登极，所以大清几十年来一直由慈禧操纵，溥仪这时仅三岁，比光绪嗣位的时候还小，如果当了皇帝，担心会出现光绪皇后隆裕重演垂帘听政的局面，于是合奏曰：“国有长君，社稷之福，不如径立载沣。”慈禧太后说：“今立溥仪，仍令载沣主持国政，国初有摄政王之名，皆可援以为例。”于是，太后下了懿旨，醇亲王载沣著

1《醇亲王载沣日记》，群众出版社　2014 年版，第 211 页。

授为摄政王，载沣之子溥仪著在宫内教养，在上书房读书。

病榻上的光绪闻知立三岁的溥仪后沉默半晌，说：“找一个年岁大些的岂不更好吗？不过，这是太后的旨意，谁敢违背啊？”在得知载沣为监国摄政王后，光绪才放心地点点头。

太后懿旨一传入醇王府，溥仪的祖母刘佳氏立即惊得昏厥过去。她深知自己三岁的孙子进入皇宫，不仅只是骨肉分离，而且是凶多吉少啊！

当天下午四时，溥仪在祖母刘佳氏生离死别的哭送中，由乳母抱持入宫。

过不多时，慈禧召见。小溥仪又被带到一架阴森森的床帐前，他看到一个瘦鬼一般的老太婆被扶拥着坐在床上，顿时吓得大哭。慈禧便叫人拿糖葫芦，不料被溥仪接过去一把摔在地上，边哭边喊：“要嬷嬷（乳母）！要嬷嬷！”哭得慈禧很不痛快，连连说：“这孩子真别扭，带他玩去吧！”于是，溥仪被带到别的屋子。溥仪这次在慈禧跟前“要嬷嬷”，传到宫外成了“要毛毛”。还有人附会说，毛毛是醇王府中常陪皇上玩的孩子，所以皇上还想着。

随后，刚进宫的溥仪被抱到瀛台光绪的病榻前，这时的光绪已经瘦得皮包骨头，张口喘气，见到溥仪仅略一点头。他此时的愿望是能过继个大点儿的儿子，让下代皇帝免除垂帘之苦，但又不敢违背慈禧的旨意。

老太监信修明的日记里有一个很具体的记载，溥仪向光绪请过安后，“光绪爷张开口直乐，含笑而崩”。[1]

再说溥仪到了钟粹宫，由隆裕皇后教养。孩子来到一个陌生的地方，开始还觉得好玩，房间南北两面都是大玻璃窗，里边还垂放一层纸窗。夕阳反射，恰好把窗外许多来来往往梳“两把头”的女人的影子映在窗纸上，溥仪高兴得喊起来：“看走马灯啊！这走马灯多好看哪！”

光绪死在溥仪入宫的第二天，其时，慈禧还有点儿精神，乃召见王公大臣宣布懿旨：“醇亲王载沣之子溥仪著入承大统为嗣皇帝。”名义是“承继同治，兼祧光绪”。同时授命监国摄政王载沣：“所有军国政事，悉秉承予之训示裁度施行。”显然，慈禧还想继续垂帘听政的生活呢！

11 月 15 日中午，慈禧刚吃了几口饭，突然一头栽倒在椅子上。这回她知道不行了，即命军机大臣草拟遗旨。看过之后，对王公大臣们说：“我的几度垂帘听政，是因为时势所迫不得不如此，今后对于女辈干政、太监擅权，务必严加限制，妥为防范。”不久便死去了。

---

1 《太监谈往录》，紫禁城出版社 2010 年版，第 42 页。

慈禧死后，遗旨颁发，其云：“现予病势危笃，恐将不起，嗣后军国政事均由摄政王裁定。遇有重大事件有必须请皇太后（指隆裕）懿旨者，由摄政王随时面请施行。”有了这道遗旨，隆裕太后便不能像慈禧那样垂帘听政了，垂帘制变成了摄政制。

1908 年 12 月 2 日，天气奇冷，一个三岁的孩子却偏偏要在这样的冷天，被抱到太和殿那又高又大的宝座上接受百官叩拜，举行所谓登极大典。

小溥仪被摄政王抱上了太和殿的皇帝宝座，文武百官按品级给新皇帝叩头，一个三岁大的孩子哪儿见过这种场面，吓得大哭起来，嘴里喊着：“我不挨这儿，我要回家！”载沣急得满头大汗，又没有办法，只好哄着皇上说：“别哭，别哭，快完了，快完了！”

这“要回家”“快完了”传到宫外，传遍了中国，成为清朝灭亡的不祥之兆。

溥仪入宫登极，为清朝末代的宣统皇帝

载沣摄政

溥仪从三岁到六岁，当了三年娃娃皇帝。他是真正的清朝皇帝，也是确实不能管事的皇帝。遵照慈禧遗训，宣统皇帝的统治权由摄政王载沣代行。然而这位优柔寡断的摄政王，受命于危难之秋，面对多事的政治局面一筹莫展。载沣生性淡泊，性格懦弱，本无参政理国的才能，却要在风雨飘摇的动荡岁月中承担起执掌大清王朝这艘航船的使命。

传说光绪临死遗命载沣杀袁世凯，以报戊戌之仇。袁世凯是在戊戌政变中以出卖维新派而起家的汉族官僚，深得慈禧太后的宠信。袁世凯手握重权，掌管北洋新军，京畿陆军将领都是他的党羽和亲信，在朝中结交庆亲王奕劻，又有外国势力的支持，慈禧死后无人再能钳制他。一些皇族亲贵们早把他视为眼中钉，便秘密向载沣进言，主张要用迅雷不及掩耳的手段，趁着袁世凯单身入朝之机，一举除掉。即使不出于替兄报仇的目的，载沣也应除掉这个危及政柄的隐患，但载沣却没有如此魄力。载沣与张之洞和奕劻密商杀袁，奕劻说：“王爷摄政为日尚浅，京畿兵权又都操在袁世凯手里，如果操之过急激出兵变等事，怎能对得起先帝在天之灵？”张之洞也劝载沣道：“现今刚遭国丧，不宜杀戮旧臣。”张之洞在朝野德高望重，他的态度，不能不让载沣慎重考虑了！所以载沣只好放弃了杀袁的念头，借口袁世凯“现患足疾，步行维艰”，“着即开缺，回籍养疴”。可见载沣没有政治远见。

事实正是如此。袁世凯返籍以后，故意作出载笠垂钓的样子以掩人耳目，暗地里却和他在军界中的部将们、政界中有影响的立宪派张謇以及各国驻华使团的代表人物、英国公使朱尔典等保持着联系。载沣的一举一动无不在袁世凯的掌握之中。

由是可知载沣这“理政”的第一步棋就走错了，他因为政治短见和举措不决而为“大清王朝”埋下了袁世凯这个隐患。

载沣上任后学习清初摄政王多尔衮的作风，每天按时入朝处理政事，也想有一番作为。他首先效法德国皇室的经验，把军权集中在自己手中，由皇族亲贵掌握。他下令成立海军部以重建海军，成立军咨府及禁卫军管理陆军和皇家警卫，派六弟载洵和七弟载涛出洋到欧美各国考察一番，回来后授六弟载洵以海军部大臣、授七弟载涛以军咨府大臣，他代皇帝任全国陆海军大元帅，加强清皇室对全国军事力量的控制。三兄弟均以年少之身任重职，学识、经历皆不相称，不免招致众疑，加深了统治集团内部矛盾。

载沣还设立皇族贵胄学堂，招收皇族子弟，培养高级军事人才，所重用的各部大臣也多数都是满族亲贵，压制了汉族官员。载沣这样做的目的是为了巩固大清江山，加强皇室地位。他任荫昌为陆军大臣，任用皇族载泽、毓朗、善耆等掌握建立新军事务，无一不是满族亲贵。但是晚清的这些王公大臣又几乎都是权欲极重但又无能的庸才，由他们掌权不但没有使载沣的位子坐得更稳，反而使政局更加混乱，加深了统治集团内部矛盾。

这些王公大臣组成的清廷政治集团派系林立，置国事于不顾，相互之间争权夺势，以庆亲王奕劻为首的元老派和由年青贵族组成的少壮派时常发生冲突，互不相让。以隆裕太后为首的后党更是经常闹事，隆裕虽然庸俗无知，却权力欲极强，飞扬跋扈。光绪去世后，她也想效仿慈禧继续“垂帘听政”，可是当得知慈禧已立溥仪为帝，并又指命载沣为监国摄政王后，内心十分不快。虽然慈禧下旨遇有重大事件摄政王必须请示她的懿旨，但她并不满足，对载沣心怀不满，时常与其发生龃龉。对载沣管理朝政、官员任命也横加干涉，百般刁难，制造障碍。在各派系勾心斗角争权夺利的斗争中，载沣对各派都不敢得罪，所以各派对他也都不满，汉族官员也因为受到打压而对统治集团大失所望，面对越来越严峻的内忧外患，载沣常常焦头烂额，束手无策，大清王朝面临空前的危机。

辛亥革命

1911年10月10日，武昌起义爆发，革命党人很快就占领了武昌全城。第二天，起义军就建立了中华民国湖北军政府，并宣告湖北省独立。

武昌起义的胜利，在全国得到了连锁反应，各省革命党人纷纷响应。很快在全国就有十八个省宣告独立、脱离清政府。由于当时革命党的领袖们都没有在国内，起义士兵们缺乏政治经验，对掌握政权没有信心，于是找来了湖北新军协统黎元洪，黎元洪在革命士兵的枪口逼迫下任湖北军政府都督。

此时，袁世凯正在大摆宴席，为自己庆祝五十三岁大寿。得到起义的消息后袁世凯兴奋异常，知道自己的机会来了。他立即停止了祝寿活动，送走客人之后当即与北洋派将领沟通了情况。他对杨度说：“你知道拔树的办法吗？专用猛力去拔，是无法把树根拔出来的，过分去扭，树一定会断折，只有一个方法，就是左右摇撼不已，才能把树根的泥土松动，不必用大力就可以一拔而起。清朝就是一棵大树，还是三百多年的老树，要想拔这棵又大又老的大树，不是一件容易的事情。闹革命的，都是些年轻人，有力气却不懂如何拔树，闹君主立宪的人懂得拔树却没有力气，现在泥土已经松动了，大树不久就会拔出来的。”从这些话中可以看出袁世凯的老奸巨猾。

起义的消息使紫禁城的清朝亲贵慌恐万分，载沣仓皇失措，载洵、载涛也胸无良策，他们根本提不出解救危局的可行方案，只是急忙派陆军大臣荫昌统率近畿陆军两镇南下征讨，并令海军提督萨镇冰率领海军即日赴援。被派南下作战的冯国璋秘密向袁世凯请示方策，袁世凯给冯国璋六个字的锦囊妙计：“慢慢走，等等看。”袁世凯的这六个字立即影响了荫昌率领的北洋陆军，所以在前方作战的军队根本不听清朝亲贵的指挥，连连失败。载沣等根本指挥不动军力强大的北洋新军，于是庆亲王奕劻、那桐等人向载沣保举袁世凯出山。[1]

载沣对此坚决反对，但他素性懦弱，没有独作主张的能力。为了镇压革命军必须依靠北洋新军，北洋新军则全是袁世凯一手训练的，全听袁世凯的指挥，为形势所逼，万般无奈之下，载沣只好任命袁世凯为湖广总督，同时兼办剿抚事宜，请袁世凯出来收拾残局。

袁世凯并没有马上出山，而以“足疾未痊”的理由拒绝了载沣。

此时，革命军在汉口发动攻势，革命的声势一天大过一天，北方各省也酝酿着要学习南方诸省独立。惊慌失措的清廷不得不再请袁世凯出山，袁世凯借机向清廷提出了苛刻的条件，逼迫清廷交权。最后，在政治困境中的载沣只得解散皇族内阁，任命袁世凯内阁总理大臣，被迫辞去“监国摄政王”职务。载沣彻底交出了自己的权力“退归藩邸”，结束了他短暂的政治生涯。他回到王府时神情不爽地告诉瓜尔佳氏：“从此就好了，我也可以回家抱孩子了。”

袁世凯责任内阁组成后，最重要的事情是要把清廷的军事大权掌握在自己手中。

载涛是军咨府大臣，统率北京城内的禁卫军。禁卫军全是满人，他们待遇好、训练好，装备也好。袁世凯假意向清廷建议，革命军大敌当前，为了振奋军心，为了鼓励士气，禁卫军应该起一种倡导和示范作用，皇族大臣也该为臣民表率，所以应由皇族大臣率领一部分禁卫军出征南方打击革命党。胆小如鼠的载涛闻言吓得魂飞魄散，立即辞去军咨府大臣的职务，把权力交给袁世凯。

野心勃勃的袁世凯取得军政大权之后，首先对武昌革命军发动进攻，并很快攻陷汉口，致使革命军伤亡惨重，对革命党造成了极大的威胁，很快就形成了南

1《八十三天皇帝梦》，文史资料出版社 1985 年版，第 17 页。

北对峙局面。他一方面用清廷的武力来恐吓革命党，另一方面用革命军的势力来恐吓清廷；一方面不让清廷立刻垮台，另一方面又防止革命势力继续取得胜利。

最后，革命党人不得不同袁世凯议和谈判。在袁世凯武力威胁下，革命党人被迫妥协，认为只要清室让国就已经完成革命目的了，袁世凯手上有北洋新军，所以只要他参加革命，无妨推袁为大总统。1912 年 1 月，南北双方达成一项协议：革命党人同意让袁世凯当大总统，袁世凯则同意宣布赞成“共和”，并且逼清帝退位。孙中山在压力下通电宣布：“袁若表示赞成共和，当以总统相让，但须南下就职。”这样袁世凯达到了自己的目的。

袁世凯得到孙中山的保证后，又和革命党经过讨价还价议定出了《清室优待条件》，回朝加紧了逼迫清帝退位。

清帝退位

袁世凯把《清室优待条件》透过庆亲王奕劻向隆裕太后提出，隆裕太后比载沣更不堪重用，自己毫无主意，于是就召来大臣研究。在御前会议上，主战派和主和派的大臣们无休无止地辩论。

主战派良弼、溥伟、载泽等坚决反对退位，还要隆裕太后拿出自己的首饰珠宝赏军；而收了袁世凯好处的奕劻、溥伦表示赞成退位，两派各不相让。隆裕太后左右为难。

溥伟说：“优待条件是欺人之谈，不过与‘迎闯贼、不纳粮’的话一样。彼是欺民，此是欺君。就请用贤斩佞，激励兵心，足可转危为安。若一议和，则兵心散乱，财用又空，奸邪得志，后事真不堪言。况大权既去，逆臣乱民倘有篡逆之举，又有何法制之？彼时向谁索优待条件？夫以朝廷之尊而受臣民之优待，岂不贻笑列邦，贻笑千古？臣大胆，敢请太后、皇上赏兵，情愿杀贼报国！”

隆裕太后说：“胜了固然好，要是败了，连优待条件都没有，岂不是要亡国么？”

隆裕太后转问陆军大臣载涛：“你管陆军，如果打仗咱们兵怎么样？”

载涛连忙叩首说：“奴才练过兵，却没打过仗，不知道。”

溥伟说：“革命党徒无非是些年少无知的人，本不足惧，臣最担忧的是乱臣贼子借革命党势力，恫吓朝廷，又复甘言诈骗，以揖让为美德，以优待为欺饰，请太后明鉴。”

隆裕又无所适从了：战吧，怕连命都丧了；和吧，又怕失去权位。于是，就哭鼻子。她抱住溥仪大哭说：“我悔不随先帝早死，免遭这般惨局。”

老奸巨猾的袁世凯看准了隆裕是条糊涂虫，为了篡夺革命果实，遂以重金买通太监张兰德，借张兰德之口哄骗隆裕，劝其实行共和。张兰德说：“照奴才看，共和也罢，君主也罢，老主子全是一样。讲君主，老主子管的事不过是用用宝。讲共和，太后也还是太后。不过这可得答应了那‘条件’。要是不应呵，革命党打到了北京，那就全完啦！”

1912 年 2 月 12 日，隆裕太后带着六岁的小溥仪来到乾清宫，召开了最后一次御前会议，早已等候的王公大臣一起上来给太后请安，隆裕哭丧着脸点点头算是还礼。

几天来，王公大臣争吵不休，大臣们也都没了主意，每次会议都是无果而散，极力主战的良弼被炸死后，大臣们索性也不来上朝了。满朝王公竟然没有一个能够依靠的，而在前线的北洋军将领在袁世凯的唆使下又纷纷发来要求清帝退位的电报，千斤重担一下子压垮了这个本就无能的女人。对她来讲，清帝退位已经无可挽回了，她哭泣着：“大清近三百年的江山，就这样毁了吗？”她确实已经回天乏术了。

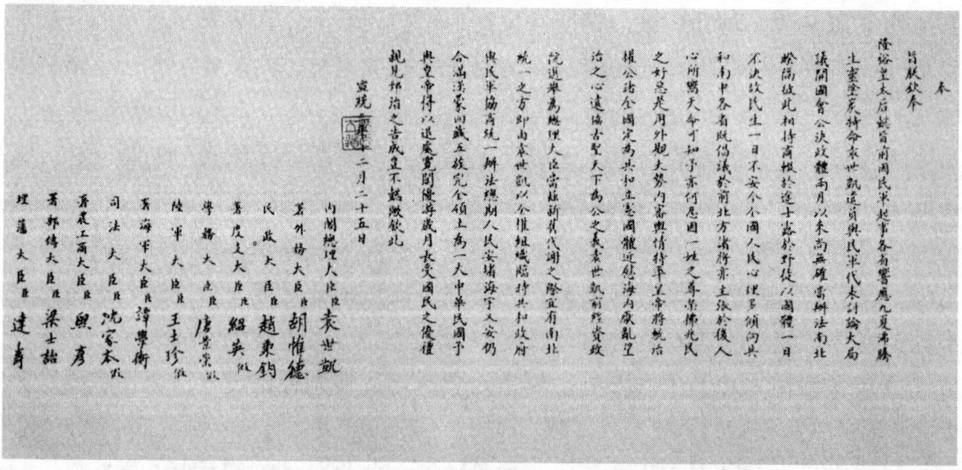
本
旨朕欽奉
隆裕皇太后懿旨前因民軍起事各省響應九夏沸騰
生靈塗炭特命袁世凱遣員與民軍代表討論大局
議開國會公決政體兩月以來尚無確當辦法南北
睽隔彼此相持商輟於途士露於野徒以國體一日
不決故民生一日不安今全國人民心理多傾向共
和南中各省既倡議於前北方諸將亦主張於後人
心所嚮天命可知予亦何忍因一姓之尊榮拂兆民
之好惡是用外觀大勢內審輿情特率皇帝將統治
權公諸全國定為共和立憲國體近慰海內厭亂望
治之心遠協古聖天下為公之義袁世凱前經資政
院選舉為總理大臣當茲新舊代謝之際宜有南北
統一之方即由袁世凱以全權組織臨時共和政府
與民軍協商統一辦法總期人民安堵海宇乂安仍
合滿漢蒙回藏五族完全領土為一大中華民國予
與皇帝得以退處寬閒優游歲月長受國民之優禮
親見郅治之告成豈不懿歟欽此
宣統　二月二十五日
內閣總理大臣臣袁世凱
署外務大臣臣胡惟德
民政大臣臣趙秉鈞
署度支大臣臣紹英　假
學務大臣臣唐景崇　假
陸軍大臣臣王士珍　假
署海軍大臣臣譚學衡
司法大臣臣沈家本　假
署農工商大臣臣熙彥
署郵傳大臣臣梁士詒
理藩大臣臣達壽

1912 年 2 月 12 日，宣统皇帝颁布《退位诏书》

她接过御前太监递过来的南通状元张謇起草的《退位诏书》，用哭腔开始宣读：

前因民军起事，各省响应，九夏沸腾，生灵涂炭。特命袁世凯遣员，与民军代表，讨论大局。议开国会，公决政体。两月以来，尚无确当办法。南北睽隔，彼此相持。商辍于途，士露于野。徒以国体一日不决，故民生一日不安。今全国人民心理，多倾向共和。南中各省，既倡议于前；北方诸将，亦主张于后。人心所向，天命可知。予亦何忍因一姓之尊荣，拂兆民之好恶。是用外观大势，内审舆情，特率皇帝将统治权公诸全国，定为立宪共和国体。近慰海内厌乱望治之心，远协古圣天下为公之义。（袁世凯前经资政院选为总理大臣，当兹新旧代谢之际，宜有南北统一之方，即由袁世凯以全权组织临时共和政府，与民军协商统一办法。）总期人民安堵，海宇乂安。仍合满、蒙、汉、回、藏五族完全领土为一大中华民国。予与皇帝得以退处宽闲，优游岁月，长受国民之优礼，亲见郅治之告成，岂不懿欤！

宣读完《退位诏书》，隆裕太后顿足捶胸，失声痛哭。小溥仪坐在隆裕太后的旁边不解地望着隆裕也跟着哭起来。同日，民国政府的《关于大清皇帝辞位之后优待之条件》《关于清皇族待遇之条件》《关于满蒙回藏各族优待之条件》也同时公布，清帝的尊号仍然保留，但他统治的地方只剩下一座小小的紫禁城了。一个统治中国长达二百六十八年之久的大清王朝，就在孤儿寡母的泪水和哭声中走到了终点。

其实，隆裕对共和的真正意义并不了解，认为只不过是把载沣的权力移交给了袁世凯而已，后来她发现民国优待条件与袁世凯、张兰德所言完全不符，所以终日忧郁，闷闷不乐，积郁成疾。

一年以后，这位为大清帝国的历史拉上帷幕的女人，带着无限的悲愤离开了人世，年仅四十六岁。死前她曾对内务府大臣世续说：“孤儿寡母，千古伤心，睹宫宇之荒凉，不知魂归何所。” 又对守在身边的溥仪说：“汝生帝王家，一事未喻，而国亡，而母死，茫然不知。吾别汝之期至矣，沟渎道途，听汝自为而已。”

隆裕去世后，袁世凯下令全国下半旗致哀三日，文武官员穿孝二十七日，并亲戴黑纱，举哀致祭。太和殿门前设三门式素彩牌楼，上书“哀悼”二字；午门内外，均以降半旗式悬挂中华民国的巨幅五色国旗，并以绳索拉起万国旗；天安门城楼下，扎制一座七门八柱式特大素彩牌楼，正中嵌以“国民哀悼会”五个大字。黎元洪在唁电中称赞隆裕“德至功高，女中尧舜”，阎锡山在唁电中说：“皇太后贤明淑慎，洞达时机，垂悯苍生，主持逊位，视天下不私一生，俾五族克建共和。盛德隆恩，道高千古。”

溥仪退位了，袁世凯由大清帝国内阁总理大臣一变而为中华民国的临时大总统。溥仪作为大总统的邻居，不但生命得到了保障，还根据《清室优待条件》仍旧居住在紫禁城，仍然可以使用太监和宫女，享受着中华民国四百万的岁费，仍然居之不疑地在中华民国对待外国君主的礼遇下，过着关起家门当皇帝的养尊处优的小朝廷生活。

帝王生活

大清帝国结束了，中华民国成立了，几千年的封建制度就此成为了历史，中国的社会格局发生了翻天覆地的巨大变化，如此重大的社会变化对生活在紫禁城里的小皇帝来说并没有什么影响。退位时才六岁的溥仪，仍以宣统皇帝的名义，支配着五脏俱全的小朝廷。这个“国中之国”有四百万两“岁费”、遍布京畿和关外的“皇产”以及紫禁城内无尽的珍宝作后盾，堂而皇之地摆出了阵式：有管理皇族事务的宗人府，设宗令；有掌管宫廷事务的内务府，设总管内务府大臣，内务府堂及七司三院共五十多个机构隶属于此；有看守历代祖先陵墓的“守护大臣”；有在皇帝身边服务的“御前大臣”“御前行走”“御前侍卫”，以及轮流值夜的从头等到三等的“乾清门侍卫”和拱卫紫禁城的“护军”。一个六岁的孩子，便在这数以千计的蟒袍补褂、红顶花翎的人们中间，过着“万岁爷”的生活。一切陈规旧制和穷奢极欲的生活方式，并没有任何改变，每天都有几百名太监伺候着，这些男不男、女不女的怪物整天不离溥仪左右，溥仪的一切都由他们代劳了。

太监的历史在中国已有上千年，皇帝为了保持他三宫六院的“贞节”，从民间招用大量净了身的男人，让这些男人进宫伺候皇家的日常生活。据说宫里太监最多时是明代，多达十万名，紫禁城相当于一座小城镇的人口了，为侍候一位皇帝，居然要动用如此巨大的人力。一个男人要当皇帝，就剥夺了十万个男人做男人的资格。到了民国时代，按《优待条件》规定内宫不许再招阉人，但是紫禁城内仍然有一千多名太监，这些太监替皇家管理宫中的一切事务。

宫中太监的生活也是不一样的，上层太监的奢华生活和底层太监的悲苦遭遇有天壤之别。少数大太监不但俸禄高、生活优裕，而且还依仗主子的权势，媚上压下，结党营私，干尽了坏事，如李莲英、张兰德等。他们凭借一套欺诈和谄媚的手段取得了权势，成为主子的心腹以后，便处心积虑地弄权纳贿，谗谄佞邪，假传圣旨，卖官鬻爵，贪赃枉法，陷害忠良，依仗主子大发横财。这些上层太监无不腰缠万贯，富可敌国，声势显赫，炙手可热，成为宫廷中的一个特殊阶层。

大多数的底层太监却最能体会到伴君如伴虎的恐怖。宫里的主子们个个喜怒无常，常常会因为一点小事儿责打太监，当他们心里烦的时候，太监们就成了他们的泄气对象，稍有不慎，必将受皮肉之苦，而且极可能丢掉性命。在主子的眼中，太监的性命不见得比脚下的蚂蚁重要多少，他们一年到头吃苦受累挨打受罪，到了老年无依无靠，被赶出宫，苦苦地在庙里生活，或者以乞讨为计，苟且偷生。

小溥仪从入宫开始，生活就离不开太监，这些太监服侍溥仪吃饭、穿衣和睡觉，陪溥仪游戏，给溥仪讲故事，他们整天不离开溥仪左右，是小溥仪的伴侣也是他的奴隶，同时还是溥仪最早的启蒙老师。

和溥仪感情最深，也最受溥仪信任的是养心殿的大总管张谦和，他负责照顾溥仪的生活，同时也教溥仪一切宫中的礼节等。

张谦和每天早晨都要准时来到养心殿，他服侍溥仪穿戴后，就开始认真负责地完成太后交给他的任务，教小皇帝识字。几年之间，他教小皇帝念完了《三字经》和《百家姓》，他还带着小太监耐心地陪着小皇帝玩游戏，跟着小皇帝摆泥人儿、玩骆驼、捉迷藏、看蚂蚁搬家和牛狗打架、捉蚯蚓放在大缸里养等稀奇古怪的各种玩法。

溥仪最喜欢看蚂蚁搬家，他常常蹲在地上长时间地观察蚂蚁，看着蚂蚁上树，还经常拿出点心渣子喂蚂蚁，为了看蚂蚁甚至忘记吃饭。后来溥仪的老师给他上课时，他常常找理由逃学，跑到院子里喂养他的蚂蚁。

在玩有竞争性的游戏时，张谦和总是哄着让皇帝取得胜利，让皇帝高兴。他还很会讲故事，他说的故事总是离不开两类，一是宫中的鬼话，一是“圣天子百灵相助”的神话。按他所说，宫中的每一样器物，像铜鹤、金缸、水兽、水井，甚至每一棵树、每一块石头都成过精、显过灵，至于宫里供着的关公、菩萨、真武大帝等泥塑木雕的神像就更不用说了。

张谦和告诉溥仪，在储秀宫前面有一只铜鹤，这是只通灵性的仙鹤，常年站在储秀宫门前给乾隆护驾。有一次乾隆下江南的时候，它想跟着保护乾隆，就偷偷飞离了皇宫。乾隆皇帝喜好打猎，天天带着弓箭，随时打些山鸡、野鸭等。这天乾隆皇帝骑着高头大马正在寻找猎物，仙鹤在空中冲皇帝“嘎嘎”乱叫，乾隆举手搭上弓，“嗖”的一声，一箭射去，仙鹤一惊，正射在它的左腿上，仙鹤自讨了个没趣，只好灰溜溜地又飞回到储秀宫，立在储秀宫门前，可是左腿上老是带着这么一块伤。从此大家都说它是献媚不成，自讨没趣。

张谦和还拉着小溥仪给他指着铜鹤左腿上生了红锈的凹痕，告诉溥仪这就是乾隆爷当年射的箭伤。

张谦和还指着皇帝帽子上的珍珠对溥仪讲，有一回，乾隆爷带着人在圆明园中散步，众人来到一条小河边儿，突然发现河里闪出一道金光，大家都十分好奇，又不知道怎么回事儿。正在这时候，乾隆爷找人取来一只鸟枪，对着金光闪着的地方就开了一枪，金光立即不见了，大家一起上前围观。乾隆爷叫几个水性好的太监下河去摸，立即有五六个太监跳进河里，河水不是很深，大家一起摸了半天，结果摸出一只铜盆大的蛤蜊，这么大的蛤蜊大家还从没见过。把蛤蜊打开，在里面发现了一颗硕大的珍珠，乾隆爷高兴地把珍珠拿在手里，带回宫去。谁也没有想到这颗大珍珠会显灵，经常自己私自外出，有时一连几天都找不到，乾隆爷拿它也没办法。后来有人想了一个主意，在珍珠上钻了个孔，并用金线把它安在皇帝的帽子上，这才稳住了它，再没有外出过。

小溥仪直听得入了神，把帽子拿在手里，瞪大眼睛仔细瞧着那颗大珍珠，心里生出对先祖无限的仰慕之情。

这种故事太监们不知道对年幼的小溥仪讲了多少，小溥仪的帝王思想就是在这些神怪故事的影响下慢慢形成的，溥仪后来回忆说：“我从那些百听不厌的故事中，很小就得到这样一个信念：一切鬼神对于皇帝都是巴结的，甚至有的连巴结都巴结不上，因此皇帝是最尊贵的。” “这些故事给我的影响全是一样：使我从任何方面都确认自己是尊贵的，统治一切和占有一切的人上之人。”这种特殊的环境，使他产生了严重的心理变态，形成了一种以自我为中心的心理，认为自己是个“与凡人殊”的皇帝，他变得冷酷无情，失去了人性，经常以责打和虐待太监们取乐。

在宫里，有一个太监很会玩木偶戏，溥仪常常把他叫来给自己表演，每次看木偶戏时溥仪都很开心。一次，这个太监给溥仪玩了一段新编的木偶戏，逗的溥仪高兴得不得了。正在这时，御膳房给溥仪送来一盒新做的蛋糕，溥仪一时高兴，想要赏给他一块蛋糕吃。溥仪突发奇想，要把铁砂子放在蛋糕里，他要看看这个太监吃到铁砂子时会怎么样。

溥仪就跑回屋里，从铁砂袋中取出铁砂子往蛋糕里藏。这时，随溥仪一起入宫的乳母王焦氏看见了，就上前问：“老爷子，这蛋糕里放上铁砂子还怎么吃啊？”

溥仪满不在乎地说：“我要看看他咬这蛋糕的时候是什么样。”“那不把牙崩坏了吗？崩了牙还怎么吃东西呀？人不吃东西可不行啊！”溥仪说：“我要看看他崩牙的模样。” 王焦氏说：“好吧，那就换上绿豆吧，咬绿豆也挺逗乐的，还不会崩坏牙。”

小溥仪生活在毫无温暖的宫中，受着畸形的教育，他身上已经没有了正常的人间温情，只有溥仪的乳母用她的朴素的言语来影响溥仪，让溥仪回归人性，让溥仪知道别人也和自己一样是人的道理。但是这种影响是微弱的，和大量的神怪帝王教育相比根本起不到任何作用。紫禁城内这种特殊的帝王生活，在太监们的变态教育和宫中环境的影响下，溥仪逐步形成了顽固的封建帝王思想，形成了贵为天子、高高在上、唯我独尊的帝王作风。

溥仪学骑马

清朝王公贵族以能骑善射为荣，祖制相传，往往从两三岁起练习骑马，至成年已精通马术，皇族亦然。溥仪的七叔载涛在新中国成立后参与我国西北的马政建设，年近古稀还能骑在马背上驰骋。溥仪的二弟溥杰两岁时便由三名太监左右护卫开始练习骑马，十岁时只须一名牵马太监就够了，十四岁时独立于马背跑场兜圈儿都没有问题了。

溥仪学骑马较晚，据文献记载，直到 1918 年 5 月 20 日溥仪才发布谕旨，派溥佶、景麟、毓逖、唐古色、崇禧等人充任压马大臣。随后又传旨，派载泽兼管上驷处，载润兼管备用处。所谓上驷处就是给皇上养马的机构，而皇上骑马所需设备、用品则由备用处供应。一切准备就绪，溥仪于同年 6 月 8 日初登马背，同时增派讷钦泰充任引马大臣。那年，溥仪十三岁。

起初，溥仪学骑马很有兴趣，每日登鞍，在压马大臣、引马大臣以及众多太监的簇拥之中遛来遛去。溥仪学骑马虽说是件区区小事，趁这机会升官晋爵的人倒不少。6 月 20 日溥仪再传圣旨，除溥佶升任引马大臣外，又增派卓凌阿、宝衡、文光和乌拉喜春为压马大臣。他们或为皇族，或为满蒙王公，都是历代清朝统治者最倚重的政治集团。可见，清朝皇帝学骑马，更重要的是在政治上具有象征性的意义。

少年溥仪有个毛病，按北京人的话说就是“性儿不长”，无论什么好玩儿的事情，稀罕一阵子又腻烦了。溥仪学骑马才半个月就发生变故。6 月 23 日那天，溥仪嚷嚷“难受”，遂以“圣体欠安”为由，传朱益藩入宫“请脉”。其实溥仪并无大病，只是不喜欢遛马了。他觉得还是买几套军装来穿上，带着打鸟“气枪”，东边跑跑、西边逛逛，更显得威武。于是趁机颁发一道谕旨：“天气暑热，以后每逢一、六日乘马，如遇落雨，毋庸预备，钦此。”是时起，溥仪每日登鞍变成了每月内六天登鞍。

溥仪的马术很一般，称不上“精”。据溥仪的随侍李国雄讲，在天津时他经常给溥仪往跑马场送马，溥仪坐在马背上慢慢遛几圈儿就算骑了，根本跑不起来。伪满前期他命人在宫里修了跑马场，日本天皇、关东军司令官以及“满蒙臣下”常常进贡名马。1935 年 10 月日本宫内省进献的“华朗号”尤为名贵，这匹马产自北海道大冠种粮牧场，12 岁口，枣红色，白蹄白鼻梁，长鬃长尾巴，水光溜滑，甚是可爱。溥仪身着军装，骑在“华朗号”身上跑几圈儿兜兜风，这便是“康德皇帝”的自由了。

毓庆宫开课

宣统时期的最后一年，溥仪六岁了，隆裕皇太后决定让他读书，并亲自择定授课师傅。1911 年 9 月 10 日上午 8 时，遵照宫内钦天监选好的吉日良辰，溥仪在中南海瀛台的补桐书屋举行了开学授课仪式。不久，因时局变化，溥仪读书的地点移到紫禁城内毓庆宫。

毓庆宫在紫禁城斋宫的右侧，曾是嘉庆小时的寝宫，光绪皇帝小的时候曾在这里读书。溥仪的书房陈设也简单，除了几张放书籍的桌子和几把椅子外，还有一些花瓶等，墙上挂着溥仪的爷爷醇贤亲王书写的条屏，最显眼的就是北板壁上的大钟，大钟的直径近二米，指针比手臂还长。

为了能把小皇帝培养成为一位明君圣主，隆裕皇太后费尽了心机，经过严格地挑选，给溥仪选了几位在当时最有学问的著名学者。虽然隆裕皇太后煞费苦心地为溥仪挑选了多位名师，虽然这几位名师都已经尽心竭力地履行着自己的职责，但是小皇帝却是一个最不听话的学生，也是天下唯一一个老师管不了的学生，因为“虽师，臣也；虽徒，君也”，这是有礼法规定的。

溥仪每天早晨 8 时前坐金顶黄轿来到毓庆宫，等溥仪坐好后，太监去毓庆宫的配房里把老师请出来：太监在前面捧着老师的书，老师跟在太监后面，走到溥仪面前先站在那里向溥仪注目一下，作为见面礼，而作为学生的溥仪却不必还礼。

等坐好后，老师接着就开始讲课。授课程序大体是先念生书，由师傅领读，溥仪和伴读放开喉咙跟着念；然后温习熟课，读几遍也就行了。中间还安排了“下座五分钟”，稍事活动。接着对联作诗练习，老师出上联，学生对下联；或老师出题目，学生作诗。然后由师傅讲授《御批通鉴辑览》或是《大学衍义》。最后还要写一篇仿文。茶膳房在间歇时要送上糕点果品，正午下书房后给师傅和伴读者预备午餐。

皇帝所读的书自然也不同寻常，溥仪的主要课本是十三经，另外辅以《大学衍义》《朱子家训》《庭训格言》《圣谕广训》《御批通鉴辑览》《圣武记》《大清开国方略》等。

溥仪的师傅都是晚清著名学者，其中陆润庠更是大名鼎鼎。他出身江苏元和县的大户人家，三十四岁中了状元，从此官运亨通，自谓“由翰林历官四十余年，傢直南斋三十余年，迭掌文衡、累晋清秩，渥荷孝钦显皇后、德宗景皇帝先后特达之知，历长都察院工、吏二部”。这位深受慈禧和光绪垂青的大学士，还写得一手“馆阁体”楷书字，至今在紫禁城内随处可见他的墨宝。光绪末年，他又以仕途积蓄，在家乡苏州创办了最早的纱厂、丝厂，以学者、官员而兼实业家，成为具有多重身份的人。宣统初年，他再度奉诏入宫，出任要职。溥仪开始读书时，隆裕皇太后指定他为溥仪的第一汉文授课师傅。

陆润庠作为晚清的著名学者，对清室无限忠心，当他得知自己成为帝师时，心中万分感动，因为他知道帝师地位的重要性，翁同龢作为同治光绪两朝的帝师，其对当时的政治影响是相当大的，晚清两代帝王老师的身份也给他带来极高的声誉。对陆润庠来讲，皇帝的师傅比他从前担任过的任何一个官职都让他荣耀，他怀着无限崇敬的心情来给溥仪上课，生怕辜负了皇室对他的信任。但是小皇帝对学习却是毫不在意。溥仪虽小，位居万人之上，养成了无拘无束的生活习性，冷不丁儿被关在书房中，让他规规矩矩地坐在那里读书，这怎么办得到呢？枯燥的经书远没有院外树下的蚂蚁对他有吸引力，读过一个钟头，溥仪再也受不住了，开始把身体摇来晃去地淘气，不停地东张西望，接着又左扭右转地闹了起来。

陆师傅看在眼里，急在心上，却不知如何是好！放任吧，耽误了皇上的圣学，罪在不赦；管教吧，面对面的关系又太特殊，“虽师，臣也；虽徒，君也”，尊卑有等，岂容胡来？于是，陆师傅挖空心思地想出几句婉转的话，如“文质彬彬，然后君子”“君子不重则不威，学则不固”等，用来劝导小皇上。然而一个六岁的孩子，怎么会懂得这种“取瑟而歌”的弦外之音呢？这种无意的怂恿，使溥仪更顽皮了。

一天，溥仪读书读得不耐烦，把鞋甩出老远，又把袜子脱下丢到一边去。陆师傅只好先把课本放在讲案上，离席来给学生拣鞋拾袜。不料，小淘气包竟乘着老态龙钟的师傅弯腰俯首在他眼前晃来晃去的当儿，把脚往上一抬，用脚趾夹住了陆润庠长长的山羊胡子，疼得师傅“嗷嗷”直叫，溥仪却开心地大笑起来。

受到如此戏弄的陆老师怒不可遏，却又无法发作，叹了口气回到教席前去。刚要继续讲课，丝毫不知收敛的溥仪，又突然站起身来，想离开座位到书房外面去玩耍。惹得陆师傅一时性起，连“君君臣臣父父子子”的“纲常名教”也忘了，如雷贯耳地大喝一声：“不许动！”这才把学生震住了，溥仪开始老老实实地读书。可是安静了没有一会儿，溥仪又坐不住了，离开自己的座位，跑到院子里看蚂蚁去了。

尽管这件事情很快就过去了，陆润庠作为大清忠臣却总觉得心中不安，遂于1913年1月14日上书隆裕皇太后，列举“年逾七十，老态日增，每逢秋冬，喘逆不止，近更行步艰难，两耳重听，皇上读书有时错误未能指正，于毓庆宫讲授一事尤不相宜”等理由，奏请“停给养廉，开去一切差使”。隆裕皇太后斟酌再三，认为陆润庠忠君重义、可嘉可奖，然而年纪确实大了，在一个淘气的皇帝面前颇有难处，遂于1月24日传旨“著准其开去授读差使，仍在毓庆宫照料，并仍赏给每月津贴”。从此，他可以光拿钱，不讲课了。

眼看着小皇帝不好好读书，太后王爷们也着了急，大家一起想了一个办法：给小皇帝找几个伴读，有了伴读就能让小皇帝安下心来。给皇帝伴读也不是谁都有资格的，这在皇族子弟中仍然被看作是巨大的荣誉，所以，伴读学子只能在近支的直系王公子弟中选出，伴读学生是一种荣誉，而且每月还有八十两银子的酬赏，另外还被赏紫禁城骑马。最后得到这种荣誉的有三个人：溥仪的弟弟溥杰、溥伦的儿子毓崇、溥仪的堂弟溥佳。

溥杰是溥仪的胞弟，比溥仪小一岁，本来溥杰在家有自己的老师，这位老师每天在王府教溥杰和弟弟妹妹们四书五经、作词、书法，溥杰学习很用功，成绩也很好，父母和祖母每天都检查他们的学习情况。溥杰每天入宫伴读不过是白陪半天功夫，但是溥杰每天都能与溥仪在一起，最高兴的是老祖母，因为老人家最惦记自己的孙子，自从溥仪被接入宫，如果没有太妃们下谕旨会亲，她自己要想见见溥仪是根本不可能的，现在溥杰能入宫陪伴溥仪读书，老祖母就可以每天从溥杰嘴里知道溥仪的情况了。[1]

溥仪、溥杰、毓崇在御花园连理柏树前

毓崇是溥伦的儿子，溥伦是道光皇帝的曾长孙。同治皇帝载淳去世后没有子嗣，按理说应该让下一代，也就是“溥”字辈儿的侄子们继承皇位。而十七岁的溥伦是最合适的人选，但是慈禧为了自己能继续掌权，继续垂帘听政，就打乱了帝位继承的规则，违背祖制选中了与同治皇帝同辈的醇亲王奕譞之子四岁的载湉，把载湉立为光绪皇帝。溥伦本来满心欢喜准备登极当皇帝，却与帝位失之交臂。所以，溥伦在晚清时期一直郁郁寡欢。到了民国时代，溥伦同袁世凯及民国官员来往密切，挑选溥伦的儿子毓崇入宫陪伴，也是为了拉拢溥伦，借以与民国官员保持联络。

毓崇入宫伴读实在是不幸的，因为伴读者除了陪皇帝读书，还要代皇帝受责。皇帝一旦有了过错，师傅不能批评皇帝，而要批评伴读的人，这叫作“成王有过，则挞伯禽”，溥杰是皇弟，而且学习成绩又好，毓崇成绩最差，所以代皇帝受责的“荣誉”就总是落到毓崇的头上，毓崇对学习也就越来越没有兴趣了。

溥佳是溥仪七叔载涛的儿子，他是入宫给溥仪伴读英文的。庄士敦入宫后溥仪开始学习英文，本来准备让溥杰伴读，可是庄士敦不同意，由于溥佳的英文已经有了一定的基础，所以庄士敦挑中溥佳，让他入宫给溥仪伴读。之所以选中溥佳，也是庄士敦为了还其父载涛举荐他入宫的人情。为了不让载沣失望，又选中溥杰给溥仪伴读汉文。溥佳被选为伴读后，亲友们纷纷前来道喜，他的祖母也夸他有“造化”，全家上下喜气洋洋，但是宫廷里的烦琐礼节却让溥佳难以适应，每天上课都如坐针毡。[2]

1 叶祖孚执笔、溥杰口述：《溥杰自传》，中国文史出版社 2001 年版，第 19 页。

2 全国政协文史资料研究会编：《晚清宫廷生活见闻》，文史资料出版社 1982 年版，第 5 页。

“小皇帝”的师傅们

溥仪虽然退位了，但是前清遗老并没有放弃复辟的野心，他们还保持着前清时代的一切旧制陈规。他们仇恨革命，把复辟的希望全部寄托在溥仪的身上，他们要把溥仪培养成一个合格的皇帝，希望在溥仪身上能出现大清王朝复辟的奇迹。

举行开学授读仪式不久，隆裕皇太后亲自给溥仪指定了三位进讲师傅：清末状元陆润庠、内阁学士兼礼部侍郎陈宝琛、满汉双榜进士伊克坦，他们都是清末名儒。后来又陆续加进了颇富文名的徐坊、少年翰林朱益藩和著名辞章学家梁鼎芬。

溥仪和他的师傅朱益藩（左）、陈宝琛（右）在御花园养性斋前

陆润庠（1841—1915），字云洒，号凤石，在宣统年间曾任翰林院学士、体仁阁大学士等，到宣统三年，又任弼德院院长，是中国历史上最后一位“状元宰相”，所以被隆裕皇太后选定为溥仪的第一汉文授课师傅。

陈宝琛（1848—1935），字伯潜，号弢菴。福建闽县（今闽侯）人，出自官宦人家。少年时已闻名乡里，被称为“福建才子”。十三岁考取秀才，十八岁中举，1868 年（同治七年）二十岁考中进士。接着点翰林、授编修、出任乡试主考官，是一位学贯古今的封建社会大知识分子。中年时陈宝琛已参与纂修国史、草拟诏书等机要，三十五岁时当上内阁学士兼礼部侍郎，可谓仕途畅达，青云直上。

陈宝琛敢于在慈禧专横的年代，屡屡上书直谏，与张之洞等并称为“清流党”；敢于在俄、日、法等国推行侵华政策的时候，递折主张对内弹劾权贵、对外练兵抗战；敢于奏请诛杀擅与沙俄签订丧权辱国条约的都察院左都御史崇厚；敢于弹劾顶头上司、时任两江总督的原湘军名将曾国荃“任用姻私，失知人之明”等，不失为有见识、有作为、有气节的大政治家。但是由于他得罪了慈禧，于1891年（光绪十七年）被贬连降五级。陈宝琛回到家乡，在福州近郊鼓山山间过着别墅里的隐居生活。

1911年（宣统三年）经张之洞推荐，朝廷重新起用陈宝琛，派为山西巡抚，尚未到任，1911年6月由隆裕皇太后选定改派宣统皇帝授读，从此成为溥仪的汉文师傅，他一直跟随溥仪左右，从六岁到十七岁一直给溥仪授业，直到溥仪去东北为止，对溥仪的影响非常大。

陈宝琛对溥仪的学习要求非常严，除了每天读经书念圣训之外，还常给溥仪讲历代帝王为政得失的故事。他要溥仪自幼立志读书，将来发奋有为，以复辟帝业。

溥仪对于陈宝琛也十分信任，陈宝琛不仅是师傅，也是溥仪的顾问，皇室之事凡须溥仪过问者事先都要经过他。溥仪曾想把北京西郊的钓鱼台赐给陈宝琛，以示对他的感谢。

伊克坦（1865—1922），字仲平，姓瓜尔佳氏，满洲正白旗人，是光绪十二年的进士。伊克坦学问很高，特别是满文水平，曾任满蒙文学堂监督，是满汉双榜进士。皇室一直十分重视对皇帝满文的培养，所以在给溥仪挑选满文师傅时，隆裕皇太后特意选中了伊克坦。虽然伊克坦自己学问很好，也曾教过溥仪好几年的满文和满文习字，但是由于溥仪在日常生活中很少使用满文，所以始终没能学好，以至于连那些最基本的字母也都记不全了。

徐坊（1841—1915），字梧生，号椝庵，山东临清洲人。出身晚清官宦人家，祖父徐学来，官至广东肇庆知府，其父徐延旭是咸丰十年的进士，曾任广西巡抚。后被朝廷冤死。

徐坊认为其父死得冤，所以不考功名不入仕。1901年，被朝廷破格录用，授为国子丞，即旧日所称“国子监祭酒”。

徐坊一生没有大著作问世，却在读书人中间颇受尊重，这不但因为他确是满腹经纶的饱学之士，还因为他是一位名闻遐迩的藏书大家。他家藏书数万册，还有大量的名人字画。徐坊因其学名，被选中成为溥仪的师傅。

朱益藩（1861—1937），字艾卿，号定园，江西莲花人。自幼喜好书法，年轻时即中进士，三十岁点了翰林，并入宫在养心殿给光绪帝和慈禧太后“进讲”《贞观政要》和历代帝王盛衰兴亡的史实。这是他一生最荣耀的。

从1904年起先后任职陕西和山东两省的“学政”，1907年入京，曾任内阁学士、京师大学堂总监督等职。朱益藩还精通医术，他研读过中国古代的医学典籍，经常有王公大臣找他给家人诊治。溥仪也经常传朱益藩入宫“请脉”。

辛亥革命发生之后，朱益藩退归乡里，过着隐居的生活，甘当遗老。1915年经过陈三立向陈宝琛引荐，皇室请他入京给溥仪当师傅，朱益藩难忘旧恩，入京受命。

朱益藩思想守旧，忠诚于大清帝国，深受溥仪尊重。

梁鼎芬（1859—1920），字海星，号节庵，广东番禺人。出身官宦家庭，三岁时以母为师，接受启蒙教育。不幸母亲早逝，他却因此得到机会，能在父亲膝下倾听不断来访的高级官员和著名学者们高谈阔论。在大部分不能理解的话语中间，聪明的孩子竟对“诗词”和“剑术”两类话题发生兴趣。父亲还在自尊自重方面对他进行人生教育，使他懂得了：如果必须在“死”与“辱”两者之间作出抉择的话，应该毫不犹豫地选择前者。梁鼎芬自幼好学，十八岁中举人，光绪七年（1881年）中进士，授翰林院编修。因弹劾李鸿章六大可杀之罪，被罢官。南归后任广东丰湖、端溪书院院长。张之洞督粤，聘主广雅、两湖、钟山书院。

1916年7月，因为陆润庠已死，徐坊病危，需要给小皇帝举荐新的师傅，大臣们纷纷提出人选，推举了多人都没有满意。最后，黎元洪推荐了梁鼎芬，终获准许，授梁鼎芬“毓庆宫行走”，成了溥仪的师傅。

梁鼎芬执教严而有法，重在从政治上训练小皇帝，善于联系时事、贯通历史，晓之以理，动之以情，给溥仪留下深刻印象。

第二章
少年天子

袁世凯的皇帝梦

溥仪退位后，清朝的遗老们时刻想着复辟，可以说从颁布《退位诏书》一直到“满洲国”成立，没有一天停止过。他们不断地把复辟的希望寄托在新兴起的军阀身上，而第一个被寄托希望的竟然是窃国大盗袁世凯。

在《清室优待条件》的众多条款中，最重要者仅两项。即保留宣统皇帝尊号并由民国政府负担小朝廷的岁费银四百万两。这笔岁费对民国政府来说显然是沉重负担，但袁世凯执政的四年中，第一年如数兑现了，后三年也大部兑现了。到袁死后拨付岁费逐渐减少，以至名存实亡。在尊号问题上袁世凯也再三表示坚决维护的态度。

袁世凯一再向紫禁城里的遗臣们表示热情，给遗老们带来不少幻想。

每年他都要派人给溥仪拜年，溥仪过生日的时候他也要派人祝贺。经过袁世凯这样连续的捧场，遗老遗少们又活跃起来，已经消失的蟒袍补褂、红顶花翎又开始在街上流行了。

隆裕太后过生日，袁世凯派他的秘书长前来致贺，国书上写着：“大中华民国大总统致书大清帝国隆裕皇太后陛下。”隆裕太后去世后，袁世凯更是亲戴黑纱，并令全国下半旗一天。他被选为正式大总统后，又致书溥仪称，“中华民国大总统谨致书大清皇帝陛下”。

袁世凯的一系列举动让遗老旧臣们感到兴奋，认为大清复辟有望了。但是没有多久，人们才恍然大悟，原来袁世凯并不是要扶持溥仪复辟大清，而是他自己想要当皇帝，所做的一切都是为了他自己当皇帝。

袁世凯派人重新油缮了故宫三大殿，派溥伦到宫中索要皇帝的仪仗和玉玺，在太和殿放置了西洋式的宝座，1915 年 12 月 12 日正式宣布恢复帝制，改国号为“中华帝国”，改民国五年（1916 年）为“洪宪元年”，他自己则当上了“中华帝国大皇帝”。

袁世凯的举动又让小朝廷不知所措，太后们忙着拉拢溥伦的儿子毓崇，遗老、王爷、大臣们为了保住自己的地位和优待条件，特给袁世凯发去了公文，表示赞同袁世凯称帝。得到了小朝廷支持的袁世凯也亲笔在《清室优待条件》上写上：“先朝政权，未能保全，仅留尊号，至今耿耿。所有优待条件各节，无论何时，断乎不许变更，容当列入宪法。袁世凯志，乙卯孟冬。”

袁世凯还让自己的手下，步兵统领江朝宗向载沣和内务府大臣世续提出，让自己的三女儿袁静雪嫁给溥仪，借以拉近与清室的关系，王爷和太妃们不敢反对，只好勉勉强强表示接受照办。[1]

袁世凯的倒行逆施，激起全国各阶层的义愤。纷纷起兵讨伐袁世凯，北洋派内部危机四伏。袁世凯很快陷入众叛亲离的境地。1916 年 3 月 22 日，内外交困的袁世凯被迫宣布撤销帝制，恢复民国，结束了八十三天的皇帝梦，与溥仪的亲事也化为泡影。1916 年 6 月 6 日袁世凯因患尿毒症死于北京，时年五十七岁。

张勋复辟

袁世凯临死前曾指定三个继任候选人：黎元洪、徐世昌、段祺瑞。段祺瑞在北洋系的影响很大，也最有实力，但黎元洪身为民国副总统，所以徐世昌推举黎元洪为新总统，段祺瑞为总理。由段祺瑞发布了由黎元洪继任大总统的国务院通电。

段祺瑞个性极强又刚愎自用、争强好胜，所以瞧不起黎元洪，认为黎元洪是一个无能平庸之辈。而黎元洪也不把段祺瑞放在眼里，两人一直矛盾不断，直到1917 年“对德宣战”使双方的争斗激化。

1914 年年初，第一次世界大战爆发，而中国一直远离欧洲战事保持中立。1917 年年初，由于美国和日本势力的影响，中国政府开始介入。在是否参加第一次世界大战对德国宣战这个问题上，黎、段双方发生尖锐分歧，斗争日益紧张，双方剑拔弩张。受日本支持的段祺瑞力主参战，并向日本借款。而受英美支持的黎元洪一派则坚决反对参战。段祺瑞发动自己的旧部反对黎元洪，胁迫国会和黎元洪立即宣布对德作战。黎元洪则下令免去段祺瑞国务总理兼陆军总长等职，闹

1 吴长翼编：《八十三天皇帝梦》，中国文史出版社 1985 年版，第 51 页。

得水火不容。因一方为总统府，一方为国务院，所以史称“府院之争”。

段祺瑞被免职后离京赴津，组织各派军阀反对总统。黎元洪走投无路，惊慌之中向安徽督军“辫帅”张勋求援，要张勋进京调停。

张勋，字绍轩，江西奉新人，出身贫寒，少年投军。1901 年曾护逃难的慈禧和光绪由西安返京，深受慈禧赏识，官至江南提督。中华民国成立后，他率领的队伍仍然留着辫子，表示效忠清王朝，所以称“辫子军”，他本人也因为留着辫子而被称为“辫帅”。

1913 年张勋奉袁世凯之命率军镇压“二次革命”，重占南京，后调徐州任长江巡阅使。就在“府院之争”闹得热火朝天的时候，张勋把各省军阀聚在徐州连续四次召开会议，讨论他的复辟计划，张勋在会上确定了自己的盟主地位，他认为复辟的时机已经成熟。

张勋反对对德宣战，当他接到总统黎元洪电召后，伪装成黎、段之间的调解人，率五千辫子军入京开始实施他的复辟计划。

张勋也知道复辟绝非小事，所以在路过天津时主动和段祺瑞见面，借以探试段祺瑞的态度。张勋假意向段祺瑞表示自己此行是为他驱黎元洪，段祺瑞却非常清楚张勋做什么，只是不明说。段祺瑞是要利用张勋来达到自己的目的。

张勋进京第二天去见黎元洪，要求立即解散国会，黎元洪知道大事不好，这才意识到引狼入室，但是悔之晚矣。

张勋进京的目的是复辟早已被辛亥革命推翻的大清王朝，拥戴溥仪再次登极。他进京后先与陈宝琛等遗老们商议，后入宫面见溥仪。溥仪按照师傅们的指点，在养心殿接见了张勋。

十一岁的小皇帝早已经做好了准备，陈师傅已经告诉他如何接待张勋了。

“臣张勋跪请圣安。”张勋依臣礼叩拜溥仪。

溥仪赐座。张勋向溥仪陈述了自己追求清王朝重建的政治理想，不料溥仪连连摇头，似乎丝毫不感兴趣。

“皇上为何不愿复辟，臣愿一闻陛下圣虑。”张勋颇为诧异地问道。

“陈师傅每天进讲经史诗文，朕必须努力学习，没有余力多管闲事。” 溥仪的答话里充满天真和稚气。

“皇上若再即帝位，必须管理国家大事，不能尽是一味读书。” 张勋语调虔诚，愚忠可感。

“倘朕再即帝位，真可以不用读书了吗？”溥仪惊奇地反问了一句。

“自古皇帝都善骑射，尚未闻有一味只知读书的皇帝。”张勋说得很认真。

“如果是这样，就按你的计划办吧，朕也按你的安排行事。”溥仪听说复辟后就不用再念书了，当然高兴。溥仪又按着师傅们的交代询问几句徐州方面的军队情形。

“皇上真是天资聪明！”

“我差得远，我还年轻，知道得不多。”

“本朝圣祖仁皇帝冲龄践祚，六岁登极啊！”

“我怎么比得了祖宗啊。”

1917年7月1日凌晨1时，张勋命令打开城门，把他带来的辫子军引进城里，随后，辫子军如潮水般涌进北京城内，迅速占领各地要冲。

张勋带着康有为等一大帮遗老头戴花翎，身穿朝服入宫会见陈宝琛等王公大臣，秘密召开御前会议，决定立即发动复辟。

溥仪被引到养心殿坐在宝座上，张勋率众人给溥仪行三拜九叩大礼。

“前因隆裕皇太后不忍为一姓之尊而让百姓遭殃，所以才下诏办了共和，而共和不合国情，所以民不聊生百姓遭了殃，现在只有皇上复位，才能救万民于水火。”

“我年龄太小，怕是担不了此重任。”

“本朝圣祖就是六岁登极，开创了康乾盛世。”

“我登极复位了，那个大总统怎么办呢？”

“皇上，黎元洪自己奏请自行退位，准了他就行了。”

溥仪听到这儿也没听明白什么，就按事先师傅们教的说：“既然如此，我就勉为其难吧！”

张勋又谈到徐州会议上各省督军都赞成复辟，一致推举他代表各省官民来京拥立宣统皇帝复位，溥仪听了非常高兴，平日里师傅们总是教导他如何做个仁君，今天终于可以君临天下了，溥仪满心欢喜。

凌晨3时，溥仪在乾清宫升位，张勋、康有为率文武两班，朝服朝冠，三拜九叩。

第二次登基的溥仪

声称“共和政体不适吾民”，故而“谨代表二十二省军民真意”，“吁请复辟，以拯生灵”。宣读了由康有为代为拟定的《复辟登极诏》，改民国六年为宣统九年，通电全国改挂大清龙旗。

张勋自任首席内阁议政大臣，兼直隶总督、北洋大臣，掌握军政大权。张勋指派梁鼎芬等人前往总统府，逼迫黎元洪退位。奏事处的太监给溥仪拿来早已经写好的“上谕”，任命了议政大臣、各部尚书、各省总督，以及大学士、侍郎等等，还特封黎元洪为“一等公”以彰殊典。

那天早晨，警察忽然叫各户悬挂龙旗，居民们没有办法，只得用纸糊旗子来应付。一时之间，北京的大街小巷家家户户的门口都挂起了大清国的龙旗。许多清朝的遗老遗少就又把盘在头上的辫子给放了下来，已经剪了辫子的纷纷用马尾做假辫子戴在脑后，整个的北京城又好像回到了清朝。穿着清朝袍褂的行人也在街上大摇大摆。报馆出了复辟消息的号外，售价比日报还贵。卖报的小贩们也拿着“宣统上谕”大声叫喊：“六个子儿买古董。”

大典完毕后，张勋急急忙忙前往皇太后的宫里，叩拜四位皇贵妃，禀告复辟的喜讯，太妃们对张勋对大清的忠心感到高兴。张勋走了以后，太妃们仔细一想，又忧心忡忡起来：当今内忧外患之际，皇帝尚在冲龄，皇室手里毫无兵权，贸然复辟十分危险，如果失败必定给小朝廷招来祸患，并会因此而被取消优待皇室的条件。到那时，小皇帝必被张勋的败兵携出京城，现在的小朝廷也就彻底完蛋了。想到这些，太妃们不禁害怕起来，与其如此冒险复辟，不如要求民国政府把优待条件列入宪法，安安稳稳好好享受几天算了。太妃们马上派大臣世续前往张公馆，要求张勋召开御前会议，收回成命。张勋十分恼火，皇上已经答应复辟，诏书谕旨已经发出，岂能更改？

此后三天内溥仪连发二十道上谕，均为官员任命。封黎元洪为一等公；命张勋以政务总长兼议政大臣身份组织内阁，并出任直隶总督兼北洋大臣，受封为忠勇亲王；任命徐世昌为弼德院长、康有为为弼德院副院长兼太傅，赏给头品顶戴；任命王士珍、陈宝琛、梁敦彦为外务部尚书，米家宝为民政部尚书，劳乃宣为法部尚书，升元、瞿鸿议为大学士，万绳拭和胡嗣瑗为内阁阁丞。

复辟的消息传到醇亲王府，瓜尔佳氏高兴得直掉眼泪，“祖上积德，我们府中龙脉未断，老天有眼，让大清的天下又回来了！”

黎元洪当天午夜就已经获悉张勋复辟的消息，尽管情绪激愤，但他毫无办法。当天，梁鼎芬奉派带着假托的《退位声明》和奏折来到大总统府，劝说黎元洪在《退位声明》上签字并交出总统印玺。黎元洪对梁鼎芬破口大骂：“破坏民国，罪该万死！”

梁鼎芬抱羞离去，张勋又命王士珍等前往大总统府，仍以“退总统位，还政清室”为辞劝说黎元洪，黎元洪正颜厉色道：“当问国民，余不能私相受授。”

黎元洪不肯退位，小朝廷里的大臣们着急了，一向以稳重著称的陈师傅气坏了：“乱臣贼子、元凶大憝。”他与梁鼎芬等人一起来到毓庆宫面见溥仪：“黎元洪竟敢拒绝，拒不受命，请皇上马上赐他自尽吧！”

刚刚重新登极的溥仪也很吃惊，他也没想到会出现这种情况，但是觉得太过分了。

“我刚一复位，就赐总统黎元洪死，这不像话。民国政府不是也优待过我吗？”

“黎元洪岂但不退，还赖在总统府不走，乱臣贼子，焉能与天子同日而语？”

“这样不妥。朕不能赐黎元洪死。”

“皇上仁慈。”陈宝琛看小皇帝态度坚决，只好作罢。

第二天，黎元洪冒着危险发表通电，怒斥清室复辟，要求各地立即讨伐国贼；又致电在南京的副总统冯国璋，以都中险恶，令其代行大总统职权，同时再度任命段祺瑞为国务总理，命其兴伐复辟。一切部署既定，张勋驱逐他出总统府的命令也到了，黎元洪化装出府，带着总统印玺跑到日本公使馆去了。

段祺瑞讨逆

张勋的倒行逆施，激起了全国人民的愤怒。孙中山在上海得到复辟的消息立即发表讨逆宣言，各大城市群众团体、社会名流，纷纷集会通电，要求讨伐张勋。正在天津的段祺瑞和在南京的冯国璋分别发出讨逆通电，很快，各省也纷纷发表通电反对复辟。

段祺瑞接到黎元洪任命自己为国务总理的命令，心里很不痛快，本不愿服从，但是考虑到自身的利益还是接受了。

段祺瑞在天津的小镇马厂组成了讨逆军，讨逆军主要由驻马厂的第八师师长李长泰部和驻廊坊的第十六混成旅冯玉祥部组成，段祺瑞设立讨逆军总司令部，并自任总司令，发布出自梁启超之手的“讨逆檄文”。文中说：“天祸中国，变乱相寻，张勋怀抱野心，假调停时局为名，阻兵京国，至七月一日，遂有推翻国体之奇变。窃唯国体者，国之所以与立也，定之匪易。既定后而复图变置，其害之于国家者，实不可胜言。且以今日民智日开，民权日昌之世，而欲以一姓威严，驯伏亿兆，尤为事理所万不能致……”

段祺瑞的“讨逆军”沿京津、京汉铁路分两路进攻，吴佩孚为总指挥。讨逆军很快攻入北京，与张勋的辫子军在丰台和廊坊交火，战斗激烈。

当时，中国第一所正规的航空学校设在北京南苑，航校校长秦国镛致电讨逆军司令段祺瑞，表示愿亲率飞行员与讨逆各军一致行动，段祺瑞同意飞机参战。

7 月 11 日，校长秦国镛带领两名教官驾驶法国“高德隆”飞机从南苑机场起飞投入战斗。这种飞机结构十分简单，飞行速度仅在每小时 100 公里左右，机上没有对地面攻击的武器，也没有投弹装置，飞行员只能手掷炸弹，准确性差，爆炸威力也很小。但在当时可称得上是先进武器了。

自登极以来已经好多天不上课了，段祺瑞通电讨逆的消息让大家心急如焚，陈师傅和张勋想出一个办法，让溥仪拟一个上谕给张作霖，授他为东三省总督，让他火速进京勤王。溥仪连忙表示赞同。陈宝琛很快为溥仪写好了上谕，但是皇帝的玉玺由于许久没有用过，一直锁在盒子里，钥匙在王爷载沣手中，派人去取已经来不及了，陈师傅当机立断：“快找人，把锁头砸开！”几名太监找来斧子三下五除二砸烂了锁头，取出玉玺盖上。陈宝琛把信交给他最信任的张海鹏带走了，大家悬着的心也都放下了，但是他们并不知道，信根本没送到张作霖手里，张海鹏一出城就让讨逆军抓住了。

飞机飞临紫禁城上空时，溥仪正在书房里和老师们说话。几天来的形势发展让前些天还兴高采烈的人们愁眉不展，大家正没主意的时候，突然间，天空中响起了一阵轰隆声，声音由远而近，一架飞机从众人的头顶飞过，众人都没有看到过飞机，也不知道飞机要来干什么，都瞪大眼睛惊奇地往天上看。突然，从飞机上落下一个黑乎乎的东西，不多时就听远处传来了爆炸声，一群人立即慌作一团，四处躲藏，溥仪更是浑身发抖、魂飞魄散。

太监们簇拥着溥仪慌忙回到寝宫养心殿，七手八脚把溥仪放到床上，一名太监跑到窗前把所有的竹帘子全都放下并把门关严。这下，大家认为安全了。

老太妃们待在后宫，对外面的情况根本不了解。头两天，当差的人总是忙个不停，各种奏折、上谕不断，每到饭时太妃们都要赏几桌酒菜给他们，太妃们知道他们辛苦，告诉他们不用谢恩。这几天形势紧张，来宫里当差的人少多了，太妃们也不安起来。突然间听到外面的爆炸声，一个个更是吓得魂不附体，一边躲藏一边喊：“快把窗帘子给放下，别教飞机瞧见咱们啊！”有的躲进卧室的角落里，有的干脆钻到桌子底下，嘴里不住地诵经念佛。太监、宫女们也全都找床底下和角落躲藏起来，大气不敢出。[1]

有几个太监闲着没事，正聚集在隆福门的瓦檐下赌钱，正玩得高兴，听到飞机的轰鸣声，几个太监抬头一看，见一架飞机紧贴着皇宫的屋顶飞过。

“这是什么东西？飞到宫里干什么？”

话音未落，就看到一个黑东西从天而降，直奔他们头上飞去，就听着“咚”的一声，正砸在隆福门的瓦檐上，把瓦檐砸了一个大窟窿，可把几个太监吓懵了，众人“嗷”的一声跳起来就跑，四处逃窜。幸好这枚炸弹并未爆炸，几个太监算是保住了性命。

飞机在空中盘旋几圈后就飞走了，有太监向溥仪报告：在隆宗门外炸伤了一名抬“二人肩舆”的轿夫，一个落在御花园里的水池里，炸坏了水池子的一角，隆福门没炸的那枚炸弹也找到了，有尺余长。溥仪惊魂未定，对太监们喊道：“快去把师傅们都叫来！”

这次对紫禁城的轰炸，是我国历史上中国人实施的第一次空袭，这次空袭虽然破坏力不大，却对复辟势力给予了巨大的精神震慑，在心理上陷入绝望的深渊。整个局面完全变了，新任命的官员大多数不敢上任，进宫磕头的也不见了，前些天还热闹的场面一下子冷清起来。

讨逆军的炮声越来越近，火药味弥漫在空中，师傅们没有出现，宫里得不到外界一点消息。太监们惊惶失措地看着小皇帝，一个个眼神里透露出世界末日般的不安。溥仪更是害怕，平时里有师傅们在，自己什么都不用管，只顾着去看蚂蚁、玩骆驼。有什么事只要按师傅们吩咐的办就行了，现在师傅们不在身边，一下子失去了依靠的溥仪不知所措。

外面的战斗十分激烈，段祺瑞的数万讨逆军已经包围了各城门，张勋的辫子军正负隅顽抗，节节败退。奏事处太监却气喘吁吁地跑来传递“护军统领”报告的消息：“奏上老爷子，张勋的军队大获全胜，打败了段祺瑞的军队，段军全被歼灭了。” 溥仪大喜过望：“快快告诉各位太妃，让她们也放心。”溥仪又可以放心地睡大觉了。

7 月 12 日是张勋的军队作垂死挣扎的最后一天，天刚亮，枪声又密集起来，段祺瑞的讨逆军分三路攻克了北京，中午炮火打中张勋的住宅，张勋扔下部队自己跑到荷兰使馆去了，辫子军如鸟兽散，纷纷割下辫子消失了。一时间真辫子假辫子被丢弃得满城都是。

---

1 潘际坰：《末代皇帝传奇》，通俗文艺出版社 1957 年版，第 29 页。

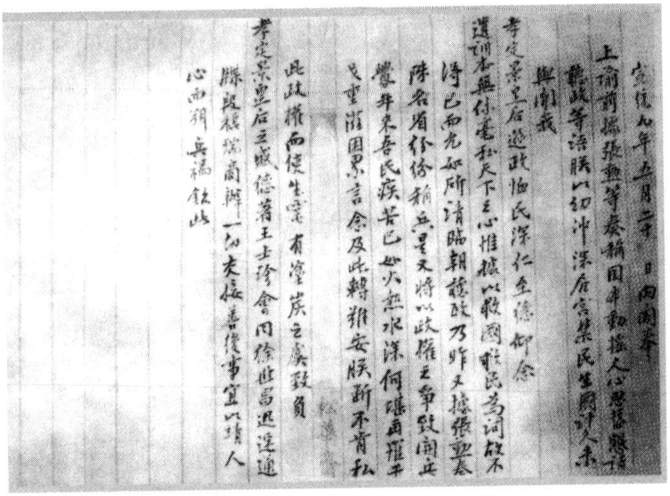

溥仪第二次颁发《退位诏书》

内务府报告说，张大帅已经跑了！王爷和陈师傅也进宫了。当脸色发灰、垂头丧气的陈宝琛把拟好的《退位诏书》放到溥仪面前时，溥仪和太妃们才明白事情的真相，溥仪又害怕又悲伤，不禁放声大哭！

一场复辟丑剧就这样匆匆收场了。再一次当了十一天皇帝的十一岁的溥仪又被迫第二次宣布退位。只是受了些惊吓的溥仪仍然在紫禁城里继续当着他的关门皇帝。

重新恢复平静的紫禁城又像往常一样，师傅们照常上课，溥仪照常看蚂蚁、玩骆驼。民国的官员们照常进宫给溥仪叩头，溥仪也照常给他们赏赐，好像什么都没有发生过一样。

庄士敦

张勋复辟失败后，形势对于清室日益不利，小朝廷感到有压力，唯恐溥仪的皇帝尊号和优待条件被取消。就在这种形势下，李经迈向载涛建议，应该让溥仪接受一些西方教育，学英文、西方的政治制度及自然科学知识，以备政治局势有变时把出国留学或到海外当寓公作为退路。

李经迈是李鸿章的幼子，此人精通英语，宣统年间载涛赴欧考察陆军时，李以首席随员身份同行，从此两人关系不错。

李经迈的建议打动了载涛，然而，载涛还必须说服胞兄载沣——在紫禁城内负责“照料一切”的醇亲王，必须说服宫中的四位皇贵妃，必须说服小朝廷的内务府大臣以及陈宝琛、朱益藩、梁鼎芬等“帝师”。据庄士敦自述，这项说服工作“曾引起过不小的骚动”，保守派们强烈地予以反对，他们担心年轻的宣统皇帝会变得“摩登”起来，由于西方人的言传身教而越来越不满于宫廷现状。尽管他们的担心不无道理，而且也被后来的事实所证明，载涛的说服工作最终还是获得成功。因为他居然能够打通关节，得到当时在位的民国大总统徐世昌的支持，从而形成了宫内保守派们难以抵制的强大压力。载涛遂受命处理此事，他很快便通过李经迈找到了庄士敦。

溥仪的英文师傅庄士敦，摄于宫中

庄士敦（1874—1938），英国苏格兰人。全名叫雷湛奈尔德·约翰·弗莱明·庄士敦，中文姓名庄士敦，另外还按中国人的传统起个别号（字）：志道，取《论语》“士志于道”之意。庄士敦出生于苏格兰，早年在牛津大学攻读东方古典文学和历史，获硕士学位。

庄士敦在大学读书时就立志要寻究灿烂的中国文化的真谛，1898 年被作为一名东方见习生派往香港。由于其优秀的汉语水平，不久即成为英国驻香港殖民机构的正式官员。来华后游历二十余省，访名山宝刹，熟悉各地风土人情。行万里路同时读万卷书，汉学功底深厚，曾悉心研读儒、道经典，广泛涉猎经史子集诸部，喜欢中国的古典诗词。

庄士敦精通汉学、佛学，研究东、西方的文化与政治，撰写了大量有关中国历史、文学和哲学的论著，如《佛教徒的中国》《威海卫狮龙共存》《儒教与近代中国》等。《紫禁城的黄昏》于 1934 年在伦敦出版，一时伦敦纸贵，轰动欧洲。

1919 年 2 月 22 日，由中华民国内务部特派员许宝衡和清室内务府特派员李锺凯出面，与庄士敦签订聘用合同，“聘任英国庄士敦先生为清皇帝教习，专任教授事宜”。在合同的十六条规定中申明，庄负责教授溥仪英语、英文、数学、历史、博物、地理诸科，月薪为中国银币六百元，另加津贴一百元，并为之免费预备中国式房屋一所。聘期三年，届满付给返国旅费，经双方同意也可续订聘任合同。这年，溥仪十四岁，庄士敦四十五岁。

其实，庄士敦并不是第一个进宫给皇帝当老师的外国人，在清朝的早期历史上，曾有许多传教士受到清宫的重视，并引进宫廷向皇帝传授知识，最著名的有汤若望和南怀仁，他们帮助皇帝了解西方文艺复兴以来的自然科学和人文科学知识，并翻译了大量西方的科学典籍，他们也和皇帝保持着良好的私人关系，深受皇帝的信任。但是，皇帝并没有把这些西方的自然和社会科学知识传播开来，而只是作为自己了解西方世界的通道而已，所以这些在当时来讲先进的西方科学并没有对中国社会产生太大的影响。

在中国，能成为皇帝师傅的人都是全国最优秀、最有名气的学者，他们的地位绝不在地方总督或朝廷大臣之下，他们可以不受限制地晋谒皇帝，并坐在皇帝面前，递交奏折或提出口头建议。清朝历代皇帝的师傅都曾被授予“头品顶戴”，或加封为“太保”“少保”一类尊号。然而，庄士敦被聘为溥仪的英文教习以后，宫内的皇贵妃们、内务府大臣们，还坚持说，不能授予“洋鬼子”“皇帝师傅”的地位和头衔，雇用他的唯一目的是教授英语，他只配与内务府管财务的司房打交道，而不应过问政事，不给他“顶戴花翎”以及其他荣誉。这种看法遭到载涛以及被他说服的载沣的驳斥，他们认为皇帝的英文师傅和汉文师傅应该享有同等地位，否则不但在实际上行不通，而且将得罪英国政府。

对庄士敦的最有力的支持来自于溥仪本人，他对学习英文很快就表现出浓厚的兴趣。上课才满二十天，就给庄师傅的中介人、当时隐居上海的李经迈，颁发了一道“英文圣诏”。不久，溥仪又传旨，给予庄士敦“紫禁城内赏乘二人肩舆”的特权，即由宫廷提供两名轿夫和一种小亮轿，允许庄士敦乘坐入宫并一直把他抬到毓庆宫去。与此同时，溥仪也给了庄墩“毓庆宫行走”的头衔。这说明庄墩已被正式确认为皇帝的师傅，享受到该职位应得的尊荣与特权。

1919 年 3 月 4 日，紫禁城里举行了一次别开生面的拜师仪式。这天，溥仪端坐在毓庆宫西厢书房的宝座上，一位金发碧眼的外国男人走进门，他向溥仪深鞠一躬，用流利的中国话对溥仪说：“臣雷湛奈尔德・约翰・弗莱明・庄士敦给皇上恭请圣安！”

宝座上的溥仪又惊奇又不安，他第一次见到外国人还是多年前隆裕太后招待外国公使夫人的时候，洋女人们的奇装异服，还有五颜六色的眼睛和头发，让年幼的溥仪觉得难看而可怕。虽然后来师傅们给溥仪讲过一些关于外国的知识，但是溥仪心中还是对长相怪异的洋人充满了好奇和不安。

庄士敦给溥仪行礼之后，溥仪起身与庄士敦握手，庄士敦再次向溥仪深鞠一躬，然后退出门外。等庄士敦再次进来时，溥仪已经换好了便服，溥仪按尊师之礼给庄士敦鞠个躬，拜师之礼就算完成，庄士敦从此开始正式成为皇帝的师傅。

溥仪仔细观察着眼前这位异域的洋师傅，发现他并不和传说中的洋人一样，洋师傅的中国话讲得非常流利，比他的中国师傅的地方方言还好懂，溥仪觉得庄士敦并不可怕，开始对洋师傅有了好感。

见面之后，在朱益藩师傅陪坐下，庄士敦开始给溥仪讲课。虽然小朝廷同意洋师傅给皇帝上课，但还是对洋人不放心，开始是由一个师傅陪着，后来就派一个太监。大概一个多月之后，一天庄士敦讲了一会儿书，忽然回过头去，恶狠狠地看了立在墙壁跟前的太监一眼，涨红了脸，忿忿地对溥仪说："内务府这样对待我，是很不礼貌的。为什么别的师傅上课没有太监，唯有我的课要一个太监站在那里呢？我不喜欢这样。我要向徐总统提出来，因为我是徐总统请来的！"庄士敦一提出，王爷和大臣们马上让步了，撤走了太监。

按聘用合同规定，小朝廷要给庄士敦预备住宅，遂在安定门外张旺胡同租用一处标准的北京式四合院，连五间正厅再加内、外院的厢房足有三十多间房子。然而，庄士敦全家只有他自己，另外雇了一个管事的和一个看门的。原来这位庄师傅信奉独身主义，终生不娶。

在庄士敦居住的五间正厅中，摆满了从地板到顶棚的高大书架，存藏着数千卷各类书籍。平时庄士敦总是坐在一张特制的大书桌旁读书。庄士敦对中国封建官僚的派头极为欣赏。他在家里或是拜访王公旧臣时，总愿意人家称他"庄大人"。他的名片上用中文印着"庄士敦"，下面还印上"志道"。这是他的别号，非常喜欢人家称他"志道先生"。他每次和陈宝琛、朱益藩以及王公旧臣见面，也总爱学中国官场的样子，拱手为礼，模仿他们的风度和习惯，装出一副"帝师"的架子来。当溥仪"赐"给他头品顶戴和貂褂时，他便也衣冠楚楚地改扮起来摄影留念。

庄士敦进宫不久便和男不男、女不女的太监们吵了一架。原因是这样的：按宫中惯例，凡被小朝廷新任命的官员，进宫前要预备些银钱或小物品，作为赏赐酬对接触到的小太监们。然而，一个从来不曾跨进中国皇宫门槛的外国书呆子，哪晓得这种"惯例"呢？这位新来的"毓庆宫行走"既然不肯掏腰包，太监们便毫不客气地当面索要。庄士敦一本正经地回答说："你们要多少，我可以给多少。但有一个条件：你们必须给我写一张正式收据。"太监们听说这个条件，又气又恼，宁可放弃这笔赏赐，也不愿意写那张收据，怕庄士墩把收据转交皇上，从而砸了饭碗。尽管太监们对这位洋大人很反感，溥仪却很快就喜欢上这位师傅了。

溥仪对庄士敦越来越信赖了，经常赏赐银钱、古瓷、书籍、字画和玉器等。

庄士墩得到赏赐以后也像其他师傅一样，前往乾清宫或养心殿向溥仪叩拜谢恩。几位皇贵妃也常常赏赐水果或点心，命太监一直抬到张旺胡同，引起街坊邻里的一阵轰动。当年的《时报》还曾报道过端康皇贵妃向庄士敦赏赐野山参和西洋参的事情，说明到这时庄士敦已在小朝廷内站稳了脚跟。

庄士敦授读很认真，对学生严格要求，师生之间的关系很是融洽。溥仪学英文从单字和会话起，读过《英文法程》，继而又读《伊索寓言》《金河王》《阿丽斯漫游奇遇记》等。庄师傅穿插给他讲述世界历史和地理知识以及一篇篇的英文故事。有趣的是庄士敦能把中国古代文献与英文结合起来，教溥仪翻译《论语》等儒家经典著作。上英文课时溥仪有时也淘气，或与伴读的溥佳在桌子底下踢脚，或趁老师不注意几笔勾画一张人物速写……不过，溥仪还是越学越有兴趣，英文会话和书写能力都很不错。

1921 年秋天，庄士敦发现溥仪是近视眼，建议送医检查并配制眼镜。得到溥仪准许后即于同年 11 月 7 日引领美国眼科医生郝文德入宫给溥仪检查了眼病。此事惊动了陈宝琛和内务府大臣们，他们强烈反对。可是，庄士敦也不示弱，他声明如果横遭无理干涉，就辞去英文教习职务。次日傍晚，溥仪在毓庆宫召见郝文德，公开支持庄师傅。一周后，溥仪便戴上了第一副美国式的近视眼镜。

庄士敦还给他的学生都起了英文名字，溥仪的英文名字叫“亨利”，溥杰叫“威廉姆”，溥佳叫“阿瑟”，溥仪后来又给自己的妹妹们也都起了英文名字，二妹叫“玛丽”，三妹叫“莉莉”，结婚后给婉容起名叫“伊丽沙白”。[1]

庄士敦不只是教溥仪英文，他更注意的是要把溥仪培养成一个具有英国绅士风度、有理想、有作为、有科学知识的青年皇帝。所以，每当溥仪对学习感到厌烦的时候，庄士敦总是能想出办法来提高溥仪的兴趣，他给溥仪带来最新的欧洲画报，上面都是反映欧洲社会生活的图片，包括第一次世界大战的照片。这些溥仪从来没有接触过的新事物让他充满了好奇，庄士敦向溥仪介绍西方的先进文化，给溥仪讲解英国的皇室生活，世界各地的风土人情，各国的政治体制，战后各国的实力，介绍一些世界最新式武器，讲当时最先进的飞机、坦克、大炮的原理和性能，给溥仪宣传西方的物质和精神文明。

溥仪的思想在庄士敦的影响下发生了巨大的变化，他开始向往西方的生活方式，感到自己的一切都是落后的，中国的一切都是不好的，外国人的一切都是好的，西方的生活方式深植溥仪的内心，他令内务府从国外定购洋犬、钻石、家具。按

1 庄士敦著：《紫禁城的黄昏》，李敖出版社 1988 年版，第 81 页。

庄士敦的样子大量购买怀表、领带等，这种西化的生活方式一直保持到溥仪被俘。

他甚至认为洋人都是最聪明、最文明的人，中国的人都是愚民。连他最信任的陈师傅在他眼里也变得迂腐不堪，庄士敦成了溥仪“灵魂的重要部分”。在庄士敦的影响下，他穿西装、戴眼镜、安电话、打网球、骑自行车，甚至为了骑车方便，叫人把祖宗几百年间没人敢动的门槛锯掉，每一次举动都在宫里掀起轩然大波。溥仪这一时期最大的变化是剪了辫子。

清军入关之后，强令汉族男子必须依满族传统习俗剃发梳辫，凡不按要求剃发留辫的，格杀勿论。从此，中国男人头上拖起了一条辫子，而且一直拖了二百多年。辛亥革命之后，国民政府下令剪去辫子，全国立即掀起一股剪辫热潮，自觉剪辫逐渐形成风气。

民国政府也曾多次来函内务府，请紫禁城协助劝说旗人剪辫子， 而且希望紫禁城里的人也剪掉，只是没有提到溥仪与他的一众大臣，但是根本没有作用，紫禁城里仍然还是辫子世界，甚至把辫子作为进出紫禁城的标志。给溥仪伴读英文的溥佳从小就没有留过辫子，被选入宫后，他的父亲特为他买了一条假辫子，挂在官帽上，溥佳在宫中上课时老是担心假辫子会掉下来。庄士敦进宫后，经常同溥仪谈论中国人脑后的辫子，他告诉溥仪，中国人的辫子是非常难看的，是一种落后生活习俗的象征，宫外已经没有人留辫子了，西方人把中国人脑后的辫子讥讽为猪尾巴。

剪了辫子又戴上墨镜的时尚“皇帝”溥仪

庄士敦的话对溥仪影响非常大。于是溥仪也动了剪辫子的念头，但是却遭到各方面的强烈反对，大臣们苦苦劝谏，太妃们更是万般阻拦。

有一天，溥仪命人取来剪子，他命剃头太监剪掉他的辫子，吓得剃头太监面无血色，跪在地上哀求，见他吓得这个样子溥仪气坏了，于是自己拿起剪刀，亲手把辫子剪掉了。这件事，令王公大臣们痛心疾首，如丧考妣。几位老太妃们痛哭了几场，宫里宫外的遗老们也都感到惊讶，一时间庄士敦成了众矢之的，但是溥仪却维护庄士敦。后来溥杰和毓崇也在家剪了辫子。在溥仪剪辫子之前，宫中尚有一千五百多条辫子，溥仪剪了辫子以后，紫禁城内千余条辫子就在几天之内不见了，只有溥仪的三位中国师傅和内务府几个大臣还保留着。

溥仪剪辫子给社会的影响非常大，中外媒体都给予报道，英国记者曾就此采访驻华公使朱尔典，并在欧洲引起轰动。

民国十一年（1922 年）5 月 2 日《申报》刊登了一条只有六个字的新闻：《溥仪昨剃辫子》。

溥仪与胡适

自从溥仪在宫里安了电话，他与外界的交往就多了起来，溥仪对电话十分好奇，翻着电话本，乱拨电话寻开心。他想起一个叫徐狗子（徐维亭）的杂耍演员，就把电话打给他，等电话接通了，对方刚一问话，溥仪在电话这边高叫一声："徐狗子！"然后赶忙把电话挂上，也不知道对方听到没有。他又想起了庄士敦常常提到的胡适。

庄士敦给溥仪讲中国正开展的"白话文运动"，讲当时中国社会活跃的新派人物，溥仪知道了提倡白话文的胡适，溥仪也看过庄士敦带给他的新派人物的文学作品，如《新青年》等。庄士敦还常常把胡适的著作拿给溥仪看，庄士敦认为溥仪应该了解和他同龄的青年人心里正在想什么，不应该置身于现实世界之外。他介绍溥仪读胡适的现代白话诗集《尝试集》，并风趣地说："你看这句'匹克尼克来江边'，本来就是'野餐'来江边吗！何必一定要写成英文'匹克尼克'呢？可见他们做得过了头了！"

所以，溥仪也就想要亲眼"瞻仰"一下这位新诗人的风采如何了。1922 年 5 月 17 日，溥仪给胡适挂了个电话。

"喂？你是胡适博士吗？"

"我是，请问您是哪位？"

"真的是你呀，好极了，你猜我是谁？"

"你是谁啊？怎么我听不出来呢？"

"哈哈，别猜了，你想不到的，我是宣统啊！……对啦，我是皇上！"

"宣统？皇上？"胡适大吃一惊，他怎么也想不到皇上会给他打电话。

“对啦，我是皇上，胡博士，我读过你的文章，看过你的书，你说话我听见了，还不知道你是什么样儿。你有空到宫里来，叫我瞅瞅吧。”

“好好好，有时间我一定去！”

胡适十分惊讶皇上怎么会找到他？于是，他找到庄士敦，他要先了解一下宫中的情况。庄士敦告诉他，皇上现在很独立，很少受太后们的约束，并给胡适讲述了十多天前皇上自己做主剪了辫子，前些天又不顾旧臣们的反对出宫探望生病的陈宝琛。胡适说：“皇上说他看过我的书。”

“是的，我曾经给皇上看过您的《尝试集》，皇上很喜欢。”

“噢，这就好，我准备再送皇上一部我的《胡适文存》。”

庄士敦还告诉胡适，皇上现在已经很开明，所以见到皇上时不必行传统宫廷的跪拜之礼，而且现在王公大臣们还很守旧，所以这件事要保密，最好不要让他们知道，以免麻烦。

经过“背景调查”，胡适确信：第一，溥仪有新思想，而且不受皇额娘的牵制；第二，溥仪要见他是“自行其意”；第三，溥仪依赖庄士敦，他们的关系不寻常。因此，胡适放心了，而且感到入宫会会宣统也是有必要的。他希望向这位年轻的皇帝施加更大的影响，或许使之做出惊世骇俗之举。

5月30日，溥仪派太监把胡适接入紫禁城。太监带着胡适入神武门，经春华门，进养心殿。掀开东厢房门帘，胡适跨进门。

溥仪起立相迎，胡适给溥仪行了鞠躬礼：“皇上好！”溥仪面露笑容，指着面前的一张蓝缎垫子的大方凳子：“先生请坐。”

双方相互打量着：胡适这年三十二岁，个子不高，戴眼镜，穿皮鞋，身着长衫，干净整齐，风度极为潇洒；溥仪十七岁了，但眼睛的近视却比胡适还厉害，样子很清秀，但单薄得很，穿蓝袍子，玄色背心。

溥仪的桌子上摆着许多书，其中就有胡适的《尝试集》，炕几上摆着十余种当天的报纸，双方从诗谈起。

“我读过先生的诗集《尝试集》，对先生所倡导的白话文和新诗很有兴趣。”

“皇上对新文学感兴趣，我也是听庄师傅提过的。我对皇上能够接触新文化很是高兴。”

“先生过奖了。那么我想亲自问问先生，什么是新文化，什么是白话文呢？”

“新文化是对在中国以前的文化的区别中发展起来的。推广白话文有利于新思想的广泛传播。”

“那么以前的文化有什么不好吗？”

“不能简单以好坏加以概括中国的文化。现在西方经济发展很迅速。特别是第一次世界大战以后，许多新思想、新观念都以各种形式在发展着、传播着。”

“这些事情庄师傅也和我说过许多。我是很赞成白话文的，也尝试写写新诗。”

“是吗？”

溥仪很兴奋：“秋风一阵阵吹在窗槛上，你不觉得冷吗？月亮照于西河，老鸦乐于北树，八音盒发出长啸之音，使人忘倦！”

“好，皇上天才，皇上如此年轻就有此才气，太不一般了。”

溥仪高兴地说：“先生过奖了。我也想像你一样，去外国留洋，去学些新的知识。”

胡适：“这么说，皇上有意愿留洋？”

溥仪叹道：“我们做错了许多事，到了这个地位，还要花费民国许多钱，我心里很不安。我本来想独立生活，所以曾要办皇室财产清理。但许多老辈的人反对我，因为我一独立，他们就没有依靠了。现在民国对我很优待，其实我是不在乎什么优待不优待的，我很愿意多念点书，像报纸文章上常说的那样，做个‘有为的青年’。”

胡适称赞道：“皇上真是开明，皇上用功读书，前途有望，前途有望！”

胡适向溥仪介绍了自己留洋美国的经历，谈到了美国的学制。双方谈得都很高兴。

溥仪还告诉胡适自己很喜欢读书，可是他生活在宫里许多新书找不到，胡适听了十分感动，立即告诉溥仪，以后如有找不着的书可以告诉他，他可以找到。

两人谈了二十多分钟就分手了。

溥仪笑道：“我们就用新礼仪道别吧。”

溥仪起身，伸出右手和胡适握手告别。[1]

胡适走出紫禁城，他回过头来望着古老的城墙感触颇深。他还为此写了一首小诗，题为《有感》：咬不开，槌不碎的核儿，关不住核儿里的一点生意；百尺的宫墙，千年的礼教，锁不住一个少年的心！

胡适进宫一事立即在宫内宫外都引起了不大不小的风波，许多人反对胡适的做法，对他大肆责难。宫里的王公大臣们听说皇上私自见了胡适这个“新人物”，也“像炸了油锅似的背地吵闹起来了”。而京中各报更是争相报道，还登出“胡

1 曹伯言整理：《胡适日记全编 3（1919—1922）》，安徽教育出版社 2001 年版，第 680 页。

适请求免拜跪”“胡适为帝者师”等传闻，闹得满城风雨，但胡适只写了一篇《宣统与胡适》来作答辩：“清宫里这位十七岁的少年，处的境地是很寂寞的，很可怜的；他在这寂寞之中，想寻一个比较也可算是一个少年的人来谈谈，这也是人情上很平常的事。不料中国人脑筋里的帝王思想还不曾刷洗干净。所以这一件本来很有人情味的事，到了新闻记者的笔下便成了一条怪诧的新闻了。”

泰戈尔

自从庄士敦入宫后，溥仪与外界的交往增多了，庄士敦引见了大量外国名流入宫与溥仪见面，英国驻华海军司令、香港英军司令、北京各国驻华公使、犹太富豪哈同等。而印度诗人泰戈尔入宫则是影响最深的。

1924 年的春天，印度诗人、作家、哲学家、社会活动家、1913 年诺贝尔文学奖获得者泰戈尔（1861—1941），决定接受来自中国的北京讲学社的邀请，前往这个巨大而神奇的邻国，访问、讲学并旅游，以便恢复中印两国之间业已中断千年的古老文化传统的联系。

4 月，泰戈尔由印度梵学家、印度明院（即研究院）院长沈摩汉和印度画院院长难达婆薮以及英国作家伊连赫尔、英国女记者戈林等陪同，踏上中华大地，先后访问了上海和北京两座城市。本来还打算访问广州的，而且泰戈尔已经得到了孙中山先生发出的“十分诚挚的邀请”，但因战事频仍、局势动荡而没能实现南下计划。泰戈尔访华，是中印文化交流史上的光辉篇章。

泰戈尔与溥仪在御花园四神祠前

泰戈尔是在 4 月 23 日到达北京的，受到北京讲学社发起人梁启超和林长民、胡适等人的欢迎，并在天坛草坪上举行了有北京文化界著名人士参加的欢迎大会。

主人为梁启超、胡适、林长民、傅铜、陈源、张歆海、张逢春、蒋百里、徐志摩、林宰平，陪客有德国人威礼贤，英国人庄士敦，加上泰戈尔随行人员五人，总共有三十多人参加。

庄士敦作为研究东方古典文学和历史为专业方向且是毕业于牛津大学的文学硕士，一直以来与中国学术界建立了广泛的联系，胡适、梁启超等都是他的朋友，他入宫后深受溥仪的信任，于是他介绍泰戈尔觐见溥仪这位“末代皇帝”。泰戈尔对东方古老的宫殿，神秘的宫廷生活也十分感兴趣，对这个建议十分满意。

4 月 27 日，泰戈尔及其随员在诗人徐志摩和林长民的女儿林徽因的陪同下来到了紫禁城，徐志摩受梁启超之托给泰戈尔当翻译。六十三岁的诗人泰戈尔身材魁梧，加上长长的白胡须，给人以苍松的感觉，林徽因小姐人艳如花，和诗人泰戈尔挟臂而行，加上长袍白面、郊寒岛瘦的徐志摩，有如苍松竹梅的一幅岁寒三友图。

上午十点左右，一行人乘车来到神武门，溥仪早就派人守在门口等候。泰戈尔走下汽车，抬头仰望这古老的建筑，心中升起无限的景仰。同为世界四大文明古国的中国和印度，都拥有悠久的历史和灿烂的文化，中华五千多年的悠久文明史，更是让这位远道而来的印度哲人所感叹。

泰戈尔等人被引领着进入宫门，经过一座座精美的古代建筑，一直来到御花园，溥仪与庄士敦、总管内务府大臣郑孝胥正在御花园的养性斋等着他们，当泰戈尔出现的时候，溥仪上前与他握手，表示非常欢迎，泰戈尔也表示十分高兴能在宫中见到溥仪，徐志摩和林徽因在一旁翻译着。溥仪与泰戈尔谈了许多诗歌方面的话题，因为事先溥仪已经看过庄士敦为他找来的泰戈尔诗集的中文译本，所以谈起来十分兴奋。郑孝胥也与泰戈尔谈起许多文学艺术的话题。泰戈尔对宫廷生活也十分好奇，溥仪一一作答。之后，溥仪亲自领着泰戈尔一行人游览了御花园并参观了后三宫内多处建筑。泰戈尔等人一边观看，一边赞不绝口，为中国园林的优美和富丽而折服。

来到御花园西部千秋亭东侧的四神祠前，两人愉快地合影留念，溥仪站在泰戈尔左手一侧的上位，并且高站一个台阶；泰戈尔则站在溥仪右手一侧的下位，而且足踏台阶下面的平地。一位鹤发老翁如此尊重一位弱冠青年，绝非因为他那虚有的皇帝尊号，而是对古老且具有高度文明的中国文化的尊重，也是对在一定程度上肯于接受新思想和新文化的溥仪的赞赏。泰戈尔当场向溥仪赠送了他的素描画像的翻拍照片，溥仪回赠了几幅宫中收藏的中国古代字画精品，泰戈尔非常喜欢皇帝赐给他的礼物，溥仪随后又专门在养性斋设宴招待了泰戈尔及其随员。

在宫中游览之后，泰戈尔和溥仪告辞，随后与随从一起步行到神武门口，乘车而去。

只有结婚才能亲政

在庄士敦的影响下，溥仪的思想变得越来越活跃，风波一场接一场，每一次的风波都让宫里的遗臣太妃们惊愕不已。于是老太妃们就主张辞退庄士敦，她们埋怨载涛，埋怨李经迈，说他们把洋人引进宫廷，使小皇上变得越来越不听话了，搅乱了百年来祖宗的规矩，违反了祖宗制度。她们的想法刚一提出就遭到了王爷和师傅们的坚决反对，因为聘请庄士敦入宫给皇帝当师傅是通过民国政府内务部和英国驻华使馆交涉，并且是与有关方面签了合同的，所以现在皇室没有单方面解除合同的权力。再者说，当初请庄士敦入宫也是为了能够靠英国的势力在必要的时候对皇室有所保护，让溥仪学习英文和一些新的知识，形势一旦有变，把溥仪送往国外留学或做寓公都是有益的。

1920 年前后，中国正处在军阀混战的动荡时期，军阀张作霖、段祺瑞、曹锟之间战争不断，紫禁城内自然是一片慌乱，溥仪已经感到住在宫里已经不安全了，每年四百万元不但常年不到位，而且总是有人提出反对，甚至在 1922 年由国会议员李燮阳带头提出著名方案，要求对溥仪参与张勋复辟进行追究，要求取消优待条件，令溥仪迁出宫禁。溥仪也已经不再愿意为了有名无实的皇帝尊号和优待费而葬送了自己的前途甚至生命。

溥仪于是想到了离开紫禁城。不久，张作霖在直奉战争中败北，总统徐世昌被迫出走之际，溥仪果断决定：立即离开紫禁城。为此，他在 6 月 3 日致庄士敦的密信中，命其下午三时进宫，并在东华门外预备两辆汽车。庄士敦遵旨进宫后方知溥仪意在先避入英国公使馆，再通电放弃皇帝尊号和四百万优待岁费。

这个计划因庄士敦反对而未能付诸实行。庄士敦认为选择民国总统徐世昌离位出走这个时机，会使不明真相的人怀疑皇帝与总统合搞了政治阴谋，以至于连放弃尊号和优待费的通电也会被看作是迫不得已，所以应从容再议。

虽然计划未能实行，这项计划的内容却深深地震撼了把小朝廷作为财源及身份依托的王公、大臣们，宫廷内部的对立已经明朗化了。溥仪不但常常向同情他的庄士敦讲，“作为无用的民国补助金领取者”，他感到“羞耻”，而且他也向保守的汉文师傅朱益藩试探性提出过。

溥仪先表示说，鉴于目前民国政府财政困难，人民痛苦不堪，愿主动废止优待岁费。朱益藩闻言乃安慰溥仪道，又何必关心“政府和人民”的困难呢？对于推翻大清王朝的人，应该视之为仇敌。溥仪的回答非常巧妙：“他们既然是我的仇敌，就更不应该拿他们的钱了！”可见溥仪已把宫廷对立的实质看得一清二楚了。

竭力要维持现状的王公和内务府大臣们，都坚决反对皇帝放弃尊号，放弃优待岁费，只要维护现状，他们就能保住饭碗，可又不能激怒了皇帝，于是冥思苦想，希望能有切实的办法把溥仪稳定住，缓和他对腐朽宫廷的不满，减少溥仪对他们的不满情绪，他们终于想到“大婚”，在他们看来，一旦皇帝结了婚，就再也不会提出什么让他们为难的要求了。

溥仪对选后成婚毫无兴趣，所以一开始并不同意。太妃们百般相劝，王爷师傅们也尽力说服，最后，还是庄士敦的话起了作用。

载沣找到庄士敦，请他劝说溥仪同意结婚：“为皇上选后成婚，这可是关系国家和清室的兴旺啊。还请庄师傅劝说劝说皇上。”

“按我们西方国家的习惯，结婚是个人的事，别人是不能勉强的，我只是来教皇上西方的语言和文化，不便管皇上个人的私事。”

“哎呀！现在皇上已经不小了，他谁的话都不肯听，你就帮助劝劝吧。”

载沣苦苦相求，庄士敦只好答应。

一天，庄士敦给溥仪上完课，收拾好东西：“皇上，昨天王爷让我劝你接受选后结婚。”

“他们一天到晚就知道让我结婚。”

“皇上也可以考虑考虑。”

“庄师傅，你结婚了吗？”

“我是一个独身主义者，按照我们欧洲人的习惯，结婚意味着殷勤地伺候妻子，还得表现出温情脉脉，还得接受女人的约束，这一切实在是太麻烦了。”

“西方的绅士都不结婚吗？”

“不，我是独身主义的实践者，我现在有了这些书籍，它们就是我的妻子，能和我作无声的谈话，我也不必伺候它，我宁愿以书籍为妻子。”

“我也不想结婚，我对女人没兴趣，我该怎么办？我听你的！”

庄士敦一听很高兴，在结婚问题上，他不想让溥仪也向他学习，因为他知道皇室都希望溥仪能够结婚，而且皇帝必须要有皇后的，他并不想让小皇帝也信奉独身主义。

“陛下，你应该结婚！陛下不是一直想独立吗？你不是说自己已经长大了吗？在中国，男子只有结婚才算成年，也只有结婚才能独立。陛下只有结婚才能亲政，才不用什么事情都听别人的。”

“我明白了，原来是这样！结婚后我就是成人了，别人就不能把我像个孩子似的管束了。”

溥仪十分爽快地答应了选后结婚的要求，太妃王公们非常高兴，立即择日开会研究，开始办理选后事宜，决定必须是蒙古王公或满蒙旧臣家的女儿才有资格入选。消息很快就传到宫外，一时之间，凡是前清的旧臣遗老们都活动起来，都想把自己的女儿送入皇宫，一场你争我夺的选美就开始了。

溥仪选后纳妃

清代幼帝登极的有五位，顺治、康熙、同治、光绪、宣统，所以在紫禁城里举行大婚的也就只有这五位。

光绪十三年，慈禧太后为光绪皇帝选后，也是从清朝大臣的适龄女儿中选。

这天，慈禧太后端坐在体和殿正中宝座上，光绪皇帝侍立一旁，殿内还有数位王公的福晋和公主侍立在太后座后。备选的五名少女，被太监引领入内，依次排列。这五位少女是：慈禧太后的侄女都统桂祥的女儿、二十一岁的那拉氏；江西巡抚德馨的两个女儿和礼部侍郎长叙的两个女儿（即珍妃姊妹）。

在殿堂的中间摆着一个长桌，桌上放置着一柄镶玉如意，两对红绣花荷包，选中皇后的就把镶玉如意交给她，选中为贵妃的就赠与红绣花荷包。

慈禧太后看着面前的五位丽人，对光绪皇帝说：“皇帝，你选中哪位你自己说了算，选中的就把信物交给她。”

光绪皇帝胆战心惊，生怕慈禧不满意：“选后大事还是亲爸爸为儿臣做主吧。”

慈禧一乐：“选后是国家大事，也是皇帝自己的幸福，我怎么好代替呢？还是皇帝自己选吧。”

光绪只好拿起玉如意来到五位少女面前，他最满意的是面若桃花的德馨的长女，他刚要把玉如意送出的时候，慈禧突然大喊道：“皇帝！”光绪一愣，回头一看，慈禧用嘴角暗示他将如意给自己的侄女，光绪只好回过头来，违心地把如意交给了桂祥之女那拉氏，也就是后来的隆裕皇后。

慈禧心里明白光绪喜欢德馨的女儿，如果把德馨的女儿选进宫为妃，日后定会与自己的侄女争宠，于是示意把两对红绣花荷包分给了礼部侍郎长叙的两个女儿，这便是日后的瑾妃和珍妃。光绪皇帝的一后二妃就这样选定。不幸的婚姻注定了个人命运的悲惨，珍妃后来深受光绪皇帝的宠爱，引起了隆裕皇后和慈禧的不满，珍妃后来得罪于慈禧，被投入井中，光绪则被软禁起来，直到最后抑郁而死。

到溥仪选后妃的时候已经是民国了，这时候社会已经发生了巨大的变革，所以挑选的方法也与过去不同。

几位老太妃回忆起自己当年入选的过程，不免也产生了恻隐之心。当年她们十几岁做为候选的“秀女”，清晨起来经历一番浓妆艳抹打扮之后，含着伤心的泪水与父母辞行，然后乘轿来到紫禁城，在坤宁宫外“排班候驾”，等待皇帝亲临当面挑选。被选中的倒还“荣耀”，而众多落选的“秀女”却很难为情，脸上无光。太妃和大臣们一商量，再把人家的女儿摆成一排的，由皇帝挑来挑去不太合适，而且已经不太现实。于是，就商议改为按照片挑选的办法，由各王府往宫里推荐合适的人选照片，最后由皇帝说了算，这样对落选的女孩子们来说也不算难过，此事由载沣的七弟载涛主持。消息一经传出，立即在满蒙旧臣遗老中间引起了轰动，人们纷纷托人给王府送照片以备候选，各王府简直门庭若市，前来送名门闺秀照片的人往来不绝，遗老们还一再叮咛王爷务必玉成，很快各王府的照片就堆积得可以装订成册了，但是送照片的人还是源源不断。[1]

溥仪虽然已经不再是皇帝了，可是还空有皇帝的尊号，还住在森严的皇宫里，所以许多人都想借此机会抬高自己，拉近与皇室的关系，还有些人则是有其他的政治目的。

早在袁世凯称帝之时，就曾想让自己的三女儿袁静雪嫁给溥仪，只是由于很快袁世凯称帝失败病死才没有下文。后来张勋复辟，张勋也曾主张自己的女儿嫁到宫中，成为皇后。可见宣统皇帝这个招牌还是让许多人留恋的。

溥仪选后的消息传到了天津和沈阳，徐世昌和张作霖也派人送来照片备选，只是由于满汉不通婚，所以被王爷婉言谢绝了。

大批的照片被送入宫中，王公大臣们又召集起来开会讨论，载沣、载涛、载洵、载泽、溥伦、陈宝琛等，小朝廷的核心人物全都到齐了，大家经过多次的商议，选出了几位候选人呈进给几位老太妃。这几位候选人又经过大臣和太妃们的多次商议和激烈争吵，最后只剩下四位，这四位候选的女孩子都是很有家庭背景的，其中又有两位分别得到两位太妃的大力支持，这两个女孩子就是婉容和文绣。

---

1 《晚清宫廷生活见闻》，中国文史出版社 1982 年版，第 125 页。

当时，庄和太妃刚刚去世，荣惠太妃没有什么主见，而端康太妃和敬懿太妃各自都有自己中意的人选，端康太妃极力推荐荣源的女儿婉容，而敬懿太妃则坚决要求立端恭的女儿文绣，双方各不相让，展开了一场激烈的斗争。

郭布罗·婉容是达斡尔族人，满洲正白旗，与溥仪同岁，原籍在今黑龙江省讷河县龙河乡，婉容的高祖清代吉林将军长顺及其以上五世祖先的坟墓全在这里，婉容的父亲郭布罗·荣源，系郭布罗氏莽鼐支的第八代。皇宫里热热闹闹的选后妃的时候，她正随父母生活在天津。婉容出生在北京市东城区地安门外大街帽儿胡同的荣府，辛亥革命以后全家人搬到了天津，荣源一直在天津经商，她两岁时，生母就病故了，继母待她非常好，细心地教她学画画和写字、背唐诗宋词。婉容在天津度过了她美好的少女时光，当时正就读于一所美国的教会学校，在这所学校里，婉容接受了西化教育，学习了英语，还会弹钢琴和跳交际舞等，可以说是一个时髦的女孩儿。

荣源与溥仪的七叔载涛素来交好，两人经常往来，载涛向端康太妃推荐了婉容，并递上了荣源家族上溯三代的名单，端康在看过婉容的照片又经过多方了解之后非常满意，所以端康坚持要选婉容为后。

额尔德特·文绣是满洲人，满洲镶黄旗，在满洲八旗中由皇族亲自统率的正白、正黄和镶黄三旗地位最高，称为“上三旗”，又叫做“内府三旗”。文绣比溥仪小三岁，文绣的祖父锡珍，官至吏部尚书，徐世昌、柯劭忞便是他所赏识的两个汉族门生。文绣的父亲端恭曾谋得内务府一名主事小差事。端恭为人老实，性情懦弱，希图安逸，官场失意。文绣出生在北京东城区安定门大街方家胡同，在文绣还很小的时候，父亲就病逝了，自幼丧父的文绣和母亲蒋氏一起生活，生活十分艰苦，文绣当时正在北京花市私立敦本小学读书。

给小皇帝选后的消息传开后，文绣的五叔华堪就想起了她，于是就和文绣的母亲蒋氏商量，最后，把文绣的照片送入王府。

额尔德特家族与溥仪的六叔载洵经常来往，两家走动频繁，载洵又与宫中的敬懿太妃关系好，敬懿太妃正想着能让自己的人成为皇后，所以就把载洵推荐的文绣当作了自己人。敬懿太妃是同治皇帝的妃子，同治皇帝去世时她刚刚十九岁，她体形修长，肌肤白皙，花容月貌，能画山水、墨兰，精通文墨，而且聪明机智，当然也有很大的野心。

围绕着皇后的人选，敬懿太妃和端康太妃势均力敌，都有王公大臣的支持。这里边不仅有皇贵妃之间的对立，也有王公之间的对立，醇王府内的对立。那期间，敬懿一次次传见载洵，他们是“文绣派”；而端康则屡屡召见载涛，他们是

“婉容派”。围绕皇后人选的意见纷争愈演愈烈，形成僵局，这显然是一场隐藏在溥仪大婚后边的权势之争。

王公太妃们争争吵吵，谁都不肯让步。最后，都同意将皇后候选人的照片送到溥仪面前“御笔圈定”，载沣和朱益藩乃受众托前往养心殿面见皇帝。溥仪当时对这类事并不放在心上，随意地先选了文绣。端康太妃立即出来表示不满，她不顾众人的反对，执意要溥仪重新选择，理由是她相中的婉容家庭富有，人又长得漂亮，而文绣家境贫寒，本人的相貌也不怎么样，要求必须重选。

照片再次摆在溥仪的面前，溥仪不耐烦地又在婉容的照片上画了一个圈儿。

这回端康太妃高兴了，而敬懿太妃却火冒三丈，对着王公大臣们大哭大闹。

“这明明就是欺负老实人了。皇上分明选中了文绣，怎么硬让改了呢？诸位王公大臣，你们给评评理，有这样当长辈的吗？” 诸大臣相视无语。

荣惠太妃上前劝道：“三姐不要哭了，有事情好商量的，诸位王公大臣都在，好歹也能有个法子，姐姐何苦哭坏了身子呢？”

“妹妹啊，这做人还有什么意思啊！整日的被人欺负着。姐姐不想活了。”

荣惠太妃本来就和敬懿太妃一条心，面对眼前的形势也只好给敬懿出主意想对策。

“姐姐先别说气话。依我看，既然文绣已经被皇上圈过了，就不能下嫁庶人，不如皇上一并纳为妃子如何？”

敬懿太妃闻听止住了哭声。王公大臣听到这个建议也感到新奇。

溥仪闻听大怒：“不行！这都什么年代了，还纳妃子。本来我就不同意立后，现在还让我娶两个，绝对不行！”

敬懿太妃闻听此言又哭道：“皇上现在翅膀硬了，不拿我当回事儿了，老的小的都来欺负我啊！”

各位大臣此时也都前来劝说。

陈宝琛劝道：“皇上，自古以来皇帝可以拥有‘三宫六院七十二嫔妃’。立后纳妃是很正常的事情啊。皇上何必固执己见惹得太妃们不高兴呢？”

溥仪很不高兴：“现在时代不同了，

大婚时的婉容

西方文明国家的君主已经不实行一夫多妻制了，大清皇帝在今天也不应该再实行一夫多妻的制度了。”

载洵眼看着自己推荐的文绣要落空，也很着急：“皇上，西方洋人的东西和我大清是不同的，祖制怎么能随便改呢？”

端康太妃这时候也不想把事情闹得太僵，婉容已经被选为皇后，不如让溥仪纳文绣为妃，这样也能让敬懿太妃和载洵等人的面子过得去，于是也出来劝说溥仪：“是啊，皇上，你要听太妃和大臣们的意见，不能总想洋人那一套啊。”

溥仪见说不过他们，只好答应，一场选后风波就这样结束了，敬懿太妃止住了哭声，端康太妃心满意足，王公大臣们也笑了。

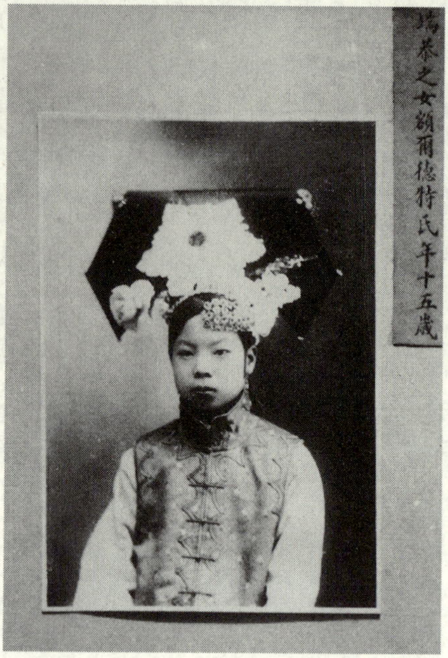

入宫前的文绣，就在这张照片上溥仪画了圈，决定了她的命运

把新娘一人扔在洞房

后妃既已选定，小朝廷就开始筹备大婚了，为此，溥仪下了一道“上谕”，成立大婚典礼筹备处，大家一致赞同由载涛为总办大臣，并由内务府大臣绍英、耆龄为副总办，并从宗人府也调来不少人员帮忙。为了把皇帝的婚礼办得体面和风光，他们特意查阅了《大清会典》和历代皇帝大婚的档案记录，经过反复比较，认为同治皇帝的大婚办得简肃又隆重，于是就商定按着同治皇帝大婚的程序进行。

这时候的小朝廷已经风光不再，不可能再像同治和光绪大婚一样举国欢庆，甚至连大婚所需要的费用都无处筹措。此时的内务府早已经库空如洗，民国政府的优待费又连年拖欠，连大臣们的薪俸也都不保，根据大婚典礼筹备处的反复研究商量，要把大婚体面地办下来而又不过于铺张，各项费用至少也要四十万元，这已经是精打细算的最低要求了，但是就是这四十万元宫中也没有，清室内务府只好与北洋政府磋商，希望把历年所拖欠的“清室优待费”，先拨出四十万元，但是北洋政府也同样国库空虚，连年的混战早就把国库的钱花光了，但是北洋政府对小皇帝大婚还是非常支持的，为助大婚，特意从关税款内拨出十万元来，其中的两万算是民国政府的贺礼，民国政府还答应大婚之日派出军、宪、警的官兵担任警卫。

为了筹措费用，大婚典礼筹备处经请示决定用宫中的珍贵文物作抵押向银行贷款，于是就把咸丰、同治时期的金银器皿装了四十个大木箱，又加了两箱瓷器和玉器，把这些国宝抵押给了英国的汇丰银行，但是这些国宝抵押出去以后，就再也没有赎回来，成了死押。

眼看离大婚的日子越来越近，大婚典礼筹备处派人去天津接回婉容，住进已经修缮一新的帽儿胡同的荣府，按照婚礼的程序，举行了纳采礼（给女方家送彩礼）、大征礼（通知女方家成婚日期）、册封礼（派人给皇后送代表身份的“金宝”“玉册”）。

溥仪大婚的消息传出，各方面送贺礼的简直络绎不绝。民国总统及北洋政府的大小官员、政客、各地的军阀、各地的前清遗老都纷纷给溥仪大婚送礼。

民国总统黎元洪给溥仪送上波金龙凤双如意一柄、景泰蓝龙凤瓶一对、景泰蓝凤盒一对、九柱玻璃烛台一对、湘绣喜字中堂一件、湘绣喜联一件、绣花幔帐一件、织金衣料八匹。还在红帖子上写着“中华民国大总统黎元洪赠宣统大皇帝”。前总统徐世昌送了贺礼二万，如意一柄、黄绒云龙地毯一件、瓷器二十八件、库金缎垫桌椅十件。吴佩孚送的是三镶玉如意一柄、白缎湘绣翎毛花卉屏成堂、珐琅周亚尊成对、上用甲种词源成部、元青时花纬成缎马褂料成件、古铜时花纬成缎袍料成件、珠红五闪时花纬成缎袍料成件、品蓝五彩时花纬成缎衣料成件。

曹锟、冯玉祥、张作霖、张勋、康有为、李经迈、王怀庆、犹太商人哈同等都派人送了礼物，民国的总统府还派侍从武官长荫昌入宫向溥仪祝贺。

1922 年 12 月 1 日，虽然已经退位十年却依法拥有皇帝尊号的宣统皇帝，身穿龙袍，在文武百官的呼拥下来到庄严肃穆的乾清宫内升座，亲送凤舆出宫，前往地安门帽儿胡同后邸迎娶皇后，从而揭开了中国历史上最后一次皇帝大婚的盛大典礼的序幕。

大婚的前夜，一小队人马在郑亲王昭煦和内务府大臣绍英的带领下，趁着夜幕从神武门出宫，队伍里有内务府官员和太监，既无仪仗又无彩礼，队伍经地安门、烟袋斜街、银淀桥，进入大翔凤胡同。原来，这是前来迎娶文绣入宫。按着清宫的祖制，妃子要在迎娶皇后的前一夜入宫，而且要率女官和宫女等在宫中跪迎皇后，以示皇后与皇妃间的等级尊卑，这队人马就是奉了溥仪的旨意前来迎娶的。

文绣入选之后，清室内务府按溥仪的谕旨，给文绣全家在地安门后海南沿大翔凤胡同41号买下了一个院落，并赏赐了全套的家具，以示体念。

队伍来到文绣居住的大翔凤胡同，文绣的母亲蒋氏跪接，叩谢天恩，众人把文绣迎上轿子，抬着拐出了大翔凤胡同。在夜幕未起的北京街头，这一小队人马悄无声息地行进着，不紧不慢。马蹄的“嗒嗒”声，划破了宁静的夜空，民国政府派来的游缉马队，也前前后后地随行保护。坐在黄围轿子中的十四岁的新人淑妃文绣，根本无法左右和预知自己的命运。

队伍进了神武门，内务府大臣引导新人来到养心殿觐见溥仪，溥仪端坐宝座之上，文绣穿着正式的礼服给溥仪行三拜九叩大礼，溥仪瞧了一眼文绣：“下去歇息罢！”

参加大婚典礼的人员来自四面八方，不同层次的观礼人员陆陆续续由神武门入宫来了。神武门前汽车、马车、骡车摆得满满的，神武门额也装点了彩棚。

宣统皇帝溥仪踩着子夜的更声跨进乾清宫。这里，已在皇帝宝座前摆放了三张礼桌：中桌放着“节”，它象征皇帝至高无上的权力；东桌置一“金册”，西桌置一“金印”，这“金册”和“金印”表示着皇后备受尊崇的地位，是皇帝送给皇后的最重要的礼物。

时辰一到，迎娶皇后的仪仗队已在乾清门外乃至景运门外列队待发了。庞大的迎亲仪仗，充分显示了三百年清朝统治的“余威”。

最先为步军统领衙门马队，以下顺序为北京警察厅马队、保安队马队和两班军乐队，一班演奏外国乐曲而另一班演奏中国乐曲，当然只能分别演奏。

再往后是七十二个手执龙凤旗、皇伞以及金瓜、斧、钺、棍、牌的人，这就是所谓的銮驾，是皇帝或皇后出门时必不可少的摆设，还有众多轿夫抬着的四驾黄亭，原来摆在乾清宫东西礼桌上的“金册”“金印”以及唯皇后才有资格享用的凤冠霞帔等物端放于黄亭之中。紧接着，又有六十个手提大型宫灯的人。这中间也插入了清室官员、民国政府派来协助照料的警官以及警察保安队、步军统领衙步队和中、西两班军乐队。这后面才是统率迎亲仪仗的最高官员：手持“圣节”的正天使庆亲王载振和手捧“圣旨”的副天使郑亲王照煦，只有皇帝亲派的使节才有资格持节捧旨。

保留“宣统皇帝”尊号的溥仪

最后才是皇后乘坐的凤舆，这驾金顶凤舆三天前就摆在乾清宫的丹墀上了，是光绪大婚时在杭州定制的，这次又重新釉饰了一番。凤舆又称喜轿，但它不同于一般的轿子，是十六人抬的大轿。轿顶涂金，分为三层。第一层为圆形，正中装饰有一只很大的金凤凰，凤凰象征幸福和幸运的新娘，象征高贵的皇后，凤背驼着喜轿的金顶；第二层也是圆形，黄缎绣的蓝凤凰的轿檐环绕一圈，轿檐上站着九只小金凤；第三层为弓背形出方檐，檐四角各站一只金凤，嘴里都衔着被称作“垂地流苏”的长长的黄丝穗子。轿帏以明黄色云缎作底，上面绣着五彩凤凰。喜轿左右两侧设有透明玻璃方窗，装饰有金色双喜字。轿前垂帘，轿里和座套全是红缎绣蓝凤凰、金喜字，还有五彩云朵、蝙蝠和吉祥花。四周绣葫芦万代花边，寓有多福多寿、子孙万代、繁衍不绝之意。凤舆周围除三十二名清室官员和若干民国军警随行护卫，还有牛角和大鼓各百余对，以壮声势。

载涛作为大婚典礼的总操办人，又把贴身照料新人和喜房的任务交给了自己的嫡配夫人姜婉贞。姜氏出身于广东名门世家，从小接受良好的教育，谈吐文雅，为人机敏，处事果断。

凌晨一时过后，迎亲仪仗排列就绪，溥仪乃派使臣率姜婉贞以及前内务府大臣增崇之妻和两名“命妇”，由若干女官陪同，把一柄“御笔用宝龙字如意”安放在凤舆内正中。随后起轿，从东华门出宫。凤舆发走之后，载涛之妻等福晋、命妇、女官又前往皇帝洞房——坤宁宫东暖阁，为新娘和新郎铺设龙凤喜床。绣有“龙凤呈祥”精美图案的被褥也是在杭州定制的。喜床中央放一个装满珍珠、宝石、金银钱以及五谷之类的“宝瓶”，喜床四角各放一柄如意。铺设完毕，她们便出神武门抄近路往皇后府邸去了。与此同时，溥仪另派蒙古亲王那彦图、蒙古郡王贡桑诺尔布、载泽和溥信等四个御前大臣在乾清宫照料一切，他自己则退处乾清宫西殿暖阁休息，等候皇后入宫。

迎亲队伍超过三千人，由东华门出东安门，踏月夜行，浩浩荡荡地向北而去。

一路之上，黄沙铺道，净水泼街，到处有红、黄两色装饰，这里从上半夜起就由警察厅宣布戒严了，然而，马路两旁仍是人山人海，万头攒动。大体都是住在这一区段的居民，却不许随意走动。在扎着彩坊的皇后府邸大门前，皇后之父郭布罗·荣源、皇后之兄郭布罗·润良和皇后之弟郭布罗·润麒，早已跪在那里迎接圣旨和圣节的到来了。[1]

迎亲仪仗队抵达之后，这父子三人首先面对圣旨和圣节恭行三拜九叩大礼，

---

1 潘际坰：《末代皇帝传奇》，通俗文艺出版社 1957 年版，第 24 页。

继而随正、副天使进院，凤舆也随之抬进前院。然后，撤下在太仆寺雇用的普通轿夫，换上太监，再一直抬进内院，放在正房台阶前，面朝东南。这个方向也是清宫钦天监规定的，该机构根据占卜宣布：皇后升降舆时应向东南吉方。抄近路先期而至的姜婉贞等福晋、命妇和女官请皇后梳双髻，戴双如意，穿“龙凤同和袍”，一切准备停当。

凤舆到后，由正天使载振宣读圣旨，皇后亲自接旨并行礼。她跪在地上，然后行一系列复杂的礼，包括六次手臂下垂、头部微抬的起身，三次下跪和三次鞠躬。

行礼毕，接受金册和金印。与此同时，姜婉贞等又为皇后升入凤舆而准备了。她们先燃藏香，在凤舆内熏绕一圈儿，再熏皇后用以盖头的锦帕。熏完，将凤舆内正中那柄“御笔用宝龙字如意”移到旁边，请皇后手执苹果和如意，搭上盖头，升入凤舆。待首领太监刚刚垂下舆帘，抬轿的太监们便一个个伸直了腰板，经过内院、外院，一直抬到皇后府邸大门外，再换用太仆寺的普通轿夫，打道回宫。此时为凌晨三时许，月亮仍然圆满、明亮，天空晴朗，月光皎洁。迎亲仪仗队的队尾已经走出帽儿胡同东口，还能见到皇后之父郭布罗·荣源跪在一片红色的垫子上目送爱女入宫。凤舆在长长的仪仗行列中，走南锣鼓巷向东，经北皇城根宽街，南行过大佛寺、马市大街，至丁字街向西，进东安门大街，渡桥入东华门，此时比预定的入宫时间（凌晨四时）稍早，为三时四十分。这期间，月亮已经隐去，路灯又很稀疏，天黑下来了。

凤舆经东华门进入紫禁城，一直抬到乾清宫前正冲着皇帝宝座的地方放下。

溥仪端坐乾清宫宝座，大内礼官来到近前。

“皇上，按清宫祖制，在皇后下轿的时候，妃子要亲率女官和宫女等膝行跪迎，以示等级尊卑。现在淑妃娘娘就在殿外候着。”

溥仪已经被这些繁文缛节搞得很不耐烦：“别麻烦了，免了吧。”

大内礼官答应一声来到殿外：“皇上宣旨，免去淑妃娘娘跪迎之礼。”

溥仪被引导着先往洞房——坤宁宫东暖阁去了，有资格随凤舆来到乾清宫的王公大臣、清室内务府高级官员以及皇帝的师傅们也都退去了。

凤舆周围只剩下载涛夫人等福晋、命妇、女官和太监，皇后这才由人们拥戴着走出凤舆。载涛夫人立即上前接过皇后手持一路的苹果和如意，又递给她一只宝瓶，这都是大婚典礼中必有的吉祥物品。随后，搀扶着仍搭着盖头的皇后，在手执珠灯的女官导引下，经东隔扇，进坤宁宫，来到东暖阁前。

新娘按照满族习俗先迈越一个预先设下的大火盆，以期将来的生活越过越红火；然后再跨过马鞍和苹果，乞望婚后的日子平平安安。

演完这些节目，载涛夫人才接过皇后手中的宝瓶，把她领进东暖阁。

皇后婉容脸上蒙着红盖头端坐在床边。溥仪缓慢地走近婉容，看了片刻，伸手揭去了遮在皇后婉容脸上的红绸盖头，第一次看到她的美丽面庞，红红的脸蛋，微微低着。

溥仪看着坐在喜床的上下全红的红人，心里充满新奇感和不安感。

然后二人坐龙凤喜床，吃“子孙饽饽”，行“合卺宴”，饮交杯酒。

同时，窗外还有几个官员用满语高声念诵祝词。

婉容下垂的双眼微微瞟了一眼溥仪，溥仪却心事重重地四下张望。房间除了红蜡烛燃烧时发出的微响，什么声音也没有，显得很沉闷。

溥仪微微叹了口气，慢慢转身走出了坤宁宫。

烛光掩映下的坤宁宫，一片寂静。好半天，婉容慢慢从床边站起身，拖着疲惫的身躯走到烛光前，泪水突然夺眶而出。

婉容万万没有想到皇上会在新婚之夜离去，而她根本不知道理由：“难道这就是皇宫吗？这就是皇上吗？早知道是这样为什么还要进宫呢？皇上他走了，难道皇上不喜欢我吗？如果不喜欢我，又为什么要娶我入宫呢？我来这里做什么？以后我应该怎么办呢？”

溥仪和婉容在宫内把玩照相机

婉容哭泣起来。

而溥仪在养心殿，看着裱在墙壁上的宣统朝全国各地大臣的名单。

溥仪自语道："我有了一后一妃，成了人了，和以前有什么不同呢？如果不是闹革命，是我'亲政'的时候开始了！……我要恢复我的祖业！"

溥仪对结婚毫无兴趣，所以新婚之夜回到自己的养心殿独眠，不过在婚后的一段时间里，溥仪与婉容和文绣相处得还算融洽，婉容和文绣也常在一起活动，溥仪还为婉容和文绣请了英文教师，她们不但学习英文，也学习文学、历史、艺术和世界各地的风物知识，溥仪也常带着婉容和文绣一起游景山，还带着两人去醇王府探望生病的祖母，一后一妃也渐渐地习惯了宫廷中的生活。

第三章
离开“紫禁城”

紫禁城大火

自从庄士敦入宫，溥仪对外界的了解就逐渐多了起来，他把庄士敦当作宫廷里唯一真正同情他的人，唯一真诚关心他幸福的人，他对庄士敦无限依赖，他羡慕起西方的生活，他也越来越不安心生活在紫禁城里，经常让内务府的大臣们无所适从。

溥仪要放弃优待条件，离开紫禁城出洋留学，庄士敦也非常支持溥仪的这种行为，庄士敦认为溥仪生活在宫中，被一大群贪赃的官员包围着，对溥仪的成长是非常不利的，所以最好的办法就是离开紫禁城。溥仪的这一想法立即遭到所有的王公大臣的一致反对，因为他们不想失去他们赖以生存的《清室优待条件》，不想失去他们世袭的内务府官职，他们只要皇帝生活在宫中，只要能够维持现状，保住饭碗他们就满足了。

在军阀混战的拉锯中，溥仪也有自己的打算，他为自己的命运担忧，他不认为优待条件能长久下去，认为到外国去留学，不但可以避免日后可能发生的生命危险；自动辞退那篇逐渐名存实亡的“优待条件”纸面文章，还可以博得一个“开明”的美名；并且到了外国，多多少少总能得到一些“新知识”；还可以在将来学成回国之后，拿这种“留学外国”的新政治资本，来作“伺机观变”之用；同时，到了所谓必要之际，也可以依靠外国的“支援”，再纠合那帮所谓遗老之类，来恢复过去自己的“祖业”。所以他对自己周围的一切已经越来越看不顺眼了。

溥仪开始为逃出宫禁做着准备，他开始筹备经费，通过入宫伴读的溥杰每天出入宫的机会，将珍贵的宋、元版善本书偷运出宫。因为善本书与溥杰平时随身携带的课本大小相类，方便携带，盗运活动没有引起“内城守备队”值勤士兵的任何怀疑。于是，几个月后，盗运活动的规模逐渐扩大。

开始时几天赏一次，每次十卷或十册；后来几乎是逐日赏赐，赏赐数量也逐日增多。盗窃活动一直持续到溥仪被逐出紫禁城才得以终止。

溥仪向宫外转移了历代书画精品二千二百余种和大量珍宝，这些珍贵文物包括大量的宋版书籍、画卷，有唐人阎立本的《历代帝王图》《步辇图》《阆苑女仙图》，周昉《簪花仕女图》，五代黄筌的《写生珍禽图》，王维画的人物画，王羲之和王献之的字帖《曹娥碑》《二谢帖》，司马光的《资治通鉴》的原稿，张择端的《清明上河图》，还有宋徽宗等人的珍贵国宝。

这些宝物很快被运到天津英租界戈登路溥仪买的一栋楼房里保存。

溥仪让庄士敦为他联络好公使馆，为他做好离宫留洋的准备。

一天，庄士敦急急忙忙来到宫中，给溥仪带来了好消息。

溥仪很高兴："庄师傅快请坐。庄师傅，外面联系的怎么样了？"

"皇上，我已经和公使馆打好招呼了，他们还要和皇上具体了解一下情况，皇上可以先给荷兰公使馆的欧登科写封信，说明一下情况。欧登科是各国驻华公使团的首席公使，如果他答应帮助皇上，那就万事大吉了。"

"太好了，我准备这几天就办此事。"

"皇上，出宫留洋可不是一件小事，这件事皇上一定要做好充分的准备，一定要考虑到对各方面的影响，如果王公大臣和太妃们闹起来也不是好事，民国政府方面也会有所反应。"

"庄师傅请放心，只要我自己出了城，进到外国公使馆，就算木已成舟，不管是王公大臣还是民国当局，就全没有办法了，这是几年来的民国历史给了我的一个最有用的知识。到时候我谁都不用怕了。"

这天，溥仪开始实施他的出逃计划。荷兰公使馆的汽车停在神武门外等候，溥仪贿赂好了身边的太监，谁知道就在他要起身的时候，不知道是谁走露了风声，内务府的大臣们得到消息后立即告诉了醇亲王，载沣也大吃一惊，王爷立即传下命令，各宫门一律关闭，禁止任何人出入，溥仪立即慌作一团，知道已经走不成了，于是就装作若无其事的样子，当载沣和内务府大臣向他问及此事时，他一概否认，极力说他并没有偷偷走出紫禁城之意。

出逃计划失败让溥仪非常生气，但是他又没办法找到告密者，于是在庄士敦的建议下，溥仪开始整顿内务府。

溥仪从庄士敦嘴里听到了别的师傅不可能告诉他的宫廷的腐败现象。

"现在整个内务府管理混乱，开支庞大，内务府人员俗而无学，只知道大把花钱，中饱私囊、营私舞弊。"

溥仪恍然大悟："庄师傅说得太对了，我也听说了，内务府现在每年的花销竟然超过了当年老佛爷的内务府的最高纪录，是当年的三四倍！”

“是的，内务府就是皇宫的‘吸血鬼’，从宫廷的内务府到每个王公的管家人，都是最有钱的。而主人对自己的财产却不了解、不知道，只有问这些管家的人，甚至不得不求这些管家的人，否则就一个钱也拿不到。不必说恢复古物，就说手里的这点珍宝吧，如果不把管家的整顿好，也怕保不住！皇上知道吗？很多内务府的官员都开有古玩店、钱庄、当铺等大买卖。有的是雇他们的亲戚开的，很多宫中的古玩珍宝都被他们偷拿出宫了。”

庄士敦告诉溥仪：宫里珍藏的大量艺术品正在丢失，而偷盗的人正是宫里的太监；宫中的大量财产正在流失，而贪赃的正是替皇帝管家的内务府官员。宫中的太监和内务府官员相互勾结贪婪地占有着皇宫的财物，于是溥仪听从了庄士敦的建议，开始清理宫中的财宝。

溥仪让内务府开列一张宫里所藏古物清单，以便随时指名拿来给他观看，但是时常会发现库房的古物与清单上所列的不符，有许多时候看守古物的太监们竟然拿不出来，溥仪不禁勃然大怒，官员和太监们都慌作一团，大为不安。眼看着监守自盗的行为就要被发现，太监们决定铤而走险，为了消灭偷盗的证据而故意纵火。

1923 年 6 月 27 日晚九点多钟，紫禁城储藏宝物最多的建福宫突然起火。

最早发现大火的是当时在紫禁城东侧六国饭店顶楼休憩的外国人，六月的北京正是炎热的季节，几名乘凉的外国人见到宫中火光冲天，急忙通知东郊民巷的意大利的消防队，消防队立即驱车赶到紫禁城，来到神武门前，只见大门紧闭，等敲开宫门，守门人员却以“清室向例未奉谕旨，外人不许入神武门一步”为由，不敢擅自为他们开门。等到消防队进入内宫救火时，已经错过了救火的最佳时间，大火已经不可控制。

当溥仪发现着火之后，立即给载涛打电话，可是载涛一家外出看戏，等载涛入宫时已经是午夜，载涛急急忙忙给京畿卫戍司令王怀庆和警察总监薛之珩打电话，请他们速派消防队来救火。

时间不长，王怀庆和薛之珩带着全城的消防人员和器材以及部分军警人员来到宫内，但是紫禁城里没有水源，消防队员也束手无策。大火由静怡轩一直烧到延寿阁。延寿阁宏伟高大，倒塌时正在燃烧的椽梁又倒在别的宫殿上，周围的宫殿一齐燃烧起来，化成一片火海。庭中数百年的参天松柏，也变成一棵棵的火树。

意大利的消防队员技术比较熟练，他们指挥大家拆除房屋，隔断火道，一直到第二天七点多钟才逐渐把这场大火扑灭。但因余烬尚存，消防队又看守了两三天才撤出。

这次大火，共烧毁房屋三四百间，包括静怡轩、慧曜楼、吉云楼、碧琳馆、妙莲花室、延春阁、积翠亭、广生楼、凝辉楼、香云亭等一大片地方烧成焦土。损失的物品，除延寿阁里收藏的全部古物都被烧毁外，还有广生楼的全部藏文大藏经，吉云楼、凝辉楼的数千件大小金佛与金质法器等。其中最宝贵的是金亭四座，都是钻石顶、景泰蓝座；还有敬慎斋所藏的明景泰年间刻制的大藏经版数千块、中正殿雍正时制作的大金塔一座、全藏真经一部和历代名人书画等。溥仪结婚时收到的礼品，当时大部分也都放在建福宫附近的宫殿里，也大部分毁于这场大火。

第二天清晨，溥仪和婉容望着还在冒烟的建福宫火场废墟，望着烧成灰烬的一大片焦土，溥仪心情沉重。一大群王公大臣围在身边，还有不少人在清理废墟来回走动。得到消息赶来的庄士敦来到溥仪近前。

溥仪脸色难看，眼泪落了下来："我的宝物全没了。"

"皇上不要难过。"

"庄师傅，这是怎么回事？这火是谁放的？一定是这帮该死的太监！为销赃灭迹纵的火！这帮该死的太监，我一定要查个水落石出！"

太监们被赶出宫

这场大火给紫禁城造成的损失实在是太大了，同时也引起了溥仪对自己性命的担忧，但是最后也没有能够调查出结果，溥仪认定了是太监所为，他们平时盗取珍宝惯了，一旦听说要查点，就一不做二不休，放把火烧个干净来毁灭证据。

大火过后，溥仪再也不能安稳地睡觉了，他时刻担心有人要害他，因为许多太监都受过他的责打，如果要有哪个太监想报复他，真是太容易下手了。溥仪找了一根棍子放在床边，作为应变的武器，并让皇后婉容在屋子里整夜给自己坐更。但这究竟不是长久的办法。

为了安全，也防止以后太监的偷盗，溥仪终于想出了一个办法，就是把他们都赶走！

在大火后的二十天，溥仪决定立即把宫中所有的太监，无论老少全部赶出宫，溥仪这样做也和他的师傅庄士敦有关，因为庄士敦曾经多次告诉溥仪，太监制度是最落后的和最不人道的，在当今世界各国，大概只有紫禁城内还保留着中古时代的太监和发辫，这种制度在西方文明国家早已经被视作野蛮和荒谬的行为。而且太监也是宫中贪财盗窃的主要祸患。庄士敦告诉溥仪：当庄和太妃刚刚去世时，服侍在她身边的太监立即就在停尸体的房间里闹成一团，为了抢夺太妃的财宝而打了起来，没有人理睬刚刚咽气躺在一旁的太妃。这让溥仪十分恼怒，但是当溥仪想惩办这些太监的时候，却遭到了包括健在的三位太妃等所有人的反对。可以说，这时候的内宫已经由太监和内务府官员相互勾结形成了一个盗窃集团，建福宫大火才真正让溥仪认识到了这个集团的危险性。

在这之前，溥仪已经将六百一十六名内务府官员裁减半数。溥仪非常清楚，要想彻底解决宫中的盗窃问题，太监是必须要清理的，但是溥仪也知道，要想彻底清出太监，一定不会顺利。

一场大的风暴发生了。

在中国人的眼中，这件事比紫禁城的大火给人们的震撼还要大，太监制度在中国已经存在了两千多年，而溥仪却把这种制度终结了。溥仪为了结束这种制度，驱赶太监出宫，下了极大的决心。

这一天，溥仪下令，把紫禁城全部太监都赶出宫，并且限期命他们离开紫禁城。

为了能顺利实现自己的计划，他不让任何人知道，直接来到醇亲王府，他告诉载沣他已经决定立即将全部太监赶出紫禁城，马上就要执行。载沣毫无准备，突然听到溥仪的决定一下子慌了手脚。

“遣散太监？把宫里的太监全赶走？这怎么可能呢？这不合祖制啊！”

“祖制是可以改变的，又不是没有先例。”

“这么大的事情，不必操之过急，总得慢慢商议，皇帝先回宫吧，过两天把大臣们召集起来好好商议一下……”

溥仪看着载沣，不等他把话说完：“宫里如果再发生第二次大火，谁敢负那个责任？王爷如果不答应，我从今天起就再也不回宫啦！”

载沣没办法，只好找来载涛和内务府大臣绍英商量，最后决定除了三位老太妃身边各留 20 名太监外，其余全部裁撤。

溥仪又调来京畿卫戍总司令王怀庆，让他派部下来保护紫禁城。

一千多个太监在军队的监视下，不敢说什么，只得默默接受他们的命运，不到一个时辰，太监们从神武门离开了紫禁城，永远不能再踏进这个一度曾是他们家的地方了。

紫禁城的末日

紫禁城里的太监是没有了，但是偷盗行为并没有减少，只不过是接替太监看守各宫殿的护军取代了太监而已。

人们很快就忘记了建福宫的大火，溥仪利用火场建起了一个网球场，每天由庄士敦和溥杰等人陪着打网球，增加了户外活动。

溥仪继裁撤了太监以后，又开始了大力整顿内务府，他听从了庄士敦和陈宝琛的建议，任用新入宫不久的郑孝胥为总管内务府大臣，掌印钥，赏头品顶戴，全权整顿内务府。

这一年先后有多人入宫奉命在懋勤殿行走，郑孝胥、罗振玉、景永昶、温肃、杨钟文、朱汝珍、王国维、商衍瀛、金梁、荣源等。

郑孝胥，字苏戡，别号海藏，福建闽侯县人。由陈宝琛引荐入宫，由于他的巧言善辩，又有陈宝琛和庄士敦的大力支持，所以很快就得到了溥仪的宠信。溥仪叫他改革内务府多年以来的腐败积习，想大刀阔斧地认真整顿一下。但是内务府的职员，大都是世代相承的职业，由于世代贪污，积累的家资有的甚至凌驾于一般王公之上。汉人充任内务府大臣郑孝胥是第一位，他上任之后，原任的内务府大臣绍英乃至大小官员，都抱不满态度。不少家资富有的官员们都相继辞职，甚至有的就不辞而别了，连承上启下最主要的堂郎中，竟悬缺无人。但是郑孝胥却很有决心，他常说："深感皇上一日九迁之恩，一定要彻底整顿内务府！"

郑孝胥一连提出多项改革建议，他要清理清室财产，裁人裁弊，改革内务府的各项制度，但是郑孝胥的每一个计划最终都碰了钉子，这一切只干了三个月就失败了。

驱逐太监的时候溥仪或许没有想到，他自己以及皇后、皇妃被驱逐紫禁城的日子已经不远了。

1924年秋，直、奉两系军阀为了扩大各自势力，争夺对北洋政府的控制权，爆发了第二次直奉战争。

奉系军阀、东三省保安总司令张作霖自任镇威军总司令，率领十五万余人直扑山海关、热河等地。直系军阀、通过贿选登上民国大总统宝座的曹锟任命吴佩孚为讨逆军总司令，调集军队二十余万人迎战。两军在山海关争夺激烈，双方伤亡惨重。

战局的演变很快，北洋政府内部一片混乱。但此时紫禁城内并没有受到影响，连年的军阀混战已经让小朝廷习以为常，军阀的你来我去，早已经不是什么了不起的新闻了。民国的军阀和达官贵人大都和清室的王公多少有些旧关系，所以无论哪一方取得胜利对小朝廷都没有什么不同。

冯玉祥为直军第三军总司令，被吴佩孚派守密云县古北口，以防奉军从侧面进攻。吴佩孚和冯玉祥一向不和，冯玉祥不满吴佩孚在用人方面排除异己、任人唯亲的做法，开战后并没有按时到达古北口，并暗中派人与张作霖取得联系。

10 月 23 日，经过与驻守北京的直系将领孙岳、胡景翼密谋，冯玉祥乘直系后方兵力空虚之机，率军退出前线，星夜回师北京，发动北京政变，直奉战场形势大为改变。

冯军入城后，迅速占领了火车站、电报中心，囚禁了总统曹锟，解散了国会，组织了以黄郛为代理国务总理的临时内阁，通电主和，改所部为国民军。并派兵占据了景山，虎视眈眈地守在神武门前，时局越来越险峻，紫禁城这才开始意识到形势的危险。

政变的消息传到紫禁城，此时，端康皇太妃刚刚病逝，小朝廷主事的王公大臣正在照例办理丧事，一时之间都慌作一团。

冯玉祥是安徽人，曾任北洋陆军师长。他的思想与其他军阀不同，一直比较激进，并与清室素无往来。早在辛亥革命时期他就反对帝制，不赞成《清室优待条件》，认为一定要彻底推翻帝制才能救中国。认为“小朝廷”住在紫禁城里面，为封建复辟留下了一条祸根。张勋复辟时他就积极参加讨逆，并发通电主张废除优待条件，驱逐逊帝出宫，把“小朝廷”复辟的祸根给铲除。虽然最后没有被段祺瑞所采纳，但是冯玉祥一直没有放弃自己的这一主张。

溥仪急忙找来庄士敦和郑孝胥等大臣商量对策，大家都一筹莫展。内务府大臣派人给占据景山的军队送去茶水、食物以试探消息，但却丝毫没有让王公大臣们放心。

冯玉祥班师回京在满蒙王公中立即引起了极大的恐慌，许多遗老们都吓得带着财宝躲入东交民巷的使馆区，师傅们也多次研究如何应对紧张的局势，溥仪让庄士敦和大臣们商议如何应对紧张局势，在经过师傅们的多次商议后，为了溥仪的安全，决定暂时躲避，并准备第二天溥仪化装离开紫禁城，逃避到英国使馆避难。但是他们绝没有想到，还没等他们的计划实施，紫禁城的末日就这样降临。

1924 年 11 月 5 日上午 9 点，冯玉祥的部将北京警备总司令鹿钟麟、警察总监张璧、社会知名人士李煜瀛，率军警各二十名的手枪队进入神武门，执行把溥仪逐出紫禁城的任务。

守卫紫禁城的清室警察见到突如其来的军队惊慌失措，鹿钟麟命令手下把他们全部缴械，留在原处听候改编。鹿钟麟带手枪队直奔军机处，沿路见到人就喝令站住不许动。

鹿钟麟在自己身上揣了两颗手榴弹，一进门先将清室值班护军统领缴械，并禁止任何人出入，令宫内全体文武人员一律不准自由行动，并传内务府主管人员来见。

内务府大臣绍英和荣源慌忙出迎。鹿钟麟出示了修改了的《清室优待条件》和大总统令，并命令溥仪及其家眷在三小时之内交出玉玺，全部搬出紫禁城。

绍英神色慌张，极力掩饰内心的恐惧："你不是鹿传霖故相的本家吗？何必相逼如此？"鹿钟麟回答："我们今天是奉命而来，要请溥仪迁出皇宫，这不是我们的私意，而是全国老百姓的要求。老百姓们说得好，中华民国成立十三年了，在北京皇宫里，还有个退位皇帝，称孤道寡，封官赐谥，岂非贻笑天下？我们既是国民军，就该替国民办事，我们不来，老百姓就会来的。不过，我们来还可以保护溥仪安全出宫，若老百姓来了，恐怕溥仪就不会这样从容了，所以我们这次来，不仅是给国民办事，而且也是为清室作打算！"[1]

绍英沉默片刻说："我和溥仪有君臣关系，说话不能随便，要有分寸。"

"到这时你还讲什么君臣关系？这是命令，你应该遵照，快去传达。"

此时的溥仪正与婉容在储秀宫吃着苹果聊天，绍英慌忙进来禀报。溥仪吓了一跳，正吃着的半个苹果也滚落到地上，溥仪让绍英赶快打电话让师傅们进宫商议，但此时与外界的联系已被切断，溥仪只好让绍英继续和鹿钟麟交涉以拖延时间。

绍英出来对鹿钟麟说："按照清室优待条件第三款，清室本应移居颐和园，只因当时民国政府不令迁出，致拖延至今。清室对于迁居一节，本无不可，唯以时间仓促，实属来不及。至于宫内各物，均属爱新觉罗氏私产，当然有自行管理、处理之权。"

鹿钟麟严肃地驳斥说："今天要谈的是出宫问题，这一问题不解决，其他一切都谈不到。我再次郑重地告诉你，遵令出宫，我们有妥善的对待办法，如果你们违令，执意不出宫，我们也有既定的对策，所以出宫问题，今天必须得到解决，任何企图拖延的打算，都是徒劳无益的。至于宫内各物，你们仍想据为爱新觉罗氏的私产，这是全国老百姓坚决不答应的。试问：宫内各物哪一件不是从国民手里搜刮掠抢而来的？今天国民要收归国有，这是天公地道的。不过只要溥仪接受

---

1 文安主编：《清宫轶事》，中国文史出版社 2004 年版，第 233 页。

《修正清室优待条件》，迁出皇宫，我们给以适当照顾，老百姓还是会同意的。总之，你应该促使溥仪早作抉择，否则悔之不及。”

绍英遭到碰壁后，还未死心，仍想作最后挣扎。借口端康皇太妃逝世不久，瑜、瑨二妃不愿出宫，提出给以时间，等这些问题解决后，再行商谈，鹿钟麟严词拒绝。

绍英一再拖延，鹿钟麟急中生智，面孔一沉，从怀中掏出两颗手榴弹，“啪”地一声用力摔到绍英面前的桌子上，大声威胁道：“现在已经在景山上架好了大炮，还有最后二十分钟，如果小皇帝还不出宫，就要向宫中开炮轰击了！我可不能陪着你们一同牺牲在自己的炮火之下！”

绍英吓得浑身颤抖，荣源竟跑出去寻找藏身之处了。绍英立即边答应边往后宫跑去向溥仪禀报。鹿钟麟假意回顾左右的军警说：“赶快去！告诉外边部队暂不要开炮，再宽限二十分钟。”

溥仪大惊失色，他原打算继续拖延下去，没想到鹿钟麟会在景山上架了大炮，立即吓得魂飞魄散。溥仪哪儿知道，鹿钟麟根本就没有什么大炮，只是在吓唬溥仪。

经过交涉，鹿钟麟允许延迟到下午三时出宫。溥仪见大势已去，只好在《修正清室优待条件》上签了字，同时交出了印玺。绍英交给鹿钟麟一件以清室内务府名义致摄政内阁的复文，略谓：

溥仪出宫后，鹿钟麟由清室代表绍英陪同查看永寿宫

"《修正清室优待条件》，业经清帝谅解，一切奉谕照办。"

《修正清室优待条件》中规定："大清宣统皇帝即日起永远废除皇帝尊号"，"即日移出宫禁"。到了下午三时，溥仪坐上鹿钟麟带来的车子，带着婉容、文绣，绍英等随驾，移往载沣的北府。鹿钟麟上了第一部汽车，溥仪坐第二部，婉容和文绣坐第三部，张璧坐第四部，绍英等人坐第五部，五部汽车旁站着二十个手枪队的士兵，浩浩荡荡地驶往德胜门内什刹海北河沿的醇亲王府。

汽车一直来到醇亲王府门前，溥仪走下车，鹿钟麟来到他面前和他握手。

"溥仪，今后你还称皇帝吗？还是要当个平民？"

"我既已经接受《修正清室优待条件》，当然是愿意做一个中华民国的平民了。"

"好，你既然愿意当平民，我身为军人，自有保护责任。"

警察总监张璧也和溥仪握手，说："你既然是中华民国的平民，就有选举权，说不定还能当大总统呢。"

溥仪一脸苦笑地又回到了他 16 年前离开的醇王府，回到了他的出生地，溥仪在登极大典上哭喊着："我不挨这儿！我要回家！"现在他终于回家了。几千年的封建帝制随着溥仪离开紫禁城，就此彻底画上了句号。

醇王府

被赶出紫禁城的溥仪回到了醇王府，冯玉祥手下的大兵把守在王府的大门两侧，不让任何人外出，他们提防溥仪逃到东交民巷的外国公使馆，溥仪十分恐慌。经过交涉，冯玉祥同意溥仪的师傅和大臣们进入王府，遗老旧臣们立时纷至沓来。

庄士敦告诉溥仪，他已经联络了荷兰公使欧登科、英国公使麦克莱和日本公使芳泽谦吉，他们已经向冯玉祥提出了抗议，同时请求冯玉祥保证溥仪及其家人的生命安全。新任的外交总长王正廷已经向他们保证不会虐待皇室成员，溥仪没有生命危险。

庄士敦为了安抚溥仪，提出住在醇王府陪伴溥仪，溥仪十分感动，对庄士敦说："师傅现在最要紧的任务是和各国公使保持联络，所以还是回到使馆区住为好，请你把今日所发生的种种事情告诉外国人吧！"

溥仪的七叔载涛也亲自找到临时政府的代总理黄郛。载涛和黄郛以前就相识，载涛在前清时曾保举黄郛去日本留学。载涛向他提出溥仪的安全问题，代总理黄郛表示：“溥仪的安全绝无问题；恢复自由，需待段祺瑞、张作霖到京后才能解决。”

恭亲王溥伟的弟弟溥儒也来到醇王府，见到溥仪后，他跪在地上痛哭流涕，并从怀中取出一柄小型匕首说：“奴才见到皇上到了这般地步，心中实在难受，要用这把匕首刺死冯玉祥或鹿钟麟，以雪此恨！”溥仪连忙抢过匕首，并对溥儒说：“你的忠心固然可嘉，但我正在患难之中，你这样做对我有百害而无一利，千万不可任性胡为！”

看来溥仪要比溥儒明智得多，他深知“逼宫”之举并非冯玉祥、鹿钟麟一两个人所为，若一旦查明刺杀为溥仪指使，他们以手中的兵权杀掉一个早被罢黜的废君，则易如反掌。所以溥仪对溥儒之举，只能温语抚慰，而不敢怂恿滋事。

生命安全暂时有了保障，溥仪的未来就成了遗老旧臣们争论的中心。

溥仪处在一个三岔路口上，他面临着多种选择。

一是按照《修正清室优待条件》的规定，彻底放弃皇帝的尊号，做一个拥有大量财产的平民；当然，所有的人对这一条都不屑一顾，因为所有的人都在依靠溥仪生活，就是溥仪本人想当平民，这些人也不会答应的。

二是争取保皇派的支持，恢复《清室优待条件》，重新回到紫禁城，溥仪继续当关门皇帝，“复号还宫”。这也是以载沣为首的众多遗老们的想法。

但是还有一些人另有打算，主张溥仪立即出洋，依赖列强，等待时机成熟后再回到辛亥革命前的紫禁城，“借外力谋恢复”。

溥仪回到醇王府，却给王爷带来许多麻烦。一向胆小怕事的醇亲王载沣急得像是热锅上的蚂蚁，不知道如何是好。如果放溥仪离开，害怕冯玉祥找他要人；留住溥仪又怕冯玉祥的大兵会冲进王府大开杀戒。整天忧心忡忡，不知道如何是好。

郑孝胥和罗振玉等都坚持要溥仪依靠外国人，而载沣和陈宝琛却坚决反对溥仪出洋，要依靠军阀争取恢复《清室优待条件》，重返紫禁城。

为了实现“复号还宫”的大计，“清室内务府”致函孙中山先生，申诉“大清”“让出政权”的作用，申诉“中外咸闻”的《清室优待条件》的法律性。想让孙先生说句话，恢复清室优待条件。孙中山严厉驳斥了关于恢复优待条件的无理要求，表明了对冯玉祥驱逐溥仪出宫的态度：“修改《清室优待条件》，请溥仪出宫顺乎民心，合乎情理。”“促清室移宫之举，按之情理法律，皆无可非议。”

冯玉祥发动北京政变后，直系军阀并没有就此一蹶不振，还在酝酿反扑。为了防止直系军阀卷土重来，冯玉祥约请段祺瑞和张作霖进京主持大局。

张作霖入关后，并没有马上进京，而是来到天津，并电邀冯玉祥到天津与他和段祺瑞会面。三人经过商讨一致决定拥段祺瑞到北京主持政务，

不久，段祺瑞和张作霖相继由天津乘专车到达北京，段祺瑞在陆军部大礼堂宣誓就任中华民国临时执政，溥仪派大臣们表示欢迎，段祺瑞和张作霖对溥仪都表示了同情，张作霖还派人约庄士敦见面。

溥仪急于知道张作霖对自己的态度，就让庄士敦给张作霖带去了一个嵌满钻石的黄玉戒指和一张亲笔签名的照片。

庄士敦连夜驱车来到张作霖的私邸，张作霖以十分友好的态度欢迎庄士敦。庄士敦把溥仪的礼物交给张作霖。

张作霖接过照片，凝神望了好一会儿，然后又看看黄玉戒指。他留下了溥仪的签名照片，把戒指退了回来。张作霖大骂冯玉祥和黄郛等人的“逼宫”行为，这样对待溥仪是罪大恶极的。并告诉庄士敦：他把冯玉祥及其同僚采取的反对皇帝的行动看作是无耻的。他愿意帮助皇帝消除灾难，但他不会采取可能引起共和派人士怀疑的行动，以免复辟君主制度之嫌。

段祺瑞也向郑孝胥表示：反对冯玉祥的“逼宫”行为，可以考虑恢复《清室优待条件》。

有了两位实权派军阀的保证，溥仪心里安稳多了。

遗老旧臣们都盼着段祺瑞和张作霖能早日把溥仪迎回紫禁城，早日恢复《清室优待条件》，但是这种要求却始终得不到确切的答复。

很快，驻守醇王府的冯玉祥的国民军大兵全部撤走，只由几名警察担任守卫，出入无阻，已恢复了常态。但是，醇王府仍处在军阀的管辖之下，溥仪对自身的安全还是不放心。

没过几天，稍稍安定下来的局势又紧张起来。当时社会上有许多对溥仪不利的舆论，传闻由于冯玉祥与段祺瑞、张作霖不和，冯玉祥的军队已经占领了颐和园，将有另一次北京政变发生，重新包围北府，似乎就要对溥仪下手，以剪除复辟的祸根。这又使醇亲王府内的人们惊慌失措起来。陈宝琛、庄士敦、郑孝胥等人主张为了溥仪的安全，应该立即离开醇王府，摆脱各派军阀的控制范围，躲进东交民巷外国使馆区。

这天，郑孝胥一脸紧张地来到溥仪面前。

“皇上，现在冯玉祥与段祺瑞、张作霖失和，冯玉祥活动得很厉害，到处宣传赤化运动，这些‘过激分子’很有可能再次采取对皇上不利的军事行动，出事可能就在这一两天，皇上要趁早离开这里，到东交民巷使馆区躲避一下才好。”

"消息可靠吗？" 溥仪也不安起来。

郑孝胥从怀里拿出报纸给溥仪看："皇上请看《顺天时报》，报上说，冯军入京以后，'赤化主义'乘机活动，他们还写有《平民自治歌》，皇上请看：'留宣统，真怪异，唯一污点尚未去'，这明摆着是要对皇上下手，冯玉祥的军队就和赤化过激有关。"

"此事事关重大，用不用和庄师傅等人商议一下？"

"臣已经和庄师傅、陈师傅等人都商议过了，他们都很赞同我的意见。此事千万不能让王爷知道，王爷最担心皇上离开，如果王爷知道了就走不成了。"

"好，那你这就去安排一下，安排好后及时回来。"

几天后，溥仪瞒着醇亲王载沣，在陈宝琛和庄士敦的陪同下坐汽车离开了醇王府，一行人先来到德国医院。为了避免引起怀疑，此事没告知皇后，等事成以后再接皇后婉容。同时，溥仪也没有做任何离开的准备，只是将一包珍珠和一些宝石交给了庄士敦，庄士敦将这些珍宝塞进了皮外套衣兜内。

溥仪和庄士敦走进了德国医院，庄士敦简要地把发生的事告知与自己熟悉的大夫，并说："我马上要去见外国公使们，把皇帝留给你负责，请你好好保护他。"庄士敦从衣兜内取出代管的珍宝交给溥仪，然后请陈宝琛陪着，他自己匆匆离开。

庄士敦前往联系英国公使馆，却被婉言谢绝，英国公使馆的态度是坚决反对收留溥仪，英国政府不愿意采取被解释成干涉中国内政的行动。就在溥仪焦急万分地等候消息的时候，郑孝胥及时赶到，他找到日本公使馆武官竹本多吉大佐，竹本表示欢迎溥仪前往。于是，溥仪又换上马车，在郑孝胥和随侍李体玉陪同下，迎着怒吼的狂风和漫天黄沙一路惊险地来到了日本公使馆。[1]

郑孝胥对自己能在溥仪危急之际把他送入日本公使馆十分得意，并写诗自慰：

乘日风兮载云旗，纵横无人神鬼驰，
手持帝子出虎穴，青史茫茫无此奇！

溥仪从此开始落入了日本人的手里，堕入日本军阀布下的罗网，成为日本人的笼中之鸟。这是溥仪对民族犯罪的开始，他从此走进罪恶的深渊，直到后来成为日本帝国主义侵略中国的工具。

1 参见劳祖德整理：《郑孝胥日记》，中华书局 1993 年版。

日本公使馆里的三个月

溥仪来到日本公使馆，受到了日本公使芳泽谦吉的“热情”接待。溥仪主动投靠日本人，这正是日本人求之不得的，日本公使芳泽与段祺瑞达成谅解，并表示：日本政府也同意溥仪“避居”，“承担”保护之责，公开容留庇护溥仪。随即把婉容和文绣也接入公使馆。

当“皇后”婉容、“淑妃”文绣携带大批箱笼衣物、搭乘日本公使馆汽车想离开醇王府时，在大门口被截住了。把门的警察担心婉容和文绣一去不回，被追究责任，所以拒绝放行。

溥仪得到消息后，立即告诉了芳泽谦吉，芳泽公使马上备车前往执政府向段祺瑞交涉，请他们不要限制“皇后”的行动，很快，婉容和文绣带着她们的太监和宫女来到了日本公使馆。

日本公使芳泽谦吉腾出公使馆中最好的一栋小楼给溥仪使用，并把自己的豪华卧室腾出来给溥仪夫妇居住。溥仪与芳泽两家相处和谐。公使夫人芳泽幸子常到婉容、文绣房中问候饮食起居，言谈举止彬彬有礼十分得体。

摄于溥仪移居北京东交民巷日本公使馆内
左起：陈宝琛、竹本大佐夫人、二妹韫和、溥仪、日本驻北京兵营竹本大佐、三妹韫颖及陈宝琛之子陈骧业

1916年王国维从日本回国前与罗振玉合影

婉容的娘家人也常来相伴，主要有婉容的外婆即贝勒毓朗的福晋和婉容的庶母即荣源三姨太、贝勒毓朗的次女、被唤作“二格格”的恒馨。婉容和溥仪的妹妹们也相处融洽，过日子似乎并不觉得冷清。

自从溥仪移居日本驻北京公使馆，受到了使馆的“热情”接待，京城的王公贵族又活跃起来，纷纷来到使馆向溥仪请安、密陈各种“复辟大计”，溥仪又开始了“皇帝”的生活。

既然溥仪已托庇洋人并拟出洋留学，其信任的目光也随之转向一直主张出洋的郑孝胥和罗振玉，而郑孝胥和罗振玉两人为了能进一步影响溥仪，双方常闹矛盾，甚至发生争吵。

罗振玉出身古玩商世家，是古文献、古文字研究专家，在清末做过学部参事，辛亥革命后跑到日本，在日本考古著书，售卖古玩文物，生活了十年，结交了很多朝野名流，同日本上层社会多有往来。

因此，罗振玉深受日本人重视和信任，日本驻北京公使有什么事总是找罗振玉而不理郑孝胥，遗老旧臣也大多支持罗振玉，郑孝胥一气之下离开北京，跑到上海卖字去了。

1925年2月5日，溥仪过二十岁（虚岁）整寿生日那天，日本公使为溥仪举行了一个大型的庆祝活动。溥仪在日本公使馆礼堂接受了来自全国的500名祝寿者的朝贺，祝寿者争先恐后地向溥仪三拜九叩，气氛异常热烈。溥仪不禁伤感万分，即席演说，美化自己。

……照世界大势，皇帝之不能存在，余亦深知，余早有出洋求学之心，所以平日专心研究英文，原为出洋之预备，只以其中牵制太多，是以急切不能实行，至优待条件存在与否，在余视之，无关轻重，不过此事在余自动取消则可，在他人强迫则不可。……

日本人的一系列举动，让溥仪得意洋洋，进一步体会到只有日本人才最可依赖和信任，溥仪投靠日本帝国主义的决心也日益坚定了。

但是，社会上对溥仪投靠日本人却反响强烈，报上也经常发表指责日本人阴谋的文章，在北京还出现了一个“反对优待清室大同盟”的团体。严肃激昂的抨击溥仪的言行。

溥仪更急于用出洋来逃避社会现实，他想去日本。罗振玉告诉溥仪，他已经和日本人商议好，为了便于东渡日本，可分两步走：第一步先到天津码头，在天津做好去日本的准备，条件具备后，即可乘船东去。对此，溥仪欣然接受。他派朱汝珍到天津去物色住处，最后选中了“张园”。

罗振玉把溥仪要出洋东渡、赴日留学的设想告诉了日本公使芳泽。这对日方来说正中下怀，芳泽很高兴，给予了十分满意的答复。芳泽还联系了当时的执政段祺瑞，段祺瑞表示可以派兵保护，溥仪却对中国军人十分害怕而拒绝。

日本公使芳泽决定派天津日本总领事馆的警察署署长和便衣警察来京，负责护送溥仪由北平前去天津。

第四章
天津年代

赴津一幕

天津时代的溥仪

1925年2月24日，这一天是农历二月初二，俗称为“龙抬头”。经过日本公使芳泽的安排，在天津日本总领事馆人员和便衣特务的秘密护送下，溥仪乔装打扮成青年学生模样从日本公使馆后门走出，由罗振玉父子陪同来到北京前门火车站。火车开动后，每经过一个车站都会上来几个日本特务，到天津时整个车厢被日本特务占满。

到天津以后，日本驻天津总领事吉田茂和天津日本驻屯军军官及数十名日本警察等亲自到车站迎接，表示要对溥仪加以保护。他们还给溥仪准备了汽车，把溥仪一行人送往日租界宫岛街的张园，但是张园却没有做好迎接溥仪到来的准备，于是便临时把溥仪安排到日租界大和旅馆暂时住下。

第二天，溥仪留在北京日本公使馆的人马，连同婉容与文绣的宫女、太监、遗老遗少来到天津，因为和溥仪一起走目标太大，容易引起外界注意，她们是为了避免麻烦，所以迟一天才到的。

几天后，溥仪一行人住进了日本租界的张园。张园又成为溥仪的“行宫”。

张园原系清末湖北提督兼驻武昌第八镇统领张彪的私人住宅和花园，是一座花园式别墅。张彪自命为清朝的忠臣遗老。溥仪来到天津，让这位前清的旧臣感到万分荣幸，为了表示对清室的无限忠诚，主动让出“张园”给溥仪居住。

张彪，山西榆次县人，1860年出生，自幼家庭十分贫苦。张彪生性率直、仗义行侠，深得张之洞赏识，经张之洞提拔，任湖北标统、提督兼驻湖北第八镇统领。武昌起义后张彪逃往日本长崎。八个月后，张彪回国定居天津日本租界。

这期间，张彪开始投资实业。1915年，张彪在日租界宫岛街（今和平区鞍山道59号）买了一块洼地，建了一所三层西洋古典式豪华洋房，各房间都摆设了外国式家具，极为奢华，命名“平远楼”。楼宅四面长廊环绕，到处是花卉果木，还有假山石、凉亭、水池、戏台和网球场地等。

大量的树木花卉让园子里充满生机、绿叶成荫，张彪把园子命名为“露香园”，但因它是张彪的住宅，人们习称“张园”。

冯玉祥发动北京政变，解散国会，推翻总统曹锟，把溥仪赶出紫禁城，为了稳定局势，电约孙中山等全国贤达聚集北京共商国是。段祺瑞和张作霖也电请孙中山北上商谈中国统一和建设问题。

1924年冬，孙中山发表《北上宣言》，主张召开国民会议，和平统一中国。随即偕夫人宋庆龄离开广东，绕道日本来到天津，受到了热烈欢迎。

孙中山到天津前，段祺瑞亲自派人为他选择下榻之所，经过几番挑选，最后选定了张园，张彪虽然十分不情愿，但是此时革命的浪潮已经席卷全国，迫于各方面的压力，张彪不得不同意。

1924年12月4日，孙中山和夫人宋庆龄住进张园，孙中山在张园共住了二十七天。孙中山在张园期间，会见了日本总领事吉田茂、张作霖等社会各界人士六十多人。12月31日抱病离开张园前往北京。

就在孙中山离开的五十四天后，溥仪住进了张园。

与孙中山不同，溥仪来到天津，让张彪感到万分荣幸，这位前清的旧臣为了表示对清室的无限忠诚，主动让出张园给溥仪居住。

张彪虽然年将七旬，仍然十分愚忠地尊溥仪为旧主，特定制了英国惠罗公司的豪华欧式家具，装潢宅内西洋式的建筑，还为溥仪准备了现代化的无线电收音机，尽量在生活上满足溥仪的要求，并且坚决不收房钱，不顾自己年迈，每天还亲自为溥仪打扫院子，精心安排溥仪的饮食起居，并要求自己的家人服从和照顾溥仪。

溥仪住进张园，一楼前部为客厅及大餐厅，后部为文绣卧室；二楼为溥仪卧室及小客厅，东部为婉容卧室及饭厅；三楼是溥仪来后增建的，有饭厅、游艺室及客房。

亲密无间，笑逐颜开的溥仪与婉容

张彪还在园内右侧兴建了一连四间平房，给溥仪的随从和下人使用。张彪除了供应和照料溥仪日常生活所必需外，起初还不断赠送一些现金给溥仪日常零用，尽到了一位清朝老臣的责任和义务，溥仪对张彪的忠心表示赞许，对张园的环境也非常满意。

少女时代的婉容就生活在天津，她刚一到天津，报上便登出一条新闻："溥仪抵津后其妻终日导往各名胜游览，因其妻曾在天津某女校肄业，故颇熟悉。"

在天津，溥仪常携婉容参加各种俱乐部的活动，打网球，去电影院、咖啡馆、夜总会。两人一起溜冰、参加跳舞比赛、乘汽车在租界内购物或游玩，等等。同住张园的文绣却没有这么幸福，很多时候溥仪都是和婉容在一起，长期的不平等待遇，最终导致了文绣与溥仪的离婚。

联络军阀

入住张园的溥仪，并没有整日沉醉于纸醉金迷的享乐，他还想着复辟大清王朝。溥仪在张园又建立起了自己的小朝廷，对外称"清室驻天津办事处"，用的还是宣统的年号。一大群遗老们围拢在溥仪的身边，围绕着溥仪的前途争权夺利，都想把溥仪拉到自己这边。

溥仪来到天津张园居住后，遗老遗少均来问候，罗振玉、郑孝胥、贝勒载涛等时常恭候园中。陈宝琛也追随在溥仪身边，为溥仪筹划主事。为了更方便出入张园，陈宝琛把家眷也搬到天津，此时的陈宝琛已经年近八旬，但每日照常坐着马车觐见溥仪，并让自己的亲属和子女也走进张园，为溥仪服务。先后来津入园常侍溥仪的还有升允、朱益藩、柯劭忞、王国维、温肃、景方昶、万绳栻等。

恢复优待条件是陈宝琛心目中恒久的目标，每当北京政局稍有风吹草动，陈宝琛都无比兴奋。1926年，“中华民国”临时执政段祺瑞下野，直系军阀吴佩孚和奉系军阀张作霖控制了北京政权，陈宝琛认为是大好时机，立即主张与临时政府交涉《清室优待条件》的恢复和“清室善后委员会”的撤销问题，并亲自出马前往北京。

陈宝琛入京后，找到过去曾经有过交往的故友，与民国办事人员多次商议，请他们支持溥仪复号还宫，每当有所收获都及时向溥仪报告，陈宝琛的活动虽然最后都没有任何结果，但他对清室和溥仪的忠心由此可见一斑。

在陈宝琛为溥仪复辟奔波的同时，一位更著名的人物也为了实现大清复辟积极推行自己的政治主张，他就是戊戌变法的中心人物、大名鼎鼎的康有为。

康有为是清末维新运动的主要领导人物，维新变法失败后便流亡海外，到辛亥革命后又回到祖国。他极力维护帝制，反对推翻清王朝，曾与张勋联手搞复辟活动，为保皇党首领。

溥仪抵达天津后，即致电康有为，让他前来天津。康有为接电后马上动身，他不顾年迈体弱、旅途劳顿，当晚即风尘仆仆地前往张园“觐见天颜”，自然还是三拜九叩，跟当年觐见光绪帝的礼节无异。君臣重温旧梦，凄凄惨惨戚戚。继而，康有为以“进德、修业，亲贤、远佞”谏言，溥仪则感其忠心可嘉。

康有为这次北上，舆论哗然。纷纷发表评论指责“康圣人”。北京的“反对优待清室大同盟”公开发表宣言说，作为保皇党首领的康有为，与宗社党党魁升允及其他复辟党羽，麇集天津，秘密会议，“将谋倾覆共和”，“孤注一掷”。

为此，该社团向各界紧急呼吁，扩大“反对优待清室大同盟”，监视溥仪、康有为和其他清朝遗老的行踪，并调查日本方面与溥仪集团的往来关系。

《东方时报》甚至以《清朝圣人》为题发表评论说：“唯是康氏为清朝圣人，而为民国之不祥人。彼每有所图谋，则必不利于民国。故吾人于其来津也，不得不有所惧焉。因改老子之言，而致慨叹曰：圣人不死，大乱不止！”

为了实现“虚君共和”的政治理想，康有为把溥仪“复号还宫”作为自己的首要奋斗目标，而他也把希望寄托在了当时握有实权的军阀吴佩孚身上。

康有为致电吴佩孚，恭维吴佩孚的道德“受国人钦佩”，在清朝时受有中级军官之职，宣统亦属故主，痛责冯玉祥逼宫，请其援助溥仪返京并恢复优待条件。

电文先说清朝统治中国二百余年的好处，继而说清帝逊位有大功，“夫中华之为民国，以清朝让之，非民国自得之也”，所以才有优待清室之条件。

电文斥责冯玉祥“毁法破约，逼帝搜宫”，大声疾呼：恢复皇帝尊号，迎请宣统还宫，“恢复皇室优待条件”。

老奸巨猾的吴佩孚并没有听信康有为的言论，他十分明白复辟的不现实性，顾忌复辟嫌疑会让他受千夫所指，表示无法改变冯玉祥驱逐溥仪出宫这一历史事实。他表示：优待条件既已经破坏，如再恢复，则物议必多，只好听其自然而已。

康有为没有就此罢手，又给吴佩孚写下了数千言的长信，再一次分析中外形势，大骂冯玉祥，痛恨其逼宫的行为，请吴佩孚追讨冯玉祥。

康有为按自己的观点，依次分析了美国、法国等国的政治、经济状况，从而做出结论：中国形势、风俗与欧美格格相反，民主、共和，对中国来说仅虚名而已，中国的政体不能脱离中国的具体情况。在他看来：民国、共和是中国祸乱之源，一切政体都不能适应中国国情，中国唯有立君主才能有望，各路军阀首领都不能领导中国，在康有为看来，只有溥仪才能救中国。

康有为致吴佩孚的这封长信，完整而系统地表述了康氏晚年的政治思想，也阐明了他眷恋旧主、致力于溥仪“复号还宫”的政治基础。

康有为的长信强有力地鼓舞了溥仪及其身边遗老，给了遗老们极大的信心，他们在张园召开“御前会议”，通过一项议案：恳请吴佩孚改组“清室善后委员会”，为溥仪重返紫禁城做好准备，为了实现这一目标，会议推举代表，与北京政府和吴佩孚交涉。同时由溥仪“电谕康有为速行来津并道过吴氏详为商洽”。

他这次应召来到天津，满怀希望，为复辟而作了最后的奋斗，这一切努力到最后都化为泡影，结果只有失望，康有为无奈而返，溥仪安慰了几句，他便返回上海去了。

过了数月，在北伐军的沉重打击下，吴佩孚兵败如山倒，狼狈逃往汉口，他自身难保，再也不管溥仪能不能“复号还宫”了，康有为押在他身上的最后一张牌也终于输掉了。

张作霖和吴佩孚等军阀与清室的关系一直都不错，他们也许有意把溥仪送回紫禁城里去，然而，他们既然生活在时代和民众中间，就要识时务，岂敢轻易应允陈宝琛或康有为的要求？特别是北伐军势如破竹节节胜利，更是令直、奉两系自顾不暇，一直到吴佩孚和张作霖被北伐军打败，康有为和陈宝琛深知大势已去，不得不放弃“复号还宫”的希望。

康有为后来住在青岛，由于溥仪曾赠给康有为一块匾额，名叫“天游堂”，康有为遂把自己的别墅取名“天游园”。

1927年3月8日康有为七十寿辰，溥仪特赏赐亲笔手书“岳峙渊清”匾额一方、玉如意一柄，以表祝寿。康有为受宠若惊，他感恩戴德，回首往事，写下了一千多字的“谢恩折”。

1927年3月31日晨5时半，康有为病逝于青岛福山路6号“天游园”居室。

拜会张作霖

1925年6月，张作霖派亲信阎泽溥前往张园向溥仪进奉银币十万元，并邀请溥仪在他的住处曹家花园相见，这件事立即遭到了师傅们的反对。

因为张作霖住处在租界外，如果溥仪离开租界区来到中国人的地界，人身安全没有保障，而且张作霖作为民国的将领，让皇帝亲自登门拜访有失皇帝身份，溥仪也犹豫了。

早在张勋复辟的时候，溥仪就曾想到过张作霖，曾给他下过一道谕旨，加恩授其为“东三省总督”，命其火速进京“勤王”，由此还引出一段“砸锁用印”的故事来，不料送“谕旨”的张海鹏刚一出京城就被讨逆军抓获，可见溥仪对张作霖是十分信任的。

张作霖，字雨亭，生于奉天（今辽宁）海城小洼村，家境贫寒。其父张有财因聚赌结仇被害，他则随母往镇安（黑山）县外祖家就食。他只在十四岁时读过一年私塾就辍学了，从十六岁起出入赌场，当过货郎，学过木匠和兽医，还在大车店做过用人，都不成事。

他十九岁时开始当兵，后来又当了土匪，开始了“绿林”生涯。张作霖人极精明，深知在“绿林”中吃黑饭是毫无出路的。后来他归顺了清廷，从此摆脱了“绿林”身份。

由于他“精于骑射”，很快就得到提拔，势力越来越大，地位也越来越高，在经历奉系军阀内部激烈的争权角斗之后，终于攫取了奉天军政大权。

1917年张勋拥戴溥仪复辟，张作霖认识到复辟不得人心，此举很难成功，所以他狡猾地采取了观望态度。果然，张勋刚刚打出复辟旗号就遭到国人一致声讨，段祺瑞统率的“讨逆军”很快就把京城团团围住了。

复辟失败后，张作霖巧妙地借用“复辟附逆”的罪名打击了自己的对手，一步步扩大势力，终于在1918年9月取得徐世昌政府授予的“东三省巡阅使”头衔，在此前后又攫取了黑龙江和吉林两省军政大权，成为名副其实的“东北王”，奉系军阀就此形成。

其实，张作霖对“复辟附逆”毫无厌恶之意，当他开始向关内伸展势力的时候就没有忘记利用“宣统皇帝”这块招牌。不过他做得很谨慎：以“忠君”为外壳，以利己为原则，让“宣统”为自己的扩张服务，而绝不愿意跟溥仪倒霉，就更谈不到为之殉葬了。

张作霖一直对皇室很恭敬，因为他早把满蒙地区视为自己的势力范围，联系清皇室与满蒙王公的历史背景，尽管“宣统皇帝”只是一个虚名，但在满蒙地区的号召力和影响力还是很大的，张作霖十分愿意借助皇帝的影响来扩大自己的势力。

在溥仪选立皇后的时候，张作霖就十分想把自己的女儿嫁入宫中，他用这种政治联姻的办法先后与张勋和曹锟结了亲，但他想让女儿当皇后的想法却遭到了婉拒。由于清宫的祖制是满汉不通婚，所以他的愿望没有实现。然而这并没有影响到他和清室的良好关系，溥仪大婚时，张作霖进奉银币一万元。后来张作霖的女儿出嫁，溥仪也备送两份厚礼。一份是给张作霖的，共四色：三镶白玉如意成匣、大卷绮霞缎八端、绿绣喜子中堂成轴、绿绣红缎喜联成对；另一份是给新娘的，也是四色：细绣喜字中堂一轴、细绣喜对一副、化妆品二匣、衣料八件。

1924 年冯玉祥逼宫，把溥仪赶出紫禁城，并软禁在醇王府内。张作霖得到消息大为震怒，厉声痛骂，他认为冯玉祥倒戈、夺取北京城都可以，但是把退位的皇帝逼出宫是不能原谅的，罪大恶极！对冯玉祥的这种野蛮行径表示愤慨。

11 月 24 日，张作霖率奉军入京，随即支持临时执政段祺瑞，撤换把守在醇王府大门的卫队，解除监视并派人慰问溥仪。

然而，形势很快起了变化，张作霖当时还没有力量把局面完全控制在自己手中，所以，后来溥仪离开醇王府，先往日本驻北京公使馆，再赴天津日本租界。

这次张作霖要见溥仪，遭到了郑孝胥和陈宝琛的反对，溥仪也就拒绝了。

但是第二天夜里，荣源突然把张作霖的亲信阎泽溥带来了，并说张作霖正在曹家花园等着他。阎泽溥告诉溥仪，张作霖的住处虽属中国地界，却绝对安全，保证没有任何危险，只是张作霖自己不便来租界，才恳请溥仪前往。

溥仪正考虑是去还是不去的时候，荣源发话了：“皇上，张作霖对皇上一片忠心啊，恢复祖业还要靠像张大帅这样的人啊，拒绝见面恐怕不好吧？”

溥仪还是有些犹豫。

“皇上，若论对皇上的忠心，除了张勋就数张作霖了，皇上要早下决心啊。”

“用不用找郑孝胥和陈师傅商议一下？”

“如果让他们知道了，皇上就去不成了。”

溥仪不再犹豫了：“你说得对，好吧，你通知备车。”

曹家花园原本是北洋军阀政府总统曹锟在天津的公馆，这座占地二百多亩的私家园林初建于 1903 年，1922 年在第一次直奉战争中将奉军赶出关外并独霸中央政权的曹锟来到天津，购得了这座私家园林，在一番大兴土木之后，一座粗具规模的中西合璧、极尽富丽奢华的山水楼台私家花园建成，改称“曹家花园”。

入住第二年，曹锟驱逐了黎元洪，并用贿选手段当上民国大总统，一时可谓春风得意。但只过了一年就被冯玉祥赶下了台，曹家花园也就不再是曹锟的公馆了。与此同时，溥仪也被冯玉祥逼出紫禁城。

现在曹家花园是张作霖在天津的“行馆”，门外有哨兵站岗。

溥仪的汽车停到门口，哨兵向车敬礼，汽车驶入园内，花园门口有个奇怪的仪仗队——穿灰衣的大兵，手持古代的刀枪剑戟和现代的步枪，从大门外一直排列到大门里。汽车经过这个行列，开进了园中。

溥仪下车，被人领着向一个灯火辉煌的大厅走去。

张作霖迎面走来，他毫不迟疑地走到溥仪面前，趴在砖地上就向溥仪磕了一个头。同时粗声粗气地说了声：“皇上好！”

溥仪略有吃惊，心中颇有些感动，赶忙向前搀起他说：“上将军好！上将军请起。”

说着溥仪上前拉起张作霖，一同走向客厅门。

客厅里摆的是硬木桌椅、西式沙发、玻璃屏风，非常讲究而又不伦不类。溥仪与张作霖在一个圆桌边对面坐下，张作霖一支接一支地抽着纸烟。

张作霖说：“皇上来天津这么些日子，住得还习惯吧？俺老张本应前往觐见，但是皇上住在租界，出入多有不便，没去给皇上请安，还望皇上多多包涵。”

“上将军客气了，我在天津住得还可以。”

“唉！都是那冯玉祥混蛋，把皇上从宫中撵出来，他冯玉祥不就是为了多搂点宫中宝物吗？就少唱些高调，俺老张就把奉天的宫殿保护得很好。”

“早就知道上将军非常注意保护我大清文化和国家珍宝的，奉天的宗庙陵寝和宫殿保护得就非常好。上将军的心意，我是明白的，忠心可嘉，可嘉！”

“皇上不该在俺老张带兵到了北京之后，还向日本使馆里跑，俺老张有足够力量保护皇上的，看谁敢动皇上？”

“上将军对我的惦念，我完全知道，当时因为冯玉祥军队还在，实是不得已才进了日本使馆的。”

“皇上要是乐意，到咱奉天去，奉天是大清发祥龙兴之地，皇上可以重返奉天皇宫，住在宫殿里，有我在，怎么都行。”

奉天皇宫！溥仪一听这四个字，心中就升起对爱新觉罗祖宗的无限敬仰。

“上将军真是太好了……”

溥仪离开时，张作霖把他送上车，大声地对溥仪说：“要是日本小鬼子欺侮了你，你就告诉我，我会收拾他们！”

“谢谢上将军。”

溥仪和张作霖的会面，引起日本人的极大不满，因为这时张作霖对日本人已经不再言听计从，日本人也对张作霖产生了反感，但溥仪却由这次会面而在心里升起了希望。

由于张作霖经常不与日本人合作，日本人在张作霖身上难以捞取好处，所以在 1928 年 6 月 4 日，张作霖在沈阳皇姑屯车站被日军炸死。

张宗昌和谢米诺夫

溥仪在天津当“寓公”的七年中，一批批光杆司令、失意政客涌进了租界，这些人只要拿着“联络军人，拥护复辟”这张门票，吊起溥仪重登大宝的胃口，便可走进张园。

溥仪和他们交往的亲疏，往往取决于他们对复辟的态度。

从张作霖给溥仪磕头开始，就有许多奉系将领和其他军阀与溥仪发生联系，使本来准备出洋的计划取消了，溥仪转而把复辟的希望寄托在了军阀、政客身上。这其中与溥仪交往最多的就数军阀张宗昌和白俄中将谢米诺夫了。

张宗昌，字效坤，山东掖县人。1881 年出生于一个穷苦家庭，父早亡后，沦为市井无赖。少年时代，张宗昌就跟着土匪头子混饭吃。十六岁那年，沙俄侵略我国东北，并修筑中东铁路，张宗昌于是来到东北，在北方的几座大城市鬼混。曾在关东做过土匪，在海参崴做过警察头目，后来投奔张作霖做了旅长，在张作霖的手下深受赏识，他招揽数千流落中国东北的白俄散兵游勇，发展至近万人马。由此步步高升，做了师长、军长，最后做到了直鲁联军司令。

第二次直奉战争后，张作霖大举入关，张宗昌在张作霖的保荐下谋得了山东省主席一职，在山东期间，张宗昌利用山东的富庶，开始了对齐鲁百姓的统治和压榨。他大力扩张自己的武装力量，很快达十万余人马，张宗昌的军力大增。

1927 年年初，张宗昌部在南京上海一带被国民革命军打败，退回山东。张作霖被日本人炸死后，张宗昌余部在山东被白崇禧收编，他本人则逃到日本。

张宗昌不仅以声势显赫而闻名遐迩，更以贪婪无度、凶暴残忍、荒淫无耻而著称于世。南方的报纸称他为“狗肉将军”。

张宗昌是北洋军阀当中声名最劣的一个，他平生有三不知：不知道自己手下有多少兵，不知道自己的口袋里有多少钱，不知身边到底有多少位姨太太。[1]

就是这样一个军阀，曾经多次和溥仪联系。

最早在溥仪逃离紫禁城住在醇王府的时候，张宗昌就化装秘密混入府中，他对溥仪深表同情，表示愿意效忠溥仪，落难的溥仪当然被张宗昌的忠心所感动。

溥仪来到天津后，张宗昌更是溥仪的常客，此时的张宗昌已经不再荣耀。

每次张宗昌到天津张园见溥仪，两人都深谈到很晚。张宗昌曾多次给溥仪写信表示“矢忠清室”，每次都是在他遭遇困难打了败仗需要钱的时候，总是最先想到溥仪。

每次向溥仪要钱，他都自己吹嘘有许多军队、枪炮，向溥仪表示恢复清室“实非难事”，而且每次都是说自己胜利在望，只等溥仪给予支援。

溥仪为了拉拢张宗昌，不惜花费金钱和宝物，在给张宗昌的信中对他多有称赞，希望他“建此伟大功业，挽中国之既危”，张宗昌致函表白“此间仍积极筹备，不敢疏懈一息，尚存誓与赤逆不共戴天，耿耿此心，可质天日”。

张宗昌在军阀混战中每一次的胜利，都能让溥仪心花怒放，溥仪希望张宗昌得到全面胜利，好为自己复辟大清打下基础，溥仪在张宗昌身上寄托了极大的希望。随着张宗昌一次次的胜利和失败，溥仪大量的金钱流入他的腰包，张宗昌利用溥仪的金钱来壮大自己的实力，张宗昌最终失败后，溥仪的金钱也就没了踪影。最后，连溥仪自己都不记得给他们拿去了多少钱。

1932 年，经军阀石友三撮合，张宗昌、韩复榘、于学忠结成盟兄弟。张宗昌比韩复榘年长几岁，遂以大哥自居，并对韩说：“俺的许多老部下现在都散驻在山东各处，俺只要去招呼一下，立即可以汇合成一支队伍！”

此话却让充满野心的韩复榘深感不安，这时山东已是韩复榘的天下，他担心张宗昌会卷土重来，威胁到自己在山东的统治。1932 年 9 月 3 日，张宗昌在山东济南车站登上回北平的火车时，被山东省主席韩复榘派人刺死。

谢米诺夫本是一个白俄中将，俄国十月革命后，组织反革命武装，反对苏维埃新政权。被苏联红军击溃之后，他率残部逃到中国满蒙边境一带，奸淫掳掠，无恶不作。

---

1 《土匪军阀张宗昌》，中国文史出版社 1991 年版，第 106 页。

后来，走投无路的谢米诺夫四处流窜，大肆吹嘘自己的武装力量，为自己寻求出路，骗取钱财。但是却经常碰壁。

围在溥仪身边的清朝遗老们认为这个人很有利用价值，经过罗振玉和郑孝胥的介绍，谢米诺夫在张园见到了溥仪，谢米诺夫对溥仪表示“矢忠清室”。支持溥仪的复辟活动。

溥仪对谢米诺夫“犯难举事、反赤复国”的计划，即由他们在满蒙的党羽和军队，夺取满蒙地区建立起“反赤”根据地，再让溥仪就位统治这一计划，十分感兴趣。

谢米诺夫欺骗溥仪说，自己拥有白俄的几亿卢布，还有美、英、日各国的财政支援，所以支持溥仪复辟的经费毫无顾虑，只是暂时拿不到手，要溥仪先出一部分经费。

溥仪对谢米诺夫的话完全相信，立即给他五万元，以助其行。此后，谢米诺夫就经常来到张园，每一次都能给溥仪带来“好消息”，而每一次他都会从溥仪这里带走大笔的钱款。

郑孝胥还把谢米诺夫介绍给了军阀张宗昌，郑孝胥想让两股力量结合起来，一起实现溥仪的复辟大业，张宗昌接受了谢米诺夫提供的这些外国炮灰。

张宗昌的部队曾经驻扎在黑龙江边境一带，早就收留过一批俄国十月革命后逃过来的白俄官兵，谢米诺夫的加入进一步扩大了他手下的白俄军队。后来张宗昌和谢米诺夫之间还订了一项《中俄讨赤军事协定》。

溥仪为了将来利用这股势力为复辟服务，给谢米诺夫在银行专门设立了一个银行存折，随时供他支用，结果大量金钱又是有去无回。

谢米诺夫不断利用溥仪急于联络军阀复辟的愿望，从溥仪身上骗得大量金钱、珍宝等，却从来没有给溥仪带来任何真正实质的好消息，陈宝琛和胡嗣瑗反复劝说溥仪不要相信这些流亡的军阀，最后溥仪对他彻底失去了信心，不再理会他了。

“九一八”事变后，谢米诺夫离开溥仪返回哈尔滨，受日本特务机关雇用，又开始为日本人效力。1945 年日本投降后，苏联红军进入东北，谢米诺夫在旅顺被苏军逮捕，1946 年 8 月 30 日，谢米诺夫被苏联政府判处绞刑。

溥仪在天津的寓所张园，经常是各种复辟势力的聚集地，他们怀着各自的企图走进张园。遍布全国的清朝旧臣遗老是溥仪最为重要的复辟力量，也是最为溥仪所倚重的政治势力，这些人怀着对大清王朝的无限眷恋和对民主共和的刻骨仇恨，极力追随溥仪的复辟活动，他们给溥仪寄钱、寄物，甚至从外地跑到天津给溥仪请安，密陈各种中兴大计，以支持溥仪复辟。当溥仪过生日的时候，大批的旧臣遗老就像经过冬眠苏醒的虫子一样，从各地纷纷涌到天津张园，以显示清王朝最后的一丝残光。

各派军阀政客也向溥仪身边靠近。溥仪想要实现自己的复辟理想，又深感自己手中没有武力，所以溥仪特别注意和各地方军阀往来，幻想利用军阀们手中的武装完成复辟大业。溥仪对军阀们的拉拢手段往往就是赠送财物，而军阀们也都给溥仪带来一些美好的梦想，大量的现金、古玩、字画、珍宝等就这样从溥仪的手中流到军阀们的腰包里了。

再有一些失意的政客和落魄的军人也跑到张园，向溥仪大献殷勤，他们往往是表示愿意为溥仪效劳，愿为溥仪复辟奔走，来换取溥仪的赏赐。溥仪则是为了争取到更多人的支持，对投奔自己的人士，只要是能为自己复辟出力，就不予回拒。

这些人往往是利用溥仪的复辟愿望来骗取金钱财宝，溥仪所有的活动和付出，都是没有任何用途的。

溥仪赐谥王国维

公元 1927 年 6 月 2 日，中国二十世纪杰出的国学大师王国维，正值其学术生涯巅峰之际，却在北京颐和园昆明湖自沉弃世，享年五十一岁。

关于王国维自沉的原因，八十多年来一直被人们争论不休，成为中国二十世纪文化界的一大公案，王国维一跃而入昆明湖，给人们留下了一个千古之谜。

王国维，浙江海宁人。1877 年出生于浙江海宁县城，名国维，字静安，晚年号观堂。王国维出生书香世家，父辈是贫穷的读书人，却一直没有考取功名。为了维持家中生计，父亲王乃誉开始经商。

王国维六岁开始读私塾，十五岁时考取了秀才。1898 年，王国维迈出了一生中关键性的一步，他离开家乡来到上海，在《时务报》谋求了一份工作。在一个偶然的情况下，王国维结识了罗振玉，加入了罗振玉主办的上海东文学社。他的刻苦好学、聪明能干，渐得罗振玉的器重及关照。这年，王国维才二十一岁，他后来能够成为大学者，跨进东文学社这一步，实在是一个难得的契机。罗振玉擅长考古，家里藏有丰富的甲骨、金石等器物，王国维在学术上的成就与罗振玉有很大的关系。后来，罗振玉回到北京，王国维也与之同行。此后几年间，二人形影不离。

辛亥革命爆发后，大清王朝覆灭，以大清遗老自居的罗振玉决心东渡日本。虽曾犹豫再三，王国维还是决定同行。此前，王国维的兴趣本在西方哲学，经罗振玉劝说，这时断然转向国学。

到日本以后，王国维致力于中国古代史料、古器物、古文字学、甲骨学的整理和研究。凭借他的聪明才智和熟读历史的积累，在日本短短几年后就取得了辉煌的成绩。与罗振玉合作出版了《流沙坠简》《殷墟书契考释》等书。随后的几篇文章《殷卜辞中所见先公先王考》《续考》《殷周制度论》《殷墟卜辞中所见地名考》等被誉为我国甲骨文研究史上的里程碑。几年间，王国维成了学术界无人不知的国学大师。

王国维虽然在学术上取得了重大成绩，政治立场却极端保守落后，仍以清朝遗老自居。

1917 年前后在全国出现了一股复辟清朝的逆流，这给罗振玉和王国维带来了一线新的希望，当时两人分别居住在日本京都和中国上海，在频繁的隔海通信中，论学之余最大的话题就是关于时局的看法。

他们最关注作为大清朝尾声之清宫小朝廷，仍被他们称作“乘舆”的溥仪，以及溥仪的师傅陈宝琛、梁鼎芬、庄士敦等。在张勋复辟事件发生期间，他们传递内情，加以评论，表示对溥仪、张勋的尊崇和支持，对参与复辟诸遗老的爱护和同情，对民国军阀首脑的痛恨，以及对事件发展趋势和结果的关注等。

1923 年，溥仪大婚后，为了网罗复辟人才，经师傅们建议，溥仪招了一批有才干的遗老入宫，作为自己的股肱之臣，王国维和罗振玉都在其中，被溥仪任命为小朝廷的“南书房行走”。6 月，王国维入宫觐见溥仪，溥仪颁“旨”：王国维“著加恩赏给五品衔，并赏食五品俸”。王国维入宫后就开始了围绕“圣旨”和“奏折”的生活。

1924 年 1 月，溥仪颁“旨”，赏赐王国维“在紫禁城内骑马”。

王国维对溥仪十分忠心，经常向溥仪呈递奏折，给溥仪出谋献策。他建议溥仪开设皇室博物馆，“以内府所藏之古器、书画陈列其中，使中外人民皆得观览”；他把孔子、老子的学说与“西学西政”作了对比，向溥仪论述中国传统的“修身齐家治国平天下”之道。

他还和罗振玉一起，按照溥仪的旨意在宫中查验审定各宫所藏古彝器，检查养心殿的陈设品，忠心耿耿地为溥仪效力。

然而，才过去两个月，在北京政变中控制了政权的冯玉祥将军，提出修改《清室优待条件》，并经黄郛摄政内阁会议通过，11 月 5 日即派部将鹿钟麟将溥仪驱逐出宫，王国维“南书房行走”的生活，也随之结束了。

溥仪出宫那天，王国维侍从左右“护驾出宫”，面对溥仪被驱逐出宫的遭遇，王国维悲愤慷慨，泪如雨下。他还几度欲投护城河自尽，皆因家人监视而未果。王国维的愚忠思想可见一斑。

离开紫禁城以后的王国维仍然是“奉诏”而动。

1924 年秋，清华大学创办国学研究院，胡适推荐王国维出任院长，清华大学校长曹云祥出面聘请，王国维婉辞以谢。于是胡适便面托溥仪，请溥仪说服王国维。其时溥仪正避居于日本驻北京公使馆，便让师傅代拟“诏书”，王国维不便拒绝，遂“奉诏”赴聘，但不就院长而专任教授，亦称导师。

早在 1918 年，北大的蔡元培就通过马衡聘请王国维出任北京大学教授，讲授中国文学，被王国维辞谢。

蔡元培非常赏识王国维，但是王国维认为自己是清朝遗老，不愿意为民国服务。后来北大采取折中办法，让他担任校外的特约通讯导师，名义上不算为北大工作。王国维这才答应出任北京大学研究所国学门的通讯导师，并不收酬金。

不过，后来王国维还是因为溥仪与北大决裂。原来小朝廷时期宫廷经常盗卖宫中古物，以维持巨大的开销。此事在社会上反响极大，北京大学考古学会发表《保存大宫山古迹宣言》，指责清室出卖产业，散失文物。王国维非常不满，怒而辞去北大通讯导师的职务，当时他已经在宫中任溥仪的“南书房行走”。溥仪入住天津张园后，王国维还是时时关注着溥仪与“行在”，每当溥仪在张园做寿，王国维都前往觐见。

1927 年年初，国内政治形势动荡，北伐军在南方节节胜利，清华园内的著名教授们都很不安，王国维对时局的感觉十分悲观。王国维曾对学生神色黯然地说：“闻冯玉祥将入京，张作霖欲率兵总退却，保山海关以东地，北京日内有大变。”

1927 年 6 月 2 日，王国维照常来到清华大学国学研究院上班，处理完日常公务后，王国维向同事借了五块钱，来到学校门口，叫了一辆人力车径直往颐和园而去。

初夏时节，颐和园青山绿水，郁郁葱葱。王国维来到佛香阁排云殿下的昆明湖边，在石舫前独坐沉思，半个小时后到了鱼藻轩。他点燃一支纸烟，慢慢地抽完后掐灭了烟头，便从鱼藻轩的石阶上猛然纵身跃入昆明湖。

此时，岸边正有一名颐和园的工人，他见有人落水，便跑过来跳入水中把王国维救上岸。整个过程非常短，就连王国维背后的衣服也未湿透，但是由于王国维死志坚决，入水时用力将头首先栽下，所以口鼻中都被淤泥堵塞，以致窒息而死。

一代国学大师就这样悄然离去，留给人们的不仅有无尽的哀思，还有揣测不明的死因。人们从王国维衣袋中发现了一份遗嘱和剩下的四元四角钱。

五十之年，只欠一死。经此世变，义无再辱。我死后，当草草棺殓，即行槁葬于清华园茔地。汝等不能南归，亦可暂于城内居住。汝兄亦不必奔丧，因道路不通，渠又不曾出门故也。书籍可托陈、吴二先生处理。家人自有人料理，必不至不能南归。我虽无财产分文遗汝等，然苟谨慎勤俭，亦不至饿死也。

五月初二日，父字。

王国维为什么自杀？当时及后世有诸多揣测，恐怕已经无人能说清楚。

王国维去世后，罗振玉甚为悲痛，命其第四子罗福葆仿王国维的笔迹写了一封遗折，代递给溥仪，申述眷怀幼主，以身殉清之义。

溥仪看过遗折后大受感动，特颁发一道上谕，著加恩予谥“忠悫”，派贝子溥伒前往奠醊。赏给“陀罗经被”，并赏二千元治丧银。

孙殿英东陵盗墓

1928 年 7 月，一件震惊中外的盗案发生了，清东陵中乾隆皇帝和慈禧太后的陵墓，被国民革命军十二军军长孙殿英率部盗掘，墓内大量的随葬珠宝被洗劫一空。

孙殿英，1889 年出生于河南省永城县西杨楼村，名殿英，字魁元，一般人叫他孙老殿，也有人因他生过天花，叫他“孙大麻子”。孙殿英幼年丧父，缺少家教，整日游手好闲，从十几岁就跟流氓地痞鬼混，出入赌场，并大显才能。他还贩毒、制毒、绑票，可谓无恶不作。

二十二岁那年，孙殿英当了兵，凭借他的机灵，很快被提升为排长，接着又晋升连长。他或明或暗地扩充、发展、培植自己的私人武装。

后来他投靠了地方武装，逐步扩大了自己的势力，成了有名的土匪头子。在以后几年的流窜中，他多次易主，频繁倒戈，反复无常。

1927 年被蒋介石收编，任命为第六军团第十二军军长。

1928 年正是国内战争频繁的一年，军阀混战，老百姓苦不堪言，各部队也都粮饷不足，蒋介石只重视自己的嫡系部队，对于像孙殿英这样收编过来的不属国民党正规军的杂牌军总是另眼相看，经常不给粮饷，而常年没有粮饷又使军心浮动，常有开小差的事情发生。孙殿英所部已半年多没有发饷，面对这种紧急时刻孙殿英也十分着急，担心部队哗变。

1928年6月，国民革命军二次北伐成功，孙殿英所部开驻遵化县，当地有一股惯匪马福田、王绍义等，探知东陵地区无人看守，就伙同其他匪徒窜到东陵准备盗宝。

马福田向来不安分，早对东陵宝藏垂涎，只是没有机会下手。孙殿英得知这一消息后，立即派了一个团的兵力，连夜赶往东陵地区，在离清东陵不远的马兰峪镇与马福田交火，经过一场鏖战，马福田的部下被击溃，剩下一小股人马西逃。

孙殿英借口“防匪护陵”，立即把部队开进清东陵。早在孙殿英驻在遵化县的时候，就屡见被拆毁的东陵殿宇木料大量外运，急于需要粮饷的孙殿英也早就对东陵地下的宝藏垂涎三尺，于是孙殿英的大队人马大摇大摆地开进了清东陵，占据几处陵墓。孙殿英找来几名亲信，经过一番密谋策划，决定盗陵。

清东陵位于遵化境内，占地78平方公里，是我国现存规模最宏大、体系最完整、布局最得体的帝王陵墓建筑群，先后营建了孝陵、景陵、裕陵、定陵、惠陵五座皇帝陵、四座皇后陵、五座妃园寝和一座公主园寝。这十五座陵寝中埋葬着5位皇帝、15位皇后、136位妃嫔、3位阿哥、2位公主，共161人。顺治、康熙、乾隆、咸丰、同治以及孝庄、慈安、慈禧都长眠于此。由于清朝历代皇帝、皇后都实行厚葬，特别是慈禧太后，东陵地下随葬品之多，堪称绝世地下宝库。

7月初，在清东陵附近地区突然出现了第十二军的布告，告示从即日起在东陵进行军事演习，严禁黎民百姓入内，并限令演习区域的居民必须从速迁出，否则发生意外概不负责。老百姓看了布告，谁敢不搬出？连那些守护陵寝的旗丁，也一个不剩地迁出了陵区。

孙殿英拨了整整一个师的人马，把陵寝区四周围得严严实实，四处增岗。在半径五公里内鸣枪示警，一律不准通行。于是，震惊中外、骇人听闻的孙殿英东陵盗宝案发生了。

1928年7月4日至10日，清东陵迎来了历史上最为惨重的浩劫。

孙殿英首先打开了慈禧的普陀峪东陵，进入地宫，看到正中汉白玉台上停放着慈禧太后金光耀眼的棺椁，匪徒刀砍斧劈打开了棺椁，棺盖掀开，再掀开一层子盖，满棺珍宝光芒大放，孙殿英匪兵大喜过望，掠走了全部随葬珍宝。

生前不可一世的慈禧也在劫难逃。遗体被抛出棺外，俯伏在仰置的椁盖上。

嘴里含着的一颗夜明珠被抠走了，上身衣服被扒光了，下体只剩下一件红色的贴身内裤和一只吊在脚尖上的袜子，就连衣服上缀饰的珍珠也都无一幸存。

孙殿英又派人赶往胜水峪乾隆帝陵，将乾隆帝的裕陵地宫掘开，毁棺抛尸，把能拿得出来的珍宝全部搜尽抢光。

就这样，经过七个夜晚的罪恶活动，将慈禧太后、乾隆皇帝两座陵墓内的珍宝文物盗掘一空。孙殿英把所盗珍宝全都归为己有，几天后，三十多辆大车满载珠宝回到司令部。

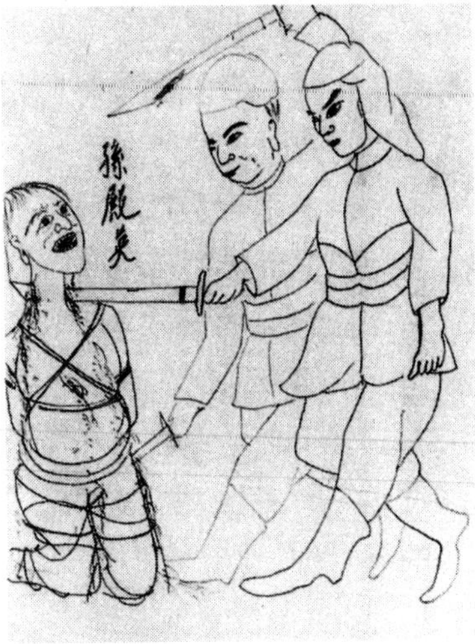

溥仪画《杀孙殿英图》

由于正值军阀混战，东陵被盗一个多月一直不被外界所知，直到南京《中央日报》8 月 13 日头版报道了“匪军掘盗东陵的惨状”的消息，这才震惊全国，此事成为当时家喻户晓的特大新闻。

消息传到张园，溥仪所受的刺激比当年被冯玉祥逼出紫禁城还要严重，张园上下顿时哭声一片。所有的遗老全聚集到张园，大家都痛恨军阀孙殿英和蒋介石，并在张园为乾隆和慈禧搭起了灵堂，每天都有遗老、遗少从各地赶来进行祭奠。

溥仪跪在阴森森的灵堂前，身后跪着一片前清遗老，他满脸泪水向灵牌磕头，身后的遗老遗少也跟着磕头。

溥仪边哭边发誓：“列祖列宗在上，我发誓，不报此仇，便不是爱新觉罗的子孙！有我在，大清就不会亡！不会亡！”

身后的遗老遗少也跟着哭声不止。整个灵堂一片悲哀的哭泣声。

北京的遗老和宗室也纷纷来到张园，一起商讨善后事宜。大臣遗老们连着召开“御前会议”，最后作出决定：一、以清室和遗老的名义向蒋介石和平津卫戍司令阎锡山以及各报馆发出通电，要求惩办孙殿英，要求当局赔修陵墓。二、在张园设置灵堂，并且每天祭祀，祭祀活动一直到陵墓修复为止。大臣遗老们都捐款准备重修祖陵，外地遗老们也纷纷给溥仪寄来钱物。

东陵盗案发生后，举世震惊。一开始各方反应都还好，国民政府下令让阎锡山查办此事。清皇室遗老与国民政府都派人赴东陵实地勘查、重殓遗骨，处理善后事宜。

溥仪亲自派遣清朝遗臣载泽、耆龄、宝熙等人前往东陵重新安葬，只见原来富丽堂皇、珍宝如山的皇陵地宫已经空空如也，残破的棺木和碎衣烂衫扔满一地，慈禧赤裸的尸体被扔在西北角，头朝北脚朝南趴在破棺椁盖上。她脸朝下，左手反转搭在背上，长发散而不乱，扎辫子的红头绳犹在。在地宫里已暴尸四十多天，当翻转尸身时，遗体上出现了许多斑点，遍体长满白毛，嘴角处有残破。

见此惨状，众皇族痛心疾首，载泽等人将慈禧及裕陵内乾隆帝、后、妃尸骨重新殓葬后掩埋了洞口，而后返回天津，向溥仪禀报了东陵实情。

东陵盗宝案一时之间成了天津和北京两地各大报的特大新闻，京津一带满城风雨，新闻报刊也都登载谴责盗墓行为的文章，各界人士强烈要求法办孙殿英。

孙殿英也觉得事态严重，为了逃脱罪责，他到处活动行贿，四处打点权贵。通过戴笠的关系，孙殿英将所盗物品中最为宝贵的乾隆皇帝九龙宝剑、慈禧口中含的夜明珠、翡翠蝈蝈白菜、翡翠西瓜、各色宝石等国宝送给了蒋介石、宋美龄、孔祥熙、宋子文、何应钦等人，把乾隆朝珠中最大的两颗送给戴笠。南京的国民政府迫于舆论压力，开始催促平津卫戍总司令阎锡山尽快破案。当时的四大集团军首脑都派出自己的代表组成高等军法会来会审此案。溥仪满以为很快就会破案并惩办凶手，但是很长时间没有下文。

轰动全国、举世瞩目的孙殿英东陵盗宝案最后不了了之。孙殿英没有得到任何惩罚，溥仪的发誓抗议，张园的设灵祭祀都没有起到任何作用。

1947 年春，孙殿英在河南汤阴战役中被解放军俘虏，共产党念及他抗战时期曾有过好的表现，对他非常宽待，生活上给予照顾，不计前嫌。被俘后的孙殿英独处孤室，忧郁成病，终于在 1948 年 10 月间病死在河北省武安县战俘营，结束了他的军阀生涯，时年五十九岁。

溥杰留学日本

张作霖在沈阳皇姑屯车站被日军炸死，军阀孙殿英盗掘了清皇陵却可以逍遥法外，这让溥仪深感震惊和羞愧，他从中意识到自己为什么欲求复辟却反复失败的原因，这就是若求成事必须手握兵权！要想实现复辟梦想，必须要有兵权和自己的武将，有了武装实力，不但可以保证祖陵安全，还能复辟祖宗的江山社稷，自己的正统“皇帝”身份也会被洋人看中，从而得到更大的支持。

于是，溥仪产生了让二弟溥杰留洋学军事的念头。

溥杰是醇亲王载沣第二子，比溥仪小一岁，曾经入宫给溥仪伴读，深受皇兄信任。溥杰自己也早就有从军的思想。

1927年年初，溥杰刚满二十岁，而且早在三年前就已经和满洲贵族唐怡莹结婚，唐怡莹是光绪帝珍妃、瑾妃的侄女。

满洲的贵族子弟有些是游手好闲、纸醉金迷的公子王孙，持着折扇、提笼架鸟招摇过市，每天琢磨着怎么使生活更好玩儿些。溥杰夫妇也经常出入各种娱乐社交场所，经社交界颇为活跃的陈贯一夫妇介绍，在北京饭店舞场中认识了风流倜傥的少帅张学良，很快就成了好朋友，称兄道弟，出入于饭店、球场、舞场。溥杰还经常到张学良在北京的驻地聊天，交往日深。

溥杰非常仰慕这位青年将军，关注他的一举一动。当溥杰看到张学良进出时前呼后拥，威风凛凛，备受人们尊敬，非常羡慕。遂产生了从军带兵打天下的思想，再不愿空守没落王府，当没用的“御弟”了。

1928年年初，溥杰利用张学良邀请他参观南口奉军工事并检阅部队的机会，向张学良提出投身奉军的愿望。张学良了解溥杰的心思，有些为难地说：“要说这事本身倒很好办。但以你‘皇弟’的身份到我的部队从军，恐不合适。”

溥杰一听急了：“这不是很简单吗？只要你同意就行！”

张学良笑道：“咱们现在是朋友关系，如果那样的话，就成为上司与下属了，这就不好处理了，再说我父帅仍视你哥哥为君主，他会怎么看这件事呢？还有，特别是你哥哥仍旧很讲君臣名分，你给我当手下，他能答应吗？”

溥杰也来了脾气，继续坚持自己的要求：“这是我们之间的事情，就看你答应不答应，只要你答应，什么都好办！”

溥杰又说了一大套理由，并说张学良如果不答应的话，就不够朋友，最后弄得张学良也无可奈何，只好对溥杰说：“那好吧，你既然想当军人，那就先上我们奉天讲武堂念书吧，我负责让你进去，然后在我的军队中留下来做点事。”

当时，奉军处在南方国民政府的北伐军和冯玉祥及阎锡山军队的围攻之中，不久便因作战失利而决定退守关外，张学良特意告诉溥杰可以全家暂赴天津外国租界躲避。他对溥杰说：“冯玉祥来了对你们是很危险的。”张学良还告诉溥杰，到了天津可以住在法租界他姨太太谷瑞玉公馆里，等有机会到奉天上讲武堂。

张学良的话溥杰当然相信，因为正是冯玉祥把溥仪赶出了紫禁城。

溥杰回到家马上把张学良的话告诉了父亲载沣，当然，他已经准备到奉天从军的事儿是不能和载沣说的。载沣也着急了，于是全家就乘坐张学良的专列来到天津，载沣带着溥杰的弟弟、妹妹们住在英租界戈登路166号——溥仪的一所房子里，而溥杰和妻子唐怡莹住在张学良的姨太太谷瑞玉公馆中，这是张学良早年购买的罗马式小洋楼。

几个月之后，张作霖在奉天皇姑屯被炸身亡，谷瑞玉决定要回奉天，溥杰也想跟着一起去奉天，以实现从军的宿愿。然而真要离津时，溥杰又有些犹豫不决，因为他知道父亲载沣一定反对，溥仪也不会同意，溥杰怕这一走会遭到父亲和哥哥的责备，一时没了主意。

妻子唐怡莹则极力主张溥杰随同谷瑞玉等一同前往奉天，她认为这正是溥杰实现理想的大好时机。有了妻子的鼓励，溥杰终于下了决心，他给父亲和哥哥各留下一封信，说明了去向和不辞而别的原因，就随谷瑞玉一起登上日本货船“天潮丸”到大连去了。

溥杰的不辞而别让载沣着急万分，他拿着儿子的信，急急忙忙来到张园找溥仪。哭着让他无论如何也要把溥杰追回来。溥仪也不愿让胞弟到张学良手下从军，就找到日本驻天津副领事白井康，让他设法找回溥杰，白井康应允，马上和大连日本关东厅的翻译中岛比多吉取得了联络。

溥杰乘坐的日本货船“天潮丸”在大连刚靠岸，中岛就带着四五名日本水上警察登船检查，一看到溥杰就问：“您是从天津来的前皇帝溥仪的弟弟吗？”

溥杰以前曾和中岛比多吉见过面，他知道不能隐瞒，只好承认。溥杰登上小汽船来到星浦大和旅馆，中岛把溥仪托日本驻天津领事发给他的电报拿出给溥杰看，电报大意是说：他二弟溥杰到大连后，望妥为监视，暂在大连安排居住，有人会去接回。于是，溥杰就让中岛扣留软禁起来，等待天津派人来接。

这时，谷瑞玉并不知道溥杰出了什么问题，很替他担心。当晚，她带人来到星浦大和旅馆看望和安慰溥杰，并共进晚餐，劝他不要着急。由于此时张作霖被炸正当秘不发丧期间，谷瑞玉无隙多留，连夜赶往奉天。

溥杰在大和旅馆住下了，每天都有会说中国话的日本警察监视。十几天后，溥仪派康有为的得意门生徐勤之子徐良来到大连，溥杰便和他一起回到了天津。

溥杰回来后，立即遭到家人训斥，而他则大谈从军的志向就是为了掌握军事本领恢复祖业。其实，溥杰和溥仪的想法正相吻合。

东陵盗宝事件发生后，溥仪也痛感到自己要有武装才能不受欺侮，因此也正想选派亲骨肉中最可靠的人到日本学习陆军技术。于是溥仪说：“你的志向不错，不过怎么能给张学良做事呢？不如直接到日本陆军士官学校去学军事！学成回来就可以建立自己的武装，恢复祖业了！”溥杰没去成奉天讲武堂，但想到可以去日本陆军士官学校留学，学成回国照样可以当军官，也还觉得很高兴。

但是，让溥杰一个人去日本留学，全家人都不放心，因为溥杰从小生活在王府，一直是由下人伺候着长大的，腐朽的寄生生活让溥杰的自理能力特别差，远到国外一个人独立生活家人都很担忧。于是，溥仪就找来了皇后婉容的弟弟郭布罗·润麒，准备让他和溥杰一起去日本，以便相互有所照顾。对此家人都赞同，婉容也很高兴，润麒的父母当然更希望儿子留学。

润麒比溥杰小五岁，自从婉容入宫后，他也经常到宫里看望姐姐，润麒特别淘气顽皮，以前在宫里时就经常惹事，但是溥仪却很喜欢他，甚至让他骑到自己脖子上。为了准备他们留学，溥仪请日本总领事介绍了天津日侨学校的教师、日本黑龙会会员远山猛雄教授溥杰和润麒日语。

1929 年 3 月，溥仪派溥杰和润麒到日本学习军事，为其复辟作准备

1929 年 3 月 2 日，溥杰和润麒离开天津踏上了东渡日本的求学之路。溥仪在他们身上寄托了自己无限的希望，并亲自为两人改了名字，溥杰叫“金秉藩”，意为秉承曾国藩之志，学成归来复辟大清。润麒叫“郭继英”，意为继承明代开国名将沐英之意，忠于旧朝，复我山河。临行前，溥仪与婉容一起指婚，把溥仪

的三妹韫颖许配给润麒。为之题字："奋勉向学，毋忘复耻。"

溥仪不准溥杰从军投到张学良的帐下，这当然有身份的考虑，但是也有政治的原因，他容不得张氏父子在满蒙称王，因为这是和溥仪自身的利益相矛盾的。家人反对溥杰投奔张学良还有一个更重要的原因，即溥杰之妻唐怡莹与少帅张学良已有私情，如果溥杰到了奉天，家人担心张学良会危害溥杰性命。

原来，溥杰与唐怡莹结婚不久，两人就开始闹别扭，感情一直不和谐，溥杰的家人都认为媳妇蛮横霸道，而唐怡莹也觉得丈夫不能满足她各方面需求，也很不满。唐怡莹很早就羡慕少帅张学良，相识后更留心收集各种与张学良有关的新闻报道。

有一次，溥杰和唐怡莹请张学良到自己家里吃饭，茶余饭后，唐怡莹把收集的一大厚本新闻剪报拿给张学良看，里面都是近些年来报纸上有关张学良消息的剪贴，张学良一看就明白了唐怡莹的心思，一来二往，两人就好上了。唐怡莹能诗会画，美丽活泼，对张少帅又风情万种，当时张学良也很喜欢她，后来几乎要娶了她。这件事在当时尚不为外人所知，但是溥杰的家人心里都清楚，当他们得知是唐怡莹怂恿溥杰去的奉天，都认为这是她想借张学良之手除掉溥杰。这件事情发生以后，唐怡莹与溥杰及其家人的关系也就此破裂。[1]

正是由于这种种原因，所以溥杰最后没有投奔东北的奉天，而是留学日本。

张学良劝溥仪做平民

张学良与溥杰交往比较密切，与溥仪也有许多往来。

溥仪在天津日本租界地宫岛街张园自设"行在"办事处，仍以"宣统皇帝"的身份称孤道寡，而此时二十六岁的张学良却已是身经百战的奉军第三军司令了。年轻气盛的少帅经常与社会名流往来，也曾到张园与溥仪见面。但只是日常寒暄，并没有任何政治目的。

有一次，少帅正在一个饭馆吃早饭，恰巧溥仪也来这里用餐，两人便开始了一番交谈。张学良思想开明，他早就看出溥仪处在一帮封建遗老的包围之中，还时刻想着要复辟大清江山，于是就劝溥仪把身上的皇帝袍子脱掉，把身边那些封建老臣辞掉。

---

1 参见唐德刚、王书君著：《张学良世纪传奇》，山东友谊出版社 2002 年版。

“你肯不肯到南开大学去读书，好好读书，你做一个平民，把你过去的东西都丢掉，你真正做个平民。如果南开你不愿意去，我劝你到外国去读书，到英国或到哪儿去读书。”

“你原来有皇帝的身份，你虽然是平民，你比平民还是高，你要是真正好好做一个平民，将来选中国大总统中有你的份儿。你如果今天还是皇帝老爷这一套，将来有一天会把你的脑瓜子要掉。”

张学良一番推心置腹的话，并不能说服溥仪，此时二十一岁的溥仪对自己的命运也不能完全把握，而且溥仪此时想得更多的还是复辟大清王朝。张学良的一番话，并没有起到任何作用。

如果说在张作霖与溥仪的交往中，还充满着政治上互为利用的因素，张学良跟溥仪的交往则完全是另一回事。他从来没想过利用“宣统皇帝”这块招牌，恰恰相反，而是劝溥仪脱袍子，辞老臣，“真正做个平民”。他们政见不同，交往中潜藏着对立和斗争。张学良承继着老一辈的交往，同时牢牢掌握着自己的原则。

1928 年 6 月 4 日晨 5 时许，张作霖所乘由北京返回奉天的专列行驶到皇姑屯附近的桥洞时，被日本关东军预先埋好的炸弹炸毁，这位乱世枭雄身受重伤，当日逝世，时年五十三岁。

日本关东军炸死张作霖，企图引起政局混乱，挑动军事冲突并乘机占领东北，建立傀儡政权。张学良得知父帅张作霖的死讯后，急忙返回奉天，迅速稳定了东北政局，从而推延了日本侵占东三省的时间，也推延了溥仪当傀儡皇帝的时间。

8 月，张学良宣布为父发丧。溥仪闻讯命师傅陈宝琛和朱益藩给少帅写了一封慰问信，并送去“御笔”挽幛，以尽悼念之意。

张学良收到后，以东三省保安总司令的身份，复了一封亲笔签名信致谢。

张作霖去世后，东三省的命运就摆在了张学良的面前：如果继续走奉系军阀的道路，则势必依赖日本人的支持，而使国内仍处于南北分裂状态；如果接受国民政府的领导，那就必须把张作霖经营多年的“东北王”“满蒙王”置之度外。

两条截然相反的道路摆在张学良面前，主张中国统一、反对内战的少帅选择了后者。

1928 年 12 月 29 日，张学良宣布东北“易帜”，东北三省同时挂出了青天白日旗，张作霖经营多年的奉军亦改称东北军，这是张学良将军对中国历史的一大贡献。

对此，日本人恨之入骨。他们为了劝说张学良以日本为靠山、宣布满洲独立而做了大量工作，包括让派到张学良身边当顾问的土肥原贤二说服张学良出任“满洲皇帝”。张学良拒绝了日本人的无理要求，并不再见他的日本顾问土肥原贤二。

溥仪当然不愿意张学良争皇帝，但他也不愿意看到南方和北方的统一，因为这不利于清朝的复辟，所以他也做少帅的工作。溥仪派手下的老臣商衍瀛到东北，诡秘地从事政治活动。

张学良宣布东北“易帜”后，蒋介石任命他为全国海陆空军副司令，除继续掌握东北三省军政大权外，又在北平中南海设立海陆空军副司令部，坐镇华北五省，从而开始了他一生中叱咤风云的时代。

1931 年 7 月 23 日，正在日本留学的溥杰回国度假，并往静园觐见溥仪。他向溥仪传达了经吉冈安直传递的重要信息：日本军方对张学良不满，希望溥仪接管满洲统治权。

日本军阀反对少帅那是显而易见的，土肥原贤二用“王道论”和“满洲皇帝”勾引张学良，希望他宣布“东北独立”，以逞自己的独吞之欲，结果遭到严厉拒绝。两年以后，还是那位著名间谍土肥原贤二，诱饵也还是“王道论”和“满洲皇帝”，只把猎取对象由张学良改换成溥仪了。溥仪可没有张学良的气概，跟土肥原贤二谈判时，他虽然也曾提出这样那样的条件，最终还是就范了。在震惊中外的“九一八”事变过后，溥仪出关投敌，走上了难以挽回的罪恶之途。

溥仪虽然出关当了日本人的傀儡皇帝，但张学良仍然没有忘记他。

1932 年，张学良利用溥杰从日本回国度暑假的机会，给溥杰写了一封信，信中告诉溥杰，日本人歹毒异常、残暴无比，我们父子同他们打交道的时间长，领教够了。他们对中国人视同奴仆，随意宰割。你要警惕他们，并要劝诫你哥哥，让他同日本人脱掉干系，悬崖勒马。

但是，出关后的溥仪已经钻进日本人的罗网，他还想复辟大清王朝，还对日本人抱有幻想，对张少帅这些忠言根本听不进去。最后，被日本人所用，成为日本帝国主义侵略中国的傀儡，成为民族的罪人。

庄士敦回国

庄士敦从 1919 年入宫正式成为溥仪的师傅，一直到溥仪寓居天津，已经六年多了，他成为溥仪最依赖的人，成了溥仪的灵魂。当溥仪的天津生活开始后，庄士敦萌发了辞谢“帝师”之想。

郑孝胥急忙劝阻，庄士敦告诉郑孝胥，溥仪的英文已经荒废许久，而自己实在是没有理由继续留在溥仪身边，不得不辞。虽然庄士敦请辞，但是溥仪还是挽留了他一个时期，他仍住北京，时而应召赴津。

溥仪到天津最初几个月，继续受到社会舆论的谴责，这些谴责主要来自“反对优待清室大同盟”，说溥仪仍有“推翻共和制的打算”，“主张严厉惩处甚至处死包括皇帝本人在内的帝制分子”。庄士敦也成了被谴责的主要对象，对他的谴责在 1925 年 8 月形成高潮。

溥仪出宫后，国务院下令成立了以李煜瀛为首、由民国和清室共十四人组成的“清室善后委员会”，民国政府方面有李煜瀛、鹿钟麟等九名，清室方面有绍英、耆龄、宝熙等五名，并请罗振玉列席。主要工作是清点宫中陈设、珍宝等财物，划分公、私产，以决定处理。

善后委员会点查溥仪寝宫养心殿时，在一只箱子里发现了溥仪与社会上的复辟势力相勾结、密谋恢复清朝统治的有关文件和信件共二十一件，证明他们在 1924 年春夏之间还在策划复辟大清帝国，遂把这批文件和信件作为“复辟文证”编印成《甲子清室密谋复辟文证》一书予以公开出版。[1]

其中被说成是“头等重要文件”的，就是著名保皇派领袖康有为写给庄士敦的一封长信《康有为请庄士敦代奏游说经过函》和《徐良请庄士敦代奏康有为行踪函》。这些信证明在酝酿复辟的过程中，康有为及其弟子发挥了重要作用，却并不能证明庄士敦参加了他们的复辟活动。但“反对优待清室大同盟”还是发表了一封致英国驻北京公使的公开信，宣称代表四亿中国人，要求把庄士敦“驱逐”出境，否则将要把他处以死刑。

段祺瑞政府没有支持“反对优待清室大同盟”，既不“驱逐”庄士敦，更不可能把他处死。或许庄士敦本人确实不支持溥仪复辟，但却不能因此否认复辟势力的存在，溥仪想复辟还是真的，庄士敦帮助溥仪同驻津的各国领事建立了密切关系也确有其事。

1926 年，庄士敦为了处理英国名下的庚子赔款问题回国。溥仪在庄士敦行前最后一次召见他，并赏赐他几件礼物：蓝宝石戒指一枚，西服领带小钻石月牙式别针一件，溥仪的相片（摄于乾清宫）一张，陈氏花卉册页一册。庄士敦收到礼物，立即呈上谢函：“我深深感谢陛下今日送来的美丽礼物。我很抱歉和惭愧，不能到张园向您致谢，过几个月我从英国回来时，希望能做到。”

1 单士元著：《小朝廷时代的溥仪》，南粤出版社 1988 年 4 月香港版，第 8 页。

1927年年初，庄士敦返回中国，立即前往张园见溥仪。正值溥仪的二十一岁生日，各地的遗老纷纷赶来叩拜。庄士敦回忆那天的情景说："是日清晨，康有为在他的忠实弟子徐良的陪同下前来访我，我们就皇帝的过去、现在和将来的问题交谈了很长的时间，嗣后一起到皇帝在日租界的寓所张园去祝寿。皇帝热情地欢迎我们，当这位老人跪在他面前叩头时，皇帝连忙从座位上站起，拍了拍老人的肩膀让他坐下。这以后我就再也没有看到过康有为了。"

庄士敦与溥仪一起相处了一周的时间，随后就前往威海卫租借地，就任英国的行政官员之职。虽然庄士敦已投身到处理庚子赔款问题方面去了，但他同时还在为溥仪谋前程，利用与民国政府打交道的机会，帮助溥仪联络吴佩孚等军阀。

庄士敦在威海卫任职的三年多时间里，因忙于公务而很少赴津，但始终保持着与溥仪的通信往来，每有恰当机会，必赴张园会晤溥仪。

1930年10月1日，庄士敦代表英国政府将威海卫租借地交还给中华民国政府。威海卫共有二十万居民，自1898年由清政府"租借"给英国，直到1930年才重新回到祖国怀抱。

在威海卫交还中国之前的两星期，庄士敦到天津拜谒溥仪，向他辞行。因为庄士敦完成了他在中国的使命，要离开他生活了三十多年的中国返回英国伦敦，是否再能相见不得而知。庄士敦与溥仪讨论了将来的前途问题，溥仪告诉庄士敦说，他有理由相信，他在天津的长期流亡生活不久就会结束……

庄士敦离开天津的时候，溥仪亲往码头相送，并送给庄士敦一柄折扇，上面录有中国古人送别的一首五言古诗：

行行重行行，与君生别离。相去万余里，各在天一涯。道路阻且长，会面安可期。胡马依北风，越鸟巢南枝。相去日已远，衣带日已缓。浮云蔽白日，游子不复返。思君令人老，岁月忽已晚。弃捐勿复道，努力加餐饭。

溥仪站在码头，一直望着，直到庄士敦所乘的船远去了才离开。

返回英国整整一年之后，庄士敦又来到了中国，这对他本人来说也是一件出乎意料的事情，原来又有了处理庚子赔款的公务，加之两年一度的太平洋会议这一届正好在中国召开，庄士敦将作为英国代表团的成员出席会议。他搭乘的轮船到达日本的前几天发生了"九一八"事变，遂不再停留，而于10月2日进抵中国上海港。他当即给溥仪发了一封快信，并很快前往天津面见溥仪。

溥仪很高兴，那天特派一名随侍到天津火车站把庄士敦接回静园，老师和学生又在特殊历史时刻度过了不寻常的日子。

当时，溥仪正面临着是否前往东北的问题，陈宝琛为首的“主拒”派和郑孝胥为首的“主迎”派正进行着激烈的“御前辩论”。郑孝胥大谈其开放政策，主张必须依靠列强实现复辟大业；稳健的老臣陈宝琛认为时局未稳，前景未明，不相信能够借助外力而实现复辟清朝的政治理想。

庄士敦当时并没有支持郑孝胥的主张，然而，庄士敦确实已在这个晚上获得了重要而明确的信息，这信息使他“能够预见到在不久的将来将会发生什么事情”。

庄士敦还带来了他的书稿《紫禁城的黄昏》，并请溥仪写了一篇序文。当他这次在天津得知溥仪有意出关重建清朝皇帝基业时，又决定在书稿后面增写一章《龙归故里》。

11 月 13 日，庄士敦从南京返回上海，这一天正是溥仪秘密离津偷渡白河以后在营口登岸的日子，庄士敦已从一份私人电报中获悉消息，知道溥仪“已在满洲”了。他还清楚地知道，“皇帝离开天津前往满洲完全是出自他个人的意愿”，并在他那本书中，把这一过程概括为“历尽艰险，龙归故里”。庄士敦也就此返回英国去了。

日记与情书

溥仪来到天津以后，北京的政局很快就发生了变化，留在北京的载沣也感到了时局的不稳，为了家人的安全，载沣于 1928 年把全家搬到天津。

溥仪早已经在日租界给载沣准备好了房子，但是载沣却坚决不同意住在日租界，他对一家人的安全比溥仪考虑得更多。溥仪终于让步，于是又在英租界戈登路给载沣另找了一座房子，为了不引人注意，对外隐称作“王公馆”。

家人的到来让溥仪十分高兴，他常常在周末把妹妹们找到张园来玩儿，和家人在一起，让溥仪少了皇帝的架子。

妹妹们也非常喜欢张园。在张园比在宫里少了许多规矩的严肃，大家可以轻松和随便地一起说说笑笑，吃饭的时候也是大家都坐在一起，可以随便说话，不用提心吊胆。对于长期生活在深宫里的姐妹来说，如同一次全身心大解放，面对精美可口的菜肴，可以毫无顾忌地吃个饱。

在相处的亲属中间，溥仪与二妹韫和和三妹韫颖接触得最多。溥仪还经常带着二妹和三妹参加各种社交活动，两个少女，一个丰容盛鬋，一个纤弱苗条，在

溥仪与弟妹们在天津张园

社交场合颇为引人注目。

两位妹妹的婚事也是由溥仪亲自订下的。他把二妹许给郑孝胥的长孙郑广元；给三妹韫颖选的是婉容的弟弟润麒，但载沣不大同意，他认为润麒贪玩，不爱读书，特别能爬高，不是上房顶就是钻晾台，哪里危险他上哪儿。载沣有“晕高”病，所以提起润麒就连连摇头。然而，溥仪和婉容还是这样决定了。

二妹韫和曾用日记记录了当时溥仪与婉容和妹妹们在天津生活的真实片段。这些珍贵日记，是用现代语言写的，这里选录溥仪移居静园前后的几段：

1929 年 4 月 3 日

晴，早晨七点左右，皇上来了，稍坐一会儿，就与皇上一起到跑马场散步，回来后到了张园，晚上八点才见到皇后，一直到十点才回来（按：婉容抽大烟，作息无规律）。

1930 年 6 月 24 日

早上来到静园读书，没有读英文。下午，同皇上、皇后一起去正昌（按：天津一家有名的西式果品店铺）购点心，又来到跑马场散步。

在正昌购物时，我和婉容等人开玩笑。我手持一只花瓶问她们众人：“你们说这是什么？”没想到却没把花瓶放稳，就听“砰”的一声，花瓶竟倒了，因倒在玻璃柜上所以声音很响。当时我满面通红，放声大笑。后来三妹告诉我，当时所有在店铺中的人都瞪眼看着我，我当时却笑得十分开心。回静园用完晚餐，七时多才回来。

1930 年 11 月 23 日

今天是星期日。今天也是我虚度二十岁的生日，我所谓的虚度并不是假话，我虽然二十岁却一无所成，实在是虚过啊。早上来到静园行礼，皇上和皇后赐给了生日礼物，一点多才回来，给父亲行礼，三妹给我拜寿，瑞琴（按：载沣侧福晋邓佳氏）及四妹等人也为我拜寿。婉容庶母恒馨派人给我送来生日礼物，晚上同父亲和众人来到致美斋（按：天津一家大饭店）用晚餐，然后又到了明星剧场欣赏马连良精彩的京戏表演，直到午夜二点才回来。

今天虽然很高兴，但抚今追昔，能无感于衷乎！

从二妹韫和的这些描写朴实的日记中，我们看到了溥仪与妹妹们在一起过得十分开心，他完全可以不受任何人的约束，自主支配个人的言行，溥仪在津时期政治思想已趋成熟。

婉容是一位富有思想的女性，她不但要求物质享受，更要求精神上有所寄托。在储秀宫的岁月里，她期盼着丈夫的“中兴”事业能够成功，如果有一天她能成为“国母”，或许也要“干政”的。

离开紫禁城以后，她又寄希望于越洋留学，她与丈夫一样都是不甘寂寞的，又因时代的熏陶而不拘于保守，西化的东西甚至超过了传统的东西。

天津时期的婉容，既不想向历代后、妃那样空居尊位、依礼如仪、虚掷光阴，也不想放弃皇后身份，追求平民那种温暖的家庭生活。

这一时期溥仪和婉容的感情生活还是不错的，两人经常乘坐小汽车兜圈子，或者到公园、影院去散散步、看看电影，或者逛天津的大百货商店……

溥仪常常送给婉容礼物，这些礼物不限于“依例节赏”之类，新照相片、丝巾、唱机等，有些赏赐确能表达感情。

有一次，溥仪心血来潮，独自逛惠罗公司，买了一块钻石手表送婉容，他贪时髦，让人在背后刻了一行字。第二天嘱太监前往取表，太监发现手表背后多了一行英文字，以为是商标，乃询问职员，职员拼读给他听，但没有解释意思，一踏入内廷，太监即急不可待地喊道：“皇上，皇上，您买的 ILOVEYOU 牌子手表十分标致，奴才已带回来了。”

众人一听都笑不拢嘴，溥仪自己的秘密被拆穿亦面红起来，婉容则甜在心头，只有淑妃心里不是滋味，假装听不见，看不到。从此之后，这个太监便被人取笑并给他安了 ILOVEYOU 之诨名。

婉容也经常给溥仪写些情意绵绵的情书，这些情书表现了空虚寂寞的婉容对溥仪之种种期盼。婉容希望丈夫能够真心爱她，盼着快点儿怀孕生子，时刻都在妒忌情场上的对手。

她更深沉的感受也以别种方式被记录下来，正是婉容自己把思恋、痛苦与追求，把爱情、憎恶和无边无际的苦恼，都通过笔尖倾注在日记的册页上了。翻开婉容的日记，似乎就穿越了沉重的历史年代，看得见倾国倾城的绝色，听得清哀婉动人的心音。这是历史的记录，中国最后一位皇后的内心独白——

如果亲爱的能真心爱臣妾，心中时时有臣妾的影子和声音，臣妾就感觉到安慰极矣。臣妾生病之时，若不是亲爱的细心呵护，恐怕早已经在九泉之下了，再者，臣妾生病并非只这一次，大病已经三次了，我知道亲爱的对我不但不淡漠，而且情义甚重。此情此景，臣妾早已铭记在心，并且感念极矣。午夜扪心，实在感激，泣（笔）。三月十三夜十二钟又半，不眠，书此以慰吾爱。

1931 年 4 月 30 日

吁嗟亲爱的！不知道你心中到底有怎么感想？不觉令人好恨，绝不该将臣妾嫁与有妇之夫。就说前数年在张园，我总是怀疑你与淑妃很要好的时候，我心中十分悲伤，终日终夜终时终刻无一时不是悲泣，所以忧思过度，以致经痛和腹泻一直不停，能有近百天。因此，才有现在的神经衰弱。可是，我也没有牢骚埋怨过，每天见人时候还必须洗面赔笑，那时，谁也不知道我心中之苦。

1931 年 5 月 2 日

亲爱的！今天我累了，不能同亲爱的玩，实在对不住。别着急，我们明日再玩。好好睡觉，我好多了。

1931 年 5 月

荷花色艳而娇，迎风欲舞，清气芬芳，俱一种爱美姿态。且其全体皆有宜于人：从其根至其梗、至其叶、至其花、至其实，皆成药品。妒者谤其过艳，知者赞其德纯。多才而色艳，此何谓？“出污泥而不染”，此非德乎？且其全体皆可入药，此非才乎？叹余何福，每当晨起或当夕阳欲坠之时，扶小环，持蕉扇，徘徊于竹阴荷塘前。或歌一曲阳春白雪，或歌一曲泛彼泊舟泛其流，或歌一曲梦里不知身是客，一晌贪欢无限江山……

婉容留下的文字，既展现了婉容的文采，也表白了这位末代皇后的心境，展现了皇家生活给她带来的无边无际的苦恼。

溥仪的寓公生活

溥仪在天津初期的生活并不是很惬意的，经费靠遗老们进贡，当然不充裕。

多亏有些东西可卖，那是溥仪为自己出洋游历而准备的生活费。1922年秋冬之际，他利用溥杰每天出入宫廷的条件，以“赏赐”为名，令其将大量字画、宋版书和玉器盗运出宫，其中一些宝物就在这时变成钱了。溥仪把这些钱存到外国银行里或购买房地产，以增加收入。

天津在当时是繁华的国际大都市，对于自幼长在深宫的溥仪充满诱惑，溥仪根本没有机会接触现代化的生活方式，古老的宫殿让溥仪仿佛还生活在古代。来到天津后，让溥仪眼界大开，开始享受现代化的生活。外国商场中五光十色的商品让他目眩神迷，看什么都新鲜。他为自己购置了大量的西洋奢侈品，汽车、家具、钢琴、金表、地毯、高级立式收音机。他脱去了长袍马褂，换上了高档名牌的西装、猎装、运动服。用白金、钻石、翡翠等名贵饰品把自己打扮得像个西洋人。开始一种全新的生活方式，租界里的洋行老板都十分欢迎溥仪的光临。

租界内的英、法、意、德等国的领事或驻军司令，都和溥仪保持着密切的联系，溥仪常能收到各国驻津头面人物发来的各式各样的邀请信，每当租界内有交际舞会、晚宴、婚礼、阅兵典礼等娱乐活动，溥仪也常常带着婉容光临。

天津是婉容非常熟悉的城市，婉容的少女时代就是在这里度过的。溥仪每次外出几乎都是带着婉容，经常乘车到各处游览，去万国赛马会、西湖饭店舞厅、打网球，去电影院、咖啡馆、夜总会，出入各种娱乐场所。把惠罗、正昌、中原、义利等天津的大百货公司，最热闹的中街以及不少游乐场等吃、喝、玩、乐的地方逛遍了。

盛夏时节，隔个一两天，溥仪总要带上婉容乘汽车出外兜风，顺便到起士林、利顺德，买冰淇淋、刨冰、奶油栗子粉等冷饮或去西餐厅饱饱口福。起士林的厨师还应邀到张园为溥仪做西餐。利顺德还曾专门为溥仪准备了山珍海味作为“御膳”，其中有银鱼、紫蟹、河蚌、野兔、火腿、面包、山鸡等。溥仪还经常与婉容等人到利顺德的大宴会厅参加歌舞晚会。若在严冬之季，溥仪也愿携婉容溜冰呀、跳舞呀，他们形影不离地尽情欢乐。把日子打发得轻松愉快。这两个人也很快成为天津的风云人物。溥仪头戴礼帽，手拄文明棍，身穿燕尾服，很自在地享受每一天，仿佛他就要这样生活下去，忘记了被赶出紫禁城的往事。

故地重游，给婉容带来了无限乐趣。这时的婉容虽已失去皇后身份，却正过着一生中最快乐的平民生活。

本来，溥仪和婉容当初来到天津是为了准备出洋留学的，但是天津的都市生活让溥仪眼花缭乱，这种新的生活方式让溥仪暂时放弃了留洋的打算，在天津一住就是七年。

溥仪和婉容应邀出席阅兵典礼、晚宴、婚礼和舞会，优哉游哉，快乐非凡。文绣则像个局外之人，似乎永远没有资格足登大雅之堂。

第五章
秘密出关

与“列强”的勾结

溥仪在天津期间对外交际多了，主要是和日本人往来，从日本驻天津驻屯军司令官高田丰树开始的历任驻屯军司令官都和溥仪常来常往；日本驻天津总领事吉田茂、副领事白井康以及陆续继任的总领事等也都是溥仪的常客。宴请，是他们交往的重要方式。

日本国内来人一定要拜会溥仪；新年或溥仪过生日，日本人也到张园祝贺；日本天皇过生日即所谓的“天长节”，溥仪也必须到日本领事馆或驻屯军司令部表示祝贺。日方有所举动时，也邀请溥仪出席仪式，如参观日本军舰，参观日侨小学校等。

日本驻津军司令官小泉六一拜访溥仪夫妇

在溥仪参观日侨小学校时，沿途的日本小学生手持纸旗夹道欢呼万岁，把溥仪感动得热泪盈眶，感叹不已。而溥仪参观日本军舰，军舰上的日本海军将校列队向溥仪致敬，日本舰长以能见到溥仪而感到极大的荣幸。这一切都让溥仪兴奋无比。

日军驻天津司令部还定期派人给溥仪讲时事，向溥仪灌输日本军队是不可战胜的，而中国军队是非常无能的等思想，让溥仪对日本军队产生无比的崇拜。

溥仪的张园（包括后来的静园）时刻在日本人的“保护”之下，日本总领事派日本警官一名和日租界内的中国人巡捕三四名，借保护溥仪的安全为名住在张园，二十四小时全天候对溥仪实行监视，院子里所有的一切行动无一不被记录在本子上，并及时报告给日本总领事。溥仪每次外出，都有日本警官跟着，并且他还要把溥仪出门和见人的事记载下来给总领事做汇报。这一切都让溥仪认为是租界的日本人对自己的关心。

日本人就是用这种种的方式，使溥仪对日本人产生了感激之情，把日本当成溥仪复辟的第一外援，日本成了溥仪最“亲密的朋友”。溥仪强烈的复辟思想被日本人所利用，所以当 1931 年“九一八”事变后，溥仪兴高采烈地认为龙归故里的大好时机到了。日本人携溥仪前往东北，一场荒唐的傀儡戏也从此拉开了序幕。

溥仪虽然一直住在日本租界区，但租界内的美、英、法、意、德等国的领事或驻军司令也都和溥仪保持着密切的联系，溥仪常能收到各国驻津头面人物发来的各式各样的邀请信，每当租界内有交际舞会、晚宴、婚礼、阅兵典礼等娱乐活动，溥仪也常常带着打扮得花枝招展的婉容光临。

溥仪、郑孝胥与英军司令官

每年的一战胜利纪念日，英租界举行公祭“无名战士纪念碑”和阅兵式都邀请溥仪参加。当英国王子来访天津也特意拜访溥仪，举行茶会招待并合影留念。

郑孝胥经常向溥仪夸赞意大利法西斯元首墨索里尼是“世界上杰出的英雄人物”，当意大利驻天津司令官离任回国时，溥仪听从郑孝胥的建议，给墨索里尼写了一块“举世无双”的匾额，交其带回国，并把两张溥仪亲笔签名的照片托其分送给意大利国王和墨索里尼，以表示溥仪对墨索里尼的敬意和仰慕。

后来，继任的意大利司令官走马上任，也把意大利国王和墨索里尼给溥仪的照片带来作为对溥仪的回敬，并把溥仪请到司令部检阅了军队的阅兵典礼，并为溥仪举行了盛大的招待宴会，让溥仪对意大利法西斯感激涕零。

郑孝胥的日本之行

在张园期间，溥仪受到“遗老”们的包围，他们为了争夺对溥仪的控制权和影响力，经常发生相互诋毁和彼此倾轧的事情。他们的宗派之争和思想矛盾使他们意见冲突摩擦不断。

陈宝琛和胡嗣瑗是当时“遗老”中的所谓“保守派”。他们的政见是：不可轻举妄动，应以注意自身安全为第一要务，也就是要“伺机观变，静以俟时”。

罗振玉始终主张依靠日本，认为复辟的希望在日本人身上，是顽固的“亲日派”。

郑孝胥和其长子郑垂在当时的“遗老”之中，是被称为好大喜功盲进分子的，他们的主张是：积极和外部势力勾结，争取得到各“列强”的支持来策划实施复辟。

郑孝胥的政治野心在“遗老”当中是最大的，并且狂妄自负也几倍于其他人，常自夸是个了不起的人物，最羡慕意大利法西斯元首墨索里尼，并且还以中国的墨索里尼自居。

陈宝琛对郑孝胥的狂妄自负不以为然，常指责郑孝胥的空话。胡嗣瑗则是忠厚老实的书呆子，反对郑孝胥的冒险，反对溥仪和郑、罗以及他们联络的人往来。陈宝琛和郑孝胥两人对罗振玉的态度却都是一致的，认为罗振玉是一个只图私利的政治掮客。

溥仪对陈宝琛和胡嗣瑗还是比较信任的，尤其是和陈宝琛有相当长的历史关系，所以对于他的意见都很尊重，但有时由于陈宝琛过于持重，特别是在和郑孝胥的对比之下，总觉得有些暮气。对罗振玉则是另一种态度，因为总是有人说罗振玉的坏话，所以溥仪在信任的同时又免不了多几分疑心。

溥仪对于郑孝胥父子的信任是随着时间发生变化的。溥仪第一次见到郑孝胥是在 1923 年 8 月 22 日，也就是溥仪离开紫禁城的前一年，经庄士敦和陈宝琛的推荐与郑孝胥会面，郑孝胥对溥仪大谈自己的理想和抱负，从盘古开天辟地到大清中兴，谈得眉飞色舞、唾星乱飞，让溥仪热血沸腾，认为遇到了能让大清起死回生的难得的忠臣。立即授予"懋勤殿行走"和总理内务府大臣的头衔，开始为溥仪整顿内务府。但是没过多久整顿就宣告失败。

溥仪被冯玉祥逼出紫禁城来到北府后，又在郑孝胥的活动下溜进日本公使馆，郑孝胥赢得了溥仪的信任，战胜了所有对手。郑孝胥又信誓旦旦地向溥仪保证要说服段祺瑞帮助溥仪"复原还宫"，恢复优待条件。但是段祺瑞却不可能让郑孝胥的理想实现，因为他考虑更多的是自己的利益。

郑孝胥自食其言，引起了"遗老"们的不满，纷纷向溥仪指责郑孝胥"清谈误国"，使溥仪对他开始冷淡，郑孝胥也知趣地离开了溥仪。

溥仪来到张园后，郑孝胥又重新回到溥仪身边，并逐渐取得了溥仪的信任。郑孝胥有自己的主张，他看出当时在国际上有对中国虎视眈眈的帝国主义，国内又是军阀之间相互残杀的混乱局面，各地还有不少强烈幻想复辟的军阀和政客，所以早把溥仪视为"奇货可居"，要掌控溥仪来投靠帝国主义，对所有的西方"列强""门户开放"，利用"列强"的帮助来实现溥仪复辟大清的美梦！

天津时期的溥仪与郑孝胥

郑孝胥把日本看成是第一个可以利用的"列强"，于是主动请求去日本寻求支持，并得到了溥仪的赞许，1928 年 9 月 18 日，郑孝胥登上日舰“神吉丸”号开始他的日本之行。郑孝胥在日本成了溥仪的代表，受到日本各派的热情接待，特别是与军部以及黑龙会方面都进行了广泛的接触，使溥仪大受鼓舞，增强了复辟的信心。

就在溥仪入住张园的第三年，张园的主人张彪患了癌症，溥仪带着自己的“御医”亲自为其诊治，但已回天乏术。1927 年 9 月 13 日，张彪的生命走到了终点。溥仪赠张彪“心如金石”匾额，这位大清的老臣为溥仪尽了自己最后的忠心。

1929 年，日本天津驻屯军看好张园，想强行收买，作为日本军部使用。通过女特务川岛芳子出面与张彪之子商洽，第一步就是要把溥仪迁走。

张家八兄弟并非一母所生，无法共居一处，这时也想将张园出售，各得一份财产，然后分道扬镳。乃顺势向溥仪提出讨要房租。日方也趁机停止向张园供应水、电，迫使溥仪不得不搬迁。7 月 9 日，溥仪一家由住了四年多的张园迁到位于今鞍山道 70 号的陆宗舆（曾任民国驻日本国公使）的私宅“乾园”。溥仪将“乾园”改为“静园”，取“静观变化，静待时机”之意。

溥仪离开后，驻屯军以十八万银元的价格购买了张园，作为日本驻军高级军官的住所。不久，原建筑被日军拆除，建起罗马式砖木结构二层楼房，作为日本军部。

文绣以泪洗面

溥仪大婚，同时迎娶了一后一妃，但是溥仪的家庭生活并不圆满，婉容少女时期在天津曾经受过西方教育，反对中国传统的多妻制。加之溥仪自身的生理问题，很少与婉容同床，婉容于是就怀疑溥仪有更多的时间是和文绣在一起，以致后、妃之间的矛盾就经常不断地产生。

文绣刚进宫时溥仪也很喜欢，平时经常去重华宫和她聊天。文绣好学，求知心切，溥仪就给她请了专职的汉文和英文老师。文绣得宠，却激起了皇后婉容的无名妒火。皇后与皇妃互相嫉妒，这本在历代宫廷中极其普遍，而婉容和文绣的明争暗斗，也实属情理之中。两人争执、吵闹的“小事件”也时有发生，溥仪不得不常常给她们“断官司”，这两个人，婉容地位高，又年长几岁，总存心排挤文绣。

文绣毕竟是位妃子，在宫中的地位自然不能与婉容相比，自入宫以来文绣就受到了许多不公正的待遇，大婚典礼上的热闹场面好像与她无关，接受来宾祝贺也不让她参加，同样入宫与皇帝成婚，却好像是参加别人的婚礼。婚后的日子更充满艰辛，性格内向的文绣经常受到婉容的妒忌，而溥仪却又时常偏袒婉容。

外面的世界已经随时代的洪流迅猛地向前发展，而封闭的紫禁城小朝廷还生活在古老的封建制度下，小皇帝仍按旧制册立一后一妃，二女共侍一夫。接受过新思想的皇后婉容主张一夫一妻，反对皇帝纳妃；身为妃子的文绣也不甘忍辱偷生，她向往自由、追求平等，要过正常人的生活。这样，后、妃之间的明争暗斗当然也就不可避免，“妃子”的地位正是文绣终生悲剧的根源。

皇后和淑妃闹矛盾，皇上也说不清孰是孰非。溥仪的心思都在复辟上，也不可能拿出很多精力处理后、妃之间的矛盾。婉容依仗地位优越，人也长得漂亮，又比文绣工于心计，常常在与文绣的争风吃醋中占上风。溥仪又经常被她哄得蒙头转向，以至于越来越偏袒婉容，很少到文绣的住处去，文绣内心的痛苦可想而知。这期间，文绣曾写过一篇著名的《哀苑鹿》：

春光明媚，红绿满园，余偶散步其中，游目骋怀，信可乐也。倚树稍憩，忽闻囿鹿悲鸣婉转，就而视之，奄奄待毙，状殊可怜。余思此鹿得入御园，受恩俸豢养，永保其生，亦可谓之幸矣。然野畜不畜于家，如此鹿在囿内，不得其自由，犹狱内之犯人，非遇赦不得而出也。庄子云：宁其生而曳尾于涂中，不愿其死为骨为贵也。

这篇短文真实描述了一个生活在深宫大院中的女人孤独的处境。红墙黄瓦，金碧辉煌的宫殿，却让文绣感觉到自己好像生活在人烟稀少的深山老林。

论外貌，文绣确实不如婉容，但论思想和文才则不比婉容逊色，她不愿意做豢养在御园的囿鹿。她的思想深处，有一个比“皇妃”身份更加重要的东西，这就是自由，她要求有一个普通人的家庭生活，然而，这一合理、正当的要求，在帝王之家却根本得不到满足。

早在北京紫禁城时溥仪难得走出神武门一步，来到天津以后，生活条件变了，可以随便上街了，溥仪与外界往来频繁，社交活动也多了。

那几年，经常有租界地的各国领事或驻军司令，邀请溥仪参加各种晚宴、舞会、阅兵典礼等活动，打扮得花枝招展的婉容，每次都兴高采烈地从文绣窗前经过，陪同溥仪得意洋洋前往。每当文绣目睹这一幕，一阵莫名的酸楚就会涌上心头。溥仪经常向臣下和亲族颁赏，唯独作为妃子的文绣，从来没有得到过任何一样物件的赏赐。

各种活动溥仪都不许文绣参加，在家里也冷冰冰地把她放在一旁。溥仪和婉容住在楼上，文绣住在楼下。虽然就在同一栋楼房里，无事谁也不和谁来往，好像马路上的陌生人一般。婉容成天摆着皇后的大架子，盛气凌人。溥仪又特别听信婉容的话，文绣常常被他们两人冷眼相待。时间一长，文绣和溥仪的感情就一天比一天坏了。婉容的生日，溥仪总要给大办一番，而文绣的生日却冷冷清清，若无其事。婉容和文绣各自的开支也由婉容1000元、文绣800元缩至300元和200元。后来，溥仪没事也不到文绣房里去，也不让文绣随便到他的屋里。

文绣跟着溥仪在天津一住七年，前四年多住在张园，后两三年住在静园。在静园，溥仪更加冷落文绣，而婉容总是希望溥仪能够真心爱她，时刻妒忌情场上的对手，她对同命运的文绣竟没有丝毫同情，后、妃的明争暗斗还是不断，在这样的环境里，文绣深感痛苦和寂寞。文绣失宠之后，连伺候她的仆人也敢给她脸色，不听使唤。这时能给文绣带来安慰的，只有胞妹文珊。原来，文珊嫁给了庆亲王载振的儿子溥锐，这时也住在天津。1925年前后庆亲王全家搬到天津，买下位于英租界内原属太监小德张的一处房产。溥锐本已经娶了晚清军机大臣那桐之女，文珊只是溥锐的外室。溥锐又是一个纨绔子弟，到处演唱花面戏，文珊的婚姻生活也很不幸。姐妹相见只能相互安慰，对面诉苦。

来自溥仪和婉容的双重欺辱和虐待，让文绣难以忍受，无日不以泪洗面，度日如年。痛苦的文绣多次抗争也都起不到作用，曾几次自杀未遂，与溥仪和婉容已经水火难容了。

“妃革命”震荡海河两岸

一次，文绣独自外出，回来后在院子里吐了一口唾沫，凑巧婉容正坐在旁边，便生了疑心，认为文绣是作态诟骂她，婉容立即向溥仪告状：

“皇上，淑妃瞧不起我，刚才背后冲我唾了一口。”

“是吗？太不像话了。”

婉容要求溥仪派人到文绣房中当面斥责。溥仪也不分青红皂白，便把随侍李国雄和太监赵长庆找来。

“你去！问问淑妃，为什么要在背后唾皇后？不明事理，可恶！”

因为皇妃失宠，所以连下人和太监也敢欺侮。赵长庆叩开文绣的房门，文绣正坐在梳妆台前。

赵长庆大声道："淑妃听旨！皇上派我来问你：为什么要唾皇后？不懂人情世故，太可恶！"

文绣愣了，更慌了，平时自己总是躲着皇后，生怕惹出事端："我哪里唾皇后了？"

"皇上说，休得胡辩！今天不认个错儿就别想过关。"

文绣气得头晕目眩、浑身发抖，一时不知如何是好，大声哭道："求皇上、皇后开天高地厚之恩，饶我一死吧！"

这时，李国雄又进来。

"皇上传旨：淑妃目无尊卑，辱骂皇后，古来无你这等之人，大清二百多年无你这等不知礼之人。"

文绣的眼泪一下子涌出来，趴在床上放声痛哭不止。多少年来所受的苦楚让文绣哭得昏天黑地，以至于哭得眼中出血。但是皇后婉容还是不依不饶，溥仪只好下谕：此事过去，下次如再犯绝不宽恕。

但是这次打击对文绣太大了，她几天都没有从痛苦中缓解过来，每天都会从房中传出哭声，溥仪和婉容却毫不理会，照样有说有笑，就好像什么事也没有发生。

太监赵长庆跑过来报告："奴才禀报皇上，淑妃正在自己房中哭闹，还在床上打滚，扬言明年今天就是她的忌日，拿着剪刀要捅自己的肚子，让奴才夺下来了。"

溥仪十分生气："她惯用这种伎俩吓唬人，谁也不要理她！"

婉容心里有些不是滋味："皇上，还是劝劝淑妃吧，别闹出什么事。"

"好吧，赵长庆，你快去庆亲王府，把淑妃的妹妹文珊找来，让她劝劝淑妃。"

文姗来了，姐妹俩抱头痛哭，文绣一肚子苦水一下子倒了出来，又哭得死去活来。两人一直在房间里待了很长时间，文绣的哭声渐渐平息，文珊劝慰一阵后，走出房间来到溥仪和婉容面前说，她姐姐日夜哭泣、心情郁闷，希望允许她陪伴姐姐外出散散心，也许能好些。几天来文绣哭闹让溥仪也很烦闷，于是，他大发慈悲，慨然应允。当天下午 3 时，文绣由文珊陪着，为掩人耳目也带了太监赵长庆，乘坐溥仪的专用汽车出了位于协昌里的静园大门。

汽车开出静园，文绣指令司机一直开向国民饭店。汽车在饭店门前停稳后，只见文绣和文珊从容下车，推门而入，与值班店员略为说明后便直奔 37 号房间去了，太监赵长庆面有惑容，但又不方便多问，只好紧紧跟在二人后面。

进房坐定后，文珊正色告太监说："你先回去吧！淑妃就留在这儿了！还要向法庭控告你们皇上哪！"太监赵长庆大惊，吓得面如土色，不知所措，继而跪下，频频磕头道：“淑妃娘娘，您就可怜可怜奴才吧，您不回去了，让奴才怎么样向皇上交代啊？求您了，和奴才回去吧，不然奴才没法向皇上交代啊。”一边说着，赵长庆一边磕头不止。

文珊看了一眼赵长庆：“你起来吧，今天的事和你无关，皇上不会怪罪你的。”

文珊说着，从包里拿出三封信：“你可拿着这几封信回去转告皇上！”

赵长庆接过信还想哀求，只听房门一响，三位西装革履的律师走了进来，与文绣和文珊一一握手，他们便是文珊替文绣聘请的律师张绍曾、张士骏、李洪岳。他们按照预定的时间前来工作。

张绍曾说：“我们恭候二位女士已经两天了，能够为您服务深感荣幸！”

文绣一看三位先生，个个双目有神，精明能干，心里十分高兴，连声称谢。

跪在地上的太监赵长庆一看此景，知道再说什么也没用了，便起身把信揣进衣袋，快步出门登车而去。

这时，文绣深知此地不可久留，溥仪一定会派人找来。于是，赶快向三位律师交代了一下，确定了接头联络方法，随后便在文珊陪伴下，从后门走出国民饭店，按事先计划好的方案另觅安全的处所去了。

再说太监赵长庆急急忙忙回到静园，战战兢兢地据实向皇上禀报一番，溥仪也吓了一跳，他平时欺侮文绣为所欲为，从来没有想到平日在他眼里老实巴交的淑妃竟敢在他头上动土，溥仪从太监赵长庆手里接过信，原来是文绣的律师们所写，一封是张士骏代表文绣致溥仪的，一封是张绍曾代表文绣致溥仪的，还有一封是李洪岳代表文珊的发言。

信的内容大致是：已经接受诉讼者委托，正式受理这桩离婚案，还透露了文绣出走的原因和要求。大要申述其备受虐待不能忍受，且述事帝九年，未蒙一幸，孤衾独抱，愁泪暗流，备受虐待，不堪忍受。明确提出：今兹要求别居，溥仪应于每月中定若干日前往一次，实行同居，否则唯有相见于法庭。

溥仪阅后大惊失色，大清近三百年间从来没有过这样的事情，妃嫔一旦入宫，一辈子都别想跨出宫门，倘淑妃夜不归宿，开数百年大违祖制的先例，这可是开了大清皇帝以来的先例，可就把他“皇上”的脸面丢尽了！于是立即传谕，派出一批太监和随侍，到国民饭店寻找。

国民饭店内的大小房间翻腾一遍，也不见人。溥仪又命人去老庆王府，一定是让文珊拐到她家躲藏起来了，太监和随侍乘车来到载振家，搜索文珊的居室，仍无结果。当时文珊的公公正在外地，而文珊的婆婆十分不悦，竟向溥仪派来的人员大发雷霆说：“你们来此寻找妃子，我还想向你们要儿媳妇呢！”来搜府的人听出话味儿不对劲，就草草退出了事。

溥仪得到回报，焦急万分！顿感颜面无存，他马上召集遗老旧臣召开“御前会议”商议对策。出席会议的郑孝胥和胡嗣瑗都认为这是最见不得人的丑事，是大清朝开国以来少有的奇耻大辱，不能容忍，不能姑息迁就。面对现实又无可奈何，最后决定委托律师出面，与文绣的律师对话，争取和解，把大事化小，小事化了。

胡嗣瑗派出溥仪常年雇用的法律顾问林廷琛和林启，第二天会晤文绣的律师张士骏，提出考虑溥仪的特殊身份，不要起诉，也不要登报声明，最终目的是争取和解。文绣的律师提出：“事情已经到了这种地步，文绣女士绝不会返回静园与溥仪、婉容共处，如果溥仪先生有诚意，那就承认她的完全自由，允许文绣女士园外另住、照给用度，支付赡养金50万元，不得干涉个人行动自由。我们尽力调解，以求和平解决！否则，除了向法庭提出诉讼外，别无他法。”双方各持己见，谈判一时陷入僵局。

贬文绣为“庶人”

这次文绣出走并不是偶然的，经过了相当一段时间的酝酿与策划才付诸行动。文绣脱离静园后步骤从容、手续敏捷，一切都进行得妥帖，这就是明证。后来清室驻京办事处在给有关人员的信中曾提到，文绣出走后检查她的居室，发现“衣饰及贵重物品”早已经“运走一空”，这显然也是因为早有准备。

淑妃与皇帝闹离婚，犹如向封建统治阶级甩出一枚炸弹，震荡了平津乃至全国。就在文绣逃出静园的第二天，即1931年8月26日，这条重大社会新闻便泄露了出去，消息不胫而走，各大媒体热闹非常，《前清废帝家庭之变》《溥仪之妃革命》《溥仪家庭风波》……有关此事的报道占据了平津各报的显要版面，连篇累牍的评论文章，几乎都是声援和支持文绣的，呼唤人权的呼声不绝于耳，人们纷纷向敢于同封建皇家决裂的文绣投来赞许的目光。

而封建卫道士们也站出来维护皇家的尊严。被激怒的封建顽固派，如黑云压顶般向这位不愿再当“皇妃”的青年女子施加压力，而最让文绣伤心的竟然是族兄文绮打了头阵！文绮两次投书天津《商报》，对文绣大肆攻击。这位族兄在信中写道：

蕙心二妹鉴：顷闻汝将与逊帝请求离异，不胜骇诧。此等事件，岂我守旧人家所可行者？我家受清室厚恩二百余载，我祖我宗四代官至一品。且慢云逊帝对汝并无虐待之事，即果然虐待，在汝亦应耐死忍受，以报清室之恩德。今竟出此，吾妹吾妹，汝实糊涂万分，荒谬万分矣！

溥仪与文绣离婚之报道

文绮的信发表后，一股围剿年轻皇妃的旋风顿时从平地间刮起，潜伏在四面八方的遗老遗少射过一支支冷箭。面对种种恶势力，文绣在律师的帮助支持下，毫不屈服，予以针锋相对的回击。她给文绮复了一信，揭露了文绮的虚伪面目：

文绮族兄大鉴：妹与兄不同父，不同祖，素无来往，妹入宫九载未曾与兄相见一次，今我兄竟肯以族兄关系，不顾中华民国刑法第二百九十九条及三百二十五条之规定，而在各报纸上公然教妹耐死。又公然诽谤三妹，如此忠勇殊堪钦佩……

查民国宪法第六条，民国国民无男女、种族、宗教、阶级之区别，在法律上一律平等。妹因九年独居，未受过平等待遇……委托律师商榷别的办法，此不过要求逊帝根据民国法律施以人道之待遇，不使父母遗体受法外凌辱致死而已。不料我族兄竟一再诬妹逃亡也、离异也、诈财也、违背祖宗遗训也、被一班小人所骗也、为他人作拍卖品也。

……理合函请我兄嗣后多读法律书，向谨言慎行上作功夫，以免触犯民国法律，是为至盼。

文绣用以对付恶势力的武器正是中华民国的法律！她投向皇权的炸弹不是别的，正是写在资产阶级旗帜上的人权和人道！因此，当时就有人把这一件事叫做“妃革命”。

溥仪一方为了皇家的所谓声誉，坚持“不许离异”条款，遭到文绣的断然拒绝。且在支付赡养金问题上，沟壑依旧，谈判几次都陷入僵局。对于文绣的控告，溥仪极端恐惧。妃子要与皇家兴讼，“九五”之尊，对簿公堂，成何体统？

文绣顶住了来自各个方面的压力，坚决不再回到让她痛不欲生的苦海。经过双方律师两个月的反复磋商、激烈争斗，最后，在文绣做了很大让步之后，双方达成一份离婚协议。10月22日，在林廷琛的律师事务所举行签字仪式。

文绣与清皇室主人脱离关系一案，兹经双方律师调解，议定条件如下：

一、文绣自立此约之日起，即与清皇室主人脱离关系；

二、清皇室主人于本件签字之日，给文绣一次终身生活费五万五千元（付款另有收据）；

三、文绣于本件签字之日即将所有随身常用物件（另有清单）全部带走（付物时另有收据）；

四、履行二、三两条件之后，文绣即归北平大翔风胡同母家独身念书安度，绝不再向清皇室主人有任何要求；

五、脱离之后文绣不得有损害名誉之事，双方亦不得有互相损害名誉之事；

六、文绣将天津地方法院调解处之申请撤回，此后双方均不得发生任何诉讼；

七、本件自签字之日生效，共缮四份，双方律师各执一份。

在该协议后面有三方的签字画押：首位为“清皇室主人代表、管理驻津办事处事宜”胡嗣瑗；次位为“立约人”文绣；再位为“公证人”林启、林廷琛、李洪岳、张绍曾、张士骏五位律师。至此，文绣才真正获得了自由。

作为协议的首位签字人，胡嗣瑗把签字过程细致入微地写入了自己的日记，记载了中国末代皇帝与末代皇妃史无前例的离婚案的终结。

离婚后的溥仪颜面尽失，第二天就下了一道史无前例的“废淑妃为庶人”的“御旨”。

谕淑妃擅离行园，显违祖制，应撤去原封位号，废为庶人，放归母家居住省愆。钦此。宣统二十三年九月十三日。

溥仪读过两遍，细细思量，觉得措辞未免过苛，于是提笔勾去“放归母家居住省愆”一句，才正式颁发。他还不惜花费一大笔广告费，把这条煌煌上谕刊诸平津报纸报头旁边的头条广告栏内，以向世人宣布，他虽然破费了几个钱总算是买回了皇家的脸面。

这场妃子革命的重要意义就在于文绣敢于运用中华民国的法律来挑战封建皇权，最后赢得胜利，是民主和人权的胜利。文绣也成了我国历史上第一个敢于向封建皇帝提出离婚并诉诸法院获得成功的皇妃，应该说在中国近代史上具有标志性意义。

文绣离婚后办完善后事宜就返回北平去了。离婚后的文绣，改回少年时代使用过的名字傅玉芳，在北平市私立四存中小学教书，还在《华北日报》社当过校对员。1947 年夏，与国民党北平行营管理库房的国民党少校刘振东结婚，度过一段安稳的军官太太的生活。解放战争时期国民党败退台湾，刘振东没有跟着跑，而是选择留下。新中国成立后他被安排在北京西城清洁队当工人。1953 年 9 月 18 日，文绣因心肌梗死去世，终年四十四岁。葬于北京安定门外土城义地。

日本人的阴谋

日本长期以来就对中国怀有很大的领土野心，日本在推行其对外侵略政策时，总是把中国作为它的首要侵略目标，特别是把我国的东北作为其攻占的首要地区。

1927 年 4 月，日本田中义一组阁。田中是一个典型的大陆扩张主义者，上台后加速了侵华步伐。6 月 27 日至 7 月 7 日，田中内阁在东京召开“东方会议”。在日本侵华史上，“东方会议”是一次决定“国策”的重要会议，也是田中内阁为制定侵略中国的总方针而召开的重要会议，其中心议题就是所谓“满蒙政策”。田中在会上提出了明确的侵华方针《对华政策纲领》，公然将中国领土区分为“中国本土和满蒙”，明确提出使满蒙脱离中国，置于日本统治之下的目标，这已经暴露了要把中国东北分割出去、变为日本殖民地的野心。

会后，田中义一又向日本天皇呈奏一份题为《帝国对满蒙之积极根本政策》的秘密文件，这就是臭名昭著的《田中奏折》，奏折极其露骨提出了日本对外侵略扩张的总战略：“如欲征服中国，必先征服满蒙；如欲征服世界，必先征服中国。”

在 1931 年 4 月制定的日本参谋部形势判断中，曾提出了分三个阶段逐步吞并中国东北：一是扶植卖国集团，成立亲日政权；二是建立“脱离中国本土”的“独立国”，即扶植傀儡政权；三是吞并中国东北，划入日本版图。

为了达到首先征服我国东北的目标，日本人最早选中了张作霖，想通过张作霖，扩大日本在满蒙的权益，巩固日本的垄断统治权。在张作霖不听任摆布被炸死后，又把目光落在张学良身上。张学良就任东三省保安司令后，日本政府派在张学良身边当顾问的土肥原贤二向张学良进呈了一篇《王道论》，请他当满洲皇帝，并宣布“东北独立”，遭到张学良严厉的拒绝，张学良本打算赶走作为顾问的土肥原贤二，但日本人不答应，于是，张学良从此不见土肥原。

1928 年 12 月 29 日，张学良不顾日本的威胁利诱，为了维护祖国统一，毅然宣布东北“易帜”，接受南京政府的领导，张学良被任为东北边防军司令长官，从此，所部改称东北军。

这以后，日本人才把目标转向溥仪，希望这位前清皇帝能取代张学良，并驯顺地出任他们的傀儡。而此时张学良就成了日本人侵略扩张的绊脚石，日本就必须想办法把张学良和东北军赶出东北，由此，“九一八”事变已经不可避免。

日本人早就在打溥仪的主意，溥仪被逐出紫禁城而躲进北府，日本人就与之联系并开始琢磨他了，后来在郑孝胥和罗振玉的鼓动下，溥仪离开北府进入日本兵营，日本公使芳泽谦吉随即把溥仪接到日本公使馆。

在溥仪危难的时候，芳泽谦吉夫妇十分“热情”，经常为他举行宴会，这就让溥仪对日本人有了某种好感和信赖。到了天津以后，溥仪更加相信日本人是自己复辟的外援力量。从此，日本人就没有放开过溥仪。

“九一八”事变

1931 年 6 月上旬，在日本留学的溥杰正准备回天津度假，突然接到日本鹿儿岛步兵第四十五连大队长吉冈安直的一封信，吉冈曾在天津日本驻屯军任佐级参谋，给溥仪讲过时事，与溥杰也相识。吉冈来信是邀请溥杰到他的家乡鹿儿岛做客。

溥杰一到鹿儿岛，就受到吉冈非常热情的招待，带他游览附近名胜古迹，到海滨游泳。吉冈告诉溥杰：“回到天津，请转告令兄，别看张学良在东北为所欲为，日本军方对他不满。不久，中国东北也许会发生什么事情。宣统皇帝是大有前途的，希望他多保重，等待时机的到来。”

溥杰听到这充满深意的话十分高兴，回到天津立即告诉了溥仪。不久，一个日本华族水野胜邦子爵来到张园访问溥仪，临走时，水野胜邦送给溥仪一把日本扇子，扇面上题一联诗句：“天莫空勾践，时非无范蠡。”这个典故再度向溥仪作了明显的暗示。

这一系列的暗示让溥仪兴奋异常，连着做了几个晚上“重登大宝”的美梦。复辟祖业的机会终于来到了！

1931年9月18日，日本帝国主义蓄意在中国制造了震惊中外的“九一八”事变，进而侵占了中国东北地区，为实现其吞并全中国的野心迈出了重要的一步。

为了事变时进攻沈阳城和北大营的需要，日本参谋本部给沈阳独立守备队配备了两门威力强大的二十四厘米榴弹炮。7月，两门大炮秘密从日本经大连港运到沈阳独立守备队，并迅速安装完毕，炮口直接瞄准沈阳城和东北军的北大营。

9月18日夜10时20分，日本关东军经过精心策划自行炸毁了南满铁路柳条湖附近的一段路轨，并布置假现场，摆了三具身穿中国士兵服的尸体，诬称是中国军队所为，遂以此为借口，早已经准备好的威力巨大的榴弹炮开始炮轰沈阳北大营中国军队驻地。这就是震惊中外的“九一八”事变。

由于张学良的东北军执行了蒋介石的不抵抗政策，在以后的四个月里，日本关东军迅速占领了东北三省。

事变的消息传到静园，所有的人都很兴奋。

溥仪正在书房收听无线电收音机。郑孝胥拿着报纸急匆匆来到溥仪跟前。

“皇上，日本关东军在东北和张学良的部队打起来了。”

郑孝胥把报纸递给溥仪。

“这是日本《日日新闻》送来的号外，昨天夜里日本关东军攻占了张学良的东北军驻地北大营，进攻了沈阳城。”

溥仪有些激动：“这么说，我们的机会来了？”

“皇上，日本人攻占东北容易，但是要想在东北统治下去就难了。现在沈阳方面的情况还不是太明朗，我们不必太着忙，日本人迟早会来请皇上的，我们最好先和各方面都联络一下，听听各方面的反映，然后再做决定。”

“郑大人说的是，我们这就派人去东北。”

“好，我这就去安排人，我想我们多派些人，把情况打探清楚。”

溥仪接连派出三批人员为他探听消息，一批在天津市内活动，一批派到日本国内，还有一批前往东北。以联络东北遗老为目标的佟济煦，到沈阳面见袁金铠和熙洽等人以后，万分激动地返回天津向溥仪报告。

“此次东北之行大有收获，臣见到了东北保安参谋熙洽，熙洽对臣说，他期待了二十年的机会，今天终于来到了，他已经组织了请愿团迎圣驾回銮奉天呢。现在奉天各界已经准备迎接圣驾，请皇上勿失良机，东北全境‘光复’指日可待，三千万‘子民’盼皇上回去，立即到祖宗的发祥地主持大计。以图恢复祖业。”

“熙洽的忠心实在难得啊！”

佟济煦说：“微臣还见到板垣，日本人现在已经完全控制了东北的局势，奉天一切准备好了，就等着皇上临驾了。”

“看来我们的机会真的来了。”

“皇上，时机已至，切莫迟疑，满洲乃我大清龙兴之地，数千万臣民正翘首以待，盼皇上幸临！”

佟济煦说着，用双手捧着用一块黄布包着的土块：“皇上，这是奴才从东北带来的一块宝土，皇上得到这块土，预兆将得到整个满洲的领土！”

佟济煦说得满面泪水。

溥仪很动情地从佟济煦手中接过土来，用鼻子闻闻，实有一股祖居龙兴圣地的芳香：“感谢关东的三千万父老，我不会让他们失望的。”

“九一八”事变后，日本人内部在是否让溥仪出任傀儡的问题上，也存在截然不同的意见。日本驻天津领事馆接受日本外务省指示，认为时机不成熟，不宜轻举妄动，劝告溥仪暂时不要离开天津；而日本天津驻屯军，则收到日本国内军部的指示，鼓动溥仪立即出关。

日本人之间的矛盾，两种意见，一时之间都摆在溥仪面前，让他无所适从。

1931 年 9 月 30 日，天津日本驻屯军翻译吉田忠太郎，到静园找到溥仪，请他到驻屯军司令部商谈重要事情，在司令官香椎浩平中将的住宅里，溥仪见到了罗振玉。

郑孝胥和罗振玉两人向来是争夺溥仪的对手，罗振玉因受郑孝胥排挤，1929 年离开溥仪，来到大连。“九一八”事变又让他得到新的机会。他找到吉林省主席张作相的参谋长熙洽，拿到熙洽写给溥仪的“劝进”信。同时请来日本关东军参谋板垣征四郎的代表上角利一，两人一起来到天津。罗振玉把这看成复辟清朝的好机会，希望溥仪尽快到东北，趁此也能再与郑孝胥较量一回。

熙洽在“劝进”信中写道，复辟祖业的机会终于来了，请“皇上”勿失良机，三千万的东北“子民”盼着“皇上”立即到祖宗发祥地主持大计，凭借日军的支持，先占据满洲，再图关内。只要溥仪一回到沈阳，吉林即首先宣布复辟。天津日本驻屯军司令官香椎浩平中将也以天津治安不好为由，促溥仪迅即动身。

但溥仪一回到静园，立即遭到所有人的反对，陈宝琛、陈曾寿、胡嗣瑗都认为罗振玉一直弄虚作假，未可轻信。而郑孝胥当然不能让罗振玉有机会“垄断”溥仪，也认为罗振玉的话“靠不住”，以致罗振玉终于败兴而返。

两封亲笔密信

罗振玉走后，溥仪听从郑孝胥的建议，派出日本籍家庭教师远山猛雄分别给日本新上台的陆军大臣南次郎和日本“黑龙会”大特务头子头山满各带一封亲笔密信，上面均有“宣统帝”玉玺和郑孝胥的签名副署。溥仪想直接摸摸日本人的底细。

给陆相南次郎的信中写道：“今者欲谋东亚之强固，有赖于中日两国提携，否则无以完成。如不彻底解决前途之障碍，则殷忧四伏，永无宁日，必有赤党横行灾难无穷矣。”

给黑龙会首领头山满的信中写道：“溯自辛亥禅政，瞬已廿载，水深火热，民不聊生。必如何奠安东亚，拯苏民生？深望阁下加以指导。兹遣家庭教授远山猛雄往见，诸当面详。此致头山满先生阁下。”

溥仪显然也想利用“九一八”之后的政治形势，复建大清帝国，并把希望寄托在日本军阀和右翼势力身上。

南次郎，1874 年出生于日本一个没落的武士家庭，1895 年毕业于陆军士官学校，1903 年从陆军大学毕业后进入陆军任职，1919 年当上日本天津驻屯军司令官。

南次郎是一个狂热的军国主义法西斯军官，他热衷于大日本帝国的对外扩张，是日军对外侵略这个疯狂战车上的重要一员。1931 年他出任陆军大臣后，即积极参与制造了“九一八”事变。

1934 年 12 月，南次郎被任命为关东军总司令兼驻满特命全权大使，代表日本政府和军部掌控“满洲国”大权。成为“满洲国”名副其实的“太上皇”，而溥仪则是受他操控的前台“儿皇帝”。“满洲国”政府的一举一动都要经南次郎首肯才行。

日本投降后，南次郎被远东国际军事法庭判处无期徒刑，1955 年 12 月 5 日，南次郎在半昏迷的睡梦中死去，终年八十二岁。

头山满，1855 年出生于日本福冈市，是日本右翼势力首领，早年参加自由民权运动，1879 年同平冈浩太郎等人结成向阳社，1881 年改建成秘密的军国主义团体玄洋社。后又发起创建日本最大的黑帮组织黑龙会，是黑龙会的精神领袖。

头山满具有忠厚长者的风度，平生最爱玫瑰花，终年不愿离开自己的花园，保存着古代武士道精神，被称为“全国志士的总帅”。他以佛教徒的身份，在玫瑰花香气的氤氲中，捋着银须，面容“慈祥”地冥想出一个又一个的骇人阴谋和惨绝人寰的凶杀。

他自称“天下浪人”，与军部、财阀、官僚相勾结，对内专事迫害社会进步人士，对外配合军部进行侵略活动，公然以入侵大陆为其纲领。一贯鼓吹“大亚细亚主义”和对外扩张，是大亚细亚主义的提倡者。黑龙会骨干分子则多数是其信徒。日本侵华的许多头面人物，如土肥原贤二、广田弘毅等人，都曾是头山满的门生。

1944年日本战败前，头山满病死在自己在日本静冈县富士山的别墅，终年九十岁。

溥仪给南次郎和头山满的两封密信，是要拉拢日本军阀，从日本政要这里得到支持，利用他们来实现自己前往东北、复辟祖业的目的。

“主拒”派与“主迎”派

溥仪为了达到自己的目的，再派陈宝琛的外甥刘骧业密赴东北摸底，与此同时，静园里“主拒派”陈宝琛和“主迎派”郑孝胥为争取溥仪的角斗日益激烈。

从“九一八”事变的次日开始，溥仪身边的老臣陈宝琛、朱益藩、郑孝胥、陈曾寿和胡嗣瑗等，就已经开始研究“治理满洲”的方策了，并就应该如何借用“九一八”事变实现复辟大清理想、应否出关前往东北等具体问题展开辩论。老臣陈宝琛历来稳健，不相信能够借助外力而实现复辟清朝的政治理想。他认为当前时局未稳，前景未明，皇帝出关的时机并不成熟，仍须继续观察。

郑孝胥则极力主张“要想复辟成功一定要借助外力”，只有依靠列强的帮助，才能实现。他还认为：“事变”后日本人一定会迎请皇帝去东北主政，则复辟大业就可以实现。

胡嗣瑗主张暂时不要有所行动，要“静观变化”，等时机成熟以后，再相机筹之。

一个主张不能去，一个主张必须去，陈、郑两人互不相让，争论不休。

陈宝琛：“皇上千万不要贸然行动，现在满洲的局势变化、国际列强的真正态度，还有民心的趋向，到目前还未见分晓，蒋介石又向日本提出抗议，国联也正要插手，所以我们还要观望。恢复祖业绝非小事，在局势混沌不分之时贸然从事，只怕去时容易回时难啊！”

郑孝胥：“皇上要想恢复祖业，满洲势必首先光复，日本不迎圣驾，也不能收场。所以我认为还是早些行动为好。”

陈宝琛："郑大人，当前大局未定，驻屯军司令部与日本驻津领事馆尚不一致，不可靠一个，背一个；轻举妄动有损无益，皇上启驾实属躁进！至少也要等到刘骧业探得真相以后才能决定是否前往！"

郑孝胥："现在内外条件都已成熟，如果我们错过时机，外失友邦之热心，内失国人之欢心，如此不识时务，并非持重！"

陈宝琛："复辟大事要慎重从事，局势混沌不分，恐其中有诈，贸然从事，只怕去时容易回时难！还望皇上三思！"

郑孝胥："皇上，现在日本关东军内部也出现矛盾，有人主张拥戴溥伟建立'明光帝国'；有人主张拥戴臧式毅成立'东北地方维持会'；还有人主张拥戴段祺瑞。如果我们还在犹豫不决，恐怕事情有变。到那时就什么都晚了。"

陈宝琛："皇上如果出来只能成，不能败，倘若不成，何以对得起列祖列宗？"

溥仪："不要吵了，我明白各位的心意。先这样吧。"

在陈宝琛、郑孝胥激烈角斗的日子里，溥仪仍然在观望，他虽然始终没有公开表态，却已经有自己的决定了。对陈宝琛他认为是"忠心可嘉，迂腐不堪"，对郑孝胥则认为是"唯一可靠"的人。决定让郑孝胥父子随同自己一起前往东北。

在历史即将拐弯的时候，溥仪慎之又慎，不敢轻易迈出"东行"的第一步，总括起来原因有三：

一是日本军界的态度乃至日本最高当局的态度尚未彻底明朗，可否凭借，能否得到地方行政实权，都需要调查；

二是日本政界存在异议，日本驻津领事馆与日军驻津司令部之间对溥仪出关问题的相互矛盾；

三是陈宝琛为首的一批遗老坚决"主拒"。

然而，溥仪的倾向还是日趋明朗，他这时只想尽快做好领事馆的工作，早些离津出关。他召见郑孝胥之子郑垂，命他前往日本领事馆"商暂赴旅顺之策"。当时，日本外务省和日本军部在中国问题上存在严重的对立，前者通过驻津总领事馆劝告溥仪暂时不要离开天津，后者则通过天津驻屯军鼓动溥仪立即出关。对此，陈宝琛主张听外务省的，认为文人主政是天经地义，所以他只肯联络日本驻华公使芳泽谦吉、驻津总领事馆以及"东京政友会"的人物等。

溥仪则认为能够决定他的命运的，不是日本政客而是军人，他看到了这样的事实：日军正以枪炮改变着中国。

溥仪和陈宝琛在对国际社会的认识上，也存在重大的分歧。面对日本军阀挑起的侵华战争，国际社会中若干有势力的国家如英、美、法等态度暧昧，他们一边观望，一边采取两面三刀的政策。对此，陈宝琛是很警惕的，以为其中必有阴谋，不能受表面现象的迷惑。溥仪的感觉则不同，仅凭一两件事情就认定英国袒护日本了。

1931年10月初，驻津英军司令官牛湛德准将访问静园，对溥仪因“九一八”事变而获得契机表示“私人的祝贺”，并说：“如果陛下能在伟大的满洲重新登基，陛下的仆人牛湛德，愿意充当龙旗下的一名士兵。”

有了这些分歧，溥仪在一些具体行动上也不那么顾忌陈宝琛了。

土肥原秘赴静园

日本人发动“九一八”事变以后，遭到国际社会一片谴责，日本政府为了平息国际舆论，尽快实行殖民统治，也急于在中国东北建立傀儡政权。为此，关东军先后起草了《满蒙问题解决方案》《满蒙共和国统治大纲草案》《满蒙自由国建设纲领》《中国问题处理方针纲要》等。日本特务机关长土肥原贤二更进一步提出，在东北建立以溥仪为首的满蒙“五族共和”体制的日本傀儡政权，得到日本关东军的支持，命他亲自赶赴天津面见溥仪。

土肥原贤二是日本有名的大特务，1891年8月8日他出生于日本冈山县的军人世家，从十四岁入仙台地方陆军幼年学校开始，先后就读过东京陆军幼年学校、日本士官学校和日本陆军大学。1912年从陆军大学毕业，任职于日本陆军参谋本部，随即被派往中国，在北京特务机关任坂西利八郎中将的辅佐官，开始了在中国的特务生涯。

土肥原能说一口流利的北京话，还会说几种中国地方方言，这为他从事谍报工作提供了十分便利的条件。因工作业绩显著，1930年被调任天津特务机关长，次年又调任沈阳特务机关长。

1931年11月2日，土肥原贤二在静园“觐见溥仪”。

“皇帝陛下，在天津住得一向可好啊？”

“是的，我在这里已经很习惯了。”

土肥原十分高兴：“哈哈哈，皇帝陛下这回可要离开天津了，想必陛下已经知道，满洲现在很乱，张学良把满洲闹得民不聊生，百姓苦不堪言，大日本国在满洲的利益受到损害，日本人在满洲的生命财产得不到任何保证，日本这次行动完全是迫不得已，是为了讨伐压在满洲人头上的张氏军阀啊！”

“我理解关东军的行动。”

土肥原接着说：“陛下，关东军这次行动只是对付张学良一人，关东军对满洲绝无领土野心，而是诚心诚意地帮助满洲人民建立自己的新‘国家’。所以，日本方面希望皇帝陛下不要错过这个时机，要尽快回到满洲，回到皇帝陛下的祖宗发祥地，去亲自领导这个新‘国家’。”

土肥原的话让溥仪心中有了底，但是溥仪最关心的还是他的帝位：“十分感谢，我想知道这个新‘国家’是个什么样的‘国家’？”

“我已经说了，是独立自主的，是由宣统皇帝完全做主的‘国家’。”

土肥原贤二

“我要知道这个‘国家’是共和，还帝制？我还是皇帝吗？”

“当然了，大日本帝国将和这个‘国家’订立攻守同盟，它的主权、领土将受到日本帝国的全力保护，宣统皇帝一切都可以自主。”

溥仪这下放心了：“好！这就好，如果是帝制我可以去！”

“那么就请宣统帝早日动身，具体办法由吉田安排。我祝皇帝陛下一路平安，我希望咱们下次见面是在满洲。”

就在溥仪还没有最后作出决定的时候，有一天，静园收到两筐果品，附着一张原东北保安司令部顾问赵欣伯的名片。随侍检视礼品时，竟然发现水果筐里有两颗炸弹。溥仪吓坏了，连忙叫来日本人把炸弹取走，经日本警察和日本司令部检验，证明是张学良的兵工厂制造的。

土肥原与溥仪相见的消息第二天就登了报，民国政府很快就派了曾在前清当过官的高友唐来张园做说客，劝说溥仪不要出关，不要和日本人搅在一起，并表示民国政府愿意恢复优待条件，民国政府可以给一笔钱，让他去除了东北和日本的任何地方。溥仪说："民国政府早干什么去了？孙殿英掘了我的祖陵，民国政府管都不管，现在才想起优待。我哪儿都不去，你还是大清的旧臣，不必替他们说话！"

当庄士敦离开溥仪途经南京的时候，民国政府财政部部长兼外交部部长宋子文约见了他，想让他劝阻溥仪，放弃去东北的计划。庄士敦告诉宋子文：如果溥仪需要他的帮助，他会去的，但是现在他帮不了宋子文的忙。

溥仪还接到不少恐吓信，有的写着："如果你不离开这里，当心你的脑袋！"

紧接着天津又发生了一场暴乱。

在土肥原暗地里操纵下，以李际春、张璧为头目，带领由两千余名土匪、兵痞、流氓、赌棍、烟鬼、汉奸和恶霸组成的"便衣队"，在驻屯日军炮火的掩护下，由海光寺等地冲出，分数路袭击中国的警察机构、天津市政府及河北省政府。同时，日租界军警宪兵也全体出动，在租界边沿武装掩护便衣队的进攻，并占领了一个中国警察所。一时间，城内交通断绝，商铺闭门，许多无辜的平民死于非命。

由于中国方面事先得到情报，做了戒备，故这一场暴乱遭到了由东北军组成的天津保安队的迎头痛击。保安队击毙暴乱分子六十余人，捕获三百多人，斩首和枪决了四十多人，便衣队遭到失败后逃回日租界。

驻天津日军司令部立即下令占领了日本租界的外围线，断绝了与中国管辖市区的交通，并把溥仪居住的静园严密封锁起来。在一片混乱中，土肥原实现了秘密将溥仪带出天津的计划。

暗渡白河踏上风雨路

1931 年 11 月 10 日，日本天津驻屯军司令部的翻译官吉田忠太郎潜入静园，吉田是来向溥仪秘密通报司令部为他计划好的赴东北的具体办法的。临走时吉田忠太郎告诉溥仪："此事千万不要让日本领事馆方面知道，因此必须首先瞒过院中日本人警察的耳目才行！"

吉田忠太郎离开后，溥仪立即把郑孝胥父子找来，告诉他们日本军部已经定好，晚上派出一只小型运输船，停泊在白河岸边，让郑孝胥父子提前去那里等候，说完就让他们做准备去了。

晚上，溥仪吩咐随侍李国雄准备好汽车。

晚 8 时，溥仪由随侍祁继忠陪伴走出楼门，李国雄发动了汽车，并打开汽车后备箱盖，溥仪迅速钻入其中，为了不引起注意，临时安排勉强会开车的护军佟功永充当司机，祁继忠坐在司机旁边押车，在朦胧的夜色掩护下悄悄离开了静园。

由于临时司机技术太差，一出静园大门，汽车就撞在电线杆子上了，好在并不严重。汽车驶离静园不远，天津日本驻屯军翻译吉田忠太郎的汽车就悄悄地跟在后面，两辆汽车颠簸着一直开到日本饭店"敷岛料理店"，祁继忠才小心翼翼地把溥仪从车后备箱里搀扶出来。

早已等候在此的日军真方勋大尉立即给溥仪换上了日本军大衣、军帽。然后，改乘日军司令部的军车，来到白河岸边英租界的一个码头。

码头上很静，真方勋大尉陪同溥仪急匆匆地登上早就等候在此的日军司令部运输部小汽船"比治山丸"。这时候，溥仪看到郑孝胥和他的儿子郑垂早在船上等候，一直紧张的心才放下来。

船上还有上角利一、工藤铁三郎（即后来溥仪的日本侍卫工藤忠）、大谷三个日本人，以及船长西长次郎和二十名日本兵，由军曹诹访绩带领，担任护送之责。

但溥仪并不知道，日本人早已经为他准备了一个死亡方案。在这个小型运输船上不仅装有沙袋和钢板，日本人还为溥仪准备了一大桶汽油，而这桶汽油距离他坐的地方不足三米远。日本军部准备一旦他们被中国军队发现遭到阻截，事情败露无法脱身时，日本军人将把汽油点燃，把船上的人全部烧死，同归于尽。他们绝不允许溥仪落到中国军队手里。而溥仪丝毫不知道死神正暗暗准备降临到他的头上，还在做着自己复辟祖业的美梦。

白河即从天津流到大沽口一段的海河。在航行至军粮城水界时，利用黑夜的掩护冲过了中国士兵的检查，岸上的中国哨兵曾开枪警告。船在半夜之后平安抵达大沽口，随即转乘日本商轮"淡路丸"号离开天津，直驶辽东湾，踏上可耻的叛国之途。

溥仪急急忙忙走上这条道路，一是因为隐居大连的恭亲王溥伟已在沈阳露面活动，组建"明光帝国"，有意取溥仪而代之；二是天津日本驻屯军策动的暴动以及送往静园的"果品炸弹"，令溥仪心慌意乱失去安全感。然而更根本的原因还是土肥原贤二的夜访，是土肥原的甜言蜜语征服了溥仪。

土肥原贤二代表日本关东军司令官本庄繁来天津见溥仪，让溥仪到东北去"主持一切"，溥仪相信这是日本关东军负责人的正式表示，认为复辟的"时机"已经到来，这正是多年以来溥仪心里最希望的事情：回到祖宗发祥之地，重整旗鼓，以东北为基地，复辟大清王朝。

看来，起作用的，还是土肥原在两年前就用过的东西。当年土肥原贤二用"王道论”和“满洲皇帝”勾引张学良未能成功，现在又用它们诱惑溥仪，总算有了回响。在“九一八”事变的历史上，如果说张学良写下了痛心疾首的悲愤一页，那么，溥仪写下的则是屈辱的一页。

从1925年2月起至1931年11月，溥仪为“东渡”在天津等了七年时间，1931年11月10日，他终于在日本关东军特务要员土肥原贤二等一大批日军高级军官的诱骗下，怀着“去东北主持一切，重登大清皇帝宝座”的梦想，踏上了“东北之旅”。

第六章
百日旅顺

软禁汤岗子

经过两天三夜行程，11 月 13 日早晨，溥仪一行到达营口“满铁”码头。码头上军警林立，前来迎接溥仪的是日本关东军高级参谋板垣征四郎派来的甘粕正彦，他亲自来“拜见”“皇上”，并通知溥仪，关东军已把溥仪一行安排到鞍山市以南的汤岗子温泉疗养区内“满铁”经营的“对翠阁”旅馆，让溥仪在那里等候关东军司令部的通知。

这时踏上东北大地的溥仪激动万分，他恨不得一步跨到奉天（今沈阳），在那里日本人将帮助他重登“帝位”。因此，他乖乖地被甘粕等引领着登车来到大石桥，在那里换上开往汤岗子的车。

汤岗子温泉的“对翠阁”旅馆是“南满洲铁道株式会社”经营的“官营”，为迎接“皇帝”下榻，旅馆内外布满了日本军警岗哨，溥仪一行在旅馆门口下车时，又来了不少日本当地官员，军官客客气气地把他迎进了房间。

在旅馆内溥仪见到了旧臣罗振玉、商衍瀛和佟济煦等人。罗振玉是溥仪被赶下皇帝宝座后在宫中组织小朝廷时的“栋梁之才”，后来因溥仪对他的品行有些怀疑，把他赶走，于是罗振玉被迫于 1928 年将家搬出天津日租界，到日本高度警备的东北首府旅顺口居住。但溥仪在求助日本帮他复辟这盘棋局上，还是相信罗振玉有些用途的。

罗振玉告诉溥仪，他正在和关东军商议建立新“国家”的事情，现在还没有最后结果。所以溥仪来东北的消息暂时不能让外人知道，为了对外保密，溥仪不便外出，也不便见外人。溥仪听了十分不高兴，他原以为一切都已经准备就绪，只等着他来了以后在沈阳故宫宣布“登极”就可以立即复辟大清、恢复祖业，谁知道他已经到了东北，可是新“国家”的问题却还在讨论。

这时，随侍祁继忠告诉溥仪，对翠阁温泉旅馆已经被日本关东军封锁了，门外有日本人站岗，不经日本人允许，禁止任何人出入，溥仪和郑孝胥父子等人在这里实际上是被日本关东军软禁了。郑孝胥父子十分生气，因为他们不愿意让罗振玉独揽大权。

原来，此时的罗振玉正在以溥仪为筹码和日本人谈判。他坚持要复辟大清，幻想溥仪重登帝位，而他自己则理所当然成为复辟的第一功臣；日本人却主张要按着“满洲民众要求独立自治”的说法，建立一个所谓的“满蒙共和国”。双方围绕着复辟大清和另立“国家”正在交涉之中，所以，此时的罗振玉利用日本关东军司令部的命令来封锁溥仪和郑孝胥，阻止郑孝胥等人与关东军接触，是不想让任何人扰了他和日本人争名夺利的首席地位。

这次溥仪从天津出来前往东北“主持一切”随身带了些人，其中最主要的是郑孝胥、郑垂父子，郑孝胥也是溥仪紫禁城小朝廷时期的得力干将之一，1891年随同李鸿章之子李经芳去日本使领馆就职，先后任驻地副领事，神户、大坂领事，1895年回国后曾在地方各处任职，因此人生性固执，1905年后辞职去上海建“海藏楼”自居，其间参与国内许多新兴事业，1923年赴京投靠溥仪被封“内务府大臣”，自此进入小朝廷圈内，成为“皇上”的重臣之一。1931年“九一八”事变之后，日本关东军多次派人来天津说服溥仪去东北，接受日本人的“帮助”，郑孝胥一度建议向西洋各国求援，寻求复辟援助，后因无果又转而支持溥仪求助日本，溥仪之所以要带郑孝胥到东北，一是因罗振玉已去旅顺不在身边，二是因为郑孝胥也有与日本各界上层交往的经验，且政治上比较成熟，可与日本人办理交涉。

郑孝胥把溥仪从天津接出来，并一直陪在溥仪身边，本以为自己立了大功一件，日本关东军一定会重用自己，所以一路上一直非常得意。在日本商船“淡路丸”上时，郑孝胥非常活跃，他高谈阔论中国和日本同文同种，谈自己曾代表皇帝与日本高层社会各界的广泛交往，而这次白河夜渡更成了他的“英雄事业”的一部分，激情所至，诗兴大发：

同洲二帝欲同尊，
七客同舟试共论；
人定胜天非浪语，
相看应在不多言。

他一直认为自己是一个胜利者。现在，眼看着罗振玉代表溥仪与日本人打交道，自己却被冷落在一旁，就立即向溥仪大骂罗振玉，认为罗振玉欺君罔上，办事不利。溥仪也感觉到自己受了日本人的愚弄，但是现在已经到了日本人的天地，只好听天由命了。

罗振玉、甘粕正彦去奉天（今沈阳）研究“建国”事宜，溥仪遥望奉天望眼欲穿。为了表现自己，郑孝胥昼夜连战炮制“愿学会大纲”十二条“建国大略说帖”，这一切好像说明，在日本的帮助下，在东北“建国”在即，一切似乎都在正常运行。

而溥仪终日所想的唯有登极、宝物、家族。溥仪离开天津，一别多日，对静园不放心，曾派出胡嗣瑗回天津察看，又写了一封亲笔信给在静园留守的随侍李国雄，信上写着“李国雄：我走到哪儿你知道吗？我由天津到 oo，又由 oo 到 ooo”。李国雄不明白 oo 为何意。据李国雄自述，他后来才知道，那 oo 是说由天津到“营口”，又由“营口”到“汤岗子”。溥仪之所以要这样写，是因为日本人不许他披露行止，所以只好用 oo 来代替。

日本侵略者占领中国东北以后，认为只要把豢养多年的溥仪推出来做傀儡皇帝，就可以“稳定民心”，圆满解决问题。哪知当时的日本在国际社会上正处于孤立状态，对处理东北的事情在外交上也颇费周章，因而在国内对采用何种方式来统治中国东北，也正在争论中。再说溥仪身边的两大谋臣郑孝胥和罗振玉，也正钩心斗角，都想争得溥仪这张“王牌”，以便向日本人邀功，为自己日后捞取一席重要的位置。

溥仪在汤岗子住了一个星期，1931 年 11 月 18 日，甘粕正彦从奉天归来，他告诉溥仪，“新国家”的问题还正在策划，因为有些要事待定，还有许多复杂的内幕，“建国”需要推迟几天，汤岗子一带土匪很多，安全没有保障，关东军司令部让“皇上”去旅顺继续等待，溥仪无奈，只好按关东军的说法准备去旅顺听信，当晚 11 点，他们一行登上了南下大连的火车。

旅顺待命

日本一直把旅顺视为中国东北的政治、经济、军事、文化中心。日本政府在海外组建的最高行政当局——关东总督府（军政合一）、关东都督府（军政分设）、关东厅，这些机构曾是日本政府在中国的最高代表。设在旅顺统治东北地区，“关心中国”并与这些机构配套的军事机构——臭名昭著的关东军司令部，从 1905

年至1931年9月18日撤往沈阳时已在旅顺盘踞了近二十六年之久。

“九一八”事变后，日本当局之所以要把溥仪移来旅顺长达三个月之久，一是因为旅顺“级别高”，有接待溥仪外交规格的因素。二是因为旅顺内外防守严密，有在特殊情况下处理“特殊”问题的能力。三是由于溥仪一行人员是日本落实“东方政策”的重要人物，而作为日本设在中国的政治、军事、经济、文化基地——旅顺，其安全因素使日本政府放心。四是旅顺是日本政府重点控制地区，日本政府规定，新闻单位在旅顺所拍任何照片，须经旅顺要塞司令部审查盖章才可公开发表。这里实行新闻封锁，适于日本当局从事秘密活动。日本占领中国东北地区以后，在此地建个什么形式的政府组织，由何人来执掌政权在当时是日本最高机密。这样机密事项只有在旅顺执行才安全、可靠和“保险”。于是，溥仪由日本军人送到这里就不足为奇了。

在“南满洲铁道株式会社”精心安排的包厢内，溥仪考虑最多的是“新国家”的事，尽管这个“新国家”对他来说十分朦胧，也让他寄托了不少希望，毕竟“大清祖业”光复有了希望。在火车上，刚从奉天归来的甘粕正彦一再向“宣统”皇帝交底：“因皇上至高无上，为了防止敌对势力加害，严格的保卫措施是必不可少的，也是为皇上好，到了旅顺以后，‘皇上’的安全措施也要加强，在关东军严密保护‘皇上’的同时，也要给‘皇上’安排一些旅游参观项目，让‘皇上’散散心。”

11月19日凌晨，火车驶进了沙河口火车站，车窗外天刚蒙蒙亮，关东军宪兵队早已密密麻麻封锁了车站内外，几台日本军车前拥后护把溥仪一行接到了旅顺太阳沟。

溥仪一行的车队早上8点前已来到了他们在旅顺的第一站——旅顺宪兵司令部，这座二层楼房隐身于异国风情的太阳沟市中心。这里东明街原为沙俄统治东北时期的“关东州民政厅”办公楼，面积2386平方米，建于1900年，1905年后日本打败了沙俄，这里成为隶属于日本东京宪兵司令部的“旅顺宪兵司令部”，由于时间尚早及礼仪方面因素，溥仪刚刚坐下端起茶杯，当地的日本警长加藤便向皇上问候一番，“押送”溥仪来旅顺的甘粕正彦把“皇上”交给了加藤，便有礼貌地向“皇上”告别，因为他必须立即赶赴“奉天”，向关东军司令部“交差”。

溥仪与加藤热火朝天的交谈正在进行中，突然一个日本军官闯进来，客客气气把“皇上”一行带去要下榻的大和旅馆，好在大和旅馆距宪兵司令部只有几分钟的车程，上午11时他们已在大和旅馆门口走下了汽车。

这所建筑物为二层俄式建筑，原为中国商人纪凤台的私宅，由于纪凤台在沙俄时期卖身投靠沙俄，成为汉奸“红人”，沙俄大批工程均由他负责，因此也赚了不少钱，所以建了这所住宅（现为旅顺文化街 30 号）。沙俄战败后，日本当局列为官产没收，“满铁”在这里建了“大和旅馆”，招待贵宾、客人，溥仪发现这里也是戒备森严，“安全”倒是保证了，“自由”却没有了，他心中隐隐不快。

日本当局考虑到溥仪是“宣统”皇帝，虽为“逊帝”，其“语言、行动”也备受全中国及全世界关注，因此无论他离开北京前往天津，还是离开天津前往东北，以至于抵达旅顺以后，都要在严加“保护”的前提下，向报界发表声明。这次宣布是在溥仪到达旅顺第五天，即 11 月 23 日，已被软禁在大和旅馆二楼以后，又被日本当局“邀请”参观日俄战争时由日本陆军大将乃木希典的部下耗时一百多天、伤亡一万七千人攻下的 203 高地。日本当局此举等于向世界宣布“日本国是珍惜同中国的友谊的，清逊帝不仅在我们的保护地受到很好的保护，他还有充分的自由，到 203 高地参观就是一个实例”。

为了稳住“宣统”皇帝，给关东军更多时间“运作建国”，1931 年 11 月 24 日，日本旅顺当局又安排溥仪到十多公里外的龙王塘水库参观，这座建于 1921 年的拦河水库及水库前的大片樱花园使溥仪一行长了不少见识。

日本驻旅顺的军政方面深知，有关未来的“新国家建国”事宜短时间无法定下来，这时的东北地区关东军已组织各地以张景惠、熙洽等人为主的汉奸，依照日本人意图，先是宣布“独立”，与东北军断绝关系，后又组建“东北行政委员会”，筹备“建国会议”，以配合日本关东军大造“满蒙独立”声势，为日后成立“新国家”做足准备。关东军司令官对此特别强调，“新政权”必须做到三点：1. 将满蒙从中国领土彻底分裂出来。2. 将满蒙统一在一起。3. 表面上由中国人统治，实质上要掌握在我们手里。[1]

至溥仪来旅顺的 1931 年 11 月下旬，日本关东军导演的这出闹剧正在奉天（今沈阳）紧锣密鼓地操作中，因此，稳住溥仪便是这盘棋中重要的一步。溥仪虽然在中国历史上是汉奸、卖国贼，但这段时间他只是企图利用日本人达到他复辟清廷之目的。因此当他在旅顺“听信”期间，日本人根据他的“爱好”，安排他去黄金山大和旅馆（现驻军疗养院址）作为他打球娱乐的场所，溥仪自然是比较高兴。因此，他有空便与郑垂一道去黄金山打球，但在这个日本严密“保护”的领域里，溥仪仍不忘“防人之心不可无”的良言，对日本人处处暗中提防。

11 月 26 日上午，他带一群人去黄金山打球，打球休息时，休息室为他准备

1 《走向太平洋战争的道路》附卷资料篇，第 134 ～ 135 页。

了两杯茶水供他饮用，溥仪突然发现其中一杯茶茶色不对劲，他怀疑有人下毒害他，让郑垂找保护他的日本宪兵军曹安原送医院化验，"皇上"这一举动使在场的日本人十分惊讶，在一旁的溥仪日本侍卫工藤忠忙上去把茶一饮而尽，过了一会，工藤忠安然无恙，一场风波才就此平息。

说到工藤忠，他是日本人当中对溥仪最忠心的一个，也是溥仪最信赖的日本人。工藤忠，原名工藤铁三郎，是日本国青森县人，生于1882年12月。工藤从少年时候练剑道，有良好的剑术功底，并且身材高大魁梧超过一百八十公分，他的自身条件很适合做侍卫。他在东京读书时期跟东亚同文会来往，结识头山满、内田良平、佃信夫、川岛浪速等一批在中国大陆活动的日本浪人。东亚同文会是日本针对中国的半官半民的情报调查机构。它最大的特色是组织历届学生对中国进行实地调查，搜集中国的政治、经济、军事等情报，上报给日本政府。工藤忠也自费来中国实地调查，1903年从朝鲜到北京、1906年到1908年从萨哈林岛到黑龙江、1908年到1912年从上海到汉口旅游并调查，通过这些旅游工藤忠考察中国各地，收取情报了解中国的情况。

1914年工藤忠通过川岛浪速的介绍与清朝复辟派的陕甘总督升允见面以后参与复辟运动。升允回国后潦倒于天津，接受溥仪授予的"顾问"之职，遂把工藤铁三郎介绍给溥仪。

"九一八"事变后，日本人把溥仪从天津弄到东北，工藤铁三郎是接运溥仪上船、偷渡白河三个护送者（上角利一、大谷、工藤铁三郎）之一。工藤忠回到日本二十年后才透露：在日本军用汽艇"比治山丸"上暗藏了一大桶汽油，在白河上如果遇到中国军警盘查，无法逃脱时，日本军人就准备放火烧汽油，人与船同归于尽。溥仪到了旅顺，上角和工藤等人被关东军安排在溥仪身边。工藤对溥仪非常恭顺，颇得溥仪的欢心。尤其是这次通过茶水风波，溥仪更加信任他。

溥仪被关东军挟持到东北后，工藤铁三郎不以关东军代理人的面目出现，所以给溥仪的印象是：处处站在溥仪一边说话，甚至背地里还表示过对关东军的不满。溥仪没当成"皇帝"，而是"委屈"地当了"执政"后，工藤是唯一还坚持称呼溥仪为"皇上"的日本人。工藤还时常表示不满关东军的跋扈，坚信溥仪定能恢复"大清皇帝"的名位。使溥仪感到工藤所表现出的忠心，简直不亚于遗老们，于是溥仪赐他改名为"忠"，拿他当自己家里人看。工藤也感激涕零地表示誓死效忠，永世不变。1932年3月9日溥仪就任伪满建国执政，同日，工藤忠被任命为伪满二等侍从武官，之后他一直跟随在溥仪身边，做溥仪的忠诚护卫。

1933年正当日军攻取热河、南下长城之际，溥仪认为攻下北京指日可待，除大摆庆功宴慰问日军将领外，还依“国务总理”郑孝胥的建议，派工藤忠前往日本东京打听有关他能否正位当皇帝的问题。工藤去了不久便返回了东北，向溥仪汇报他在日本见到了南次郎及黑龙会的重要人物，探听出日本军部当权人物是同意实行帝制的。溥仪根据工藤的消息，相信时机快到了。果然在1933年10月，继任的关东军司令官菱刈隆正式通知溥仪：日本政府准备承认他为“满洲帝国皇帝”。

伪满垮台后工藤忠返回日本。1946年8月，溥仪由苏联被解往日本东京“远东国际军事法庭”作证，作为一个与皇上有着最为深厚关系的日本人来说，为和溥仪见上一面工藤忠做了种种努力，最后幸而求得一张报社的临时记者证才得以进入法庭，远远地见了溥仪一面，亦可谓尽最后之“忠”。

1952年工藤写了一本书《皇帝溥仪》，在日本出版。在这本书里，他记述了在溥仪身边的生活，并为溥仪辩护，他质问日本人：“是溥仪先背叛日本？还是日本先抛弃溥仪？”1965年12月18日，八十三岁的工藤忠名副其实地一直保持着对溥仪的忠诚去世了。

夫妻难团圆

溥仪自从离开天津就一直处在日本人的软禁之中，失去了和外界的联系，所以情绪一直不稳定，在旅顺大和旅馆住下以后，日本关东军司令部为了能稳住溥仪，为日后谋划“满洲国”做准备，决定把皇后婉容也接来。日本大特务土肥原贤二选定由肃亲王的女儿川岛芳子（金璧辉）来执行这项任务。

川岛芳子是清太宗皇太极长子豪格的第十代直系子孙肃亲王善耆的第十四个女儿，生于1906年，本名爱新觉罗•显玗，字东珍。肃亲王对十四格格宠爱有加，寄希望于这颗璀璨美玉，将大显奇才，而光宗耀祖。

1898年，三十二岁的肃亲王善耆继承第十代王位成为清王朝八大世袭皇族王爷之一的最后一代王爷，身兼民政部尚书、镶红旗汉军都统、军咨大臣等要职。辛亥革命以后清帝退位，善耆心有不甘，勾结日本浪人川岛浪速企图破坏革命“匡复清室”，并在日本黑龙会的支持下组织了宗社党。

肃亲王的复辟活动，得到了日本财阀的资助。愿望破灭后，他迁居旅顺，在旅顺，善耆更加紧密地与日本人联系，纠集流亡的满洲贵族，希望借日本人力量恢复大清祖业。他将几个儿子分别派遣到满洲、蒙古和日本，让他们卧薪尝胆，伺机而动；又将掌上明珠六岁的小女儿显玗送给好友川岛浪速做养女，其主要目的是想通过与川岛浪速结成的此种寄养关系而为日后复辟大清获得日本的支持。

到了日本以后，川岛浪速给她起了一个日本名字——川岛芳子。从幼年开始她便喜欢日本舞蹈、琴弦、茶道、盆石，并师从法国教师学油画，而且擅长骑马。川岛浪速的家庭环境，对处于人生观形成期的芳子影响极大。川岛浪速及其妻子川井田福无子女，长期离家来往于中日两国之间，其宅邸几乎成为一群士官生与大陆浪人经常聚会的场所。从而使芳子被扭曲地培育成为言谈举止无拘无束，为所欲为，自由奔放，放荡无羁，作为女性反而关心军政大事的男性性格。

多年以后，川岛芳子开始接受有关政治事务、军事技能、情报与资料的收集等方面的专门训练，学习骑马、击剑、柔道、射击等，逐步被培养成了一名合格的日本谍报人员，成了日本侵华战争的工具和帮凶。她喜欢女扮男装，成为有名的“男装丽人”。伪满洲国成立后，川岛芳子随曾任伪满新京市市长的哥哥金璧东为自己起名金璧辉。

1922 年 2 月 17 日，在旅顺度过十年星霜的肃亲王善耆，怀抱其未能匡复大清社稷的“遗恨”病逝，享年五十六岁。临终前留给川岛芳子“光复呵，满洲国”的遗嘱，促使其执迷不悟地奉为最高人生目标而终其一生。生父的复辟大清社稷以及养父的满蒙独立梦想，以及经常前来川岛浪速家集会的士官生、浪人、志士，高谈阔论天下大势，雄飞中国大陆的豪言壮语，都在芳子的头脑里打下了深刻的烙印，使她成为穿梭于日中政界的人物。

土肥原贤二之所以选中川岛芳子来执行这一任务，是经过周密考虑和精心策划的。早在土肥原贤二赴津劝诱溥仪的时候，她就已经受命为劝诱婉容而等待时机了。选中川岛芳子来完成此项任务，是因为日本关东军充分考虑到芳子的女性身份容易接近皇帝的后妃，另外川岛芳子又是满清后裔、溥仪的堂姐妹，更容易接近婉容。

婉容已从静园的慌乱中觉察到日本军方非同一般的某种幕后活动迹象，她是在第二天最先知情的。不过溥仪早已委托陈曾寿转达并说服婉容迅速前往东北会合的意愿。正在婉容犹豫不定之际，身穿男装的川岛芳子突然来到天津静园。

早在 1928 年夏，芳子就曾经到过张园对溥仪进行过礼节性访问，而此次来访则另有所密谋。芳子为商讨逃离计划，特意邀请吉田忠太郎翻译官夫人与之商讨具体办法。

女扮男装的川岛芳子带着溥仪的亲笔信来到天津静园，见到婉容后先是套近乎，打消婉容对她的敌意，然后就开始大讲溥仪在旅顺如何孤独，如何思念皇后，盼望着皇后早日前往东北与溥仪团聚。婉容当然也很惦记溥仪，自从溥仪离开静园，园中就寂静了许多，整日也没有什么事，心里只牵挂溥仪，见了溥仪的信后，婉容对溥仪多少有些放心。

川岛芳子怕婉容不愿离开天津随自己前往东北，又开始造谣说旅顺的治安状况很乱，皇上随时都有可能被捕。川岛芳子用尽种种花言巧语，反复地劝说，终于说服了婉容，婉容下定决心前往东北。

1931年11月28日，婉容吩咐随侍李国雄开着十多天前送过溥仪的那台赛车，把婉容藏在后厢底下，一直送到日本驻屯军司令部翻译官吉田忠太郎家里，因为事先已有约定，川岛芳子与吉田的女儿正等在门口迎接。

当天，婉容还派出另一名随侍吴天培，前往求志里她的老师陈曾寿家说明了离津的具体安排。继而陈曾寿、吴天培两人又同往吉田家，说明他们必须随婉容同行。起初，吉田并不把婉容的这位汉文师傅放在眼里，一脸颇不满意的神色。陈曾寿毫不示弱，面对吉田忠太郎正颜厉色道："我奉旨护送皇后，有重大责任。我若不护送，皇后也不能走。"吉田的眼珠上下翻动着，无可奈何。

当天晚上，婉容即由川岛芳子以及吉田的妻子等陪同登上日本商船"长山丸"号。随同护送的有婉容的师傅陈曾寿，还有婉容的哥哥润良、随侍吴天培、太监赵德甫、侍女春英等。东北日军还派了个大佐专程迎驾，也同船而归。在船上，婉容与吉田之妻同居一室，陈曾寿与东北日军派来的大佐同住一间，以便于能够直接与婉容联系，严密地执行护送皇后的任务。

第二天，川岛芳子对婉容说，得到无线电报，将去奉天参与军事，向婉容借五百日元；又说，"长山丸"号明天到大连时，将有种种危险。婉容是禁不起吓唬的，立即拿出日币五百元给了芳子。陈曾寿对芳子一贯耍流氓的行为久已闻名，劝婉容不要理她。果然，川岛芳子把钱骗到手，就安然无事了。

婉容一行在大连登陆。对笑逐颜开的川岛芳子来说，从婉容手里骗出几吊日币，那只不过是顺手牵羊的小意思，她的成功在于可以向日本关东军司令部交差了。因为这次顺利地接出婉容，为溥仪粉墨登场充任伪满傀儡政权元首和日本侵占中国东北做好了准备。

婉容等一行十多人乘坐的"长山丸"抵达大连码头之际，受到罗振玉之子罗福葆的迎接，随后安排在清朝遗臣王季烈的家中暂住。王季烈，字君九，家住大连文化台，与陈曾寿为同科进士，婉容下榻于其宅当然是与这种渊源有关的。[1]

---

1 周君适著：《伪满宫廷杂记》，四川人民出版社 1981 年版，第 68 页。

如果说溥仪的出关是他政治堕落的开始，那么，婉容的离开天津便是她走向自我毁灭的起步。

婉容住下后即要求前往旅顺觐见溥仪，但几度要求都碰了钉子。当时，溥仪正处在板垣征四郎的严密控制之中，形同软禁，是不允许随便见人的，见自己的妻子也不许可。于是，婉容起了疑心。她担心溥仪是不是出了什么事了，是不是遭到了监禁或是已经被日本军队杀害了，便大哭大闹，非要见溥仪不可。

婉容自然是向当时仍陪住在一起的川岛芳子闹，因为是芳子去天津劝驾的，并信誓旦旦地表示要把婉容送到溥仪身边，现在却搁浅在大连。芳子被婉容闹得难以应付。

日本军部的要人们为何如此不尽人情，甚至不允许人家夫妻同居？原来此时板垣与溥仪正就“满洲新国家”的“建国事项”进行谈判，并且溥仪颇不驯服。在这样的时刻里，板垣反对他所不信任的人接近溥仪，为溥仪出谋划策。对于婉容，板垣既想利用她稳住溥仪，又担心她“思想不纯”影响溥仪，所以虽然把她从天津接来了，却不愿让她在关键时刻与溥仪住在一起。

在婉容的一再坚持下，最后，日本关东军只好答应让婉容前往旅顺和溥仪见一面，但是第二天必须返回，于是，婉容带着随身侍女和一名随侍，赴旅顺见溥仪。

婉容第一次赴旅顺是在 1931 年 12 月 9 日。原打算 12 月 5 日就去，那天溥仪派了郑孝胥与郑垂父子来接，只有一辆汽车，还跟着个日本宪兵，仅余一个空位。婉容被告知必须在 1 小时内动身，不许带人，连侍女也不许带。这是婉容不能容忍的条件，遂以病为由告改期再来接。这回溥仪又派了一名日本人来接，婉容仍带侍女一名、随侍一名，赴旅顺见溥仪去了。

溥仪站在旅馆的大厅中见婉容进来，迈步迎了上去。婉容乍一见溥仪难以控制感情，跑上前抱住溥仪大哭起来。溥仪连忙安慰婉容：“我这不是很好吗？日本人把我安排在这儿，说是为了我的安全。郑孝胥正在和日本人商讨‘建国’大事呢。”婉容对溥仪的处境表示担忧，但是现在也只能这样了，所以也只好安慰溥仪等待商议的消息了。

就在这个白天和夜晚之间，婉容跟溥仪说了许多话，有些是溥仪离开天津后所发生的，有些是婉容来到大连以后听到的，这些话使一直被封锁中的溥仪对外面所发生的事情有了进一步的了解。

婉容对日本人的行为十分不满。她告诉溥仪，胡嗣瑗也已经来到大连了，很想前来“面圣”，但是日本关东军不让他来。溥仪愤愤道：“岂有此理！我的人他们一个也不让见，这太过分了，明天我让郑孝胥去和他们交涉。”

经过郑孝胥与日本关东军的再三交涉，才同意胡嗣瑗来旅顺，条件是不许留在皇上身边，见面后立即返回大连。胡嗣瑗这才来到旅顺与溥仪见面，胡嗣瑗来后在溥仪面前失声痛哭，满腹怨气，愤愤不平，对关东军如此封锁溥仪十分不满，对郑孝胥等人挟持皇上的行为极其愤慨，把郑孝胥等人比作秦桧。

这以后关东军为了平息婉容对日本人的不满，派人护送婉容和她的侍女等人到汤岗子温泉胜地旅游疗养，婉容一直在汤岗子住到了年底。这时候，日本关东军把溥仪转移到了旅顺肃亲王府，大概是板垣与溥仪的谈判已见眉目，婉容一行人这才搬到旅顺与溥仪一块儿生活。

肃亲王府受控

肃亲王府位于旅顺口的山坡上，是肃亲王善耆遗留下的房产，为砖石结构俄式二层楼房，是一座少见的简洁而朴素的欧式建筑。围墙内占地面积为两千七百多平方米，其中建筑面积四百七十平方米，这栋楼房原是俄国人的别墅，1904 年，它是俄国商人希尤经营的私人旅馆。日俄战争后归日本人所有，是日本关东都督府民政部长官白仁武的官邸。白仁武是日本筑后人，生于 1863 年，1908 年 5 月被任命为关东都督府民政长官，他在民政长官任内“功劳卓著”，后被提升为日本国拓殖局局长调回国内，1941 年死在日本东京。辛亥革命后，1912 年 2 月，肃亲王善耆由北京逃亡到旅顺，这里就成了肃亲王府。

肃亲王府是一座花园式院落，院墙依山而砌，颇为优雅，活动空间较大，住起来舒服极了。当时王府里只剩下三格格显珊带领芳子的两个妹妹——十六格格显瑠与十七格格显琦（金默玉）居住，她们不得不为溥仪与婉容腾出房间，搬到民房去住，王府院内一栋二层中式楼房遂变成居住的临时“行宫”。二楼左侧是溥仪的寝宫，右侧就是婉容的寝宫。一楼是随侍和护军的宿舍以及前来觐见者的临时客房，还在院内新盖了一间茶膳房。

大门口的日本宪兵荷枪实弹，名义上说是保卫溥仪，实际是监视皇家的每一个人。这时候溥仪的二妹韫和、三妹韫颖也来到旅顺，搬到了肃亲王府。溥仪可以与其家人同住，近臣也可以自由往来，在此期间溥仪全家处于被软禁状态，可以与溥仪会面者，只限于郑孝胥与郑垂父子、罗振玉、万绳拭几个人，关东军指派甘粕正彦、上角利一、工藤铁三郎等人监管溥仪全家的对外活动。

溥仪在肃王府居住期间，已经了解到“登极”乃是迟早的事，心情平静了许多。

移居肃亲王府后，溥仪的“密谕”传到天津静园：“谕陈师傅、胡嗣瑗、陈曾寿仍维持驻津办事处，一切便宜行事。陈、胡安心，甚妥勿虑，定期即召来，勿萌退志。”“密谕”中还用了“梦寐之间，思见卿等”及“相见匪遥”等词语，以表达他对陈宝琛等老臣的思念之情，陈宝琛乃决定“赴旅顺请安”。

1932年1月24日，八十五岁高龄的陈宝琛由其子陈懋复和外甥刘骧业陪同，在北方最严寒的季节里抵达大连。陈宝琛一直是反对溥仪前往东北的，他不相信日本人会帮助溥仪复辟，所以溥仪离津是背着陈宝琛的。

陈宝琛到了大连后，住在星浦大和旅馆，当即约见了郑孝胥父子。郑孝胥此时正和日本人谈得火热，他现在已经战胜了罗振玉，成为日本人面前溥仪的唯一代表，所以十分担心陈宝琛会成为他新的竞争对手。陈宝琛当天就要前往旅顺，郑孝胥则怪陈宝琛不该事先没有电告就突然而来，而且告诉陈宝琛，来的如此仓促就是去了旅顺也未必能见到溥仪，陈宝琛则表示，他此次来到大连只是尽自己之心意，就是没有见到皇上也没有什么。

于是，陈宝琛不顾郑孝胥的阻拦，直接到了旅顺肃亲王府。

守在肃亲王府门卫的日本人一看是陈宝琛来了，都很惊讶，谁也不敢怠慢，立即传达给了溥仪，溥仪马上召见。

陈宝琛见到溥仪后，立即替溥仪分析了当前形势，并一再叮嘱溥仪静以观变，等候时机，不要轻信郑孝胥的欺罔之言，如果复辟愿望不得实现，愧对列祖列宗在天之灵！溥仪此时仍然十分尊敬陈师傅，也向陈宝琛说了他对时局的一些看法，两人这天说了许多。当天晚上，陈宝琛就下榻在了旅顺的大和旅馆。

第二天，溥仪同时召见陈宝琛和郑垂，则陈、郑两家始于天津的御前辩论，又在旅顺展开了新的回合。郑孝胥依据其子的叙述载入日记：

大七自旅顺归，云陈宝琛奏谓：“宜命使赴东京，谒日本政府商条约。”上询郑垂，对曰：“不可。日本政府未议及此，而我先言之，徒为所轻；若以私往叩，彼必不答。”

显然，溥仪未动之际，陈宝琛极力拦阻出关，彼时手中尚有主动性；溥仪既已入了关东军之笼，陈氏乃退而求其次，强调与日本政府订约，无非尽力争取主权而已。郑垂则“一针见血”：处在此时此地，除了俯首听命，别无他途！

陈宝琛还代陈曾寿呈递了一份奏折，这其中的话显然也代表了他的意见：“为今之计，宜先设法脱目前之羁绊，复在津之自由。然后相机善为应付，使彼见我无汲汲之意，乃不致启其轻侮之端。庶进可免挟制之危，退可有回旋之地……使内而国人，外而列强，皆晓然于皇上所处之地位，超然独立，并非日人之傀儡，无所疑猜，然后人心归向，列邦共认，中兴大业，庶肇于兹。”

1月27日，即陈宝琛来到旅顺的第三天，郑孝胥和郑垂父子忽入陈氏所住的大和旅馆，以“日本人要开会，旅客一概不能容留”为由“催韬老行”。陈宝琛说，本拟即行，但已命儿子陈懋复、外甥刘骧业赴大连换金票去了，等两人一回来马上动身。继而往肃亲王府向溥仪辞行，溥仪还恋恋不舍，嘱其在大连多住几日，“稍缓归津”。然而，待他返回旅馆看时，却见郑孝胥父子早把他的行李装上了汽车，逼着他随车赴连，而陈懋复和刘骧业恰在这时回了旅顺，并因此获悉真相：原来并无日本人要开会之事，实际是板垣征四郎又来与溥仪谈判，郑氏父子怕陈宝琛参与其事，便迫不及待地催促他离开了旅顺。这位八十五岁高龄的遗老只好与溥仪洒泪而别，匆匆回到了天津。

十天的旅顺之行虽然短暂，却使陈宝琛看清了溥仪作为日本关东军笼中之鸟的处境，他感到溥仪已经失去了主动，恢复大清帝国最后的希望已经十分渺茫了，但他从感情上又很不愿意，也不能够摆脱与他的皇帝学生的关系，就在这种心境下，于1932年2月中下旬写下了他一生中最后一道亲笔奏折——《壬申密折》，表达了自己的郁闷心情，述说了郑孝胥如何以欺蒙手段一步步把溥仪带向绝境，认为溥仪必受郑氏之害，回忆了自己在大连时与郑氏辩论的情景，建议溥仪速把胡嗣瑗调到身边以助谋划。从中可以看出中国这最后一位太傅当时的思想面貌。

在肃亲王府一家人能够团聚在一起当然是非常高兴的，两个多月的封锁让溥仪心里十分压抑，婉容和妹妹们的到来，让溥仪又重新体会到了家的温馨。而此时日本人对溥仪的封锁也有所松动，关东军请溥仪参观日军的白玉山防御工事，讲解日俄战争时期发生在这里的故事；溥仪还带着婉容和妹妹上“星个浦”（今大连星海公园）旅游。

那天，溥仪雇了两辆小卧车，带着李国雄、祁继忠等贴身随侍和几名护军，直奔位于大连市郊的海滨。当然，后边仍然跟着日本宪兵的汽车，隔着明亮的车窗，荷枪者不错眼珠地盯着溥仪和婉容。

据李国雄回忆，婉容在海边上非常快活，她东问西问跟溥仪说个不停，叽叽嘎嘎地笑个不停，她在沙滩上捡石子、拾贝壳，她胆子小还跃跃欲试想登着海边露出水面的礁石向深处去，她不时地跟丈夫撒娇……

在肃亲王府前后两三个月的生活中，等级观念、“男女大防”，似乎松弛了许多，这或许与溥仪的心情有关吧。

1932年2月5日是除夕，溥仪在北京和天津时，这天照例守岁，给下人撒“吉祥钱”。在旅顺不搞这一套了，他把随侍李国雄、护军霍殿阁等召到寝宫推牌九玩。大家正高兴，婉容推门进来了，见别人要退去还很谦虚地说：“你们接着玩吧，没关系！”还有的时候婉容与格格们玩纸牌，每逢三缺一，溥仪总是随便从几名贴身随侍中间叫一个去凑数。于是，祁继忠、李体玉、李国雄等人都有了许多接触婉容的机会。婉容对待下人颇为关心，溥仪也很信任那几个贴身随侍，同时溥仪对婉容也保持着某种警觉。

婉容在天津时对未来还是抱有希望的，现在只剩下失望了。1932年2月18日，按旧历是壬申年正月十三日，溥仪在旅顺度过了又一个“万寿圣节”。溥仪往年过生日，都是遗老云集，受礼受贺，十分隆重。这次在日本人的软禁之中，只有十来个人敢于冒险前来拜寿，景况之萧条冷落，婉容看在眼里，更是寒在心上。然而此时此刻，连溥仪也已成为日本人的俎上肉了，婉容还有什么办法！

精神上的苦闷与感情上的空虚交织在一起，猛烈地袭向婉容，她不甘于这种难堪的处境，却又无可奈何！

李国雄回忆说：“我怀疑婉容与李体玉之间的私情关系就是从这时候开始的。当时婉容睡懒觉，日上三竿也不起，溥仪便派人去叫，可派之人无非是我、祁继忠和李体玉。我几次到她的寝宫门前，都见门裂开一道缝，婉容躺着并没有睡。‘老爷子该起了！老爷子该起了！皇上叫奴才来叫了！’我招呼半天，她也不起，还特意一转身，把被子带开，露出半裸的身子来。几次都是如此，我觉得能躲开这个差事才好。李体玉则不然，他对此很积极。”

拼凑“满洲国”

早在“九一八”事变前，日本帝国主义对于侵占中国东北后，采取何种形式的殖民统治，曾经作过种种设想。有些人主张直接把中国东北并入日本国土；另一种意见则是提议成立傀儡政权以遮人耳目，实行幕后控制。最后以第二种意见占了上风。

事变发生后第二天，日本参谋本部情报部部长建川美次会见关东军司令本庄繁，建议“消灭现有东北政权，树立以宣统帝为盟主，接受日本支持的政权”。第三天，沈阳特务机关长土肥原即从东京返回，就任沈阳市市长。

9月19日至22日，关东军参谋长三宅光治召集板垣征四郎、石原莞尔、片仓衷、土肥原贤二商讨对策，土肥原提出建议，尽快成立一个由日本政府幕后操纵，脱离中华民国而由清逊帝溥仪所领导的独立“政府”，土肥原还提出，新“政府”取名叫“满洲国”。这个建议得到了关东军司令官本庄繁的认可，本庄繁司令官还决定了满、蒙问题的三原则：一、使满蒙完全脱离中国本土。二、扶植中国亲日人士组织傀儡政府。三、日本实际控制伪政权所有的军政与经济大权。

会议制定了《满蒙问题解决方案》，明确提出建立以溥仪为“元首”的“新政权”，领土包括东北四省及蒙古。新“政权”的“国防”和“外交”由日本帝国掌管，交通、通信的主要部分也由日本管理。这个方案所要建立的就是一个由日本人掌握的傀儡政权。“满洲国”的政体雏形就此诞生。

“九一八”事变以后，到1932年年初，日本关东军几乎占领了东北全境。中国政府向国际联盟提出强烈抗议，要求国际联盟出面主持公道，国际联盟多次召开理事会议商讨日本侵占中国东北问题，最后决定成立以英国的李顿勋爵为团长的国联调查团准备赴中国东北调查事变真相。由此日本则加紧了建立傀儡政权的步伐。

日本政府要求关东军无论如何要在国联调查团到来之前，发表“满洲国”的“建国”宣言，以造成东北独立的既成事实。

随着东北局势的变化，关东军第四课正在积极筹组伪满洲国新“政府”事宜。关东军在攻下沈阳城时，想立即成立军政府，这样太露骨的做法曾受到其本国政府的指责，这次它采用了缓冲手段，先由中国汉奸筹组“维持会”，然后推出溥仪上台，这样似乎更顺当些，在国际上也可以蒙混过去，这就是溥仪迟迟不能登极的原因。

日本关东军得到指示后，立即召开紧急会议，参加会议的有三宅光治、板垣征四郎、石原莞尔、片仓衷、驹井德三等人，这些人反复研究了新“国家”的行政、财政、军事等有关“国家”的组织问题。决定立即召集一群汉奸在沈阳的大和饭店商议“满洲建国”事宜。

1932年2月16日，关东军板垣征四郎大佐操纵张景惠召集熙洽、臧式毅、刚刚归顺的马占山等人，在沈阳举行“满洲国”“建国会议”，即所谓“四巨头会议”。日本方面的板垣征四郎、土肥原贤二、驹井德三等一起乘飞机到达沈阳。

关东军司令官本庄繁亲自主持会议，会议决定成立“东北最高行政委员会”，指定张景惠为委员长，熙洽、臧式毅、马占山、汤玉麟、齐王（哲里木盟的齐墨特色木丕勒）、凌升（呼伦贝尔）六人被指定为委员，要求立即组织地方伪政权，为建立伪满洲国做行政准备。

“建国会议”各方一致同意溥仪为“元首”，在利益关系重大的“国体”问题，争论最为激烈。熙洽等皇室后裔和罗振玉主张实行帝制，由溥仪担任伪满洲帝国大皇帝。张景惠、臧式毅等人则坚持立宪共和制，由溥仪出任伪满洲国总统。最后，日本人把新“国家”的“国体”定为民主共和制，国家元首为“执政”。会议还具体规定了新“国家”的“国号”、“国旗”、年号和“国都”等。

其实，这些不过是走走形式，日本人早就已经定好了，只是以“东北最高行政委员会”的名义公布而已。一切都商定后，本庄繁司令官要求签字，张景惠、熙洽、臧式毅都签了，马占山却说：“现在黑龙江的情况还比较复杂，我还是回去商量一下再签字。”不久之后，马占山将军摆脱了日军的监视，离开沈阳秘密出走黑河，随即通电国内外，揭露了日本制造伪满洲国的阴谋，宣布继续抗日，重举抗日大旗，组成东北救国抗日联合军，在绥化、讷河等地坚持打击日伪军，成为著名的抗日英雄。

2月18日，关东军利用“东北最高行政委员会”的名义，发表了一个伪造的《独立宣言》，“从即日起宣布满蒙地区同中国中央政府脱离关系，根据满蒙居民的自由选择与呼吁，满蒙地区从此实行完全独立，成立完全独立自主之政府”。宣布东北各省完全独立，脱离南京政府。并决定于1932年3月1日成立一个新“国家”。

1932年3月1日，关东军在沈阳张景惠公馆以“东北行政委员会”的名义，正式颁布了一个《建国宣言》，宣布“满洲国”成立。同时还正式对外宣布溥仪就任“满洲国”“执政”，年号“大同”，以红、蓝、白、黑和满地黄五色旗为新“国家”的“国旗”，以长春为新“国家”的“国都”，并把长春改称“新京”。

关东军首脑在筹建伪满时就在“定都”问题上伤了不少脑筋，起初想在沈阳，嫌离关内太近，遇到紧急状态没有回旋的余地；而哈尔滨虽距内地很远，但多年属于苏俄的势力范围，怕不牢靠；吉林市当时为吉林省首府，有相当数量的满族人，又距爱新觉罗氏的发源地长白山最近，因此，熙洽力主以吉林市为“首都”。但日本人嫌该市市区太小，又不处在交通冲要之地，也被关东军否定了，最后确定在长春。

伪满洲国的成立，立即遭到了全体中国人民的强烈反对，国民政府坚决否认东北独立，并向日本政府提出严正抗议，谴责日本政府的这一无耻行径。并通令全国，对溥仪等参与制造“满洲国”的汉奸下逮捕令：“声明对于参加满洲国之中国人，按照紧急治罪法及盗匪惩治条例，从严处罚。”但是日本政府根本无视中国人民的要求。

关东军为筹组伪满政府，认为必先找出一个汉奸“带头”，这样办事方便。

现在溥仪身边有两个得力“近臣”，郑孝胥和罗振玉都是亲日派，对此次溥仪出走都出力最大。关东军与溥仪之间的谈判，初期都是邀请郑、罗两人为代表参与。但后来关东军发现罗振玉主张复辟，且坚持保有“帝号”，政治思想接近溥仪。而郑孝胥在与日本关东军的接触中则较为变通。郑孝胥知道日本人已经决定要建立一个新的“国家”，而不同意复辟大清，以后，他立即改变了自己原来的主意，顺从了日本人的想法，因为他十分清楚，此时此刻决定溥仪和他们这些人未来命运的是日本关东军，而日本人的决定是不会改变的。如果一再坚持复辟大清、恢复帝制是不会有任何好结果的。他在天津时主张“门户开放论”，后来又发展为“共管论”，复辟与“帝号”为次要之事。这种论调比较符合日本的利益，于是关东军便选定郑孝胥为谈判对象。

板垣第一次与郑孝胥约谈是在 1932 年 1 月 28 日。谈话主要内容是让溥仪去当“满蒙共和国总统”，而不是当“皇帝”。郑氏初听表示惊讶，但经日方解释，知道了这是一种过渡手段，也就不坚持称号了，但须与溥仪研究。

据溥仪自述，这期间有很多人向他示意，以谋取“总理”职位，其中有罗振玉、张景惠、臧式毅、熙洽等人。熙洽还送了十几万元钱给溥仪，郑孝胥知道后，便派出其子郑垂（此人精通英、日语）通过即将成为殖民地总管的驹井德三，向关东军军部表示，如果让他出任内阁首席，他可以“说服”“宣统帝”接受其“元首”称号。从此，关东军司令官本庄繁便内定郑孝胥为伪满的内阁“总理”，并让他组织内阁。郑孝胥成了关东军的红人，而罗振玉则被关东军撇在了一边。

郑孝胥冲破了罗振玉对他的封锁，由他代表溥仪与关东军谈判。日本人对郑孝胥十分欣赏，但是郑孝胥要想成为未来新“国家”的内阁首揆，日本人还要他付出更大的代价，于是日本关东军参谋板垣征四郎和郑孝胥紧密勾结，并订下密约，把东北的权利整个出卖了，包括“满洲国”的“国防”、治安、铁路、港湾、水路、空路、矿山、资源等。并且日本人取得了充任“满洲国”官吏的权利；日本有“满洲国”移民权等。郑孝胥这笔卖国交易，为自己最后赢得了“国务总理”的席位。

于是，关东军开始按自己的主观意愿勾画“满洲国”未来的蓝图了。

最后通牒

自从溥仪一行迁到肃亲王府后的一个多月时间里发生了很多大事，日本若木规礼次郎内阁辞职，12 月 13 日上台的犬养毅内阁刚上台第一件事便抓“满蒙独立”，督促关东军抓紧在“满洲”建立“新国家”，日本关东军便发动了一大批汉奸在东北各地“请愿”，通过“东北独立”议题，1931 年 1 月 28 日，罗振玉、郑孝胥被传到大和旅馆，在这里特意从奉天（今沈阳）赶来的关东军参谋板垣征四郎，关东军特使中岛把他们召到大和旅馆 1 号房间开会，原来关东军“建国”之事已办妥，此时来旅顺是为动员皇帝上任，因国号“满蒙共和国”又“三权分立、日本人参政”设“总统”，郑孝胥、罗振玉听了知道这与溥仪一贯的期望不符。他们代表溥仪与板垣坚持已见不成，只好乞求板垣，只要关东军给他们新“国家”内阁“总揆”一职，他们愿帮助关东军劝溥仪放弃皇帝称号，当郑孝胥、罗振玉把板垣晚上在大和旅馆设宴与皇上共商“建国”之事，“呈报”“圣上”以后，晚宴时溥仪曾与板垣大吵大闹一场。

事后溥仪表示到东北来不当皇帝，却当什么“总统”是不能答应的，任何“共和国”之类都不是正本清源的产物，关东军如不答应清室复辟，不设皇帝，他立即回天津去，他与陈曾寿起草了一份十二条“正统论”，让郑孝胥交给板垣，这便是他的意见，事后，板垣又多次约见郑孝胥、罗振玉，经他俩多次与溥仪探讨，看来“共和总统”不能接受。板垣只好带着溥仪的意见返回奉天商讨对策。

一计不成，日本当局又生一计，1932 年 2 月 19 日，溥仪发现《满洲夕刊》刊登一条消息，奉天（辽宁）、吉林、黑龙江、呼伦贝尔（内蒙）、热河（河北）一致推选溥仪为“元首”，他心里明白，看来日本人是不打算让我复辟清廷当皇帝了，溥仪非常气愤，他立即于 2 月 21 日派郑孝胥、罗振玉、郑垂前去奉天关东军司令部再次申明，决不更改既定方针。

郑孝胥、罗振玉来到沈阳，趁机“拜访”了在沈的各地汉奸头目，为争取将来的权力奔忙得不亦乐乎。

两天后的2月24日板垣再次来旅顺与溥仪会谈，这次“国名”改为“满洲国”，“总统”也改为“执政”，并答应“执政”一年后，则要力争让溥仪称帝，溥仪仍坚持自己的原则，不肯让步，板垣大怒，他告诉溥仪：这是军部最后的要求，不能更改，皇上如果不答应，军部全体必须辞职，因为这已经向天皇做了许诺，如不答应，只能视为敌对态度，只能用对待敌人的手段来对待皇上。”[1] 溥仪知道日本人什么事都能干出来，他十分害怕自己的生命安全没有保障，郑孝胥、罗振玉又一个劲地劝他服从日本的决定，溥仪无奈只好忍痛放弃“皇帝”称号，“暂

1 见《落日残照》，第 35 ～ 57、111、311 ～ 312 页。

时”答应了他们的要求。

板垣的恐吓达到了预期目的，溥仪被板垣的“最后通牒”吓破了胆，他怕自己成为日本人的敌人，怕关东军“用对待敌人的手段”对待自己。曾策划暗杀张作霖的关东军司令部高级参谋河本大作说过：“对待汉奸能利用的就利用，不能利用的就消灭！”溥仪怕成为第二个张作霖！为了活命，溥仪走上了一条卖国之路。

奔赴长春（新京）

回顾中国历史，溥仪的确是一个汉奸、卖国贼，这是众所周知的“定论”。但是严格地说，他只是从天津到旅顺之后，事情才发生了重大转折，由于日本关东军抓住他急于复辟清廷、重返皇帝宝座的心理，便派大批特务头子去天津以请他到东北“主持一切”为诱饵，把他从天津“钓”出来，再一步一步把他拖进卖国求荣的深渊，从而使溥仪成为中华民族千夫所指的罪人。从天津出来，虽说是由日本人处处提供方便，直到旅顺为止，还不能给溥仪加个大汉奸、卖国贼的罪名，可是从旅顺去长春时，性质已经发生了变化，溥仪已经知道此行是担任由日本人炮制的傀儡政权“满洲国”的“执政”，他便由中国末代逊帝一跃变为日本侵略者的帮凶，这场国内的反封建专制与复辟清廷的阶级矛盾变为溥仪突然站在中国人民的对立面，在民族矛盾上升为主要矛盾之际，成为附庸民族敌人的汉奸。

这时，伪满“新国家”正在积极拼凑中。为了给“宣统”皇帝足够的“面子”，关东军第四课又接连三次组织各地汉奸“代表”来旅顺“恳请皇上”去东北任“满洲国执政”。

3 月 1 日，6 名代表到旅顺会见溥仪，恳请担任“元首”。溥仪以“责任重大，碍难接受”予以推辞。

3 月 4 日下午，关东军策划了 29 人第二次拥戴使，再次恳请溥仪出山的措施。最后溥仪表示“勉竭愚昧，暂任执政一年；一年之后，如多陨越，敬避贤路。倘一年之内，宪法成立，国本决定，若与素志相合，再当审慎，度德量力，以定去就。”何谓“国本决定”，“与素志相合”，就是恢复帝制、重登皇帝宝座之意。这一愿望于两年后的 1934 年 3 月 1 日实现了，溥仪执政即皇帝位，改年号为“康德”。

3 月 5 日，张景惠迎接委员专程到旅顺，第三次恳请溥仪出山，三顾之礼后，溥仪才正式承诺。按照关东军的意图，演完了这出戏。

1932年3月6日，溥仪先派出内务大臣、随侍、护军、厨师、勤杂人员、勤务人员、勤务兵和女用人组成的“先遗队”一行四十三人直赴长春，同时，溥仪和婉容也在这一天先后乘专列离开旅顺，到汤岗子驻跸。对婉容来说，日本人第一次给了她“国家最高级”的礼遇，然而她的心情也不会痛快的。

关东厅警务局高等警务课的《报告》中，这样表述了溥仪与婉容从旅顺出发赴汤岗子的情形：

“三月六日上午七时三十分，溥仪偕近臣郑孝胥、郑垂（父子）和罗振玉、罗福葆（父子）等人，在上角利一、工藤铁三郎、甘粕正彦等人的陪同下，一行三十人，分乘八台汽车，从旅顺的临时住所出发，驶向大连沙河子车站。九时八分由该站乘火车出发，当日下午零时四十分在汤岗子下车，下榻于三个月前从天津刚到东北时曾经住过的对翠阁宾馆。在上述一行出发约一小时后，即上午九时五分，执政妃秋鸿以万绳栻等十人为扈从，乘汽车从旅顺出发，十时三十分在沙河口车站乘火车出发，下午六时八分平安抵达汤岗子，住进溥仪一行下榻的对翠阁。”

溥仪前往长春就任“执政”，中途在汤岗子做暂时停留。一是等待所谓的“人民代表迎驾团”，要摆这个谱；而更重要的是关东军要求溥仪签署给本庄繁的字据，即《溥仪致本庄书》，并确定对新“政府”人事安排的最后调整方案。

对翠阁宾馆大门两侧分别插着日本国旗和“满洲国”“国旗”，出入的都是日本和“满洲国”重要人物，周边警察林立，戒备森严。

板垣征四郎是先于溥仪到达汤岗子的。溥仪一行到达并安顿完毕后，板垣立即前来会见，拿出《溥仪致本庄书》的拟定稿，向溥仪说明了必须履行委托的手续后，命郑孝胥用毛笔抄清，然后再由溥仪签字画押。郑孝胥在当天日记中有明确记述：“扈驾……至汤岗子，驻跸对翠阁。板垣来觐。缮致本庄繁书。”片仓衷在《满洲事变机密政略日志》中也有对此事的记载：

“板垣来到汤岗子迎接溥仪后，开始会谈，决定了满洲国的最后人事安排。然后溥仪在由板垣早已和幕僚们研究、自己拟定的所谓《溥仪·本庄交换公文》上签了字。其内容是1月末在旅顺时访问的情况及其后的情况，并没有什么新内容。”[1]

1（日）见板垣征四郎刊行会《秘录·板垣征四郎》第66页，芙蓉书房，东京，1972年。

《溥仪致本庄书》全文如下：

迳启者：此次满洲事变以来，贵国竭力维持满蒙全境之治安，以致贵国军队及其人民，均受重大之牺牲。本深表感谢。且确认关于此后敝国之安全及发展，贵国之援助并指导，实有绝对之必要。为此对于左开各项，特求贵国援助：

一、敝国关于敝国之国防及维持治安委诸贵国，而其所需经费均由敝国承担；

二、敝国承认贵国军队认为国防上必要，已修铁路之管理，并新路之布设，均委诸贵国或贵国所指定之机关；

三、敝国对于贵国军队，认为必要之各种设施，竭力援助；

四、敝国参议府就贵国人选有达实名望者，任为参议。其他中央及地方之官署，有必要之官吏，亦任用贵国人。而其人物之选定，委诸贵军司令官，其解职应得贵军司令官之同意。前项参议之人数，参议总数更改时，若贵国有所希望，则依贵我两国协议增减之；

五、将来由两国缔结正式条约时，即以上开各项之宗旨及规定为基本。

此致

大日本帝国关东军司令官 本庄繁

溥仪（印）

大同元年三月十日

《溥仪致本庄书》明明是在3月6日签署的，却被写为3月10日。这是因为溥仪就任“执政”是在3月9日，此前签署无效。

板垣恒四郎将签署后的《溥仪致本庄书》呈递给本庄繁后，本庄繁并没有立即给溥仪回函。而是将其呈报给日本政府，“犬养内阁承认的时间是4月15日，将其作为《关于满洲国铁路港湾河流的处理方针》的附件顺利通过了。”[1]

5月12日，本庄繁给溥仪回函说：

“执政溥仪殿：

3月10日之尊函确已受理，我方无疑义。此复。

关东军司令官本庄繁”[2]

1 [日]NHK取材班编：《满州国ラストエンペラ-》，第137～138页，角川文库，1995年。

2 [日]NHK取材班编：《满州国ラストエンペラ-》，第137～138页，角川文库，1995年。

溥仪、本庄繁换文，是日本企图对武力夺取、侵占的权益，用秘密协定的方式先固定下来。所谓的“换文”，是企图利用日本力量复辟的溥仪，在正式充当伪满洲国“执政”前，所吞下的出卖东北主权的苦果。

在汤岗子，以地方实力派的身份当上汉奸的张景惠、臧式毅和赵欣伯等又代表赝造的所谓“民意”出现了，他们说是特意前来“欢迎”溥仪的。

3月8日上午7时半，溥仪偕婉容步出对翠阁宾馆正厅前门。将要前往新京（今长春）之际，溥仪向新闻界发表了一篇简短讲话，自称“承蒙满洲国三千万民众之热切希望”，“从此地出发前往新首都新京”。溥仪与婉容在对翠阁门前的照片随即登上东北各报的头版：溥仪戴着礼帽，身披呢子斗蓬，脚穿一双锃亮的高筒皮靴，婉容则在她平时喜爱的旗袍之上，加了一件狐皮领的呢子大衣。溥仪站在台阶下的一块脚踏垫板上，婉容站在垫板的旁边。他们能够并排站在一起，对婉容来说已嫌逾格。

溥仪讲话结束后即偕婉容在郑孝胥、罗振玉等老臣三十余人扈从的簇拥之中，由日本便衣宪兵先导前往当地车站。在贵宾候车室稍事休息后，于上午8时登上专列，前往新京（今长春）。

在挂起了伪满五色旗专列的后部，有一节高级车厢，溥仪、婉容，还有溥仪的几位老臣、几个身边警卫就在这里。戴着黑色宽边眼镜的溥仪，从脸上的表情看似乎怡然自得，谁知他心中又怎么想呢？列车经过沈阳市区的时候，溥仪恭恭敬敬地站了起来，面向北陵——祖坟的方向，致遥拜之礼。他不能不感到遗憾：这次北上并非为继承祖业，而是替日本人去当那不知名目的“执政”。对于溥仪来说，东北二百万平方公里的土地和三千万的人口，全都没有皇帝宝位更让他神往。

3月8日下午3时，溥仪的专列缓缓驶达长春站，这时的长春已经改叫“新京”，长春车站亦装饰一新。站台上到处是日本宪兵队持枪警戒，火车刚一抵达，站台上就响起了军乐声和人们的呼叫声。溥仪和婉容在汉奸张景惠、郑孝胥、熙洽以及日本特务上角利一等一帮人的簇拥下走出车厢。乐队奏“满洲国国歌”，夹道欢迎的人群中，穿戴西服、军服、和服、长袍马褂等各色不等，人人手中都有一面小太阳旗或伪满洲国“国旗”，向溥仪口喊万岁。还有许多摄影记者围前围后。这使溥仪的虚荣心得到了极大的满足。溥仪被热烈的欢迎场面“感动”了，对于那些整列相迎的日本人和伪满新贵，以及礼炮、仪仗队之类，溥仪并不觉得怎样，只见站台一侧扯起一面大旗，上面写着“吉林八旗旧臣迎大清宣统陛下”几个大字，旗下跪了黑压压一大片穿着长袍马褂的人，他们中间竟然有许多口喊

“皇上万岁”的人几乎是泪流满面。这场面真把溥仪感动了，他哭了。原来这是吉林市的旗人组织的一个有四十多人参加的“吉林满洲旧臣迎銮团”，以前清举人、吏部郎中钟岳为团长，前清举人、吉林咨议局议长庆康为副团长。他们仍视溥仪为“清帝”、视婉容为“皇后”。

1932 年 3 月 8 日下午 3 时溥仪和婉容抵达长春火车站

此时的长春，满街悬挂着伪满洲国的“国旗”。在站前广场和所经沿途，有大批人士列队欢迎，呈现出近来罕见的盛况。在城内外周围的墙壁和电线杆上张贴欢迎新“国家”的标语和传单。马车和汽车一律插有新“国旗”（小旗）。由于到处都在庆祝新“国家”的成立，全部呈现着欢庆气氛，盛况空前。

溥仪和婉容在众人的陪同下，在热烈的欢呼声中走出车站，坐上汽车驶入位于新京（今长春七马路）的原“吉长道尹公署”（俗称道台衙门）。

据当时作为“先遣队”成员，负责安排食宿的李国雄讲，那天晚上溥仪不愿住在专门给他预备的两间居室内，却要跟婉容以及两位妹妹住在一起。她们那边是三间一套的房子：溥仪住东间，婉容、韫和、韫颖住西间，中间的房子里摆着几面大穿衣镜。第二天，溥仪将在这套房子西侧的典礼大厅内宣誓就任伪满洲国“执政”。

第七章
屈就执政

就任执政

当时，长春也是一个很小的城市。楼房很少，除吉长道尹公署、吉黑榷运署、中央银行、中国银行、交通银行、益发银行和孔庙等几处较好的建筑外，再没有好房子了。选来选去，关东军相中了旧盐仓——吉黑榷运署的房子，决定就把它改造成为新“国家”的“执政府”。

伪满洲国真是在匆忙之中建立起来的，吉黑榷运署的修缮工作尚未完成，溥仪的“执政府”只能临时安置在前吉长道尹公署，这里本来是一个破旧的大宅院，经过一番布置，倒有了光怪陆离的感觉。

这座建筑建于 1909 年，造价为 9 万两白银，曾是衙门长官办公的地方。正式名称是“吉林西南路道衙门”，是当时长春的最高官府。房舍都是欧式建筑，整个建筑群为青灰色砖瓦水泥结构。正堂是这里的主要建筑，正面十四根水泥圆柱冲天而起，显得颇有气势，大堂北侧有洋房四座，是衙门长官生活起居的地方，房舍精致讲究。整个建筑占地面积二万五千平方米左右，这在当时的长春，算得上是宏伟、壮观的建筑了。建成后，曾先后做过吉长道台衙门、吉林督办公署等的办公地。当时，为给溥仪就任“执政”准备临时场所，熙洽拨款 12 万元，对建筑重新进行了修缮，并定为临时执政府所在地。是年 4 月 3 日，便移往新修缮完的执政府（现伪满皇宫旧址）。

1932 年 3 月 9 日下午 3 时，伪满洲国执政溥仪，在“首都”新京（长春）率百官众司举行就任执政大典。大礼堂内，音乐响起，大厅里响起了热烈的掌声。只见执行员、赞礼官徐徐而进。继而张景惠、臧式毅、熙洽、马占山等所谓“开国”元勋、各省区文武官员及外宾顺序入场，先后各就各位。执政就职仪式宣布开始，场内军乐声大作。溥仪身着西式大礼服，头戴黑色礼帽走进了大厅，由侍从武官长张海鹏为先导，八名文武官员随同，缓缓地登上了礼堂临时布置的方台，坐在背靠黄色屏风的执政“宝座”上。郑孝胥、罗振玉、胡嗣瑗、佟济煦、陈曾寿等清朝遗老旧臣立于执政座前的西侧。日本关东军司令官本庄繁、关东军参谋长三宅光治、关东军参谋板垣征四郎、关东军特务部部长驹井德三、“满铁”总裁内田康哉等人于东侧站立。正面第一排站立者为张景惠、臧式毅、熙洽、马占山；第二排为贵福、凌升、齐默特色木丕勒等蒙古王公；第三排为各省区文武官代表。其后为国内外新闻记者的行列。

仪式按照事先安排好的程序进行。溥仪接受参列者行三鞠躬大礼后。张景惠手捧用黄绫包裹的“国玺”，臧式毅手捧“执政之印”，呈献给溥仪。接着，由郑孝胥代表溥仪宣读“执政宣言”；“满铁”总裁内田康哉代表日方致祝词；继而，臧式毅代表“满洲民众”向溥仪致颂词；然后罗振玉代表溥仪致答谢词，至此礼成。最后，溥仪在众官佐的簇拥下来到院中央，军乐队奏响伪满洲国国歌，由赵欣伯扯起伪满洲国国旗，随着演奏伪满国歌的乐点，把伪满五色旗升上旗杆顶。升旗时，站在队列前的溥仪脱帽敬礼，老臣们也冲着旗杆三鞠躬。嘴里哼唱着郑孝胥作词的伪满洲国国歌：

天地内，有了新满洲。
新满洲，便是新天地。
顶天立地，无苦无忧。
造成我国家，只有亲爱，并无冤仇。
人民三千万，人民三千万，纵加十倍，也得自由。
重仁义，尚礼仪，使我身修。
家已齐，国已治，此外何求。
近之则与世界同化，
远之则与天地同流。

众人毕恭毕敬地注视着“国旗”升起，并三呼：“满洲国万岁！执政万岁！”典礼仪式结束后，溥仪按预定计划与四十五位参加仪式的日伪官员合影留念，最后举行庆祝伪满洲国成立的宴会。

溥仪就任了伪满洲国的“执政”，当天，郑孝胥就把日本人定好了的伪政府各部门的人选名单送到溥仪面前，溥仪根本没有选择权，只能按照名单任命了“满洲国”各府、院、部的负责官员，一大批追随者也得到了相应的官衔：“国务总理”郑孝胥、“军政部”总长张景惠、“民政部”总长臧式毅、“外交部”总长谢介石、“立法院”院长赵欣伯、“财政部”总长熙洽等，郑孝胥的两个儿子都当上了“国务院”秘书官。

这其中最得意的还是郑孝胥，他如愿以偿地当上了梦寐以求的“国务总理”一职，罗振玉败给了郑孝胥，只当了一个“参议院”的参议，虽然不得志但也没办法。

溥仪就任伪满执政时合影。溥仪居中而坐，右侧为郑孝胥、张景惠、罗振玉、熙洽、臧式毅；左侧是关东军司令官本庄繁、满铁总裁内田康哉和独立守备队司令宫森等

会见李顿国联调查团

“九一八”事变后，蒋介石寄希望于国际联盟的干预，日本也想通过国际联盟争取舆论支持，由此引起国际联盟讲坛上的辩论。国际联盟理事会决定派遣以英国枢密顾问官李顿为委员长，由英、法、美、德、意五国代表作为委员而组成的调查团，在中日两国也派代表参加的情况下，前往中国东北和中日两国首都实地调查。

李顿调查团的成员中，有将军，有第一流的外交官，有海外殖民地的总督，还有东洋通。他们要查明伪满政权的性质，以便决定国际联盟的态度。

伪满政府一边成立了以“外交”总长谢介石为首的“欢迎委员会”，一边对国民党的代表顾维钧表示拒绝。

谢介石先于1932年4月9日向国民政府发出通牒公文，“拒绝顾维钧随同国联调查团来满”；继于4月14日，以同样内容致电正在北平的国联调查团委员长李顿。

有消息说，“拒顾”一举，曾“惹起各方异常冲动，使调查团之入满一时似有陷于中止之概” 。后经国联调查团书记长阿斯向伪满外交部总务司司长大桥忠一反复交涉，伪满方面才以附加若干条件而承认了顾维钧的代表资格。条件是苛刻的：不得做政治运动，削减顾维钧的随员，由“满洲国”特派员监督顾维钧及其随员的行动，对顾维钧的人身安全给予保护，但难以做到绝对保障，顾维钧在满期间不得与国民党政府通信等。原来还要求顾维钧本人声明“谢罪”，后让步，只需顾维钧“陈谢誓意”即可。调查团与伪满的谈判在4月18日晚上方达成协议。

李顿调查团全体成员于4月19日夜从北平出发，沿北宁路抵秦皇岛，继而分成两队：美国的麦考益将军、意大利的麦莱斯高蒂和他们的随员为一队，经奉山线赴沈阳；英国的李顿、法国的克劳特尔将军、德国的叔尼博士和他们的随员为另一队，搭乘日本驱逐舰经水路直奔大连。顾维钧本来属于海路队，但他和他的随员是不许登日舰的，只好单乘“海圻号”中国军舰径赴大连。计划结束沈阳和大连两地的调查后再合队北上。

就在顾维钧停留大连期间，发生了“宣统皇后”婉容派人送信，请求顾氏协助她逃出“满洲”的故事。当时，顾维钧拒绝了。他在如前所述那种严格的限制和严密的监视下，完全没有向她提供帮助的能力。婉容如果了解内情，是应该谅解他的。

1932年5月4日，溥仪在伪满执政府内会见了李顿国联调查团。

调查团成员到达长春以后，下榻于指定的大和旅馆。在第一次记者招待会上，李顿就特意问起“为啥没有看见普尔德尔”？普尔德尔是德国驻“满”记者，曾署名发表不利于日本和伪满的报道。伪满外交部总长谢介石答复说：“因为他和另外几个人反对‘满洲国’的政策，我们讨厌他们，已经驱逐了。”李顿又提出让溥仪自己到旅馆来，回答调查团的询问。尽管这是调查工作中的正当要求，且“大和”旅馆也是日本人的天下，仍然遭到谢介石的拒绝：“调查团只能由‘满洲国政府’接待，调查委员们必须身穿礼服，到执政府拜谒执政。”而且还规定了当溥仪会见调查团时只宣读书面声明，并有郑孝胥等在两旁侍立。至此李顿已经明白：不但在“满洲”的记者没有言论自由，连“满洲”的“执政”也没有言论自由。

溥仪会见调查团的过程，曾被大肆宣传，但假的东西总要露出马脚。下面引述的一段文字让人们看清了溥仪的处境。十分有趣的是，也能看到溥仪应付特殊环境的政治手腕。

第二天，李顿等五名调查委员，身穿大礼服或燕尾服前往执政府，正式拜谒“满洲国”元首。他们遵照总务长官驹井德三的事先规定，在庄严的谒见仪式上宣读了一篇文书。“执政”虽然只有二十八岁，但是他在幼年时期身为清朝皇帝时就接见过很多外国使臣，特别是经历了波澜起伏的艰苦年月，见识和胆力都得到锻炼而更加成熟。尽管受到世界强国代表的种种威逼，并不为之所动，表现出一国元首的堂堂威严。这使调查团成员们感到威慑，在“执政”面前十分恭谨。

他们谒见“执政”的仪式结束后，又一起进入谒见厅旁边的一间屋子，在那儿举行茶话会。并允许随便交谈一下，当然也有一条规定的：不许涉及政治问题。急于要从各方面获得调查材料的李顿，当然不会放弃这个能够从“元首”口中直接得到重要证据的机会。

“满洲国的独立，为什么不借助日本的力量就不行呢？”李顿这样提出了问题。

“执政”在他的座位上含着微笑反问道：“当美国独立的时候，为什么要借助法国的力量？”

列席茶话会的驹井长官斜眼偷看李顿，想听听他怎样回答。只见他脸色逐渐苍白起来，直到茶话会结束始终沉默着。他想从“元首”口中轻松获得调查材料的企图被彻底粉碎了。

这次溥仪会见李顿调查团之后，调查团成员克鲁德尔和马克伊暗地议论说：“这个元首天生就是帝王的材料。”他们的话传了出来。

有伪满国务总理郑孝胥陪席，有伪满总务厅长官驹井德三觊觎，虽然溥仪就在眼前，李顿也不再发问了。不久，调查团在哈尔滨收到抗日将领马占山转递的密信，信中专门谈到溥仪被挟持、被操纵的种种情况。当然，事情比马占山所说的更复杂些。

1946 年 8 月，溥仪在东京远东国际军事法庭上，为审判日本战犯作证时，谈到当年会见李顿调查团的处境和思想，这回他说了真话：“在我的身边和周围，总有许多日本军官和宪兵，借保护为名监视我。本来我是尊敬李顿先生的，对于‘满洲’的许多问题也与他同感，我很想找个机会单独与他谈话，可事实上办不到，这实在令人恼恨。我当时应该把‘满洲’的实际情况告诉他，但是我怕向他说了，日本人将杀害我。”

“九一八”事变前，日本在东北制造了“万宝山”“中村”等事件，作为侵略东北的导火线，并发动了“九一八”事变，而蒋介石乃一再电令张学良“要忍耐日本的挑衅，不准抵抗”。9月22日，日本关东军已经攻下大部分东北地区，蒋介石在南京举行的救国大会上发表演说，宣称：“国民此刻必须上下一致，先以公理对强权，以和平对野蛮。忍痛含愤，暂时逆来顺受态度，以待国际公理之判决。”放弃国土和人民的保卫，然后等待“国际公理”去干涉和制止日本的侵略，不是妄想吗？

“九一八”事变后，日本侵略者疯狂侵占东三省。其时国民政府在国联的代表施肇基，乃于9月30日向瑞士日内瓦国际联盟理事会请求处理，并希望派出中立军队前往东北，阻止日本侵略。

此案一提出，即受到袒护日本的美国的反对，理由是“此种行动足以刺激日本国民的情绪”。同时，国联在打算作出要求日军退出中国东北的决议时，美国国务卿凯塞尔公开表示，对此不加附议而告吹。美国还劝导蒋介石，与日本要采取妥协步调。国联几经讨论，延至12月10日才由日本同意，并在国联行政会议上，提出了派遣调查团前赴“满洲和中国调查实际情形”之议，于是，才有了“李顿调查团”的产生。

“李顿调查团”是由国联行政主席遴选人员，再经过中日两国同意组成的。他们分别是英国的李顿爵士、美国的佛兰克洛斯·麦考益少将、法国的亨利·克劳德中将、意大利的格迪伯爵和德国的恩利克希尼博士，李顿为团长，一般称为“五国调查团”。另外，日本派驻土耳其大使吉田为代表，中国派顾维钧为代表。代表团于1932年2月3日，由法国起程，19日抵达东京。然后经上海、南京、汉口、九江、宜昌、重庆等地转了一圈，又在北平住了10来天，于5月初到达长春。

5月3日国联调查团在日本关东军参谋长桥本虎之助和高级参谋板垣征四郎等人陪同下，与溥仪会见。会见过程，据溥仪回忆：

5月3日这天，我和调查团的会见，用了大约一刻钟的时间，他们向我提出了两个问题：“我是怎样来到东北的”“满洲国是怎样建立起来的”……我想来在我身边还坐着关东军的参谋长和高级参谋板垣，我不由地向那青白脸瞄了一眼（板垣的胡子刮得干净时脸成青白色），然后老老实实照他们预先嘱咐过的说：“我是由于满洲民众的推戴才到满洲的，我的国家完全是自愿自主的……”调查团一齐微笑点头，再没问什么，然后我们一同照相，喝香槟，祝贺彼此健康。调查团走后，板垣青白脸浮满了笑意，赞不绝口地说：“执政阁下的风度好极了，讲话响亮极了。”

溥仪虽然得到日本人的赞赏，但是他的话语是口是心非的，因为他的处境，正如日本古歌民咏“杜鹃，你唱不唱？不唱我便要杀你！”后来溥仪在自述中说，他在回答调查团的问题之前，脑子里曾经闪过一个问题，就是想说他是由“土肥原骗到东北来的”，又是“被板垣威吓着当上满洲国元首的”，“……幸亏我没有傻干，否则我这条命完了……现在顶要紧的还是不要惹翻了日本人，要想重登大宝，还非靠日本人不可呀！”

“李顿调查团”在未与溥仪谈话之前，即已与关东军派至伪满国务院任总务厅长官（控制伪国务院的人）的驹井德三以及伪国务总理郑孝胥谈过话。据驹井德三在《满洲国走向世界宣称着》一文中所述，当时李顿曾问他两个问题：一是“满洲国的建设不嫌早些”？二是“满洲国实行机会均等”？麦考益也问他一个问题：“满洲国宣扬门户开放主义，果真在实行？”驹井回答李顿第一个问题说，非但不早，且嫌其晚。因为“张学良对东北的统治，已糜烂到民不聊生的地步。为谋救满洲之经济发展，成立设置一个能维持秩序之巩固政权，固不为早”。回答他第二个问题，则谈到“早年由英国人罗浮脱·赫德出任中国海关总税务司时，独揽大权，税司人员尽用英法等国之人。而日本人之被任用，则须通过严格的英语测试。现在满洲国使用满洲语和日本语二种语言，只要外国人能使用以上二种语言，且能满足满洲国之待遇，则可欢迎任用，这就是机会均等之一例”。至于回答麦考益的问题则称：“门户开放是美国率先倡导使用于中国的精神，中国是抱着门户闭锁主义的。现在我有极强的钥匙，使满洲国门户开放。不过须附带声明的就是，国防事业绝不能门户开放。”最后，驹井德三还提到，当调查委员离开长春时，溥仪送行至火车站，握手道别，李顿说“恭祝新满洲之健全与发达”。

据溥仪自述：“郑孝胥事后则晃着秃头说：‘这些西洋人跟臣也见过面，所谈都是机会均等和外国权益之事，完全不出臣之所料，’郑孝胥还谈到反苏问题，他极力替日本辩护，说日本为‘自身安全顾虑’，满洲国不容许苏俄利用为攻击日本之根据地。”然而，郑孝胥以前的主张和现在与西洋人谈论“机会均等”“门户开放”政策等，显然与日本想独占东北的利益极相冲突。因此，郑孝胥以后就失宠于日方，而且被抛弃。

“李顿调查团”的“报告书”，名称叫作“满洲问题的报告”，于 1932 年

9月4日写成并在北平签字，10月1日分别在日内瓦、南京、东京同时发表。“报告书”为十章，前八章为“调查事实”，后两章是解决问题的原则和建议。“报告书”认为，日本发动“九一八”事变和“满洲国”的成立是非法的。但要“开发满洲”，必须“维持门户开放的原则，国际合作，以促进中国之建设”。其用意就是要由国联行政院监督，东三省实行“高度的自治”，由列强派出人员充当“自治政府”的“顾问”，日本在比例上大一些。而这种“国际合作”制度，适用于全中国。

“报告书”的侵略实质极其明显，这就是不容许日本独占中国东北，而其他各列强也都要“利益均沾”。这个“报告书”，当然为其他各列强代表所赞同而发表了。“调查报告书”发表之后，中国在敌强我弱的情况下，也只得被迫“同意”。日本则大加反对，因而于1933年3月27日退出了国联，独行其是。

盐仓改成的傀儡宫殿

我国是个古老的国家，历史上兴建过很多都城，兴建过很多宫殿。宫殿是历代皇帝的居所，因此都必须是所处时代的最豪华的建筑，更是政治权力的中心。长春虽说是个新兴城市，却在日本军国主义控制、操纵下的二十世纪三四十年代成为世界上存在时间最长的傀儡政权——“满洲国”“首都”所在地。

1932年4月3日，吉黑榷运局官署旧地修缮完毕后，在吉长道尹公署住了二十多天的溥仪便率领他的部属随员迁入盐仓之宫。因为那时溥仪只是“执政”身份，他的居所也就只能叫作“执政府”，而算不上“宫殿”。1934年伪满洲国改称“满洲帝国”，溥仪才由“执政”改称“皇帝”，执政府于是改称宫内府，也叫帝宫，俗称皇宫，伪满皇宫便由此而来。盐仓能够改造成为宫殿，也可以算是世界历史上的一件奇闻趣事了。

伪满皇宫是我国至今仍保存较完整的宫廷遗址之一，在历史渊源上与沈阳故宫、北京故宫有着不可分割的联系。沈阳故宫代表着清朝入关前的鼎盛；北京故宫代表着明清两朝的兴衰；而伪满皇宫则代表着中国封建社会最后一代君主的垂死挣扎和日本帝国主义侵略中国东北的血腥与残酷，包含着一段屈辱的历史，是一个活生生的历史物证。因此，民间曾流传这样一句话：小皇帝住盐仓，咸（闲）肉一块或咸（闲）龙一条。

溥仪本想借助日本帝国主义的力量复辟大清王朝，却没想到反被其操纵和控制，在这里度过了十三年四个月零八天的傀儡生涯。

整个宫廷略呈南北窄而东西宽的梯形。外周为九百九十三米长的宫墙所围，内有围墙三百六十八米，附岗楼十一座，共有宫门七座。伪满皇宫宫廷由主体部分和附属部分组成。主体部分以中和门为界分为内廷和外廷两部分。溥仪依据《礼记·中庸》中的“致中和，天地位焉，万物育焉”这句话为此门命名，以表达他的处世观“中庸之道”。内廷是溥仪及其眷属的日常起居区，包括缉熙楼、中膳房、茶房、西膳房、司房、用人住房、西御花园与同德殿、书画库、东御花园、御用防空洞等建筑设施；外廷是溥仪的政务活动区，包括勤民楼、怀远楼、嘉乐殿、日本宪兵室等建筑设施。此外，伪满皇宫还包括西部的御用汽车库、跑马场、禁卫军营区、花窖等与东部的铁路专用线、东南部区的建国神庙、祭祀管理机构、近卫军营区等附属建筑设施。

它虽没有中国传统皇宫那般庄严肃穆，也不像西方宫殿那般宏伟壮观，但建筑风格仍有自己的独特之处：既有中式传统带廊瓦房，又有“中日合璧”的殿堂，还有欧洲折中主义建筑，可谓东西方特色兼有、中日风格并存，具有典型的殖民地特色。其中的跑马场、建国神庙遗址、铁路专用线，以及围墙和碉堡更是古今中外宫廷中绝无仅有的。“执政府”也罢，“帝宫”也罢，就其本质而言，不过是囚禁溥仪的一座“豪华监狱”。

伪满皇宫正门位于南部，称莱熏门，此门伪满时期专供“皇帝”溥仪、日本关东军司令官及来伪满访问的各国政府首脑出入使用；莱熏门的西部有专供伪满官吏和其他有资格者出入的侧门——保康门，它有“保卫康德”的含义（1934年溥仪登极就任“满洲国”皇帝，年号“康德”）；莱熏门以东有出入建国神庙及伪祭祀府派驻帝宫内管理祭祀的机构庙务所的日式鸟居门；北面由西向东分别为福华门、体干门、含宏门；西面有一禁卫门。内部宫门主要有仅供溥仪及其眷属日常出入使用的长春门、伪满皇宫东区的正门同德门及日伪官吏进出伪满皇宫西区外廷的必经之门——兴运门和迎晖门、伪满皇宫西区内廷与外廷的分界线——中和门等。兴运门建成于1934年1月，时值溥仪第三次登极做伪满洲国皇帝前夕，溥仪认为自己即将成为九五至尊，便命人在其门楣上雕刻二龙戏珠图案，并亲自将其命名为“兴运门”，希望从此“国运”兴隆。

平时，保康门总是关闭着。人们出入，走靠西边的莱熏门。进入这座门，是一条南北走向的信道，信道左边是溥仪的护军营房、御用马饲养棚和“卤簿”车库，而向右跨越兴运门便进入伪满皇宫的范围了。

兴运门才是入宫的正门，有一座并不高大的水泥门楼，其正上方有一圆洞，内镶时钟，其下雕有二龙戏珠图案，而这一切又都在四根圆形立柱的支撑之下。有时，溥仪就在兴运门前临时搭起的高台上举行集体的接见仪式。举个例子说吧：1935 年 5 月 7 日，日本人为了灌输奴化中国人民的思想，把东北各地的所谓“童子团”代表领到兴运门前小广场，由溥仪亲授“正修童子团”团旗，这就是盛行一时的所谓“亲授式”。

从兴运门入宫，门内左侧即宫内府，它是一个由三合房组成的院落。伪满成立之初，这里是执政府代行府中令宝熙和执政府秘书长胡嗣瑗办公的地方。实行“帝制”以后，前任宫内府大臣沈瑞麟和后任宫内府大臣熙洽在这里办公。另外还有个与宫内府平行的替“皇帝”办事的部门——尚书府，专司钤用“御玺”“国玺”，以及文书上奏事项。其前任大臣郭宗熙、继任大臣袁金铠和吉兴，都先后在此办公。

所谓“办公”，实在无聊。拿伪尚书府来说，按编制，在大臣之下设秘书长一人，又常年缺员；秘书官二人，其中“日系”一人，“满系”一人，当然是日本秘书官说话算数；办事员二人；雇员一人；差役二人。职责只有一样：看守伪皇帝的“御玺”和盖印。在每天颁发的法令、章程、规则上，以至于伪皇帝的诏书、叙勋证书和任命状等，盖上一个图章就完事了。所盖之印，每月月终列表统计，奏报给溥仪。其实，这种“奏报”溥仪连看也不愿看一眼。

兴运门的门内右侧有两所瓦房，一所是警卫室，日夜有人值班；另一所是奏事处兼消毒室，来人由此传达，而且无论谁入宫都必须在这里经过消毒的程序。溥仪最怕细菌，这可是他独出心裁的创设。据一直跟在溥仪身边的族侄毓嵒回忆，溥仪当时比谁都讲卫生，酒精盒不离左右，苍蝇在他身上落一下，也得用酒精棉擦擦。宫里的人上街回来，要用酒精喷雾器喷洒全身衣服。虽然如此，这兴运门既然并不阻挡挎洋刀的日本人进入，也一定抵御不了病菌的袭来。

伪满皇宫有东西两重大院，走进兴运门便是西院，而与兴运门相对，紧贴东院大墙的地方有一排青砖平房，这就是宫内日本宪兵派遣班的宿舍。关东军把眼睛放在这里真是最绝妙不过了。由此向西看，能把从兴运门和西院第二道门——迎晖门进进出出的人们全都放在视野之内；向南看可以掌握通往保康门的动向；同时又刚好守着西院通向东院的角门。与这排日本宪兵宿舍并存的日本宪兵办公室设在勤民楼一楼西侧，专门监视正好位于西侧的楼梯，谁从这儿登梯觐见溥仪都了如指掌。“除非有神话中的隐身法，否则就逃不脱他们监视的双眼”，这是溥仪自己的话。因为日本宪兵们每人抱着一本溥仪称之为“阎王账”的记事簿，对于宫中大事小情有文必录，有见必报，这事也把溥仪恨得咬牙切齿，可他只好在心里闷着。有一次，日本宪兵怀疑有人乘他们不备溜进了内廷，于是连夜对缉熙楼各房间以及西花园中的每一个角落进行搜查，结果连个人影也没有找到。“康德皇帝”对这伙荷枪实弹者的举动，不但丝毫不得干涉，反而要表示感谢。这次搜查事件发生后，溥仪就曾亲派族侄毓嵒，到伪宫内府日本宪兵室登门道谢，“感激”他们的“保护”之恩。

也许关东军的首脑们知道这种明目张胆的监视行为未免过分，因为这里毕竟是一座不同于普通监狱的“豪华监狱”，住的大小也是个“皇帝”啊！遂责令宫中宪兵平时穿“协和服”。如果不看他们作为军人标志的领章，就完全不能分辨他们究竟是哪国人，什么人。

在日本宪兵监视下的伪满皇宫两重深院，西院的一组建筑除怀远楼外，都是在盐仓的基础上改造的，而东院则是1935年以后新建的。

“勤民楼”无法“勤政爱民”

勤民楼是并列在西院内的三座灰色西式楼房中的主要建筑。从兴运门进院，穿过与它平行的迎晖门，一眼便能看见这座当中为天井的方形楼房。这就是溥仪处理政务和举行典礼的场所，相当于北京紫禁城里的太和殿了。它建于1914年，占地面积一千二百零六平方米，是溥仪处理政务、召见日伪高官、接见外国使节和重要来宾及举行典礼的场所。这里，也曾举行“登极”、册立“贵人”、祝寿以及宴会等庆典活动，但是没有北京那庞大的仪仗、庄严肃穆的中和韶乐和丹陛大乐的演奏，也没有那午门之上的钟鼓齐鸣。久而久之，溥仪对此也就淡漠黯然，无可奈何了。

溥仪就任伪满“执政”时正值“春秋鼎盛”之年，雄心勃勃地要完成“复辟大业”，曾对陈曾寿发誓说：“将忍耐一切困苦，兢兢业业，发誓恢复祖业，百折不挠，不达目的，誓不甘休。”于是，取“勤政爱民”之意，为自己的“金銮殿”确定了名号。

勤民楼的正门在南边，叫作承光门。溥仪常常在会见关东军司令官之后，就在这个门前的半圆形台阶上下，摄一张“协和”影，登在书刊、画报上。因此，这承光门也就成了一扇尽人皆知的“名门”。

从承光门入内，西侧是日本宪兵办公室和“帝宫”警卫处，而东侧是第一候见室，室内有两根圆形立柱，围绕它们摆着一圈儿沙发。除了关东军司令官可以直接上楼面见溥仪外，凡被召见的人员，都要按官衔大小分别在此等候。由于候见者有时很多，又往往各有所属，逐渐添设了三个候见室，都在一楼东西两边的房子中。

值得注意的是，在第一候见室的北墙中间有一道小门，它连通着“帝室御用挂”吉冈安直的办公室。室内的写字台、沙发等陈设虽然普通，可它们的使用者毕竟不凡。这间小屋与大洋彼岸的皇宫，与仅仅几华里远的关东军司令官，都保持着最直接、最紧密的联系。吉冈有时连晚上也住在这里，监视并指挥着溥仪的一举一动。“帝室御用挂”为日语，是“内廷行走”或“皇室秘书”之意。吉冈安直为日本人，他身兼关东军高级参谋和“帝室御用挂”两职，是日本关东军派驻溥仪身边的高级特务。溥仪巡幸、巡狩、训示臣民、举杯祝酒，乃至点头微笑，都要听从吉冈的指挥、安排。他的办公室安置于此，其用意不言而喻。吉冈安直曾毫不客气地对溥仪说：“日本天皇就是你的父亲，关东军是代表天皇的，你要听他们的话，像听父亲的话一样。”这是在赤裸裸地告诉溥仪：你是一个“儿皇帝”。

伪满初期，一楼还设有近侍处、夫役室等。而比较重要的部门是侍从武官处。因为侍从武官处是以保护“皇帝”的人身安全为职责的，所以溥仪对这一机构的人选相当重视，以最亲信者充任。伪满第一任侍从武官长张海鹏就是溥仪最信任的人。人们知道，早在 1917 年张勋闹复辟的时候，张海鹏便同冯麟阁一起，由东北跑到关内参加“辫帅”的军队。后来复辟失败，冯麟阁被抓，张海鹏则化装出紫禁城，返回老巢新立屯。从此，溥仪视张氏为忠臣，准备起用。1931 年 11 月间，溥仪观察东北政局以为有机可乘，首先就命族侄宪原、宪基，携带“密旨”到洮南张海鹏的驻军中，封张氏为“黑龙江大将军”，命其督军北上，以求一逞。伪满洲国成立后，年过六旬的张海鹏却笔直地挺立在溥仪身后，当上了第一任侍从武官长。

在侍从武官长之下，设侍从武官五人，这五人的级别都不低，按规定拥有少将或中校以上军衔的陆军军官四名和校级以上海军军官一名。侍从武官的职责是：第一，伪皇帝举行典礼时，如“特派式”“亲任式”“建国节”“万寿节”，或接见外国使节，侍从武官要在溥仪的左右两侧站班。溥仪每月的初一和十五要到“建国神庙”去参拜，这时侍从武官也随行伺候。第二，溥仪出访日本或到外地“巡幸”，侍从武官都要随行，日夜不离身边。第三，每年年终侍从武官都要代表溥仪，携带慰问品，到日本侵略军驻地和伪满军队、伪满警察驻地慰问，向士兵宣读溥仪的“敕语”。

通过承光门内的狭窄楼梯，登上勤民楼的二楼，正处在侍从武官处上方的东侧大厅便是勤民殿了，也叫正殿，是溥仪接待重要来宾和举行正式仪式的场所。棚顶用木板镶嵌，呈现为一个一个的方格；墙壁是绿色的，上面绘有金色的团花图案；圆形的窗户外面是一条狭窄的木制走廊；室内还装有四只日本六角形电灯，一拉开关满屋灯火辉煌；地面上铺的是红色地毯。五颜六色的殿厅，中西合璧的陈设，虽说华丽有余，却是庄重不足。

1934 年 3 月 1 日，溥仪第三次登极做伪满洲国的傀儡皇帝，其典礼仪式就是在这里举行的。勤民殿的地面铺着大红的地毯，在北墙的正中，用丝帷幕装设成的一个金黄色的神龛下，放着印有伪满皇室专用的兰花御纹章的高背沙发椅。这，便是溥仪的“御座”了。御座两侧各有一帽台，前方还置有红木国玺台，这使勤民殿看起来有些不中不洋，不伦不类。溥仪就在这里言听计从地换上了日本人为他早就准备好的“陆军大元帅服正装”，接受百官的朝贺。

溥仪“登极”做“皇帝”之前，这里还发生过另外一件大事，是不能不提的。1932 年 9 月 15 日，日本关东军司令官兼“驻满特命全权大使”武藤信义和伪满总理郑孝胥，分别代表“两国”政府在《日满议定书》上签字，这个签字仪式也是在这间屋子里举行的。在这间不大的殿厅之中，却出卖了我国东北广袤的山河。此殿也是溥仪卖国求荣的历史见证。

西南侧的一房间就是溥仪的办公室，为溥仪处理政务的场所——“御学问所”，是日本人取的名字，为“皇帝”的书房之意。溥仪根据《易经》中“天行健，君子以自强不息”，把办公室命名为“健行斋”。

伪满初建之时，他还真想在这间设有大写字台和文房四宝的房子里大展宏图呢！曾有一个时期，溥仪黎明即起，在健行斋坐等文武百官前来启奏国家大事。可是，纷至沓来的臣僚无非是“请安”“贡献方物”，绝口不谈“国是”。“国是”有日本在办，本来就用不着他们操心。如果送来需要“裁可”的文件，他也只有画“可”，不许驳回或改动。既然在健行斋中并没有施展的余地，溥仪也就渐渐疏懒下来，索性不登办公室的门了。

1942 年 5 月 8 日，溥仪在这里会见了时任伪中华民国政府主席的汪精卫。汪精卫曾刺杀溥仪的父亲载沣未遂，可谓是溥仪的仇人。因清末的几次民主革命失败后，同盟会会员汪精卫日渐消沉，想以刺杀的方式来激励革命。1910 年 4 月，汪精卫组织在载沣每日进宫的必经要道——什刹海旁的银锭桥下，秘密埋藏自制炸弹，因为犬吠，惊动了民政部的侦探，计划失败，汪精卫等随即被捕。1911 年辛亥革命爆发后，汪精卫等才被释出狱。这位民主革命时期的风云人物，却于

1938年12月，当中华民族同仇敌忾，抵御日军侵略时，公然叛国，并于1940年3月30日在南京成立了伪中华民国国民政府，自任代主席兼行政院院长。如今，这对仇人却在日本关东军的导演下，在这里相会了。他们互致问候，并表示愿为日本建设“大东亚共荣圈”而携手效力。会见结束后，溥仪还为汪精卫一行在嘉乐殿举行了隆重的欢迎宴会。汪精卫的来访，加速了日本、汪伪政府、伪满洲国之间的勾结，汪伪政府和伪满洲国政府在经济上、军事上均有力地配合了日本侵略者的殖民侵略和殖民统治，成为日本帝国主义的帮凶和工具。

御学问所的北部为溥仪赐宴的场所——飨宴场。每当万寿节或庆典之日，溥仪都要在此设宴招待日伪高官。溥仪坐在正中的“御座”上，其他人按照职位的高低显赫依次落座。溥仪赐宴时用的是由大和旅馆提供的西餐，如浓汤、酒煮鲈鱼、蒸烧牛肉、冰淇淋、咖啡等，同时备有月桂冠酒、竹叶青酒、葡萄酒和香槟等酒水。餐桌上的酒菜虽一样，但溥仪的那份却是由宫内的洋膳房特制的。溥仪疑心大，在饮食方面更是格外小心。因害怕别人在食物内投毒，他所吃的东西都是由厨师和随侍尝过后，装入特制的食盒内，贴上封条并在餐桌上当面开启。溥仪有时也在此召开御前会议。伪满初期，一些汉奸官吏、土豪乡绅还到此向溥仪进献珍品或宝物。

二楼西南侧的一间房子被称作西偏殿，特任式在这里举行。伪满官吏有特任、简任、荐任和委任四个等级，特任最高。凡晋升特任的官员都要走“特任式”的过场。其程序是这样的：举行仪式的那天上午10时，官员来到勤民楼第一候见室等候。溥仪到达后，再由侍从武官导引新升特任的官员，由东门进入西偏殿，向溥仪行九十度鞠躬礼，并接受溥仪授予的《特任状》，然后便从西门走出西偏殿。仪式进行中溥仪并不讲话，整个仪式三两分钟就过去了。

再说说勤民楼的楼心天井吧！由承光门而入，首先映入眼帘的就是一个方形天井。溥仪待烦闷了，就召一些可供观览的表演者进宫，有时就在这处规模不小的天井内表演剑术或摔跤，以博掩盖忧愁的一笑。

怀远楼难奉列祖列宗

1934年，在勤民楼北边另建一栋新楼，并用一条空中走廊把两座楼的第二层连通起来。溥仪为新楼取名“怀远楼”，占地面积一千四百八十三平方米。顾名思义，可知此楼是为追怀列祖列宗而建，主要用于溥仪祭祀列祖列宗。它落成后，溥仪便把原勤民楼北侧佛堂中列祖列宗的牌位，移到怀远楼二楼东侧，这里也就成了太庙。每逢年节溥仪便要穿上清朝朝服来到这里，而向列宗列宗牌位行三跪九叩大礼。此外，为溥仪服务的宫中部分机构也在此办公。

怀远楼二楼的南部为溥仪供奉列祖列宗的奉先殿，溥仪依据《尚书·太甲》中的“奉先思孝，接下思恭”为此殿命名。它设立于1934年，主殿坐北朝南，供奉列帝列后的画像、牌位；东西各有一偏殿，分别供奉王爹爹、王妈妈的画像及四太妃（端康皇贵太妃、敬懿皇贵太妃、庄和皇贵太妃、荣惠皇贵太妃）和两位福晋（醇贤亲王二侧福晋——溥仪的祖母刘佳氏和醇亲王福晋——溥仪的亲生母亲瓜尔佳氏）的牌位。每逢重要节日或各位皇帝、皇后的诞辰，溥仪都要亲临祭拜或派最亲近信赖的人恭代行礼。清室之所以供奉王爹爹、王妈妈，是因为清朝的祖先努尔哈赤在明末的一次逃亡中，多亏有一对王姓夫妇搭救才幸免于难。其后世子孙为了不忘其救命之恩，便在供奉祖先的地方，同时供奉他们二位，并尊称为王爹爹、王妈妈。尽管溥仪有心要做孝子贤孙，可是先人们能够谅解吗？白山黑水残破如此，国宝家珍流向东洋，真正的朝廷也早已失去，就在列祖列宗的眼皮底下，溥仪还要强颜欢笑，与日本人举杯碰盏，弹冠相庆，这无疑是先人们尤为难过的事情。

怀远楼二楼西侧并越过通道，连同勤民楼的西侧和北侧，在嘉乐殿建成之前一直作为“皇帝”赐宴的场所，溥仪为之命名清宴堂。除举行宴会外，伪满举办的一些博览会、展览会的艺术精品，都要送到这里供溥仪观赏。堂内还设有奏乐的地方，赐宴时奏乐助兴。我们大家熟知的乐队指挥家、长影乐团指挥尹升山，便是当年宫内府乐队的成员。在中国抗日战争和解放战争中，曾先后出现过三个伪政权：汪精卫的汉奸卖国政权、溥仪为傀儡皇帝的伪满政权、德王的伪蒙疆自治政府。最为有趣的是，溥仪不但在这儿宴请过伪蒙疆联合自治政府的德王，还违心地与曾刺杀其父的汪精卫同桌共饮，三个傀儡元首在日本侵略者的幕后操纵下相聚，可想而知，那种场面又兴从何来？还有一件事值得提一提：1935年5月2日，溥仪第一次访日归来。就在这间长形房屋内发表了所谓《回銮训民诏书》。此后十年间，伪满政府强迫全东北的老百姓，背诵诏书上的陈词滥调，并在典礼或集会的时候面对诏书鞠躬行礼。所谓“清宴堂”经此污染岂能不浑浊？

此外，二楼的北部还设有替皇帝掌管御玺、“国玺”的机构——尚书府。它是伪满洲国皇帝直属的五大辅弼机构之一，伪满颁布的数以千计的法令都是在这儿加盖“国玺”、御玺生效的。尚书府大臣表面上是尚书府的负责人，但实际上所有的大权都控制在以日本人为秘书官长的秘书官长手中。高木三郎、武宫雄彦在伪满十四年中先后任秘书官长。

此外，怀远楼一楼还设有宫内府下属部分办事机构：掌管帝室会计审查事务的帝室会计审查局；负责溥仪日常生活及坛庙、陵寝事务的近侍处及主管祭祀、典礼、乐队、接待外宾等事务的掌礼处。另外还设有与宫内府、尚书府同级的侍从武官处。溥仪疑心大、胆子小，非常注重侍从武官的人选。尤其是侍从武官长，必须由陆军上将或中将，并且是溥仪最亲近的人充任。其级别也最高，为特任官（伪满时期官员级别由高到低为：特任、简任、荐任、委任）。伪满陆军上将张海鹏任侍从武官长一职时间最长，达七年之久。他不仅随同溥仪去沈阳东陵、北陵祭祀清祖，还曾两次陪护溥仪出访日本。每当有重大仪式活动以及外出巡幸时，侍从武官都要时刻跟随溥仪左右，以保证他的安全。

怀远楼，这座本应专门供奉溥仪列祖列宗的建筑，却因种种原因，也被宫内的几个办事机构同时占用着。如果按照清朝的祖制，这可以说是对其先祖的大不敬吧。但由于日本人为他安排的宫廷狭小拥挤，溥仪本人也毫无办法。由此可见，傀儡皇帝的日子并不好过。总之，虽说溥仪建了怀远楼，可这位清朝大统的继承人，也实在难以供奉他的列祖列宗。

溥仪的寝宫和婉容的冷宫

勤民楼之南，正对着承光门的是中和门。这中和门就好像北京紫禁城中的干清门一样，在伪宫内起着划界的作用：中和门以北称作外廷，是溥仪办公和典礼之所；而中和门以南则是溥仪的游息之处，它主要由两部分组成：东边是缉熙楼，西边是球场和花园。中和门两侧房间除由溥仪的乳母、部分随侍和御医居住外，还有一间是宫内府司房的办公室。

伪满洲国政府每年拨给溥仪八十万元的“帝室经费”，这是供给皇帝个人的用途，“内廷”及溥仪个人所用的一切费用均由此项支出。溥仪个人用款平均每月约六万六千六百六十六元六角六分。溥仪认为是个吉祥数，所以传令每月以数进呈。于每月十日（或十一日）由宫内府内务处交近侍处理事官送交内廷司房呈进。司房是处理溥仪日常生活的办事机构，它负责管钱、管物、收发、传达，收发信以及大量临时交付的琐碎事务，隶属于近侍处。伪满时代相当于溥仪的出纳，俗称账房，也兼管奏事。先说记账，用的老式账本，毛边纸印的红格，必须用毛笔写才行，账本每天晚上搁在厕所“恭呈御览”。记账先生是从北京找来的，他永远是写账，一直到溥仪熄灯就寝以后，他们才能休息。司房的另外一个老头，叫毛永惠，有五十多岁，光头，脸上常是带着微笑，肩膀微微有点儿斜，习惯穿着长袍马褂。他可以随时随地到溥仪的身边，如溥仪的“御用挂”吉冈安直到伪皇宫来见溥仪，先到候见室，候见室打电话给司房，毛永惠到溥仪跟前说是吉冈安直求见，溥仪当然是没有挡驾的时候了，吩咐一声：“带！”毛永惠就到候见室去带吉冈，无论是带到缉熙楼还是同德殿，这也就是溥仪会见人的程序。一般人没有毛永惠带着，根本就进不了中和门，这也不限于吉冈，就是北京来的宗室王公也是如此。

缉熙楼，是一座青砖铁皮房顶的欧式二层楼房，原为吉黑榷运局的办公楼，1932 年 4 月 3 日之前经改建维修，成了溥仪及其后妃居住的寝宫。溥仪依据《诗经·大雅·文王》中的“穆穆文王，于缉熙敬止”句命名“缉熙”楼，“缉熙”二字象征着前途光明，另外，因溥仪十分钦佩康熙皇帝，也有“追随康熙”皇帝之意，但溥仪住进这里后，却受到日本关东军的操纵、控制，毫无光明可言，更谈不上追随康熙帝了！

缉熙楼是溥仪的起居之所，也是他一天到晚活动最多的地方。这座灰色西式楼房共三层，不过，三楼只有一间库房，溥仪在那里堆放了一些木箱，内装无非是笔墨纸张以及折扇之类很不值钱的东西。因此，从实际作用看也只是一座二层楼房而已。

进入楼内，从靠北面的楼梯登上二楼，正对楼梯口南面的房间是溥仪的中药库。室内药架上摆满各类名贵中药。溥仪从小身体就不好，可以说是久病成医，吃药成癖，藏药也就成了一种嗜好。因此，他在卧室旁特意设立了中药库。溥仪读过《本草纲目》《验方新编》《医宗医鉴》《医卜星相》等许多医书，算得上略通医术。当时宫中有四位御医，每天轮流给溥仪诊脉，称作“请脉”，即使没病，也要开个方子并把药煎好，称为“代茶饮”。如 1933 年 1 月 13 日，溥仪于当日上午和下午分别请御医徐思允和彭成为其开了两副“清肺胃佐以平肝”的“代茶饮”。溥仪真正想吃的药都是御医在开好的方子上增减几味，或自己重开方子，并亲自到中药库抓药。

溥仪和药品有不解之缘，走到哪里便在哪里建立药库，先储中药，逐渐连西药也大量购存了。据毓嵒回忆，溥仪存的药品中，有治疗伤寒、痢疾和肺病等的特效药，后来又买了许多德国拜尔药厂出品的“洋药”，如滋养药、消化药。当时溥仪每天注射“司保命”，真是“保命”有方。

二楼的西侧为溥仪的生活区，主要包括卧室、书房、理发室、佛堂、卫生间。

这里的房间、陈设，几乎都能从某一个侧面反映傀儡皇帝的思想、情绪和爱好，甚至伪装，由此可见当了十四年傀儡首脑的溥仪居住之一斑。

溥仪的卧室装修得简洁明快。溥仪的“龙床”已经洋化，再不用紫檀木的硬板床，而是一架带软垫子的咖啡色新式钢丝床。床上铺着两条毛巾毯，又罩一层绿底粉花褥单，还有一条红缎面、明黄里的床单覆盖。溥仪睡觉怕热，无论冬夏只盖毛巾毯，天热盖一条，冷时几条合用。床头还摆放着五个菊花囊倚枕，其中有只青缎枕是“明贤贵妃”谭玉龄亲手绣制的，溥仪十分珍爱。

“龙床”的附设用品也能反映溥仪的生活习惯：床头小柜子上除明暗度适宜的小台灯外，还经常放着做佛事用的念珠、自卫用的马牌小手枪和一台带唱机的两用超短波收音机。溥仪每天睡前收听广播，据说这是一架灵敏度相当高的收音机，夜静时可以听到格林尼治的报时钟声。小柜子侧面还装着三只警铃，都直通卫队：一为红色，一为白色，一为绿色，如果发生了最危险的情况，就可以按动红色警铃。小柜子前面还有一面用于遮挡“龙床”的屏风，在喷了黑漆的木架上，挂着绣有一枝梅花的绿绢围屏，一看便知是日本式的。“龙床”摆在寝宫的东南角上，东北角是一架穿衣镜台，镜台前面有一张咖啡色两屉木桌，桌上放着钢笔、手表、打火机等生活用品。

奇怪的是，南部窗下还摆放着一男一女两具仿真人体模型，其大小高矮简直和真人无别，颜色也和肉色一样。这一男一女两具裸体模型中，男的高些，颜色稍深；女的略矮，颜色也淡，平日总是各用一块黄布盖着。临睡前，溥仪常把它们竖在床前。据说，这是溥仪为防人暗算而用作防身的“护卫”。

西墙北侧安一张写字台，桌上放着鸡血石印章和文房四宝，旁边设一把大型弹簧转椅。西墙南侧是大衣柜，其中悬挂溥仪穿用的西服、外套。衣柜旁边靠近南窗的地方摆着一个漂亮的铁匣子，内装伪满法令、文件，其中就有一份《帝位继承法》。正南靠墙是一张小桌，铺着织锦桌布。左右都有高座花台，桌前摆着活用卧椅。窗帘都是双层的，在雪白的纱帘外面还有黑红两色不透光夹层窗帘，这显然是用于防空。东南角上装一架太阳灯，用了它，即使是在半夜，溥仪也能取得人工的日光照射。

与卧室相通的房间是溥仪日常学习的地方——书斋。溥仪作为傀儡皇帝，由于整日里无公可办，也就渐渐地懒得去勤民楼办公处理政务了，大部分时间在缉熙楼度过。书斋成了溥仪的又一处办公场所，溥仪常常在这里接见“帝室御用挂”吉冈安直。本来，不经溥仪批准，任何人是不能随意出入书斋的，但对吉冈安直却是例外，他有时一天来往数次。每当吉冈安直到来时，溥仪都要起身迎接，不敢怠慢。墙上的这幅水墨山水画，就是吉冈安直所画，虽然画得叫人不能恭维，但溥仪却非常“敬重”地将它挂在书斋最突出的位置。房间内摆设的另一件引人注目的物品是溥仪第一次东渡访日时曾乘坐的日本“比睿”号战舰的模型，日本人特意将该战舰做成模型送给溥仪留念，就是要让溥仪时刻不忘日本扶植他做伪满“皇帝”的恩德。1935 年 4 月 2 日，溥仪在日本关东军的安排下，在大连码头乘坐日本天皇派来的军舰“比睿”号开始了他的访日之行。在航行中，溥仪为表示对日本人让他做皇帝的无比感激，写下了献媚的四言诗：“海平如镜，万里航行，两邦携手，永固东方。”5 月 2 日，溥仪从日本归来五天后，就颁发了鼓噪日满亲善、同心同德的《回銮训民诏书》。从此，“与友邦一德一心”成为了溥仪的口头禅。

从走廊入室，门右侧是一具咖啡色三层书橱，左侧壁画是日本著名画家渡边晨亩绘制的孔雀图。书橱上自然是摆满了《御批历代通鉴辑览》《康熙字典》《辞源》以及随时观览的名人手卷、珍宝古玩，此外还有一个用硬纸装订的小册，封面有溥仪亲题“大同盟册”四字。其中只记有溥仪的一个弟弟（溥杰）和三个妹夫（郑广元、润麒和万嘉熙）的名字。奇怪的是溥仪逃亡时也不忘记让人烧掉这个硬纸册，难怪有人怀疑溥仪要搞以复辟为政治目标的秘密组织。

书斋是二楼最西边的屋子，有扇西窗，窗下放一方形茶几。日本天皇的母亲在溥仪访日时送给他一只带有菊花和兰花图案的七窑烧花瓶，对这种恩赐品溥仪当然要表示敬重，于是就摆在这个茶几上了，瓶内还插了两根孔雀翎。茶几右侧有一装有粉红色印度绸灯伞的金龙蟠铜挂式立灯，再向右是一具两层雕花玻璃陈设柜，上层放着窑变瓷瓶、绿瓷花瓶和一只二十五层象牙雕刻圆球，下层是罐头、茶叶、糖果、香烟等生活用品。

书斋离不了书案，溥仪的咖啡色梨木雕龙八屉书案就放在正南临窗的地方。蓝锦缕金丝云龙桌毯上，压着厚厚的玻璃砖。左角设一盏古色古香的黄铜座灯，右角装有电话机一部。当然，文房四宝是绝对不能少的：梨木盒中的端砚；半圆形毛笔架；玻璃墨池；在大理石底座上安有活动喇叭口的日本式钢笔架；还有一个长方形的景泰蓝木盒。这个书案并非普通陈设品，而是在修缮这间书斋的同时，根据溥仪的要求特制的。书案后边摆一把云形高装弹簧靠椅，溥仪就坐在这把椅子上利用书案。

溥仪不但把日本天皇的母亲所赠花瓶摆进书斋，也把“帝室御用挂”吉冈安直绘制的山水墨画挂进了书斋。紧贴悬挂这幅画的东壁，摆一长条几案，杏黄色的锦缎台布上陈列着日本军舰模型和一个梅花小花瓶。

溥仪喜欢鲜花，在书斋东北角上摆满了花台，栽着不同季节的花卉，特别显眼的是有株小松树栽在豆青瓷的方形花盆里。

这里虽然是间书斋，但也设了宝座——黄褐色大绒的高装靠背椅，坐北朝南地安在北墙书橱前面。宝座之前还有一张咖啡色圆形茶几，铺着绿色丝绒桌毯，一套精美的景泰蓝烟具摆在上面。

溥仪精心布置这间从寝宫举步可至的书斋，是因为这里才是他经常活动的场所。正像勤民楼并不那么需要他一样，他也并不需要勤民楼。在这儿，他会见过关东军司令官，召见过张景惠等总理大臣和各部大臣，听取过参议府议长臧式毅面奏各种敕令。伪满著名的“思想矫正法”和“经济法”等迫害人民的反动法令，就是在这间书斋中走了画“可”的过场后才公布出去的。真可谓“耻辱之屋”。

书斋对面是佛堂，供奉观音铜佛和各种番佛佛像。供桌、香炉和烛台，是样样俱全，自不待言。奇怪的是这肃穆的佛堂里却悬挂着溥雪斋的《八骏图》，置放着欧式沙发和黑色钢琴。溥仪信佛至笃，可是他早晨总是起不来，只好让毓嵣等侄代行上香和跪拜。不做佛事的时候，神佛们还可以欣赏“皇帝”演奏的悠扬琴声……

溥仪从小就信奉佛教，甚至到了迷信的程度。无论出门还是重要活动，溥仪都要摇卦占卜，以主吉凶。有时一摇就是一两个小时。总之，不摇出一个吉卦，他是决不会罢休的。伪满后期，日本战局江河日下，溥仪感到前途渺茫，精神也更加颓废。他整日里除了吃饭睡觉，就是打坐念经，摇卦问卜。宫中仿佛成了寺庙，木鱼铜磬声不绝于耳。然而，信佛的溥仪对自己的下人却从不心慈手软，下人们稍有过失，便会遭到溥仪的责打。以负责宫内打扫及做杂活的勤务班的孩子们为例，他们每天要工作十五六个小时，晚上还要作更守夜。这些正在长身体的十几岁的孩子，工作最辛苦，吃得却最差，个个面黄肌瘦。他们稍有不慎，就要被惩罚、遭毒打，甚至关禁闭。1944 年，孙博元因无法忍受这种虐待，两次逃跑失败后，在溥仪的授意下被活活地打死！事发后，溥仪却认为此事与自己无关，还狠狠地处罚了打过孙博元的人，又为其在佛前诵经超度亡灵，以免遭“冤鬼”报复。

溥仪十分注重仪表、衣饰，因此把走廊西头的小屋辟为理发、刮脸专用房间。在用水绿色瓷砖镶嵌的地面和四壁以内，有升降理发椅、玻璃砖穿衣镜、大型消毒器以及洗面、漱口的全套设备。溥仪的理发室不大，但理发用具却是一应俱全。有一个叫津田的日本人专门为溥仪理发，每次剪下来的头发都要用黄绢包起来，标明日期，妥善保存起来，以示对其龙发的珍视。此外，这里也用做消毒室，溥仪用来注射进口强壮剂荷尔蒙的用具，便在此消毒。

卫生间位于溥仪卧室的对面，分为浴室和厕所两个房间。与众不同的是，抽水马桶的旁边还设有一个小木桌，放着报纸、杂志。这是为什么呢？原来，溥仪患有痔疮病，严重时，如厕的时间特别长，为此渐渐地养成了坐在马桶上读书看报、裁可奏折的习惯。对于奏事官呈递上来的奏折及一些反动法令等，溥仪连看都不看一眼，拿起笔来就裁“可”，然后扔到地上，奏事官再一一捡起来退出。伪满时期的许多反动法令就是这样被签发的。也许溥仪并不知道，这些不起眼的“可”“知道了”“览悉”，却给东北人民带来了数不尽的灾难。

溥仪陈放在走廊角落里的一对康熙五彩古瓷瓶就是政治装饰品。每年当日本樱花盛开的时候，天皇裕仁的母亲总是派人乘专机来向溥仪赠送樱花，这对瓷瓶便是用来插放樱花的。人们一跨进走廊就立即能嗅到日本气味，犹如一眼可见脸面上的胭脂。

二楼的东侧为皇后婉容的生活区。主要包括卧室、书房、吸大烟室和卫生间。

婉容，满族正白旗，姓郭布罗氏。1906年生于天津。她从小就受过良好的教育，能说一口流利的英语。不仅天生丽质，而且琴棋书画样样精通，是旗人中闻名遐尔的美人和才女。1922年12月1日，时年十六岁的婉容与溥仪在紫禁城内举行了隆重的大婚典礼。1932年3月，她追随溥仪来到长春，并成为伪满洲国的皇后。因与溥仪感情不和，精神生活又空虚，导致了她与溥仪的随侍私通。溥仪发现后，将其打入冷宫。从此，她的生活范围仅限于二楼东半部她的生活区内，几乎与外界隔绝。

尔后，溥仪想借口携婉容赴旅顺避寒之机，废掉皇后，结果因婉容拒辞不去和日本关东军的干预而使这一计划落空。与丈夫虽近在咫尺却如隔世，亲人又不能想见，婉容的“囚禁”生活实在难熬。为了排解心中的苦闷，婉容只好躺在吸烟室的烟榻上来麻醉自己。她的烟瘾日益严重，每天要吸二两烟土，每顿八个烟泡，配八十五只香烟，伪满后期，已经到了离开鸦片不能生存的地步。由于长期不能到室外活动，导致双目怕光，在光亮的地方看人时，必须用折扇挡住脸，从扇子的缝隙中看出去。两条腿也已经不能正常走路。伪满洲国垮台后，婉容随溥仪逃往通化大栗子沟。1946年6月20日，婉容在逃亡途中，病死于延吉，终年四十岁。

这个倾国倾城的美人，当年如果不追随溥仪到长春做伪满洲国的傀儡皇后，怎么会有如此悲惨的命运呢？与婉容相比，淑妃文绣就幸运得多了。她与婉容同时入宫，是一位自强自立、思想比较进步的女性。1931年，因不甘于溥仪的冷落和婉容的侮辱，她毅然与溥仪在天津离婚，过上了自食其力的生活。而婉容则因爱慕虚荣，反成为溥仪及其封建制度的殉葬品。

按道理，缉熙楼东侧相当于北京紫禁城中坤宁宫。人们知道：坤宁宫曾是婉容和溥仪结婚的洞房，然而，那座初建于明代永乐年间（1420年）的宫殿，也是明朝末代皇后（崇祯帝的正宫娘娘）吊死的地方。婉容作为清朝的“末代皇后”虽然没有吊死在这“坤宁宫”内，却在软禁之中，耗尽了她美好的青春年华。这里是婉容的卧室和化妆间，楼下有她的书斋。她在这儿起居，在这儿听取师傅陈曾寿的“进讲”，一切活动都在这儿。然而，这里绝不是她的幸福的归宿，正是她的冷宫，洒满了她的血泪！

缉熙楼西侧楼下另有一个大房间，那是婉容不得涉足的地方，又是她一见就生气的地方。1937年以前，这里本来是溥仪的召见室，溥仪正式接见臣僚是在勤民楼，而在这里召见的人都是比较亲近的，能说几句私房话的，属于非正式接见。1935年冬天，溥仪在这里接见蒙古王公德穆楚克栋鲁普，他们针对日本主子的牢骚对话竟完全被吉冈安直探知。从此，监管溥仪的人不允许他在这里召见任何人了。

婉容被打入冷宫后，为了惩罚她，也为了宫中有个必不可少的摆设，1937年，溥仪派人从北京选了一位初中学生——时年十七岁的谭玉龄入宫，并将其册封为“祥贵人”。于是缉熙楼一楼的西侧，便成为溥仪的第三位妻子——谭玉龄的生活区，主要包括卧室、书房、客厅和卫生间。

谭玉龄性格温柔贤惠，对溥仪关怀备至，体贴入微。有时溥仪遇到不顺心的事，对她大发脾气，甚至撕破她的衣裳，她却从不动怒，而且还劝慰溥仪，为此深得溥仪的宠爱。下人们经常可以听到二人在谭玉龄的卧室内说说笑笑。西侧的笑影，东侧的泪人，鲜明地映照着缉熙楼这个与外界几乎隔绝的世界。

由于谭玉龄从北京来长春的途中，亲眼目睹了日本侵略者对中国百姓的欺压，在平时的言谈中对日本人的不满时有流露。1942年，谭玉龄患病，溥仪请来中医诊治，认为是伤寒，但屡次服药均不见效，便又请西医为其诊治。这样，谭玉龄的病经溥仪一会儿温补，一会儿又凉攻的折腾下，不但没有任何起色，反而日益严重。后经吉冈安直推荐，请来了“满铁”医院的日本医生——小野寺院长为其治疗。小野寺认为她患的是粟粒结核症，为其打针、输血，忙个不停。后来，吉冈安直找小野寺在勤民楼内进行了长时间的谈话，等他再进入缉熙楼，为谭玉龄注射了一针后，不到第二天天明，谭玉龄便死去了，年仅二十二岁。

上面谈到伪满皇宫西院的三座主要建筑，此外还有用以区分外廷和内廷的中和门、中膳房、洋膳房、茶房、浆洗房和图书室等，还有乳母、御医、太监、女官和随侍等住处，这就无须讲了。不过，溥仪的西花园和高尔夫球场，特别是前者理应说几句。溥仪在楼里待得闷了，就到这儿放放风，这儿也是他能自由地散步和游玩的唯一所在了。

让溥仪疑神疑鬼的"同德殿"

在长春门东南，与其依依相望的这座中国古式风格的宫门是同德门。朱红色的门板及其上的横竖九排共八十一颗黄色铜钉，彰显着帝王之居的至尊至大和皇权的至高无上，但身居其中的溥仪却全然不见帝王之风。平时并不常用的大门，倒是在日本关东军司令官入宫会见溥仪时派上了用场。

同德殿是伪满皇宫东院的主要建筑，自 1935 年开始设计，至 1938 年末落成。关于修筑这座宫殿的原因，其说不一，溥仪的随侍李国雄的说法接近准确。他说是吉冈安直最早提议的，认为在杏花村（今文化广场）正在兴建的新宫殿一时难以完工，因此应该在现有的"帝宫"附近先修一座小型宫殿。溥仪对此并不赞成，他说"有盖这房子的钱，还不如办教育或慈善事业"。吉冈却不以为然，又一次次地提出，都被溥仪拒绝了。最后吉冈竟说："皇上不愿意在这儿盖房子，可能是不愿在这儿住了吧？要回北京吗？如果是那样，明天就送皇上回去好了！"吉冈显然已经采取了威胁的手段，溥仪也不好再拒绝了。为装点门面，把溥仪打扮得更像个所谓的皇帝，他们决定为溥仪扩建宫殿，因此设计修建了这座黄色瓷砖镶面、琉璃瓦铺顶的二层宫殿式建筑——同德殿。

两三年以后，这座中日合璧式的新宫殿，在勤民楼东侧落成。溥仪还是违心地给它起了一个名字叫"同德殿"，是表示"满洲国"要与日本"同心同德"，日本人竟挖空心思地想出在房檐的每一块瓦当和滴水上分别烧上篆书"一德""一心"字样。同德殿无论是从外观气势上，还是在内部装修上，都是伪满洲国境内首屈一指的一流建筑。但是这座集办公、处理政务、居住、娱乐于一体的"临时宫殿"建成后，却发生了许多怪事，如两人刚一接触，就"啪"地冒火花，或手一碰各门的铜制拉手，就有触电的感觉。其实，这只是一种静电现象。

毓嵣举了一个实例，证明溥仪确有很大的疑惑。有一次，溥仪看见新宫殿内安设的冷气装置，就像一个大口袋似的，上边还有一个口子。溥仪想：窃听器一定是安在这里边了，于是颁下一道"上谕"，让随侍李国雄拆开检查。心灵手巧又善于摆弄机械的李国雄查了半天，结果未发现任何异样。即使这样，仍未能消除他的疑虑，同德殿也因而一直未得这位皇帝所幸。直到 1943 年"福贵人"李玉琴入宫后，该楼二楼的东半部才派上了用场。可见，溥仪与日本人并不同心同德。

经由同德殿的正门，我们即来到了同德殿的一楼。一楼主要包括广间、候见室、叩拜间、便见室、中国间、钢琴间、台球间、日本间、电影厅等。

通过正门前可以停放汽车的雨廊，进入楼内，便可看到一东西走向的长方形大厅，就是广间。广间是日语，大厅的意思。在红色的地毯四周以鲜艳的菊花和盆景点辍，北面还摆放着钢琴和沙发等，每逢节日溥仪在此举行家宴。在西方，这里应是举行宫廷舞会的地方，但溥仪不喜欢跳舞，所以这里从未举行过舞会，溥仪只在这儿接受朝贺和举行家宴。广间屋顶悬挂着四个可以升降的大吊灯，每盏重一百二十公斤，由铜链铝合金制成。1941 年太平洋战争爆发后，溥仪为表示“日满一心”，支持所谓“圣战”，率先将这四盏大吊灯及同德殿门窗的铜铁部件一并捐献给日本，用于制造武器弹药。伪满末期，溥仪还在这里接见过日本侵略军为对付美国空军、海军而组成的“神风队”队员。这些被称之为“肉弹”的空中敢死队队员在殿内一齐向溥仪行军礼，溥仪则按帝室御用挂吉冈安直事先拟好的讲话稿讲话后，与每个“肉弹”拥抱，并一一赐酒。然后这些敢死队队员即奔赴侵略战争前线，驾驶飞机送死去了。其实他们都是侵略战争的牺牲品，无论如何也挽回不了日本帝国主义必败的命运。

广间的西部，设有一个候见室。溥仪的眷属、亲朋、日伪高官及外宾要见溥仪之前都要在这儿等候召见；溥仪外出时，也会在这里等候汽车。日本关东军参谋有时亦在这里为溥仪讲述“大东亚圣战”的状况和伪满洲国国情等。

由大厅向东，登上台阶便可进入叩拜室。室内西墙正中立一大型屏风，屏风前设有带靠背扶手的黄绒宝座，宝座前有一书案，书案前的地毯上铺一张白色熊皮。每逢节日，溥仪的“后”“妃”、弟、妹以及族侄等都在这里向溥仪恭行叩拜大礼。室内的灯饰、家具、地毯等物，均为精雕细刻、手工制成。按照中国宫殿设制的传统，叩拜间应该坐北朝南，而这里却被日本人设计成坐东朝西。日本位于中国的东方，这样设计，显然是别有用心。由于伪满政权无外交，溥仪只是在万寿节时，才在这里接受家人和大臣的朝贺。另外，溥仪接受外国使臣递交“国书”、朝贺以及举行重要仪式、典礼也在此举行。

出叩拜室北门，走廊对面便是电影厅，设计时本来是要做赐宴场的，因为溥仪提出看电影，又临时做了改变。但也在这里举行过宴会，同德殿落成典礼赐宴群臣便是在此举行的。几年间也演过一些“满映”拍摄的故事片，但多数为时事短纪录片，如《满洲建国节实况》《皇帝陛下锦县地区御巡狩》《皇帝陛下东部地区御巡狩》《皇帝陛下御访日》《满洲国建国史》《灿烂之满洲国》《满洲国皇帝陛下南满御巡狩》《皇帝陛下东部地方御巡狩第二报》《皇帝陛下御临军官学校开校式》《建国十周年建国节》《宫廷府的造营》《皇帝陛下西部地区御巡狩》等，这些影片显然都是记录溥仪的傀儡政治活动的。还有一部《建国九年国势跃进》摄于1941年3月，把“九一八”事变、伪满建国、签订《日满议定书》和“皇帝”登极等历史过程都拍了进去。

溥仪是高度近视，看不清大银幕上的画面，据毓嵣回忆，宫里播放的影片一般都由吉冈安直拿来，放映员是日本人，但常由李国雄充当放映员。每次演电影，总是溥仪先入电影厅，在前列居中就坐，然后几个宫内的“学生”跟进坐在后面的角落里。闭灯后，李玉琴由老妈子领进屋，坐在溥仪身边。电影演完也先不开灯，等几个“学生”在黑暗中退出之后开灯，这是因为其他人不能直接看到贵人，称为“避官封”。这时溥仪才由李玉琴陪同一起退场。溥仪有时也在此打羽毛球。

从电影厅出门向北，为东西走向的长方形走廊。这段原本平常的一楼走廊，因伪满后期时局动荡，而变得不平常了。为了在危难时能有人挺身而出保护自己，溥仪便叫他的兄弟、侄子在这儿偷偷地练习射击：每人发一把盒子枪，在对面墙上堆起沙袋，立起靶子。而且射击时关闭所有门窗，以防外界和日本人知道。因此，我们也称这段走廊为靶廊。

从叩拜间向东，横穿过靶廊，便进入九龙门内的暖廊。透过窗子，即可观赏东御花园，所以溥仪经常在此用膳。其北侧由西向东排列着五个房间，分别为便见室、中国间、钢琴间、台球间和日本间。

便见室，是溥仪非正式接见的场所。被接见或召见的官员在叩拜间例行叩拜后，都要在这里稍坐闲谈。溥仪每月三次会见日本关东军司令官，每周一次例行接见伪满大臣等，都在这里进行。为促使溥仪日本化，关东军还特别将专门为日本天皇的母亲讲解“神道”的日本著名神官笕克彦请到宫中，在此专门为溥仪“进讲”。对于日本神官关于神的论述，溥仪认为荒诞不堪，滑稽可笑，但在日本人面前，溥仪可不敢笑出声来，每次他都是正襟危坐，毕恭毕敬。

1945年8月9日，溥仪会见日本关东军司令官山田乙三。山田乙三向溥仪讲述“大东亚圣战”的失利及危机，并且命令溥仪当日启程，迁都通化；溥仪面色铁青，充满了绝望与恐惧，以行李、珍宝及人口多而杂为由，要求暂缓三天，得到山田乙三的许可。从这时起，伪满皇宫中开始混乱。逃跑的、疏散的，各奔东西。剩余的打包，随溥仪逃跑。8月11日夜晚，溥仪离开伪满皇宫，登上逃往通化的列车。

第二间屋为“中国间”，室内陈设的红木桌椅都是中国传统的，有一张雕花桌子和太师椅，桌面上镶嵌一块大理石，摆放有乾隆御笔的翡翠如意。溥仪常在这里接见载涛等家族成员，也常与吉冈安直在此谈话。中秋时，溥仪也曾在此隔窗赏月。

第三间屋为“钢琴间”，除室内右角上摆设一架钢琴外，还有一些日本装饰物品。北墙前有一架米黄色屏风，上有白色的樱花，那是裕仁天皇的皇后进赠的礼品，另外还有日本武士的盔甲、刀剑和人形等艺术陈设品。钢琴间位于中国间的东侧。早在北京紫禁城的时候，溥仪就学会了弹琴和作曲。伪满时期，溥仪也到这里弹琴。不过，他弹琴不是来消遣的，而是来宣泄做傀儡皇帝的抑郁和不满的。伪满后期，李玉琴进宫后，也时常到此弹奏玩耍。

第四间屋为“台球室”，台球间正中的台球桌上有二红二白四只球，是计分制的，靠西墙有球杆架和计数器。溥仪虽球技不高，但从未输过，因为凡是陪同他打球的人，都为博取溥仪欢心而故意让着他。

第五间屋即最东边的一间，就是所谓“日本间”，日本的政治设计师们精心安排了这间屋。日本间，其布局、陈设、装饰均为日本风格：榻榻米、日本间壁和拉门、日式卷帘、日式多宝阁，等等。日本人不仅将同德殿设计成中日“合璧”兼有西洋的建筑，更精心在此设计这样一个日本间，意在告诉溥仪，这里不是他的北京紫禁城。这或许也能算是“帝宫”的特点，然而它不过是溥仪的耻辱，也是中国人民引以为耻的事情。

日本间内完全是东洋陈设：进门为两张席子（两张单人床大小）的前廊，进出者在此脱鞋，其后是日本式间壁和拉门，拉门内即是八张席子的标准日本房间。席子中间设一深红色方木桌，两边各有一只灰色的方形座垫。西南角窗前放一张围棋厚木桌，有全套围棋设备，墙上悬有腰挂——日本刀两把，刀裤是黑漆带金花的。西墙上挂一幅日本画《红太阳和水》，北墙上挂着吉冈安直的作品《龙虾》。在一个角落里的红色架子上，摆着日本武士的盔甲和弓箭各一套。然而，溥仪从来不在日本间中活动，他对整个大殿都怀有疑虑，何况这个色彩更为分明的房间了。

溥仪经常在此与吉冈安直谈话。溥仪之弟溥杰携夫人嵯峨浩进宫时，亦在此受到溥仪的接见。嵯峨浩出身华族，为日本贵族嵯峨实胜侯爵之女。1937 年，在日本人的撮合下，她与溥杰在日本结婚。尽管二人婚后生活很幸福，但溥仪对这桩“日满亲善”的婚姻非常排斥，认为她是日本派来的间谍。原来，1937 年年初，伪满颁布的《帝位继承法》规定，皇帝如无子、无孙，死后由皇帝兄弟及其子孙继位。这就是说，在溥仪及溥杰过世后，“满洲国”的皇帝将有二分之一日本血统。好在嵯峨浩只生了两个女儿，而“满洲国”又很短命，才使日本帝国主义的如意算盘没有得逞。

走廊的东侧尽头有一个兽头吐水池。水由兽口中慢慢地滴出，可听见叮咚的滴水声，然后经地下管道注入东御花园的葫芦池，作为其循环水系统的补充水源。在这个水池中，李玉琴曾放养过红鲤鱼。

同德殿的二楼，主要包括溥仪卧室、溥仪客厅、皇后卧室、皇后客厅、贵人御寝间和回廊等。溥仪在同德殿的卧室虽比缉熙楼内的卧室豪华得多，但溥仪却从不敢在此居住，也不让皇后婉容来住，因为他恐怕日本人在其中安装了窃听器。1943 年李玉琴入宫后，溥仪安排她居住在皇后的生活区内，而将贵人御寝间闲置不用。贵人住进皇后的卧室，这在历朝历代的礼制上是很难见到的，可以说是破天荒的事。这便是她入宫两年的活动范围。有时闷了，也能到阳台上观看院内的风景，但这阳台也被扣上了有机玻璃罩，可以说是密不透风。这里还有一处玻璃镶制的紫外线室，里边摆放着竹藤沙发，冬天晒太阳，夏天乘风凉，也是一件宫廷新鲜事。

李玉琴，原是伪满新京南岭女子国民优级学校的学生，她出身贫寒，父亲是小饭馆的跑堂。那么，如此平凡的女孩为何被溥仪选中做了“贵人”呢？原来，祥贵人谭玉龄病逝时，婉容已被打入冷宫，为了宫中有个必不可少的摆设，日本人开始为溥仪选妃。起初，日本人想给溥仪找个日本妻子，但溥仪害怕身边被关东军安插监视自己的特务，便执意要找中国女子为妻。关东军只好在伪满新京的小学校里挑了 200 多张女学生的照片让溥仪挑选。溥仪虽然不大同意这种做法，但吉冈安直的意见，他不敢违背，只好从中选中了一个他认为最好摆布的、年龄最小的——仅十五岁的李玉琴入宫，并于 1943 年 5 月下旬，将其册封为“福贵人”。

李玉琴居住的宫殿虽然富丽堂皇，但其精神却异常苦闷。为了完全控制李玉琴，溥仪为她制定了诸如“必须无条件地完全遵守清朝祖制”，“要遵守‘三从四德’‘三纲五常’的道德，忠实地伺候溥仪一辈子”，“不许愁眉苦脸”等严格的二十一条守则，还为她的亲属制定了诸如“不许求官、求职、求钱”“不许入宫来看望李玉琴”等六条守则。从此，李玉琴就像笼中鸟一样开始了她宫中不自由的生活。

溥仪偶尔也到李玉琴的客厅内与其交谈，但为防备窃听，从不敢畅所欲言：他们互递纸条或蘸水在桌子上写字，但口中却大声地说着日满“一德一心”之类的话。“皇帝”的私生活都要受人监视，傀儡生涯确实可悲。

二楼西侧，正对着一楼广间的这个方形厅廊，叫作回廊。之所以这样设计，是为了让溥仪站在这里接受一楼广间群臣参拜。如有级别不够的官员要觐见溥仪，就在楼下广间内跪着向他行大礼，然后溥仪在上面答个礼就可以了。

同德殿西北还有一座可容纳数百人的宴会大厅——嘉乐殿，在节日或重要纪念日摆宴，关东军的将官以上官员来到长春时也要开宴。有资格入座的，是伪满特任及简任官吏，荐任官只赐酒，不赐餐，叫做“冷餐立食”。放在溥仪面前的饭菜，虽然在花样上与宴会无别，却是由御膳房单做的，而且给他上过的菜，不许再拨给别人。每上一道菜，还要奏一次乐，宴会的酒水主要有香槟酒、红葡萄酒、白葡萄酒以及日本名酒等。宴会结束时对赴宴者有赏赐，起初每人一枚白金扣，后来给杯盘等餐具或给烟酒等食品。只有级别高的小型宴会出席者才能得到“皇上”赏赐的“御照”一帧、“御笔”一支。

御花园难解胸中苦闷

伪满皇宫有两座御花园，因其分别坐落于伪满皇宫西区和东区，而被命名为西御花园和东御花园。它们虽同为日本人设计修建，但其园林风格却各具特色，各有千秋。

西御花园，位于缉熙楼西侧，原为吉黑榷运局之花园。溥仪做伪满洲国“执政”住进伪满皇宫后，对其进行了简单改造。1934 年溥仪成为伪满“皇帝”后，因生活苦闷，便责令宫内府美化西花园，内务处处长商衍瀛即请来日本人设计并修建了西御花园。花园占地面积二千二百五十平方米，是一座微型皇家花园。穿过缉熙楼西部的月亮拱门，西御花园尽收眼底：园内攒竹为亭，积石成山，潺潺的流水点缀着淡淡的幽静。伪满初期，婉容常常来这里散步、消遣。谭玉龄入宫后，因婉容已被打入冷宫，这里就成为了溥仪与他的爱妃谭玉龄游玩的场所。

溥仪常在这儿拍照，有一张照片是身穿西装的溥仪，坐在一把藤椅上，翘起二郎腿，手里拿张报纸在看，而把弯曲的胳膊肘放在藤椅旁边的小藤桌上；另一张照片是身穿黑呢大衣、手拿礼帽的溥仪站立在西花园的花前树下。如果说，溥仪的“后”“妃”们不过是他养在金丝笼中的小鸟，而他本人也无非是日本军阀关在西花园中的一只高级动物而已。

西御花园的北部有两座灰色的建筑，分别为植秀轩和畅春轩。植秀轩，是一个功能混杂的建筑，其西部是内廷学生教室和书房，中、东部为溥仪与家人聚会的场所，包括客厅和餐厅。此外，北部还外接了下人的居室。溥仪在此设立内廷学生教室，意在为清王朝的复辟培养自己的“股肱”亲信。学生均为皇族子弟，他们系统地学习军事、历史、数、理、化、日语、英语等课程。溥仪还曾亲临授课，讲解雍正朝的上谕《朋党论》，让皇族子弟们效忠于自己，并时刻不忘复辟大业。只可惜身处傀儡之境，一切努力都无济于事，伪满后期，宫廷学生几乎成了为溥仪服务的侍从。不仅宫廷学生毫无作为，溥仪豢养的用于保护自己和复辟的私人武装护军也被日军解散。

畅春轩，位于植秀轩的北部。伪满初期，为溥仪会亲之处。1934 年 7 月，溥仪登极做“康德”皇帝后不久，其父载沣便携带着溥仪的弟弟妹妹们来长春祝贺。溥仪非常高兴，派出了以宝熙为首的宫内府官员和佟济煦率领的溥仪私人武装护军，到火车站迎接并举行了隆重的欢迎仪式。回宫后，溥仪为其大摆宴席，并安排载沣在此下榻。全家人都沉浸在骨肉相见和溥仪再次登极做皇帝的喜悦之中。没想到第二天，日本关东军司令部竟派人以日本大使馆的名义向溥仪提出抗议，指责护军未经日本人同意擅自进入“满铁”附属地，侵犯了“满铁”附属地的利益。此事以溥仪派人向日本关东军道歉和做出保证而了结。但载沣却为此难堪不已。一个月后，他便悄然离开伪满皇宫，从此再也没有来过新京。1937 年谭玉龄刚入宫时，曾暂住于此。册封后，溥仪还在这里为她开设了专门的教室和书房。此外，谭玉龄病逝后，其灵柩也曾停放于畅春轩的堂屋内。

东御花园，位于同德殿东南，由日本园林师佐藤昌设计，1938 年与同德殿同时落成。园林占地面积一万余平方米，融中国北方园林特色与日本园林风格于一体，是伪满皇宫中最大的园林。园内动静互衬，步移景异：石径迂回，树篱错落；山水相依，林鸟啾鸣。虽然东御花园布设精巧、景色怡人，但溥仪这个傀儡皇帝却很少有心情前来游览、休息，倒是 1941 年日本发动太平洋战争后，溥仪曾亲手在这里栽植蓖麻，以此来表示率先垂范，向日本发动的侵略战争贡献油料作物。

御花园里发生了许多故事，最具生活气息的当属福贵人李玉琴在花园里挖小根蒜（一种为东北人喜食的野菜）。一次，李玉琴在同德殿内摆宴，亲自把一盘小根蒜端上来，并介绍说：“这是我今天在院子里挖的。” 这本是好客之举，但出身贫寒的李玉琴换来的却是“皇亲国舅”们的背后嘲讽。

御花园中部偏北有一水池，因状如葫芦而得名葫芦池。池内栽有荷花并放养金鱼和日本红色鲤鱼。临池近览，池水、溪流、瀑布相映成趣，小桥、流水、游鱼相得益彰，别有一番风韵。福贵人李玉琴常坐在池边用馒头片喂鱼。

位于御花园南部的这座土山由挖防空洞之土堆积而成，其脉落是模仿满族的发祥地——长白山缩造而成，仿长白山的瀑布在此可见一斑。福贵人李玉琴入宫后，溥仪为她的亲属制定的六条守则中有一条是不允许她的父母进宫探望。所以每当思家心切时，李玉琴就登上这座土山，用溥仪赐给她的望远镜向娘家方向眺望，也许目光能越过高高的围墙，寻觅到亲爱的父母的影踪吧。

假山的东部有一片仅余基石的建筑废墟，它就是供奉象征日本肇国之祖“天照大神”的“建国神庙”遗址。这废墟既不是伪满覆灭时苏联红军空袭时炸毁的，也不是东北光复后被愤怒的中国人民捣毁的，而是1945年8月11日夜晚溥仪逃离伪满皇宫时，日本关东军为消除罪证而自己放火烧毁的。

它建于1940年春，是一座由日本人角南隆设计的纯日本风格的木结构庙宇。庙的东南侧设有专门负责管理祭祀活动的直属办事机构。祭祀府的总裁由曾任关东军参谋长、关东军宪兵司令官，时任伪满参议府副议长的桥本虎之助担任，原伪满宫内府大臣沈瑞麟任副总裁，可见日伪殖民统治者对祭祀“天照大神”的重视。逢每月初一、十五及重大纪念日，溥仪必须亲自到庙内祭拜。他虽不甘心更换这个日本祖宗，却也毫无办法。但聊以自慰的是：他每次祭拜前，心中都默念清朝的列祖列宗；而面向天照大神的神龛行礼时，心中想的却是“我这不是给他行礼，这是对着北京坤宁宫行礼”。

那么，溥仪为何非要卑躬屈膝地供奉并参拜日本人的“祖宗”呢？原来，伪满洲国建立后，日本关东军为强化其以“唯神之道”为核心的思想统治，便授意溥仪，在皇宫中修建“建国神庙”，并安排溥仪于1940年6月第二次访日。访日的目的，一是庆祝日本建国二千六百年，二是去请“天照大神”。在日本，裕仁天皇亲自向溥仪介绍了代表“天照大神”的八咫铜镜、草薙剑和八板琼曲玉，溥仪则诚惶诚恐地捧着这三件复制神器，经大连回国，将“天照大神”作为“建国元神”，供于宫内的“建国神庙”中。溥仪按照日本关东军的指示，将“天照大神”立为国教，并公布了《对建国神庙及其摄庙之不敬罪处罚法》，勒令东北人民信奉祭拜，东北人民如果对“建国神庙”及其摄庙有不敬行为，就要被判处七年以下一年以上有期徒刑，以此强制改变东北人民的宗教信仰。第二次世界大战结束后，溥仪在远东国际军事法庭上揭发日本人让他去迎接“天照大神”的事实经过时，一个日本律师指责溥仪攻击日本天皇的祖宗，是不道德的，溥仪则激愤地说：“我可是没有强迫他们把我的祖先当他们的祖先！”

“建国神庙”的北部为“天照大神”防空洞，与“建国神庙”同时竣工，专门用于“天照大神”躲避空袭。它的四周全部采用钢筋混凝土结构，洞外设有东西两个出入口，洞内设有摆放“天照大神”的神龛。伪满末期，每遇空袭，祭祀官即将“天照大神”搬进洞内躲避。

由“天照大神”防空洞向北绕过土山，我们就来到了溥仪的御用防空洞。防空洞采用钢筋混凝土结构，四壁和地基厚一米，顶厚三米，1939年，诺门坎事件发生后，为进一步增强防空洞的防爆能力，又在上面修了座土山，即使一吨余重的炸弹直接落在山上，也可保证洞内的人安然无恙。沿着陡峭的三十七个阶梯而下，就到了洞内。迎面看到的是一个南北走向的走廊，走廊内共有七道铁门，能有效地阻隔炸弹的气浪和冲击波。走廊的西侧排列着五个平顶式房间：第一间为换气室，内有连接着滤毒气罐的通风设备，能有效防毒并能随时输入新鲜空气。第二至第五间为避弹室，伪满后期，每当听到空袭警报，溥仪都要带着家眷和祖宗牌位来这里避难。此外，在走廊的尽头还设有一个紧急出口，为直上直下的井筒形状。1945年，伪满覆灭前，惶然不知所措的溥仪整日里如坐针毡，不和任何人讲话，晚上和衣而睡，兜里放一支手枪，并亲自规定了内廷戒严口令。每当听到空袭警报，必默诵佛经，跑到防空洞内躲避，直到警报解除。有一次，溥仪正在防空洞内吃饭，忽然响起了空袭警报，他不仅念起了咒，还把要吃的一个鸡蛋拿起来，对它磕三个头，才敢把这个“佛性”吃下去。但神佛也未能改变溥仪可悲的命运，伪满洲国终以覆亡而告终。

走出溥仪的御用防空洞，就看到了一个小小的游泳池。清代宫廷历来恪守“龙体不能外露”的传统，但溥仪受西方文化的熏陶，思想比较开化，修建露天游泳池是他的一大创举。溥仪却未曾下水游泳，只是偶尔脱了衣服在池边晒太阳，让他的几个侄子戏水给他看。李玉琴入宫后，住在同德殿二楼东侧，房间窗口正好对着游泳池。贵人怎么能目睹一群男子戏水！只好搭起席棚。在席棚下，宫内的年轻人又玩了一个夏天。1944年以后，由于战争紧张，为了防空防火，席棚不能搭，游泳也停止了，游泳池也就一直荒废着。1945年8月11日下午，溥仪逃离帝宫前，将自己的亲笔日记、宫中所藏的档案以及日本摄影师为其拍摄的电影胶片统统在此烧毁。

散佚珍贵书画的“小白楼”

同德殿的东北部，有一座二层灰色小楼，是一幢二层日式钢筋水泥楼，建于1938年，建筑面积六百七十平方米，是当年日本人为溥仪修的保存善本图书及古玩字画的库房，内存藏品总数约一千二百件，对外名曰“图书馆”。其实是溥仪存放从北京故宫偷运出来的珍贵典籍和手卷的地方，是溥仪收藏国宝、珍贵书画、图书的场所，也叫“小白楼”。在天津担任溥仪侍卫的严振文，曾负责管理溥仪由故宫带出的珍宝。据严振文回忆，这批珍贵书画的来源就是当年溥仪在紫禁城退位后，从清宫中“赏走”的，他们随溥仪经天津进东北，终在长春安家，被保存在“小白楼”中。

严振文回忆：溥仪走前，他在日租界住处张园将书画卷册装 30 箱到 32 箱，宋元殿本图书装 35 箱，还有两个大金库，内装古玩古器，大金库内套小金库手提箱。其中有：法书名画 1300 件，约 30 箱；法书名画册页 40 件，共 4 箱；书画挂轴 31 件，装 1 箱；宋元版书 200 部，装 31 箱；殿版书装 3 箱；大金库两个，内装皮匣两个，手提小金库 30 余个；皮货 200 件，装 8 箱。这批国宝后来被溥仪放在日租界新宅静园，溥仪去东北后由他的父亲醇亲王载沣、弟弟溥杰以及一帮亲信看管，还有他的“警卫处处长”佟济煦，随侍吴天培守护。直至溥仪成为傀儡“康德皇帝”后，1935 年才由日本关东军中将参谋吉冈安直由天津偷运到长春伪皇宫。十几个小金库被放在溥仪居住和办公的“缉熙楼”客厅，而 70 余箱书画与善本图书等则放在东院图书馆，即所谓“小白楼”，由刘振瀛负责保管。

一楼东侧存放大藏经，西侧存放宋版等古籍图书；二楼东侧存放手卷字画等，西侧存放各类图书及清代皇帝实录等。这些图书的来源有三个，一是溥仪从紫禁城内盗运出来的，二是陆续收购的，三是日伪官吏呈献的。图书多为珍贵的典籍，包括古装图书、大藏经、历朝历代名典、清朝历代皇帝实录等，共计 820 余种，34500 余册，但溥仪很少阅读。内廷收藏的字画有四个来源：一是溥仪留意收藏的清朝历代皇帝画作；二是古代名画家的作品，如宋徽宗的《柳鸦芦雁》、张择端的《清明上河图》、马远的《江山万里》、马麟的《荷香清夏》、赵伯驹的《仙山楼阁》与《江山秋色》、仇英的《汉宫春晓》，著名书法家王羲之的《曹娥碑》拓片，王献之的《二谢帖》墨迹，苏轼的手卷《洞庭春色赋》与《中山松醪赋》，以及钟繇、怀素、欧阳询、董其昌等人的作品；三是溥仪的族人、日伪汉奸官吏、当时的名家呈献的作品，诸如载涛、韫馨、韫娴等人的画，善耆、载润、溥儒、溥修等人的字；溥仪的侍从武官长张海鹏上将、宫内府内务处处长商衍瀛等的亲笔字画；四是日本皇室赠送的作品。这些珍品都有明确的目录记载，由专人管理。溥仪想观赏时，就按照目录点选，看完后再送回原处。

1945 年 8 月，伪满洲国垮台在即，当时作为伪满皇宫内廷学生身份的毓嵣回忆了当时溥仪到书画库拉珍贵书画的一幕：

1945 年 8 月 9 日，我正在宫里，忽然被叫去开会。溥仪说：“苏联已经对日宣战，新京不能保守多久，日本人准备撤退到通化，临江县大栗子沟一带比较安全，必需马上归置东西，准备搬家，日本人会护送我们去的。”一时间，宫里忙乱起来，除了到藏宝楼选择珍宝字画，以及安排毓嵒等人烧毁溥仪当年访日拍摄的电影资料外，其他的事任凭下人们决定。8 月 11 日一早上，来了几辆日本军车，一直开到同德殿门前。车上的日本兵嚷道，快装，时间紧迫。只见侍从们慌忙地装木箱。很快，几辆车就被装满了，还剩一些木箱没有拉走。

1945 年 8 月 11 日，溥仪为了便于携带，仅派人精心挑选出最珍贵的一部分运往通化大栗子沟，约 57 箱、140 件。东北光复那年，溥仪带宫中亲眷刚离开不久，楼中这批书画与善本已无人保管，其余的绝大部分则都被禁卫队的国兵们哄抢了。

《日满议定书》

日本关东军自创立初期，就是一支维护日本殖民统治利益、屠杀中国人民的侵略军队，它不仅发动“九一八”事变，侵占全东北，而且“剿杀”东北抗日武装力量，用刺刀和大炮支撑着伪满的殖民统治。庞大的日本关东军驻扎在中国东北各地，实行军事占领，作为日本殖民统治的武装后盾。

发动“九一八”事变炮制伪满洲国的过程中，关东军一直在制定统治和控制这块殖民地的方案。日本关东军阴谋策划的同时，日本政府也在紧锣密鼓地研究统治中国东北的方策，不时与关东军联络、商议并达成共识，藉以指挥关东军的行动。

在 1932 年 3 月 12 日日本内阁会议上制定的《处理满蒙问题方针纲要》中，就明目张胆地宣扬：“满蒙在政治、经济、国防、交通、通信等各种关系上，体现作为帝国生存重要因素的作用，满蒙的治安由帝国担任，将满蒙作为帝国对俄、对华的国防第一线。”为推行侵略政策，日本还要“增加帝国陆军驻满洲的兵力”，“进行必要的海军设施”，公开叫嚣要恢复日本在我国东北地区的各种权益，并且还要扩充。

1932 年 3 月 12 日，即溥仪就任“执政”后的第三天，伪满政府以“外交总长”谢介石的名义，向日、英、美、法、德等十七国发出所谓《独立宣言》，谋求国际社会的承认，但英、美等大国不予理睬。英国外相塞孟 3 月 14 日在下院回答议员质询时说：“英国政府据迄至今日接得之情报，关于新满洲国之承认，决定态度时期尚早，且此问题英国与美国保持紧密之协调。”美国国务长官斯齐穆游氏也在同一天表示，美国“国务省侧仍然固执不承认满洲国之立场”。

鉴于国际情势和舆论，日本政府也没有立即承认伪满洲国，犬养毅首相在3月24日贵族院会议上解释政府的立场说：“新满洲国家尚未完成，达到完成之地域时自然可以承认。余人期待其事。”与此同时，陆军大臣荒木贞夫也发表谈话说：“关于满洲权益之保护，将来有扰乱满洲治安者之场合，军部为保护权益计，采取断然行动之方针。”意谓日本不允许任何力量危及伪满洲国的安全。

事隔三个月，日本各界“要求”承认伪满的舆论形成高潮。6月14日众议院通过《承认满洲国决议案》，6月20日日本陆军三长官会议议决，要求政府“立即承认满洲国”。

7月6日，满铁总裁内田康哉担任外务大臣后，竭力支持关东军占领中国东北和成立“满洲国”，加快了承认“满洲国”的进程。7月12日，日本内阁会议作出了承认“满洲国”的决议，同日，外务大臣内田康哉会见国联调查团团长李顿等，言明：既然国联调查团已经表明了不承认“满洲国”独立的态度，日本将随时和自主地承认“满洲国”。7月18日，日本在国内地方长官会议上宣布“帝国认为有必要承认满洲国，这已是既定方针”。[1]

9月6日，日本将内阁正式通过的承认“满洲国”的决议，呈请天皇裕仁裁可。9月9日，日本政府正式发表承认“满洲国”的声明。

为了办理日本承认“满洲国”的手续事项，日本政府又在8月8日任命前关东军司令官武藤信义再度出任关东军司令官并兼任驻“满洲国”特命全权大使。然而，日本此举显然是违反国际条约的。中国驻日本公使蒋作宾奉命与日本政府交涉，并递交了《抗议书》：“中国政府始终认为东三省的伪组织是在日本军队的不法占领下才造成的。现在，日本政府竟然向中国领土内的伪组织区域派遣全权大使，行使职务不仅近乎实行承认，而且国际条约绝对不会允许。”[2]对此，日本政府狡辩说：“向满洲派遣临时特命全权大使之事……据大正六年敕令第64号的设施中有之，上述全权大使不带有信任状，只限于帝国任命，既然已有前例，就不违反任何国际条约。”[3]

关于“承认”的手续事项，就是日本要与“满洲国”正式缔结《日满议定书》，

---

1 孙继武等主编：《九一八事变资料——日本外交文书选译》第2卷，第347页，2001年。

2 孙继武等主编：《九一八事变资料——日本外交文书选译》第2卷，第357页，2001年。

3 孙继武等主编：《九一八事变资料——日本外交文书选译》第2卷，第356页，2001年。而所谓的“大正6年敕令第64号”，是指日本在1917年出兵西伯利亚时，利用白匪军成立的鄂木斯克伪政权，天皇敕令加藤前往鄂木斯克，且不带国书。

而该议定书的文本，也是由日本单方面根据《溥仪致本庄书》拟订，并在8月19日内阁会议上予以通过。日本内田外务大臣就承认“满洲国”的手续问题给驻英、美大使的电报说：“武藤全权大使于20日离开东京赴满洲，到达该地后，即开始与满洲国政府缔结日满议定书问题进行谈判，帝国将依据该议定书的缔结，正式承认满洲国。”[1]

在《日满议定书》签订前还要完成作为该议定书附件的签署事宜，即8月7日本庄繁与郑孝胥所签《关于满洲国政府之铁路、港湾、水路、航空路等之管理并筑造管理之协定》《关于设立航空会社之协定》和9月9日武藤信义与郑孝胥所签《关于设定国防所必需的矿业权之协定》，此外还有往来文约等。

上述“协定”都是由日本单方拟稿，由板垣拿来让郑孝胥签字，也不举行正式签字仪式。郑孝胥在8月17日日记中有载：

“板垣及后宫淳大佐以铁道、水道、航空将来归日本代管，以收入之款清还军费，协约二通，来求签字，即签之。因本庄将去，其经手事件必欲定议，以践汤岗子之约，仍由满铁总裁与交通部更详约。”

所谓“践汤岗子之约”，指的就是《溥仪致本庄书》。郑孝胥在8月19日日记中记载：

“至国务院……板垣及航空参谋儿玉来商合办航空会社协约，使郑垂呈览，即日签字。”

《关于设定国防说必需的矿业权之协定》，则是在9月10日由板垣拿来让郑孝胥签字的。对此，郑孝胥在9月10日日记中也有明确记载：

“至国务院。板垣来，以议定书二款、国防协约二款、国防矿业约一通、追认往来文约一通求签字。”

办好上述一切协约签署的同时，1932年9月9日，日本政府向世界发表《通告》：承认“满洲国”。继而，日本政府指令关东军司令官与伪满洲国总理于

1　孙继武等主编：《九一八事变资料——日本外交文书选译》第2卷，第364页，2001年。

1932年9月15日签订《日满议定书》。

9月15日上午8时25分，溥仪在伪满皇宫勤民楼第二次会见新任日本关东军司令官兼驻满特命全权大使武藤信义。随后，武藤信义率关东军参谋长小矶国昭、首席随员川越、一等书记官米泽与林出贤次郎等日方官员，伪满国务总理郑孝胥率伪满外交部总长谢介石、次长大桥忠一、总务长官驹井德三、民政部总长臧式毅、伪满国务总理秘书官郑垂等，共同步入伪满皇宫勤民殿，举行《日满议定书》签字仪式。郑孝胥和武藤信义分别在《日满议定书》上签字。全文如下：

兹因日本国确认满洲国根据其住民之意思、自由成立而成一独立国之事实，并因满洲国宣言："中华民国所有之国际条约，以其应得适用于满洲国者为限，概应尊重之！"日本政府及满洲国政府，为永久巩固日满两国间善邻之关系，互相尊重其领土权，且确保东亚之和平起见，为协定如下：

一、满洲国于将来日满两国间未另订约之前，在满洲国领域内，日本国或日本国臣民，依所既存之日华两方之条约、协定其他约款及公私契约所有之一切权利利益，概应确认尊重之。

二、日本国及满洲国确认对于缔约国一方之领土及治安之一切威胁，同时亦为对于缔约国他方之安宁及存立之威胁，相约两国共同担当防卫国家之任，为此所要之日本国军驻扎于满洲国内。

本议定书，自签订日起即生效力。本议定书缮成日本文、汉文备二份。日本文原文与汉文原文间，如遇解释不同处应以日本文原文为准。为是，记名两员各奉本国政府之正当委任，于本议定书署名盖印，以昭信守。

昭和七年九月十五日，即大同元年九月十五日订于新京

溥仪当即批准并公布："兹经咨询参议府，大同元年九月十五日，国务总理郑孝胥与日本帝国特命全权大使武藤信义在新京共同署名盖印之议定书，应予照准，著即公布此令。"

该条约规定伪满洲国的"国防"、治安、铁路、港湾、水路、空路全部委托日本管理；日本人充任伪满洲国官吏；日本有权开发伪满洲国的矿山、资源，日本军队所需物质、设备由伪满洲国供应；日本有权向伪满洲国移民等。

《日满议定书》及附属密约，从伪满方面说是地地道道的卖国条约。它是日本自日俄战争侵占东北以来所获得的一切权益及驻军权，以国际条约形式确认下来，据此夺取了中国东北的主权，把东北变为其独占殖民地。从日本方面看，则

是不折不扣的殖民统治、殖民掠夺条约。依据此约，日本侵略者在我国东北可以为所欲为，肆无忌惮地奴役镇压东北人民，疯狂掠夺我国东北的丰富资源。正如日本历史学家井上清所说，议定书“以条约的形式确认满洲国在名义上是独立国，实质上则完全是日本占领下的殖民地”。

《日满议定书》者何也？就是伪满的卖身契、溥仪的卖身契！此约第二条规定：“日本与满洲国承认，对于订约之一方的领土、和平与秩序的任何威胁，同时即成为另一方之安全、存在之威胁。因此，约定共同合作以维持两方国家的安全，根据此义，为达到此项目的所必须的日本军队应驻扎在满洲国。”《日满议定书》的实质已经完全显露在这一条文中了。再向前走一步，就是把我国东北划入日本本土，而成为日本的一部分！

日本关东军对伪满政权的控制和操纵，是“在关东军司令官兼驻伪满全权大使的内部统辖下，主要通过日本官吏实际进行的”，这一体制贯穿伪满始终。在这种体制下，伪满各级政权中的汉奸官吏全部沦为傀儡。

就连身在北平的朱益藩也把《日满议定书》的实质及后果看透了。他在1932年8月28日致胡嗣瑗的信中就对作为“议定书”之基础的“日满密约”作了评论，他说：“复见月之二十三报章披露，与矮密约十七条，似非尽捏造。果尔，则无事不受钳制，较待三韩，尤为苛醋，此约不废，直无一事可为，不知尊处曾见否？刻下亦曾讨论及此否，夫已氏，犹腼然盘踞耶。”9月25日，即“议定书”虽已签字而朱益藩尚未见文之际，他在致胡嗣瑗的信中对其又予直接的评论，他写道：“武（武藤信义）已到长，观其举止，似非蛮悍不受商量者。唯所谓议定书，未悉内容，不知于从前办法能一一纠正否？如报纸所载，则事前并未双方协商，临时武先签字而乱雅（郑孝胥）继之。果尔，则彼仍是令出唯行，无复磋商之余地，以后欲枝枝节节与之麻烦，以图挽回难矣。”

这张卖身契所换取的代价便是日本政府对伪满的承认。刚履行完“议定书”签字手续的关东军司令官武藤信义，又以日本“首任驻满大使”的身份，向伪满“执政”溥仪“捧呈”“国书”。嗣后，“执政”溥仪召集日满双方出席人员，喝香槟酒，照纪念相。然后，武藤信义率日随员一行返回大和旅馆。于正午再赴执政府，出席溥仪举行的午餐会，日本方面列席者五十四人，“执政”溥仪坐在中央，武藤信义、郑孝胥坐在右侧；日本关东军参谋长小矶国昭、伪满外交部总长谢介石以下坐在左侧。

执政溥仪发表《演说词》，武藤致《谢辞》。宴毕，日本侧一行返回旅馆，执政与武藤又会谈两小时。谈什么？武藤要求溥仪：《日满议定书》上已有的每一个字，都必须遵照执行！

午后6时半，“满洲国”方面又在大和旅馆大张宴席，招待日本“首任驻满全权大使”武藤信义一行。溥仪在宴会上发表充满阿谀奉承的《演说词》：

此次全权大使武藤大将，奉大日本天皇陛下钦命，来使敝国，今日值中秋令节，与余之代表郑国务总理签定日满辅车相依之议定书。殊深欣幸。日本国承认吾满洲国，不第使国内民心安定，旧军阀余孽之扰乱行为，得以熄灭，而对王道乐土之建没，加以绝大之鞭策，抑且对于蔑视人民福祉、策动无已之中华之军阀，及未悉满洲国理想、彼此议论纷纭之世界列国，予以一大警醒。深信将来嘉惠于东洋诸民族之融和，并东亚求永久之和平，必非浅鲜也。

本日为纪念此世界历史上开一新纪元之创举，谨招待阁下并同诸君，敬奉一觞，遥祝日本天皇、皇后两陛下之万岁，并祝武藤全权大使康健。

《演说词》的起草人没露过脸儿，大概还是那个郑孝胥吧！《日满议定书》就是跟他脱不了干系！

他们举觞称贺的历史镜头是中华民族的屈辱，而那华宴的背景则是我千千万万东北同胞的尸骨。

1932年11月6日，溥仪又以“满洲国执政”身份，为日本政府承认“满洲国”，颁布《教书》，这是溥仪对日本承认“满洲国”必有的“回应”：

我新国家创建于兹数月，经日本帝国首先承认，确认我国民之意思自由成立独立国家，于世界国家团体间开一新纪元，是我国人所当引为庆幸者也。我满洲山川形胜，物产丰饶，屹然据亚洲之东北大部，以我三千万民众之体质、智力、奋发经营，洵足以建为乐土。唯是作始之际，经纬万端，而忧患之纷纭、机牙之环状，正当困心衡虑，本迈进之精神，以发挥我王道之旨趣，庶亦无负于日本帝国亲善之期望，愿我国人咸共勉之。

“大同”年代

1931年11月11日，日本关东军参谋部代表的劝诱奏效，溥仪结束在天津的寓公生活，偷渡白河，潜往东北。溥仪出关是为了复辟大清，重登九五之尊，但当他入笼之后却身不由己了。日本军部的代表板垣征四郎明确地告诉他：不许“登极”称“帝”。依当时情势，如果溥仪不“屈就执政”，连性命也保不住。为顾全面子又提出“一年为期”从缓实行帝制的条件。于是溥仪就任“执政”，定年号为“大同”。

就职典礼的当天下午，在“执政”办公室办公，他第一件批阅的是“国务总理”郑孝胥送来的人事案件。由于是第一次办公，所以溥仪记得很清楚，后来他在自述中详细地记载着郑孝胥的话：“‘本庄繁司令官已经推荐臣出任国务总理，组成内阁。’他微躬着身子，秃头发光，语言柔和。‘这是特任状和各部名单，请签上御名。’”溥仪继续写道：“这原是在旅顺时日本人甘粕正彦（关东军联络官）早跟我说好了的，我默默地拿起笔，办了就职后的第一件公事。我走出办公室，遇上了胡嗣瑗和陈曾寿，这两个老头脸色都不好看。因为知道了特任官名单里，根本没有他们的名字。我对他们说：我要把他们放在身边，让胡嗣瑗当我的秘书处处长，陈曾寿当秘书，胡嗣瑗叹着气谢了恩，陈曾寿却说他天津家里有事，求我务必准他回去。”

原来这时，胡、陈两人已经看清楚了，他们所以得不到高官厚爵，全是郑孝胥的关系，陈才决计要走。溥仪述说其过程时写道：“胡嗣瑗和陈曾寿住在大连，一有机会就托人带奏折和条陈来，在痛骂郑、罗‘虽秦桧、仇士良之所为，尚不敢公然无状，欺侮挟持一至于此’。陈曾寿则对我大谈‘建国之道，内治莫先于纲纪，外交莫重于主权’所谓‘纲纪最重要者，魁柄必操自上，主权最重要者，政令必出于上’。总之一句话，我必须有权能用人，因为这样他们才能做大官。这些人自然斗不过郑、罗。在后封官进爵的时候，显贵角色里根本没有他们。后来经我要求，给了陈曾寿一个秘书职务，但他不干，请假走了。直到以后设立了内廷局，叫他当局长，他才回来……由于他们恨极了当伪满国务总理的郑孝胥，后来便和罗振玉联合起来攻郑，结果没有攻倒，自己反倒连秘书也没有做成，这是后话。”

罗振玉在封官中只得到“参议”这个不称心的职位，而自认为迎立溥仪的功劳不止得到如此闲职，遂向溥仪请辞，溥仪表示挽留。他却说“皇上屈就执政，按说君辱臣死，臣万不能就参议之职”。后来罗氏又出任“监察院院长”，也不顺心，遂跑回大连仍搞他的考古去了。

伪满成立初期，溥仪对办公是很认真的。他曾对陈曾寿和胡嗣瑗说过，他有三个“誓愿”：改掉过去一切懒惰轻佻的毛病；忍耐一切困苦，恢复祖业；求上苍降一皇子，继承大清基业。为此他每天上午9时至10时到“勤民楼”

去办公，约12时“退朝”回缉熙楼。但往后办公时间却越来越短，有时干脆就不去了。

溥仪不到“勤民楼”办公的原因是“无公可办”。据溥仪自述：“为了誓愿，为了复辟，我一面听从着关东军的指挥以求凭藉，一面‘宵衣旰食’，想把‘元首’的职权使用起来。然而，我的宵衣旰食没有维持多久，因为首先是无公可办。接着我便发现“执政”的职权，只是写在纸上的，并不在我手里。”

“执政”府的“缉熙楼”是一栋二层戴帽式建筑，正门朝南，后门朝北，从正门进缉熙楼，对面便是楼梯。溥仪搬进去之后住在二楼西侧靠南的两个房间，另有一个客厅，二楼东侧为“皇后”婉容居住。关东军都派有宪警守卫站岗，名为保护，实为监视。

在吉长道尹衙门为临时执政府期间，门禁森严，所有进出“执政”府的人员都要佩戴“识别证”，有高级官员用的“黄色”证牌，低级官员用的“白色”证牌。凡是高级官员进出时，日本宪兵都喊口令，行“举枪”礼。后来，溥仪搬入“榷运局”的房子后，关东军更派出宪兵队长期驻在“勤民楼”的厢房内，监视着所有来往的人员，包括溥仪的亲属和近臣在内。这种宪兵是经过特殊训练的，为了有别于一般的宪兵，他们着装是另外一种特制的军服。

溥仪不能随便出门，所谓祖宗“龙兴之地”，现在哪有他的天下？他闲得无聊，也得活动活动筋骨，晚睡起来，只得在“宫廷”大围墙内遛遛。初时，带着几名随侍还算安静，后来跟随在他后面的人越来越多，只要一出“中和门”（连通内廷与外廷的大门），便有侍卫官、侍从官、日本宪兵等跟了一大串，后来溥仪对在“宫内”范围的散步也不感兴趣了。

一次，溥仪闲得无聊，想到“大同公园”（今儿童公园）去玩，就带着“皇后”和“御妹”以及“奏事官”等人乘车前往。刚到公园，关东军就派出宪兵、警察、特务，从四面八方围上来。最先由一个宪兵头目，恭敬地报告溥仪说：“此地不安全，请执政回府。”随后，关东军司令部便传话给溥仪：“执政安全要紧，不能随便上哪儿，要出门也得告诉一声，以便保护。”

溥仪为了保护自己，从天津带来十几名护军。这些护军大多数是由武术师霍殿阁介绍来的，都身怀绝技，守护在“宫内”为溥仪站岗。一天，溥仪在中和门外散步，突然从墙外飞入一块砖头，连跟随溥仪的随侍祁继忠和“奏事官”吴天培也觉得害怕起来。墙外是有日本军警站岗的，一般人不容易随便接近。大家猜测，砖头飞来的时间是在天渐黑的时候，是“闹鬼”，还是“狐狸显灵”？后来溥仪连院子也很少出去了。

这以后溥仪的处境形同泥塑菩萨稳坐在“皇宫”的“执政府”里。关东军又派出了一个类似“庙祝”的人，叫吉冈安直，守护着这尊泥菩萨。溥仪只得接受日本人的膜拜，而且“有求必应”。他又像一只长白山地区濒临绝种的小鸟，被日本人捉进笼中，有翅难飞。

1933 年 3 月 1 日被定为伪满的“建国周年纪念日”。或因为世界上除了日本尚无第二个国家承认，伪满偏要在“周年”之际大肆庆祝，也算聊以自慰吧！

上午 10 时半，够级别的伪官吏共二百余人在勤民楼前列队，等候向伪满“执政”溥仪行礼。在那里壮声势的还有军乐队、翊卫团等。十五分钟以后溥仪步出承光门，站在门前的扇面形台阶上南面受礼。伪官吏每人鞠三个躬、喊三声“满洲国万岁”就算礼成。11 时 20 分，溥仪又转身走进承光门去了。

因为十分钟之后将有一批更高级的人物前来，这中间有关东军司令官武藤信义、参谋长小矶国昭和副参谋长冈村宁次等人。按规格当然不能让他们在楼前行礼，溥仪才返回谒见厅等待去了。宾主相见，武藤致祝辞，溥仪致答辞；武藤喊一声“满洲国万岁”，溥仪也喊一声“日本帝国万岁”，就像表演对口词。最后在勤民楼前摄影留念，实为一张狼狈为奸的丑图。

为了表彰溥仪的忠顺，武藤投其所好进献了名画和良马。所谓名画是日本画坛巨匠川合玉堂的作品——富士山匾额；所谓良马是从日本陆军骑兵学校调出的“神照”（栗毛，十三岁）和“尊高”（栗毛，十二岁）。

当天，溥仪发布《建国周年纪念教书》外，还广播了一篇演讲词。报道这篇演讲的文章写道：“执政初次之无线电放送，系于 1 日午前 10 时开始，前后历时四十分钟。此日放送局慎重试验再三，置机于执政居室楼下候见室。届时执政身着礼服，威仪凛严，从容不迫演讲。由中岛咨议任通译。这便是执政的值得纪念的初次放送。据当事者谈，播音时的执政姿态优美，声音洪亮。相信全满及善邻此时此刻都在洗耳恭听……”

伪满各地都在同一天举行“庆祝”活动，形式雷同。以长春来说，上午 9 时在伪民政部门前举行庆祝大会，其程序如下：官民入场，军乐队吹奏“国歌”，升旗并三鞠躬，伪市长金璧东致开幕辞、伪满执政府的代表“敬读执政教书”，伪满国务总理郑孝胥训示、伪满大会干事长丁鉴修致祝辞，关东军司令官武藤信义致祝辞，最后高呼“万岁”闭幕。

下午 1 时，“新京神社”举行“建国”祭。同时，各团体前往伪满执政府承礼处，献呈言不由衷又千篇一律的“贺表”。

晚上有文艺演出，“新京”高女讲堂举办的“建国周年纪念独唱会”颇受欢迎，其主角是闻名于国际音坛的日本声乐家佐藤美子。这位东京音乐学校声乐科和研究科的高才生曾三度欧游，二月上旬在大连演出，下旬来长春，先为溥仪做“御前演唱”，接着便来给伪满的“周年纪念”捧场。

私人武装力量的瓦解

东陵盗墓事件发生不久，溥仪认识到自己要有武装，才能不受欺侮。从伪满初年开始，溥仪就有意识地从亲族、旧臣的子女中以及跟随多年的侧近人员中，陆续选出一些来加以培养。溥仪首先组建军咨处、侍从武官与侍卫官处，将自己的亲信安排于这些有军事与警卫任务的部门，以备己用。随后溥仪不断向这些部门安插充实自己的力量。

溥仪来到长春，充任伪满洲国元首“执政”以后，觉得和自己复辟大清的梦想相差径庭，于是就着手培养自己的亲信，积蓄武装力量，以便充当自己将来组建军队的军事骨干，以为将来复辟大清做好充分准备。

在伪满建立之前，溥仪就曾派溥杰、润麒、万嘉熙（后来成为溥仪的五妹夫）去日本陆军士官学校学习过。后来，溥仪又召集了一些王公子弟入宫，组建军事骨干训练班进行军事学习，为自己组建军队培养所需人才。所谓军事训练班，是溥仪在伪满皇宫中培训的准备派去日本士官学校留学的人员，大多是从北京来伪满的王公贵族子弟，共有三十多人，其中有宗室子弟溥俭、溥偀、毓嵂、毓塘、毓喦、毓嶦、毓恩、毓敏（其中有些是后来随时补充的）等，以及溥仪的亲信赵荫茂、严桐江、曹宝元、李国雄、祁继忠、李体玉、张挺、毓哲、董景斌等。这些人在宫中学习的课程，分理论学习与军事训练两类，主要是军事训练。

1932 年 10 月中旬，军事训练班正式成立。军训班的班主任由东北讲武堂毕业的侍从武官金纯善担任，负责军事训练和学习。班内总务由溥仪的贴身侍卫严桐江管理。训练班的课程分为：（1）军事学，主要学习操典、射击、马术、战史、战术及军事绘图等，由伪军政部派来的李学明中尉和魏树桐少尉担任教官；（2）“四书”“孝经”“掌故”《清史》，由近侍处处长陈曾寿担任教员；（3）数理化等自然科学，由宫内府警卫处谭侍卫官和原北京某大学教授汪銮翔担任；（4）日语，由宫内府掌礼官日本人岸名幸基担任教员。军事训练班开办了整整一年，1933 年 9 月，学员毕业。溥仪将在毕业考试中考取第一名的毓�送往日本士官学校继续深造，又将一部分学员送往日本留学。其余的毕业学员于1934年3月至9月间，全部编入“护军”。

1933年3月，溥仪又派出十二名亲信到日本陆军士官学校学习军事，这些人中，有溥仪的弟弟溥杰、三妹夫润麒、万嘉熙、四妹夫赵国圻、堂弟溥佳、侄子毓峻、族侄毓哲，以及溥仪的亲信随侍祁继忠、张挺、马骥良、孙文思等十一人。他们到达日本不久，便在日本陆军省“优待”伪满留学生的条件下，跳过预科，全部直接“考入”陆军士官学校。“这些来自伪满洲国的将校候补生由于有‘日满一体’的精神，可以和日本的候补生同吃、同住、同受教育。”但对他们来说；“论体力，不如日本人，又从未受过军人基础知识的训练，跳过预科，一下子就进入本科，有的人语言还不过关，真要在陆军士官学校里按照日本人的要求来进行学习是很困难的。”毕业后，这些人除溥杰外，几乎没有几个成大器的。即使这样，他们回国后，也都被日本人派了差使，根本不受溥仪的支配。

1934年冬天，溥仪又派出了第二批“满洲国陆军将校候补生”，共九人。溥仪对这九人寄予了厚望，可惜这些人不成器，几个月后，便因不敢投考陆军士官学校而纷纷退学了。

日本侵略者认为在中国东北的殖民统治基本稳固之后，为了进一步欺瞒世界舆论，同意了溥仪梦寐以求称帝的要求。1934年3月1日伪满洲国得以推行帝制，溥仪由伪满洲国的元首执政摇身一变而成为伪满洲帝国的皇帝。当日随即公布了帝室令《宫内府官制》，规定在宫内府警卫处设置护军，其实在此之前护军便已组建。

伪满初年，溥仪就命佟济煦着手准备建立一支自己的亲兵卫队。到1934年3月，溥仪的护军成立，共三百人。护军总队队长由佟济煦兼任，下分三个队：第一队队长是吴天培，队员是由天津带来的远在静园的护卫，多是沧州人，擅长武术；第二队队长是李国雄，队员由军训班毕业的皇亲国戚及清代八旗子弟组成，是护军中的骨干，他们担当着为溥仪护驾的任务，相当于清朝的带刀侍卫；第三队队长由魏树桐担任，由从内蒙和东北各地招募的身强体壮、强悍勇猛的蒙古人组成。这支护军不但拥有步枪、轻机枪之类的装备，就是教育训练，也都是按照正规陆军的方式去施行，可以说是一种变相的陆军。

护军的编制直到1935年伪满发布第九号帝室令《护军官制》才得以确定下来。官制中明确规定，护军置统领一人，承警卫处处长之命；队长三人，承上官之命指挥监督部下队员；护军总队长由宫内府警卫处处长佟济煦担任，皇后婉容的同族郭文林任上校统领，队长分别由溥仪的亲信吴天培、李国雄等人担任。

护军的教育与训练等事项都是按照正规陆军的方式进行的。溥仪把护军当作自己的私家军队，企图将其作为复辟清王朝的主要军事骨干力量，因此非常重视对护军进行绝对忠君及奴化思想教育。直接管理护军的伪满宫内府警卫处处长兼总队长佟济煦，是以照相师的身份，经溥仪的老师陈宝琛介绍到溥仪身边谋求差事的，深得溥仪信任，经常遵照溥仪的意图，对护军进行精神训话，要求护军"尽忠于皇帝一人"，并要绝对服从。为了收买护军的人心，溥仪经常对护军施以小恩小惠，以赏赐的名义，赏赐给护军们野猪、鳇鱼、美酒、菜肴及一些钱财，企图使他们经常沐浴皇恩，知恩图报。同时每年要选派数名有培养前途的护军，到日本陆军士官学校，或伪满军官学校深造，以培养所需的军事干部，前面提及的祁继忠、张挺、溥佳、赵国圻等，都是选送到日本陆军士官学校学习的护军。他们在极度忠君思想的教育下，造成了一切唯皇帝之命是从的忠君思想。由于他们经常生活在溥仪身边，对日本人在溥仪面前，或者在伪满皇宫内的专横跋扈则心怀不满，这必然会引起日本关东军的关注。

实际上，溥仪的护军并没有像他想象中的那样发挥什么作用。伪满初年，护军主要职责是把守伪满皇宫内廷勤民楼、中和门、缉熙楼以及内廷的炮楼、岗哨等重要部位，三队护军轮流执勤，每天一队。伪满皇宫周边外围的安全由禁卫军步兵团掌管。护军建立之初，本来沿袭清宫旧制，但随着护军的不断发展逐渐扩大了它的职能，除已有的三个队外，溥仪根据自己的目的与需要，还陆续设置了军事教练班、特别班、仪仗队等。教练班的教官由日本军官充任，教授军事科目及武器的使用与保养，学习结业后护军们各自回到各自的岗位。所谓特别班，是由护军中挑选出来的，负责宫内廷勤务，主要承担缉熙楼、勤民楼周围院内的卫生，及临时传达事项。一年后，由溥仪提议更名为勤务班。这是因为溥仪怕"特别"二字带有"特务"之嫌，进而引起日本人的怀疑。仪仗队是在 1934 年溥仪准备第三次登极时成立的，溥仪举行登极大典，举行重要庆典，接见外国元首等重大活动时使用。

溥仪念念不忘"恢复大清祖业"培植羽翼的做法，与日本殖民统治者所提倡的所谓"建国精神"是相违背的，日本关东军是绝不可能允许的，也不可能让其任意而为。事实上护军成立伊始就受到了关东军的重重阻挠。早在溥仪派出宗亲子弟赴日本士官学校学习期间，日本当局就对溥仪的用心有所察觉，那些留学生回到伪满洲国后，在关东军的干预下，没有一个被派到溥仪身边，即使溥仪的亲弟弟溥杰也不能例外。1934 年，溥仪派出的第二批赴日留学的学生，由于日本军校当局从中作梗，没有一个人能进入日本士官学校的大门。

自护军成立后，关东军一直对这支队伍横加干涉。日本侵略者在中国制造的另一个傀儡政权蒙疆联合自治政府的主席德王，曾向溥仪献媚，赠送溥仪护军二百匹优良军马，运到伪满新京后，关东军已患有鼻疽病为借口全部枪毙。

1934年7月，溥仪的父亲载沣带着溥仪在北京的弟弟妹妹们到伪满新京看望溥仪，并祝贺他登极称帝。刚刚做了伪满傀儡皇帝的溥仪当时还在头脑发热，自我陶醉的程度难以言表。载沣等人到了当时的“新京”火车站时，溥仪派出了以宫内府顾问官宝熙为首的伪满汉奸官吏，以及由佟济煦率领的一队护军到车站列队迎接，显示了一下做“皇帝”的气派，真正风光了一下。然而令他始料未及的是，第二天关东军司令部就派人来到伪满皇宫，以日本驻伪满大使馆的名义向溥仪提出抗议，说溥仪的护军到火车站，违反了“满洲帝国”已承担义务的前东北当局与日本签订的协议。该协议规定铁路两侧一定范围内是“满铁”的附属地，除日军外其他任何武装不准进入，并要求溥仪保证不再发生同类事件。载沣得知后觉得大失颜面，心中愤懑，一怒之下很快返回北京，再也未踏伪满洲国的土地半步。

就是这支被溥仪寄予厚望的护军，不久就被日本关东军借故给瓦解了。1937年6月28日，这是一个星期天，经护军总队长佟济煦批准，有二十多名护军结伴到大同公园游玩，因租借游船与几个朝鲜人发生口角，朝鲜人找来正在附近野餐的日本宪兵便衣，一起与护军理论，双方互不相让，结果动起手来，精通武术拳脚的护军们打倒了日本宪兵，踢死了宪兵的军犬，之后回到了伪满皇宫。关东军宪兵队借此扩大事端，派出大量宪兵乘车进入伪满皇宫，强行抓走了参与打架的护军，日本宪兵施以酷刑逼迫护军们承认有反满抗日行为，护军们致死不肯，这就是“大同公园事件”，即“护军事件”。后来由溥仪亲自出面向关东军派驻伪满皇宫的关东军高级参谋，即溥仪的所谓帝室御用挂吉冈安直说情，并答应了时任关东军参谋长的东条英机提出的三条处理意见，被抓护军方得释放。一是向受伤日本宪兵赔礼道歉；二是将肇事的护军驱逐出境；三是保证以后不再发生此类事件。溥仪只好一一照办，赶走了十多位忠于溥仪的护军，并将宫内府警卫处处长佟济煦、护军统领郭文林与两名护军队处长撤职。

然而，关东军并未就此罢休，又借故收缴了护军的长武器，把护军改编为宫中警察性质的组织，还进行了缩编，并任命日本人长尾吉五郎为警卫处处长。1939年又相继撤销了警卫处，改设近卫处，士兵也逐渐更换了新人。此后近卫处处长这一要职，到日本投降伪满垮台一直由日本人充任。

就这样，溥仪费尽心机所精心经营的、幻想用来恢复大清基业的护军被日本人彻底瓦解，最终也成了日本人的附庸，一切化为泡影，使溥仪心灰意冷，再也提不起复辟大清的激情与幻想了。溥仪回顾这段经历曾道出了他对此事的清醒认识：“从前，我为了建立自己的实力，曾送过几批青年到日本去学习陆军，不想这些人回来后，连溥杰在内都由军政部派差，根本不受我支配。现在作为骨干培养的护军，已完全掌握在日本人手里，我便不再做这类可笑的美梦了。”“护军垮台后，……我这时唯一的思想，就是如何在日本人面前保住安全。”

第八章
“康德皇帝”

第三次“登极”

溥仪始终把“大清朝”的“中兴”作为自己的政治目标，皇亲满贵以及清朝遗老们无不盼望着这一天，他们连做梦也想着燕市再游、“后清”复见。[1]溥仪充当“执政”的两年中，皇族熙洽领导的“满洲协进会”“建国请愿代表联谊会”等，一直不曾间断活动，强烈要求实行“帝制”。规模较大的一次活动在1933年，熙洽指使心腹林崔泉，纠集了所谓“奉吉黑三省”的前国会议员约四五百人，在“新京”市某小学内，召开假冒民意的请愿实施帝制大会，因事先未请示关东军，遭到日本宪兵的阻止。对此，日本当局始终应付着，不做答应或拒绝的明确表示。

“一年为期”届满，“帝制”尚无动静，溥仪派警卫官工滕忠前往东京探风摸底。据其回报，已见到南次郎和黑龙会的头面人物，确知军部方面当权者同意实行帝制，溥仪转忧为喜，设法进一步探听虚实。不久，关东军参谋长小矶国昭造访伪满国务总理郑孝胥私邸，转述了一个可靠的内部消息：关于实行“满洲帝国”的夙愿，已经得到日本军方和政府的“谅解”，正式训电早晚可以到达，因此郑氏即可筹备实施。两人“密谈”了一个小时，兴高采烈，得意扬扬。[2]其后，广田外相在日本第65届议会上谈到外交方针时公开披露了将允许溥仪“登极称帝”的信息。他明确地说，“满洲国”“朝野所翘望之帝制问题，不远亦将实现”。[3]1933年10月，关东军司令官菱刈隆正式通知溥仪，日本政府准备承认他为“满洲帝国皇帝”。日本人允许溥仪“称帝登极”，给他这个面子，并非为了实践板垣征四郎在旅顺时许下的“一年为期”的诺言，完全出于政治需要。

---

1 出自郑孝胥的诗句，转引于李念慈：《满洲国纪实》，“中华民国”四十三年版，第239页。

2 李念慈：《满洲国纪实》，“中华民国”四十三年版，第241页。

3《国闻周报》（11卷）第6期，第6页。

首先是为了打破外交上的僵局。李顿调查团的报告提出以后，国际联盟通过了不承认“满洲国”的决议，这使日本不得不退出国际联盟而在外交上陷于孤立的泥潭之中。让溥仪“登极”似可表示日本并没有吞并“满洲”的野心，“满洲”既然能够自由地拥戴自己的“皇帝”，当然不能说是日本的殖民地了。这实际上是对谴责日本的世界各国所做的一种姿态上的让步。

其次是为了吸引包括察哈尔、绥远、青海以及东部蒙古在内的蒙古王公，以建立更多的伪政权。当时，内蒙古蒙旗代表云集南京，向中央政府要求自治，问题悬而未决。日本得陇望蜀，既吞“满洲”，进窥内蒙。他们知道：内蒙的封建王公与清朝皇室之间有数百年的渊源，溥仪“登极”对内蒙自然具有极大的号召力。

再次是为了更好地利用傀儡皇帝。既然日本当时还无法以铁腕直接统治拥有革命传统并在血泊中肉搏的我国东北人民，既然卖身效命之徒尚有使用价值，对于其无关宗旨的要求给予适当满足，使之更乐于接受驱策，显然是划得来的。何况为了大举进攻关内的战备之需，改伪满为“帝制”有益无害。从长远的观点考虑，把溥仪由“执政”变为“皇帝”并不影响日本吞并“满洲”这块地方。当年日本对待韩国便是如此，当韩国傀儡政权尚有使用价值时，日本不但承认韩国“完全独立”，还怂恿韩王李熙称帝。曾几何时，一道命令便取消了李熙的帝号，吞并了他的土地。国人对此看得清清楚楚，当时就指出“溥仪做皇帝”“是由日本军部替他决定”，“是石敬瑭式的儿皇帝又重现于今日”。[1]

1933 年年初，日本为了适应殖民统治的需要，将其拼凑的伪满洲国，打扮成所谓的“王道国家”。为使其更富有欺骗性，决定改革政体，由执政政治变为君主制立宪。

是年 10 月，日本关东军司令官菱刈隆正式转达日本政府的允诺，同意伪满实行帝制，满足了溥仪充当“皇帝”的欲望。这对日思夜想“恢复祖业，还政于清”的伪满执政溥仪来说，的确是欣喜若狂的头等大事。正如溥仪后来所说：“我得到这一消息，简直乐得心花怒放。”重登皇帝宝座是溥仪的夙愿。

尽管溥仪做的是傀儡皇帝，但日本侵略者也要“假戏真做”，将“满洲国”打扮成“独立国家”的样子。在日本关东军方的直接授意下，伪满洲国上下提前几个月就开始准备，对溥仪称帝登极大典的每一程序及环节都做了周密的安排。

1934 年 1 月 27 日，《盛京时报》对此做了披露：“大典临时费用已编入大同二年度一般岁入岁出增加预算案第二号，并于本月 22 日通过第三次国务院会

1《申报月刊》1934 年第 3 卷第 2 号。

议。为精心组织这一所谓举国行动，专门成立了‘帝室大典委员会’，各省也都成立了准备委员会，制定筹备方案积极行动。”[1]

从1934年年初，溥仪“称帝登极”的各项实质和形式问题都进入了紧张筹备的阶段。在伪满“国策委员会”审定的实施“帝制”后的“国策大纲”中规定了“开发实业，统制金融”“整顿警察制度及武备以维持治安”“对各国采取亲善政策”“保护外侨之生命财产”等“要点”，[2]这显然是一套为日本主子服务的政策，保护日本的政治、军事和经济一切既得利益，实行奴化教育，网罗汉奸官吏。在“国号”问题的争论中，日本方面坚决否定了郑孝胥等恢复“大清”国号和“宣统”年号的主张，也不准许迁都于努尔哈赤曾经君临的沈阳市。争来争去，最终还是按日方意见，确定“国号”为“大满洲帝国”，“首都”不变。[3]1月10日伪满“国策会议”告终，而“中央最高首脑部”和各省代表的联合会议继而举行。“满系”总理、总长、参议、省长和“日系”的各部次长等协商议决，推举郑孝胥“代表全满三千万民众”谒见溥仪，请求这位挂名“执政”于3月1日“就国家至高之荣位”。“劝进”丑剧就此开始，以郑孝胥为委员长的下设六个业务部门的“登极”大典筹备委员会也宣告成立了。1月20日，郑孝胥主持的“吁请执政就皇帝位”重臣会议通过了拥戴溥仪“登极”的宣告。[4]嗣后溥仪发表长篇对外宣言，堂而皇之地宣布了他的权力和原则：即位为“满洲帝国”第一任“皇帝”；主权属于“皇帝”，允许人民表征、请愿；“皇帝”统治“国家”，依立法行“皇帝”权，由“总理”大臣辅佐，不日公布“宪法”；制定“国策”，外本国际亲善，内重顺天安民；“国旗”与“国都”都不更改；“国号”改称“满洲帝国”；“登极”后的“帝宫”绝然不同于“称帝”前的“执政府”；“即位”典礼就在“新京”举行。就在这项宣言中溥仪也不敢不唯主子之命而强调说明：他的“即位”绝不含有“大清复辟”的意思！日本人为什么要确定这条原则呢？日本外务省发言人的解释泄露了天机：“满洲国当局之声明，谓溥仪之‘即位’，其意义并非恢复满清。且国疆亦将不再变更，华北无论如何不受影响，华北被侵之忧虑可以消释。”[5]这种此地无银三百两、欲盖弥彰的说法，恰被三年后发生的七七事变完全证明了。溥仪还宣称“尊重王道政治，绝非君主专制”，换言之，

1《满洲国现势》康德二年版，第2-6页。

2《一月来之中国》，载《申报周刊》第3卷第2号1934年

3《一月来之中国》，载《中报周刊》第3卷第2号1934年

4《盛京时报》1934年1月21日。

5《国闻周报》第11卷第6期，第4页。

“满洲帝国”甘愿由日本人“次长”们说了算，他当个牌位也就可以了，可怜他言不由衷如是也！“登极”前的最后一次“最高级会议”是在2月22日召开的，溥仪在会上说，他崇拜祖先康熙的德政，希望即位后改元“康德”，这件事总算由他自己决定了。[1]伪满康德皇帝“登极”大典在1934年3月1日开始举行，共有三种仪式：郊祭仪式、“登极”仪式和食宴仪式。

其实，就在伪满政府官员为改行帝制摇旗鼓舌之时，日本关东军早将溥仪登极之日定为1934年3月1日，就连溥仪是否穿龙袍登极也要受到日方的限制。为此，溥仪曾大为愠怒，但最终还是按照日本主子的旨意行事。因为，日本关东军是伪满洲国的“太上皇”，傀儡皇帝必须遵从“太上皇”的旨意行事。

3月1日上午，溥仪依古礼为表示敬天，在杏花村（今文化广场）搭台行告祭礼，这是溥仪当“康德皇帝”十几年中的唯一的一次，因为他的日本主子不允许他因袭《大清会典》按旧制办，一再强调“满洲帝国”并非“后清”。

3月1日晨7时30分，溥仪的第三次登极大典正式开始。郊祭是溥仪登极前必不可少的祭天仪式。溥仪作为清室的正宗，祭天应效仿祖制穿龙袍。为此，溥仪特意派人去北京，从荣惠太妃那里取来一件保存二十多年的光绪皇帝曾经穿过的龙袍。可是关东军却要行使“太上皇”的权力，偏不许溥仪穿龙袍，只能穿为溥仪特制的所谓“大元帅正装”。其理由是，日本人只承认伪满洲国皇帝，而不承认大清皇帝，更不承认后清皇帝。因此，不能穿清朝的龙袍。溥仪曾派郑孝胥与关东军交涉，结果都碰了钉子。后来，在板垣的调和下，才采取了“折中”的办法，允许溥仪祭天时穿龙袍，“登极”时必须穿用日本人为其准备的“大元帅正装”。当时，对参加“郊祭”的伪满官员的服饰也作了规定，均着燕尾服或青马褂、深蓝色长袍的满洲礼服。

“登极大典”有相当规模的卫队和“卤簿”仪仗队。仪仗队士兵由奉天各军警部队中选拔，均着特别大礼服，于20日前后赴“新京”演练，2月25日举行了第一次警备演习，日满警宪出动约7200人。伪满政府还特从日本东京购入一批车辆充作卤簿车队。“登极大典”之日，凡卤簿车队经过的街道禁止通行。

“郊祭礼”开始前，先由掌礼官存耆率卫队乘车，沿卤簿仪仗队通行路线及“郊祭”场进行彻底的检查。“郊祭礼典”正式开始时，首先由吉林炮兵队在新京西广场鸣礼炮一百零一响，溥仪的卤簿车在摩托车和汽车的簇拥下由伪满皇宫兴运门浩浩荡荡开出。当车队行至“大同大街”，街道两旁站满了“奉拜”的队

1《新闻日日新闻》1934年2月13日

伍，左侧为日本关东军及伪满国军，中间夹杂着事先安排的部分市民，右侧为穿着伪满学生装的学生，“奉拜”的队伍约万人。

“郊祭礼”在“杏花村顺天广场”（今长春市文化广场）举行。广场背面搭起一座祭天的高台，称作天坛。坛上供有帛、玉、爵、牲畜。天坛以土筑三级，高七尺，绒毯铺地。天坛的四周围黄幔，内建参列百官幄舍，设有三处出口。8时15分，身着龙袍的溥仪乘大红色“御用轿车”，在前引后扈的簇拥下，先进入“八卦红黄幔帐内”。参加郊祭仪式的除“日满”官员外，还有二百多名记者。溥仪进入红帐内，先是洗手净面，称作“盥洗”。此时，由“座幄”出外的陪祀官郑孝胥、张景惠、罗振玉、沈瑞麟四人前行到“天坛”之下，郑孝胥、张景惠立于东侧面向“天坛”，罗振玉、沈瑞麟立敬候在座幄之外。溥仪向“天坛”面南而立（升坛），其后分东西排列的陪祀官，亦一同向天坛而面南。8时30分，点燃篝火，恭迎诸神（燔柴迎神）。之后溥仪向象征天、地、日、月四神的四柱行三跪九叩的大礼（献爵三），礼毕降坛（复位）。祭天仪式于9时零5分结束。

登极当天，溥仪一改往日迟眠晏起的习惯，早早起床。他穿上特意派人从天津取来的光绪皇帝曾穿过的龙袍，来到长春南郊杏花村的顺天广场（今长春市文化广场），把那里临时搭起的一个小土台，权且作为“天坛”，行了“告天即位”的古礼。祭天时，突然狂风大作，将溥仪的皇冠吹起，溥仪虽慌忙扶住，仍揪断了帽带。这本是偶然的意外，溥仪却在臣子们的阿谀中，认为是上天示意自己能够力挽狂澜，日后必将复兴清室，再做大清皇帝。然而，这却是日本人绝不允许的，日本人只同意他做“满洲国”的傀儡皇帝。

郊祭礼结束，溥仪还宫后，不敢违背关东军的约定，马上脱去龙袍，换上日本为他准备好的大元帅正装。准备参加登极大典。

午前11时，参加登极大典仪式的日伪高级官员乘汽车纷至沓来，车停于兴运门外广场。伪满国务总理郑孝胥、参议府议长张景惠以下伪满军政高官，日本关东军司令官兼驻伪满全权大使以下关东军高级官员、驻伪满海军部长官及满铁正副总裁等日伪高官，由礼官引入勤民楼觐见室，恭迎溥仪的到来。12时，在悠扬的古乐声中，大礼官恭导溥仪入勤民楼正殿。捧诏官持“改元（年号）诏书”，持玺官将“御玺”置于御座旁案上，而后肃立桌侧。日伪高官入殿分列左右，溥仪登上装饰兰花御纹章的高靠背宝座接受朝贺。以郑孝胥、张景惠为首的伪满高官向溥仪行三鞠躬，溥仪以半鞠躬还礼。然后，捧诏官谨展“诏书”，持玺官启玺，溥仪以“御玺”钤于诏书。御览之后，授嘱捧诏官宣读，定国号为“满洲帝国”，年号为“康德”。百官行君臣礼。三呼“皇帝陛下万岁”。参加者包括伪满中央

身着伪满大元帅礼服的“康德皇帝”

机关“总理大臣”以下，简任以上官员一百零一名，来自各省的简任以上伪地方官吏四十二名，关东军司令官菱刈隆以下高级日本官员六十二名，清朝皇族中保有爵位的王、公、贝勒等二十九名，蒙古王、公、贝子、郡王、扎萨克等五十七名，在长春的有勋位的旧官吏三十四名，外地老臣一百零二名，共四百五十名。[1]根据日方命令，走向宝座的溥仪没穿龙袍，身着特制大元帅礼服接受臣下的叩拜，一些对大清帝国怀有深厚感情的人当时就觉得像是受了污辱。

食宴仪式是3月2日和3日中午分两次举行的，第一次宴请日本官员，第二次宴请伪满官员。溥仪临席并照例发布一篇“敕语”，关东军司令官菱刈隆和郑孝胥分别致祝词。

溥仪第三次“登极”的筹备和仪式充分体现了日本军方的意志，说明伪满帝制一开始就奴性十足。溥仪就这样充当了伪满洲国的傀儡皇帝。其以下的所有政府官吏同样充当了日本人的傀儡。

这次“登极”大典耗费甚巨，按预算费用为二百六十一万四千三百九十五元。据《满洲帝国政府公报》，这还仅是祭天和食宴两项的账面费用，更大量的支出

1《满洲国现势》康德二年版，第2～6页。

并不包括在内。例如，“献上品”一项，对老百姓的勒索就无法统计，而溥仪支付各种名目的“赏赐”，归根结底还是东北人民的血汗。[1]

溥仪第三次“登极”遭到中国人民的强烈抗议和世界各国的反对。

首先是三千万东北同胞身受其害，起而抗争。辽宁的一些城市中都发现了反对溥仪僭号的标语，旗帜鲜明：打倒奴隶称帝！[2]在黑龙江、吉林、辽宁都有义勇军相继起事，安东（今丹东）附近的邓铁梅部就在溥仪“登极”那天出击，与日寇、伪军血战一场。[3]还有的地方，人民采用合法斗争的方式，在伪政府组织庆祝活动的时候，乘机揭露日伪丑类。

1934 年 6 月 6 日，溥仪在新京（长春）车站迎接来访的日本天皇的代表、御弟秩父宫雍仁

流亡关内的东北爱国同胞，也在溥仪“登极”之际发表了庄严的民众宣言，指出“溥仪之做执政、做皇帝，与伪号之为满洲国、为满洲帝国，其于傀儡戏剧一也”。坚决表示“日本能强占我土地，不能屈服我东北三千万民众的心，一息尚存，誓必奋斗到底”。[4]

长城内外、大江南北的各阶层人民，对于溥仪“登极”无不义愤填膺、一致声讨，广东和西南各省最先发出通电。3 月 2 日，国民党政府立法院在南京开会，

1《新京日日新闻》，1934 年 2、3 月间报道过大量实例。

2《国闻周报》第 11 卷第 1 期。

3《申报月刊》第 3 卷第 4 号，第 129 页。

4《国闻周报》第 11 卷第 1 期。

经过紧张讨论，决定向“中政会”提出四项建议：由政府发表宣言通告世界各国，重申不承认伪组织的意义，希望友邦予以同情并一致否认；由国府发布命令，让军委会出兵讨伐溥仪及其伪组织；为防范替伪组织效劳的汉奸活动，制定有关办法交军政机关执行；1924年推翻清室之举乃全国人民公意，应由政府发布文告，申述大义，昭告国民。[1]

在全国人民一致申讨的形势下，时任国民政府行政院院长兼外交部部长的汪精卫，也在溥仪“登极”的当天发表讲话，指说“溥仪诸人始终为他人操纵之傀儡，并无独立之人格”，还振振有词地加以申明：“我国对于傀儡国之态度始终如一，决不因傀儡之形式而稍有变更。同时，欧美各国之不承认伪组织，亦已成为国际道德之铁律，亦绝不至因傀儡称帝而前后参差。”[2]曾几何时，这位大名鼎鼎的汪院长也走上了溥仪走过的道路。

1934年3月11日，国民政府针对溥仪“登极”一事发出通告，历数“九一八”事变以来政府在外交和军事方面的对策，其后乃以轻蔑的口吻继续说道：“伪组织改称帝制，群情愤激，环请声讨，唯政府始终认定，此等傀儡初无独立人格，不成为讨伐之对象，而迹其卖国行为，自应以危害民国同科。”[3]然而，当时国民政府把主要精力用来对付共产党，基本国策尚未转到抗日的轨道上来，还不可能接受立法委员们的建议，调兵出关驱逐日寇讨伐伪政权，仅在《通告》之尾发出号召：“凡我国人应引匹夫有责之义，懔精诚团结之旨，以卧心尝胆之精神，做生聚教训之准备。”[4]

从国际上看，为这次溥仪“登极”唱赞歌的只有日本一家。英、美、法等国家没有一个出来捧场的。英国《每日电讯报》曾在溥仪“登极”当天评论其事，“称‘满洲国’之命运仍在东京当局掌握中，其久远之政策纯系按照日本之利益形成，溥仪改制并无国际意义。所谓‘天命’云云，系为对内作用，具有真正之力量者乃日本之意愿云”。[5]

在德国，希特勒已经上台，实际是日本的西方盟国。然而，他也不敢冒天下之大不韪，公开祝贺溥仪“登极”，正像德国《科伦日报》所透露的，德国政府本来很愿意承认“日本在满洲之权威”，但当看到“世界各国政府派代表参加僭

1《国闻周报》第11卷第1期。
2《国闻周报》第11卷第9期。
3《申报月刊》第3卷第4号，第129页。
4《申报月刊》第3卷第4号，第129页。
5《国闻周报》第11卷第9期。

位典礼者仅一日本而已，至其余各国对于满洲国事变仍表示极端保留态度”后，就把嘴巴闭上了。[1] 可见，溥仪的第三次“登极”在世界上也是不得人心的。

“统监”与“巡幸”种种

据《辞海》与《百科大词典》的解释：“巡狩”同巡守，古时皇帝五年一巡狩，视察诸侯所守的地方。《孟子·梁惠王下》：“天子适诸侯曰巡狩。巡狩者，巡所守也。”“行幸”，皇帝出行曰“行幸”。“临幸”，古代皇帝车驾所至为幸，因此称皇帝亲临为“临幸”。“巡幸”，是指“古时皇帝巡行各地”。“巡”指往来视察之意。“幸”指帝王驾临。由此可见，“巡狩”“行幸”“临幸”“巡幸”等是对古代帝王巡视、视察某地的称谓。

然而，上述称谓对溥仪来说却不能算恰如其分，因为溥仪作为伪满洲国的傀儡皇帝，一切活动都由伪满洲国的太上皇日本关东军操纵，所谓“统监”“巡狩”“行幸”“临幸”“巡幸”等活动，不过是关东军利用溥仪——“满洲国皇帝”这块招牌，极力宣扬“日满一德一心”，“共存共荣”，共同建设“满洲新国家”统治政策，蒙骗东北人民，强化中国东北殖民统治的一种手段而已。

关东军很清楚要想控制溥仪，让他心甘情愿做傀儡皇帝，不但要控制和操纵他的思想，而且还要给溥仪一些所谓皇帝的“权力”和“地位”，以此来满足他的虚荣心。他们通过“御临幸”和“巡狩”的方式来满足溥仪作为伪满洲国皇帝所体现出来的至高无上的“权力”。关东军每年都要安排溥仪到外地去一两次，称之为“巡狩”。在“新京”（长春），每年要去参加四次例行仪式，一次是去“忠灵塔”祭祀死于侵略战争中的日军亡魂，一次是到“建国忠灵庙”祭祀伪满军亡魂，一次是到关东军司令部祝日皇寿辰“天长节”，一次是到“协和会”参加年会。这样的外出都称为“御临幸”。单说这排场就足以让溥仪享受到做皇帝的“权威”，从而陶醉其中了。

溥仪作为伪满洲国的“皇帝”但凡出行即可称为“行幸”；凡是乘坐“卤薄”车到某一个地方就是“临幸”某地；溥仪亲自到某地视察便要称作“巡幸”某地；至于溥仪亲自到伪满各省地方视察便称为“巡狩”。1934 年溥仪“登极”后每

1《国闻周报》第 11 卷第 9 期。

年都有“巡幸”活动，十年之间几乎把东北走遍了。当然是算不上“体恤黎民”的，与祖宗康熙、乾隆视察地方也不能比拟，无非摆摆样子，为日本侵略者装点门面而已。

其实，伪满时期对溥仪视察的称谓并非如此严格与分明，除“巡狩”、“巡幸”外，还经常将溥仪的一些视察活动称作“行幸”“临幸”；即便对溥仪同一次活动的称谓，不同的伪满档案或刊物也是不同的说辞。例如，对溥仪到吉林参拜小白山、视察省情的活动，《宫廷汇报》中的原始记载为“行幸”，而“满洲国画报”上则称为“巡狩”。

溥仪自1932年4月3日从原长春道尹衙门“执政府”搬入伪满皇宫，特别是充当伪满洲国傀儡皇帝的11年5个月17天中，曾经多次出宫拜访关东军司令官、在伪满洲国国内各地视察和参加各种活动，据初步统计达一百一十次之多。溥仪虽为伪满洲国的傀儡皇帝，但皇帝的架子还是要摆的，因此，出门活动依然沿用历代皇帝的说辞。伪满时期的各种报刊档案，对溥仪出宫的称谓也是五花八门，没有统一的用词。仅以吉林省档案馆根据伪满洲国宫内府汇编的“宫廷汇报”而编录的《溥仪宫廷活动录》中的原始记载为例，称溥仪外出为“巡狩”六次、“行幸”十二次、“临幸”六十七次，还有“巡幸”“亲临”“上幸”“亲览”“躬亲”“临奉”“临席”等称谓，不一而足。

伪满十几年间，溥仪只有两种出“宫”的机会：一种是赴外省市视察，叫“巡幸”，伪满最初两年不曾有过；另一种是在长春市内活动，如定期前往孔庙祭孔、前往“建国忠灵庙”祭祀日本侵略军的“亡灵”、出席“协和会”或其他会议的开幕式等，叫“御临幸”，这类活动从溥仪当上“执政”起，每年都有若干回。无论“巡幸”或“御临幸”，都由日本关东军宪兵司令

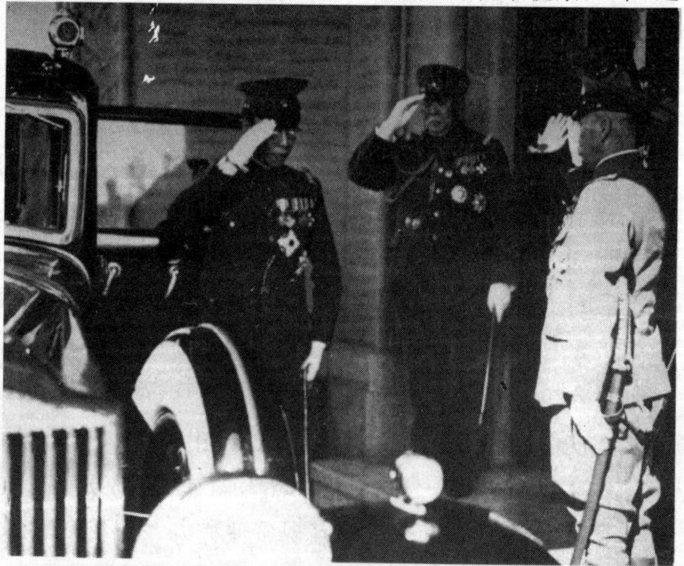

溥仪到日本关东军司令部会晤关东军司令官兼首任“驻满大使”武藤信义

部精心安排。

下面仅举几例，便可见一斑。

统监伪满陆军特别大演习。1934年10月，伪满举行了陆军特别大演习，溥仪以“皇帝”身份亲自统监了这次为时三天的演习。演习开始的前几天，伪满宫内府发表的关于“皇帝行幸”的《布告》中对溥仪在统监演习中的行止，作了以下精确的规定：“皇帝陛下统监陆军特别演习三日：13日行幸大屯，午前8时10分启跸，正午12时15分回銮；14日行幸南岭，午前8时20分启跸，午后2时回銮；15日行幸观兵场，午前8时40分启跸，10时5分回銮。”

参加这次演习的伪军主要是吉林部队、“新京”部队和奉天部队共约一万人。

演习的头一天正赶上蒙蒙小雨，戴着眼镜的溥仪虽然感到很不方便，却也不能变更计划了。关东军司令官菱刈隆亲自把溥仪的卤簿车队送上通往大屯的公路。

在大屯阜丰山顶搭起了临时的野立所展望台，站在台上的溥仪也很有精神：身穿军装，足蹬马靴，腰间挂着日本军刀。

首先由统监部幕僚长张景惠和伪军政部最高顾问板垣征四郎介绍战斗演习的情况。

1935年10月7日伪满陆军举行特别大演习，溥仪颁发“敕语”

这天演习的高潮是红、蓝两军在午前11时为夺取大屯阜丰山而发生了假想的遭遇战。红军的任务是“占领新京”，他们在12日晚上被运到陶家屯附近宿营，再由那里北上；蓝军的任务是“占领公主岭”，他们从下九台一带南下，到12日晚上，骑兵在孟家屯附近宿营，主力部队在长春西南的十里堡、后兴隆沟、义和屯和黄瓜沟一带宿营，然后由此向南进军。

预想的遭遇战打响后，红军骑兵部队迅速占领了阜丰山。行动稍慢的蓝军开始攻山，红军奋力抵抗，大炮和机关枪的响声连成一片，两军对峙了约半小时，蓝军退却了。

溥仪似乎挺有兴致，又找来几个下级官兵以示关怀，他们是属于红军的第三教导队中尉胁本彰、步兵第三团少士岳志信和上等兵史义和，溥仪看看他们的兵器和背包中的食品，问了几句话，竟把这几个人弄得惶恐不安，不知该怎样回答“皇帝御下问”了。

演习的第二天，溥仪在南岭统监所观看红、蓝两军的“决战”。只见红军全力进攻，蓝军也不时地发出攻击，一攻一防，正厮杀得难解难分，指挥者却故意在这时传下休战的号令。

溥仪按照预定项目，来到伪骑兵第一旅兵营内的统监部，在营庭讲评所听取募行长的讲评后，也发表一篇“敕语”，无非是嘉奖、勉励一番。野战演习就此结束了。

第三天在新京的“大同大街”（今长春人民大街）上举行特别演习观兵式，溥仪的“御座”就设在“新京神社”的对面，看来这“观兵式”首先是演给那些侵略战争中“屈死”的亡魂的。演习中的“诸兵指挥官”王静修向溥仪报告说，观兵式即将开始，请溥仪和在座的关东军司令官菱刈隆、参谋长西尾阅兵。接着，伪满靖安军、教导队和骑兵等，诸兵种共五千余人，按次序分列整队，踏着军乐的旋律，在被污浊了的大街上耍尽了威风。

这次陆军特别大演习的最后一个节目是“赐宴”。赐宴场就设在西公园（今胜利公园）的“忠魂碑”前面，演习统监部的全体募行、参加演习的将校和在长春的“日系”和“满系”高级官员共五百人得到“赐宴”的“殊荣”。中午11时40分溥仪亲临“赐宴”场，奏了一曲“国歌”，举了一次酒杯，前后不过十分钟，他便扬长而去了。当然，他是不会在如此场合与受赐的臣僚们同桌共饮的。

这次陆军特别大演习结束了。据说，后来还有一段插曲：大屯的娘娘庙里有个好事的和尚，他向伪满县政府倡仪说，皇帝在我们这儿观看了演习，这是很大的荣耀哇，应该以皇帝瞭望过的大屯野立所为中心，向四外扩展三百坪，树立一个纪念碑。在当时提出这样的建议当然是没有人敢反对的。不过，人民的仇恨太深，伪满一垮台就把它砸得稀巴烂，并给彻底铲除了。以至于今天想到那里寻寻踪迹也根本办不到了。

“御临幸”“协和会”。有一次，溥仪“御临幸”“协和会”某年度的年会，特命亲信随侍李国雄率领几名护军随行保卫。会场设在一个大院里，临时搭起很高的大棚，溥仪的卤簿（汽车仪仗）一直开进棚中主席台前，下车即登台进入后面的贵宾室。李国雄等随行护军则守候在棚外大门口处。待了不大功夫，忽听棚内“砰”的一响，显然是爆炸的声音。护军们不由分说拔出腰间短枪，三步并作两步闯进大棚中，直奔主席台。就在这时只见一人被好几个人架着往外走，这人一手捂住眼睛，另一只手拿着崩坏的闪光灯。一直跟在溥仪身边的警卫处处长佟济煦，知道护军们急了，赶紧过来告诉说：“没事！没事！”他又用手指被架出去的那个人说：“这位摄影记者把镁粉装多了，闪光时爆炸，伤了自己的眼睛。”啊，原是一场虚惊！回宫以后李国雄曾向溥仪询问事情经过，他说也听见“砰”的一声，当时吓蒙了，别的什么都没看见。溥仪那时也是可怜人，出门即有杀身之虞，不得不严加防范。

溥仪在“御临幸”活动中使用的卤簿，也由日本关东军一手包揽，让这位“笼中天子”坐在一辆红色汽车里，两侧有四辆配色摩托护卫。可是溥仪不放心，希望能有自己亲信的人混在卤簿行列中，行进期间时时跟在他的身边，或许能壮壮胆吧？遂故意当着日本顾问官的面问亲信随侍李国雄道：“你不也有一辆摩托吗？”伪满建国之初，溥仪买了四辆摩托，其中一辆交给李国雄使用，这事他当然知道。

“是呀！奴才有一辆。”

“那你也骑摩托跟着吧！”

对日本人说来，这或许是个难题，但又说不出反对的理由。当然，从形式看也有点儿妨碍观瞻，李国雄骑的摩托很普通，和那四辆护卫摩托跑在一起颜色不协调，显得不伦不类。然而，日本顾问官并没有提出这类问题，却让卤簿管车人向李国雄问道：

“行车时你若在队列内乱闯乱碰怎么办？”

“怎么会呢？还不至于吧！”

李国雄一边回答一边发动摩托表演了一回，他一会儿全速前进，一会儿又开得很慢，一会儿向左偏，一会儿又向右偏，简直就像耍杂技似的。慢开时能查出辐条有多少根，管车人万没想到溥仪的一名身边奴才竟有如此高超的开车技术，也没有理由阻止他跟随卤簿车队了。

“你能跟随万岁爷外出太好了！要时时当心，如果发现坏人，就开足马力撞他！”颇了解内情的警卫处处长佟济煦对李国雄说。

“那当然了！”李国雄也很明白：溥仪“御临幸”时一定要把他带在身边，既是为了防范“反满抗日”的“强人”，也是为了对付居心叵测的日本关东军。

“巡狩”吉林。吉林市是旗人集居之地，溥仪每到这里都会受到遗老遗少们狂热的欢迎，他们称呼溥仪为“我们的皇帝”，并向他奉献厚礼。据载，溥仪这次“巡狩”吉林得到的进贡有：豹皮、虎皮、梅花鹿和鹿茸、仙鹤、老山参等。

溥仪是在1934年10月24日早晨出宫的。11时许，一阵殷殷的“皇礼炮”刚刚响过，便从吉林车站站台上停着的专列中走下一位身穿陆军通常礼服的高贵的青年人，他踏着纷扬的初雪步出站台。十几分钟以后，载着这位“皇上”的车队驶抵伪满省公署。

这座公署大楼便是著名的吉林行宫。最早为康熙年间的吉林将军昂帮章所建，康熙二十一年清圣祖巡视关东，曾亲为命名“将军府”。至乾隆十八年由当时的吉林将军单奈重修。其后，乾隆皇帝两度东巡，均以此处为行宫。这之后，行宫在乾隆三十年和光绪十六年两次被焚，又两次重建。

溥仪到达“行宫”，下车伊始便派遣一名“敕使”前往“国立”病院和日本军卫戍病院慰问伤员，这是做给日本人的面子——例行公事。然后，听取伪满吉林省长熙洽“报告省状”，伪满总理大臣郑孝胥和伪满参议府议长臧式毅在座；听取伪满军区司令官吉兴“奏闻军状”，伪满总理大臣郑孝胥、伪满军政部大臣张景惠和伪满军政部最高顾问板垣征四郎在座。接着，对吉林地方有资格的各方人士分别给予单独谒见或列立谒见的机会。不过，这一切只能证明溥仪是地道的“礼仪元首”、傀儡皇帝。

午餐后，溥仪在夹道学生的“奉迎”中前往在吉林市西南、离城八华里远的小白山。这座山，满语称之为温德赫斯山，方圆五华里，高三百丈。雍正十一年，由盛京工部局主持，在该山东北峰修建一座庙宇，有五轩大伽蓝，每年春秋两季举行祭礼。民国以来已经废弛了多年，溥仪这次来，就是要以“康德皇帝”的身份，遥拜祖宗的发祥之地——长白山，以恢复这里的清朝祭礼。

车到小白山脚下，溥仪徒步登山进入庙宇，遥向远方的灵峰长白山行三跪九叩大礼，之后出庙远眺，这就称是望祭之仪了，照片上身着戎装的溥仪对列祖列宗表现出无比的虔诚。

望祭之后，溥仪便结束了他的吉林“巡狩”，启跸还宫了。

“建国慰灵大祭”。1935年3月8日上午10时半，伪满政府在长春大同公园（今儿童公园）设祭场，由伪满总理大臣郑孝胥主祭，受祭者为日本军队和伪军中阵亡将士共六千五百四十人。为此，还专门在头一天举行了“建国慰灵大祭”的招魂仪，似乎扬手之间亡灵真能飘然而至。

伪满政府的参议、大臣，伪总务厅厅长远藤，次长阪谷，关东军的司令官南次郎、参谋长板垣，“驻满”海军部司令官津田、关东局总长长冈等头面人物都到场了。

日本天皇“下赐”的花圈和各方面所赐的花圈和贡品摆到左祭坛之前。10时30分整，鸣炮开祭，郑孝胥向祭坛上的灵牌施礼后致祭辞。十分钟以后，溥仪带着一大帮人前呼后拥地来了，他亲临祭场、进香、奠爵、朗读了一篇祭文，又向灵牌拜了几拜，前后用了五分钟时间，10时45分溥仪便“打道”还宫了。

接着是南次郎致祭，郑孝胥致祭，遗族代表以及官方、军方、警察、学生等各方代表参拜，一直折腾到下午4时才散。

当天，溥仪收到日本天皇的宸电，对溥仪亲临慰灵祭“不胜感铭”。溥仪当然马上答电，对于天皇的“亲电”“不胜感谢之至”。

“巡狩”农村。1935年7月13日，由伪宫内府大臣熙洽签署了第六号布告，内称：“本月十六日，皇帝陛下行幸双阳县下，巡视农村，即日回銮，遵旨布告。”

这次“巡狩”农村也是有背景的：由于日本殖民主义者推行“经济统制”政策，残酷无情地盘剥农民，农村经济已经濒临崩溃的边缘。为了缓和矛盾、安定民心，溥仪受命于他的主子，于7月14日宣布“赐下内帑三万元”，购买粮食三万一千四百五十六石，分配给“灾情最重”的奉天等九省五十三县。7月16日，溥仪还亲赴双阳县任家岭巡视农村。

那天，溥仪穿陆军军服，乘坐一溜由七辆胭脂色汽车组成的车队，沿“京吉国道”先到张家屯，那里长出一片似乎像样的庄稼，溥仪看了一块高粱地，又看了一块谷子地，表示“满意”。然后听取伪满吉林省省长李铭书报告吉林农村情况，听取伪满国道局局长直木伦太郎报告“国道”建设情况。这都是走过场的官样文章，几分钟便过去了。

离开张家屯便到了胡家桥，溥仪走进该村村长陈仲发的家，接受当地农民代表的谒见。

最后，溥仪又登上石碑岭，远眺长春市区，并由伪国都建设局局长郑禹报告建设情况。

溥仪还顺路察看了柳城边城遗址，当日中午“还宫”。

首次访日

其实，这件事早在溥仪“登极”以前就已经确定了。日本需要这次访问，是因为要利用溥仪这个政治上的行尸走肉，巩固它对东北人民的殖民统治，并为扩大对华北和全中国的侵略制造精神和物质的条件。

伪满公开宣传说，溥仪这次访日的目的，一是对日本天皇派遣其弟雍仁亲王前来伪满洲国祝贺登基大典的答谢；二是向为伪满洲国实施帝制给予支持援助的日本皇室及日本国民表示谢意；三是通过这次访日加强“日满亲善”，向日本天皇表示效忠。

出访之前溥仪曾命某遗老占卜问天，结果得了凶兆。可是，当溥仪表示要中止这次访日时，关东军司令官南次郎和伪国务总理大臣郑孝胥都来“劝驾”，他们无论如何也不同意溥仪取消访日，因此终于成行了。

1935 年 4 月 2 日，溥仪带领随行人员一百多人，浩浩荡荡由长春乘火车至大连，并于当晚登上专程前来迎接的日本军舰“比睿”号，在飞机和舰队的护航下，横渡日本海，直抵东京附近的横滨，开始了第一次日本之行。

日本为了笼络这位汉奸儿皇帝，也颇为隆重地接待了溥仪。4 月 6 日，溥仪在横滨登陆时，军乐大作，鸣礼炮二十一响，雍仁亲王恭候于横滨码头迎接溥仪。溥仪在雍仁亲王陪同下检阅了日本海军陆战队，随即乘上去东京的专列。11 时 30 分，到达东京车站，溥仪受到裕仁天皇以及王公贵族、全体内阁大臣的隆重迎接。溥仪被安排住在赤坂离宫，这是昭和天皇当皇太子时居住的宫室，建筑极为华丽宽敞。

溥仪在日本期间，在东京待了九天，又先后访问了京都、奈良和大阪等地，除了应酬就是游览观光，对于一个地位尊贵而又没有实权的人，自然只有礼仪方面的作用。

在东京期间，裕仁天皇设宴招待溥仪，日本许多元老重臣先后前来拜见。裕仁天皇的母亲还特别打破常规，在后宫宴请了溥仪，这让溥仪感激涕零。溥仪在裕仁的陪同下，参观了在代代木练兵场举行的盛大阅兵式。溥仪还参拜了明治神宫、靖国神社，慰问了日本陆军医院里那些在侵华战争中负伤的官兵。

4 月 15 日，溥仪结束对东京的访问前往京都，雍仁亲王代表裕仁天皇到车站送行。这一切致使溥仪受宠若惊，他在致谢辞中表示：“我对这次日本皇室的隆重接待和日本国民的热诚欢迎，实是感激已极。我现在下定决心，一定要尽我的全力，为日满的永久亲善而努力。我对这件事，是抱有确实信心的。”日本帝

1935 年 4 月 24 日，“比睿”号舰驶抵严岛，溥仪上岸参拜严岛神社，然后返舰，结束访日

国主义对溥仪的表现和决心也颇为满意，称赞溥仪：“皇帝陛下这次到日本来，对于日满亲善，是有重大贡献的。我国天皇陛下对此感到非常满意。务请皇帝陛下抱定日满亲善一定能做到的确实信念而回国，这是我的希望。”

溥仪离开东京，又先后访问了京都、奈良、大阪和神户等地。4 月 23 日，溥仪结束在日本最后一站——神户武库离宫的游览，仍乘“比睿”号军舰返航。就在他将要“启驾”之际，伪满国务院总务厅厅长远藤柳作来到溥仪面前十分谦恭地说：“卑职拙见，圣上回国后应发表一篇诏书，不啻感谢日本帝国的援助，也把这种精神昭告于满洲人民。”溥仪知道，东京又在牵动傀儡戏的机关了。果然，溥仪于 4 月 27 日回到长春后，郑孝胥已把拟就的“诏书”初稿进呈上来。溥仪照例挥笔画“可”，这时，帝室御用挂吉冈安直凑到眼前，把一双老鼠眼眯成缝缝，慢声慢气地说：“圣上莫急！在这‘诏书’里面，应该添上‘依存不谕’和‘与日本天皇精神如一体’以及‘一德一心’等字样。”并说，由皇帝亲笔增改，诏书的价值更高。溥仪当然也知道必须照办，也不假思索地挥笔标上三个新词儿。郑孝胥老成些，觉得“依存”二字不像中国话，建议改成“依赖”。所谓的《回銮训民诏书》就这样出笼了。

4月23日，溥仪由神户登上“比睿”号军舰启程回国。临出发时，溥仪请日本方面担任接待任务的官员代他向日本天皇和皇后致谢。26日晚9时30分，溥仪一行到达大连。次日，换乘火车于当晚5时30分回到“新京”。

溥仪此次访日，日本皇室和政府始终是按接待“外国元首”的最高礼节迎送溥仪的。溥仪的自尊心得到极大满足，尤其是日本皇室的款待，更是出乎意料，令他大为感动。

溥仪在这次访问途中即兴作诗两首，“海平似镜，万里远航。两邦携手，永固东方。”“万里雄航破飞涛，碧苍一色天地交。此行岂仅览山水，两国申盟日月昭。”充分表露了溥仪投靠日本、甘当傀儡的内心。

果然，溥仪没有辜负日本人的一番苦心，在其虚荣心得到极大满足的同时，更加死心塌地、心甘情愿地当汉奸，尽心竭力为日本统治东北服务。回到长春，溥仪招集日系、满系官员，大发访日感受，“为了满日亲善，我确信，如果日本人有不利于满洲国者，就是不忠于日本天皇陛下，如果满洲人有不利于日本者，就是不忠于满洲国皇帝；如果有不忠于满洲国皇帝的，就是不忠于日本天皇，有不忠于日本天皇的，就是不忠于满洲国皇帝。……”

5月2日，溥仪发布了所谓《回銮训民诏书》，对满洲“建国”以来，日本给予的支持援助表示感谢，并宣誓“满日一德一心，密不可分”。《回銮训民诏书》称，“朕自登极以来，亟思躬访日本皇室，修睦联欢，以伸积慕。今次东渡，宿愿克遂。日本皇室，恳切相待，备极优隆，其臣民热诚迎送，亦无不殚竭礼敬，衷怀铭刻，殊不能忘。深维我国建立，以逮今兹，皆赖友邦以仗义尽力，以奠丕基。兹幸亲致诚悃，复加意观察，知其政本所立在乎仁爱，教本所重在

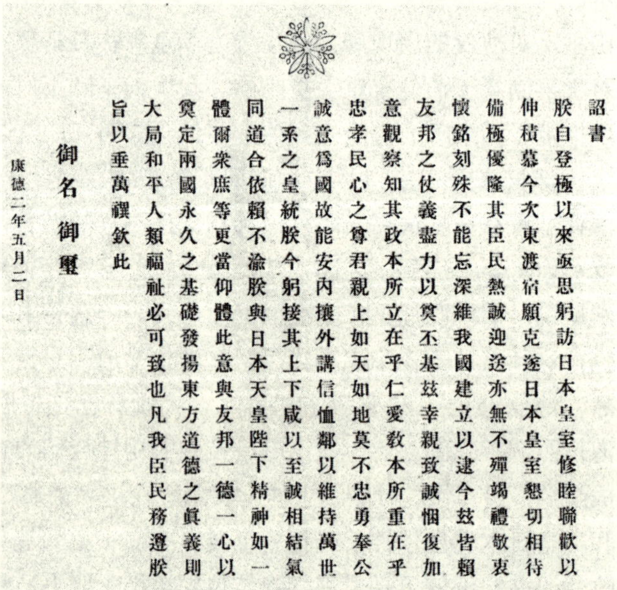
詔書
朕自登極以來亟思躬訪日本皇室修睦聯歡以
伸積慕今次東渡宿願克遂日本皇室懇切相待
備極優隆其臣民熱誠迎送亦無不殫竭禮敬衷
懷銘刻殊不能忘深維我國建立以逮今茲皆賴
友邦之仗義盡力以奠丕基茲幸親致誠悃復加
意觀察知其政本所立在乎仁愛教本所重在乎
忠孝民心之尊君親上如天如地莫不忠勇奉公
誠意爲國故能安內攘外講信恤鄰以維持萬世
一系之皇統朕今躬接其上下咸以至誠相結氣
同道合依賴不渝朕與日本天皇陛下精神如一
體爾衆庶等更當仰體此意與友邦一德一心以
奠定兩國永久之基礎發揚東方道德之眞義則
大局和平人類福祉必可致也凡我臣民務遵朕
旨以垂萬禩欽此
御名御璽
康德二年五月二日

《回銮训民诏书》

乎忠孝，民心之尊君亲上，如天如地，无不忠勇奉公，诚意为国，故能安内攘外，讲信恤邻，以维持万世一系之皇统。朕今躬接其上下，咸以自诚相结，气同道合，依赖不渝。朕与日本天皇陛下精神如一体，尔众庶等更当仰体此意，与友邦一德一心，以奠定两国永久之基础，发扬东方道德之真义，则大局和平，人类福祉，必可致也。凡我臣民，务遵朕旨，以垂万禩。”它于5月2日颁发后，伪满政府强令人民背诵，又不知坑害了多少无辜的良民百姓。

后来，溥仪在抚顺改造期间回忆这段历史时，用这样一段话揭露了这次访日的实质和目的：“不问可知，还不是日本帝国主义积极地要利用我这汉奸头子当时的地位，好使我这个傀儡更能发挥出偶像的作用来，借以转移一下东北人民对于日寇的疑虑和憎恨的眼光，同时还可以更进一步地把这个既是傀儡又被偶像化了的我，用来麻痹人心，让他们暂时在‘日满一家’和‘一心同德’的骗人烟幕下，迷失民族应走的方向。这样便可以逐步把日伪的罪恶统治基础巩固下来，等到相当巩固以后，日本便可以放心大胆地摘下伪善的假面具，露出侵略者本来的凶狠面貌，来做他那‘鲸吞虎噬’的如意打算。”

关东军司令官主宰一切

关东军是日本派驻我国东北执行侵略任务的殖民军队。驻扎在中国东北各地的日本关东军，是维护日本殖民统治的武力后盾。在东北沦陷的十四年间，关东军是侵略中国，镇压东北人民，实行法西斯统治的主要工具。

自从1898年以来，俄国一直以租借地的形式占据着辽东半岛（大连和旅顺，以及半岛的西南端），并且取名“关东州”。1904年，日本出兵入侵中国东北挑起了日俄战争。经过一年多厮杀，日本获胜。1905年，依据日俄签订的《朴茨茅斯条约》，日本从沙皇俄国手里夺过了辽东半岛的租借权，在辽东半岛设立了“关东总督府”，并借口以保护侨民和南满铁路的权益为名义，专门成立了所谓的“满铁”守备队，另外还留驻东北一个师团，主要驻扎在长春到旅大、沈阳至安东的南满铁路沿线，总兵力一万四千余人，归属关东总督指挥，且两年更换一次驻守部队。这支部队就是日本关东军的前身。1906年8月，日本又将“关东总督府”移往旅顺口，改称“关东都督府”。1919年4月12日，日本撤销了“关东都督府”，设立 “关东厅”，缩小其权限，并在关东都督府陆军部的基础上在旅顺组建了关东军司令部，统帅驻扎在中国东北的日军各部，突出其在侵华活动中的地位和作用，独立性大大增强，并为“武力解决满蒙问题”作了准备。虽然关东厅和关东军司令部的成立使在“满洲”的日本驻军看上去更合法化，但实际上当时关东军的任务充其量也只是防卫“关东州”和保护南满铁路。此后随着日本政府向东北的侵略扩张，关东军成为了侵略东北的主力部队，关东军司令部则成为镇压与屠杀东北人民的总指挥部，其司令官是伪满这块殖民地的最高统治者。

1931年9月18日，日本悍然发动了“九一八”事变，关东军借机从南满铁路附属地冲出，用一万五千人、四十门大炮，一举占领了沈阳市，并于第二天就把关东军司令部从旅顺口移到了沈阳。1932年3月1日，伪满洲国宣告成立。为了加强对伪满洲国的控制，日本侵略者力谋改变关东厅、关东军、日本领事馆、满铁“四头政治”的分立局面，实现以关东军为中心，对东北殖民统治的一元化。1932年8月8日，日本内阁发布命令，由关东军司令官兼任驻伪满洲国的全权大使和关东厅长官。1932年10月30日，关东军司令部又从沈阳迁往“新京”。由此日本关东军司令官成为集日本关东州长官、日本驻伪满洲国全权大使、日本关东军司令官三位一体的极权人物。

伪满洲国务院，名义上是中央中枢机关，但自伪满洲国成立伊始，即在伪满国务院下设总务厅，各部设总务司，厅长和司长都清一色地由日本人担任。其职权范围是其他部局无法比拟的，实际上它们分别控制着国务院及所辖部的行政大权。1937年行政机构改革时，“在军部掌握下推行总务厅中心主义，强化总务厅的人事统治权”，并将总务厅厅长改称总务长官。

伪满国务院官制规定，总务厅是伪满国务总理的幕僚机关。主要处理伪满国务总理主宰的“部内的机密人事，主计及需要的有关事项”。总务厅长官辅佐伪满总理大臣，但实际上总务厅完全控制国务院，是国务院的核心，总务厅长官控制伪满国务总理大臣。驹井德三、阪谷希一（代理）、远藤柳作、长冈隆一郎、大达茂雄、星野直树、武部六藏等先后出任总务厅长官。

伪满洲国颁布的法令、政策必须经过总务长官在每星期二主持召开的“火曜会”（1937年以后正式定名为次长会议）上裁决后，才能拿到伪满国务会议上无条件通过。“火曜会”是以总务长官为议长，以总务厅次长、各部次长、警务总局长、兴安局参事官、总务厅八大机构的局处长为议员的具有绝对权威的国务会议。日本关东军第四课课长（一般由关东军参谋兼任）出席并监督会议进行。拟定的议案要绝对贯彻日本侵略者的意图。

伪满国务总理大臣张景惠所派的用场是主持召开“国务会议”，参加者为伪满总务长官和各部汉奸大臣。但实际上是在日籍总务厅长官的监督下，通过“火曜会”所制定议案。由于所有提到这个“国务会议”上的议案，都事先经过总务厅长官批准，关东军司令官认可的，一经在“火曜会”上确认，就绝不能再作更动。伪满政府的一切重大决策皆出自于此。由总理大臣主持国务会议对“火曜会”提交的议案、决策，几乎全都是原封不动地举手通过。因此说，总务长官成了伪满国务院实际上的国务总理。

由伪满国务会议通过、伪满参议府“裁定”的议案，送交“皇帝”作出最后的裁可。溥仪的堂侄毓嶦曾回忆：“溥仪办公非常随便，如每日例行裁可之文件，从未细加浏览。偶一有之也是好奇，对日本人的姓名多看几眼。我深感不知有多少条中国人的性命断送在日本帝国主义的铁蹄之下，又有多少条中国人的性命死亡在溥仪所谓形式上的裁可之中，能不痛心乎？溥仪是一个真正的哑巴傀儡，从来没有听说他对哪个文件驳回了或是询问了。溥仪就是这样用毛笔在每一份文件上写个‘可’，从未写过一次‘不可’。”张景惠批阅文件和溥仪一律写“可”的方法同出一辙。他因文化不高，对文件内容懒得看，反正都是日本人决定的事，看与不看一个样，盖个戳就算完事。因此，日本人非常赏识他。

从表面上看，日本人所规定的“皇帝”“总理”权力是冠冕堂皇的。但实际掌握统治大权的不是溥仪，而是他的“太上皇”——日本侵略者在我国东北的总代表关东军司令官。

历任关东军司令官一览表

任届姓名	就任时间
第一任 笠花小一郎	1919.4.12
第二任 河合操	1921.1.6
第三任 尾野实信	1922.5.11
第四任 白川义则	1923.10.10
第五任 武藤信义	1926.7.28
第六任 村冈长太郎	1927.8.26
第七任 英太郎	1929.7.1
第八任 菱刈隆	1930.6.3
第九任 本庄繁	1931.8.1
第十任 武藤信义	1932.8.8

第十一任 菱刈隆 1933.7.28
第十二任 南次郎 1934.12.10
第十三任 植田谦吉 1936.3.28
第十四任 梅津美治郎 1939.9.7
第十五任 山田乙三 1944.7.11

下面主要介绍一下“九一八”事变之后任职的关东军司令官。

本庄繁，1904年毕业于日本陆军大学后，长期以日本驻华使馆武官的身份为掩护搜集情况，成为“中国通”。1921年任张作霖的顾问，对奉军的情况摸得一清二楚。1931年8月1日被任命关东军司令官后，策划并迅速发动了“九一八”事变，以武力侵占中国东北。并策动汉奸独立，炮制伪满洲国，还利用溥仪签订卖国的“日满密约”，1932年8月，本庄繁调回日本军部升任大将。

武藤信义，1932年8月，出任关东军司令官兼驻满特命全权大使和关东厅长官。到任后不久，即与伪满洲国签订了《日满议定书》，确定了日本在中国东北的一切权利，进一步巩固和加强了日“满”一体关系。1933年7月死于任内。

菱刈隆，1933年7月继任关东军司令官兼驻伪满全权大使及关东厅长官。其到任后，为适应殖民统治的需要，将“满洲国”改称“满洲帝国”，让溥仪做了“皇帝”。还重新调整了伪满省辖区域和军管区，对东北的抗日武装力量采取了更加残酷的围剿，1934年12月调任日本军事参议员。

南次郎，1934年12月出任关东军司令官兼驻伪满全权大使。他上任后，立即向日本政府和军部呈上《关于对满政策和意见》，反复强调日本人对伪满的领导地位，并实行“一元化”管理，进一步加强了殖民统治。对抗日武装力量，进行了大规模的讨伐，使东北的武装抗日活动受到重挫。1936年3月，调任日本军部参谋长。

植田谦吉，1936年3月被选任为关东军司令官兼驻伪满全权大使。1937年对伪满行政机构进行了一系列的改组和调整，进一步加强了在关东军司令官直接掌握下总务厅中心主义的体制，并开始了更大规模的经济掠夺和更加残酷的法西斯殖民统治。其在任期间先后挑起了“张鼓峰事件”和“诺门坎事件”，但均被苏联红军击败，这个败军之将于1939年9月回国。

梅津美治郎，1939年9月出任关东军司令官兼驻伪满全权大使。到任后，便唆使溥仪去日本迎来“天照大神”并立为“国教”。强化了协和会和伪满政府的“二位一体”制，增设满洲731部队，被提升为关东军总司令官，太平洋战争爆发后，更加疯狂地对东北人民进行掠夺和搜刮，为适应战时体制，又将伪满政府机构改设为“八大部”。1944 年 7 月被调回日本国内任参谋长。

山田乙三，1944 年 7 月接任关东军总司令官兼驻伪满全权大使，他经历了伪满洲国覆灭和日本无条件投降。为了挽救败局，他命令部队疯狂使用细菌武器，大规模发动细菌战争。苏联红军对日宣战后，匆忙中挟持溥仪逃往通化大栗子。1945 年 8 月，被苏联红军俘获。

关东军操纵、控制溥仪，主要是采取所谓“内部指导”的办法。内部指导自然就是表面上尽量使之保持“君”的姿态，暗地里是由关东军把持和操纵一切。

此外，日本关东军还采取了特别措施，在溥仪的身边安插了关东军的一名代表。伪满洲国成立之初，把溥仪和关东军间的联络托付于侍从武官石丸志都磨。因为此君太跛踦，闹得双方反多隔阂，于是要另选一人使通声气，最后着落在吉冈安直身上，给他一个名义，叫做“帝室御用挂”。溥仪曾形象地比喻说：“关东军好像一个强力高压电源，我好像一个精确灵敏的电动机，吉冈安直就是传导性能良好的电线。”

伪满洲国成立后，关东军为了让溥仪这个傀儡皇帝能真正的效忠天皇，更是加紧了对溥仪的思想控制，曾一度规定每星期六为修学日，从上午十点钟起，举行御前进讲。那时，郑孝胥讲《资治通鉴》，袁金铠讲《书经》，王乃征讲《诗经》。日本人方面，也常有专家或名流担任御前进讲，像侍从武官石丸志都磨曾进讲军事，山下奉文曾讲德国战事（当时山下奉文刚从欧洲回来），畑晋二郎（佐藤戈止化学研究所研究员）曾讲稀元素。当时还有一个日本的政治评论家，德富苏峰的本名猪一郎，中日甲午战争时，到过中国东北，写战地通讯，日俄战争前后，接连发表文章，鼓吹对外侵略，成为军国主义喉舌。日本制造“九一八”事变时，配合军部，宣传天皇主义思想。这个人提倡“日本主义”。伪满时期他也专门向溥仪作“御前进讲”，向溥仪传授“皇道原理”。

历任关东军司令官均兼驻满大使，照例每月要有三次入宫，和溥仪见面。武藤信义时期，定为每月 1 日、11 日、21 日；菱刈隆时期，改为每月 2 日、12 日、22 日。在勤民楼上有一贵宾室，便是为这位大使特设。大使每次入宫，必先到贵宾室稍坐，然后和溥仪晤谈。其实这一切也都是为了随时掌握溥仪的思想动态，对溥仪进行“思想教育”所采取的一种手段。关东军参谋长照例每星期上午要向溥仪作御前进讲，实际是报告世界大势。

在预定实现每一个行动前关东军也要对溥仪实施“进讲”，1935 年溥仪访日前夕，关东军为了增强他的日本历史观念，特派历史学家“御前进讲”，向溥仪灌输相关的知识。康德七年（1940年）为赴日参加日本纪念二千六百年祝典（实则迎取天照大神），先对溥仪“进讲”日本历史（讲者平泉治，历史学家）；回来为公布建置神庙，“进讲”唯神之道；康德十年（1943年）为巡狩南满“进讲”安东形势。

特别是唯神之道的进讲，据《记事簿》所载，有一个相当庄严的规模：

主讲者：东京帝国大学名誉教授、法学博士筧克彦。助手，筧秦彦。翻译官，道德满三郎。速记者，古贺董一。

陪听者：总理大臣，参议府议长，祭祀府总裁及副总裁，宫内府大臣及次长，尚书府大臣，侍从武官长，吉冈御用挂。

日期：六月二十日、二十三日、二十四日、二十七日、二十八日、三十日，七月三日、四日、五日、七日、十日、十二日、十四日、十七日、十八日、十九日、二十二日、二十四日。预备，二十五日、二十六日、二十七日。每日上午十点三十分至正午。

地点：勤民楼健行斋。

服装：陆军军装，佩戴日满最高勋章，满上日下。

天照大神被迎回宫以后，为了让溥仪和伪大臣们接受“神道”思想，心甘情愿地为自己换祖宗，日本关东军特地把著名神道家筧克彦请来讲课，据说这位主讲人筧克彦在日本是专门给皇太后“进讲”的神道权威。溥仪在《我的前半生》里关于这个神道家的进讲有这样一段描写：“这位神道家讲课时，总有不少奇怪的教材。比如有一幅挂图，上面画着一棵树，据他讲，这棵树的树根，等于日本的神道，上面的枝，是各国各教，所谓八纮一宇，意思就是一切根源于日本这个祖宗。又在一张纸上，画着一碗清水，旁边立着若干酱油瓶子、醋瓶子，说清水是日本神道，酱油醋则是世界各宗教，如佛教、儒教、道教、基督教、回教等。日本神道如同纯净的水，别的宗教均发源于日本的神道。”

他们还时常在溥仪面前炫耀日本武力的强大，想以此来控制溥仪不稳定的情绪和思想。1939年，植田谦吉发动诺门坎战役，结果是惨败而归，可植田却厚颜无耻曾把溥仪和张景惠等人请去，参观日本飞机超过苏联飞机的速度表演，以此来向溥仪证明日军的军事实力，而事实上这次战役日军损失了五万多人，植田也因此被撤职。1942年，日军发动了对华北和华中地区的“大扫荡”，实行烧光、杀光、抢光的三光政策，制造千里无人区，吉冈以此为荣地向溥仪讲述日军对华北“共产党”的种种战术，如“铁壁合围”“梳篦扫荡”等，说这给“大日本皇军战史上增添了无数资料”。

在伪满后期，随着日本在第二次世界大战中局势的每况愈下，日军在亚洲战场上的节节败退，关东军对溥仪采用的这些控制和操纵手段已不再灵验。溥仪已经彻底看清了日本人的嘴脸，他已不再奢求什么复辟了，他只是尽量地做到不要得罪日本人，以求保全自己的生命安全。关东军对溥仪也失去了往日的耐心，对溥仪完全就是直接命令，就连吉冈安直对溥仪也没有了往日的“尊敬”。即便是到了末日，关东军也始终不忘记要把溥仪控制在股掌之间。

1945 年 8 月 10 日，山田乙三和秦彦三郎来到宫中对溥仪说什么苏联已经向日本宣战，日军要退守南满同苏军决一死战云云，要溥仪迁都到通化，和关东军并肩作战。吉冈甚至威胁溥仪说，如果不走若要是落到苏军手里必会性命难保。在关东军的恐吓之下溥仪于 8 月 11 日晚带着自己的新祖宗，象征天照大神的“神器”匆忙逃离了长春，来到了通化大栗子沟。侵略战争终究是要失败的，正义必将战胜邪恶。1945 年 8 月 15 日，日本天皇裕仁宣布日本无条件投降，摇摇欲坠的伪满洲国也随之土崩瓦解。

溥仪也经常到日本大使和关东军司令那里，据毓崇康德七年（1940 年）日记载：

二月十一日上午十一点四十分，行幸大使馆。下午三点三十分还跸。

四月六日行幸大使馆。午前十一点三十八分启跸。午后三点十二分还跸。

六月二十日上午十一点三十分，临幸大使馆午宴。

七月十三日上午十一时三十八分启跸，临幸关东军司令官邸。下午二时二十分还跸。

七月二十八日下午十一点二十八分启跸，临幸关东军司令官邸。四时五十八分还跸。

溥仪本人对于日本人的感想怎样，还没有什么资料可以说明。不过在溥仪亲近的人中，显然表示不满。溥佳日记里边有下面几段记录：

康德七年(1940 年)七月十五日十时余，因有诏书涣发侍班，擦屁(股)纸一张，毫无所益。

七月十六日十时，由宫相恭读诏书，即所谓立庙而发之者。又胡乱训话之后，即礼成。十二时二十分侍班，见大屎并其幕僚等，后即开宴冷食。

十月十七日十时许，齐集候见室，消毒后，至同德殿门前侍候。此时狂风怒吼，尘沙蔽天。予等大有弱不禁风之势，竟不能立稳。如此大风，亦殊罕见。十时半，上同大使至神寺致祭，上帽亦被风吹去。正当防疫（按，此是鼠疫）紧张时，如此恶天亲行，真不知何所防也。奇怪至极（又眉批："满洲称为尝新祭，此所谓东施效颦者是也。所差强人意者，即放假是也。"）。

十月十一日十时四十五分进府，因日本二六〇〇年奉祝式，我国何敢后人，亦于兴运门外由鹿次领导，向东方遥败，并唱伴灾及国革。未有准表，故冒场二三分，大大可嘘。及解散，步行而归。

第一条所说"大屎"原是把"大矢"谐大使。第四条所说"遥败"便是遥拜，"国革"便是国歌（"伴灾"也是两个谐音字，但未明其真义）。盖有心写别字，以泄其愤慨。

康德十二年（一九四五）四月三日本日放假，缘故见四月之头一篇。按前页"四月行事"载，三日为神武天皇节，盖不屑明写也。

五月二日到六时，又诏书涣发，今日十周也。

按康德二年（一九三五）四月中，溥仪访日，回来后，于五月二日宣诏称颂日本，以后每年此日定为纪念。

溥仪曾这样概括关东军司令官们对他的指导：

历任的傀儡戏操线人——关东军司令官们的态度、作风、心理和论点，犹如他们彼此之间相貌各自不同一样，而各有一套所谓"神通"，并且他们的方针政策等等也都是经常会随着时局的推移变化，而有轻重、软硬、松紧和缓急的临时不同。但是日本帝国主义的一贯传统侵略政策，特别是对于我"既防范，又利用；既限制，又抬捧"的根本方针，却是始终没有丝毫变化的。

换"总理大臣"

1935年5月，关东军司令官南次郎导演了一出伪满洲国换总理的"大戏"。

伪满洲国开国总理郑孝胥因为不满日本永远把"满洲国"当小孩子对待，招致日本军国主义者的敌视而下台。精挑细选后，日本人选中了更为亲日的张景惠接任伪满总理大臣一职。这一重要的人事更迭的背后究竟有多少不可告人的内情？为什么要换？为什么要换成张景惠，而不是臧式毅？这就要看看关东军司令官与溥仪、与郑孝胥谈话的内容了。时任“驻满日本大使馆书记官”“满洲国宫内府行走”林出贤次郎在“翻译笔录”中，分三次记录了南次郎同溥仪和郑孝胥之间与此事相关的谈话。

1935 年 5 月 3 日南次郎大使与郑孝胥国务总理举行例行会见时，提到了有关改组“满洲国”内阁之事。在此以前更换了掌握“满洲国”实权的国务院总务厅长。南次郎大使推荐的长冈关东局总长被内定为总务厅厅长之职。关东军司令官将此事征得皇帝溥仪的认可后，南次郎大使与郑孝胥国务总理的会谈，便直接进入了有关改组内阁的事宜上来。在此之前，关东军已事先透露出希望郑孝胥国务总理引退的意向。

5 月 3 日下午 4 时，郑总理与南大使在大使官邸举行了会谈。

大使：（上略）方才谈论了内阁改组问题，由于长冈的人事已定，想以他为中心，把我们的谈话继续下去。

总理：现内阁已过三年，内阁成员都是建国的有功之臣，让他们引退应给予优厚的待遇，以保全他们的荣誉为上策。即使在他们退职后，也应适当照顾他们担任相应的职位为妥，或是让他们暂时休养一个时期。关于此意，我已同臧式毅民政部总长进行了二三次恳谈。他颇赞成，并相信新内阁一定会取得成绩。关于总理大臣的人选，我认为让现任间岛省长蔡运升担任为合适。他有学问、有阅历，德才兼备。更主要的是他是一个大公无私的人。我相信他一定能胜任国务总理之职。

大使：具体的事情以后再慢慢谈吧。

这是第一个回合：老谋深算的郑孝胥已自知难保，下台前提出两个要求：一是要“优厚的待遇”，退下后也应有“照顾性职位”，以保全“荣誉”；二是要让蔡运升接任。这两条，南次郎全拒绝了。谈到最后，居于主导地位的南次郎只淡淡地说了一句“具体的事情以后再慢慢谈吧”，便把郑孝胥晾在一边。

郑孝胥荐举下任总理的提案被南次郎大使婉言回绝了，两个星期之后的 5 月 18 日，溥仪与南次郎大使、新任总务长官长冈三人在帝宫就组阁的人事进行了更加深入的商议。

1934年12月27日，溥仪在承光门前迎接前来递交“国书”的新任日本关东军司令官兼驻满大使南次郎

皇帝：今天召见二位是在关于组阁之事。昨日，郑总理向我提交了新内阁成员的名单。我想大使早已见到这个名单了，名单上的人安排到各部，却再未提出其他候选人，是颇有不便的。在此说句内部的话，让我们抛开一国元首、一国大使的立场，站在同一立场上谈论国是，开诚布公地各抒己见吧！

郑总理是我十几年的亲信，对他的人品性格我是了如指掌的。可是近三年来，他以超然的态度在国务会议上一言不发，沉默寡言，自以为清高。去年在发表登极感想时对日本说，不能把“满洲国”永远当小孩子对待，流露出一种不满的情绪，这是很不合适的。假若对关东军或日本的对满洲政策有不满之处，应堂堂正正地向关东军和日本政府提出来商量，或提出自己的主张，以尽其意才是应该的，然而他有话不摆在桌面上讲，却在报纸上流露内心的不满。这对身为一国的总理大臣来讲是颇不谨慎的行为。他对我虽忠心耿耿，但担任总理之职，他的才能和度量都是欠佳的。我打算此次内阁改组时，让他暂时退职去休养为好。

溥仪早已觉察到关东军对郑孝胥的不满，故借重新组阁之机，由自己提出了更换“总理”的建议。

溥仪出席每周召开一次的“国务院”会议，有各部大臣、总务厅厅长、各部次长（日系官吏）参加。会议的决议案再交付参议府商议决定后，由“国务总理”每周一次送呈皇帝，仰承皇帝批准。

此外，规定“国务总理”每周一次定期到关东军司令部官邸举行会议。议案几乎都是由日系官吏起草的，据说这些议案在会议上，全无更改。这是从前任“满洲国”国务总理张景惠的首席秘书官松元益雄的证词中知道的。

郑孝胥国务总理在签署《日满议定书》时，就曾显露出抗拒姿态，其后对关东军仍怨气未消，在“国务院”会议上的沉默作战，是他对日系官吏在国务实权上执牛耳的一种反抗。

5 月 18 日三人会议时，溥仪披露了和平时不同的真情。

皇帝：建国初期，事先我对组建现内阁一无所知。恰如这次郑总理向我呈交内阁成员名单一样，只不过就这样决定了罢了。这样各部总长之间就欠融洽。由于驹井德三总务长的专横跋扈，郑总理与驹井关系不和，导致不愉快的结果。解除驹井职务后，阪谷与郑总理之间关系也欠融洽。这些都令人感到不愉快……

这一天溥仪以十分强硬的语气向日系官吏陈述了不满，说日系官吏不了解“日满”官吏的不和，完全不知满洲的情况，只是全部照搬了日本的制度，照葫芦画瓢地实施而招致了混乱。

大使：今日陛下讲出了我心中所想，就像我自己说的一样。

陛下：今日所言，虽说有些像是身居超然地位的元首对国政有所干涉，这是离开自己的立场，为求万全，而在内部与你们商量，并陈述我的意见。对宫内府的人事也谈了自己的意见。我从六岁到三十岁始终处于困境之中。受过东洋道德教育，深知东洋之精神为何物，也看到西洋物质文明恶习带来的丑陋现象。这些对自己多少形成领悟世间的阴暗面和人生的正反两面的心得体会，不论宫内府的人对我说什么，还是听到小人背后传言，只要自己无私无欲，胸怀坦荡，就感到任何事情都心如明镜。就有关内阁成员之事谈论了许多，对现在内阁成员我的看法是，他们是一些平庸之辈，稍有头脑、可靠的人只有臧式毅一个人。

大使：如陛下所言，臧是深谋远虑的可靠人物。

自“满洲国”“建国”以来，溥仪对郑孝胥日益不满，他心中暗暗决定：总理要按自己的意志行动，这方面臧式毅最合适。溥仪期待着让臧式毅当总理，行使自己的职权，把自己的“国家”充分治理好。

这是第二个回合：南次郎与溥仪直接谈。溥仪早已深知关东军是因为郑孝胥不太听话了而对他不满，索性“由自己提出更换总理的建议”，不再保郑，借机重新组阁。然而，他也“以十分强硬的语气”陈述了对日系官吏的“不满”，说他们“完全不知满洲的情况”，全部照搬日本的制度，因而招致混乱。显然，他也不甘于傀儡地位。为此他自认“很适宜”地提出了新人选的建议“让臧式毅当总理”，以便今后能“按自己的意志行动”。不知是南次郎的肯定起到了鼓舞士气的作用，还是溥仪心中那个未曾泯灭的“皇帝梦”在作祟。溥仪一改往日同日本人说话时的遮遮掩掩，大大方方地推荐了心中理想的伪总理接班人选。

溥仪所看重的臧式毅原是“奉天省主席”，时任所谓的民政部总长，既又获特任“参议府议长”，也是伪满洲国所谓的建国功臣之一。

不甘心当一辈子傀儡的溥仪，寄希望于这位听命于自己的“大臣”掌权，但是溥仪的如意算盘在南次郎那里画了个问号。他表面对溥仪说：“如陛下所言，臧是深谋远虑的可靠人物。”私下来却另有自己的小九九。

1935年5月20日上午10时，在宫内府皇帝的会客厅，溥仪与南次郎大使举行了会谈。

大使：今日拜谒陛下，想就前几日的组阁之事谈谈本人的拙见。郑总理建国三年来付出巨大辛劳，现年迈力衰，已露倦勤思退之意。故此，借组阁之机，应恩准郑辞职。而下任总理似应具备下列条件，当然要对陛下无限忠诚，我想下列三条也很重要。

（1）有统治能力的人；

（2）人格正直高尚者；

（3）对国家有功勋之臣。

按以上三条进行人选是必要的。我认为有熙洽、臧式毅、张景惠三人。而熙、臧二人各有长短，大致属于同等人物。况且，在社会上他们两人看做是各把持一派势力的头脑人物。若将其中一人任为总理是不妥的。前几日，陛下所言让熙洽任宫内府大臣，让臧式毅任参议府议长，使他们两人不分伯仲。这样三人中就剩下张景惠，让他当总理大臣组阁如何呀！

溥仪：大使的意见很对，我也有同感。

这样，由郑孝胥推荐的蔡运升，皇帝溥仪推荐的臧式毅，全未被采纳，下一届“总理”大臣决定由关东军推荐的参议府议长张景惠出任。张景惠在满洲“建国”前，曾任国民政府军事参议院议长兼哈尔滨特别区行政长官，是一个颇具实力的人物。满洲事变时，投降日本，后被推荐为东北行政委员会委员长。成了满洲建国的功臣之一。

在改组内阁上，溥仪这次也未能反映出自己的意志，只得听从关东军的安排。溥仪按他自己的意愿组建内阁的幻想被彻底地粉碎了。

应溥仪皇帝的要求，关东军司令官南次郎大将就内阁成员的安排做了以下说明：

大使：谨向陛下禀告内阁各部长的人事安排。于芷山任军政部总长，张燕卿任外交部总长，冯涵清留任司法部总长，这是因为涉及治外法权的问题正在研究中，不便易人。吕荣寰任民政部总长、孙其昌任实业部总长……

这是第三个回合：南次郎拒绝了溥仪提出的新人选，推荐对日本人百依百顺的张景惠出任下一届“总理”大臣。溥仪听后，面色凝重，知道自己的打算在日本人面前已经完全落空，只好顺从地说“大使的意见很对，我也有同感”，从而做完了这一件傀儡事项。这样，对日本人百依百顺的张景惠当了将近十年的伪满洲国总理大臣。

以上是《严密会见录》记载的“满洲国”“建国”三年后的关东军司令官与皇帝溥仪关于决定新内阁人事的部分对话，从中反映出皇帝溥仪非常简单地接受了关东军司令官提出的内阁人选名单。然而，溥仪的内心究竟是怎么想的呢？

在《我的前半生》里，溥仪记述了他朝思暮想、再兴清朝的幻想，如同一座座玻璃城被一个又一个地击碎了的情景：“按情理说，日本关东军在决定帝制时正式告诉我不是恢复清朝，在‘登极’时不准我穿龙袍，在决定‘总理大臣’人选时根本不理睬我的意见，我就该明白了我的‘尊严’的虚假性……”

尽管处于这种困境，溥仪仍竭力维持延续皇帝的地位。然而使溥仪感到震撼的事件接踵而来，这就是从1936年到1937年发生的事情。那两年，“满洲国”结束了其政治、经济基础的巩固阶段而开始谋求增加“国力”……这与日本制定的“总体战体制”同出一辙，其间爆发了卢沟桥事件。

政治婚姻

溥杰在日本学习院毕业后，就转到士官学校学陆军。1935年冬他从日本回到长春，当了禁卫军中尉，从这时起，关东军里的熟人就经常向他谈论婚姻问题，什么男人必须有女人服侍啦，什么日本女人是世界上最理想的妻子啦，不断地向他耳朵里灌。起初，溥仪听他提到这些事时不过付之一笑，并没拿它当回事。

不料后来关东军派到溥仪身边的吉冈安直果真向溥仪透露了关东军的意思，说为了促进"日满"亲善，希望溥杰能与日本女人结婚。溥仪当时未置可否，心里却十分不安，赶忙找二妹一起商量对策，并一致认为，这一定是一项阴谋，日本人想要笼络住溥杰，想要一个日本血统的孩子，必要时取溥仪而代之。为了打消关东军的念头，溥仪决定赶快动手，抢先给溥杰办亲事。溥仪把溥杰找来，先进行了一番训导，警告他如果家里有了个日本老婆，自己就会完全处于日本人监视之下，那是后患无穷的，然后告诉他一定要给他找一个好妻子，他不要想什么日本女人。溥杰恭恭敬敬地答应了，溥仪便派人到北京去给他说亲。后来在北京找到一位对象，溥杰也表示满意，

可是吉冈突然找到溥杰，横加干涉地说，关东军希望他跟日本女子结婚，以增进"日满亲善"，他既身为"御弟"，自应做出"亲善"表率，这是军方的意思，本庄繁大将在东京将要亲自为他做媒，因此他不可再去接受北京的亲事，应该等着东京方面的消息。结果，溥杰只得服从了关东军。

1937 年溥杰从伪满禁卫步兵团的岗位上又到日本千叶步兵学校去学习。那年三十岁。这时日本关东军开始为他挑选妻子，因为当时所谓清朝直系爱新觉罗皇族的正统继承人，一般认为只有溥仪和溥杰两人。溥仪作为伪满洲国的皇帝，除了已有皇后婉容还有其他妃子，可是还没有太子可以作为皇位的后继者。溥杰十七岁时和唐怡莹结了婚，因感情不好，是一对名不副实的夫妻。这件事也由吉冈中佐出面，替溥杰和唐怡莹办了离婚手续。

因此，关东军便想为溥杰在日本妇女中物色一位对象，以便将来如果因为溥仪无嗣需要溥杰继任皇位的话，这种特定的婚姻关系便可以强化"日满一体"。那时溥杰的正式身份是陆军中尉，虽没有封王，但是因为是伪满洲国皇帝的御弟，同时按照日本军国主义者的阴谋，这项秘密选择配偶的工作便成了他们的当务之急。

最理想的方法是选一个日本皇族的王女和溥杰结婚，但这是做不到的，因为要把皇族的王女嫁给溥杰，必须首先修改日本皇室的法典，于是就只好在日本的公卿华族小姐中选择。主持这项工作的是关东军司令本庄大将。非常热心地奔波这件事的是吉冈安直中佐。

他们从很多华族姑娘的照片中选中了当时日本侯爵嵯峨公胜的孙女嵯峨浩。

嵯峨家族在公卿中是仅次于五摄家、九清华的名门豪族。浩的曾祖父正亲町三条对明治维新有功，被授予侯爵爵位。浩的祖母南加子是明治天皇生母中山一位局的同胞兄弟、宫内侍从中山忠光卿的独生女儿，所以浩的家庭和宫中关系是非常密切的。据说在当时浩的家里面对这桩突如其来的婚姻大事也曾感到惊慌失措。后来浩在无可奈何的情况下，在吉冈等人的筹划下和溥杰见了面。

没有想到溥杰和浩一见钟情，同意嵯峨浩作为妻子。本来这是一桩由日本关东军精心策划和一手包办的婚姻，却造就了这一对一生患难与共、休戚相关的恩爱夫妻。

为了永远统治伪满洲国，日本人在溥仪的弟弟溥杰的婚姻上打起了算盘。关东军大将本庄繁介绍了有日本皇室血统的嵯峨浩给溥杰为妻，溥仪不答应，关东军方面立即施压说：这是为了促进“日满”亲善，溥杰身为御弟，当然要为亲善作表率，就这么定了。

昭和十二年（1937 年）2 月 6 日，“满洲国”驻日本“大使馆”发表了溥杰和嵯峨浩订婚的消息。很多亲戚朋友前来祝贺。3 月 6 日在滨口家正式举行了他俩的订婚仪式，一大群摄影记者包围了浩，给她拍了各式各样的照片，登在当时的报刊杂志上。那天溥杰面对着一大堆记者，发表了订婚讲话，大意是说爱新觉罗家、嵯峨家将永结友好，也讲了日满亲善的意思。溥杰日语讲得很流利，都是来到日本苦学日语的结果。

订婚以后，溥杰和浩经常来往，增进了彼此的了解和信任，称得上情投意合。那时浩在跟冈田三郎助先生学习油画，溥杰本来在故宫伴读时候就对中国古典书画发生了兴趣，在日本千叶步兵学校学习，也常有人来求他写字。溥杰那时对日本画也发生了兴趣，正在向横山大观先生学习日本画。虽然西洋画、中国画、日本画画法不同，但画理相通。这使他们增多了共同的语言，在结婚之前浩还一心一意地想创作几幅好画作为姑娘时代的纪念品留在家里。

两人订婚前后情形，三格格有报告给溥仪：

皇上不是问杰、浩的事么？颖特报告：彼二人每日通信，浩的信，杰均与颖看。她说：“我真是最幸福的人。我向来看见什么人都不羡慕。我最喜你的纯洁的心。我为满洲国死了也愿意。我到神社，赶快把我的唯一快乐的事报告了。”还给颖去信说“我是一无所长的人，什么事情请你不客气的教导”等。等她结婚后，颖打算把满洲的礼节一一教给她。颖还打算做一件满洲衣送她，使她完全像满洲人一样。（康德四年［1937 年］2 月 19 日）

溥杰也有信给溥仪自白:

我君谕示云云，对杰实可谓对症下药，谨当铭心识之，决不愿再踏太阿倒持之覆辙也。幸浩之为人，较诸前者，显明大义。当言及我君时，辄肃然正襟；当瞻拜御容，辄立起瞻仰。即对莉莉，亦有礼有情。如莉莉穿鞋时，立将鞋把子递过。诸事皆怡声请教，总自惧有失我国之礼等。杰睹之，殊觉痛快也。现时常向杰通信，有时亦常见，然绝不似时下摩登轻佻之流，作肉麻态，如电影然。总是情礼并重，如规杰少饮酒，保身体，及勿吸最贱之烟等，皆使杰得一种精神上强有力之安慰。且常识绝不似奎垣之妻之流，卑俗俚野，如老妈子然也。每事必请示于杰，得允许，始行之。又如上次见时，谈笑颇畅，次日即来函告罪，言:“昨夕因过于愉快，致骚笑过度，务请勿怪，此后当作淑静态度，再不敢如此轻浮也”云云。似此等事甚多，皆前者所绝无之处也。（2月10日函）

近日每当纪念日及慰劳休假日，杰时至嵯峨家。因杰欲使浩知杰为何如人，杰亦可藉知其性质如何、思想如何、知识如何，免重蹈前次之失也。现浩对杰之心理颇理解，亦颇服从。在订婚以前，其父母及吉冈等嘱杰勿言曾与怡莹结婚事。后杰因思既欲彼此真能互相了解，自须事事相见以诚，秘之不言，与骗人何异。最近遂将一切经过详告诸浩。渠初闻此言呆若木鸡，半刻不能言，后痛哭终夜。至次日始对杰言：以前种种譬如昨日死，以后种种犹若今日生。从此彼此誓以至诚，相信相依，以前之事譬如恶梦，彼此誓忘之无余，更誓彼此至死皆绝口不谈此事。现已和好如初矣。（3月5日函）

当将结婚前，溥杰又有一函述其遭遇，可作这一个故事中的插曲:

日昨有名涩谷正吉者（年八十余岁）访杰言：欲将家藏之佛塔（三百余年前物）一座进贡我君，据云为日本第一者，高丈余，周围五尺余，重千余贯。杰比告以可向我大使馆议定正式手续，彼亦首肯。自言年虽八十，尚能举米一，且行走亦不拄杖，真是鹤发童颜之概。且意极诚恳，言自信可活至百岁。因不能赴吾国，故献此塔，以祈圣寿无疆、国祚无穷而已。对杰之结婚，且有所赠，且致勉励之词。杰当时真不觉感激泣下，当与坚固握手而别。杰现在虽当婚期日迫，仍通学如故，悠闲如故，身未尝办一事、未自备一物。杰之友人等皆讶怪不已，这真可

谓溥杰式的办事法，皆掩口葫芦，笑杰之憾也。（康德四年［1937年］3月19日）

随着结婚的日子越来越迫近，浩必须按照礼节进宫去向皇太后辞行。因为嵯峨家与皇宫的关系非常密切。浩的曾祖父曾抚养过大正天皇陛下的姊姊滋宫韶子公主。父亲实胜小的时候就随着祖父进宫，皇太后对浩的祖父母和父亲都很熟悉。现在浩要出嫁了，自然要向皇太后辞行。为了晋谒皇太后，浩起早睡晚地学习进宫的礼仪和词句，心情紧张得睡不好觉。进宫那一天，她由中山侯夫人陪着去见皇太后。皇太后亲切地告诉她："侍奉满洲国皇帝，与侍奉我国的天皇一样。"溥杰听了很受感动。那次觐见，皇太后送给浩一件明治天皇生母中山一位局在她年轻时给她的纯一色的嫩绿和服衣料，也送给溥杰一件和服衣料以及其他东西。总之，这次觐见，给他俩都留下了难忘的印象。

婚礼定在昭和十二年（1937年）4月3日，在九段军人会馆举行。伪满洲国派宫内府大臣熙洽作为特使参加婚礼。日本皇族竹田宫恒德王和王妃也出席了婚礼。当时的内阁总理林铣十郎陆军大将、日本宫内省的松平宫相、贵族院议长近卫文麿公爵、众议院议长富田都来参加婚礼，在当时日本这场婚礼是一件轰动全国的大事，很多人都希望参加这次婚礼以示荣耀。但是决定这次婚礼的规模在陆军省，关东军借口婚礼费用有限，把参加婚礼的人数限制在五百人。这样双方参加的人数都受到了限制。溥杰这方面的亲友只有有限的几人，浩的朋友参加婚礼的也只限五名，师长只限七名。亲友们对这种粗暴无礼的干涉都感到十分愤慨，但也无可奈何。婚礼那天，浩内穿白衣，上面套着红色的中国衣料做的云纹花鸟衬衣，外面是粉红色和服。头发结成垂发髻，两侧耸起，长发垂在后面，显得更加美丽。这个发式是请一位在宫中长年为女官梳头的七十多岁老人梳理的。溥

溥杰和嵯峨浩的婚礼在东京军人会馆奉行。前排左一润麒、左二熙洽、左三本庄繁、左四溥杰、左五嵯峨浩、右二南次郎。

杰则穿了一身“满洲国”的大礼服。当溥杰到滨口浩的外祖父家去看望浩时，两人看着彼此一身盛装，都不禁相视而笑，并且在房间前面拍下了纪念照片，浩是在外祖父家住了一宿，再回到嵯峨家的，然后由自己家坐车去军人会馆举行婚礼。一路上汽车是在小学生手执太阳旗列队欢迎的海洋中前进的。那情景，浩觉得真是难忘。婚礼是在下午3时举行的，由本庄大将夫妇主持。婚礼后，开始了一周的新婚旅行，然后回到东京。溥杰在千叶的稻毛海岸租了一处新居，离步兵学校很近。这是一幢朝阳的日本式建筑，站在檐下可以展望袖浦一带的大海，风景秀丽宜人。父亲醇亲王，知道溥杰结婚了，特地从北京送来了桌布、一套银质的烟具，还特意按照中国的风俗习惯送给浩两件大红旗袍。

溥杰和浩的婚礼，当时在日本是轰动朝野的。很多报纸都作了详细的报道。

1937年4月4日的《读卖新闻》是这样报道的：

淡云蔽空，春光明媚，樱花待放的4月3日，在九段军人会馆，满洲国皇帝陛下的御弟溥杰氏与嵯峨公胜侯爵的孙女浩小姐，在日满结缘更加牢固的两国朝野的欢庆声中，圆满地举行了结婚典礼。

特为显贵人士新婚准备的帝国饭店261室，夫妇两人度过了蜜月的第一夜。媒人本庄夫人是在夜里一点左右离开该室后就寝的，所以新婚夫妇是在第二天早晨十点左右才起床。这天早晨，透过春雨绵绵的饭店窗口，可以看到新夫妇食用面包、咖啡早点时的和睦身影。过了一会儿，溥杰氏换上晨礼服，由浩夫人工整地系上领带；浩夫人穿的是深绿色镶边的漂亮西装。只有伺从小原一人跟随。下午两点四十分离开饭店，乘东京站发三点四十分的火车去蜜月旅行。在温泉待四五天后，8日左右去千叶县稻毛的新居，筑起素朴的家庭。

3日的盛大典礼，定时在下午3点，在媒人本庄大将的引导下，身穿天蓝色华丽的满洲国中尉大礼服的溥杰氏进入会场，正襟危坐在席位上。接着，垂发、身穿洁白千层内衣、唐织勾云绣地花鸟花纹红色罩衣、绯红和服裤裙的恬静的浩小姐，在本庄夫人的伴同下步到神前。祭坛左右出席的有：新郎方面的亲属代表兼满洲国皇帝御使熙洽、宫内府大臣、润麒氏、谢大使；新娘方面有嵯峨公胜侯爵夫妇、双亲实胜夫妇及弟弟和妹妹、牧野、七条两位子爵、滨口吉右衛门等。随后，在静穆中响起神官的奏乐声，新郎、新娘交换了将牢固连结日满两国千载之缘的三敬杯。这瞬间，溥杰氏凛凛风姿的脸上和浩小姐清纯的双眸都闪出美丽尊贵的光辉。这时，熙洽宫内府大臣捧读皇帝陛下的诏书。4点，圆满地结束了隆重的典礼。接着6点喜筵开始。出席在该馆二楼大宴会厅的有：林首相以下各阁僚夫妇，松平宫内府大臣，百武伺从长，近卫、富田贵众两院议长，梅津陆军次官，今村参谋次长，西尾、板垣、多田、冈村四位师团长，香川教育本部长，菱刈、荒木、川岛三位大将，驹井德三氏，熙洽宫内府大臣，谢大使夫妇，广田前首相，三条公爵，女市小路伯爵。此外，还有代表日满两国民的显官将星四百余人，如绮罗星似的落座。以主桌上的溥杰氏和换成洋发身穿长袖和服的浩小姐为中心，大家举起香槟和红白葡萄酒杯后，首先是媒人光荣的本庄大将致词，还有与会人代表林首相、谢大使的祝词。最后，在来宾总代表佐藤外相的带领下，在“万岁”声响彻彩灯辉煌的大厅中，结束了将日满两国亲善向前推进百步的绚烂豪华的盛大宴会。此后，在荣光拥簇下的新郎新娘回到了新婚第一夜的帝国饭店。

这一隆重典礼，如前已报道。为了使在遥远的新京的皇帝陛下能看到御弟欢庆之日的情况，全部实况已拍成电影，已航空寄往新京。

在新婚之际，溥杰特地向溥仪写信报告了当时的甜蜜生活，因为他知道溥仪对此结合是非常怀疑和不满的。浩在溥杰的授意下，也给大哥溥仪写了信，她表示等溥杰毕业回国，她一同回来，“得早日瞻仰天颜，敬承圣训，实浩毕生之大幸也”。他们这样做无非是为了希望获得溥仪的谅解，能够和他和平相处地生活下去。

溥仪弟溥杰和日本侯爵嵯峨实胜孙女浩子结婚，可说是吉冈安直秉承本庄繁意旨，一手促成，就可引吉冈亲笔信为证（按，原信在《溥杰润麒三格格信件》第十本中）：

极秘皇帝陛下：

安直一月十日到东京，于东京驿会见溥杰中尉。

同日，溥杰中尉同直、本庄大将会见，商议结婚之件。关于嵯峨侯、中御门侯、毛利男、高仓子等之令娘，诠议溥杰中尉为嵯峨侯方一候补。

右之结果，关于结婚之件，对嵯峨家商议。嵯峨侯父母关满洲国精细质问，本庄大将与小官对质详细答解。

一月十八日，溥杰中尉与嵯峨家会见。在会见之后，下官东京发，途中与南总督会见，归京之立定。

右奏上。

结婚典礼系在东京军人会馆举行，溥仪特派宫内府大臣熙洽代表主持。事后，溥杰有函报告溥仪：

杰之结婚时，辱承圣谕谆谆，勖以修身齐家之道，复由宫内府大臣传以优渥圣旨，杰等仰沐殊恩，唯有感激，誓副圣意所期二人相勖相砺，致力于修身齐家二事也。杰等于四日即赴伊豆之川奈旅馆住泊，至八日始回稻毛新居，次日照常入学校矣。……浩对于家中诸事，事无巨细皆亲自操作，甚至蓬首蔽衣，收拾一切。杰不在家时，自以简单食物果腹。杰归时，将撙节之余，丰馔为饷。诚杰生以来初次尝到此种家庭之幸福也，较之怡莹，实不啻有天壤之差之感。（康德四年［1937 年］4 月 12 日）

浩子也有一函：

浩自此次与溥杰订婚以来，即立志（为）满洲帝国之人。虽言语、礼节尚未熟谙，矢当努力从事练习。三日结婚时，拜听御赐数语，不觉感激涕零。此后更当努力奋勉，决不敢稍违圣谕所期也。（康德四年［1937 年］4 月 12 日）

三格格另有一函：

昨日溥杰生日，请本庄夫妻及嵯峨家的人并麒、颖二人。颖因现易感疲劳，所以没去。晚上，本庄等送麒归家，大家很高兴。颖告本庄：杰这次结婚，皇上非常满足，三号那天，赏二次电话，问这边的情形。本庄很感激的。（康德四年［1937 年］4 月 17 日）

其后浩子更有一函：

恭聆圣谕，感激无已，唯有谨遵依旨意所在，竞竞业业，莫敢或渝，一息尚存，矢死靡他。唯翘首九月早临，得早日瞻仰天颜，敬承圣训，实浩毕生之大幸也。各种家庭之照片等，候洗出当早日进呈。唯因僻居乡间，无照相馆之故，较诸东京，实不可同日语也。即鱼肉等物亦无可购求，实不便也。不过面海之故，风景颇佳。有时同杰赴山中采仙蘑，更有时至海滨拾蛤类。星期之日，亦殊可乐。现搜集奇异贝壳多种，不日可装潢成匣，当即日付邮，恭呈御览也。浩对于对对字一事，因不谙平仄之故，不克属对。满文（按，满洲国文字便用汉文，彼方自称满文，并不是从前的满洲文）之信，只克写出大意，请杰改饰，尤其不谙奏牍样式，更不敢率尔执笔也。（康德四年［1937］4月20日）

1937年4月3日，溥杰与嵯峨胜侯爵的女儿嵯峨浩在东京结了婚。更让溥仪始料不及的是，溥杰与嵯峨浩结婚不到一个月，关东军便授意伪国务院出台了一个帝位继承法，明文规定：皇帝死由子继之；如无子则由孙继之；如无子孙则弟继之；如弟死则由弟之子继之。日本人的“司马昭之心”路人皆知，凭溥仪那身子骨，前几条是空的，落脚点在于“如弟死则由弟之子继之”，日本人要的是一个日本血统的满洲皇帝，要的是名正言顺的拥有整个满洲。至此，溥仪恢复大清祖业的美梦彻底化为泡影。

溥杰和妻子回东北后，溥仪拿定了一个主意：不在溥杰面前说出任何心里话，溥杰的妻子给溥仪送来的食物他一口也不吃。假若溥杰和他一起吃饭，食桌上摆着他妻子做的菜，必定等他先下筷之后才略动一点。后来，溥杰快要做父亲的时候，溥仪曾提心吊胆地为自己的前途算过卦，甚至也为弟弟担忧。溥仪相信那个帝位继承法，前面的几条都是靠不住的，靠得住的只是“弟之子继之”这句话。关东军要的是一个日本血统的皇帝，因此兄弟两个都可能做牺牲品。后来听说他得的是个女儿，溥仪这才松了一口气。

溥仪在《我的前半生》中曾这样写道：

当时我曾想过，假若我自己有了儿子，是不是会安全？想的结果是，即使真的有了儿子，也不见得对我有什么好处，因为关东军早叫我写下了字据：若有皇子出生，五岁时就必须送到日本，由关东军派人教养。

日本关东军导演的这场政治婚姻，其真正目的是想篡改“满洲国”的皇室血统。若溥杰生有一子，有一半为日本的血统，这样就可以名正言顺地继承皇位。可惜，溥杰只生了两个女儿，此阴谋没有得逞，溥仪很是开心。

册封“祥贵人”

早在1934年婉容干出了溥仪不能容忍的行为之后，溥仪就有了“废后”之意，想以此来惩罚婉容。但是在婉容汉文师傅陈曾寿的劝说下，溥仪立意想要召一位新“妃”入宫。当时溥仪的一举一动无不在关东军司令官的掌握之中。根据日本军国主义的利益，参与了溥仪的家事，明确反对废“后”并劝说溥仪，废后会影响伪满皇帝的尊严，并波及社会的安定和日本的殖民统治。日本人深知，“废后”固可反对，迎立新“妃”却属势在必行，趁机打入一个符合殖民统治利益的“妃”人选岂不更妙？当然是日本女性更合适，因为这可以从血统上改造伪满皇帝。溥仪目睹了溥杰的“政治婚姻”后，清楚地认识到与其有铁腕的“军方”安排，不如自己作个果断的决定。

暗奉溥仪的“圣旨”，出身皇族、在皇族中有显赫地位的立太太恒馨先选了好几家满族女儿，溥仪都不合意，后来选中了一位他他拉氏的清朝大臣的孙女，她就是从小失去父母、由婶娘抚养大的谭玉龄。当年她妙龄十七岁，是中学二年级的学生，与哥哥谭志元和婶娘住在北京地安门外李广桥西口袋胡同，到30年代中期家道早已衰落，连本姓他他拉氏也不敢沿用，一音之转改为汉姓“谭”字。

尚未册封时的谭玉龄，溥仪最早看到这帧照片，据以选定入宫

立太太向溥仪介绍谭玉龄时用的那张全身“玉”照，一直到这位皇帝成为公民之后，还完整无缺地保存在鹿皮夹里，并贴身携带，由通化而伯力至抚顺，最后还带到了北京。这件事可以说明，溥仪对谭玉龄的怀念之情极其深厚。直到今天人们还可以清晰地看到照片上那位少女的模样：一位满脸稚气的初中女学生站在花园中的“月亮门”

前，梳着齐颈短发，穿着那个年代流行的短袖旗袍，两只裸露的小臂很自然地交叉在胸前，白皙的脸上文静的微露笑意。照片后面是溥仪亲笔写下的几个字：“我的最亲爱的玉龄”。不难看出那时溥仪对他的“祥贵人”倾注了多少爱慕和柔情。

就凭这张照片，溥仪画了“可”字。消息传到北京，醇亲王载沣当即召开记者招待会，向新闻界公开了这条引人注目的消息。载沣这样做，是要以既定事实形成不可更改的舆论和声势，迫使关东军当局对谭玉龄的进宫无法阻拦。

然而，这无异于向时任关东军司令官的植田谦吉通报情况，舆论和声势的作用等于零。关于植田干预“康德皇帝”这次婚姻的情况，溥仪 1950 年在抚顺战犯管理所写的自传中也谈到了这件事，并且讲得更详细一些。他说：“当谭玉龄由北京来到长春和我见了面、彼此都同意结婚之后，也遭到了植田谦吉的干涉，干涉的理由是：必须由他先派吉冈安直赴北京到谭家做详细调查，认为‘合格’之后，经过植田的正式许可才行。结果是在‘令出如山倒’的情势下，经吉冈赴北京调查认为‘合格’并和植田见了一面之后，才允许我们结婚的。”

这段文字略有误差，谭玉龄由北京赴长春，并不是在吉冈安直调查之前，而是在这以后，调查毫无问题，才由吉冈亲自安排谭玉龄成行的。因为尚须经由植田谦吉当面敲定，故还不能以特别身份大张旗鼓地前往，乃由吉冈亲自安排，让立太太和谭玉龄的婶娘陪同，悄然北上。直到植田面见之后，认为纯属满族而幼稚的女孩子，毫无政治因素，遂不再干涉。

谭玉龄先在西花园畅春轩住了一个多星期，随立太太演习宫廷礼仪，继而入宫觐见溥仪。

册封典礼是在 1937 年 4 月 6 日（旧历二月二十五）举行的，这有当时住在千叶的三格格韫颖给溥仪的信为凭。从这封信中我们看到，溥仪当时很高兴，他赏赐三妹许多礼物。而且，那些天里，二弟溥杰刚刚完婚，四弟溥任也要结婚。但对溥仪来说，溥杰的婚姻并非吉事。三格格的信正是溥杰举行婚礼那天写的。那天是 1937 年 4 月 3 日。信中写道：

敬禀者：奉廿二三号手谕，敬悉二月廿五日举行册封贵人典礼，颖谨此谨叩大喜。今日是杰之结婚日，连日奉到电话，颖非常高兴。杰等之披露宴，在八时闭宴。润麒大约九时可归千叶。明日下午三时，仍到富士演习去。杰等明日到神奈川旅行去，七日回来。皇上赏颖的别针，颖太爱了，谨此谢恩。皇上赏颖的相匣，是什么样？请画一图样，颖太想现在就看，不知皇上能不能等谁来时，命带来。如能，颖太高兴了。颖近日常累，真不是病，千千万万请皇上别惦念。王爷又来信说：任于某月某日结婚。颖现打算给王写几个字道喜。余俟再禀，谨此恭请圣安。

按祖制规定，清朝皇帝妻妾分为皇后、皇贵妃、贵妃、妃、嫔、贵人、常在、答应八个等级。谭玉龄进宫后被“册封”为“祥贵人”，是皇帝的第六等妻子。

这次册封典礼不但严格限定于“贵人”级别的范围之内，而且尽量不声张，与溥仪1922年大婚就不可同日而语了。外廷赐宴，本是礼仪中所必有的，现在也有两种说法：一说日本关东军司令官以下日籍文武官吏和傀儡政府伪国务总理大臣以下“满系”文武官员都来凑兴道贺了；另一说则认为根本就未曾安排外廷的祝贺活动。在内廷则按清朝规矩行事，谭玉龄从跨进缉熙楼的第一步就不停地磕头，从一楼磕到二楼，又在溥仪的书房里，面对身穿深色西装并戴一副黑架眼镜的“康德皇帝”行三跪九叩大礼。只听溥仪轻轻说了一句“平身”，又将一柄带有“祥”字的“三镶玉雕龙凤如意”亲手递给谭玉龄，随后领她往奉先殿叩拜列祖列宗，至此礼成。谭玉龄便被引领着回到一楼西侧专为“贵人”安设的寝宫，并在那里接受前来请安的内眷和侍女们。颇令谭玉龄奇怪的是，没有安排她给“皇后”请安，甚至连婉容的面也未曾见到，其时那位可怜的“皇后”就住在几步之遥的同楼东侧房间中。

谭玉龄被溥仪封为祥贵人，就住在缉熙楼西半部楼下，她初到长春时曾住在西花园的畅春轩，这里就成为了她的活动场所，有五间北房连着两间西厢房，室内装饰得非常豪华，地下铺有地毯，墙上贴着壁绢，天花板上安有玻璃顶灯，家具都是洋式高级的。外边带一个小院，种的有树木、花草等。溥仪还为她请了一位老学究陈曾榘——婉容的老师陈曾寿的弟弟，教给她念《四书》。

出身旗人家庭的谭玉龄，在她十七岁的妙龄年代，带着满族贵族家庭的遗风，从北京出关来到溥仪身边。她有娇美的容貌和温柔的性格，给绑在日本军阀战车上的“康德皇帝”送来几许温暖，几丝柔情。正值1937年民族灾难日益深重的时刻，这位在北京上过中学的女学生，也曾用朴素的爱国思想感染溥仪。当然，她也是能听到溥仪私房话的少数几个人中的一个，两人感情因而深化，更加亲密。

溥仪喜欢摄影，伪满垮台后曾有人根据从宫中散落的相片簿里统计过溥仪留存的照片。据说在数千张照片中，皇后婉容露脸的只有八张，而“祥贵人”谭玉龄露脸的却有三十三张之多。这可见溥仪爱情所在的轻重。

溥仪对谭玉龄的感情还表现在传膳方面。自紫禁城大婚以来，溥仪一直单独摆膳，婉容、文绣都难得有机会跟他同桌用餐，只好每餐向皇上进贡几盘菜以应酬门面。在伪满时期这种情形尤甚，溥仪有时感觉到太孤独了，就让他的几个侄子陪膳，却不许婉容靠前。但是谭玉龄进宫以后，溥仪一改传统，常常就在“贵人”的卧室里摆膳，给了她比皇后和皇妃都略高一等的待遇。

在溥仪面前，“贵人”也会有时撒娇的。每天早上起来后，她常常无需通报就随便进溥仪寝宫，有时便从那里拿几块糕点或水果吃起来。这样的事情无论是婉容还是文绣都是不敢的。

谭玉龄不但对溥仪百依百顺，对溥仪的二妹韫和也总是笑脸相迎。“格格们”高兴了，“万岁爷”也就高兴了。做衣服都是按“二格格”说的样子做，做好一件，“贵人”就会穿给溥仪看，他说好看，“贵人”就会笑个没完。

她善于察言观色，凡事都挑溥仪喜欢的去做。伪满初年，溥仪一心想着复辟江山，可是经过日本人一次又一次的教训，到伪满后期，溥仪对复辟清朝所寄托的希望越来越淡漠了，他深感苦闷和压抑，这是入宫的“贵人”也无法替他排遣的。他虽然喜欢谭玉龄，可是却没有心思拿出很多时间陪她，这个时候他会派女伴陪伴谭玉龄，以免她太寂寞，这些女伴都是些身边的亲属。在这些女伴和女仆还有妈妈们眼中，“贵人”是个温柔、贤淑、优雅、善良、斯文有礼、机灵、内向、胸有韬略的人。她总是会想方设法讨“万岁爷”开心，她能够潜藏自己的好恶之情，无论心里愿意还是不愿意，都不会把情绪露在脸上。她不会乱讲政治，她与别人聊天时非常有分寸。这位政治上屈辱的“皇帝”，终于从“贵人”身上获得了爱情，度过了五年的快乐时光。

皇后被打入了冷宫，谭玉龄集“三千宠爱于一身”，可惜宠爱也并没有维持多久，1942 年还是在二十二岁“妙龄”时期，谭玉龄就香消玉殒了。溥仪和谭玉龄悲欢同步的五年虽已逝去，但是溥仪对她的怀念却永恒地保存了下来。

协和会名誉总裁

伪满洲国成立伊始，东北人民反抗日本侵略的斗争仍在继续。“反满抗日分子在各地风起云涌，其数量多达 30 万，日满军警因讨伐而终日不得安宁”。 在这种情况下，山口重次、小泽开作等日本侵略者认为“现应消除历来的民族偏见，实现现住各民族之大同团结”，有必要成立一个组织来统一国民思想，把这个政治性组织作为建设民族协和新“国家”的一支力量。于是，1932 年 4 月 1 日，山口、小泽等人聚集在奉天日本忠灵塔前，宣誓成立“满洲协和党”，并制定了《满洲国协和党法》，该法规定建立协和党的目的是："振作建国之精神，使施政畅达。"一言以敝之，协和党的宗旨就是为日本的侵略战争服务，为其殖民统治服务。

1932年4月15日，在关东军召开的政务会上，关东军参谋石原莞尔根据协和党的纲领和党规，做了以下说明："……我认为最重要的是将三千万民众的思想统一到建国精神上来。关东军司令官已经承认了协和党，满洲政府也公开承认'满洲协和党'，给予适当的帮助，以该党为思想方面和建国工作的基础。"

伪满协和党成立后，积极开展"思想战"，在东北进行广泛的反动宣传，普及"建国精神"，腐蚀和毒化东北人民的灵魂，抹杀东北人民的国家意识和民族观念，欺骗东北劳苦大众。同时，伪满协和党还紧紧追随关东军，参加各种军事镇压和政治阴谋活动，干尽坏事。伪满协和党采取思想战的方式，积极配合关东军武力征讨反满抗日武装。1932年4月，以李顿为团长的国联调查团到东北调查时，奉天省公署总务厅厅长金井章次怂恿刚成立的协和党筹备委员会，以"国民代表"的身份正式会见李顿调查团，叫嚣东北应与中国脱离。1932年6月18日，在关东军参谋部的支持下，伪满协和党成员同满洲青年联盟联合向日本派遣了"促进日本承认满洲国游说队"。

但是，关东军司令官本庄繁对"党"这个名称很反感，加之伪满洲国执政溥仪也和本庄繁一样，对党有恐惧症，他还拿出"辛亥亡国"推翻清朝就是革命党人所为这个历史教训，与孔子关于"君子矜而不争，群而不党"的说教为依据，反对使用党这个名称。经关东军第四课与协和党成员协商，决定取消协和党，成立"满洲国"协和会，由关东军第四课和协和党内的部分骨干组成筹备委员会，起草了协和会的纲领章程和宣言。

1932年7月18日，伪满国务总理郑孝胥奉关东军的指示，将协和会的议案提到了伪满国务院的议事日程，通过了协和会的纲领章程和宣言。其纲领如下：一、宗旨：以实践王道为目的，铲除军阀专制之余毒。二、经济政策：致力于振兴农业、改革产业，以保障国民生活；排除共产主义之破坏与资本主义之垄断。三、国民思想：重礼教、乐天命、谋求民族之协和与国际之和睦。

1932年7月25日，伪满洲国协和会成立大会在伪满国务院举行。日"满"双方最高首脑均出席了协和会成立大会，主要有关东军司令官本庄繁及满铁、关东厅的头目参加，伪满方面参加会议的有伪满洲国执政溥仪、国务总理郑孝胥及其以下各部总长。会上宣读了协和会的纲领和章程。为了表示对协和会成立的祝贺，溥仪在会上发表《执政训词》。

会议推举伪满执政溥仪为"满洲国"协和会名誉总裁，伪满国务总理郑孝胥为名誉会长，关东军司令官本庄繁为名誉顾问，关东军参谋长桥本虎之助、高级参谋板垣征四郎、伪满国务院总务厅长官驹井德三为名誉理事。理事长为伪满实业部总长张燕卿，理事三十三人。伪满协和会在沈阳设立中央事务局，局长是伪满外交部总长谢介石，次长是伪满民政部总务司司长中野琥逸。中央事务局共十人，中日各半，实权掌握在日本人手中。中央事务局下设总务、组织、宣传、审查四处。并在沈阳、长春、吉林、哈尔滨、齐齐哈尔等地设立地方事务局，以后又在承德设立事务局。此外协和会还设有政经调查会、分会以及非常设的联合协议会等机构。

协和会把在皇民化的基础上实行民族协和作为该会的纲领：“……本会唯一目的即在遵守建国精神，实行王道主义，协和各民族，以巩固新国家基础……”章程规定：伪满洲国“所有居民在内，凡年满二十岁的男子均为会员，妇女均为‘妇女会’会员，十五至二十岁的青年均为‘少年团’团员”。协和会成员要从思想上树立日本人和皇道主义的权威。协和会的目的“是从事建国大业的人们，是在满蒙地区的民族指导者，他们的中心人物是日本人，那些日本人作为天皇陛下的臣民，是他们用天皇陛下的大棱威和御恩惠使黑暗的地方变成了光明而又辉煌的大陆。所以讲民族协和，就是要发扬东洋人的性格，让东洋人固有的道德种子生长于满洲土地上开花”。协和会章程第四条规定：“本会以谋求振兴满洲国的建国精神和宣扬王道政治为宗旨。”

伪满协和会成立以后，曾配合关东军讨伐，对东北各地的抗日武装与民众进行镇压、迫害、欺骗宣传，并为关东军搜集情报、筹集物资，但其自身的发展并不是很完善。1936 年 3 月，新任关东军司令官植田谦吉上任后，加强了对协和会的指导与利用。同年 7 月，恰逢伪满协和会成立四周年之际，由植田主持策划，由溥仪全力支持，对协和会进行一次重大改组。改组的目的是调整伪满协和会与伪满政府之间的关系，以其解决两者官吏之间的隔阂与对立情绪。

随着日伪政权的逐步稳定，东北殖民化的程度也日益加深。1936年7月25日，正值协和会成立四周年纪念日，“协和会”改称为“满洲帝国协和会”。

同年 9 月 18 日，关东军司令官植田谦吉又发表了关于《满洲帝国协和会之根本精神》的声明，对协和会与伪满政府的关系作了进一步说明。声明的核心问题是伪满洲帝国政治的本质是以皇民化为目标的“民族协和”，创建殖民主义的“王道乐土”。而实现这个理想是伪满政府和协和会的共同使命。声明中还说：协和会是与伪满洲国同时产生的一种“国家”团体，它不是政府的附属机关，也不是与政府对立的机关，而是政府的“精神母体”，即所谓的“建国精神”。植田解释说，“建国精神”是“以实现日满一德一心、民族协和、王道乐土、道义世界为理想的天皇的圣意”。不言而喻，协和会组织是向东北人民灌输所谓“建国精神”的反动政治舆论中心，其官吏必须是协和会精神的最高、最热烈的体现者。换言之，伪满官吏应成为“协和精神”即“建国精神”的忠实信徒和执行者。

当时，日本人对协和会曾做过比喻：“将满洲国比作一件衣服，政府是面，协和会是里，相结合而成一件夹衣。”兼任伪满协和会会长的张景惠对协和会的解释更为谄媚：“政府既是人民的父亲，那么协和会就是老百姓的母亲，二者像夫妻一样，在母爱之下，协和会便是一个爱护老百姓，给老百姓捞得实惠的唯一组织。”

为了表示对伪满协和会改组的重视，关东军还是要用溥仪之口进行煽动蛊惑，1937年7月25日，溥仪还在伪满协和会五周年庆典之际，颁布《敕语》：

“我国肇兴伊始，经治立新，及首组织协和会。朕以执政揽其大纲，与政府内外相辅，俱其宣扬建国精神，而兴民心于道义，并普及协和之实政，而安五族于共荣，以培帮命，以固邦基。咸体朕心，奉行不懈，朕深嘉慰。兹当创立五年纪念日，敕尔协和会员者，我国以忠孝为教本，以仁爱为政本，依赖盟邦日本帝国永久不渝，一其心一其德，发扬东方道德之真义，而增进世界人类之福祉，国是所奠，天下所咸知也。而遵其国是，翼其政教，实济之功，无修不致。俾日满两国精神一体之关系，日益巩固，万邦皆瞧我建国之精神，是实协和会始终一贯之任务，而尤当举国一致，黾勉从事者也。尔会员宜体此旨，唯诚唯实，力行弗倦，以赞朕平章协和之化，永绥万方。”

溥仪在敕语中强调协和会“与政府内外相辅”的关系，提出协和会的任务是宣扬“建国精神”，巩固“日满两国精神一体之关系”，“发扬东方道德之真义”，鼓励协和会员在“民族协和”精神鼓舞下“一心一德，各尽职安分”，为日本侵略者尽忠效力。

1940年，日本政府推行的侵略政策，受到世界人民的反对。随着侵华战争的扩大，日本政府陷于内外交困的境地。为了巩固“满洲帝国”的统治，支撑对华的侵略战争，关东军对伪满协和会与政府的关系进行了明确规定即所谓的“二位一体制”。伪省长、市长、县长、旗长以及次长、副市长、副县长、参事官等都兼任该地区伪满协和会本部的正副本部长，成为该地区推行“建国精神”的最高指导者。至使省、市、县的官吏具有双重身份，既是地方行政长官，又是协和会组织的负责人，从而确立了殖民主义政治力量的一元化指导。即伪满政府和殖民政治组织协和会的“政党合一”。用伪满协和会中央本部长桥本虎之助的话称这种关系：“以脑为中心的神经系统是政府机关，是发号司令；以心脏为中心的血管系统是协和会，司体力营养的，两方面合起来活动，才能活泼发达起来呢，满洲国的全体情形，应当这样。”也就是说，伪满政府与协和会之间已从“表里”关系发展成“脑心”关系。

伪满协和会的组织机构是不断扩充的，到1940年才基本稳定。在协和会内会长是协和会的最高代表，由伪满国务总理大臣兼任。而真正的协和会统治机关则是伪满协和会中央本部（设在“新京”），最高领导者和决策者是日本人中央本部长和副本部长。伪满协和会在中央本部长的领导下开展工作，主持召开各种会议，修改纲领和章程，制定各项规则，对“全国联合协议会”所讨论的重要事项的提案作出决议。在协和会的组织机构中，“全国联合协议会”是其核心，配合殖民统治的各项指令均出于此，所产生的影响最为恶劣。这是一个类似代表大会的会议组织。

1940年7月，溥仪第二次访日，按照关东军的旨意，从日本搬回了天照大神，并在伪满皇宫东北角修建了“建国神庙”，供奉天照大神，并于1940年7月15日溥仪颁布了强迫东北人民信奉的《国本奠定诏书》。为了全面贯彻侵略者的意图，1940年7月25日，由伪满协和会会长张景惠亲自主持召开协和会全国联合协议会。溥仪亲自参加，听取张景惠作的题为“须竭尽协和奉公之诚完成重大使命”的训示。张景惠的“训示”根据形势的需要，大肆吹捧溥仪第二次访日，并亲自迎回日本天皇的祖先——天照大神之“圣行”。对溥仪回国后颁布的《国本奠定诏书》，进行了解释和说明，使与会的代表理解日本将天照大神弄到伪满洲国来的目的。反复强调：“国本奠定诏书，以阐明我建国之渊源，昭示国民之所向，诚全国协和会会员所感激不胜者。”并要求全体协和会员要“铭之肝胆，咸誓必期献身奉公，推诚协和，尽力宣德达情，以培国本，以振国纲”。

1942年9月1日，伪满全国联合协议会在“新京”召开，伪满协和会的总裁溥仪又一次被推到台前。上午8时起，参加全国联合协议会的一百七十二名代表与政府、协和会中央本部一百一十五名协议员，皆身穿协和服，陆续聚集会场。10时伪满协和会会长张景惠率各部伪大臣于会场门前出迎伪满协和会名誉顾问梅津美治郎。10时53分溥仪入会场。由张景惠、三宅光治一起走近溥仪，分别以满、日两种语方将全国“协和会运动之实践与挺身建国精神之显扬，并一意协办大东亚对战之赤诚”，敬谨奏报。溥仪下赐敕语：

朕兹临协和会创立十周年纪念式典，并全国联合协议会开会式，唯念协和会创立以来，恒与政府表里一体，弼朕平章协和之治，使我建国精神，于政教益明，于民心益彻，其功劳深堪嘉尚。今兹新邦方开大通一新之时，神猷显赫光被大东亚共荣之域，皇谟辉煌，将普照万邦之表。尔会员宜仰休天业之真意，而尽报本之至诚，唯忠唯勇，献身奉公，奉对元神明明之鉴用副朕殷殷之望，钦此。

自协和会成以后，便大肆制造反动舆论，利用各种手段毒害和愚昧中国东北各民族人民。他们出版各种宣传资料、书籍十余种：如《全满的爱国者携起手》《满洲国民必读》《满洲国协和会创立理念》《协和会的根本精神》等。伪满协和会的中央及地方组织都有自己创办的刊物，诸如：《协和》《新青年》《国民文库》《王道月刊》《东亚之光》等。通过这些刊物、资料、书籍宣扬日本侵略者的“功德”，夸耀日伪殖民统治的“政绩”，污蔑东北抗日军民的反满抗日斗争。还通过演讲会、庙会、花会、展览会等形式，利用广播、报纸、电影等宣传工具，制造声势，鼓吹所谓的“建国精神”“王道政治”“日满一体”等殖民统治思想。用来奴化和麻痹中国东北人民的灵魂。伪满协和会配合日本殖民统治的需要，进行时事宣传。1935 年 5 月，伪满洲国傀儡皇帝溥仪访日归来，颁布了《回銮训民诏书》，“与友邦一德一心”。协和会就把宣传的重点放在宣传“日满一德一心”的内容上。1940 年溥仪第二次访日，从日本带回了日本的祖宗“天照大神”，并在宫中修建了“建国神庙”供奉天照大神，溥仪认贼作父，成为日本天皇的儿子。协和会当然不会放过宣传的良机，把宣传的重点由“友邦”发展到“亲邦”，把“王道教育”发展到“皇道教育”。太平洋战争爆发后，伪满协和会的活动更是疯狂至极。积极为日本侵略者发动的太平洋战争摇旗呐喊。

伪满协和会自成立之日起，直至 1945 年，随着伪满洲国的垮台而消亡，始终维持日本对中国东北的殖民统治。直接参与到伪满洲国的政治、经济、军事、文化等各个方面，成为日本侵略者的帮凶。难怪东北人民把伪满协和会称之为“蝎虎会”。直到 1945 年 8 月 17 日，伴随着伪满洲国的垮台，伪满协和会才随之自动解散。在伪满十四年中，溥仪一直担任伪满协和会名誉总裁，发表有关协和会方面的敕语共七次，只不过是关东军利用的一块招牌和又一个傀儡角色而已。协和会的所有行动都受辖于关东军。关东军利用溥仪这个招牌，支使协和会干的种种罪恶活动，更增添了它的欺骗性和蛊惑性。溥仪参与伪满协和会活动，则起到了日本人想起而起不到的推波助澜的恶劣作用。

第九章
伪满末日

如影相随的吉冈安直

1932年，在溥仪充任伪满傀儡皇帝后，溥仪的政治活动、个人命运都完全受制于日本关东军，听命于关东军，任其摆布，唯命是从，沦落为关东军的台前木偶。在溥仪扮演皇帝的傀儡戏中，有一个重要的木偶提线人，这就是十年间一直不离溥仪身边，跟随在溥仪左右，时时处处操纵、控制、监督和管理溥仪，让其言听计从，掌控着溥仪命运的“帝室御用挂”吉冈安直。溥仪与吉冈，一个是身为一国之君的皇帝；另一个只不过是皇帝的秘书、行走，一主一仆。两人身份、地位可谓天壤之别，按常理应是主子指挥奴才，但在伪满洲国却是乾坤倒转，而是奴才掌管、操纵主人，吉冈俨然成了溥仪的真正主子。

吉冈安直，日本九州岛鹿儿岛人，生于1895年，先后毕业于日本陆军学校和陆军大学。高颧骨、小胡子，身材矮小。1932年12月7日任关东军参谋；1934年8月1日任日本陆军士官学校战史科教官，与溥杰结为好友；1935年3月18日任满洲国皇帝的“帝室御用挂”；同年7月18日任关东军参谋中佐；1942年7月1日任关东军高级参谋兼任“帝室御用挂”，同年12月1日晋升陆军中将。短短十年间，吉冈的官阶，从中佐、大佐、少将，最终步步高升至关东军陆军中将。

溥仪在天津时，吉冈是日本天津驻屯军司令部参谋，由于常常跟随日本驻屯军司令官到静园拜访溥仪，遂与溥仪相识。1935年，受任“帝室御用挂”来到溥仪身边。直到1945年日本投降，始终没有离开溥仪。吉冈以“帝室御用挂”及关东军参谋的双重身份监视约束溥仪。

吉冈安直有两个身份，一个是关东军高级参谋，一个是满洲国“帝室御用挂”。御用挂为日语名词，“御用”为事情的敬语，指皇帝的事情，“挂”为“办理”，“帝室御用挂”即是办理帝室和皇帝的事情，意为“内廷行走”，“皇室秘书”，即关东军派来的专门与溥仪联络的参谋。溥仪在《我的前半生》中讲："他的实际职能就是一根电线。关东军的每一个意思，都是通过这根电线传达给我的。我出巡、接见宾客、行礼、训示臣民、举杯祝酒，以至点头微笑，都要在吉冈的指挥下行事。我能见什么人，不能见什么人，见了说什么话，以及我出席什么会，会上讲什么，等等，一概听他的吩咐。"实质上，吉冈充当的是日本关东军的代言人，从思想、政治、军事、经济、宗教各个方面对溥仪加以控制、驯服，使溥仪完全按日本关东军的企图和想法行事，不折不扣地甘心做傀儡皇帝。可以说，溥仪的荣辱、富贵、命运都在这个"帝室御用挂"的掌控之下。

吉冈和溥仪在天津时便很相熟，此刻又是关东军的参谋，恰好相当。吉冈周旋于宫廷和关东军间，溥仪还能得他不少帮助，而在关东军方面却嫌他太过和平，几次要把他赶掉，因为溥仪不表同意，只好作罢。于是吉冈安直从大同二年（1933年）直到康德十二年（1945年）为止始终陪在溥仪身边。1935年3月，吉冈来到溥仪身边，任满洲国"帝室御用挂"。溥仪为满足吉冈的要求，在伪满皇宫勤民楼里专门安排了一个房间供其办公。

溥仪身边还有一个日本顾问，叫作林出贤次郎。他是东亚同文书院出身，久在日本驻中国使馆服务，中国话说得很好，真可说是一位中国通。他曾随溥仪到日本，写成一本《扈从访日恭记》。他和溥仪感情不差，但是关东军也嫌他太和平，参谋长板垣征四郎就曾不要他，植田谦吉便把他仍调到中国服务。

在宫中通常驻着四个日本宪兵，其中一人是曹长，约经半年一调。他们住在宫内府对过一所平房内，在勤民楼下也有一个办公室。由溥仪发给钱、米，附在宫内府食堂进膳。他们在宫中做些什么事，没有可考，只在《传差草记》第十八册中见到下面一个故事：

康德五年（一九三八）二月十五日下午一时，叫东京二格格电话。由日本宪兵叫接楼上三四一三八（按，这是缉熙楼上西前间电话）。下午一时半，宪兵来电话：东京电话一次时间计七通话。我曾把这条记录问过司房旧人，宫中接到市外的电话，是不是必须经过日本宪兵？他们答说并没有这种约束。所以这样做，一是表示没有什么秘密，二是希望便可接通，减少麻烦。

伪满洲国成立时，溥仪和关东军之间的联络人是日本人中岛比多吉和石丸志都磨，但他们都没有在关东军里站住脚。在关东军决定另择人选时，吉冈开始积极活动，四处奔走，千方百计地想谋到这个职位，果然，这个重要的联络人角色就落在了吉冈安直身上。

1935 年 4 月 2 日，溥仪为感谢日本皇室及日本国对伪满洲国实施帝制的支持和帮助，加强“日满亲善”关系，向日本天皇表示效忠，在日本关东军的安排下，开始第一次访问日本，吉冈身为“帝室御用挂”，自然跟随溥仪出访。访日期间，日本为了笼络溥仪，对溥仪的接待颇为隆重，裕仁天皇亲自陪同溥仪参观，而且，裕仁的母亲还打破常规，特别在后宫宴请了溥仪。吉冈对溥仪说：日本皇太后是你的母亲。此后，溥仪与日本皇太后经常往来，还不断互相赠送礼品，这些具体事项都是由吉冈来传送。吉冈一年要往返东京几次，每次临走前，他都要让溥仪做些点心，由他带给日本皇太后，回来时，再带回日本皇太后送给溥仪的日本点心，就这样来回相送。但是，由于溥仪疑心病太重，每次吉冈带回的点心，溥仪自己都不吃，而是让伪宫勤务班的孤儿吃，然后，告诉他是什么味，他再向吉冈汇报。溥仪第一次访日回国后，发表了与日亲善的《回銮训民诏书》，其中“朕与日本天皇陛下，精神如一体，与友邦一德一心”等字样，这都是按吉冈向溥仪传达的关东军旨意起草的。

吉冈时时刻刻都在履行着“帝室御用挂”的监督、指导职责，溥仪的一言一行都在其指导之内。每当溥仪接见伪总理、伪总务长官，以及在每年例行的各伪省长、各军区司令官向溥仪的报告式和汇报后的宴会上，溥仪都要发表讲话，在讲话之前，吉冈都要事先指定讲话范围，他先用日本式的中国话把要讲的内容写在纸条上，然后，溥仪再照此意思讲话。据溥仪在交代材料中讲：太平洋战争爆发后，在一次伪军管区司令官来伪宫汇报后的宴会上，吉冈让我鼓励他们，说明日满一体不可分，伪满军是日军的一翼，美英敢于侵犯我们，断乎予以歼灭。每次溥仪接见客人，以及宫中举办的各项典礼，这位“帝室御用挂”都要在旁侍立。

每年溥仪都要到伪满各地进行视察，在此之前，也是由吉冈通知溥仪要去哪里，并寸步不离地跟随其左右。

1940 年，溥仪第二次访日，这也是事先由吉冈通知溥仪的，吉冈对溥仪讲：为了表现日满一德一心不可分关系，日满应当有同一宗教信仰。在会见裕仁时，溥仪拿出吉冈事先写好的台词，表示基于日满一德一心不可分的关系，愿意迎接日本天照大神来满洲国奉祀。在访日回国的途中，吉冈又把早已印好的《国本奠定诏书》交给溥仪。溥仪回来后，在伪帝宫旁建起了供奉日本“天照大神”的建国神庙，还专门设立了祭祀府，并以伪国务院的名义发布了《国本奠定诏书》。此后，每逢初一、十五，溥仪都要率伪满洲国官员与关东军司令官前去祭祀。

1942 年伪满洲国建国十周年前夕，吉冈对溥仪讲：“没有日本，便不会有满洲国，所以应该把日本看成是满洲国的父亲。所以，满洲国就不能和别的国家一样，称日本为盟邦、友邦，应称作亲邦。”这样，在《建国十周年诏书》中始称日本为“亲邦”。

吉冈不但对溥仪的言行进行指导，而且，连伪满洲国官员奏请给伪皇帝溥仪的国是，也要先由吉冈批示，然后，溥仪才能签“知道了”“可”。下面从两个侍从武官长给溥仪的奏折中可见一斑：

康德七年（1940年）11月16日，臣张海鹏奏。为奏请事、窃查新任关东军参谋长陆军中将木村兵太郎着京，恭请钦派侍从武官传旨欢迎，业蒙裁可在案。顷据关东军参谋吉冈安直面称：“此事查无前例，请勿庸出迎可也，”等情。据此，理合具文奏请圣鉴。（溥仪批：“知道了”）。

康德九年（1941年）10月1日，臣吉兴谨奏。为奏请事：窃据帝室御用挂吉冈安直少将通知：“此次日本闲院宫春仁王殿下来满，系偕妃殿下同来，恭请钦派侍从武官长吉兴出迎宫殿下之时，对妃殿下同时致欢迎之意。”所拟是否有当，理合奏请圣裁。（溥仪批：“可”）。

另外，不论是宫内府的事务，还是内廷的事务，吉冈都要过问，并由他最后决定。下面是一封溥仪给溥佳的信，从中也可见吉冈对伪满洲宫廷的事情，是事无巨细地都要插手。

二弟惠鉴：久别为怀，前因大兄由京归来，藉审动止安善为慰。敬恳者：因大兄此次晋京，会见吉冈阁下，对于永济、筹备两库租款使用方法，有所询问。查该款每次动用，均由兄函请两陵承办事务处呈由宫内大臣奏请裁可，然后动支。其每次经过手续，均皆有案可查。兹检同永、筹两库收入支出表一份，函请吾弟分神饬人逐项将原案查出（如不能查全，兄处存案亦可随时调阅）。持向吉冈阁下详细说明，俾释怀念。至于有何指示，务希速复为感。专此即请近安。

兄溥僩谨启。9月1日（1943年）

吉冈在伪满皇宫中享有的特权，还体现在他可自由出入警戒森严的伪满宫廷。无论是伪满洲国官员，还是溥仪的家人，来伪宫中求见溥仪，都要事先通报，预约时间。但吉冈是个例外，他不住在伪宫中，但每天都要进出伪宫无数次，有时来了十分钟就走了，过了五分钟又回来了。溥仪无权，也不敢拒绝其求见，他见溥仪，不用通知近卫处，可以自由出入伪宫，随时会见溥仪。而且，不论白天黑夜，只要他求见，溥仪就立刻接见，哪怕是正在吃饭，也会立刻放下饭碗接见他。

吉冈不会汉语，但他和溥仪交谈时并不用翻译，常是进行笔谈，或是用日式英语、日语、汉语什么都说。吉冈会绘几笔画，且喜欢画水墨画，一次，他画了一张墨竹，请溥仪题字，郑孝胥题诗，送给了裕仁的母亲皇太后，日本报纸还刊登了此画。溥仪的书斋还挂过他画的一幅水墨画。据《日本手卷册页挂轴簿》载，吉冈安直先后进献五件作品，溥仪还给他摄影印出。

吉冈不仅在“国事”上完全掌控溥仪的言行，并且，在溥仪的家事上也要事无巨细地过问、监督与干预。他自称是溥仪的准家族成员，溥仪与亲族的私人会面，以及与外界来往的私人信件也要一律先送吉冈审查，由吉冈决定是否送交溥仪，如果溥仪想躲过吉冈的视线，私自会见外人或接收信件，那简直是不可能的，其一举一动都在他的监视之下。

在溥仪选妃，以及其胞弟溥杰的婚姻问题上，吉冈都是大加干预。1937年，溥仪选中了北京十七岁的中学生谭玉龄为妃，在溥仪决定迎娶前，吉冈亲自赴北京对谭家进行了详细调查，认为合格后，才由吉冈安排谭玉龄入宫。

吉冈对溥仪除了言行上的指挥和操纵外，在精神与思想上也给溥仪带来了极大的影响和压力，溥仪对其是又恨又怕。

吉冈在履行关东军对溥仪的职责上可谓是尽职尽忠，在日本宣布投降和伪满国垮台时，这位“帝室御用挂”也未曾离其左右。1945年8月8日，苏联对日宣战，伪满洲国的末日来临，8月9日，吉冈安直与日本关东军司令官来到伪宫通知溥仪：为了陛下的安全，要迁都到通化，让溥仪立刻做准备。吉冈还威胁溥仪说：陛下如果不走，必定遭到苏联军的杀害。11日晚，全副武装的吉冈来到伪宫中，对溥仪说：马上出发，请皇上启驾。在夜幕下，溥仪与吉冈同乘一辆车逃出伪满皇宫。8月15日，日本天皇宣布投降诏书。8月17日晚，逃到通化大栗子沟的溥仪，在大栗子铁矿株式会社的教室里，在同样有吉冈及关东军参谋和伪满大臣等的侍立下，草草地宣读了“退位诏书”。紧接着，吉冈又通知溥仪立即逃往日本。18日，吉冈与溥仪同乘一架飞机，逃离大栗子。当飞机在沈阳机场刚刚降落，吉冈和溥仪等人就被苏联红军俘获。在沈阳机场，吉冈还企图把溥仪带到日本，他流着泪向苏联军官哀求说：“请允许皇帝到日本去。”这时，溥仪在桌子下面偷偷地摆手，表示不愿意去。苏联军官看到溥仪的手势，立即告诉他们：日本是去不了的，现在要乘我们的飞机去苏联。这时，溥仪要求与吉冈分开，苏军同意了溥仪的请求，把吉冈与日本关东军关在了一起，直到此时，溥仪才彻底摆脱了这个跟随自己十年的影子。后来吉冈被送到莫斯科郊区的一个俘虏营，1949 年 1 月 15 日，吉冈死于苏联莫斯科。

第二次访日

1938 年秋武汉战役后，抗日战争进入相持阶段。日本狂言三个月灭亡中国的梦想，早已化为泡影，开始做长期侵华战争的准备。日本不但动员本国一切力量，而且还要集中“满洲国”所有人力、物力、财力用于这场侵略战争上。为此，日本为在伪满洲国加速推进“日满一体化”，不断巩固殖民统治，疯狂掠夺经济，扩大对日供应。同时，为在精神上继续麻痹东北人民，摧残中国人民的民族意识，他们大力推行“唯神之道”，开始把日本开国元神——天照大神，作为伪满洲国建国大神。

1940 年 6 月 22 日，为迎合日本的侵略野心，溥仪在日本政府和关东军的安排下，由“新京”出发，在大连换乘御用舰“日向”号直航横滨，开始了第二次访日。名义上是参加日本神武天皇诞辰二千六百周年大庆，真实的使命却是迎接日本“建国”元神天照大神，作为伪满洲国的精神支柱，以取得日本主子的信任。

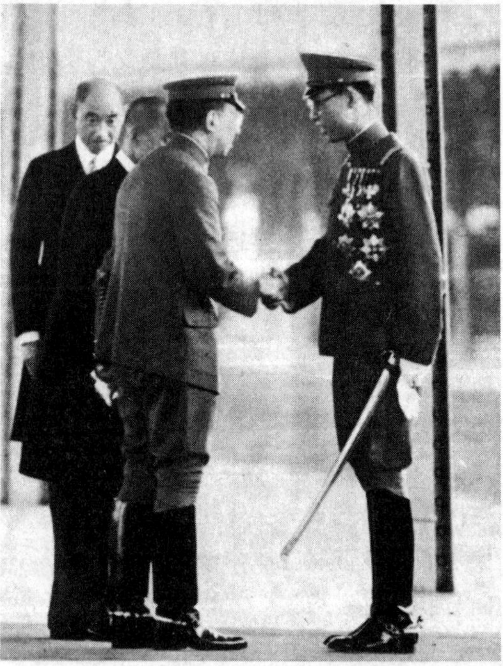
1940 年 6 月 26 日溥仪第二次访日抵达东京车站，同裕仁天皇握手

来回行程与首次访日并无两样，从大连乘日本军舰前往横滨，沿途迎送之举以及震响的礼炮全都不减于前次访日，只是溥仪打不起精神来。他这次仍穿陆军礼服，多了一双大皮马靴，大约是担心再有绷带之类的东西从裤腿掉落出来吧！

6 月 26 日，溥仪一行抵达东京，会见了日本天皇裕仁及皇后和皇太后，敬致庆祝日本纪元二千六百年的祝辞。

在会见裕仁天皇的时候，溥仪

拿出关东军为他写好的稿子，照样念了一遍，“为了体现‘日满一德一心，不可分割’的关系，我情愿迎接日本天照大神到满洲国奉祀……”裕仁的回答非常简单，只有一句话，“既然是陛下愿意如此，那我只好从命了！”接着，裕仁站起来，指着桌上代表天照大神的三件神器，一把剑、一面铜镜和一块勾玉向溥仪讲解一遍。

在日本人的心目中，天皇即大神的化身。既然“日满”一体，日本就不能不让伪满洲国奉祀日本的天照大神。让溥仪把日本天照大神捧回，当作伪满洲国的“建国”大神供奉起来，分明是说“满洲国”不是源于清代，而是和日本一样始于天照大神，为东北人民改换了“祖宗”。“日满”关系也由“日满一德一心”，发展到“日满一如”“日满一体”。

据溥仪回忆，把日本天照大神迎来“满洲”，作为“满洲”的“建国元神”让东北人民顶礼膜拜，这件事的提出可以说由来已久。

早在植田谦吉任关东军司令官的时候，就已在策划这件事了。1939 年 9 月，植田因“诺门坎”战争的失利而被免职，他离任前向溥仪辞行时还念念不忘地谈到他尚未实现的设想，他寓有深意地对溥仪说：“现在，在日满这样一体不可分的关系上，更应该在宗教信仰方面也能取得一致才对。”过了几个月，有一次吉冈安直在缉熙楼二楼佛堂前碰上溥仪，认为是遇到了一个难逢之机，就对溥仪说：“这乃是外国的宗教！现在日满既有这样的关系，在将来应当共同地信仰一个神，共同信仰一个宗教，才是正理。”后来溥仪听说，吉冈是奉了继任的关东军司令官梅津美治郎的命令，而来动员溥仪第二次访日，以迎接“天照大神”强迫东北人民祭祀。这件事最初由植田谦吉提起后，曾遭到当时任日本天皇侍从武官的本庄繁的反对，本庄是伪满首任关东军司令官，号称“中国通”，他担心此举会引起中国人的普遍反感而使日本更形孤立。正如溥仪所说：“我想本庄并不是反对日本的宗教侵略，这只是他的老奸巨滑，他不主张急进，而是取稳进主义的宗教侵略而已。”后来，梅津派饭村穰专门为此事向日本各当权人士游说，当然也与本庄进行疏通终于取得一致。溥仪虽然满肚子不高兴，但也只好屈从主人的意志“衷心自愿”地前往日本迎接新的祖宗——天照大神。

溥仪第二次访日是在 1940 年 6 月 22 日早晨从长春出发，7 月 2 日，溥仪前往京都，参拜了伊势皇大神宫、橿原神宫等日本天皇陵寝。6 日，乘御用舰“日向”号自大阪返回，于 7 月 10 日经大连回到“新京”，前后费时十九天。这次访日并没有安排更多的游览项目，仅在东京办完“公事”，便“启跸回銮”了。

溥仪从日本带回一只长方形木匣，里面装着代表“天照大神”的宝剑、铜镜和勾玉三件“神器”仿制品。他很不喜欢的这几件东西，竟然比他本人更重要。回到长春时“卤簿”来接，第一辆车接手捧“神器”的桥本虎之助，第二辆车才接溥仪。

为这三样“宝贝”，伪满在伪宫东南角上已为那三样东西修好了庙宇，即所谓的“建国神庙”。该庙为木结构，连接之处全系凿卯或门闩一类东西解决，整个建筑没有一个钉子。为此还新设了祭祀府，溥仪任命桥本虎之助为祭祀府总裁，原宫内府大臣沈瑞麟为副总裁，溥仪签署发布《国本奠定诏书》。更有甚者，日本专门派研究“天照大神”的神学家为溥仪进讲，每周两次，全是胡说八道。溥仪根本不信，听完讲课就当笑话讲给在他身边的人听。据那个神学家说，日本“天照大神”是世界上一切宗教的始祖，第一代日本天皇也是从天照大神怀里蹦出的小人长大的。

1940年7月15日，溥仪“御临”伪满建国神庙参加奠基典礼，这当然不是为神庙的兴建而奠基，因为那座白色木头房子早在4个月以前就已经耸立在同德殿前假山的东边了，溥仪东渡迎神乃是日本人长期精心策划好了的，当然不会忘记预先替神修庙。

这次典礼无异于向国人宣布：从今日起使用这座木头房子，奉祀日本天照大神，虔诚地祈祷国民福祉，实心实意地忍受日本主子的主宰。

同一天，关东军以溥仪的名义颁布《国本奠定诏书》：

朕兹为敬立建国神庙，以奠国本于悠久，张国纲于无疆，诏尔众庶曰，我国自建国以来，邦基益固，邦运益兴，蒸蒸日跻于隆治。仰厥渊源，念斯丕绩，莫不皆赖天照大神之神庥，天皇陛下之保佑。是以朕向躬访日本皇室诚悃致谢，感戴弥重，诏尔众庶，训以一德一心之义，其旨深矣。今兹东渡恭祝纪元二千六百年庆典，亲拜皇大神宫，回銮之吉，敬立建国神庙，奉祀天照大神，尽厥崇敬，以身祷国民之福祉，式为永典。令朕子孙，万世祗承，有孚无穷，庶几国本奠于唯神之道，国纲张于忠孝之教，仁爱所安，协和所化，四海清明，笃保神庥。尔众庶其克体朕意，培本振纲，力行弗懈，自强勿息。

为讨好日本主子，诏书中宣称“满洲国”的发展，若无日本的援助是不可能实现的，“满日”加紧一体化进程，“满洲国”对日关系，从友邦发展到盟邦，再从盟邦发展到亲邦，一直升格至亲子关系。

关东军通过颁布这一诏书，把“日满”“两国”的“立国”根本统一起来，即都是基于“唯神之道”。也就是说，伪满洲国和日本是一脉相承的，虽有“国家”之别，但实质上是一个“国家”。换句话说，伪满洲国是日本的一部分。

为了达到强迫人民奉祀新神的目的，受命于关东军上司，溥仪还“裁可”公布了“康德七年第184号敕令”，这个“敕令”的标题“对于建国神庙及其摄庙之不敬罪处罚法”，强迫东北人民一律奉祀天照大神，就足以说明问题了。“摄庙”即指建在南岭的“建国”神庙的“副庙”——专门祭祀侵华战争中阵亡日伪官兵的“建国忠灵庙”。该庙自从1940年9月18日举行“镇座祭”以后，每年举行三次定例祭祀，3月1日举行“建国节大祭”，5月31日和9月19日举行春秋祭祀。有时候还得临时祭祀。凡属大祭溥仪总要“临幸”的。此外，还公布了《建国神庙、建国忠灵庙祭祀令》，而且还为设立伪皇帝直属的祭祀府而修改了《组织法》，公布了伪满祭祀府官制，并于当天下午2时把新任伪祭祀府总裁桥本虎之助和副总裁沈瑞麟，召进伪宫举行特任式。

溥仪前后两次访日有两个明显的“不同”：第一是形势不同。如果说1935年东北这块日本殖民地正处于巩固和发展时期，日本当时所需要的是耀武扬威；那么，到了1940年它已开始走下坡路，又将发动垂死挣扎的太平洋战争，这时日本所需要的是在殖民地人民身上扎一针麻醉剂。第二是溥仪的心情不同。这有溥仪本人的回忆为凭，他在对比两次访日的心情时，说过这样一段话：“因为在上次，是我有生以来初次受到人家以‘国宾’相待的滋味，所以对于裕仁以下的招待，心里感到很满意。至于这次的访问，则在我的心里感到了一种有苦说不出的特别味道。首先是对于日本帝国主义的阴谋招数，久已饱尝，尤其是把裕仁的祖先接到自己的家里去祭祀，并且还得强忍着满腹的闷气，口口声声说是‘甘心情愿’。特别是在封建的敬先崇祖观点极深的我，更是觉得‘认人家祖宗’乃是对于自己历代祖先的一个大侮辱，同时也是对于我自己的一种最大的耻辱。”

溥仪在当时能有这样的心境是可以理解的。他身为傀儡而沦为那段历史中的卖国之君，他考虑问题可能并不顾及民族的利益和荣辱，然而，他毕竟是清朝的末代皇帝，像这样“敬先崇祖”观念极强的人，又怎能忘记列祖列宗、一家一姓的尊荣！日本这样耍弄他，无论如何是太过分了。

“建国十周年”前后

1942年5月14日，伪满宫内府发表公告说“日本高松宫宣仁亲王殿下将于近期来满”。对于天皇陛下的这位御弟，当然也要以伪满的最高礼节待之。

由空路而来的宣仁于5月26日午后5时35分飞抵大连郊外的周水子飞机场。第二天在大连巡视了一番，第三天登上军用专列，并于当天午后5时45分抵达“新京”（今长春）。

宣仁到达的前一天，伪满宫内府发表了题为《关于临幸之件》的第五号布告，文曰：“五月二十八日，皇帝陛下出迎大日本帝国天皇陛下御差遣高松宫宣仁亲王殿下临幸新京车站，特此布告。宫内府大臣　熙洽”

溥仪这次亲迎，从“5时28分启跸”到“6时7分还宫”费时四十分钟。陪同他到车站的，有关东军两名中将：铃本和吉本；伪满国务总理张景惠；伪满祭祀府总裁桥本虎之助和伪满协和会中央本部长三宅等。此外还有几个伪满伙伴国家的“使臣”。当晚，宣仁就下榻在坐落于西万寿大街（今西民主大街）的高级宾馆。

5月29日上午，溥仪和宣仁进行礼节性的会见。10时，宣仁来到“帝宫”，在承光门前受到伪宫内府大臣熙洽和伪帝室御用挂吉冈安直的欢迎，而溥仪则在勤民楼二楼楼梯前等候，两人都穿着军装、跨着战刀，在东便殿举行会见仪式，宣仁对伪满“建国十周年”致祝辞并向溥仪进献了礼物。溥仪致了答辞。这次法西斯气氛下的会见至10时20分结束。又过了二十分钟，溥仪亲赴宣仁的住处回访，在礼节上显然不落过场。

当天中午，溥仪在嘉乐殿举行了盛大的午宴，招待宣仁。当然，两个小时的华宴之上，溥仪和宣仁是少不了举杯碰盏的。

在这之后的两天之内，宣仁时而单独活动，时而和溥仪在一起，参拜“建国神庙”“临幸”“新京忠灵塔”春季恒例大祭、出席关东军司令部的落成仪式以及“协和会”的奉迎式等，而高潮是5月31日“临幸”在兴仁大路举行的特命观兵式。

所谓特命观兵式，是伪满礼典上明文规定的“最高盛仪”，举行这一仪式才能表达“举国奉迎之赤诚”，并反映“日满共同防卫的伟大精神”。阅兵台上的溥仪和宣仁，身穿笔挺的军装，胸前挂满了大大小小的勋章，每人腰上还横插着一柄二尺多长的战刀，活现出一副法西斯战争狂人的模样。然而历史不是打扮出来的，“大东亚圣战”终于被人民唾弃为一段丑恶的历史，“武运长久”的战旗也被败兵践踏得稀烂。

“特命观兵式”结束的第二天，宣仁就离开了伪满的“首都”，到奉天和本溪湖转了一圈，于6月3日飞回东京。

1942年，趁着所谓“建国十周年”的机会，伪满政府指令御用新闻机构“满洲新闻社”“满洲日日新闻社”和“康德新闻社”三家出面，举办了所谓“大东亚建设博览会”。

据伪满国务总理张景惠说，举办这种博览会“目的在于阐明我国建国之由来及圣业之伟大，将历史之陈迹与跃进之现势介绍于中外，以资高度国防国家建设之完成。同时更明示我国在大东亚共荣圈确立上占有据点的地位，使命至为重大，并陈叙东亚共荣圈之实况，用以协助大东亚之建设”。可见这个博览会是彻底为日本军国主义的太平洋战争服务的。

博览会共分三个会场，第一会场有“大东亚战争馆”“建国馆”和国际情势馆三个政治内容馆；第二会场有农产馆、水产馆、“开拓馆”等八个经济内容馆；第三会场有历史馆、恒力馆等六个其他内容馆。

这个博览会从8月12日开始举行，共开放了五十二天。溥仪在8月23日“临幸”了这个博览会。

所谓“建国十周年”理应在3月1日“建国节”庆祝，可是，日本承认伪满是在9月15日，因此，两个日子相比较，后一个更为重要。于是，溥仪在3月1日只颁发了一个《建国十周年诏书》和一个《恩赦诏书》，而庆祝典礼放在1942年的9月15日举行。头一天，伪宫内府发出布告：“九月十五日，皇帝陛下临幸建国十周年式典，特此布告。宫内府大臣　熙洽。”

那天的大会是在长春南岭体育场举行的，伪满政权中的头面人物，如伪满总理大臣张景惠，伪满参议府议长臧式毅，伪满祭祀府总裁桥本虎之助，伪满总务厅长官武部六藏，伪满协和会中央本部长三宅光治，以及全部伪满参议、伪满大臣、伪满次长都到了。日本方面有关东军司令官兼“驻满大使”梅津美治郎、关东军参谋长笠原、“满铁”总裁大村、“兴亚同盟”副总裁松井，以及当时正在长春的日本军事保护院总裁本庄繁，贵、众两院议长松平和冈田。还有当时承认了伪满的几个可怜的“轴心国”的代表。被迫来给这次庆祝凑热闹的下层民众有一万人之多。

上午10时50分，身穿大元帅礼服，前胸左侧挂满了勋章的溥仪，由侍卫处处长金智元陪同，伪满宫内府大臣熙洽和伪满侍从武官长吉兴随从，来到会场。经过公式一般地“宣布开会”“奏国歌”“献祝辞”之后，溥仪从熙洽手中接过“敕语”宣读一番，然后“赐”给张景惠。“敕语”中还是千篇一律那一套话：

兹当我国建国十周年式典举行之期，率尔有司众庶，共申庆祝，朕心正为欣悦，唯念我国仰赖天照大神之神庥，天皇陛下之保佑，建国以来，兹经十载，亲邦仁义援助，尔有司众庶至诚奉公，以有今日，至堪庆幸。唯兹世变方般，时艰未已，朕躬精勤自励，夙夜不遑。尔等宜克体朕意，至诚一贯，仰迓神庥，祗承明命，奉翼亲邦之天业，以期达成世界之和平，朕有厚望焉。

“敕语”宣读完毕，接着是女学生合唱、鸽子放飞、高呼“万岁”、鸣放礼炮等，半个小时的典礼终于是过去了。第二天中午又出席了午餐祝贺会，而下午“幸临”了“庆祝观兵式”。也许他们真以为这伪满小朝廷能像张景惠在“贺表”中所说“统元立极，垂统无穷”吧，然而，这“十周年”的礼炮已经敲响了伪满的丧钟！

汪精卫访问伪满洲国

1942 年 5 月 4 日上午 11 时，溥仪在宫中勤民楼接见日本驻汪伪中华民国政府特命全权大使重光葵，听其通报汪精卫访问伪满洲国事宜。遵照日本的旨意，伪中华民国政府主席汪精卫于 5 月 7 日抵达“新京”。溥仪特派宫内府大臣熙洽等到火车站迎接汪精卫一行。

汪精卫及其随员“外交部”部长褚民谊、参谋总长杨揆一、“宣传部”部长林伯生、“教育总署”督办周作人、“行政院”侨务委员会委员长兼经济委员会秘书陈君慧、“航空署”署长陈昌祖、“外交部”政务次长周隆庠、中央医院院长罗广霖、“外交部”顾问张超、“行政院”秘书曹宗阴、“外交部”亚洲司司长薛逢元、“外交部”总务司司长陈国丰、“宣传部”参事钟任寿、“外交部”交际科长徐义宗、“外交部”专员汪锦元及汪伪国民政府最高军事顾问日本陆军少将影佐、首席顾问海军少将寺冈等，分别下榻于满业公馆和大和旅馆。

5 月 8 日上午 9 时 30 分，汪精卫身穿燕尾服，率领随员林伯生、周隆庠等人在满业公馆启程，与驱车从大和旅馆赶来的褚民谊、杨揆一、周作人、陈君慧、陈昌祖等人，分别乘宫内府特遣礼车前往帝宫拜见溥仪。褚民谊首席随员等人均在帝宫兴运门下车，由“宫内府”接伴员引导，步入勤民楼候见室。而汪精卫的礼车，则由莱熏门直接开进帝宫内廷，由“宫内府大臣”熙洽、掌礼处处长罗福葆等人在勤民楼承光门前迎接。

汪精卫下车后，在熙洽导引下，走上勤民楼承光门前台阶。溥仪出迎，与汪精卫握手后，一起到楼上西便殿。在熙洽、吉冈安直侍立下，汪精卫对伪满的“国运隆昌”及伪满与汪伪政府的“亲善笃厚”表示祝愿。溥仪致欢迎辞。然后由罗福葆引导，溥仪与汪精卫步入东便殿。受汪精卫之请，溥仪接见了汪伪驻满特命全权大使廉隅及褚民谊等随员。之后溥仪和汪精卫又步入健行斋，汪精卫向溥仪献上赠品，溥仪欣然接受。又经一番交谈后，10时10分，汪精卫退出帝宫，溥仪相送。

1942年5月8日汪精卫进宫拜会“康德皇帝”后，溥仪亲往汪下榻的公馆回访

上午10时30分，溥仪率扈从诸员出宫答访汪精卫，10时45分至汪下榻的满业公馆，汪等在门前相迎。溥仪随即步入其居室，亲致答访之辞。交谈后，汪精卫送溥仪到门口，10时55分溥仪离开满业公馆，11时10分还宫。

上午11时50分，汪精卫一行十五人应溥仪之请再度进宫，出席招待宴会。溥仪于勤民楼承光门前台阶上相迎。之后，溥仪与汪精卫步入嘉乐殿宴席。参加宴会者还有汪伪驻满“大使”廉隅、“大使馆”参事官竺缦卿，以及访问同行之日本陆军中将野田、少将影佐、海军少将寺冈，还有日本方面关东军参谋长吉本贞一、关东局总长三浦直彦、中将竹下义晴、少将吉冈安直、驻伪满大使馆武官秦彦三郎、松永次郎及“大使馆”参事官花轮义敬，还有伪满方面张景惠、武部六藏、臧式毅以下各部大臣、参议及协和会中央本部长三宅光治等七十余人。宴会上溥仪致辞后举杯向汪精卫表示祝贺。汪精卫亦举杯表示感谢。宴会后，溥仪和汪精卫再回到勤民楼西便殿交淡。午后1时30分，汪精卫率随员退出帝宫，溥仪在勤民楼承光门前送行。

下午3时20分，汪精卫赴日本关东军司令官官邸，对司令官梅津美治郎致以答访之礼，梅津设宴招待。

5月10日，汪精卫一行回归。溥仪钦派宫内府大臣熙洽传达其旨，珍惜道别之意。梅津美治郎、张景惠以下官员等到“新京”车站送行。

汪精卫访问伪满洲国，并进宫与溥仪在嘉乐殿对杯宴饮，溥仪内心真是苦不堪言！众所周知，正是这个对杯者，早在他宣统皇帝任内的1910年4月初，就策划了在什刹后海北岸小甘水桥下放置炸弹欲置摄政王载沣于死地的政治行动，虽然未获成功，毕竟也属杀父之仇，今天同席共饮，无非受迫于日本主子罢了！

谭玉龄之死

谭玉龄自入宫之后就体质不佳，红颜薄命。平时离不了宫中御医，一年四季药不离口。1942年7月初，谭玉龄病重，出现的症状是发烧，所说的感冒，逐渐趋向伤寒病，且症状越来越明显。伤寒病又称“肠热症”，是由伤寒杆菌引起的急性传染病，多发于夏秋季。典型患者有持续发热，脉搏相对缓慢，肠气涨，脾肿大等症状。谭玉龄生病正是在夏秋两季交替之时，出现的明显症状是持续发热，并出现便血，也就是御医确诊，众人回忆的伤寒病。

1942年8月12日晚上，夜已深，抢救谭玉龄仍在紧张进行。吉冈安直出现了，他命令日本医生立刻到“宫内府”，两人用日语交谈了一个小时，医生提出给病人导尿，因为这样做势必暴露皮肤，溥仪考虑“皇帝的尊严”坚决不允许。日本医生给打了一针后，谭玉龄的病倒是越来越重了。濒临死亡的谭玉龄再也没说出一句话，再也未能从昏迷状态中醒转过来，直到咽下最后一口气。

溥仪囚居苏联的五年间，被苏联政府安排的一个重要并对世界产生影响的活动，就是在1946年远东国际法庭审判日本战犯时出庭作证。溥仪在出庭作证时，情绪激动地喊出了他的第三个妻子即明贤贵妃谭玉龄也是被日本人害死的，此语一出令人震惊，引起了人们对宫中秘闻的兴趣，还引起了人们的种种猜测，从而使谭玉龄之死一直扑朔迷离，而成为伪满宫廷史研究中的一个热门话题。

经多次采访历史见证人，在溥仪身边生活二十年的堂侄毓嵣和溥仪的堂侄女毓菊英，他们回忆：谭玉龄生病及至死亡，他们一直有人在身边候着。谭玉龄得的是伤寒病，溥仪派两名御医换来换去轮番诊治，溥仪还有一个毛病，就是改药方，御医开的药方他要过目，还要改，本来两名御医一个凉攻，一个温补，就够谭玉龄受的了，再加上溥仪乱改药方，这么一耽误，谭玉龄的病不但不好，反而日渐沉重，后来只好死马当活马医了。

因为溥仪例来不相信西医，看到谭玉龄已经不行了，才找来日本大夫小野寺，打针、输血输液后，谭玉龄的尿液又排不出来，日本医生提出要给病人导尿，溥仪坚决不允许，所以谭玉龄的死某种程度上也是溥仪耽误死的。

通过查阅有关医学书籍及咨询中医专家得知，二十世纪三四十年代是恶性传染病伤寒病流行期。当时的中、西医对此病的治疗均无明显的疗效。如治疗得当还稍可缓解，反之则束手无策。如前所述原因，谭玉龄得伤寒病后治疗方法不得当，耽误了病情，虽经全力抢救，均不奏效，致使谭的病情一天天加重。日本医生小野寺来到宫中为其治疗时谭玉龄已是病入膏肓，到了弥留之际，打针、输血均无济于事。1942 年 8 月 13 日谭玉龄逝世，终年二十二岁。

对于谭玉龄的死，最痛苦的人莫过于溥仪。对于死因也因为溥仪的怀疑蒙上一层浓重的迷雾，也成了千古一谜。溥仪认为日本人在宫中各个房间都安了窃听器，谭玉龄生前常常跟他谈论日本人，谈论她耳闻目睹的日本人欺压中国人的情形。这类话若被听去，吉冈安直也有理由对她下手。尽管人们对她的死抱有各种各样的看法，但是对她的怜爱和同情却是一致的。多疑是溥仪的性格特征之一，疑神疑鬼的心态可以说是伴随了溥仪的前半生，年纪轻轻的心爱贵人突然死去，使溥仪无法面对和接受这个残酷的事实。沉重的打击、深深的悲哀，自然要触动溥仪那多疑的神经，使他对谭玉龄的严重病情视而不见，只是注意到吉冈找正在治疗中的日本医生谈话等表面现象。恰恰谭玉龄第二天便死了。我们完全理解溥仪提出的怀疑心情，但感情代替不了事实，猜测终归不是实实在在的证据。

因此，毓菊英女士、毓嶦先生认为日本医生来不来谭玉龄是无药可救的说法是合乎历史事实的。御医佟成海在日本医生来之前即让溥仪准备后事之举亦为此作了佐证。

至此，笔者便可得出这样的结论：谭玉龄患伤寒病后，治疗无效，自然死亡。从而为谭玉龄之死这个历史悬案画上了句号。[1]

谭玉龄的逝世对溥仪的打击是异常沉重的，他悲伤万分，连说话的腔调都变了。他下令召见伪满国务院总理张景惠和总务厅长官说，“贵人”年轻病故，实属可怜，册封为“明贤贵妃”，并参照《大清会典》所载皇贵妃丧礼条款而大办丧事，以慰他心。命载涛为“承办丧礼大臣”，伪满政府特别拨款十二万元，为她举行了祭奠、初奠、册封、大祭、绎祭、启祭、奉移等极为隆重的丧礼仪式。溥仪还命将谭玉龄的尸体停于伪满皇宫西御花园的畅春轩内，由和尚、喇嘛轮流为其诵经超度亡魂，二十一天后出殡：七十二名杠夫抬着绿色棺罩罩着的金棺，

1 王文锋：《法庭上的证词与谭玉龄死因概析》，载自《末代皇帝溥仪在苏联》，天津人民出版社 2011 年出版。

在“执事”、送殡队伍的簇拥下，由皇宫到达停放灵柩的护国般若寺。伪满垮台后，溥仪在苏联时，还派人将谭玉龄的尸体火化，骨灰妥善保存。最后谭玉龄的骨灰和溥仪的骨灰合葬河北易县的清西陵。溥仪的五位妻子，只有谭玉龄相伴他于地下。

为此，还由伪满皇宫传出了和谭玉龄相关的君子兰花中“和尚花”的一段佳话。君子兰是一种十分美观大方的花，当时是宫中的一种独特花卉。谭玉龄生前十分喜爱君子兰，所以她死后，溥仪命人在她灵前摆放了许多君子兰。当谭玉龄的灵柩被移入护国般若寺时，灵前的君子兰也一并移去。经过寺内和尚们的精心侍弄，又培育出君子兰的又一名品，这种新品种因叶形美观、花色艳丽、花期长久而被人们喜爱。流入民间后，人们送这种君子兰一个美称“和尚花”。

未建成的新皇宫

在长春新都建设计划中，规定为溥仪另造宫廷，其地址便是溥仪登极时举行郊祀典礼所在的杏花村。康德五年（1938 年）9 月 15 日（即日本承认“满洲国”日），举行兴工典礼，其节目饱含着神秘色彩。先由神官修祓，接着降神、献馔、读祝，更有刈初之仪，入锹之仪。终于把十三氏玉串奉奠，叫做纳宝之仪。

伪满新皇宫用地是在当时顺天广场南北约一千二百米、东西约四百五十米、面积为五十一万二千平方米的地方。1938 年 9 月 10 日，举行开工仪式，由建筑局施工。建造计划大致分为三部分：南部为正面大广场，中部为以政殿为中心的内廷。正面大广场内设置纵横直角交叉的两条大路，正门前设置约三万平方米的空地作为国民遥拜之地。在外廷南侧中央设正门，经前廷到达政殿。政殿是三层楼，建筑面积约六千平方米，内部分为正厅、谒见室、大小宴会厅及其他各室。位于内廷中心的本殿隔中庭与政殿相对。在上述工程中，政殿的主体工程进展顺利。

康德五年（1938 年）11 月份《斯民画刊》对于这一个典礼曾有详尽的描写，现在把计划中的宫廷构造抄在下面：

新宫廷之营造用地，南北约一千二百米，东西约四百五十米，全面积约五十一万二千平方米。南面兴仁大路，东西则以东西两万寿大街环绕之。该用地系一前方后圆形状之地域，南方则为各官厅会社，建设于其两翼，顺天大街之北端则为国务院及政府中央各官署焉。

在宫廷营造计划上之宫廷用地，大约分为三部：南部即为正门外大广场，中部则系以正殿为中心之外廷，北部乃以寝宫为中心之内廷是也。

（一）正门外之广场面积约十二万五千平方米。在广场之内，筑以纵横直交之两大道路，并于正门前设约为三万平方米之空地，其余则全部植以花卉草木，以资保持宫廷之尊严而调和其风景，同时亦便于民众之遥拜。

再除大广场以外，所有内廷、外廷全部围绕以庄严之外墙，正门及必要之处所亦均配置以侧门及哨壕，并在墙外环绕万寿大街之全周设置绿树地带。

（二）外廷。外廷之南侧，自其中央正门起，间隔约四万平方米之前庭，以回廊围绕之，可直达于正殿。正殿为有地下室之二层楼房，建筑面积约五千平方米。共占面积约一万五千平方米。在其内部，设以正厅、觐见室、候觐室、大小赐餐场及其他之各室。于正殿前庭之两翼，则配置以宫内府、尚书府之厅舍，及其他各办公室、侍官宿舍等。

（三）内廷。内廷之中心为寝宫，亦为有地下室之二层楼房，建筑面积约三千平方米，共占面积约九千平方米，专供皇上日常之起居。距中庭，与正殿相对，以长约百米之步廊连系之。寝宫北方之后苑，在外墙内更设以内墙，使之为外苑及内苑。内苑之内，全面积约十四万平方米，利用地形之起伏，在中央浚以池塘，各处筑以丘陵，并于林泉之间适宜配置台阁树木等，以调和风景而备皇上之游览焉。

但从 1943 年 1 月 11 日起，由于战局发生重大转折，钢材供应暂停，不得不只完成政殿的骨架，全部工程即告停止。伪满洲国的皇宫到日本投降时，仅完成了地下部分，地上部分是后来仿拟完成的，也就是今天人们看到的吉林大学朝阳校区地质宫。从皇宫周围的布局来看，采用了古典的中国皇宫格调。这一城区的中轴线是顺天大街（今新民大街），北端的皇宫是伪满皇帝处理政务的地方，伪皇宫前面的开阔地带是皇帝臣民休闲场所（即今天的文化广场）。另外，在今天长春一汽一带，还规划了更加庞大的皇宫备用地，可以看出，日本是准备长期占领东北的。溥仪出走时，后部房屋底层已架起。

“福贵人”入宫

1943 年春天，溥仪的宠妃谭玉龄死后将近半年，可以说是“遗体未寒”，当时溥仪心中悲痛异常，无心再做“新郎”，吉冈却拿来许多日本女子的照片，让溥仪从中选择。娶日本女子无异于在自己的床头替关东军司令官安耳目。溥仪遂决定找一个年幼的中国女孩子作为结婚对象。吉冈又拿来六十多张中、小学校的女学生照片，供其挑选，结果选中了南关国民优级学校的李玉琴。当时她才十五岁，是个小学学生，既不懂人情世故，也没有社会经验，溥仪仅仅是把她当作任意摆布的家庭玩物而纳入“宫闱”的。

1943年春，溥仪亲自给刚入宫的李玉琴拍摄了这张照片

溥仪的这种选择绝不是从正常的心理状态出发的。如果说1937年溥杰的婚姻是“政治婚姻”，那么五年后的溥仪的婚姻则是另一种意义上的“政治婚姻”。从前一次婚姻中，日本军部的人想捞到点什么；而后一次婚姻则是溥仪存心防备捞取，他只想找一个年岁小、听摆布的女孩子，以摆脱吉冈的逼迫，李玉琴便是这种“政略”旋涡中的牺牲品。

李玉琴原籍山东，曾祖本是山东莱州府即墨县李家庄农民，清朝光绪年间逃荒“闯关东”，在宽城子东十里堡韩家沟子屯落脚，直到她爷爷那辈仍是租种土地的佃户。李玉琴的父亲李万财从小给地主放猪，十三四岁进城在一家私人饭馆当学徒，图个吃饱饭。他身材高大，又长得浓眉朗目，心地也善良，信佛很虔诚，总算在饭馆站住了脚，当一辈子跑堂的。李玉琴的母亲是一位勤劳妇女，干净利落，家里只有座钟、掸瓶和箱箱柜柜等简单摆设，都擦得明亮放光，子女们的衣裤鞋袜虽然破旧，却也洗得干净，补得合体。她一共生育五男五女，只有二男五女活了下来。

初次进宫李玉琴由二格格领着，司房人员手拿喷雾器，把李玉琴彻底地喷了一圈儿，一股浓烈的消毒药水味扑鼻而来，她几乎不能忍受。原来这是溥仪的“洁癖”所致，是他亲自规定的例行公事，以免把传染病带入宫中，任何人进宫都要消毒。入宫后李玉琴跪在地上给溥仪磕了三个头。溥仪并没有摆架子，很温和地过来拉她，连连说：“快起来，快起来！”溥仪给李玉琴留下的最初印象很不错，和蔼可亲，又关心人，消除了她的恐惧感。

入宫之初，李玉琴名分未定，与溥仪特地邀来陪伴的几位女眷见面，要互相请安，这“请安”就有好多样儿，有蹲安、有跪安、梳两把头的用手摸一下头发也算作一种礼节，够复杂的，溥仪便亲自示范，成了李玉琴学习宫中礼节的启蒙老师。

在清宫中，无论谁应答皇上的招呼或问话，最忌讳“哎”呀“是”呀的，汉人自称“臣”，旗人自称“奴才”。到了“满洲国”有所改变，溥仪的弟、妹、族亲等都自称名字，而不一口一个“奴才”了。李玉琴在溥仪面前也自称“玉琴”，起初总觉得别扭，顺口就“你”“哎”“嗯”地答应，这时溥仪也只用“怎么又忘了”这一句轻轻地纠正她。有时溥仪弹琴伴奏，李玉琴应声唱一曲《花好月圆》，或是《天涯歌女》，这便是他们的“爱情生活”。

在溥仪前半生所娶的四个妻子中，“笔据”是都立过的。而对李玉琴的要求最苛。这显然是因为她“出身贫贱”。那是行册封礼的前夕，溥仪亲自为李玉琴制定了限制她的“二十一条”。强迫她绝对无条件的“完全遵守清王朝的祖制”，必须从思想深处绝对服从“皇上”遵守“三从四德”“三纲五常”的封建道德。溥仪后来对这份“笔据”的内容做过说明：

我为了完全控制她，也和过去对待谭玉龄一样，首先订出限制她的“二十一条”。主要条款是：强迫她绝对无条件的“完全遵守清王朝的祖制”，必须从思想深处绝对服从我，一切言语行动都得顺从我的意旨，任何事情都不得擅自处理——即使与父母通信，也要先得到我的批准；一定要遵守“三从四德”“三纲五常”的封建道德，她须忠实地伺候我一辈子，只许我对她不好，不许她对我变心。即使思想上偶然起了不该起的念头，也须立即向我揭露和请罪，否则就犯了“大不敬”的极大罪恶，除须甘受处分外，还得甘受“天打五雷轰”的天罚；不许给娘家人求官求职，不许回娘家和亲人见面，不许私蓄一分钱，不许打听外事——包括政治方面的活动等；此外，尚有不许说谎、不许隐瞒思想，甚至见我时不许愁眉苦脸之类的条款。总之是把束缚她、防范她的办法，从肉体到精神都作了周密的规定。

“笔据”立过，关东军梅津司令官还亲自会见李玉琴，与她谈话，认为“这个女孩子很不错”。这次拍板后，溥仪才敢册封李玉琴为“福贵人”。

册封仪式在缉熙楼二楼南侧最西边的书斋中进行。典礼开始，李玉琴跪下受封，双手呈给溥仪一柄玉如意，溥仪又回赏一柄。接着，李玉琴向溥仪行礼，本来应行“六肃礼”，磕三个头请一回安，共磕九个头请三回安，统称“六肃”。这时也化繁为简，只由二格格依礼说吉祥话，李玉琴行三跪九叩礼，遂告礼成。随后，溥仪带着李玉琴给列祖列宗磕头，以“贵人”身份是不能和皇上一起向祖宗磕头的，这次破格恩典，许可李玉琴跪在“皇上”的身旁错开半步磕头。接着，拜佛菩萨和关公大老爷，一个身穿戎装的皇上领着穿丝绒旗袍的小女孩到处磕头，也是中国封建社会二百多位皇上开先例的事。册封那天溥仪还在外廷大摆筵宴，接受群臣祝贺。

册封后，李玉琴的宫廷生活就开始了。她每天要在书房中度过三个小时，然后是活动时间，或是玩“麻雀牌”，或是做做“女活儿”，如刺绣、挑花、织毛衣等。李玉琴七八岁时就跟姐姐学会了刺绣，而织毛衣则是在宫中向俭六奶奶学的。有时互相讲讲故事，听听收音机。在楼上待腻了便到同德殿前的花园里玩玩，遇上天气不好，就在前廊子小房间中打乒乓球、弹钢琴或唱歌。

尽管李玉琴在宫中只能接触有限的几名女眷，而且举止言行都分外加了小心，还是常常惹出是非，给人家遗下笑柄。她说话带东北方言，有一天在养鱼池边观鱼，发现两条翻了白的死鱼，心疼地说：“准是下大雨呛死的。”这个“呛”字成了笑话。在她身上不免还有东北穷苦人家的生活习惯，见同德殿前后院子里长着许多小根蒜，便动手挖了两回。她喜欢小动物，遂让用人养了百十只小鸡，并亲手捡蛋给“皇上”炒炒吃，结果，穷人身上的俭朴和勤快，转眼间成了丢“贵人”身份的生动故事。敢当面笑话她的，是说话带刺儿的二格格韫和，在她看来，李玉琴作为东北人、汉族人和穷人都有可以取笑的地方。

“贵人”老实，连女仆都敢欺负。大张妈就专门挑剔“贵人”说话的腔调和用语，有一次张大妈当班，“贵人”喊她给拿卡子，按北京话应该叫“袜带”，大张妈故意装听不懂，还反问：“贵人喊奴才要什么呢？”此事教训了年轻的“贵人”，她很快便记住了一些常用的北京话，如酱豆腐不能叫“腐乳”；“干吗”不能说成“干啥”，更不能发“嘎哈”的音；“疙瘩”不能念成“嘎嗒”；“脏”不能说成“埋汰”，等等。

毕竟李玉琴心眼儿不笨，很快就明白了一个道理：尽管自己说话“土”，但身份高贵，是“大命之人”，岂受奴才的戏弄？不但衣来伸手、饭来张口是应该的，连别人给倒洗脚水也理所当然。烦闷的时候，也可以拿她们数落几句。

“读书”二字是李玉琴进宫的金幌子，所以她一踏入宫门就嚷嚷找老师，溥仪希望找到的德高望重的人才却始终没出现，于是他索性自任师职，亲自给“贵人”上课。溥仪向李玉琴灌输的知识主要是列祖列宗的“圣训”和“三从四德”的女儿经、历代格言之类。有时选讲《四书》《五经》某一章节、《古文观止》某篇或唐诗某首，并随意教教作诗、对仗要领以及临帖等书法基本功。溥仪不像普通宫廷师傅“进讲”那样正经，李玉琴毕竟不是他的学生，而是他的情侣，或者说是天真活泼的孩子。所以，上上课便要溜题儿，老师爱出怪样，学生笑个没完。一直未安排正式授课，《四书》更没从头念到底，诗词连格律也没有系统教过。甚至有时讲着讲着又打岔扯远了，简直分不清是讲课呢，还是谈情说爱？

刚进宫时，李玉琴学习还挺用心，日子一长便贪玩了。“贵人”常让女伴陪着在假山前的树林子里“抓人玩”，绕树跑。她是个十五六岁的孩子，玩起来没个够，又想骑自行车玩，便吩咐买来一辆。时而戴上防晒草帽，推车在院内走几圈，女仆跟在后边一步不离。李玉琴还有一副深绿背、淡黄面的麻将牌，平时就放在客厅“多宝格”上，原来宫里是不许玩牌的，因为“贵人”太闷，溥仪特许几位女伴进宫陪玩。

显然，溥仪很苦闷，生理上使他苦闷，政治上更苦闷。当时，日本败局已定，皇帝宝座也岌岌可危，他更加求助于神佛，用虚无飘渺的东西麻醉自己，也麻醉他的“贵人”。他说，任何人都难以避免人生中的十大苦难，所以绝不可贪恋尘世生活，应加紧修身养性，以求达到“西方极乐世界”。他强调，凡有志于此道的夫妇都应当是“神仙眷属”，即诵经念佛、打坐入定外不想其他事。“色即是空，空即是色”，因此一定要过“白骨关”。

溥仪这一招儿真灵，李玉琴从此找到了空虚中的寄托，心甘情愿和溥仪做“神仙眷属”。《蜀山剑侠》等小说对“神仙眷属”做了许多绘声绘色的描述，她很爱读，有些这类书是溥仪亲自找来的。她的一切苦闷都化作了虚无飘渺的追求，完全忘记了自己是一个女人，有当妻子、做母亲的权利，头脑里只剩下溥仪所描绘的佛世界了。

1945 年 8 月，伪满政权垮台，李玉琴的宫妃生活结束了。被溥仪抛弃在山沟里的“福贵人”，又流落到皇族中间，并在这个阶层里为溥仪守节多年，空耗妙龄青春，遍尝人间辛酸苦辣。后来囚居伯力的溥仪被引渡回国，关押在抚顺战犯管理所内。李玉琴仍然在苦等丈夫，寻找丈夫，直到 1955 年他们终于在抚顺重逢。然而，这以后多次的会面，包括中国监狱史上空前的“狱中同居”，其结果却是离婚。李玉琴和溥仪离婚也是戏剧性的，是历史推着他们来到必须分手的一步。然而，拉开告别的幕布，却仍然是两情依依，难舍难离。没有喋喋不休的争吵，没有讨价还价的财产分割，彼此的痛苦并不来自对方，不可自抑、不可言喻。

在新生活的道路上，李玉琴为取得工作岗位而长期奔波，恋爱、再婚，当上母亲，执著地追求一个普通女人应有的幸福。几年之后，溥仪也获得特赦，并很快成为全国政协文史专员，李玉琴也应邀撰写《宫中生活》，他们又成了文史资料战线上的同志和战友。

天有不测风云，“文革”又来了，溥仪是受到保护的人物，而李玉琴却必须与“皇娘”的阴影顽强拼博，最终导致“皇娘造反”的一幕。李玉琴与溥仪因“政治婚姻”而结为夫妇，又因扭曲的政治而绝情反目，这是一段已经逝去的完整、真实而深刻的感情纠葛的历史。

溥仪不幸在文化大革命中病逝，李玉琴却迎来了改革开放的新时代，当晚年降临的时候，才赢得了安定、团聚和幸福，1961 年以来，她根据个人经历先后撰写了《我的宫中生活》和《坎坷三十年》两篇回忆录。1983 年，她被推选为长春市政协委员，1988 年被选为吉林省政协委员。作为我国历史上最后一个亲历过宫妃生活的女性，她的一生波折大、坎坷多，大起大落，富有传奇色彩。她从“宫廷贵人”到政协委员的经历，是一部难得的教材，给人们带来多角度、深层次的启示和关于人生的丰富的思考。

2001 年 4 月 24 日李玉琴因肝硬化病逝，结束了坎坷而传奇的一生。4 月 26 日，李玉琴女士遗体告别仪式在吉林大学第二临床医院告别室举行。一副挽联“经年砥砺芳百世，一生沧桑琴断音”概括了她的生平经历。吉林省和长春市政协以及统战部领导同志，长春市文化局、图书馆和伪满皇宫博物院的同志，还有李玉琴女士的亲友百余人为之送行。

伪满皇宫最后一幕

1945 年 8 月，形势已经明朗化，日本帝国主义的垮台已成定局，历史的暴风骤雨竟在几日之间铺天盖地而来，迅猛地改变了我国东北大地的面貌。

8 月初，“新京”的日伪官吏照常上班，报纸和广播仍在宣传“皇军”的“胜利希望”，伪满《政府公报》，继续公布法令和任免名单。伪帝宫内的“康德皇帝”以及他的“皇后”和“贵人”，虽然有时不得不躲进防空洞里逃避空袭，一旦钻出地面又没事似的支配起侍从或仆妇来。

可是，这一切无非是表面文章。时局的浓雾笼罩在溥仪的心头，他已看出自己正站立在悲戚的阴影之中，顾念前程，不寒而栗，溥仪完全知道：日本帝国主义，已经处在垂死挣扎之中了。

从1944年开始，溥仪就在同德殿前的庭院里，接见一批又一批的日本“神风队员”。他们是从关东军中被挑选出来的，其任务是以自己的身体和所驾驶的飞机作为炮弹，向对方发起有去无回的攻击。

这些被当作“肉弹”的可怜的日本青年，在本国军阀挑起的战火硝烟中，接受了法西斯军国主义的教育，头脑里充满了为天皇尽忠、为天皇效命的思想。他们确实以为“神风号”飞机有“神性”，“飞机是自己身体的一部分。自己身体是飞机的一部分”。因此，甘愿把温暖柔软的身体变成冷酷的无情的钢铁的炸弹……

1945年，日本关东军参谋长山下奉文调往菲律宾执行军务。临行，进宫向溥仪告别。这位关东军的高级将领深知此行凶多吉少，竟泪流满面地对溥仪说：“我这次可能就是诀别了，我深知去时容易回来难啊！”溥仪也假意劝慰一番，并提笔写了“忠诚”二字送给山下。表面看来溥仪似乎既冷静又坚定，其实心里早发“毛”了。连他的“贵人”李玉琴给他唱歌，他也听得不耐烦了。

我八路军、新四军、华南抗日纵队和解放区广大人民，在中国共产党的领导下，进行了长达八年的浴血奋战，抗击了百分之六十以上的侵华日军和百分之九十五以上的伪军，对日作战十二万五千多次，消灭日伪军一百七十多万人。在世界反法西斯力量的援助下，终于打败了日本侵略者，取得了抗日战争的伟大胜利，为中华民族的独立和世界反法西斯战争作出了重大贡献。

不但溥仪，连溥仪的亲属们也都预感到末日的来临。溥仪的五妹夫万嘉熙回忆：我的妻曾对我说：“我们的死灭就要来临的，你为的是忠孝，问心无愧。我盼望日本快完，也可以说盼望我们自己去就死灭，因为只有这样我们的第二代才有可能当上真正的中国人。”这段话，能够反映一部分随溥仪来东北的皇族的心理。他（她）们并不把这座伪帝宫看作是自己理想的天堂，但是既然已经随着“皇兄”拐进了这条死胡同，也就无可奈何而死心塌地了。当此面临灭顶之灾的时候，他（她）们虽然不能没有求生的欲望，却也都准备着以忠君孝祖的名义，为溥仪殉身。

8月6日，美国在日本广岛丢下一颗原子弹，两天之后又在日本长崎丢下了一颗，世界上最新式的杀人武器就这样投入了战争，这无疑给日本侵略者以重创，伪满洲国也强烈地感到了它的震颤。8月8日，苏联正式向日本宣战。8月9日凌晨，苏军突破“东满”“北满”边境，开始轰炸伪满首都“新京”，苏联红军越过中苏和中蒙边界进入我国东北。

8月9日上午5时，长春的敌伪电台广播了苏军越境的消息，接着继续播送一两天。以后反复广播的军乐曲，那是为了拿“雄壮的歌声”去刺激萎靡不振的士气。然而谁都看得出来，那些身在“满洲”的日本兵士以及伪满的“日系”官员再也提不起精神来了。他们的面容上充满了痛苦的表情，完全没有料到的日本武运的末日竟这样快地来到了！

从9日上午开始，长春街上开始有了三三两两的马车，满载着日本人的行李物品向市外驶去，这自然是为了求生而逃难的日籍市民。

日本关东军做梦也想不到末日来得这么快，连关东军司令官山田乙三都不在司令部坐镇。这位司令官居然逍遥地在几天前去大连观赏歌舞伎去了。关东军在群龙无首的情况下阵脚大乱，连一架接司令官的专机都找不到，情急之下，特派侦察机专程接回这位司令官。这位关东军的最高头目，伪满洲国的太上皇，在慌乱中还没有忘记伪满洲国的“皇帝”，他在从大连飞回新京的飞机上给溥仪打电话说：一下飞机就进宫向“皇帝”陛下禀告重要情况。这时的溥仪正在酣然大睡，急促的电话铃声吵醒了他，溥仪听说关东军司令官要来觐见，睡意全无，立刻整装等待接见关东军司令官。

8月9日中午，日本关东军司令官山田乙三和参谋长秦彦三郎、帝室御用挂吉冈安直来到宫中，溥仪安排在同德殿的候见室接见他们。溥仪对接见地点的选择实在很“英明”：那里距防空洞最近。果然，他们还没谈上几句话，就响起了空袭警报，这几个日伪的首脑人物便争先恐后地钻进了防空洞，直到解除警报后才又回到同德殿继续谈话。溥仪回忆那次谈话的过程时说：

神气沮丧的关东军司令官山田乙三、关东军参谋长秦彦三郎对我说，日本由于“战略上的关系”将退守南满，再准备同苏联军“决一死战”，叫我即日带领家属等移往通化大栗子沟。我因为和我同行的家属以及用人并行李等物甚多，当天实在无法动身，便再三向他们低三下四地苦苦哀求，结果总算是得到了缓限三天的恩准。但是吉冈安直却已在心烦意乱之余，恶狠狠地警告我：“你如果不走，苏军来了，一定会首先把你杀掉！”

吉冈这句话触动了溥仪怕死的神经，溥仪立刻汗毛都竖起来了，他抬头看到吉冈恶狠狠的样子，立刻想：他们怕我这个人证落到盟军手里，会不会杀我灭口。溥仪对此又完全没有办法。在这样的心情之下，他不得不扮演这最后一幕的傀儡戏。为了表示在最后一刻对日本主子的忠诚，溥仪对“国务总理”张景惠和总务厅长官武部六藏命令：要竭尽全力支持亲邦进行圣战，要抗拒苏联军到底。

溥仪向吉冈请求说，希望能让溥杰、润麒和万嘉熙都跟着自己一起到通化大栗子沟去。吉冈感到他的威胁已经奏效，溥仪同意了退走通化的计划，也就顺水推舟地答应了溥仪的请求，立即通知伪满军事部，把溥杰、润麒和万嘉熙调任伪宫内府侍从武官。

当时，溥杰刚由伪满治安部参谋司调到伪满陆军高等军事学校任预科生徒队中校队长，润麒和万嘉熙则是该校的中校教官。

伪满军事部调任溥杰等三人的命令下达后，吉冈最先通知溥杰，他打电话把溥杰叫到自己的办公室，对他说："苏俄已经参战，关东军要拥载皇帝退守南满。国都明天要迁往通化。你们夫妇要和皇帝同行。"紧接着他又说："万一通化决战不利，你我都要做好自尽准备！"

因为当时的形势太紧张，浩夫人怕生意外，跟溥杰一起去见吉冈的。从吉冈那儿乘汽车回家的路上，溥杰一度掏出手枪要结束自己的生命，浩死死地抱住他的胳膊不放，喃喃地哀求道："你要死了，我怎么办？……"

8 月 9 日那天，山田乙三和秦彦三郎刚走，溥仪就把几个"内廷学生"找来，慌里慌张地说："要上通化大栗子沟了，赶快收拾东西！"接着又亲自向他们和几个亲信随侍具体布置了收拾哪些东西和怎样分类装箱等事。溥仪还从衣兜里掏出一支手枪比画一下说："情况紧急！你们每人都带上一支，以防万一。"

按照分工，毓嵣、李国雄和毓嵒等几个人在同德殿收拾，把一幅幅的手卷都展开，溥仪也亲自挑选精品，再经包装、小心翼翼地装进长条木箱。毓嵒不知从哪里捡来一只照相机的镜头，对溥仪说："带着它吧？"溥仪很生气地一把抓过来便往地上一扔，很不耐烦地说："拿它干什么！"是呀，在这种时候，一架高级相机的镜头又值几文钱？库房里的衣服很多，溥仪也只挑了两身西服和一双鞋，其余的衣料，长筒靴、短皮鞋统统不要了，在华丽的大厅里乱扔一气。接着又去收拾中、西药房，挑了些鹿茸、羚羊角和犀角等最珍贵的药材带上。当然，溥仪每天离不了的荷尔蒙也是必带的，其余的全都扔了。

在缉熙楼内存放了许多细软物品，如珠宝首饰、金壳手表、钻石、翡翠等，考虑到今后的生活费用，这些东西溥仪全让装箱携带了。

8 月 10 日上午，伪满宫内府大臣熙洽，传谕召集伪国务总理大臣张景惠、伪参议府议长臧式毅、伪尚书府大臣吉兴和伪侍从武官长张文铸等五人入宫，由熙洽传达溥仪将赴大栗子的决定。传达后，五个人都认为此事很有斟酌的必要，于是一起觐见溥仪。溥仪无可奈何地对他们说："是山田亲自来告诉的。先赴大栗子，再转赴日本，已经答应山田了。”五人一听，知道溥仪无法改变局面，又一起到关东军司令部去找山田乙三。这次山田讲话还算客气，但局面也只好如此了，他说：“事情已经落到这步田地，不能不离开新京了！”

接着，由张景惠和臧式毅主持召开伪满政府的“防卫会议”。按照溥仪给万嘉熙看的那张字条的调子，决定：伪满军民总动员，加强防空设施，协同皇军作战。同时，根据山田司令官的命令，把伪满政府划分为撤退和留守两部分：溥仪、张景惠、臧式毅、熙洽、吉兴、张文铸、邢士廉、阮振铎、于静远、卢元善和阎传绂等人到通化大栗子沟办理政务；而于静涛、金铭世、黄富俊、谷次亨等人留守长春办理政务。可笑的是这次实质为散摊的会议，还通过了一项冠冕堂皇的《满洲防卫法》。

会议一散，伪大臣们便飞快地跑回家去收拾行囊。溥杰、润麒和万嘉熙也都在自己家里收拾，打点装箱。润麒聪明，他收拾停当便把伪宫内府的汽车找来，把箱只送往车站，而把家眷全都送到离车站最近的二格格家去了，利利索索地等待溃逃。这时，缉熙楼和同德殿也折腾起来了，溥仪亲自部署，让毓嶦负责，领着一帮随侍，清点重要文物，分别打包装箱。

8月10日午前，伪满皇宫内已经大乱，所有人员都在抓紧收拾东西，溥仪为了消灭罪证，命毓嵣、毓喦和李国雄等人把他在天津的日记和访日、巡狩所拍的新闻电影胶片全部烧毁。结果，慌乱中在缉熙楼地下室锅炉房中烧胶片时，还引起了火灾，幸而火不大，很快就被扑灭。

午后开始发运那些装箱打包的物品。由于一天说不上要拉响多少次空袭警报，人们必须一遍又一遍地钻进钻出防空洞，搞得人心惶惶。往常发运货物，工作做得很细：对全部发运件都要编号、登记，这次也顾不得了。溥仪很不耐烦地说：“得了，别编了！”发件时，关东军曾派了几辆卡车来，还随车来了些负责装卸的日本兵，他们装完车便从准备携带的宫中生活用品中拿了些香烟、名酒和熟肉，就在同德殿的候见室内大吃二喝起来了。对这种“君前失礼”的所为，溥仪也只好忍耐、吞咽了。这时，溥仪又在随侍中挑了严桐江和赵荫茂两人跟车押运物品。

8月11日是“宽限三天”的最后一日了。这天清晨，人们就注意到：悬挂在关东军司令部门前的菊形纹章消失了，这便是历史性的大溃逃开始的标志。

上午，伪宫内府给留守人员发疏散费。那些人所以能一直挺到这一天，也无非是等这几个钱到手。因此，一经拿到钱便各奔东西了，真是留也留不住，挡也挡不了。

和那些留守人员不一样，溥仪的随侍们在这最后的时日里表现忠诚，谁都没有逃离开。溥仪也对得住他们，给每名随侍发了四万元“安慰费”。也有人得的多些，据毓嵣讲，李国雄就得了五万元。李是跟随溥仪多年的老仆，备受信用。溥仪将一些特别重要的物品都交给他装箱，如皇帝龙袍以及最珍贵的手卷等都是李国雄经手的。

与此同时，伪满政府各部的大臣们，也都在溃逃的前夕发了一小笔“国难财”。据伪尚书府大臣吉兴说，他在8月11日那天收到伪国务院派人送到家中的三万元，他问来人：“这钱是干什么用的？”答复说：“不知道！反正是每个大臣一份。”不一会儿，伪满军事部又派人送来两千元，还有一张十万元的支票。可是银行已不再支付现款，支票形同废纸。不管怎样，吉兴毕竟获得三万二千元。不仅是伪满的大臣发了“国难财”，低一级的官员们也都有份，连汪伪政府的驻满使馆人员也全都有份。

溥仪被搞得精疲力尽了，很想如平日那样传膳，可是，御厨们跑得一个都不剩，谁给他预备膳哪？只好胡乱往肚里填些饼干了事。当天晚上，溃逃的专列便离开了长春。

三夜两天在忙乱中过去了，8月11日，溥仪命侍从把珠宝首饰、金表、钻石、翡翠、古玩字画、鹿茸、犀角、羚羊角等珍贵药材装成六七十个大箱子。但到大栗子后，溥仪要找东西，才发现缺了好多箱子，其中有个佛顶珠，根本找不到了，剩下的箱子只有三四十个。与此同时，婉容和李玉琴也各自装满了许多箱子。

11日晚，全副武装的吉冈安直来到伪宫，对溥仪说：马上出发，请皇上启驾。祭祀府总裁桥本虎之助手里捧着代表日本祖先“天照大神”的三件神器，从同德殿东南角的“建国神庙”走过来。外面停放着四辆汽车。在第一车中坐着三个日本人，一个是“帝室御用挂”吉冈安直，虽然已有两天未见露面，这次溥仪及其家族的溃逃，显然也是他在幕后指挥的，这最后的几辆汽车也是他调来的。另一个日本人是伪祭祀府总裁桥本虎之助，此人的地位一向很高，曾任日本关东军参谋长、日本宪兵司令官、日本近卫师团长和陆军次官等职务。还有一个日本人是宪兵曹长浪花，他自然是负保卫之责的。溥仪穿着呢子军装跟着坐进第二辆车，皇后婉容、福贵人李玉琴及随侍们也纷纷上车。在夜幕下，车队开出伪皇宫，溥仪回头望去，看到从伪宫中冒出缕缕黑烟，这是伪皇宫中的“建国神庙”被日本兵付之一炬，伪满皇宫在黑烟中渐渐模糊。

退走通化

溥仪当时已经看出，日伪的垮台是完全不可避免的了。然而，溥仪并不理解日军为什么要退走通化？

其实，退走通化是日军头目们早就确定的方案。据一个在“新京宪兵队”从事特务工作的“日系”军官阔野金吾供称：1945年3月左右，由日本关东军司令官山田乙三和伪满总务厅长官武部六藏主持，有日军的各军司令官和伪满政府中司长以上的“日系”官员参加，在“新京军人会馆”开秘密会议，阴谋策划了十天之久，确定了周密的退走通化的计划。

这个计划的大致内容是：苏日开战以后，日军将放弃东北的大部地区，而把日伪的主要机关迁移到通化。以奉天、吉林、延吉这一道线为抵抗线，先将苏军导入内地，继而切断其后路，再展开游击战，实行焦土政策，无限制地屠杀民众。

对“新京特别市”更采取以下措施：破坏“新京”的重要建筑物；从吉林、哈尔滨发射长距离炮，射击解放新京的苏军；破坏吉林水坝，阻止苏军进击。

1945年8月9日，苏日开战后，“新京日本宪兵队”立即收到上级下达的“各部队各机关应按预定计划实行”的命令。溥仪的退走通化实际是早就策划好了的，当然是不可更改的。

汽车直驶长春东站，在溥仪的汽车行驶在马路上的时候，日本人还特意鸣响空袭警报，用这种办法净街，这显然都是吉冈精心策划的安全措施。东站原本是货车站，只有普通百姓才在这里上下车。今天站台上挤满了准备出逃的人们，人们横躺竖卧地挤在一起，溥仪在这些拥挤的人群里，灰溜溜地钻进往日“巡幸”乘坐的专车“展望车”。跟着溥仪登上这列溃逃专车的，除溥仪的家族人员外，还有许多伪满的头面人物，如参议中的伪参谋府议长臧式毅，副议长桥本虎之助，参议张焕相、井上忠也、高桥康顺等以及大臣中的伪总理大臣张景惠，大臣卢元善、阮振铎、于静远，以及伪满兴安局总裁巴特马拉布坦等人。“展望车”车厢的一半地方摆沙发和办公桌椅，而另一半地方仍是座位。溥仪坐在沙发上，而毓嵣和毓嶦等人守护在车厢门口，因此，这节车厢一直秩序井然。其他车厢可就乱了营了，孩子哭、老婆叫，一片凄惨的溃逃景象。

列车就像个爬行的蜗牛，走走停停，速度极慢。午夜时分从长春发车，又到午夜时分才驶抵通化。在这整整一天的时间里不能不进膳哪！可是，这列溃逃的专车已经没有条件设立舒适的餐车了，只在溥仪的“展望车”上搭了一个临时的小厨房，可是御厨又找不到了，好在溥仪身边还有一个会做饭的随侍赵荫茂，就由他用啤酒瓶子当擀面杖，给溥仪做了一碗面片汤，从溥仪的满意可以知道，这汤汤水水的一餐显然比头一天那干干巴巴的饼干强得多了。可是，列车上的其他人就没有什么吃的了，只好啃消几口又凉又黏的日本式饭团子。

列车进抵通化车站后，溥仪发现这里正在戒严，大有“弓上弦，刀出鞘”之势。原来是日本关东军司令官兼“驻满”全权大使山田乙三大将正在这里，并专门登上这列溃逃的火车觐见“康德皇帝”。

列车又在崎岖不平的山岭中间盘旋，经过整整一个夜间，才在8月13日的清晨到达大栗子车站。在大栗子溥仪乘上他那辆带去的“卤簿” 红篷车，来到大栗子铁矿株式会社，社长的住宅成了溥仪的临时行宫。

大栗子沟是临江县的属地，青山绿水，风景如画。为什么要到这里来而不留在通化市呢？据毓嵣说，是因为通化市没有完备的防空设施，而大栗子沟有一家日本兴办的铁矿公司，它早就预备了严密而坚固的钢筋水泥的防空地下室和地下道。

溥仪来时将伪帝宫禁卫队中的一个连带在身边，到大栗子后就由这个连负责警卫。只一两天，吉冈来向溥仪报告了一个消息，现在长春的伪禁卫队步兵团已经“倒戈”，在这种情况下，大栗子禁卫队会不会“哗变”呢？溥仪一听很紧张，和吉冈一起看地图、查路线，希望能在一旦“变生肘腋”的时候逃一条活命。未几时，吉冈又来报告：随行而来的那一连禁卫队已被解除武装遣返长春了，从此，溥仪的行宫由日本兵护卫。很明显，这不过是吉冈为了在末日中继续有力地控制“康德皇帝”，而在故意设下圈套以消灭溥仪的亲信武装。日本帝国主义在中国人民面前是失败者，而在溥仪面前一直是胜利者。

公正地说，溥仪当时也曾想到最好摆脱日本人的控制，也有身边老臣向他献策，但实际上他走到这一步，已经完全丧失了自我选择的余地，不但日本人继续监视他，连他的胞弟和妹夫也掣肘他。

1945年8月15日终于来到了！日本天皇发表《停战诏书》宣布无条件投降，通过广播传遍全世界。当这个消息传到大栗子沟时，溥仪第三次“退位”的丑剧便以通化地区的高山峻岭为背景拉开了帷幕。

8月17日晚，在大栗子铁矿株式会社的食堂内，召开了一个伪满洲国紧急参议府会议，会议由武部六藏主持，到场的有张景惠、臧式毅、熙洽、参议鹿儿岛、宫内府次长荒井宫、御用挂吉冈、关东军第四课参谋山田、秘书官桥本益雄等。武部讲了战争形势及日本天皇的“停战协定”，并说明“满洲国”解体及皇帝退位诏书的原因，张景惠立即表示同意，随后，张景惠、臧式毅、熙洽一起去见溥仪，呈递“退位诏书”，溥仪早有准备，立即批准了这一诏书。接着在铁矿株式会社的二楼布置了一个会场，武部六藏、张景惠、桥本虎之助、吉冈安直等人拥挤在只有六个“榻榻米”大的房间，个个哭丧着脸恭听溥仪宣读早已在长春起草的“退位诏书”，溥仪仅用了两分钟就草草地读完了诏书，来到各位大臣面前，与其一一握手告别。溥仪的最后一幕傀儡戏宣告结束。

溥仪后来回忆这段退位经历时说，那天，吉冈领着张景惠、武部六藏以及伪满大臣、伪满参议，一个个带着无精打采的神色来见他。见面后，张景惠从怀中掏出一篇早就拟好的伪《满洲国皇帝退位诏书》，让他照章宣读。接着，武部六藏又用日文宣读了一遍。从此，“康德皇帝”的一页便淹没在历史的陈年老账之中了。

退位——这傀儡戏的最后一幕演完后，吉冈吩咐溥仪，立即准备赴日。伪总理大臣张景惠和伪总务厅长官武部六藏又告诉溥仪，在伪满政府剩余的经费中已拨出三亿日元汇往日本，作为溥仪在日本的生活费用。

紧接着，吉冈告知溥仪立即准备逃往日本，溥仪下令赶快收拾东西继续逃亡。8月16日下午，逃亡日本的准备工作已经就绪，说是飞机小，只能带少数随员，于是溥仪把“皇后”“贵人”、乳母以及几个妹妹通通留在大栗子了。一起走的只有十三个人：溥杰、润麒、万嘉熙、毓嵣、毓喦、毓嵣、李国雄、黄子正以及吉冈安直、桥本虎之助和宪兵曹长浪花，此外还有一名神官。

8月17日，溥仪等人从大栗子到达了通化。溥仪等人吃完早饭很快被送到等在那里的列车上，谁也不敢问这列车将要开赴那里。一直过了好几个钟头，才听到吉冈传出的指示：“到通化机场去！”

8月18日深夜，溥仪等人又从火车上下来，钻进几辆小汽车，驶向通化机场。

那里有三架小飞机正等着这批人呢！其中一架是日本军用飞机，保险系数大一些，设八个座位。溥仪和溥杰登上了这架飞机，当然，这批人中间的“领袖”吉冈，负有保护天照大神特殊使命的桥木以及那位手捧神器的“神官”都要登上这架飞机的。另外两架都是陈旧不堪的民航小飞机，溥仪的侄子、妹夫以及用人、医生等登了上去。

飞向哪里呢？吉冈说：“先飞到沈阳去，在那里换乘大飞机转飞日本。”

从早上八九点钟起飞，直至下午一时抵达沈阳。飞临沈阳上空时，该机场实际已被苏军控制，然而盘旋于天空的三架小飞机（还应包括两架跟踪“押运”的苏联飞机），却迟迟得不到降落信号。

飞机停稳在沈阳机场的跑道上之后，溥仪走出机舱，一行十三人被引到一幢机场内小楼房的楼上客厅里，就在这时，溥仪从玻璃窗往外看，只见苏联的军用飞机连续不断地着陆了，一队队手持冲锋枪的苏军空降兵从飞机上下来，迅速解除了机场日本军队的武装。不一会儿，连楼梯旁和走廊口的日本岗哨也都被苏联士兵所取代。

成为苏军俘虏

当时在场的人都惊呆了，别人的心情也是一样，据溥杰讲，他心里想：万事休矣！溥仪还不得像尼古拉第二？我们也得白白地陪着他去死。可事实并不那么可怕，苏联军官来到溥仪身边，样子是和颜悦色的。

溥仪在沈阳机场候机室遇见的苏联军官乃是一位将军，一直是客气地对待溥仪，和溥仪握手，让溥仪安定下来。即使是对溥仪等人行缴械之举，也是相当客气的。苏联将军在引领这一行人登机之前，用十分温和的口气问："你们是否随身带了武器呢？如果带了，就请交给我们代为保管。"于是，大家便把几只起壮胆作用的小手枪交了出来。毓嵣身上还有一副望远镜，也一并交了出来。可是，因为一时发慌，还有三十粒手枪子弹却忘了交出来，以后想起来又补交的。

溥仪等人成为苏联的俘虏之后，仍然没有摆脱吉冈和桥本的监视，他们又一起被押送到一架大型飞机上了。溥仪感到很不自在，既担心苏联人，又惧怕日本人，受的是"夹板气"。溥仪的被俘标志着伪帝宫的最后破灭。

究竟应该怎样看溥仪被俘这件事呢？李国雄回忆说：

溥仪在沈阳机场被俘，难道是偶然间遭遇了苏联伞兵吗？我亲身经历了这次被俘过程的一切细节，我认为溥仪是作为日本献给苏联的投降礼物而去沈阳的，不过这是上层之间的事，吉冈和桥本当了陪送品而不自知。若不是这样，则何以解释下列疑问：（一）日本命溥仪撤离大栗子时为什么要声明"不能绝对保证路上安全"？（二）既然要从通化撤往日本，隔山即是朝鲜，为什么在紧急情况下还要舍近求远，绕路沈阳？（三）通化沈阳之间区区千余里，却飞了将近五个小时，并在沈阳机场上空长时间盘旋。如不是因为日苏之间正在交涉未妥事宜，这种现象又做何解释？（四）在制空权已经操于苏军之手的条件下，如无某种契约，能允许三架落后的伪满小飞机，在天上自由飞翔五个钟头吗？（五）苏军伞兵飞机与溥仪乘坐的飞机同时在沈阳着陆。这恰恰说明我们在飞行中早已处于苏军监押之下。偶然、巧合，这些字眼儿都是解释不了的。

李国雄回忆他们当年对这一问题的讨论和认识，是有根据的，应是沈阳机场溥仪被俘的真正原因。

溥仪是在1945年8月19日在沈阳机场被俘的。两天以后他被飞机载往赤塔。这一行动就由当时苏联远东部队总指挥阿·姆·瓦西里也夫斯基元帅向斯大林发了以下的密码电文："1945年8月19日满洲里皇帝及其随从人员自奉天押往克拉夫琴柯军总部。按照您的命令我将其扣留并计划安置在赤塔地区。"可见，苏联对末代皇帝溥仪的关注绝不亚于中国，已从此刻开始。

在押往赤塔以前，溥仪在中国的通辽度过了8月19和20两日。保卫人员要以人头担保这位末代皇帝的生命。数十名荷枪实弹的士兵担此重任。

溥仪彻夜未眠，在房间里踱来踱去，不时与弟弟溥杰说几句话，对自己未来的忧虑溢于言表。第二天，政治部七分队的中尉科斯特留柯夫被派来给溥仪当翻译，他与皇帝进行了长谈，终于溥仪压抑的情绪渐渐好转，初次露出了笑容。

不久，费力亚什金将军来到溥仪住处，翻译向他汇报了与溥仪的谈话内容，并告知，这位前伪满洲国皇帝对日本反苏的全部军事行动了如指掌。这些情况立即呈报上级。

8月20日前线指挥马林诺夫斯基元帅乘飞机抵达通辽，他是前来专门监督指挥此次转运溥仪的行动。押送队长为费拉托夫大尉，他掌握全部有关文件并受命一路关照溥仪。

第十章
囚苏五载

从莫洛科夫卡到哈巴罗夫斯克

1945 年 8 月 20 日，溥仪在苏军押送下，乘飞机经通辽于黄昏时刻到达苏联境内的赤塔。跟随溥仪来到这里的有二弟溥杰、三妹夫郭布罗・润麒、五妹夫万嘉熙，以及三位族侄：毓嵒、毓嵣和毓嶦，还有随侍李国雄和私人医生黄子正，连溥仪在内一行九人。

入夜以后，苏方用汽车把他们送到赤塔市外，沿着布满防空设施的崎岖山路，仅靠途中岗哨的绿光手电指引，行驶约三小时，终于停靠在一栋房子前面。

溥仪一行被带进一间大房子，一位苏联军官由翻译陪着，态度温和地和大家谈话，问他们累不累？吃过饭没有？溥仪毫不客气地回答说："我们都没吃饭呢！快给弄点儿吧。"随后又补充一句："我吃素。"苏联军官又问别人，不料，统一的回答是："我们都吃素。"这位军官迷惑不解：有一人吃素也不足奇，怎么会全吃素？深更半夜的到哪里弄那么多素的东西给他们吃？那位军官哪里晓得：溥仪也不是天生吃素的，越是悲观的时候越把寄托放在佛身上，于是便吃斋，肉也一口不动了，但鸡蛋照吃不误。这时连他身边的人也必须随他吃素。眼下又处在困境中，碍着他脸面，谁肯说不吃素呢？

素餐过后已是子夜，溥仪等人都很疲劳，倒头便睡得不省人事了。

次日起床时天已大亮，溥仪在院子里散步这才发现，昨晚住过的房子一栋五间，全是原木堆积起来的，没有一砖一瓦，叫"木刻楞"。连房后的防空洞、防空壕、发电机房和车库，全都掩盖在松树丛中，房顶也插了一些布满绿叶的小松树，从天上的飞机里是绝然看不出这里是有房子的。直到战争彻底结束，这里才挂出"莫洛科夫卡疗养所"的招牌，实为位于莫洛科夫卡的赤塔州内务人民委员部第 30 号收容所。

一个星期后，被俘的原伪满洲国国务总理张景惠等大臣、溥仪的岳父荣源等分两批也被押送到这里。

溥仪在苏联监押期间，在生活上则得到了很好的照顾和特别的优待。

溥仪及其随从最先被安置在丛林环抱、郁郁葱葱的苏联赤塔“莫洛科夫卡”村卫戍司令部军队疗养院，该疗养院占据一座单独的第 30 号楼房，由沃勒柯夫中校负责，周围没有设置任何障碍物和铁丝网，却将原保卫苏联远东部队司令部总司令华西列夫斯基的连队调来，特别配备有一百多人的狙击手连，担任安全保卫工作，这一切都是为了溥仪，随员溥杰、润麒等也都是溥仪最信任的人。到达当天，还专门为溥仪举行了一场小型“洗尘”宴会，奉为上宾。

收容所的环境十分优雅：弯弯的山路，茂密的松林，小河流水叮咚，鸟儿啾啾鸣叫，让溥仪感觉到真正是置身于大自然的怀抱里。他喜欢散步，苏方也不太限制，只在他身后跟个人，任他在山上、山下、河边、树林随便蹓跶。后来连人也不跟了。溥仪很满意，他的活动范围比伪满时期大得多，生活兴趣也比那个时候浓。有一天溥仪忽发奇想，携毓嵒和李国雄奔一个遥远而可见的山头去“探险”，前行约十华里，从山上隐蔽处突然站出两名苏军岗哨，用手一横，嘴里高喊一声“捏列加！”是不准再向前走的意思，显然山中有战备工事等军事设施，是保密区域。

在赤塔拘押时的作息时间为：上午 9 点起床，上午 10 点早餐，下午 2 点午餐，晚 7 点茶点，晚 8 点晚餐，晚 12 点就寝。很舒适。

每日四餐极为丰富：早餐有各种面包、点心、咖啡、茶；午餐至少两菜一汤；下午三四点钟还吃一顿“午茶”，奶油、果品；晚餐是西餐为主，既有牛舌、牛尾，还有点心、果酒等，过着上等生活，等同于苏联政府的部长和军队的将军。苏联当地内务局（又称公安局）局长还曾邀请溥仪到其别墅用宴。

第一次开“下午茶”才有趣呢！谁都不了解这下午茶为何物，还以为是晚餐提前开了。见每天只有一碗茶、一片面包、一小块黄油和可以加入茶中的方块糖，都觉得不满足，吃完还要，女服务员就不断地添，添一次、添两次……她们很奇怪：茶点还要“点”这么多？中国人原来都是大肚皮！溥仪这帮人想得不一样：怕吃少了难熬到第二天早晨，这两餐间距太长！“下午茶”过后，溥仪躺在那架为他单独准备的大沙发床上“悠哉”过去，别人都各自回房睡了。晚上 7 时许，女服务员招呼开饭没人响应。问溥仪，他摇摇头说：“不饿。”再叫别人，都摆手说：“不吃了！”急得女服务员直嚷：“你们怎么全都不吃饭？是要绝食吗？”她们不知发生了什么事，真急了。到第二天开早点时，溥仪那帮人又笑着出现在餐厅，女服务员们才明白过来。

有一次，毓嶦同溥仪出外散步，途经一个俱乐部，就进去了。里面有个舞厅，墙上挂着伏罗希洛夫元帅的巨幅油画。看见厅内有一架钢琴，溥仪就坐下弹起幽静、动听的俄罗斯小夜曲。这时，一位中校恰好走过这里，听见了幽美的琴声，走进来说，你们喜欢弹钢琴可以搬去。于是他命令一个少尉带着几个士兵，把钢琴搬到溥仪的住处。

收容所的室内设施也不错：餐厅里摆有三张桌子，蒙着紫色桌毯，桌旁是一圈椅子。靠北侧为客厅，沙发茶几俱全。在起居上，收容所为溥仪准备了设备最全的单间，还专门安装有线广播，播放音乐，收听俄语新闻。此外还配有医生和护士，一切都是特殊安排，显然并未把他视作“战犯”。

在赤塔莫洛科夫卡收容所，渥罗阔夫中校常在晚间到溥仪这里来坐坐，不带翻译，彼此用新学的几句俄语讲话，说不明白就打打手势。渥罗阔夫还曾邀请溥仪到他的住处吃过一次便饭。当时苏联人喝的酒叫“俄斯克”，有四十五度，习惯用大杯干杯，但对于根本没有酒量的溥仪来说，实在是勉其所难。可是溥仪为了套交情，表示友好，努力干了几杯，结果醉得一塌糊涂。

战后的苏联，经济凋蔽、人民困苦，老百姓的主食是在商店里出售的“黑列巴”（面包），里边杂有草秆之类，十分粗糙。两相比较，溥仪在苏联确实受优待了。

西伯利亚的冬天来得早，9 月刚过，莫洛科夫卡人已把厚厚的大衣穿出来了。疗养所也给溥仪他们每人发了一件军用大衣，虽然很保暖，外观不雅，是苏军士兵穿的光板子皮大衣。疗养所管生活的军官冲溥仪耸耸肩膀开玩笑说：“不怎么好看，凑合一下吧，反正这里没有很漂亮的姑娘，不用怕丑。”

为了取暖，各屋的“别列达”（俄式火炉的一种）都生火了。也不烧煤，清一色烧山里的松木和桦木，溥仪的侄子、随侍也帮着女服务员劈绊子。有一天，溥仪一反常态也动手帮忙往室内运送木绊子。不料，女服务员赶紧过来阻拦，不让他干。溥仪不听，还操起手锯硬要锯木头。这时，女服务员们把脸也绷起来了，毫不客气地命令道：“捏列加！”因为苏方对溥仪有特殊政策，把他看得身份高，不让他劳动。女服务员更怕他接触铁锯、钢斧，倘闹出“自杀”等意外举动，她们的饭碗可就砸了。

在莫洛科夫卡关押的不仅有伪满洲国的皇帝和高级官吏，还有被苏联红军抓捕的日本关东军高级将领，这些人的到来，使原本不大的收容所变得拥挤不堪，于是苏联政府决定把他们转移到哈巴罗夫斯克郊区红河子岸边的一座别墅区看押。

1945 年 11 月溥仪等被转移至哈巴罗夫斯克（伯力）郊区红河子别墅。哈巴罗夫斯克位于黑龙江与乌苏里江汇合之处，原是我国领土，名叫伯力。清朝康熙年间，沙俄一个姓哈巴罗夫的人率队伍入侵这里，用他的姓后面又加上“斯克”二字而命名（“斯克”俄语是城的意思）。在红河子岸边的这座别墅区里，溥仪和伪满洲国的高级官吏与日本关东军高级将领被分别关在不同的区域，溥仪住在楼上的一个单间里，三个侄子、岳父、侍从、医生分别住在一大间和一小间，楼下一大间、四小间住的是各部大臣和两个妹夫。

那里的条件不如莫洛科夫卡收容所，看管比以前要严厉，但溥仪的待遇却一如莫洛科夫卡，生活也相当舒适。这里的看守人员不知从哪里弄来了几把用贝壳和大理石镶嵌成花纹的中国椅子，还有与之相配套的一张八仙桌，溥仪每天就在这里用餐和念佛经，对于看守送来的中文报纸和一些政治书籍，他偶尔也会心不在焉地翻上几页。

后来，在苏联方面的启发教育下，他们开始学习一些马列的书籍和苏联党史，如《列宁选集》《列宁主义问题》和《联共（布）党史简明教程》等。收容所经常组织战犯们学习，每次学习，溥仪总是坐在讲桌旁边一个特殊的座位上，听教员结结巴巴地讲“孟什维克”“国家杜马”，装出很用心听的样子。在苏联拘留期间，除了翻译人员经常给大家讲新闻，还可以经常看到旅顺苏军发行的中文《实话报》，听到国内的战事消息。

1946 年六七月，先是同被关在红河子别墅区的一批伪满大臣被送往伯力市内的第 45 收容所。接着，溥仪也被迁移到第 45 收容所，与伪满大臣和日本战犯如关东军司令官山田乙三、参谋长秦彦三郎等关押在一起。这座收容所位于伯力市公园附近，是一幢二层的砖瓦结构的楼房。溥仪迁到这里其实是在为日后溥仪东京出庭作证做准备。

溥仪在苏联关押期间与收容所的苏联军官合影

这里虽说是个俘虏收容所，

看管戒备并不森严。白天，哨兵都站在很远的地方，只在晚上才到房子跟前来。他们也常到屋里来坐坐，顺便要支香烟抽。为了使溥仪他们得到改造，收容所在院子里划出了一些地块。溥仪和家里人分得了一小块，种了青椒、西红柿、茄子和扁豆等。看到青苗一天天在生长，溥仪觉得很新奇，于是每天提个水壶接自来水去浇，而且浇得很有趣味。这是他以前从来没有做过的。

从莫洛科夫卡到哈巴罗夫斯克的五年拘留生活，溥仪一直是和弟弟、两个妹夫、三个侄子和一个用人在一起的。在第45收容所，溥仪继续着他在红河子别墅区的日常生活习惯，始终对他带来的随从一直都端着“皇上”的架子，天天接受他们的请安。家里人给他叠被、收拾屋子、端饭和洗衣服。他们不敢明目张胆地叫他“皇上”，便改称他为“上边”。每天早晨，他们进溥仪的屋子，照例先向他请安，那些伪大臣多数对溥仪还是保持尊敬的。每逢过旧历年，大家包饺子，第一碗总要先盛给溥仪。即使1947至1948年间，溥仪的侄子曾被送到伯力的另一个收容所期间，溥仪仍然心安理得地让年迈有病的岳父——皇后婉容和润麒之父荣源来侍候他，并恭恭敬敬为他打饭端菜，心甘情愿洗衣做杂役。

溥仪每天虔诚诵佛念经、修行功课，还让随侍放哨，好让他摆弄诸葛神课、金钱卦等玩意儿，占卜自己的未知命运。他的这些做法从未受到苏军的干预。关押期间整天翻阅一直带在身边的“算命书”预测自己未来的命运吉凶。他每天虔诚地跪在床边的地上，修行功课。溥仪每次拿出那本“诸葛神课”时，把他从日本带回的八枚带孔的日本硬币摇得叮当乱响，当苏联兵一上楼，他就会得到为他放“小哨”的侄子们发出的信号，溥仪立即装成无事的样子。其实苏联看守只管清点人数，不管其他的事。溥仪怕他的侄子们受大臣们的影响而背叛了他，还千方百计地限制他们接触那些大臣。每日摆弄诸葛神课、金钱卦等玩意儿，占卜自己的不测命运和时常向苏方表达希望永久留住苏联的请求是他那个时期的主要寄托。

溥仪从小在紫禁城接受的是封建家庭的传统教育，唯我独尊的性格已经形成。尤其在伪满洲国充当了十四年的傀儡后，在不到两周的时间里，就从“皇帝”的宝座上跌下来，变成了阶下囚，成了一条“囚龙”。昔日里冠冕堂皇、四面威风的溥仪在苏联时，虽然是作为在押的战犯，但思想没有从根本上转变，更没有认识到自己犯下的罪行和给东北人民带来的灾难。

赴远东国际军事法庭作证

第二次世界大战结束后，同盟国在东方和西方同时成立了两大军事法庭，对德、意、日等国的战争罪犯进行审判。1946年1月，在日本东京设立远东国际军事法庭，审判参与策划、领导日本侵略战争的重臣、军人、外交官等二十八名日本甲级战犯，他们是东条英机、平沼骐一郎、广田弘毅、小矶国昭、荒木贞夫、土肥原贤二、板垣征四郎、梅津美治郎、畑俊六、木村兵太郎、松井石根、南次郎、武藤章、佐藤贤了、冈敬纯、岛田繁太郎、大岛浩、白鸟敏夫、重光葵、东乡茂德、贺屋兴宣、铃木贞一、星野直树、桥本欣五郎、木户幸一、大川周明、松冈洋右和永野修身。

1946年3月至4月，11名来自美国、中国、英国、苏联、法国、加拿大、澳大利亚、新西兰、荷兰、印度、菲律宾的法官相继奔赴东京，根据国际法庭宪章，法官团组成，澳大利亚人卫勃成为首席大法官，美国人约瑟夫·季楠担任首席检察官兼盟军总部国际检察局局长，受当时中国国民政府的委任，梅汝璈担任远东国际大审判的中国法官，向哲浚、倪征燠带领检察官工作小组参与诉讼。这次历史性的大审判对于刚刚从战争硝烟中走出的中国是一次巨大的考验，也是一次艰难的历程。

开庭之前，中国检察官向国际检察局递交了中国认定的11名日本战犯名单。但是对于这次审判，当时的中国政府明显准备不足。作为亚太地区最大的受害者，中国派往远东国际军事法庭的人数却是最少的，前后加起来一共只有十三位，相比之下，苏联派了七十多位，美国则更多。对中国最不利的是，远东国际军事法庭采取的是英美法系而不是我们熟悉的大陆法系。大陆法系是究问制，即先假定你有罪，然后由被告方来证明自己无罪，再由检察官来提出控告。而英美法系则以对质制为主，以证据为中心，首先假定被告是无罪的，然后由控辩双方就证据进行辩论，法官如果认定证据不足，可以拒收，所以在英美法系中证据的力量是非常重要的。但是由于战争期间中国方面没有注意搜集和保留证据，日本方面又严守军事秘密，并在投降后销毁了大量犯罪证据，导致取证工作困难重重。在短时间内搜集有力的物证十分困难，所以要想控告那些十恶不赦的日本战犯，必须找到关键的证人出庭作证。在举证日本侵略中国的罪行方面，曾任伪满洲国皇帝的溥仪是最合适的人选。因为他曾是受日本关东军掌控的傀儡皇帝，对日本人既怕又恨，对日本人的罪恶行径也了解得十分清楚。因此，为了进一步证明日本侵略中国东北的真相，国际检察局同意传唤溥仪出庭作证。在东京审判中溥仪作为证人起着怎样至关重要作用已经是不言而喻了，或许当时就连溥仪自己也没有意识到。日本的《朝日新闻》把溥仪的出庭说成是东京审判中“一个划时代的日子”。

在苏联伯力关押时期，从1946年春开始，也就是溥仪在去东京远东国际军事法庭作证之前，苏联方面进行了各种的准备工作，当然这一切溥仪事先并不知情。当时的苏联内务局频繁地提审溥仪，叫他写关于伪满时期的材料，当时时常来个吉普车把溥仪接到市里去问话，回来再写材料。长期以来聚集在溥仪心底的对日本人的怨恨，第一次敢正面地发表出来，溥仪积极主动地配合苏联方面，为调查日本在东北犯下的滔天罪行提供了大量的资料和证据。他的思想在此时此刻已经发生了微妙的变化，毕竟他已经向正义迈出了一大步。

苏联政府虽然不允许溥仪自带随侍，却也给他配备了一名译员，这位苏籍译员曾在我国哈尔滨市居住多年，既懂汉语，又通日文，名叫别尔阔夫。行前，苏方还特意为他定制了新装。于是，溥仪穿了这套合体的黑色西装，并在雪白的衬衣脖领下系上一条黑白相间的格纹领带，左胳膊上还挎着一件灰色的高级呢料大衣。由于天气不好，山城总处于深雾的笼罩之中，飞机无法起飞，溥仪在海参崴一连停留了七八天。后来搭乘一架水上飞机，经五小时飞行，到达日本横滨附近的厚木机场。

1946年8月10日，由苏军陪同溥仪乘坐飞机经海参崴到达东京，直到8月16日出庭之前，他一直待在苏联使馆附近的一栋楼房中，接受法庭安排的各项程序性工作。这期间，苏联检察长、美国检察长以及国民党政府派出的中国副检察长，先后来到溥仪的住处，对他的证人身份进行查讯。法庭首席检察官季楠也在8月12日与溥仪会面谈了话。

到达东京后面对当时各种复杂的国际形势，使溥仪更加忐忑不安，尤其害怕见到中国人，因为溥仪害怕被中国政府引渡、怕被处死。而且“引渡之说”在溥仪出庭以前已经见报，曾有这样一条短讯：“国际战犯法庭的中国检察官对合众社记者称，中国希望引渡溥仪，苏方并已一度允诺。然目前复予保留，这显然是作为讨价还价的依据。”这样的消息强烈地刺激着溥仪的神经。到达东京后，中国检察官和国际检察局的美国检察人员一起，两次找溥仪谈话核实情况。为了打消他的顾虑，中国检察官裘劭恒多次找溥仪谈话并向他说明，他是作为证人来东京的，鼓励他大胆地、实事求是地出庭作证，他紧握着裘劭恒手，大声痛哭。溥仪当时的心情是复杂的，那一刻是既有悔过之意，同时看到中国检察官对他哪么信任，他的心中又充满了感激之情。这一切是溥仪在来东京之前所没有预料到的。

为了逃脱正义的制裁，日本战犯聘请了庞大的律师团。他们不断反击溥仪的证词，试图让溥仪丧失证人资格。溥仪顶住了辩护律师一轮又一轮的质问与恐吓，证实了日本利用他做傀儡皇帝，在我国东北进行侵略和殖民统治，引起国际瞩目。溥仪连续出庭八天，每天由上午 9 点到 12 点，下午 1 点到 4 点，创下远东国际军事法庭单人作证时间最长的纪录。

溥仪在远东国际军事法庭作证

1946 年 8 月 16 日，溥仪第一次出庭作证。溥仪讲述了自己是如何离开天津进入东北的，是被胁迫还是自愿前行。溥仪当庭指证，是坐在被告席上的板垣征四郎用武力威胁他到东北来的。但他确实掩盖了部分真相。

8 月 19 日第二次出庭，为了证实自己是傀儡，溥仪讲述说：他从来没有真正行使过一个皇帝的权力，在颁布法令、签订条约、决定政策、任命官吏等重大事情上都无能为力；日本关东军司令官派吉冈安直监视他的一举一动，毫无人身自由；没有宗教自由，被强制崇拜日本神道；妻子谭玉龄也惨遭日本人杀害。当谈到“祥贵人”之死，溥仪情绪失控，使劲拍打证人席。讲到 1940 年 6 月第二次访日，天皇裕仁送给他代表天照大神的三件神器时，溥仪又失控，说：“这是我这一代人的耻辱。”

8 月 20 日第三次出庭，溥仪详述日本帝国主义的经济侵略以及他们在十四年中奴役中国人民之情形。从这天下午起，被告律师开始质证。此后六天中犹如过“热堂”，溥仪经历了严峻考验。谈到一些关键问题，溥仪就用“不记得”“忘了”来应对，令被告梅津美治郎的律师布莱克尼极为恼火，公开声言，要让溥仪

“丧失证人资格”，推翻溥仪的全部证言。

8 月 21 日第四次出庭。布莱克尼向法官出示了溥仪自愿当伪满洲国皇帝的铁证——溥仪亲笔写给南次郎的黄绢信。溥仪在信里曾要求日本支持他复辟清朝。溥仪一下子把黄绢信扔到地上，大声指称“信是伪造的”，连上面的宣统玉玺也“完全是假的”。季楠检察官立即提出：应把这封信作为集团阴谋的证据，由被告方面负伪造罪责，这让溥仪从被动转为主动。

8 月 22 日溥仪第五次出庭时，布莱克尼使出了撒手锏，威胁他最终自己也要以战犯身份受到审判！又提出更尖锐的问题，溥仪为了防止证词出现漏洞，都答以“不知道，不记得”。

8 月 23 日第六次出庭。被告律师克莱曼质问溥仪在日本占领中国东北之前苏联对满洲有无侵略企图？力图证明溥仪出庭是被人唆使的。溥仪从容作答，说他“当然是根据自己的自由意志而在此作证的”， 唯一目的就是揭露日本人的罪行。

8 月 26 日第七次出庭。东条英机的律师清濑一郎拿出了溥仪致本庄繁的一封信，企图证明溥仪与日本是通谋合作，而并非仅仅是被动的。溥仪坚持说：“所有的事情都是日本人强迫我做的。”

8 月 27 日溥仪第八次出庭，即最后一次出庭时，被告律师马泰斯又把问题转到溥仪是否自愿登上“满洲国”皇位上来，又问是否曾想复辟？他从溥仪口中未找到任何把柄。

溥仪八次出庭作证，以亲身经历有力地揭露了日本帝国主义扶植傀儡政权，侵略、统治中国东北的罪行；揭发了日本关东军在东满和北满边境上新筑许多铁路，用以准备对苏军事行动，要把伪满作为日本军国主义反苏前沿阵地等罪行；控诉了日本人曾杀害他的妻子谭玉龄的罪行。溥仪也为苏联赢得战胜国地位和权利提供了铁证。

在伪满洲国的问题上，日本战犯和其辩护团试图把责任都推到中国人身上，说这是中国人自己的事情，甚至把成立伪满洲国说成是东北人民的民意。溥仪的出庭作证，使形势出现了转机，是对被告最有力的一击。他证实了日本侵略中国的真相，对最终的审判结果起到了至关重要的作用。虽然在远东国际军事法庭审判日本战犯的这两年多时间里，被告律师们煞费苦心地搜集证据，力图推翻溥仪的证词，从而减轻日本战犯的罪行，但是他们终究没有达到这个目的。

在世界历史上，组成国际法庭审判战犯，这是规模最大、时间最长的一次。审判从 1946 年 5 月 3 日开始，至 1948 年 11 月 12 日结束，历时两年半。在审判期间，共开庭 818 次，先后有 11 名法官、88 名检察官和 90 余名辩护律师出席审判，审判记录竟达 48412 页；又有 419 人出庭作证，779 人书面作证，受理证据 4300 余件，判决书长达 1213 页。加上采访法庭消息的记者和卫兵，法庭全部人员已超过千人。审判耗资之巨，达每日万元美金以上。28 名甲级日本战犯中除了 3 人发疯或病死，其余 25 名日本战犯最终都受到了法律的制裁。判处东条英机、土肥原贤二、广田弘毅、板垣征四郎、木村兵太郎、松井石根、武藤章七人绞刑；判处荒木贞夫等 16 人无期徒刑。1948 年 12 月 23 日，东条英机等人的绞刑在东京巢鸭监狱执行，使战争罪犯得到了应有的惩罚。

东京国际军事法庭的审判，整体上是严肃、公正的，但由于美国在审判中起着决定性作用，出于他们的利益和观念对战犯的追究在某些方面还是不彻底的。

站在远东国际军事法庭证人台上的爱新觉罗·溥仪，以历史见证人的身份大声发言。他在这个世人瞩目的讲坛上不无愤怒地揭露了日本甲级战犯侵略我国东北的罪行。不过，这仅仅是问题的一个方面。另一方面，这时，他已不再是万民之上的皇帝了，而是囚徒。然而，他并没有向人民缴械，而是用森严的戒备，把内心世界严密地封锁了起来。

关于那次作证，溥仪后来回忆："我今天回想起那一次作证来，仍然感到很大的遗憾。由于那时我害怕将来会受到祖国的惩罚，心中顾虑重重，虽然我确实说出了日本侵略者的一部分罪恶事实，但是为了掩护自己，我又掩盖了一部分与自己罪行有关的历史真相。如回避"九一八"事变前就和日本人秘密勾结、相互利用的事实，拒不承认自己曾给日本陆相南次郎和黑龙会首领头山满写亲笔信，说什么'今看欲谋东亚之强国，有赖于中日两国提携'，希望日本帝国主义扶植他延续清王朝统治等。"实际上他隐瞒了部分真相，并没有彻底揭露日本帝国主义的侵略罪行。

正是因为溥仪心中一直存在遗憾，再加上日后新中国政府对他的思想改造，使得溥仪 1956 年在沈阳特别军事法庭审判日本战犯时再次出庭作证，并毫无保留地供述了日本战犯武部六藏、古海忠之等人统治和奴役东北人民的滔天罪行，使他们受到了应有的惩罚。

这一史实恰好能够证明：在伪满十四年中，溥仪为了苟且偷生，虽然表面充当日本军阀的傀儡，但"主子"和"奴仆"并不是铁板一块，两方的政治目标也不一致，且有很大矛盾。溥仪表面服从，不敢声张，内心却憎恨日本人，这正是他们的矛盾与冲突所在。俗话说"冰冻三尺非一日之寒"，溥仪对日本人的怨恨情绪从他踏上东三省的土地之日起便在心里滋生蔓延了，直至日本帝国主义的灭亡，使其达到了顶点，而远东国际军事法庭的审判则让溥仪对日本人的怨恨第一次得到了彻底的释放和宣泄。

翻译戈奥尔基·佩尔米亚柯夫一直伴随溥仪，他的日记至今幸存：

行动小组由古得利亚佐夫上校、雅佐夫少校、基特采维奇上尉、翻译佩尔米亚柯夫组成。1946年8月9日18点30分行动小组随溥仪到达距东京五十公里的厚木机场。美国反间谍组织分别为他们拍了照……

8月16日上午9点溥仪在行动小组的陪同下到达法庭证人等候室，11点20分出庭作证。

8月20日美方主要原告基耐恩告诉古得利亚夫佐夫上校说，他收到了来自华盛顿白宫的信，请他写下审判过程。他说他将亲自将审判细节汇报给杜鲁门总统，证明溥仪是一个杰出的证人，他佩服这位皇帝的勇气、在法庭上的表现以及证词之真实。

8月20至21日被告板垣的辩护人美军少校博来克涅本·布鲁克声称："假如我们证明溥仪的证词是出于压力而作出的，那么他的全部证词全无效。"他开始追问溥仪到苏联的经过，甚至提出这样的问题："你没想到过某个民族会把你当成战犯吗？""你是否了解中国政府将宣布你为叛徒并准备公审？""你的证词是不是威胁或许诺的结果？"

证人回答说："我只讲我了解的事情，没有人给我许诺，也没有人对我威胁。"

此时美国人和中国人当中已有谣言传开，说溥仪在此次出庭以后将被交还中国。

行动小组于9月6日12点30分与溥仪一起同飞，17点30分到达BBCTOF机场，9月7日从这里起飞，9月8日抵达哈巴罗夫斯克。

溥仪一路沉默不语，揣测着自己的命运。直到他看见机场穿苏军制服的人们，他的脸上才显出了笑容。

在错综复杂的国际背景下，溥仪作为苏联方面提出的证人，在审判过程中，向法庭提供了关于"满洲国"是日本帝国主义傀儡的证词。他虽然在法庭上闪烁其词，掩盖了一部分与之有关的罪行，但他的证词还是颇有分量的，揭露了日本关东军的各种罪行，是掷向日本侵略者的一颗重磅炸弹，起到了对日本战犯定罪量刑和巩固中苏两国战胜国地位的重要作用，在这一点上，溥仪无疑是苏联政府手中的一张王牌，他的命运仍受苏联主宰。

伯力第45号收容所亲苏之举

溥仪刚到苏联，赤塔驻军负责人洛日诺夫少将就正式向他宣布：“您被苏维埃社会主义共和国联盟拘留了。”面色苍白的溥仪淡淡地说：“这里是我最后的避难所……”他害怕回国受惩罚性命难保，这时已流露出要在苏联避难的想法。

溥仪在离开沈阳时，他的随侍携带了两只硕大的皮箱。苏联人以为里面装的是皇帝的龙袍，但当第一次检查行李时，所有在场的人都目瞪口呆：箱子里装的全是金银珠宝。在去赤塔的途中，溥仪为了讨好苏联，达到永久留居苏联之目的，就把一些珠宝作为礼品送给押送人员，其中有手表、烟壶、领带夹及其他饰物，他并非想收买人，而是诚心诚意。

刚到苏联时，一位苏军军官看上了溥仪的手表，那是一块白金外壳的长方形手表，价值昂贵。这位军官伸出没有手表的手腕给溥仪看，溥仪心领神会，立即将手表戴在了军官的手腕上。第45号特别监狱负责人看到溥仪的一条项链十分华美，便以羡慕的语气说：“我要是有这样一条项链送给我妻子，那她该多么高兴啊！”溥仪当场将这条项链送给了他。第45号特别监狱的一位苏联翻译拿捏准了溥仪的心态，屡次讹诈溥仪。翻译有次故意对溥仪说，第一批送回中国的人已全部被判了刑，有的判了死刑。溥仪顿时惊慌不已，马上送了他好多东西请求通融。

两箱珠宝在哈巴罗夫斯克被没收。1946年4月2日当地珠宝收买局的代表发那也尔斯基当着内务局财政司一处处长库兹涅佐夫上尉和出纳员戈登西缅诺克的面对这批珠宝进行了估价，111种珠宝被估价为473975卢布。这显然是人为压低的估价。1只18K金嵌一颗1.7克拉的珍珠的戒指定价为400卢布，一对嵌有4块3.3克拉玛瑙的23K金耳坠估价600卢布。

在这批皇室珠宝中确有稀世珍宝：两只纯金重量分别为218.3克拉和596克拉的金盘，一只头翅俱全，用总重量为34.8克拉的174块钻石和两块红宝石装饰的23K金虫形表；罕见的中式纯金戒指；形同蜘蛛、上嵌珍珠的纯金发针，蜘蛛的头部是缟玛瑙所做，双翅为玛瑙，眼睛是珍珠，颈部是用9颗高纯度珍珠装饰。

安全部人员认为不经法院审理和正式调查就没收这批珠宝是不合法的，故而决定以智取宝。

1946年5月10日，第45号特别监狱长德尼索夫少校从哈巴罗夫斯克集中营将溥仪接到位于郊区的内务局。一桌丰盛的宴席已在等候着他。首席就座的是古得利亚夫佐夫上校。席间气氛友好，在座各位军官都极力表示：这不是审讯，而是非官方谈话。

突然，古得利亚佐夫上校开口了：“溥仪先生，你打算怎样处置你的珠宝呢？我们苏联现正为恢复国民经济发行公债，如您同意把自己的财宝献给苏联政府，那是再好不过了。”

此时溥仪能对自己的家宝作何处置？拒绝献宝就意味着他把与地方政府和与莫斯科的关系弄僵，而他们掌握着这位皇帝的未来命运，可以把他交给中国政府处置。于是溥仪回答道：“我自己一直没有机会回答这个问题，既然你们开口了，我很愿意把自己的全部珍宝捐献给苏联政府。”说罢有人摆上纸笔，溥仪向苏联政府递交了一份要求接受他个人捐赠的声明：“我恳求苏联政府接受我的珍宝以利战后发展国民经济。”苏方签字的是古得利亚佐夫上校。从此，中国末代皇帝的家珍归属苏联。这批价值连城的财宝被运到莫斯科转交国家保管局。

溥仪回到小楼后，立即召集亲信密谋一番。原出宫时带了一箱子贵重物品，准备庶民生活之用，一点不献是不行的，但全部拿出去，又怕以后没了生存的资本，想来想去，还是藏起一部分。

天从人愿，幸好从吉林大栗子沟急于逃跑，收拾行李时带来一只装电影机的箱子。在李国雄和毓喦的帮助下，夜深人静时偷偷地改制一个夹层，里面藏满了贵重的珠宝。剩余的一部分献给了苏联当局。两三天后，苏联当局真的派珠宝商按开列的清单一一验收。但是留居苏联的事却一字未提。

两箱珠宝由武装押运，用专机送到了莫斯科，并请斯大林亲自过目。专机很快从莫斯科返了回来，并带来斯大林致溥仪的信：“天才的溥仪先生：感谢您给苏联人民的礼物！”信中还写道，如果皇帝愿意，请了解一下马克思主义的理论。飞机还带来了斯大林给溥仪的礼物——马克思和恩格斯选集。

除了以上皇帝的家珍外，苏联还得到了两件无价之宝——日本天皇赠送给溥仪的一面镜子和一把宝剑。这是日本天皇的权力象征，被称为天照大神的圣宝。它等同于俄国人心目中的皇冠、帝王权杖和象征王权的金球。不同的是，任何苏联人可以在克里姆林宫钻石馆看到这些昔日皇室之宝，而天照大神的圣宝在日本除天皇本人以外没有人见到过。

伪满洲国议院副主席、政府祭祀委员会主席桥本声称，是他将镜子与宝剑交给苏联政府的，但无任何文字记载，两件日本皇家圣宝至今下落不明，苏联政府可能始终没有勇气完璧归赵，这两件日本帝国的象征，正是日本侵略中国东北最有力的历史见证，也许至今仍和溥仪的部分珍宝一样躺在某家博物馆里被尘土覆盖，这对中国来说，不能不说是历史上的重大遗憾。

1945 年 9 月 10 日，溥仪主动找通晓汉语和日语的苏联赤塔州国家安全局符悦建斯基少校谈话，第一次口头向斯大林申请留在苏联。斯大林未予答复。几天后，溥仪又求救于美国，他写一封秘信，请也在疗养院值班的侨居者列宁采夫转交给美国总统哈尔·杜鲁门，并允事成之后赏以丰厚珠宝，列宁采夫向赤塔州国家安全局负责人索科洛夫上校报告后，溥仪并未因此被问责。[1]

溥仪在苏联拘留五年间，除了多次向苏方提出口头申请外，还五次上书苏联政府和斯大林，感谢苏联对他的照顾与支持，请求准许他永远留居苏联，学习社会主义，加入苏联共产党，均无答复。

1946年1月11日，溥仪致信苏联内务部部长克鲁格洛夫，第一次递交了由溥杰代笔的留苏申请书，包括两封信函：一封是留苏申请，另一封是感谢苏联红军解放了东北。此前不久，伯力内务局局长宴请溥仪，希望他为苏联“恢复战后创伤” 有所贡献，溥仪不得不献出一些贵重物品，也利用这个机会申请留苏。在留苏申请的信函中溥仪写道：“承蒙贵国政府宽大为怀，拯救了我的生命，使我可以在苏联安全度日，为此谨向您表示诚挚的感谢。恕我多求：恳请贵国政府允许我在苏联长期居留，我将全心致力于对苏联社会主义及其他科学的研究。”当地报纸也曾报道过此事，但斯大林并未答复。

1947年夏，哈巴州内务局局长道尔吉赫中将视察哈巴罗夫斯克第45号收容所，溥仪再次给苏联政府写信，要求永远留居苏联。

1947年12月9日，溥仪第三次递交留苏请愿书，感谢苏联政府让他作为证人在东京审判中出庭，也说出了他对日本关东军的痛恨和对苏联政府英明伟大的赞扬，“恳请苏维埃联邦社会主义共和国政府，俾遂余能长期居住于苏维埃联邦内，得以研究新学识”。请看“请愿书”全文：

苏维埃联邦社会主义共和国政府：

余兹再三以最大诚意与热烈之希望，恳请苏维埃联邦社会主义共和国政府，俾遂余能长期居住于苏维埃联邦内，得以研究新学识。此余唯一之夙愿，故不顾繁牍，更申言之。

余今年已四十有一矣，回忆幼时，曾为中国之皇帝，后又被迫为满洲之傀儡皇帝，统计余之生平，皆在腐败官吏、野心军阀以及帝国主义者之包围压迫下，身受其蹂躏，榨取者亦既半身矣，完全陷在黑暗悲惨之环境内，真乃呼吁无门，离脱无术也。兹幸在一九四五年因苏联邦之仗义出师，一举而击破根深蒂固之日

1 参阅阿尔乔缅柯：《溥仪在“莫洛科夫卡”疗养院》。

本关东军，不独解放全东三省之人民，即余亦因此而得脱去日本军阀之桎梏，此余精神上之生命复活也。

迨至一九四六年蒙苏联邦当局允许余赴东京，而为对裁判日本战争犯罪人法庭之证人，因得一洗十余年来之积恨可耻，此更余所引为意外之欢喜及幸福者也。此皆苏联邦之所赐也。

故余对于既拯救余之生命并允许余为精神上之刷洗两事，实为余极端感激而不能忘者。是以此后余愿以一介人民之资格，愿对于苏中两国人民之永远亲爱，永久团结，永久幸福，愿尽余全心全力，而努力前进。此即余感谢苏联并愿酬报苏联之处者也。

以上乃余之至诚决意，是以再三申请，敬候核夺焉。

余并经此重表余至大之谢意，并敬祝斯大林大元帅之福祉并健康。并敬祝全苏维埃联邦人民之福祉及永久之繁荣。

溥仪　一九四七年十二月九日

这份也是由溥杰代笔的请愿书在 12 月 30 日转到苏联内务部部长克鲁格洛夫手中，他立刻给斯大林、莫洛托夫、贝利亚写了书面报告，请示如何处理。表明苏联政府对溥仪的申请非常重视。

斯大林同志、莫洛托夫同志、贝利亚同志：

关押在哈巴罗夫斯克市内务部第 45 号特别监狱里的被扣留人员、原伪满皇帝溥仪递交了给苏联政府的呈文，请求让他留在苏联生活。

溥仪在呈文中表达了他对苏联政府的感激之情，感谢让他作为苏联公诉的证人出庭东京审判，从而为他提供了“一洗十余年来之积恨耻辱”的机会。溥仪在呈文中写道：将来“对于苏中两国人民之永远亲爱、永久团结、永久幸福事项，愿尽余全心全力”。

与溥仪给苏联政府的呈文一起，还收到了他两个侄子给苏联政府的呈文。他的两个侄子爱新觉罗·毓嵒（1922 年生）、爱新觉罗·毓喦（1919 年生），都关押在内务部第 45 号特别监狱中。他二人原来都在溥仪的宫廷里。毓嵒和毓喦在呈文中请求留在苏联生活，以便“有机会学习新的科学成就并同溥仪一起工作”。

溥仪呈文的照像复制件和呈文的俄文译文附后（呈文原件存苏联内务部）。

苏联内务部长 C. 克鲁格洛夫（签名）　1947 年 12 月 30 日

溥仪的两个族侄毓嶦和毓喦也给苏联政府递交了“申请能够留在苏联”的呈

文。唯族侄毓嵣因盼望早日与国内妻儿团聚而不肯申请留苏，竟被溥仪视为“大不忠”和“大不孝”的背叛者，废弃了原拟立毓嵣为其子嗣的安排。为实现留苏之梦，溥仪还命其族侄等一起学习“马列”、学习“联共党史”。溥仪学习《联共党史》，总是有意用红蓝铅笔圈圈点点，摆放在桌子上，以便让来视察的苏联将官看见他是怎样用心学习苏共党史的，想尽一切办法得到苏方信任。溥仪认为，当时国共正在大战，谁战胜了谁都对自己没有好处，只有留居苏联，才能保全性命。他还幻想着将来有一天“可以从这里迁到英美去做寓公”。

“苏维埃”和“布尔什维克”是当时溥仪在学习中听到最多的两个名词。他曾问过看守“苏维埃和布尔什维克是什么关系”？看守说“苏维埃是政权，布尔什维克是政党”。溥仪一笑：“我懂了，在贵国布尔什维克是上等的人。”在他看来，苏联的布尔什维克和中国的爱新觉罗家族一样，都是本国“最上等”的人，他完全可以先从中国最上等的人变为苏联最上等的人，留居苏联也就顺理成章了。遂又问看守：“你们布尔什维克接纳皇帝吗？”就此他还真向苏联内务部申请加入联共（布）了。对此，苏联政府当然是不可能接受的。十月革命后沙皇尼古拉二世家族很快就被秘密处决，而溥仪却全然不知。他还颇不理解地说：“这太遗憾了！如果世界上还没有加入共产党的‘皇帝’，我可以成为第一个嘛！”

当不上布尔什维克的皇帝忐忑不安，乃于 1949 年 7 月 29 日第四次直接给苏联最高领导人斯大林写信，以极为尊敬的态度，以近乎献媚取宠的语气，请求斯大林允许他居留苏联。俄罗斯档案馆至今保存着这封信的原件，全文如下：

苏维埃联邦社会主义共和国莫斯科克里姆林宫内阁总理斯大林大元帅阁下：

我觉得非常光荣地给您写这封信。阁下在内外一切国务极其繁忙之际，我以素日对您的衷心爱慕和至深感激之意，向您表示非常抱歉！因为我最希望永远居住在苏联邦，所以我再三向您表示我的心怀。

以前在满洲时代，我在日本军阀层层监视之下，不能同人民自由联络，即个人之生活亦受到他们的限制。因此我对苏联邦的真实情形是不可能详知的。所知只是片面的、虚伪的。我在满洲明为皇帝而其实是日本关东军的伪宣传。一到苏联邦之后，我方知道苏联真实的面貌，因此更明白日本人对人民和我做如何的欺蒙、俘虏。

当我回忆到 1945 年苏联邦为拯救全世界人类开始向日本帝国主义进举的第一天，日本军阀即强迫我去通化。彼时我虽不知苏联为何种国家，但是我内心想，虽说是所谓“我的帝国”即因此而崩坏，亦是我愿意的事情，因为谁能驱逐日本关东军，谁就是人民和我的朋友。

日本军阀更强迫我赴日本，不意在奉天为苏军所解救。先至赤塔后移往伯力，备受苏军当局内务局局长及所长以下全员种种厚待，一切皆甚安适。

彼时我方开始阅读苏联各种书报，在我四十年来第一次读到您的著作《列宁主义问题》和《联共［布］党史》等书，我方认识苏联邦真是全世界上最民主、最进步的国家，而且是各劳动人民和全世界被压迫民族的救星和柱石。《卫国战争》一书极启发我的见识。您英明预先判断德国希特勒匪帮必然崩溃，更见您从容地指挥一切军务、国务之事实，更挽救了全世界人民，免受德国和日本法西斯匪徒覆吞的危险。

苏联政府宣布废止死刑，这是维护人道、开世界上空前的前纪元。在战后树立五年计划与诸般复兴实业，几乎超过战前水平。又屡次降低物价，苏联人民在物质上的丰裕生活更是蒸蒸日上，全国人民享受着真正自由、民主、平等、幸福的权利。各种不同民族在苏联邦内如同一富裕的大家庭，并且苏联邦对于全世界各劳动人民和各弱小民族的同情和援助等种种难以列举的功绩，早已印在全世界各国劳动人民和受压迫民族每个人的心里。

兹举一例：中国人民依共产主义方得到今日之民族解放、自由及独立，即亦满洲人民和我个人而论，如不蒙您的援救早为日本军阀所覆吞，又蒙苏联政府允许我赴日本在国际军事法庭做证言人，说明满洲人民十三年中所受之种种痛苦和耻辱，所以我对于政府和您的衷心感谢和钦佩那是极当然的，真是说不尽的。

在此前我就曾提出请求：愿留居苏联邦。虽尚未蒙答复，可是我认为自己是同苏联人一样的关怀和尽心苏联之发达和兴盛，并且我也愿意同苏联人一样的工作和努力，以报答您的厚恩。因此我衷心盼望您允许我居住苏联邦内。

现在我向您再郑重表示最大的感谢和敬意，并愿您长寿——为了全世界劳动人民的幸福和全苏联的人民的福祉。

我敬祝全苏联人民的永久幸福和兴盛，并敬祝您永久健康和幸福。

一九四九年七月廿九日　溥仪　于伯力市[1]

1949年9月9日，苏联内务部部长克鲁格洛夫又把溥仪这封用词不能说不恳切而强列要求留居苏联的信转告斯大林、莫洛托夫、贝利亚等苏联领导人：“溥

1 参阅俄罗斯贝加尔国立经济与法律大学赤塔分院教授尼·瓦·嘎尔捷耶夫、赤塔市教育委员会主任娜·尼·日丹诺娃：《皇帝最后的避难所》。

仪在其声明中感谢苏联政府对他的宽大和把中国人民从日本桎梏下解放出来。溥仪要求允许他长期生活在苏联，在苏联他想‘为苏联的发展和繁荣像苏联人那样工作’。”9月20日克鲁格洛夫再次给斯大林、莫洛托夫、贝利亚写书面报告。遗憾的是，斯大林还是不置可否。

1950年春，溥仪最后一次给苏联政府写信，要求永远留居苏联，苏联明确予以拒绝。

直到1950年7月30日，苏联通知溥仪引渡回中国前夕，他还最后一度口头向翻译别尔缅阔夫提出留在苏联的请求，希望他能转告苏联政府。据毓嶦回忆，溥仪被引渡回国前情绪低落，神经质，甚至想过自杀。但最终安全回到祖国。

溥仪被俘后就想长期留居苏联，以此逃避中国人民的惩罚，把苏联作为活命的过渡和跳板，摆脱现实困境，转道移民美国或英国。

因为溥仪深知：历史上俄国就与日本争夺过中国东北，也都想利用他，日本已经做了，俄国未见得不想做。如果说这还是远期目标的话，那么，俄国也还是有近期目标的，应该就是斯大林还想从溥仪口中了解更多日本在满洲的资讯，诸如日本是否有策划进攻苏联的计划等。因此，对他很优待，让他享受特殊俘虏生活，对他留居苏联也应该不会反对，所以他敢于提出这一要求。

其实苏联政府对如何处理他以及他的多次申请还是非常重视的，都由苏联内务部部长克鲁格洛夫及时转给了斯大林，并有书面报告，没有得到苏联政府和斯大林的正式答复，完全是政治原因。

溥仪在苏联的经历很多，但还有一件有意义的经历却鲜为人知。1949年在第45号收容所的时候，从莫斯科东方大学来了一批实习生，到战俘营调查，向溥仪及其一行了解中国的历史、风情、礼节和民俗。溥仪、润麒、毓嵣、毓嶦、万嘉熙、胡绵书（伪满吉林市教育馆馆长）等，每个人都带上几个学生。晚上收工后“答问授业”，每晚讲婚丧嫁娶的中国民俗。为使大学生更直观地了解中国民俗，他们还亲自手绘并填字，画出了一幅幅栩栩如生的中国民俗画。由溥仪内弟润麒所画、溥仪填字的舞龙图和紫禁城门前的石狮子，既透出了溥仪对紫禁城和老北京的怀念之情，又融入了他们对祖国和家乡的眷恋。此外，他们还绘制了老北京店铺的幌子和叫法等。溥仪等战俘向苏联人讲授了中国民俗，传播了中国文化，同时，很多人也学会了一些俄语。

溥仪在苏联期间除了打卦问卜之外，还写有吉祥语艺术字书法，其上附有俄文翻译佩尔米亚科夫所写的注释。如：1. 天下太平；2. 招财进宝； 3. 正心修身，克己复礼；4. 唯吾知足，五福寿为先；5. 日进斗金，黄金万两；6. 福禄寿喜平安如意，喜气满堂。表达了溥仪在经历跌宕起伏的人生之后那种祈愿太平、渴望吉祥平安的美好愿望和心境。

溥仪作为曾经的伪满洲国傀儡皇帝，赴远东国际军事法庭出庭期间，因害怕受到祖国的惩罚，一直在为是否会被引渡回国而深感忧虑不安。这时中国检察官裘劭恒多次找溥仪谈话，鼓励他实事求是地出庭作证，不要有任何思想负担。如释重负的溥仪激动得热泪盈眶，临别之际，他将自己所写的“正心修身，克己复礼”艺术字书法赠与裘劭恒检察官，以示他对自己过去罪行的摈弃和对未来的追求。

“贪生怕死”的心理贯穿溥仪生活的始终，任何情况下他首先是求生，活着对他来说是最重要的。可见，他上书斯大林要求加入苏共并留在苏联的信函反映的也是这种思想。因为溥仪想活命就要表现出对日本的决裂，同时，积极表现出亲近苏联，讨好斯大林的种种行为。而对中国无论是国民党还是共产党他都是疏远和惧怕，担心回国后会被杀头。这是他几次上书斯大林要求留在苏联的主要原因。

立嗣前后

1950 年春季，苏联当局又将溥仪的家人毓嵒等从士兵管理所，重新调回了伯力第 45 号收容所。重新见面后，溥仪非常高兴。

还有使溥仪更高兴的事。一天，毓嵒趁着屋内没有人的当儿，悄悄地拿出了他在士兵收容所，用三百卢布赎回的那块溥仪当初送给苏联人的白金手表。溥仪瞅出了送到自己手中的表，就是他戴过多年的那块白金手表时，极为兴奋，拿在手里反复赏玩。或许，溥仪认为，这表现了毓嵒对他的“忠心”，从此对毓嵒更加信任。

回来后毓嵒仍然像从前那样每天为溥仪拿饭，洗衣服，整理床铺等，又复归成了他的非正式的“服务员”。自从溥仪到苏联以后，每次理发都是毓嵒用剪子给他剪短些就行了。不知是出于防备日本人加害于他或其他的什么心理，他不愿意让理发室的日本士兵为他理发。

苏方按其所长，将溥仪等战俘重新分了工。在收容所里全然没有了过去伪满宫廷的等级界限，唯有溥仪，仍每天不干活儿，被苏方静静地养在收容所里头。

在此前后，苏联当局已经开始了遣返日本低级战俘。这时，处理日本高级战俘之事，显然也已迫在眉睫了。闻此，溥仪慌了神，他虽然多次向苏联政府催促关于要求留居苏联的答复，但一直杳无音讯。他唯一求得精神解脱的就是，每天吃过晚饭后便一次又一次地诵经念咒，乞求神佛保佑，而且一再地摇着他那铜钱，占卜打卦。

由于留居苏联音讯全无，他好像觉得被苏联送回中国已经成为定局。1950年6月，当溥仪从某位苏联军官口中得知自己即将被引渡回国时，溥仪有如热锅上的蚂蚁，整日坐卧不宁，摇动金钱卦，祈求上天保佑。此时的溥仪已经认定自己回国后必死无疑，目前只是临死前的喘息。在这种心态下，溥仪不得不考虑到了根本不存在的 “后事”。倘若一旦不妙，真要是逃脱不了见“上帝”的命运，自己连一个儿子也没有，那么谁能承继“香火”呢？谁能继续秉承他一直梦寐以求的复辟“大清帝国”的宿愿？

在溥仪的三个族侄中，溥仪认为毓嵒最适合做自己的后人，而且对自己也最忠心耿耿。于是就在1950年六七月间的一天傍晚，大约七八点钟，向毓嵒宣布了关于“立嗣”之事。

那天其他的人都不在，房内只有溥仪和毓嵒两个人。毓嵒回忆了当时的详细情形：

“我今天，要和你说点儿心里话。”当时，溥仪亲密地拽我坐在一个角落里，表情显得异乎寻常。我看出他有事要对我讲，便对他小声地说：“您如果有什么话，尽管吩咐我。”但我始终没料到，他竟然说出了使我大为惊讶的一番话来。“唉，你对我一贯尽忠效力，尤其在这患难之际，仍然对我忠心不贰，始终为我效劳，太不容易了！”溥仪两眼望着我，发出了由衷的感慨。“前几次，我想留居苏联，你能舍家随我一起要求留在苏联，实在是列祖列宗的好后代！”

溥仪说到这里，似乎动了感情，眼睛里闪射出一种激动的目光。他凑近了些，面对面地对我一句一顿地说道：“所以，我决定，从现在起，立你作为我的‘皇子’！”听到这里，我大大地吃了一惊。因为，事先我一点也不知道他的这个主意。“皇上”立“嗣”，自古以来就是一件特大的国事。多少人曾为皇上立“嗣”这种事，自相残杀，死无葬身之地……而我在瞬间，竟然成了中国最后一个皇帝的继子，简直不可想象！我看着溥仪那一副十分认真的样子，根本不像是在与我开玩笑。

“毓嵒，”溥仪极为郑重其事地对我说：“你现在就跟着我，向列祖列宗行礼！”于是，我跟随着他伏在地上，面朝黑皮箱，向心目中的“列祖列宗”行了三跪九叩的大礼。然后，我又按照他的要求，转身向溥仪行了三跪九叩之礼。“坐下吧。”溥仪让我重新坐下后，又对我嘱咐说：“你以后要对我更加尽忠尽孝。要和我一样，念念不忘恢复大清皇朝的基业！”

此时，我已经被他这个突然“立嗣”的举动弄得惶恐不安，只会连声说着：“是，是，皇阿玛！”“君臣”变成了“父子”。他是退了位的“皇帝”，我是败落了的王爷的后代，而他竟让我继承他那个实际已经不复存在的“皇位”。

毓嵒一直以为溥仪在看到留居苏联希望不大，被遣送回中国前夕怀疑自己必死无疑的情况下才“立嗣”他为继承人的。可后来他才知道，关于“立嗣”之事，溥仪早已酝酿了很长时间，事先还和弟弟溥杰、三妹夫润麒、五妹夫万嘉熙商量过，但对毓嵒和毓嵣是保密的。

最初，溥仪看中的是毓嵣，因为从头脑的灵活程度以及接人待物而言，他在哪一方面都比毓嵒略胜一筹。然而，随着时光的流逝，毓嵣变得越来越不听溥仪的话，甚至在某些方面公然违抗溥仪的旨意，尤其是不肯随溥仪留居苏联一事，更使溥仪大为不悦。所以，溥仪对他极为不满。“顺我者昌，逆我者亡。”这是溥仪待人的一贯做法。在战犯收容所内，他不敢明目张胆地这样声称，但是他的骨子里仍旧是“依然故我”。按照这一条原则，溥仪与战犯收容所内的几位爱新觉罗家族成员，几经磋商，最后“立嗣”的对象，自然而然地选定了毓嵒。

毓嵒是道光皇帝五子的后人，他是 1936 年被溥仪选中的伪满洲国帝宫内廷学生，协助管理国事。溥仪在东北的十几年里毓嵒一直追随左右，且两人关系甚好，毓嵒逐渐成为其心腹之一。在溥仪长期“恩威并施”的教育之下，毓嵒早已经逐渐地成为了他的忠实“奴仆”。对于他的意图和旨意说一不二地执行，绝无半点虚假。无怪乎，有人便在背后骂毓嵒是溥仪的“马屁精”。而事实的确如此。只要是有人说了溥仪的坏话或者是做了对于溥仪不利的事情，毓嵒总是要赶紧去向溥仪汇报。毓嵒的信条是：以“君辱臣死”为己任。对此，溥仪是非常满意的，也许基于这一点，才对毓嵒格外信任。可见，溥仪经过深思熟虑决定立毓嵒为皇储。[1]

五年的国外牢狱生涯，让溥仪对共产党有了实际接触，也学会了如何和共产党打交道。他知道面临他的是要被送回家去，送回家就有可能被镇压。他肯定会想到他是大清最后一个皇帝，没有子嗣，没有后代，家谱也要到此为止了，所以才有在回国前夕立嗣一幕。溥仪之所以当上伪满洲国皇帝，背上卖国求荣的骂名，

1《末代“皇储”讲述溥仪在苏联为嗣的内幕》，《文摘周报》2009 年 9 月 17 日《凤凰资讯》。

也都是因为复辟大清帝国祖业的思想根深蒂固。这一件事最能说明溥仪的复辟思想，经过五年囚居，丝毫没有改变。再从行动上看，他致信给斯大林和苏联政府要求留居苏联也好，他讨好苏方监护人员而施以金银珠宝小恩小惠也罢，他在东京法庭上利用为审判日本战犯作证而趁机发泄其愤也好，他在囚居地每天摆弄“诸葛神课”也罢，说到底，这一切实践的最后目标也都是“复辟大清”。所以，可以说从思想到实践，这五年都没有任何变化可言，真正从皇帝改造成公民，完全放弃复辟之念的时间还是在抚顺战犯管理所。

引渡回国

1946年8月，溥仪在东京法庭作证期间，世界各主要媒体就非常关注前伪满洲国“皇帝”的引渡问题。溥仪在法庭上，对一些情节闪烁其词，现在看来这也是可以理解的。那根贯穿溥仪这次出庭的神经一直被人拨弄着，所谓的“引渡之说”从溥仪出庭之前到他退庭之后始终就没断过线。

中国国民政府官员发表谈话称，溥仪在东京出庭作证后将引渡到南京政府并受审，而其他国家报纸则说他作证后将返回苏联。实际情况是中国国民政府外交部在1946年3月12日、8月中旬、11月6日，1947年9月8日和1948年3月8日、11月23日先后六次照会苏联政府外交部，要求遣返溥仪。如第一次在1946年3月12日，中国外交部致函苏联驻中国大使馆，表示希望苏方交还溥仪，“以便对他绳之以法”。据时任国民政府外交部部长王世杰的日记记载，苏联驻华大使彼得罗夫于1946年3月7日来访时，“询问我政府对溥仪之命运是否注意。予答以当然注意”。苏方也曾应允引渡，国民党中央宣传部部长吴国祯曾向记者透露：“伪满傀儡溥仪，已被苏联当局拘捕，即将移交中国方面，因彼为战争罪犯也。”不料从东京审判时起，苏联政府态度大变，一直未置可否，对中国要求引渡溥仪一事不予理睬。1946年8月18日《申报》刊出题为《我要求引渡溥仪，苏竟食言》的报道。

请看国民党《中央日报》的一篇报道，这篇报道是在1946年8月29日发出的，当时溥仪虽已结束出庭作证，但尚未离开东京。报道的标题是《我交涉引渡溥仪》，全文如下：

【本报南京二十七日急电】伪满洲皇帝于东京作证后是否解归我国，抑仍由苏押回？司法行政部谢部长今告本报记者，已训令派驻东京国际法庭检察官向哲浚，就近交涉引渡。按溥仪原由苏方应允引渡未实现者。

1947年9月，曾有位住在纽约的远东问题专家在西方的一家报纸上撰述专论。他认为，苏联拒绝将溥仪引渡给中国政府，是准备将来把溥仪送回东北，利用他成立倾向于苏联的“缓冲国”，就像日本利用溥仪一样。他说，按溥仪一生的奇异的命运来说，这并不是不合情理的。这位评论家还在他的文章中声称：应把溥仪交还中国。因为他是中国的逊君，是中国公民。由于他联合日本反叛本国，所以应以汉奸和战犯罪受审。

当然，这中间也有替溥仪说情的。可以举一个例子：1947年11月26日，即国民党召开的国民代表大会正式开会的第二天，《中央日报》刊出立法委员李晋芳的文章，题目为《历代对于胜朝及僭伪傀儡处置之分析研究》，这篇长达一万二千字的长文还有一个副题：《为引渡溥仪作》。报纸的编者在其声明中公开说，发表这篇文章是为“供国大参考”的。所以，当天报纸给每位代表发了一份，在会场上引起了相互间的询问与研讨。作者在该文的末章中请求政府赦免溥仪，为此提出三条理由：第一，不要摆出一副惩治溥仪的姿态，而迫其进一步投入苏联怀抱，为苏所利用。第二，溥仪是前代逊王，又是满族的代表人物，应从民族团结的意义上给予宽贷。第三，溥仪曾出席远东国际军事法庭作证，倘对溥仪治以汉奸之罪，则无异替日本战犯开脱罪责。

不管怎样，溥仪的心是惴惴不安的。他怕听到“引渡”一词，怕落到国民党手里，更怕落到共产党手里。在他的耳际，常常响起布莱尼克律师向他提出过的那足以使他精神崩溃的问题：“最终你也要以战犯身份受到审判！”

溥仪惧怕那尚未到来的审判，因为审判的后面将是处汉奸以极刑。为躲避这一切，他给斯大林写信，要求留居苏联，等待时机转赴欧美，当寓公了此一生。为此，他千方百计地保存了一批珠宝，以备日后的消费。

保存在苏联政府外交部档案馆的葛罗米柯给时任外交部部长的莫洛托夫之秘密报告，写入了中苏政府关于溥仪之争的内容：

1946年3月7日苏联驻中国大使彼得洛夫通知中国外交部说，苏军俘获了满洲国前皇帝溥仪并询问中国政府对此态度。在1946年3月21日的备忘录里中国政府表示希望将溥仪交还给中国政府。

鉴于溥仪在东京国际法庭上做了不错的证词，为防止他被美国人和中国人利用来进行反苏挑衅，决定将溥仪归还中国的日期推迟至东京国际公审结束以后。我们于1946年8月6日和11月18日以备忘录形式通知中国政府暂缓移交溥仪，因东京国际法庭还有可能需要溥仪作补充证词。

1946年11月6日，1947年9月8日，1948年3月8日中国政府向苏多次照会，坚持要苏方交还溥仪，并指出一旦再需要溥仪出庭作证，将由中国政府护送他前往东京。11月23日中国外交部的照会再次重申这一主张。

鉴于目前满洲国操纵在中共手中，我认为不应将溥仪及其他官员转交给蒋介石。对中国外交部1948年11月23日的照会不予理睬。

第二天，葛罗米柯的秘密报告和莫洛托夫的附件就上报斯大林和全体政治局委员了，由此形成党的决议：推迟将溥仪归还中国的日期。对溥仪来说，真是交了好运。否则，国民政府决定缉拿汉奸的名单中，列入首位的就应该是溥仪，他一定会像陈公博、褚民谊、川岛芳子一样被国民政府处决，而难逃一死。因为溥仪知道，这时中国是在国民党统治下，当时的国民党外交部多次照会苏联政府要引渡他。如果引渡成功，蒋介石一定杀他，他们有宿怨。

1931年日本人争夺溥仪的同时，国民党蒋介石政府也在争取他，当时提出的条件是：溥仪上什么地方去住都可以，可以在北京，可以到南方，原来的四百万元年俸也可以恢复。想要出国同样可以，只要不去日本就行，这些条件显然是非常放宽。蒋介石这样做，是不想让日本人找到可以做“说辞”的傀儡人物。可是，溥仪的想法就不一样了。他认为：你可以恢复对我的优待条件，但你能给我东北这么大一片土地吗？而土肥原是许诺把东北交给他，让他自己建立军队。虽然是骗局，但两相比较溥仪还是相信了日本人。现在，溥仪被苏联人捉了，国民党政府当然希望能尽早引渡而报前此一箭之仇。

从沈阳机场被俘到押往赤塔，到往转哈巴罗夫斯克，再到东京国际军事法庭作证，这位中国末代皇帝的命运始终被苏联最高领导人斯大林所关注和操纵，究其原因，并结合当时的国际环境和历史背景，溥仪沈阳机场被俘无疑是日本侵略者行将末路时对苏政治妥协的“殉葬品”，斯大林之所以操纵溥仪，也是因为溥仪身份特殊，能在不断发展变化的世界格局中为苏联政府和斯大林发挥不可估量的作用，足见苏联政府之利己主义思想。

斯大林没有置之不理，特派一位内务部官员找溥仪谈话，了解他的思想动向，还在报纸上公开发表了他那几封信的部分内容，并借以拒绝了中国国民党政府先后于1946年3月、8月、11月，1947年9月和1948年3月多次要求交还溥仪，“以便对他绳之以法”的照会。其间，1946 年 8 月，当溥仪为了给审判日本战犯作证，而在东京国际军事法庭上露面的时候，中国报纸上也曾发出“引渡溥仪”“审判汉奸”的强烈呼声。斯大林没有实行引渡，根本原因在于中国政局正在全面内战中动荡，鹿死谁手尚待观察，斯大林还不打算跟当时的中国国民政府主席蒋介石对话。而溥仪曾是中国的清朝宣统皇帝，辛亥革命推翻封建帝制，宣布退位后，却住在紫禁城里，当了十余年虽无其实却有其名的“关门皇帝”，最后他还成为“满洲帝国”的“康德皇帝”。因此，他是战犯中最具代表性的人物。对于他的处理，没有中国政府最高领导人的参与，斯大林不可能作出任何决定，所以他不给溥仪复信，心惊肉跳的溥仪总算好好地活过来了。

1949 年 10 月 1 日中华人民共和国成立，溥仪从此成为中苏建构关系与平衡利益的重要筹码之一。然而，两国间就此交涉的情况却大不同前了。依据两国档案资料，我们能够开列出引渡溥仪的实施历程，是真实可靠的历史记录：

1949 年 12 月 16 日至 1950 年 2 月 17 日毛泽东首次访苏期间，在会谈中毛泽东郑重提出了引渡溥仪等日伪战犯的要求，理由掷地有声：为了尊重我国的国家主权，提高我国的国际地位，维护我国的合法权利，增进中苏两国的联盟和友谊，扩大社会主义阵营的声望，有必要把苏联在第二次世界大战中俘虏、关押的，在中国犯有战争罪行的一千多名日本战犯和伪满战犯全部移交我国，由我们作为主权国家自行处理，借以迫使某些西方国家最终承认我国政府。面对胜利了的中国人民和强大的新中国政府，面对坚决维护民族利益的毛泽东的态度，此时溥仪对于苏联也已没有利用价值了，对于当年经济窘迫的苏联来说，继续拘留溥仪无疑是个包袱，斯大林同意了。

1950 年 1 月 20 日周恩来来到莫斯科，经中苏双方协商议定：1950 年 8 月 1 日在黑龙江省绥芬河火车站，将溥仪与随从人员以及伪满大臣移交中国政府。1950 年 3 月 1 日，毛泽东于归国途中在长春参观了溥仪住过十四年的伪满皇宫。整整五个月后，溥仪也以战犯身份回到他所熟悉的东北。

自 1950 年 3 月起，苏联内务部多次书面请示最高当局拟将溥仪引渡给中华人民共和国政府。

3 月 3 日，苏联内务部部长克鲁格洛夫书面报告斯大林、莫洛托夫、贝利亚、马林科夫、维辛斯基，就如何处理以溥仪为首的被关押伪满洲国官员、将军和溥仪亲属、侍从共五十八人，如何处理保存在苏联内务部的溥仪和伪满洲国官员 1946 年 5 月 10 日交出之价值近百万卢布贵重物品等问题，提出内务部具体意见。

3 月 9 日，苏联外交部部长维辛斯基，内务部部长克鲁格洛夫联名给斯大林书面报告。两部认为：恰当的做法应将上述在押人员及其贵重物品移交中华人民共和国政府处理，并在而后的部长会议决议中提出，责成苏联外交部通知中国政府，具体移交工作由苏联内务部负责。

7月6日，内务部部长、外交部部长在联名给斯大林的书面报告《克鲁格洛夫和葛罗米柯关于中国政府准备接收溥仪问题给斯大林的请示》中写道："今年7月1日，周恩来在与苏联驻中华人民共和国大使罗申同志会谈时声明，如果苏联政府认为移交溥仪是适时的，中国政府准备接收。对此，苏联内务部和外交部认为：应通知中华人民共和国政府，说明苏联政府准备将溥仪和他的随从人员移交中国，并请中华人民共和国政府告知，对向中国当局移交这些人的地点和时间有何考虑。"

7月26日前发出文件《维辛斯基和谢罗夫关于移交24名中国人的决议给斯大林的请示》。

7月30日上午，溥仪一直担忧的事终于来了，伯力第45号收容所所长宣布苏联政府决定：即刻遣返全部在苏联抑留和俘虏的伪满的大臣和将军们。其实这个决定，在大家看来并没有什么意外，因为此时，日本战犯已经被全部遣返回日本，只有这些中国籍战犯还未做处理，但在溥仪看来，如同天塌一般，他哆哆嗦嗦地拿起他平日卜测吉凶的六枚铜钱和《未来预知术》，不巧，被在一旁监视他的苏联军官没收。溥仪再次对收容所翻译别尔缅阔夫表示，希望留在苏联，请他转告苏联政府。得到回答说："如果现在还是蒋介石的中国，你还有可能不被苏联送回去，但是，现在是毛泽东的中国，恐怕你没有可能留在苏联了。"整理行装时翻译别尔缅阔夫恐吓溥仪说，火车一过境，就要没收个人财物、戴上手铐脚镣。收容所副所长则一把扯下溥仪皮带上的金带头揣入腰包，溥仪连问："裤带怎样系啊？"副所长把无头皮带打一个结："这不就行了么！"溥仪一脸苦相地登上了回国列车。想到马上就会被枪决，万念俱灰，备受煎熬，彻底绝望。他还曾在回国途中上吊自杀，后被监押卫兵及时发现救下。在苏联交接人员的严密监视下，溥仪得以安全被引渡。

8月1日，溥仪等被引渡回国，一直悬在头顶的引渡终成事实。溥仪无论如何不敢设想自己的结局。在列车的难挨的颠簸之中，他满腹狐疑，半疯半醒地回到中苏边境绥芬河，并被苏联军官阿斯尼斯大尉引到刚刚登上列车的两位中国人民解放军军官面前。在绥芬河火车站中方代表接收时，溥仪立即伸出双手准备戴手铐。交接结束后，溥仪还因并未戴手铐而深感幸运，特致信苏方感谢关怀。溥仪的囚苏生活到此终结。

8 月 23 日发出文件《克鲁格洛夫关于向中国当局移交战俘情况致斯大林等人的报告》。

第二次世界大战后，国际形势和国际关系不断演变，溥仪作为一个身份特殊的政治人物，在政治旋涡中不断沉沦、不断漂泊，始终居无定所，心无所依。在苏联囚居期间，作为苏联政府和斯大林手中的一个政治筹码，即使被奉为上宾，他也整日惴惴不安，前途未卜，依旧任人摆布，毫无尊严可言。1950 年 8 月 1 日，溥仪被引渡回国，在中国共产党的改造下，经历了由囚徒到战犯的历史跨越，最后成为一名普通公民，虽然没有荣华富贵，但溥仪却怀揣尊严度过了他人生中最宁静美好的时光，这也可以说是他人生最好的归宿。

第十一章
十年改造

回国之途

溥仪等伪满战犯，在听到要引渡他们回国的消息后，各个神魂颠倒。他深知自己犯下了人民不可饶恕的罪行，回国后必死无疑。因此在引渡回国的路上心神不宁。

接收溥仪等六十余名伪满战犯的工作，是周恩来亲自部署的。国家领导人高瞻远瞩，总理明确指示：在引渡和押运过程中必须做到“一个不跑，一个不死”。在引渡和收押地点上还作了具体的指示：“同意溥仪等战犯暂送抚顺。”同时还指示：“要了解掌握溥仪的思想动态，特别注意引渡时路上的安全。”

1950 年 7 月 31 日下午，苏联押送伪满战犯的列车到达绥芬河车站，战犯乘坐的两节客车车厢挂在货车的后面。在铁路的对面是中国方面的两节客车车厢停在那里，窗户上面糊着报纸。

1950 年 8 月 1 日，苏联政府正式向我国政府移交伪满战犯五十七名，伪蒙疆自治政府战犯一名。车上气氛一时很沉闷，战犯们紧张地等待宣布“逮捕令”，然后戴上手铐。负责接收战犯的陆曦处长进到车厢后，对大家说：“我们是奉周恩来总理的指示，前来接你们回国的……”然后又讲了一些党的政策和路上的注意事项。并没有给战犯们戴手铐，战犯们紧张的思想暂时松弛了下来。

解放军军官和和气气地握住溥仪的手，笑容可掬地说：“你现在回到了祖国，我们是奉周恩来总理的命令来接收的。”溥仪一怔，这是他第一次接触新中国的军人，他不明白眼前的两位军官何以如此温情。

早饭是大米稀饭、馒头、咸菜。五年来的第一顿家乡饭战犯们吃得特别香，车上沉闷的气氛得到了缓解。

中午到达牡丹江车站。停车时间较长，战犯们轮流下车活动，站台上有自来水，可以洗洗脸。中午饭是大米饭，纯正的东北大炖菜、猪肉炖豆角、土豆炒肉。

为了稳定溥仪的情绪，满足了他想喝啤酒的要求。尽管如此，溥仪思想上的疙瘩还是没有解开，到了夜间更是胡思乱想，干部谈话他一句也没听进去，行动也颠三倒四。

列车行驶到长春车站时，溥仪更加神魂颠倒，坐卧不宁，还以为马上要对他公开审判了。负责押运战犯的东北行政委员会公安部政治保卫处执行科科长董玉峰深感责任重大，当他发现溥仪一路上的表现后，在行车途中就打电话向上汇报了情况，仅仅两个小时，周恩来总理就知道了这个情况，立即指示东北战犯管理委员会：中途和溥仪等人谈一次话，宣传党的政策，消除他们的顾虑，防止逃跑和自杀等不测事件的发生。

8月4日列车到了沈阳车站，一台大客车拉上溥仪和张景惠、阮振铎、谷次亨、邢士廉等十几名伪满大臣以及毓嵣到东北公安部会议室。为做好溥仪等人的思想稳定工作，东北战犯管理领导小组组长、东北行政委员会主席高岗亲自出面，按周总理的指示接见了他们。溥仪见到桌上的水果、糖等，认为是送命宴，吃完就要上断头台了，所以他不管三七二十一，抓起来就吃。高岗讲些什么他一句也没听见，临走时还抓了一些糖、水果往毓嵣兜里塞，闹得在场的人哄堂大笑。当高岗讲话时，他甚至着魔般站起来大喊："别说了，快走吧！"摆出慷慨赴死的架势，要求赶快行刑。

高岗并不生气，且悠然不迫地跟溥仪聊起天来，问他伪满时的宫廷生活，以及吉冈安直其人其事等。高岗还告诉溥仪说，他的叔父载涛应邀出席了一届二次全国政协会议，他的族侄宪东（清朝肃亲王善耆之子）已经成为解放军的干部了。

高岗又指着刚进屋的张绍继（1920年生，中共地下党员。曾任北京国际关系学院日法系主任、全国第七届政协委员等职）说："你们看小张，也参加工作了，很好嘛！"张绍继是伪满总理大臣张景惠之子，因给其父当翻译，同被押往苏联，跟溥仪等一起囚居，1950年引渡归国，旋即被释放，并参加了管理日本战犯的工作。他的出现以及关于伪满各大臣家属情况的介绍，终于使溥仪和在座的大臣们放松了心情。

最后，高岗向溥仪等人宣布说："政府给你们找一个学习的地方，沈阳没有合适之处，所以还要送到抚顺去，大家不要胡思乱想，到那里休息一下，安心学习吧！"

这时，溥仪已经没有思想顾虑了。他面带笑容地要了几只苹果装在衣袋里离去。回到用大张白纸糊严了车窗的押运列车上，溥仪向同犯们讲述了受到东北人民政府主席接见以及茶话会的情景，车厢里顿时春风洋溢。不一刻，汽笛一声长鸣，列车驶进了抚顺站。

“藏在抚顺”

抚顺位于沈阳东侧，1950年8月5日，进入抚顺车站后，溥仪等五十八名战犯乘坐大卡车，由当地部队武装押送，先后进入位于市区浑河北岸宁远街一处设有了望楼的高墙大院之内，这就是东北战犯管理所。

1936年，日本关东军最早在此兴建监狱，设有走廊相通的监舍七栋，以及绞人场和停尸房各一处。起初仅关押日本和朝鲜犯人，继而监禁中国的反满抗日爱国志士，称为“抚顺监狱”。国民党时期改称“抚顺模范监狱”，用于关押和镇压进步人士。新中国成立后，东北行政委员会司法部把这里作为该部直属监狱。

把溥仪等日伪战犯“藏在抚顺”，这是周恩来总理的决定。确定东北战犯管理所所址及组建方案之前，总理曾与中央司法部史良部长（1900—1985年，曾任全国人大常委会副委员长、全国政协副主席和民盟中央主席）研究了中国当时的政治形势：蒋介石虽已逃离大陆，仍占据着台湾和东南沿海各岛，无时不想反攻回来；西藏等大片领土尚待解放；关内各地绝大部分属于新解放区，流窜于山林的土匪尚未肃清。这些地区显然不适于关押日伪战犯，唯东北是老解放区，又靠近苏联，一旦有事可以随时转移。于是，周总理在东北人民政府所在地沈阳以东仅几十华里的抚顺，利用东北司法部直属监狱的基础，成立了东北战犯管理所。

从1950年二三月间确定所址，到同年七八月间引渡战犯，时间虽然才过去半年，国内外政治形势又发生了变化；朝鲜战争已经爆发，打着联合国旗号的美国等军队的飞机和大炮正向中朝界河鸭绿江逼近；在国内为巩固新生的人民政权，一场镇压反革命运动也已开始。正是这个时候，深为国人憎恨的溥仪等日、伪战犯，岂可暴露人前而不有所回避？所以，周恩来从1961年会见溥仪和溥杰时，当面谈到“有一段时间把你们藏在抚顺”，这一个“藏”字，意味深长，恰切而又形象地道出了保护的真意。

如果说是毛泽东提出了改造战犯的战略思想，那么，周恩来就是实施改造战犯的奠基人。周恩来决定了战犯管理所的领导体制。他采纳了史良部长的提议，确定由东北人民政府主席高岗牵头，东北公安部部长汪金祥、司法部部长高崇民（1891—1971年，曾任全国政协副主席和民盟中央副主席等职）、卫生部部长王斌等参加，组成东北战犯管理领导小组。继而从东北公安部、司法部、卫生部和东北公安三师抽调人员，为战犯管理所配备了所长、副所长、管教科长、总务科长，以及医务、看守、警卫和后勤人员等。所长是孙明斋，1957 年起金源任所长；李渤涛是管教科长；王兴、刘家义、姜亦成、李福生等是抽调来专做改造战犯工作的干部。

关于管理所的管教工作，周恩来在 1950 年 7 月，即引渡的头一批战犯刚刚押抵抚顺的时候，就明确指示：对在押战犯要外紧内松，做到不跑一个、不死一个；要管严教好，做到不打不骂，不侮辱人格。周总理强调说，战犯也是人，既然是人，就要尊重他们的人格。对日本战犯，总理还特别指示，一定要尊重日本民族的生活习惯。总之，对战犯应从思想上进行教育和改造。

根据周恩来的指示，战犯管理所对溥仪尤为注意，因为他的思想负担最重，听到监号铁门一响就神经紧张。然而，有些人偏偏把他看得很神秘，都想一睹“圣容”。有些来战犯管理所视察的领导人出于关心和好奇，也一定要看看溥仪。对此，管教人员总是想出巧妙方式，如把溥仪单独调出来，让他在别人也看得着的地方跟他谈话，或让他随便做点儿什么事情，既让领导人满意，又使溥仪本人不易觉察。

对战犯的日常生活待遇，周恩来也一项一项地考虑过了。他指示说，要按国际惯例，依据战犯原来的级别，参照当时人民解放军的供给制标准，按将官、校官、校官以下三个等次，给予小灶、中灶和大灶三种待遇，并全部供应细粮。饮食之外，在服装、监舍、医疗和文化生活等方面，也要提供好的条件。为了贯彻这些指示，战犯管理所把溥仪作为特殊照顾的对象，除按小灶供应外，还随时给他单做适合口味的饭菜。由于溥仪从三岁开始便当皇帝，一切有人伺候，他的生活自理能力太差，一时还离不开别人的照顾，管理所就同意他暂与家人同住，洗衣、补袜一类杂务亦由别人代劳，以后再逐渐锻炼溥仪的自理能力。

20 世纪 50 年代初，改造时期的溥仪

改造之初

在武装监护下，卡车把溥仪等送到了抚顺市郊高尔山脚下的二层灰楼里——抚顺战犯管理所。这里大院周围高墙耸立，上面围着电网。直到这时，他们才知道，在他们到来之前这里已经收押了日本战犯和国民党战犯，再加上他们这些伪满战犯，共九百多名人犯。

战犯管理所检查了全部行李、物品，属于个人物品全部打了收条，由所方统一保管。随后发放囚服、毛巾、牙刷、牙粉、被褥等生活用品之后，分别将溥仪等关押在各监室。

溥仪他们被送进一栋监舍，中间是个通道，两旁有十多间监号。每十人左右住一个监号，溥仪、溥杰、溥仪的岳父荣源、三妹夫万嘉熙、五妹夫润麒五个人睡一排，毓嶦、毓喦、毓塘、李国雄、黄子正五人睡对面一排，十人住一个监号。中间放一张长条桌子，两边摆些椅子、板凳，东南角上用木板隔起宽窄各一米的一块地方，里边放置便桶。房门并无玻璃，却有个可以从外面打开的小望门，屋里有了事情，只要敲敲门，管理人员就会从外面打开小望门询问情况，送水送饭也从这里端进递出。

第二天早上，溥仪等人都被叫到院子里，每个人都被编了号并发个小木牌，从此溥仪便被 981 号所代替，战犯管理所还给每个编了号的人照张相片。遵照党中央的指示精神，战犯管理所所长孙明斋向他们交代“坦白从宽，抗拒从严”的政策，让他们在这里安心学习、改造。

刚到抚顺战犯管理所时，这里押着的其他犯人，都穿着赭色囚衣，重犯还带脚镣，脚镣中间有根铁链把脚镣提起来延伸挂在脖子上。犯人一走路，就“格郎郎”地发出声响。刚到那里，一见此情此景，猛一听那声音，真是心惊肉跳。

监房天天落锁，哨兵寸步不离。在落锁监房里，白天、夜晚都能听见看守的解放军战士在走廊内来回踱步时发出的“喀喀”响声，那是有规律有节奏的、颇为瘆人的响声。这种铁窗风味，不同于溥仪在伯力收容所时那种自由自在的生活。

透过高墙，遥望抚顺北边的高山。山峰层峦起伏，风景很美丽，不过那时作为囚徒的溥仪，实在无心来欣赏高山的绮丽风景。收监后，溥仪看没检查出夹层内的珠宝，紧绷的神经才稍稍松弛下来。大家开始议论起来，一致认为不可能马上有危险，不然为什么还发牙刷、毛巾呢？大家的议论丝毫没有打消溥仪的疑虑。因为刚入抚顺战犯管理所的溥仪心理极为复杂，一方面他深知中外历史上，任何一个被赶下台的皇帝，最后的结局都是走上断头台的；另一方面他自知罪孽深重害怕被处死。溥仪一直认为会在祖宗的发祥之地被宣判死刑，所以整日惴惴不安，思想也整天都陷入极度紧张之中，管教换岗的声音，室友的梦话声……都会使他想入非非，因此溥仪整天坐立不安，极度惶恐。

从1950年8月到10月末，溥仪等在抚顺战犯管理所平静地度过三个多月。那三个多月，政府从生活方面对溥仪等伪满战犯，给予了诸多照顾。

起初，他们不知生活上有了问题和需要时，对这些政府工作人员该怎么称呼？孙明斋所长便告诉溥仪等几位管教人员的姓名，并说怎么称呼都行。于是大家开始称呼他们为先生。不久，溥仪等便发现这里被称为“先生”的管理人员一点儿也不粗暴，既温和又亲切。他们对溥仪也关心得无微不至。刚到抚顺战犯管理所的头两天就问溥仪：“睡得怎样？习惯么？”这些干部还给他们送来了纸牌。一开始大家不敢打牌，李渤涛科长说：“玩玩吧！”甚至还允许他们可以玩点输赢，赢几根烟卷抽抽。后来他们还打克朗棋。对于这些干部，溥仪他们由恐惧到信任，最终成了溥仪这十年中最亲密的朋友和老师。

所方最初发给每人三本书：《新民主主义论》《中国近百年史》《社会发展史》。在苏联学习《联共（布）党史简明教程》，溥仪就从来没听进去过，到这时，还是既不知“主义”为何物，更不知“思想”讲些啥。所方还给每个监房订了报纸，每天有书报看，还发给纸烟抽。对溥仪来说，上面的新名词也全都看不懂，讲理论就像用外国话讲，读报纸也像读外文，一概不懂。起初整天学习，觉得比干活还累；不久改为上午学习，下午到院内散散步，活动活动，每天上下午休息时还播放些唱片，大都是京剧《打龙袍》之类。不过，出门须由管理人员开锁放行，回房后再由管理人员关门落锁，锁门的响动起初似乎揪心，但时间一长溥仪逐渐也就习惯了。为了活跃生活，所方在走廊安上广播喇叭，每天定时播放两次，有时是新闻，有时是音乐，声音很大，各房间都可以听到。

新中国成立初期，国家虽然还很困难，但管理所还是给他们确定了相当高的伙食标准。在伙食上执行东北公安部下发的伙食标准，溥仪及相当于将级的战犯更是吃“小灶”。伙食是非常之好的，可以说鸡、鸭、鱼、肉每顿都有。不但物资丰富，烹饪技术也好，即使与苏联莫洛科夫卡的“疗养生活”比也绝不逊色。只是那里有饭厅，吃饭方式舒适些，而这里饭菜都从小望门上递来递去，不那么通畅。每次开饭由管理人员把饭桶和菜桶挑到走廊上，并一碗一碗地传进监房，他们使用自己的碗筷，自讨方便，饭菜管饱，不够再添。每天管教人员给他们送饭分菜，二菜一汤，后来管教人员让战犯自己分饭菜，大家都做点工作。

战犯管理所给溥仪等以人道主义的宽待，不给他们穿带“囚”字的狱服，反而还给他们发放了各种生活用品。冬天怕他们冷，战犯管理所还发给他们每人一套价值二十三元的兰斜纹布的棉制服和帽子，一双十三元的带毛棉鞋，一条棉被，年老体弱的给两条，每月还发给犯人一条香烟。

管理所内各场所定期消毒、定期放映电影。同时资料室还准备了各种书报杂志，供战犯们学习阅读。溥仪也参加了一些管理所组织开展的各种文体活动。

为了让这些犯有战争罪行的人，在受到管理期间生活得好些，所方利用离监房较远的一间空房，新砌了水池，而后又改建为浴室。当时没有条件安装热水管，所方干部便在厨房一锅一锅地烧出热水挑进池子，再兑入凉水。就在这样的条件下，保证溥仪他们每周洗澡一次。洗澡时，溥仪总是第一个入浴，他嫌别人脏，绝不肯步人之后。

管理所对他们的健康也很关心，增建浴室的同时，又扩建了医务室。现在各单位都有医务室，似乎是件普通的事情，当年可不简单呢！ 因为战犯大部分人都已年老，体弱多病。刚到时普遍进行了体格检查，掌握每个人健康的基本情况，后来由医务人员对每个人不断进行治疗。刚从苏联回来时，药品奇缺，管理所还每天派一名护士到各监房巡视。有一件事是罕见的，即管理所由沈阳请来牙科医生，携带设备，为全体战犯检查了牙病，并给一些人安装了假牙。溥杰等人的假牙就是在那儿安装的，这在国际优待俘虏的历史上实无先例。

爱新觉罗·溥仪的体格检查表 1955 年的记录为：身长 174 公分；体重 103 市斤；胸围 77 公分；两眼近视性散光，高度近视；握力：右 35，左 28；肺活量 3500 毫升；血压 120/80 水银柱。

所方考虑溥仪生活尚不能自理，且在苏联关押时也没有和家族分开过的事实，特将他和岳父荣源、胞弟溥杰、三个侄子、私人医生黄子正、妹夫万嘉熙、润麒以及随侍李国雄安排同住在 3 号监室内。

溥仪不但不感谢政府的关怀和照顾，暗中仍摆“皇帝”的架子发号施令。这些人，一是从清朝皇宫内开始至今，一直跟随在溥仪的身边，从未离开过。长期的封建思想影响，迷信于溥仪是“真龙天子”，在精神上依托于他。二是既尊敬溥仪，又有些惧怕他。因此每天服侍在他左右，按封建“君主”礼仪早晚请安、口呼“皇上”，被俘后改称“上边”的，但归根结底还是实行朝廷的一套礼仪。溥仪也利用周围人的这种思想，对他们严加控制，不准脱轨半步，其目的是保全自己的尊严和不背叛于他，从而达到掩盖自己罪行之目的。溥仪的侄子毓嵒对溥仪更是毕恭毕敬，洗衣服、补袜子都是毓嵒负责。他们表面都是罪犯，暗地里却形成了“狱中小朝廷”。

对于“狱中小朝廷”的形成原因，是由来已久的历史条件所造成的。“从童年起，衣、食、住、行等一切，都处于养尊处优，穷奢极欲的环境中。”溥仪在自我总结中继续写道：

对辛亥革命，我自幼就反对，认为这是“暴民造反”的结果，反抗皇帝，推翻朝廷还了得。我这种想法，是由于封建帝王“家天下”和“奉天承运”的传统思想，以及所谓“敬天法祖”“专制独裁”“唯我独尊”的家教所造成的。例如，以君臣上下的等级思想灌输，并美化清朝专制制度，说这是“天下太平”的为政要道；而把进步学说说成是“邪说横行”。用长白山上仙女，因吃了喜鹊衔来的朱果，生了爱新觉罗氏始祖的神话和“列朝圣训”、《东华录》之类的所谓“祖训”“家法”等作为根据，配合迷信神佛的宫中习惯来腐蚀我。于是，使在我的封建统治阶级的思想本质上，更涂上多样的反动色彩，构成了我前半生的罪恶思想体系。现在初步认识到，这种根深蒂固的罪恶思想体系，有以下几点：

1. 封建帝王“至高无上”，统治万民的专制主义、封建等级特权思想和尊孔崇儒思想；

2. 满族优越的狭隘民族主义思想；

3. 迷信天命、神权和“敬天法祖”思想；

4. 崇拜帝国主义、亲帝国主义、恐帝国主义的奴化思想。

以上是我反动思想构成的主要内容，它的综合表现，就是“家天下”的思想。进一步说，就是极端的个人主义。就是为了个人的欲望，为了个人的特权，可以不择手段……由于这种思想的支配，以及生活环境的腐蚀，我的政治野心随着年龄增长着……

刚到管理所时，一般不准出监房，便桶也由所方派人倒，后来允许犯人下午到院内散步，便桶也改由同监犯人轮流倒。不久，所方通知李国雄、毓嵒、毓嶦、毓塘几人和溥仪住在一起，当然又是溥仪向所方要求的，这样不但溥仪的便桶有人倒，生活的其他方面也都方便了。所方考虑溥仪常年积习，照顾他，但并非永久性地迁就，所以让他们合一段时间又分开一段时间，分一段再合一段，以便使溥仪逐渐适应。几个月之内，竟然这么折腾来折腾去好几次。显然也是因为溥仪的关系。

暂迁哈尔滨

1950年秋天，美国侵略军和南朝鲜李承晚的部队，继续进犯朝鲜民主主义人民共和国，战火已经烧到鸭绿江边。

一件中央密电从东北行政委员会主席办公室，迅速转到东北公安部部长汪金祥手中。展读内容，十万火急！文电系周恩来署名，拍发日期为1950年10月16日，命东北战犯管理领导小组“立即将日本战犯和伪满战犯向北满地区转移，越快越好”。周恩来决定转移日伪战犯，正是出于保护，要把他们“藏匿”在相对安全的北部地区。

10月25日，中国人民志愿军出国和朝鲜人民军并肩作战，抗美援朝战争开始。面对当时的政治、军事形势，为安全起见，抚顺战犯管理所奉命北迁到哈尔滨。战犯管理所立即行动，联系专列、采购棉衣、疏散家属、组织押送，把战犯分成两批，于10月18日和19日先后起程。日本战犯中大部分关押在哈尔滨道里监狱，小部分关押在呼兰县城公安局看守所，而溥仪和伪满大臣们关押在位于道外七道街的哈尔滨市公安局看守所。

不久，朝鲜战场上捷报频传，中朝军队在两个月内进行两次战役，于1950年12月6日收复平壤，并把敌人赶回到三八线附近。形势渐趋稳定。遵照上级指示，战犯管理所在1951年3月25日把669名校级以下日本战犯迁回抚顺。此后，中朝军队又胜利地发动了第四次战役和第五次战役，迫使敌方回到谈判桌旁，并于1953年7月27日签订《关于朝鲜军事停战的协定》。同年10月23日，战犯管理所把溥仪、伪满大臣以及日本将级以上军官，也全部迁回抚顺。

在三年多时间里，在抚顺和哈尔滨，曾先后关押过一批日伪战犯，而外界却几乎无人知晓，这是“藏匿”的成功。

据战犯管理所生活管理员高震回忆，他外出联系工作，在抚顺时用“抚顺监狱”的名义，在哈尔滨时用“松江省公安厅六处”的印章和介绍信，为了保密而从不亮出“战犯管理所”的招牌。

战犯的亲属们，不断通过种种渠道探问信息，结果都一样：无可奉告。

那时仍在溥修（溥仪的族兄，长期管理溥仪在天津的房屋和财产，在新中国曾任中央文史馆馆员，1959年去世）家中“守节”的“福贵人”李玉琴，也千方百计打听丈夫的下落。她找过全国妇联，先后给宋庆龄、周恩来、毛泽东写过信，还曾守候在北京新华门前，要求面见中央人民政府领导人。然而，这一切均告无效，连一丝相关的信息都没有得到。与此同时，溥杰的妻子也在寻找亲人，从东京寄往北京和瑞士红十字会的家书一封又一封，全都像泥牛入海。

原来，毛泽东和周恩来就是要把溥仪等战犯藏匿几年，这是为了避开国际间的战争，也为了避开国内政治运动对他们的冲击。在当时的条件下对名声显赫的战犯，确实不失为保护其生命和改造为新人的最佳选择。

溥仪所在道外景阳街公安分局看守所原来是日伪时期监禁爱国者的监狱。从新的管理所的外面看，是一幢两层流线形的圆楼。到里面一看，犹如一个大铁笼子，整个建筑分成上下两层，每个监号都是扇面型的，各个监号联起来成为一个圆形。监号的前后都有鸭蛋粗的铁柱围着，每个监号大约有七八平方米大小，住六七个人，犯人晚上放下铺盖睡觉，白天卷起来就地学习讨论。圆形大楼中间角落上设有安装抽水马桶的厕所，于是犯人在这里不用像抚顺似的抬桶倒屎尿，感到方便多了。

从抚顺到哈尔滨，溥仪一直享用小灶，此外还有种种特殊照顾，每天的生活很有规律，不受外界干扰。体验到特殊照顾的溥仪，萌生了感恩之情。他主动向管理所领导提出，希望把供应给他的细粮、鱼肉改成粗粮、大众菜，省下精品给前线的志愿军战士吃。他还把秘藏在身边的乾隆田黄玉三连环玉玺也主动交出。管理所当然不同意因此降低溥仪的生活待遇标准，但对那方价值连城的玉玺，出于安全方面的考虑，决定出具收条，暂代保管。

到了哈尔滨后，为了更好地教育改造溥仪的寄生虫式生活、唯我独尊的思想和高高在上的君主作风。首先从瓦解“狱中小朝廷”入手，切断依赖的支柱及发号施令的场合。管理所特意调整监舍，将溥仪调出 3 号监室，把溥仪与其家族成员分开，这给多年来一直“饭来张口、衣来伸手”的溥仪带来了极大的烦恼，溥仪自以为这是共产党要和他清算旧账，于是整日惴惴不安。望着高高的监狱大墙，溥仪绝望地想：不定哪一天我就要死在这个大墙里了。于是溥仪溜到墙根底下，望着灰色的大墙，心中感慨万千：“我这一生一世总离不开大墙的包围。从前在墙里边我还有某种尊严，有我的特殊地位，就是在长春的小圈子里，我也保持着生活上的特权，可是如今，在这个墙里，那一切全没有了，让我跟别人一样，给我造成生存上的困难。”

同监舍的战犯溥仪都不认识，很不习惯，说话也不投机。几天后他找到所长，要求还回到家族中去。所长说：“溥仪，你看你穿的衣服、系的鞋带、叠的被子，为什么和别人的不一样？你要学会自理，多向人家学习……”溥仪低头不语。

几天后，溥仪又回到原来的监室，但是室内的人全都变了，他的侄子、侍从们都不见了，换进来的是张景惠等一些大臣，还有两名不认识的汪伪政权的战犯。

溥仪和家人分开后，再没有人伺候他了，他要自己系鞋带、铺床叠被、整理衣物、整理书籍。溥仪发现身边的人也发生了变化，连最恭敬他的侄子毓嵒也拒绝给他洗衣服，溥仪只好自己动手。形势所迫，溥仪不得不开始学习系鞋带、叠被子等。

“小朝廷”崩溃瓦解以后，管理所一方面培养溥仪的生活自理能力，更多的时间用在对他苦口婆心的启发教育工作上，加之听广播、讲时事、学习文章，同犯们共同讨论，学习提高，使他感到集体生活的温暖，在思想上有了突破性的进步，他开始挖掘自己犯罪的根源，摆脱为自己造成的迷蒙和障碍，认真反省自己的罪过，展望光明的前途。经过长期的思想斗争，溥仪激动地写下了发自肺腑的自我改造的决心。对于自己检查不彻底的地方作了认真的补充检查。

周恩来认为，改造战犯不是为了让他们感恩，因为感恩不等于认罪。1952年春天，总理听取关于战犯的汇报后指出：“对这些战犯要进行悔罪教育。”

战犯管理所要战犯们写自传，溥仪认为这是要他们的认罪口供，到了要收拾他们的时候了。如果自己承认有什么问题，将来就可以根据“口供”判他们的刑。于是溥仪在自传里编造了自己被挟持到东北，被逼为日本傀儡的故事，还和他的小家族一起订立攻守同盟，隐瞒自己的罪行。而且为了表现“积极”，社会上正在为抗美援朝捐献飞机大炮，溥仪经过思想斗争，决定献出乾隆皇帝的田黄石三连环玉玺，然而他那藏在手提箱夹层内的珠宝，他仍然拒不交代。

不久，他发现不但乾隆玉玺不起作用，连自传中的谎话也骗不了人。战犯管理所副所长金源找溥仪谈话，并告诉他“最宝贵的不是财宝，是改造好的人”，阐明政府对战犯的改造政策是“惩办与宽大相结合”“劳动改造与思想教育相结合”，让他如实交代自己的罪行。

遵照周恩来的指示，时任东北公安部政治保卫处执行科科长的董玉峰，每次到管理所都要找溥仪谈话。起初，溥仪还说自己是傀儡，没有多少罪行可以交代。董科长遂向他指出，作为伪满皇帝签发的《治安维持法》《保安矫正法》《粮谷管理法》《国兵法》等上千种法西斯的法律，曾使东北三千万人民深受其害，千百万人头落地，怎能说自己没有罪责呢？溥仪闻言大吃一惊，向董玉峰深深鞠了一躬，正是这位从三岁起就接受千千万万人叩拜的皇帝，第一次向一位平民百姓鞠躬，以沉痛的心情和坦白的举动，表示认罪和忏悔。当年只有三十四岁的董科长赶紧扶住他。这位年轻的基层干部态度和蔼，循循善诱，给溥仪留下了良好的印象。

随着“认罪、悔罪”教育的开展和深入，相继使溥仪身边的人都摆脱了封建思想的束缚，站出来开始揭发溥仪为迎合日本人在东北所犯下的罪行。原大臣们也开始坦白交代自己的罪行，站到溥仪的对立面进行揭发。在“认罪、悔罪”中，溥仪在写自传中有掩盖作假的行为，干部和他谈话时严肃地指出：你应当实事求是，只有真正认识到有罪，并认真悔罪才能得到宽大。溥仪意识到思想改造不能有半点虚伪。有了点滴的进步，所里就予以及时的表扬，使溥仪增加了改造自我的动力。

在写自传的同时，管理所还不断组织溥仪他们学习一些专题，也读了一些专著。如《中国怎样沦为半封建半殖民地的？》《中国的封建社会》和《帝国主义论》等书，此外还学习了很多毛泽东、鲁迅等人的著作，观看了很多充满爱国主义内容的电影，这些都使溥仪受到教育，进一步认清了帝国主义的罪恶本质。在学习过程中按照所里的规定，溥仪每次学习都写出发言提纲，并且尽量联系自己的思想实际，开始揭露自己的罪行。

通过批判“忠君”“洋奴”思想，“小朝廷”开始瓦解。所里抓紧对溥仪下边的人进行细致的、深层次的思想教育工作，逐渐使他们接受新生事物，转变旧的世界观，学会用无产阶级世界观去看待历史和现实问题。

李国雄原来是溥仪的近身侍从，他很崇拜溥仪这个所谓的“真龙天子”，把一生的命运依托在溥仪身上。经过学习和教育，他明白了封建主义的本质，他说：“共产党比皇上好！”一次溥仪见到李国雄，让他给修眼镜腿，李国雄说：“我不能总是侍候你！”经管教调解后李国雄才给溥仪修好眼镜腿。这件事对溥仪震动很大。

溥仪总嫌别人脏，出门进门或是用脚把门踢开，或是先在门环上垫了纸再去拉，对此李国雄早已见怪不怪，习以为常了。可是有一次经过修理管理所排污清淤劳动后，李国雄不但洗了澡，而且还洗了脑。不知怎的开始对溥仪那种不摸门环的举动行为不能容忍，有一次他终于顶撞了溥仪：“你嫌脏，难道别人天生是埋汰人，都不嫌脏？”他最得意的侄子毓嵒也敢顶他几句了，见他仍像过去那样，抱着“不杀生”的信条，把落在身上的苍蝇蚊子轰走了事，而不许打死，就批评“皇上”说：“你放苍蝇的生，难道就不怕它再落别人身上吸吮别人的血吗？”大家已经自觉不自觉地对溥仪有了看法，并开始以平等的态度对待溥仪了。

在铁笼内，大家过了一个新年，过了一个春节。年节之前，管理所给每人发一份果品，有水果、花生和糖块等，在家里能吃到的东西在这里也全吃得到。他们自己还组织娱乐活动，唱歌、演话剧等，是这样分工的：溥杰负责编辑，万嘉熙负责导演，姓初的负责音乐设计。李国雄和毓嶦还表演一段自编相声，内容是讽刺伪满的皇帝和大臣。表演场所就是初到哈尔滨第一次理发的那个地方。溥仪和伪大臣们都坐在楼下铁笼子外面观看。李国雄扮作和尚模样，说溥仪好佛的事儿，还记得结尾的动作是双手合十，口中“阿弥陀佛”连声。为了这件事，溥仪在很长时间里耿耿于怀，直到返回抚顺以后还曾提起，当时他仍不能理解平日里对他言听计从的李国雄怎么突然间对他来了个大转弯，所以表现出很气愤的样子说：“你怎么也来挖苦我？”

自从一到哈尔滨，毓嵒就向所方揭发了溥仪私藏宝物的问题。毓嵒先给管教人员递个条子，上写：“有重要事情要找李先生谈谈。”李渤涛科长立刻找毓嵒谈话。毓嵒说，回国后经过长时期的教育，认识到应该把自己知道的事情都说出来。他就揭发了溥仪那只黑色手提箱夹层内藏有宝物。李渤涛说这件事还是让溥仪自己交代吧，由别人揭发出来，对他脸面上也不好看，你们照常干活，不要露声色。于是管理所领导就寻找机会启发溥仪交代私藏宝物的问题。

毓嵒脱离溥仪后，在干部们的帮助下，进步很快，还当上了生活委员。他不再为溥仪洗衣服，一天他到监室送饭正好溥仪值日，交接饭菜时，毓嵒递给他一张纸条，溥仪小心藏在身上，到厕所里打开一看，上面写道：“我们都是有罪的，一切应向政府坦白。我从前给您藏在箱子夹层的东西，您坦白了没有？自己主动交代，政府一定会宽大处理。”溥仪脸都气白了。

毓嵒是溥仪认为最可靠，并且在生活上也是最能侍候溥仪，是溥仪在伯力收容所内私订的立嗣人。连毓嵒都动员溥仪交代问题，让溥仪认为身边的人都背叛了他，太可怕了。溥仪毁灭了纸条，靠墙坐着，忧闷地想：共产党真厉害，不知是使了什么法，让他们变成这个样儿。溥仪怕藏宝之事被揭露出来，便主动交出了藏匿在身边的珍珠、玛瑙等 468 件珍宝，没想到不但未受惩罚，所方还给他打了存条，并鼓励他“坦白从宽这个政策对皇帝也是适用的”。溥仪放下了沉重的包袱，心情十分轻松。

溥仪在这风风雨雨的洗礼中，深深感到自己已经是众叛亲离、四面楚歌，开始自我反思。尤其是在参加日本战犯认罪大会之后，深感自己罪行的深重，在干部的引导下，暗下决心，好好地接受改造，争取光明之路。

又过了两年，朝鲜战场大局已定，中国人民抗美援朝慰问团归国代表团团长、中国人民志愿军副司令员陈赓大将应邀到所里作了题为《上甘岭战役以及两年来抗美援朝战局的变化》的报告。听了志愿军战士为了打败美国侵略者奋不顾身、前仆后继的英勇事迹，溥仪等不能不相信这些有血有肉真实的故事。也就在这个时候，黑龙江省委书记到哈尔滨道外的管理所来看望他们，觉得这里的房屋构造有些危险，建议把他们迁到道里另一个比较安全的地点去居住。这件事也使溥仪感动，逐渐打消疑虑，接受改造。在中国共产党和政府的教育下，在管教人员的耐心帮助下，溥仪在思想改造的道路上一步一步艰难地往前走，并且初步获得了一些胜利。

开展悔罪教育以后，改造日伪战犯的工作上了路，战犯的情绪渐趋稳定。然而，长期关押使战犯的体质下降了，仅靠伙食分灶和有限的文体活动难以解决这个问题。就在这时，东北公安部李石生副局长来到哈尔滨，向战犯管理所的干部传达了毛泽东关于通过劳动改造罪犯的指示，要求他们想方设法增强战犯的体质，一定要避免非正常死亡。

劳动对其他人来说，实在是不可少的。可溥仪从小在皇宫里一直是别人侍奉长大的。来到抚顺、哈尔滨管理所里，他的衣服都是由毓嵒等三个侄儿帮着洗。当了三回皇帝的溥仪，除了当皇帝不会干别的。

1953年，溥仪等搬到哈尔滨道里去住。那里是三大间房子。毓嵒、毓嶦、毓塘、李国雄以及汪伪领事们住一大间，溥仪、溥杰以及伪满大臣们分住另外两大间。虽然门外也上大锁，但比起道外铁笼子来，可就强多了。那里还有个大院子，早晨起床，可以在院子里跑跑步，呼吸新鲜空气，这比起过去的“放风”也强多了。这时他们添了一门新功课——糊纸盒（铅笔盒子），并开办了纸盒车间。战犯每天劳动不超过四小时，且不规定产品定额，收入全部用于改善他们的生活。

这项劳动是改造过程中不可少的程序。糊盒的过程是先用马粪纸裱上一层白纸，晾干压平，再用铡刀按需要的尺寸裁开，然后放在压印机上压出折叠的印痕来，再折成盒子。盒底用固定尺寸的白纸糊起来，盒盖要贴上商标纸。这种劳动虽然不算复杂，然而也要求干得干净利索。马粪纸切得规矩，商标纸糊得平整，不要有皱纹。除张景惠外，溥仪和其他伪大臣们都参加了这项劳动。

别人干得还不错，唯独溥仪不行，他太笨了，糊的形状不好，又常常把商标贴倒了，出了很多废品。在生产劳动中他是废物，只要出废品总和他有关系。在纸盒车间里劳动，溥仪可没少出洋相。劳动中毓嶦发起劳动竞赛，比质量，比数量，热热闹闹，却让溥仪作难了。他尽管用心干、用力干，还是干不好，质量差，数量更低。为此溥仪还跟他的一位叫宪钧的远支族侄吵了一架。宪钧系肃亲王善耆第十二子，三四十年代借溥仪的光当上伪满恩赐病院院长，在伯力关押时宪钧第一次见到溥仪，曾跪下哭着说：“奴才这回可看见主子了！”事过七年，他眼中的“皇上”终于失去光彩。溥仪缺乏动手能力，糊不好纸盒，宪钧就挑剔他，还使用挖苦的词句，以致拌嘴吵架。后经管教员李福生细心调解，两人终于握手言和。这样的人生经历，对溥仪来说是无限新鲜，并把他的劳动兴趣调动起来了。

在侦讯中

总理派来了“东北工作团”。1953年年底以前，管理所工作的重心，在于对战犯的改造和教育，以解决认罪、悔罪问题。1954年年初以后，重心已转向侦讯、审理和宣判了，要解决处理的问题。自从溥仪等日伪战犯从苏联引渡过来理应立即侦讯并审理，然而却被朝鲜战争所中断。

当入朝参战的中国人民志愿军取得了军事胜利后，周恩来在1951年10月作出决定：由东北人民政府设立战罪调查委员会，搜集日伪战犯的罪证，负责东北地区的调查工作。谁知这时开展的反贪污、反浪费、反官僚主义的“三反”运动，再度冲击了调查工作。

周恩来心急如焚，又于1952年1月28日在中央公安部的一份报告上批示：“告最高人民检察署与公安部，在‘三反’后，应有一部分人专门研究中、‘满’、蒙、日战犯案，限期提出处理方案。”[1]最高人民检察署乃在同年8月派出马光世、赵维之等九人组成的日籍战犯调查小组，开始了侦讯战犯的试点工作。

1952年11月初，国务院副总理邓小平在试点工作的基础上，进一步部署了该项工作的组织措施：“政府拟组织战犯处理委员会，要检察署会同公安部草拟处理战犯意见和委员会名单。”[2]

1954年1月，最高人民检察署副检察长高克林和谭政文亲自向抚顺战犯管理所所长孙明斋和管教科副科长金源传达了周恩来的指示：要对日伪战犯进行侦讯，把他们在我国犯下的主要罪行查清楚，并加以审理。

同年3月初，以侦讯专家谭政文为团长的最高人民检察院东北工作团，到达抚顺战犯管理所，开始了起诉日伪战犯之前的准备工作。高墙之内，空气仿佛在瞬间凝固了。

1954年，溥仪由哈尔滨回到了抚顺。当时抗美援朝斗争已取得决定性的胜利，美帝国主义被赶过了三八线，局势稳定下来了。管理所决定将溥仪等伪满战犯迁回抚顺。因为已关押了三年多，所方向他们进行了一系列的思想教育工作，号召他们坦白自己的罪行，相互之间进行揭发检举，为最后的处理作好准备工作。而这些工作在哈尔滨道里由民房改建的临时监号内是无法进行的。

三年多的教育没有白费劲。一到抚顺，稍作休整，大坦白，大检举就开始了。

1　温久达：《为日、伪战犯治病的片断回忆》，载《震撼世界的奇迹》第194-195页，中国文史出版社1990年版。

2　中央档案馆藏我国审判日本侵华战犯和伪满汉奸资料。

北京最高人民检察院派了东北工作团来到管理所主持这项工作。他们已做了长期的调查研究等准备工作，每个战犯都要坦白交代自己的罪行，由工作团派人记录在案，互相还要背靠背地进行揭发检举。展开面对面的斗争，然后定罪。

在大坦白、大检举中间，管理所也召开伪满战犯的坦白批判大会，彼此进行了揭发批判。管教员组织溥仪、溥杰、润麒和万嘉熙等互相检举，都写了检举材料，管理所专门为溥仪开了个坦白会，大家对溥仪展开了尖锐的批评。

抚顺战犯管理所的全部战犯也都可以和家属通信，正是由于家属来信作了些思想工作，也推动了当时正在开展的坦白、检举工作。

在肃穆而令人心悸的氛围之中，传唤溥仪的侦讯员赵焕文，高声宣读了罗荣桓（1902—1963年，当时任最高人民检察院检察长）于1954年3月21日签批的《追究犯罪的处分书》。巨大的思想负担，使这位一生三次“登极”的传奇人物，骤然低下沉重的头颅。溥仪开始失眠了。

当年与溥仪接触最多的一位年轻的管教干部李福生说，溥仪常常是东听听、西看看，很注意观察别人怎样交代罪行，时而悄悄记下点什么。

李管教员研究过溥仪的思想动态，认为他一方面想隐瞒重大罪行，因而担心深知其底细的家族成员揭他的盖子；另一方面也想交代几条不疼不痒的罪行以应付差事，却苦于所知甚少。这是他平日身处深宫，对具体事件不能详查的缘故。然而，没过多久，由胞弟、妹夫和族侄等组成的爱新觉罗家族圈就被冲击了，他的亲信随侍也反目了。他先前利用如厕或散步时，与人精心设置的攻守同盟，也未能阻挡来自东北工作团的政治攻势，并终于令其相信了“坦白从宽、抗拒从严”这句话。

于是，在溥仪的交代材料里，有了在天津主动联络日本陆相南次郎和黑龙会领袖头山满的事实，有了在伪满向日本人献媚并残酷虐待孤儿的事实，有了在苏联编造假历史、统一写自传的口径并密藏珍宝首饰的事实……

在伪满战犯中开展认罪、悔罪及检举揭发工作一直到年末结束，在这一过程中，溥仪尽力写清楚自己的罪行，并积极揭发日本军国主义所犯罪行，他在回忆日本“大东亚圣战”的罪行时写道：“所有这些残酷罪行，都是在我这个‘执政’和‘皇帝’的标签下进行的。”

1955年8月20日，赵焕文把《侦讯爱新觉罗·溥仪的总结意见书》拿到溥仪面前。这个六千字的文件，给他列出了五大罪状：勾结日寇阴谋复辟清朝的封建统治；背叛祖国充当“皇帝”，与敌签订卖国条约；甘心奉行日寇意旨，亲手“裁可”各种政策、法令危害人民；参加国际反共协定，支援侵略战争破坏和平；烧毁证据企图潜逃日本。溥仪阅后签署了自己的意见：“总结意见书经我看过，我认为是完全正确的，故我应负上述的全部罪恶责任。”并郑重签上了自己的名字。

东北工作团编印的《工作情况简报》第二期，报道了溥仪的思想动态：“溥仪在写自己罪恶材料时思想有所波动，感到自己罪恶太大，又是汉奸头子，处理时还不是头一名！”溥仪还曾对管教员李福生说：“李先生，我想到我的罪行特别严重，恐怕日本人在伪满时期的所有罪行，都和我所犯的罪行分不开。仅以叛国论罪，就可以判处我死刑。况且，我在伪满时‘裁可’过许多法令。当时对犯人惩处最严厉的是《暂行惩治叛徒法》，犯这种罪都要判处死刑。所以，我想今天政府对我无论怎样宽大，恐怕也难以赦免我所犯的严重罪行。”

在侦讯工作中，东北工作团也曾多次讨论日伪战犯的处理问题。对于九百六十余名日本战犯，被列为重点侦讯对象的共一百零七人，其中七十余人罪大恶极，都认为必须处以极刑。对伪满战犯，则认为伪满各部大臣都“必须处死刑”。然而，讨论溥仪的处理问题时却发生分歧：有人说他当“皇帝”是主动的，要“放在应杀之列”；也有人主张网开一面，说溥仪是傀儡，一般说并非直接犯罪，似可不杀。

1955 年 9 月，中央收到最高人民检察院党组关于侦查日籍战犯与伪满汉奸工作情况和处理意见的请示报告。其中谈及对六十二名伪满战犯的处理意见：拟起诉的共三十九名，其中，拟处死刑立即执行的有张景惠等二十一名，拟处无期徒刑的有伪满皇帝溥仪等八名，拟处有期徒刑的有正珠尔扎布等十名，其余二十三名免于起诉，立即宽释。

嗣后，东北工作团内部还多次讨论过处理战犯的问题，自然是一次比一次放宽。尽管如此，直到 1956 年 2 月，由东北工作团拟定的起诉、审判伪满战犯的名单中，还有拟判有期徒刑十五年的溥杰（1907—1994 年，溥仪胞弟，曾任全国人大常委会委员）和拟判有期徒刑十二年的润麒（生于 1912 年，溥仪的三妹夫，曾任全国政协委员）的名字。

东北工作团乃至最高人民检察院提出的处理意见，反映了中国人民特别是东北人民对伪满汉奸的憎恨。

曙光微露。正当最高人民检察院对日本、伪满和国民党战犯的侦讯工作接近结束的时刻，北京、上海等地政协曾经讨论处理战犯问题，一条令人关注的内部消息又不胫而走，消息说中国末代皇帝溥仪已被释放回到北京！当时有位浙江籍近代名人周善培（1875—1958 年），字孝怀，当时住在上海，听到消息后极为感动。上海市政协刚刚开过讨论处理战犯的会议，他遂提笔给全国政协副主席黄炎培（1877—1965 年，当时任全国人大常委会副委员长）写了一封信，这封信是替溥仪说情的。

周孝怀说，1917 年张勋复辟，溥仪是受了康有为和沈曾植的愚弄；1931 年溥仪出关投入日本人的怀抱，则是误在了罗振玉和郑孝胥的手中。在他看来，溥仪是位“伤心人”。周孝怀获悉的消息不确，溥仪并未释放，仍在抚顺关押。这时，却有大批日本战犯根据中央先行处理的部署被释放了。

周孝怀给黄炎培的信中还写道：“请阅后转呈毛、周二公，以备参考。溥公处理定后，许其见客时，乞见示，我必到京见他一面。”

非常遗憾，尽管孝怀先生未及见到特赦后的溥仪就去世了，但他的信已由黄炎培于 1956 年 5 月 21 日转呈毛泽东和周恩来。黄先生还在致总理的信中表态说，周孝怀提供的历史资料“确实值得一看”，又说：“闻溥仪索阅《资本论》说明他的思想或者有了飞跃性的进步了。”

周恩来当天阅毕并批示：“即送主席、彭真阅。”时任全国人大常委会副委员长的彭真，也于 5 月 29 日批示：“政文同志：此件可抄存溥仪档案中。原件退总理办公室。”于是，周孝怀的信和材料、黄炎培的信，连同中央领导同志的批示，便由最高人民检察院副检察长谭政文安排，抄存于溥仪的档案之中，成了谭政文审理、量刑的重要依据。

与此同时，毛泽东、周恩来关于日伪战犯的处理原则和方案，也渐由酝酿而趋成熟了。

从 1955 年年末到 1956 年年初，社会主义改造已在中国大地上取得了决定性的胜利，开展大规模社会主义经济建设的任务突出地摆在毛泽东面前。对此他感到还完全没有经验，第一个五年计划是照搬苏联那一套，但不符合中国国情，弊病已经暴露出来，毛泽东为了开创一条中国式的道路，而苦苦地思考和探索，在短短的几个月中间，他先后找三十几个部长谈话，一个问题一个问题的调查、归纳、总结，最后形成了《论十大关系》这篇名著。

1956 年 4 月 25 日，在中共中央政治局扩大会议上，毛泽东作了重要讲话，把《论十大关系》的基本观点淋漓尽致地发挥出来。其中谈到镇反问题，一锤定音，敲定了溥仪的命运，也为他择定了后半生的道路。毛泽东说：

“什么样的人不杀呢？……连被俘的战犯宣统皇帝、康泽这样的人也不杀。不杀他们，不是没有可杀之罪，而是杀了不利。这样的人杀了一个，第二个第三个就要来比，许多人头就要落地，这是第一条。第二条，可能杀错人。一颗脑袋落地，历史证明是接不起来的，也不像韭菜那样，割了一次还可以长起来，割错了，想改正错误也没有办法。第三条，消灭证据。镇压反革命要有证据。这个反革命常常就是那个反革命的活证据，有官司可以请教他。你把他消灭了，可能就再找不到证据了。这就只有利于反革命，而不利于革命。第四条，杀了他们，一不能增加生产，二不能提高科学水平，三不能帮助除‘四害’，四不能强大国防，五不能收复台湾。杀了他们，你得一个杀俘虏的名声，杀俘虏历来是名声不好的。还有一条，机关里的反革命跟社会上的反革命不同。社会上的反革命爬在人民的头上，而机关里的反革命跟人民隔得远些，他们有普遍的冤头，但是直接的冤头不多。这些人一个不杀有什么害处呢？能劳动改造的去劳动改造，不能劳动改造的就养一批。反革命是废物，是害虫，可是抓到手以后，却可以让他们给人民办点事情。……不杀头，就要给饭吃。对一切反革命分子，都应当给以生活出路，使他们有自新的机会。这样做，对人民事业，对国际影响，都有好处。

对上面这些人士，毛泽东列举了许多理由，认为“杀了不利”。他还说：“不杀头，就要给饭吃，对一切反革命分子，都应当给以生活出路，使他们有自新的机会。”毛泽东讲话的当天，第一届全国人民代表大会常务委员会第三十四次会议，就通过了《关于处理在押日本侵略中国战争中战争犯罪分子的决定》，毛泽东随即颁发中华人民共和国主席令，公布了这个《决定》。

该《决定》向世界宣告：中国政府将宽大处理日本战犯。嗣后即由周恩来亲自部署，于 1956 年 6 月至 8 月间分三批释放了一千零一十七名职务较低、罪行较轻、悔罪表现较好的日本战犯。与此同时，另外四十五名罪行严重的日本战犯，也由我国最高人民法院组织特别军事法庭进行审判，分别处以八至二十年有期徒刑。

1955 年年末，周恩来在中南海听取东北工作团和战犯管理所负责人汇报工作时就说，对日本战犯中仅犯有一般罪行的不起诉。只有极少数罪大恶极的才判有期徒刑，不判处一个死刑，也不判处一个无期徒刑。

总理定下这样的调子，许多做具体工作的同志想不通，他们又再度进京提出了自己的意见。总理耐心而语气坚定地说，中央决定对日本战犯进行宽大处理，二十年以后会看到中央的决定是正确的。

1956 年 3 月 14 日至 15 日，在专门讨论战犯处理问题的全国政协二届十九次常委会上，周恩来进一步阐发了他的看法：“这些日本人现在是战犯，但二十年以后就会成为朋友，会成为关心中日友好的朋友。”

周恩来认为，发言稿中关于处理战犯的内容，要按照这样的逻辑来写：既不失其严肃性，又合乎情理，对群众要有交代。

首先，要实事求是说明目前我国政府关押的战犯的来源：一是苏联逮捕的日本战犯中与中国有关的，由苏方移交给我国；二是日本投降后又参加了蒋介石和阎锡山的反革命内战而被我军俘虏的日本战犯。不要让群众产生错觉，好像在中国的日本战犯就是这些。事实上，日本侵略我国战争中的大部分和主要部分的战犯，在日本投降以后，曾经远东国际军事法庭和当时的中国政府作了处理。

其次，目前关押的日本战犯中，多数仅有一般罪行，且在关押中表现不错，只有少数罪行严重。

再次，目前日本国内的处境和战后中日两国人民友好关系的发展表明，十年以来情况有了很大的变化。

据此，人大常委会决定：日本战犯中次要的、罪行轻的和悔罪表现好的，免予起诉；日本战犯中罪行严重的，依法起诉，从宽处刑。

这些原则意见，反映了当年毛泽东和周恩来处理日本战犯的基本思路，自然也是稍后处理国民党战犯和伪满战犯等的基本思路。由此，溥仪等伪满战犯获得了重生的机会。

亲切关怀

毛泽东、周恩来等国家领导人十分关注溥仪等人的改造工作。这不仅是为了改造好一个皇帝和几个大臣的问题，更重要的是解决中国革命中的一个重大问题，解决把过去的压迫者、剥削者改造成为社会主义劳动者的问题。

如果说周恩来这时还仅仅谈到日本战犯的处理问题，毛泽东则已经就国内战犯的处理发表明确的意见了。他先后委托程潜、张治中、傅作义、邵力子、章士钊等爱国民主人士，到北京功德林监狱会见杜聿明、王耀武、宋希濂等原国民党高级将领。张治中当面传达毛泽东的指示说："毛主席很关心你们的改造，也很了解你们争取做新人的愿望和取得的成绩。他老人家指示说：'对待国民党战犯，不审不判。愿留在大陆的，由政府妥善安排；愿到海外去的，来去自由，政府提供方便。'"从而透露了中央将以特赦方式从宽处理国内战犯的精神。

中国共产党人在长期领导中国革命的过程中，坚持公平合理的政策，最大限度地发展社会生产力，使之人人有饭吃、有屋住、有衣穿、有事做、有书读。坚持反对乱杀、反对对犯人采取肉刑。认定乱打、乱杀与肉刑是封建社会的产物。

社会主义改造过程中十分强调对人的思想改造，包括原来的压迫者和剥削者的思想改造。毛泽东、周恩来同志对于世界社会主义运动作出了重要的贡献。

1955 年 4 月，国务院副总理兼国家体育运动委员会主任贺龙、中国人民解放军的领导人之一聂荣臻等到东北视察工作，按周总理嘱咐，专程到抚顺战犯管理所看望溥仪和伪满大臣等。

所长把溥仪和溥杰叫了去。溥仪一看见满屋是金晃晃的肩章，先以为是要开军事法庭了，后来才知道是将军们要听听他的学习情况。将军们的态度非常和蔼，听得似乎很有兴趣，并且问了他的童年时代和伪满时期的生活。

金源先生回忆说，贺龙和聂荣臻是利用在辽宁视察军工生产的空隙到抚顺来的，一见到溥仪就说："周总理让我们来看望你的，有难处就提出来，要争取早日做新人！"

溥仪那年才五十岁，脸色红润，身体健康。贺龙笑着问他："说说看，你过去在皇宫里当皇帝时吃饭香呢，还是现在吃饭香呢？"

"在宫中每顿饭至少有四十八道菜，婉容有时还要进贡十多道菜，虽然都是山珍海味，但吃起来也不知是什么味道。现在的伙食标准自然不能与那时比，却能一顿饭吃下一斤包子，香得很！"溥仪的答话充满真情实感。

"这是因为你现在生活有规律的缘故，也是你进步的表现。"贺龙继续说，"当皇帝的人生活无规律，很少有长寿的。"

"我给日本人当傀儡皇帝，有罪，对不起党，也对不起人民，我一定好好改造。"一提到"皇帝"二字，溥仪就急着检讨。

"老老实实接受改造是对的，只要你好好改造，将来会有公民权，会有前途的。"贺龙很高兴，说得很认真。

"你好好改造吧，好好学习吧，你会亲眼看到我国社会主义建设实况的。"聂荣臻也鼓励了溥仪。

溥仪心中无限感慨："曾经被我看作最不容我的共产党人，事实上从看守员到元帅无一不是拿我当作人看的。"溥仪感到前途有望，改造信心大增。

1958 年 9 月 28 日，国务院副总理邓小平、国务院副总理兼财政部部长李先念，还有杨尚昆、刘澜涛等来所视察时，接见了溥仪，问询了溥仪的自我改造情况，并鼓励他要好好学习改造，溥仪当场表示了自己的决心。

1959 年 11 月 11 日，全国人大常务副委员长班禅额尔德尼来所会见了溥仪，关心溥仪的改造生活，溥仪如实汇报了自己的学习和思想变化情况。

家族探望

鸿雁飞越蔚蓝色的大海，把一封刚上高中二年级的十七岁女孩的信，从东京日吉嵯峨家传到北京中南海西花厅。中华人民共和国国务院总理周恩来展信细读，他很快就被洋溢在字里行间的人间亲情感动了：

尊敬的中国总理、伯伯、先生：

我是伪满罪犯爱新觉罗·溥杰的大女儿，名叫慧生。这封信是我背着所有的亲人写给您的，因为我太想念我的阿玛（“阿玛”即满语“爸爸”的意思）了。相信伯伯一定能理解一个十七岁女孩的心情。

我的中文很不好，但我还是要用我在日本学的中文给您写信。我的阿玛久无音讯，我和妈妈都很担心。我不知给日夜想念的阿玛写过多少信，寄过多少照片，但却从没收到过一封回信，只好望洋兴叹！

虽然中日两国体制不同，人们的思想各异，但骨肉之情在中国和日本都是一样的。若周总理也有骨肉孩儿，自然能理解我和小妹思念父亲的情分，更会体察拉扯我们姊妹长大成人而又望眼欲穿想见到丈夫的我母亲的一颗心。您一定知道我此时急切而又痛苦的心情！

现在，日本与中国没有外交关系，但我的家庭却是由中国的阿玛和日本的妈妈组成的，我们全家人都真心实意地期待中日友好，这是任何人也阻挡不了的力量！妈妈恨不得一下子飞到阿玛的身边，我也盼着早日团聚，正是为了这些，我现在拼命地学习中文，我希望自己能为中日和好做点事情，能够为架设中日友好的桥梁添砖加土。

谢谢，拜托了！请伯伯能将这封信连同照片一起转交给我亲爱的阿玛，并衷心希望能允许我和阿玛通信……

溥杰的大女儿慧生，当时与母亲嵯峨浩和妹妹嫮生一起住在东京姥姥家，她期待着中国总理能帮助自己与父亲取得联系，这期待没有落空。周恩来完全理解慧生的思父之情并赞赏她的中文水平，更为深受侵略战争之害的中日两国人民要求友好的呼声所震撼。他把信连看两遍以后对身边的秘书说：“我就喜欢这样的孩子！年轻人嘛，干什么都要有勇气。慧生这孩子，就有中国满族青年的血气，将来有机会，我愿见见她。”根据慧生的意愿，总理立即把来信和照片转给溥杰，并特别指示抚顺战犯管理所，说他允许溥杰与住在日本的家属通信。由国家总理直接批准一件涉及本国罪犯与无外交关系国眷属通信的具体事项，这也是历史上的第一次。总理还让秘书回信告诉慧生，说他准许溥杰与日本眷属通信。不久，日本红十字会就把来自抚顺的溥杰的信传到东京日吉嵯峨家，信是写给慧生的：

爸爸现在中国抚顺，一切尚好，勿念！……此信得以发出，还要感谢女儿慧生，因为是周恩来总理把慧生写给他的信读后转寄给我了，听说连总理都对慧生的中文水平赞赏不已……[1]

溥杰的信给嵯峨家带来无比的欢欣，只见慧生捧起阿玛的信，面对周恩来的照片扑通跪倒，饮泪泣诉："总理伯伯，有朝一日回到中国，我一定去拜望您！"说着，取来一张自己的照片，用中文工工整整地写上一句话："赠给最尊敬、最信赖的中国总理周恩来伯伯。"准备回国时赠呈总理。

周恩来则由慧生想到溥杰，又由溥杰想到溥仪。他认为，在把伪字头战犯深藏了几年之后，应该考虑他们与家属联系的问题了，让他们能以某种方式感受到家庭的温暖，以利于改造。周恩来指示最高人民检察院研究这个问题，并于1955年6月3日作出决定：允许伪满战犯与家属通信和接见。[2]由此，溥仪的亲属多次与他通信和来所探视。对他给予了热情的鼓励和关心。溥仪从心底里感到亲人的温暖，这是他宫廷生活中从来没有过的感觉。

1956年3月9日，载涛和韫颖、韫馨等人来管理所探视溥仪、溥杰等人。

管理所所长孙明斋、管教科科长金源和管教员李福生，带着溥仪、溥杰、郭布罗·润麒、万嘉熙、毓嵒、毓嶦和毓塘等在押的爱新觉罗家族成员来了。最先进屋的溥仪一眼认出载涛，颇为吃惊地叫了一声"七叔"，随后又在喊"大哥"的陌生而又熟悉的声音中，认出了三妹韫颖和五妹韫馨，陌生是因为她们平生头一次以"大哥"相称，熟悉则因为还是昔日呼"皇上"的那种声音。

载涛是清朝贝勒，1908年出任专司训练禁卫军大臣，1909年出任管理军咨处事务大臣，1911年出任军咨大臣。辛亥革命以后，他也没有离开溥仪，长期在溥仪的小朝廷内署理宗人府事宜，致力于大清王朝的复辟。1931年溥仪出关投敌，载涛从此隐居不问世事，直到新中国成立，他无论如何也没有想到新中国

---

1 [日] 船木繁著：《末代皇弟——溥杰》，战宪斌译，中国卓越出版公司1990年版，第146页。
2 孙世强：《抚顺战犯管理所历史沿革与大事简记》，载《震撼世界的奇迹》，中国文史出版社1990年版，第259页。

的领袖能够起用自己，让他参加社会主义建设，他终于又出山了。

载涛向溥仪等人讲述了他在20世纪50年代的经历。1950年6月14日，由民革中央主席李济深（1885—1959年，曾任国民党军事参议院院长，新中国成立后任国家副主席等职）举荐，经周恩来报请毛泽东批准，特邀他列席全国政协一届二次会议。总理在会上见到他还表示歉意地说："载涛先生，首届全国政协会议没请您参加，我把您这位几十万满族人民的代表给忘记了。"周恩来还真诚地邀请载涛向大会提交议案、为建设新中国出谋划策。在李济深和蒋光鼐的鼓励下，载涛提出了"拟请改良马种，以利军用"的议案，受到毛泽东和周恩来的重视，他们赞赏载涛为建设新中国出谋划策的爱国精神和渊博的军马知识，并决定任命这位年逾花甲的老人为中国人民解放军炮兵司令部马政局顾问，任命令是由毛泽东亲自签署后于1950年8月10日下达的。

那年载涛已经六十三岁了，后来成为行政十三级国家高级干部。四年后他被选为全国人大代表，不久又出任全国政协委员，月发车马费五十元，经常出席讨论国家大事的最高层次的会议。他说："解放后我是准备隐居的，但想不到毛主席、共产党不嫌弃我，周总理礼贤下士，又把我请出来了。"为了报答主席知遇之恩，他兢兢业业地投入工作，每天骑车往返数十里之外的马政局机关上班。中央领导得知后，通过军委总参致函载涛："载涛顾问：我们考虑到您年迈，每日在马政局工作恐有不支，为照顾您的健康，决定自即日起请您在家住宿，平时可不到局办公，遇有磋商事务时，当有马政局临时通知。特此，顺祝健康，并致敬礼。"人民政府对载涛无微不至的关怀，再一次打动了这位皇叔和前清朝大臣的心。夜不能寐，载涛恭恭敬敬地给毛主席写了一封倾诉无限感激之情的信。

还有一次是在政协开会期间，载涛当着主席的面提了一条意见，说"满清"的提法欠妥，应改掉这一习惯性称呼。在座的总理立即表示赞同，并说："对元朝没有称'蒙元'的，为什么对清朝称'满清'？"主席也点头称是，接受了载涛的意见。不久，有关部门便行文统一了对"清朝"的称呼。

韫颖是溥仪的三妹，跟在他身边几十年，是位娇滴滴的"郡主"——"三格格"，毛泽东为她安排工作的故事发生在1954年。韫颖接着讲述自己在新中国的经历，有一本《满宫残照记》，曾引录她在20世纪30年代从日本写给溥仪的几封家信，著名人士章士钊在北京东安市场的书摊上发现了，觉得很天真，有意思，就想见见这位"格格"。后来开会碰上载涛，打听到她的下落。韫颖当时住在交道口北兵马司10号，在街道上当居民组长，但尚未安排正式工作。章士钊遂约载涛改日带三格格来家里相见。1954年的某一天，韫颖随七叔载涛来到东四八条章家，原来章士钊设了家宴，高朋满座。章士钊很高兴地对韫颖说：“那本《满宫残照记》，我已呈给毛主席看了，上面有你给溥仪的信，很有意思。过些日子你再写个自传，我呈给毛主席。”韫颖写完自传，章士钊又帮她改，这样写写改改，用了好些个半天才定稿，并用章家的花缎封面裱糊考究的公文札子誊抄，还贴上两张三格格的相片，一张结婚照，一张旗装照。过了一些日子，毛泽东给章士钊回信说，韫颖工作安排问题已经处理。果然，她很快就收到通知，从此成为北京市东城区政协委员，并当上区政协机关的干部。后来她才知道，这件事是周恩来具体经办的。

来自家族的动人故事，深深地教育了溥仪，他当时就跟管教科科长金源说过：“毛主席、周总理日理万机，他们天天都为国家大事操心，工作那么忙，还能想着我们，我真是想都没想到哇！”下榻于抚顺东公园专家招待所的“皇族探亲团”一行，停留了好几天，每天都到管理所去会面，有时管理所也派车送溥仪等到招待所回访。溥仪后来写自传的时候还忘不了这次探亲活动，他写道：“从这次和家族会见中，我明白了不但是我自己得到了挽救，我们整个的满族和满族中的爱新觉罗氏族也得到了挽救。”

探监和离婚

1945年8月13日，伪满洲国垮台在即，皇后婉容和妃子——“福贵人”李玉琴随溥仪逃往通化大栗子沟。8月15日，日本投降以后，溥仪在沈阳机场被俘后押往苏联，从此与婉容和李玉琴离别，再也没有见面。1946年一二月间，东北抗日联军将婉容、李玉琴等人从临江县转到通化，吸毒成瘾的皇后婉容由于身受摧残，于1946年病死于延吉，终年四十岁。李玉琴几经辗转迁移，流落到皇族中间“为溥仪守节”空耗妙龄青春，身为“皇娘”遍尝辛酸苦辣。后她又回到了长春她自己的家中。

“皇族探亲团”返京后，1956年至1957年间，在管理所的帮助下，离散很久的妻子李玉琴和溥仪取得了联系，互相通信十余次。李玉琴曾六次来所会面，对溥仪给予很大的鼓励。溥仪表示：“我要努力学习改造，争取成为新人，将来和我妻共同努力，重新建立幸福家庭。”

李玉琴前两次到战犯管理所探望溥仪，两人相互鼓励，说了许多动情的话。他们对于有朝一日重建幸福家庭的期待，不但积极地影响了溥仪的思想演进过程，也给李玉琴带来了新生。就在这时，长春市委统战部根据上级指示为李玉琴安排了工作，使这位伪满宫廷的“福贵人”，成了长春市图书馆的干部，并受到了长春市市长的接见。

来自经济上的压力，即生活方面的沉重包袱解除了。李玉琴当时写给溥仪的信中有这样一段话：“我感谢政府给我分配一个光荣的图书馆员的工作。每月除掉房费、灯火费、工会会费、互助费、澡票费，我还能剩四十六元多钱。所以我除给妈妈九元钱外，还还一点债。再除下生活费，还有做衣服的钱。吃的也不坏，我的生活是很好的……有病也有公费医疗的。”

可是，面对全新工作环境，新的问题又不可避免地发生了。当李玉琴递交入党申请书的时候，当人们疑惑地向这位年轻少妇打听“爱人”的时候，当她看到许多同龄女伴抱着或领着自己的小宝宝的时候，当她在夜静月圆之际辗转反侧于独身宿舍的时候，她感到一种无形压力，她忍受不了，才第三次来抚顺。

李玉琴没等见着溥仪，就向管理所干部提出了一大串问题：溥仪何时能获释？政府准备怎样安排溥仪获释后的工作？如果她有对不起溥仪的地方能否得到原谅？所长孙明斋答复说，对溥仪的处理是政府的事儿，管理所无权回答。李玉琴失望了，她认为溥仪是头号战犯，释放无期，要等到哪年哪月呢？

1956 年 12 月 25 日，李玉琴第四次来到抚顺，当着溥仪的面正式提出离婚。

“溥仪很喜欢你，你应该多为他想想，如果脱离关系，这不利于他的改造。”孙明斋所长仍劝她。

“释放无期，我等不得了，也不愿再多想！”李玉琴听不进劝导，态度坚决地说，她与溥仪从来就没有真正的夫妻感情，在一起也是假夫妻，为了“过正常人的生活”必须离婚。

管理所所长、副所长、管教科长和负责溥仪的管教干部，开会研究了李玉琴提出的问题，认为这不单是她和溥仪的私生活，还关系到溥仪的继续改造，必须十分慎重地对待才行。李玉琴哭着回长春了。

1957 年 2 月 3 日，正是旧历大年初四，李玉琴最后一次到抚顺探监，这回是为了办理离婚手续而去的，内心极为痛苦。据当时担任管教科科长的金源回忆，那天李玉琴与管理所领导争执得很厉害，她坚持要离婚，管教科的同志再度与其深谈仍无结果。经所内几位领导研究，都认为这不单是私生活问题，还关系到溥仪的继续改造，因为他现在只有李玉琴这唯一的妻子了，特别想念她。于是，管理所领导径直向中央公安部一局请示，一局局长凌云很快就传达了中央公安部部长罗瑞卿（1906—1978 年，曾任国务院副总理、中国人民解放军总参谋长）

的指示：宁可破例让溥仪和李玉琴在管理所内同房，以恢复他们的感情，也不要轻易允许他们离婚，尽量做好李玉琴的工作。显而易见，当年敢于拍板破例的，非毛泽东、周恩来莫属。

当金源把这一指示向专门负责 981 号战犯溥仪管教工作的干部李福生传达时，令其大为惊讶，允许在押国内战犯与探亲家属同居，这可是从无先例啊！在当时不但对国内战犯来说没有先例，对国内一切犯人来说都无先例。

管教科几位干部马上动作，在管理所主楼后边管教人员办公室一侧平房内清理出一个房间，打扫干净，安设了双人床和全套被褥。与此同时，又派人在厨房为溥仪和李玉琴准备了一顿不错的晚餐，一个特定环境下的良宵被刻意创造出来。

当天晚上，溥仪和李玉琴在抚顺战犯管理所内同居了一宿，这是新中国监狱史上的一件大事，但这也未能愈合他们感情上的鸿沟。

第二天，管教科长金源询问溥仪昨晚谈得怎么样？溥仪显得垂头丧气，说李玉琴哭了一宿，还是要离婚。由于十一年来两个人思想随环境的变化而逐渐变化，他们在思想上已很难沟通。溥仪说，他已经懂得，对待任何事情都不能光想自己，更不应把自己的幸福建立在别人的痛苦之上。他这样想着，也就从低沉和悲观的情绪中摆脱了出来。经与在押的溥杰等人商量，最终溥仪尊重李玉琴的选择，同意了她的离婚要求，并在抚顺市河北区法院正式办理了离婚手续。

在沈阳人民最高军事法庭作证

历史证明：我国政府对日本战犯的宽释和审判非常成功。这是毛泽东和周恩来的成功。他们关于处理日本战犯的认识以及提出的理论和政策完全符合实际，他们把握全局缜密思考，从历史到现实，从战争到友好，从受害到犯罪，从国内到国际，都想到了。

1956 年 3 月，周恩来曾在最高检察院的一份报告上批示：免予起诉的战犯要分三批释放。至此，先后有一千零一十七名职务较低、罪行较轻、悔罪表现较好的日本战犯，由中国红十字会转交日本红十字会释放回国了。

与此同时，另外四十五名罪行严重的日本战犯，也由我国最高人民法院组织特别军事法庭进行审判：6 月 9 日至 19 日在辽宁省沈阳市开庭公开审判铃木启久等八名日本战争犯罪案；6 月 10 日至 19 日在山西省太原市开庭公开审判富永顺太郎战争犯罪和特务间谍犯罪案；6 月 12 日至 20 日在山西省太原市开庭公开审判城野宏等八名日本战争犯罪和反革命犯罪案；7月1日至20日在辽宁省沈阳市开庭公开审判武部六藏等二十八名日本战争犯罪案。审判是严正的和宽大的，审判结果，对四十五名案犯分别处以八至二十年有期徒刑。

溥仪在沈阳特别军事法庭作证

1956年7月2日上午，左胸前戴着“981”号白布犯人名签的溥仪，经传唤大步走上证人台。与十年前在东京法庭作证相比，心情大不一样了。那时为了开脱自己而未能充分揭露日本帝国主义侵略罪行，他为此而终身抱恨。现在，他已经看到了自己的前程，再也没有顾虑了。“我今天在祖国庄严的法庭上，在我们祖国人民面前，对日本帝国主义分子伪满总务厅长官武部六藏以及他的辅佐者古海忠之操纵伪满政权、奴役我国东北人民的罪行作证。”溥仪的证言在坐满了旁听席的大厅内回荡。沈阳军事法庭上，指证伪满国务院总务长官武部六藏和伪满总务厅次长古海忠之罪行时，他脱离手稿讲出了大量罪证事实，如实揭露日本军国主义在东北所犯下的罪行。

据李福生回忆，溥仪接受了1946年在远东国际军事法庭作证的教训，那时为了开脱自己而未能充分揭露日本帝国主义侵华罪行，这次决心在法庭上予以彻底的揭露。他准备证词很用心，连吃饭、走路和睡觉前的时间都不放过。溥仪的证词言之凿凿，令被告人心服口服，以至于曾任“满洲国”总务厅次长的被告人古海忠之在法庭上向溥仪深深鞠了一躬，流着泪说：“证人所说的证言完全是事实。”溥仪作证后也很激动地说：“我虽是一个中国人，但我从没做过对中国人民有益的事情。现在，我终于对祖国、对人民做了一件有益的事情，我心里感到特别高兴。”

溥仪在他自传体文学作品《我的前半生》中追忆他在沈阳人民最高军事法庭作证时的情形曾这样写道：

在一九五六年，政府又命我出席沈阳最高军事法庭对日本帝国主义战争犯罪分子的审判作证。我认为这是我有生以来第一次为祖国人民服务的最光荣的一件事情，也就是我活了五十年第一次站在祖国人民的立场上，真正对于日本法西斯强盗进行正义斗争的最光荣的一件事情。

固然，在一九四六年，我也曾在日本东京国际法庭上对于日本的A级战犯们，作了有生以来的一度斗争，但在当时的我，并没能真正站在人民立场上来从事这一千载难遇的战斗，只是站在自己个人的狭小圈子内，作一种外强内怯的冲锋，所以并未能达到祖国人民的期待，也未能对准日本帝国主义的心脏去作击中要害的进攻。我认为只有这一次才能算得是初次站到了祖国人民这一边，对于祖国人民初次作出了赎罪的初步实践行动。

由于祖国人民政府这次命我在沈阳人民最高军事法庭上去作证人，我不但感到了是我应尽的义务，也是无上的光荣，更感到了兴奋与鼓舞。我觉得人民政府居然叫我这样的人，也站在祖国六亿人民这一边，来证实日本法西斯的滔天罪行，真使我感到有一种说不出的痛快。因为这是我有生以来破题儿第一遭，所尝到的快慰，同时也是我向祖国人民悔罪的实际行动的第一步。

更从我们伟大的祖国方面来看，像是这次对于日本帝国主义战犯进行了正义裁判，真可以说是百年以来所未曾有过的事情，是在我国民族历史上值得我们自豪的光荣一页。

自从鸦片战争以来，帝国主义各国对于我们祖国，曾经怎样横行霸道地干出了多少血腥罪恶勾当。尤其是日本法西斯强盗更是自从所谓的“明治维新”时代起，就一年比一年、一天比一天地疯狂了起来，不但是侵占了我国的台湾和旅大地区，后来索性血迷心窍地鲸吞了我国的全东北，甚至到了最后更蹂躏了我祖国大半山河。可是自从腐朽媚外的清王朝封建统治者起，经过了北洋军阀的反动统治和美帝奴仆蒋记政权的黑暗时代，在这悠长的百年岁月中，曾有谁对于这些凶恶的民族敌人进行过有效的抵抗？更不用说对它们能进行什么独立自主的正义裁判了。

只有在伟大共产党、毛主席英明领导下的新中国，只有在站起来了的六亿人民当家做主的今天，才会用中国的法律，依据人民的意志，对于那些一向没人敢惹的帝国主义战争犯罪分子来作正义裁判。尽管我现在是个犯人，但当我遇到这种使人兴奋的史无前例的事迹，又怎能不使我抚今追昔地感到特别兴奋呢？

像是那些个沾满中国人民鲜血的日本帝国主义战犯，他们个个都是从自幼就饱受了“天皇制”和军国主义的反动教育，他们灵魂深处，都渗透着法西斯的凶恶血液。他们之中，有的人是双手曾经沾满了我国同胞鲜血的侵略军的上层分子；有的则是专门喝人血吃人肉的警察宪兵和特务；有的则是专门推行日本帝国主义侵略政策的日人伪官吏；还有的则是些个手执屠刀亲自下手屠杀人民的刽子手……这些人不问可知，都是在根深蒂固的反动教育影响下，变成了丧尽人性的凶狠野兽。可是这些穷凶极恶的日本法西斯强盗们，现在却都在我们祖国的庄严法庭上，在伟大的中国人民正义力量面前，不但都深深低头认罪，并且有的战犯，愧悔感激，泣不成声，所有受裁判的人都表示甘心情愿地服从我国人民的严正裁判。

这说明了什么？这充分显示了我国共产党的伟大，我国人民领袖毛主席的伟大和我六亿中国人民的伟大。我已深深由此认识到，在这种伟大正义力量下，任何怒不畏死的狠毒罪犯，也势不能不低首服罪甘心领刑的。

但是这并不是一件容易的事，这也是充分体现了我国人民政府数年如一日的教育和人道主义的感化，才会收到了能把魔鬼变成人的奇迹。也就是马列主义科学理论精神，在事实上的又一光辉胜利。唯其是正义无私的和庄严伟大的，所以才会在正与邪的对比下，发出了我国民族历史上从未曾有过的灿烂光辉。

这种人道精神，不但是表现在管理所内对犯人的一贯生活待遇上，而且还充分表现在人民法庭的庄严正义裁判上。不但是在人证物证铁案如山的阵势下，使犯人不能不悔恨过去而低头，同时还许可那些罪在不赦的民族敌人有我国律师替他作辩护，而且还允许罪犯当庭随时自己答辩，甚至还许可他们直到裁判程序的最后，仍有发言申诉的权利。这种光明正大的法治精神和伟大的人道主义，真是，就是个魔鬼，也不能不俯首帖耳衷心诚服的。

当我在这神圣的人民法庭上，面对那些在过去曾经严重危害过我祖国广大人民，曾经对我国进行了长期血腥侵略的日帝战犯时，不由得激起了我的满怀愤恨、憎恶。但在同时，却又不能不使我深刻联系到过去自己曾经怎样开门揖盗，怎样媚敌求荣，怎样从贼到底的种种滔天大罪来。

这种心情的发生，是自然的，也是不会不这样反躬自问的。比如说，在当时没有以我这汉奸伪皇帝为首的伪政权组织来替鬼子忠实去效力，特别是没有像我这样甘心卖国求荣，情愿去当它的驯顺走狗，而乖乖地在各种卖国条约和伪法令上签署和颁布推行的话，日寇的殖民地罪恶统治和它的血腥侵略政策，又怎能为所欲为地继续达十四年之久？当然它们更不能那样肆无忌惮地来扩大对我国的侵略范围，致使我全国人民都直接间接地受到了空前惨祸。

当我想到这里，不由得使我灼痛般地深感到，日寇固然是个凶狠毒辣无比的万恶匪盗，可是开门揖盗和替强盗巡风，甚至还和它同谋合伙地来劫掠自己家中的财物什器、屠杀自己的兄弟姊妹的却是我！我还能算是一个中国人么？我深深认识到，像我这样认贼作父、助敌殃民的祖国人民罪人，不论是从罪恶的性质方面来说，抑或是从任何一个方面来说，我所犯下的罪恶，确是比行凶作恶的外来盗匪尤其可耻可恨，尤其罪在不赦！

史无前例的监外参观

1956 年 1 月 10 日，中央下达了《关于组织战犯参观的具体安排》的文件。

在此之前，中央公安部曾召集国内各战犯管理所负责人入京，开会通报情况，孙明斋和金源到会了。会上，中央公安部一局局长凌云宣读中央文件以后，着重传达了周恩来的重要指示，要组织战犯到社会上参观，接受现实的教育，让他们到曾经犯罪的地方，看看新中国成立后的变化。总理想得很周全，要求各地管理所要特别注意战犯在参观中的安全，尊重他们的人格。与会者热烈拥护中央的决定和总理的指示，认为这是打破旧监狱与社会相隔离，运用社会力量教育、改造罪犯的大胆尝试，一定能够取得成功。

当中央决定刚刚宣布的时候，在押战犯几乎不敢相信：让有罪的人离开监狱前往各地参观旅游，这究竟是为什么？罪行较轻的猜测这可能是释放的前兆，而少数罪恶严重的反而紧张起来，担心到了社会上会被受害者辨认出来并施以报复。

“溥仪的像，伪满时期到处都挂，东北人哪个不曾见过？碰上有仇恨的人不扒了他的皮才怪！”说这话的人其实是借用溥仪的大名，以表达内心深处的惶恐，却令溥仪惴惴不安而生出灾难临头之感。战犯们最怕的，无非是今天的参观会与昔日罪恶联系起来。对此，周恩来早已想在前头，原来他要求注意战犯的安全、尊重他们的人格，就寓有为战犯解除思想顾虑这层深意。

孙明斋和金源回到抚顺，很快就把日本战犯划为三个大队，分批行动，先后到过抚顺、沈阳、哈尔滨、长春、鞍山、天津、北京、南京、上海、杭州和武汉等城市。伪满战犯不分批，参观踪迹局限于东北，因为他们的历史罪行大体是在这一区域内犯下的。溥仪等伪满战犯先后四次走出高墙，到东北各地参观访问：第一次在抚顺，时间从 1956 年 3 月 5 日至 7 日；第二次到沈阳，时间从 1957 年 5 月 21 日至 27 日；第三次前往哈尔滨、长春和鞍山，时间从 1957 年 6 月 3 日至 13 日；第四次仍到沈阳，时间从 1957 年 8 月 28 日至 30 日。

参观抚顺露天煤矿的时候，溥仪回想起 1938 年 6 月以伪满皇帝身份来此“巡幸”的情景。那时他还亲手按了一次爆煤的电钮，回忆此段情景，现在感到，实际是亲手打开祖国地下宝库的大门，请侵略者进去窃盗。他为此深感羞愧。如今这里都是机械化生产，工人们你追我赶，一片为建设自己国家的热火朝天的动人景象，溥仪感慨方分。

管教员李福生带着溥仪和原伪满大臣等七人，访问了台山堡刘大娘家。她家五口人，二人在村里劳动，一人在工厂做工，一人上学念书，她本人操持家务。刘大娘说：“伪满时谁家有大米就是‘经济犯’，现在家家都不愁吃穿，不信看看瓮里的大米吧！”她打开米瓮盖子，用手指了指又说：“这在早先‘康德’年间能有吗？”刘大娘一说到伪满，溥仪就坐不住，在里边靠墙根的地方低头斜视室内的摆设，总想避开主人的目光，这回又提到“康德”年号，他再也忍不住了，霍然站起，痛苦地自责道：“我就是您说的康德，伪满皇帝溥仪就是我！参观使我太感动了！我明白你们的美好生活是共产党给的，过去你们吃橡子面，被抓去当劳工，我罪该万死，我是大汉奸，今天向你们谢罪来了！”

溥仪谢罪，别的伪满大臣也跟着谢罪。于镜涛最先站起来：“我当伪满国民勤劳奉公部大臣时，不顾人民死活抓劳工，阻碍社会发展，罪恶滔天，今天要向人民谢罪！”话音刚落，又有人站起来，几乎是抽泣着说：“我是管征粮的伪兴农部大臣黄富俊。”王之佑接着说：“我是给日本侵略者抓兵的伪军管区司令官。”他们一个个地跪下来，请求老大娘惩罚。没有惩罚，更谈不到报复，通情达理的刘大娘表现出令人感动的宽容，她说：“事情都过去了，只要你们肯于学好，听毛主席的话，做个正经人就行了！”溥仪把“正经人”这三个字铭记在心，视为后半生做人的准则。

在大伙房水库建设工地上，溥仪从当地干部的介绍中头一次听说 1937 年浑河曾经泛滥成灾。肆虐的洪水冲毁了沿河两岸的房屋七万五千余间、田地二十多万公顷和全部道路，淹没牲畜两千多头，罹灾民众达三十万人，造成妻离子散哀鸿遍野的悲惨景象。溥仪愕然了，他这位当年的“皇帝”居然对此毫不知情，既没有哪位“大臣”向他奏报，也没有一件救灾的文书请他“裁可”，真是可气又可悲！看到刚刚竣工的抚顺大伙房水库宏伟壮观的景象，和他的“康德”年间相比，真是天上地下之分，赞美之情由然而生。

沈阳机床厂是新中国成立后建的重型机床厂，看到标牌上“中华人民共和国制造”字样，激起了溥仪的民族自尊心和自豪感。

来到沈阳的东陵和北陵，溥仪的感想更多了。这里埋葬着他的祖先，即入关前的两代清朝帝王——努尔哈赤和皇太极。1934 年 10 月，“康德皇帝”溥仪曾不顾日本人的反对，趁着“巡幸”的机会，“御临”两陵，祭奠先祖。他还委派亲信充任护陵大臣，组建陵区守备队，对列祖列宗恭敬备至。伪满垮台后才顾不得了，后来听说国民党统治时期无人过问，坍塌残破，路毁树枯。这回来参观，又得刮目相看了：陵区内的隆恩殿和牌楼等地上建筑以及神道两侧的石雕都已整修一新，还在宝顶（即坟头）周围安装了铁条网，以禁止游人攀登。同时，两陵都有扩建，新栽了不少树木，在北陵挖了一个三百多万平方米的人工湖，还准备了许多游艇。溥仪也听说，河北省遵化县的清东陵和易县的清西陵，即埋葬入关后清朝诸帝的地方，同样将变成历史文化胜地和风景游览区。溥仪从中悟出了道理：新中国能够把封建帝王的陵墓“和人民结合在一起”，从而使其先人的葬地永远得到保护。

在哈尔滨郊外朝阳区（原平房区）金星农业生产合作社，即日本 731 细菌部队进行活体实验的地方，村民对伪满年代抓“国兵”、抓“劳工”，释放带菌老鼠制造瘟疫等罪恶的血泪控诉，令溥仪心如刀绞，又一次泪流满面地向访问对象——劳动模范姜淑清老大娘说：“我就是当年曾帮助日本鬼子抢去你们粮食、害死你们亲人那个伪满皇帝溥仪！我愈是亲眼看到你们今天的幸福生活，愈能想起过去祸害你们十四年的滔天罪恶，唯有低头向你们衷心谢罪……”受害的老大娘反倒温言温语地劝起溥仪来了，并说“政府是会宽大的”。村民们还从暖窖里摘下一堆黄瓜和小红萝卜送给来访的战犯们，溥仪称之为“万金难买的贵重礼物”。

伪满战犯参观团乘车游览长春市容的那个下午，溥仪的心情更复杂了，似乎“不敢抬头去看一切人们的脸”，却又非常迫切地想仔细瞧瞧这里的街道、楼房、居民和景物。他能有这样的感觉，当然是因为忘不了一幕一幕的历史场面。1932 年 3 月 9 日，他在这里就任伪满执政；1934 年 3 月 1 日，他在这里“登极”为“康德皇帝”。那时，他每次出宫之前全城戒严。正如溥仪所说，长春的“一草一木和每一寸土地上，都和我的肮脏罪行，有着直接的关系”。

呈现在溥仪眼前的长春，再也不是十多年前的“新京”了：原日本关东军司令部，现在是中共吉林省委机关；原伪满国务院、司法部和经济部，现在是白求恩医科大学的基础医学部、校部和第三临床医院；原伪满正在兴建中的“皇宫”，现在是长春地质学院校部；原伪满溥仪居住的“宫廷”，现在是结核病疗养院……惊慌、羞愧、恐惧和难过等种种情绪，交织在心中。

值得一提的是，溥仪在长春第一汽车制造厂教育大楼的进门处，看见了高悬于迎面墙上的周恩来关于职工教育的一段话：“须使职工学习由于自愿，且不要使学习时间过长，课程也不要过紧，以免妨碍职工的工作和身体健康。”溥仪很有感慨，对新中国领导人与工农群众的血肉关系有了认识和体会。当时，他或许还意识不到周总理对教育战犯及其本人的关心。

管理组织战犯到社会上参观，他们发现东北发生了翻天覆地的变化，在他们面前展现的是一个新世界。在平顶山惨案遗址看到死难者的遗骨，溥仪的心灵受到极大震动；在东北烈士馆，看到杨靖宇将军率领抗日战士在冰天雪地与关东军战斗，溥仪想到那时自己正为虎作伥，感到十分愧疚。溥仪终于明白了在他屈从、谄媚日本关东军的同时，在他力求保存他的“皇帝尊号”的同时，有多少善良无辜的人死于非命；同时也明白了在他恬然事敌的时候，正有无数爱国志士抛头颅、洒热血，向敌人进行着抗争。

参观回所后，溥仪在心得里写道：“参观中我亲眼看到了，我国解放后发生的深刻变化，人民生活、社会面貌使我震惊。对照伪满时代我帮助日本人造下的罪孽……我不但知道了自己这个皇帝的身价，也知道了历代皇帝的身价。”

通过组织战犯走出高墙，到社会参观，接受再教育，溥仪等伪满战犯看到新中国翻天覆地的变化，眼前展现了美好的憧憬。由于能面对面地对群众承认个人的所犯罪行，得到了人民群众的谅解和鼓励，使他们对未来充满了希望。

巨著从这里诞生

1955 年至 1958 年间，在管理所人员的帮助下，溥仪开始写自传。《我的前半生》一书就是以溥仪在抚顺战犯管理所写的长篇自传为基础的，即后来轰动世界的《我的前半生》之雏形，这部巨著就是在战犯管理所诞生的。

在哈尔滨管理所时，所方要求正在关押的战犯，都以“我的前半生”为题目，每人写一篇自传，即每个人要剖析过去，从自己过去的脚印上寻找自己犯罪的根

溥仪在抚顺战犯管理所内写自传，即《我的前半生》初稿（摄于1958年）

源。实际是让战犯在认罪的基础上总结自己的前半生。这种总结，不但有利于巩固接受改造的思想成果，而且形诸文字以后，自然成为各方可资参考的研究资料。

其他人自传还比较好写，一般的也都写完交了上去。只有溥仪的自传难写，内容涉及他从北京私跑到天津，又从天津偷跑到东北，与日本帝国主义勾结等重大情节，复杂曲折，本人又顾虑重重，因此所方决定派溥杰帮助他写。

大约是1955年上半年溥杰参加了这项工作，到1958年夏季基本上写完了初稿。写法是溥仪口述，溥杰整理成文，有时一连几天进行这项工作。进行写作的过程，也是溥仪转变立场彻底坦白的过程。他犹豫狐疑，害怕政府加重处理，常常需要溥杰向他交代政策，有时甚至进行尖锐的批评。但他终于在所方的教育以及溥杰的配合下完成了写作任务。

由于溥仪经历特殊，又真诚接受改造，心迹坦白，昭然可信，管理所领导自然对他的总结特别关注并期以重望。初稿完成后也有几十万字。当时形成的文稿，虽也囊括了从家世、出身、三岁登极，直到1957年的生平重要活动，却显然还缺乏深思熟虑、精心结构和必要的核实。正如溥杰后来所说：“这份材料，只能说是一份自传性的自我检查，不像是书。”从抚顺战犯管理所当时的环境和气氛看，出现溥杰说的那种情况不足为怪。就在那部文稿的“引言”中，溥仪自叙写作动机说：

我写的这本书就是我前半生所走过的既肮脏又见不得人的一段丑恶经历。我所以下定决心要把它写了出来的主要原因，既不是“丑媳妇难免见公婆”的消极心情，更不是抱定了“破罐破摔”的自暴自弃心理，而是想从我这哭不得笑不得的“哈哈镜”——说得更确切一点，就是一面“照妖镜”，把我当年的这副丑恶原形赤裸裸地展现在祖国人民的面前，来表达我向祖国人民低头认罪和忏悔的衷忱。同时也为了要把我这前半生五十年来的一切真人真事，进行自我暴露，比较有系统地摊摆在大家面前，好从我的这段切身体验的新旧对比里，来看过去的反动封建专制制度，曾是怎样坑害人民和欺骗人民的东西；替封建统治者服务的“孔家店”学说和迷信透顶的宿命论以及专门麻醉人民、迷惑人民的宗教等，又都是怎样一些杀人不见血的毒刀；帝国主义和资本主义制度以及封建统治阶级，又是怎样地狼狈为奸，怎样地摧毁人类幸福，妨碍人类社会的向前发展。此外，还可以在这一活生生的新旧对比中，看一看我们祖国现在的新社会制度，又是怎样地优越，怎样地和广大人民今后的无穷幸福生活血肉相连，怎样地把形形色色的邪魔恶鬼——当然我更是首先应该包括在内的了——用马克思主义的伟大科学真理，改造成为新人的事实经过。

溥仪还没有离开抚顺，或是正对这部自传文稿的油印本进行修改的时候，由抚顺战犯管理所上报公安部的另外几部油印本，已经引起公安部、中央统战部和全国政协领导同志的高度重视。而且，根据中央统战部副部长徐冰的指示，又用四号字体按十六开本分三册，以“未定稿”的名义铅印四百册。后1960年溥仪向周恩来当面汇报自传文稿的情况时，“未定稿”已在印制之中。不久，这一套三册的白皮《我的前半生》（未定稿），就摆在了总理和其他许多中央负责同志的面前。与此同时，根据国务院的指示，群众出版社也把溥仪这部自传文稿，以“内部发行征求意见”为由出版了，这就是1960年1月见书的所谓“灰皮本”。

日理万机的周恩来忙里抽暇，到1960年1月26日接见溥仪及其家属时，那洋洋三大册“未定稿”就快读完两册了。总理在谈话中多次提到这部文稿，语气中充满了赞扬和肯定，认为它具有重要价值，同时也指出了它的毛病，把修改好这部文稿的任务交给了溥仪。

无论是白皮的“未定稿”，还是灰皮的“内部版”，目的都在于为溥仪修改自己的著作做准备。其间，周恩来又多次在各种场合谈到他对溥仪修改那部自传文稿的具体意见，而这些意见的基本精神是给溥仪卸包袱。周恩来说过：“书里的自我批评太多了，那些事情都过去了。”他还说过，不要每写一件事后面都跟着一大篇检讨，不要这样，按历史事实写就行了。当年政治色彩浓厚，溥仪出身复杂，又为世人瞩目，不是周恩来亲自为他卸包袱，岂能轻装上阵并写出惊世奇书！

尽管这是一部自我暴露性质的文稿，当初本是作为罪犯交代材料的一部分而写成的，然而溥仪也曾想过把它发表出去，“特别是1959年来临的出乎意料的特赦，使溥仪把前半生公之于世的愿望变得更强烈”。是周恩来鼓励了溥仪，促其决心把一部自我检查文字材料提高为著作并公诸于世。后来领导审阅后觉得对广大读者有教育意义，决定由群众出版社编辑李文达帮助溥仪整理后出版。这就是《我的前半生》一书的由来。

因为周恩来作为中央领导人，第一个站出来肯定了“我的前半生”自传文稿的价值，在“反右派”“反右倾”运动频生、政策极左的年代里，这个奠基的工作非周恩来莫属，别人难以代替；还因为周恩来客观地指出了那部自传文稿尚不是“比较完善的”，需要修改，直到改好，能够“站得住”为止。这就为后来公开出版的《我的前半生》规定了明确的质量标准，促使其成为一本好的畅销书。

走向新生

虽然接管人员多方做工作，讲解党的政策，都无济于事。溥仪等押进抚顺战犯管理所后，看见高墙、电网、岗楼，估计是又进了监狱，思想极度紧张。为了稳定他们的情绪，管理所采取一系列措施，首先消除他们怕死的思想包袱，而后进行细致的、有的放矢的思想教育工作。

对溥仪根深蒂固的旧思想改造，是十分艰难的。周恩来总理甚至是直接指挥改造溥仪的工作。为了破除溥仪为自己设置的从小就已经形成的思想障碍，管理所费尽心机，对症下药采取了许多具体措施，配备有较高政治水平的干部专门负责他的教育工作，随时随地观察、启发、开导。给他提供由浅入深的学习书刊、报纸等读物，个别辅导、谈心、解决思想疙瘩和学习中的疑难问题。对于溥仪的微小进步都及时予以肯定和表扬，使溥仪思想逐步走上正确的轨道。

通过学习《新民主主义论》《中国近百年史》《新民主主义革命史》《什么叫封建主义》《中国三千年的封建社会》等著作。小组讨论加上辅导课，溥仪的头脑逐渐开了窍。他说："经过学习，现在我完全清楚了，清朝的灭亡、伪满的倒台、国民党反动派的失败、社会主义革命的胜利，是社会发展的必然结果。"

1956 年 7 月 1 日，中华人民共和国最高人民法院特别军事法庭在沈阳开庭，审判武部六藏、古海忠之等二十八名日本战犯。7 月 2 日，溥仪出庭作证揭露日本侵略者的罪行。在这里，不仅是古海，而是所有受到审判的日本战犯全部认罪服刑。看到昔日气焰嚣张的日本战犯痛哭流涕地交代自己残害中国人民的罪行，溥仪承认自己也是罪恶深重的。

金秋九月，全国各地战犯管理所都收到了中央公安部的新文件，要求组织战犯就地参加国庆观礼。对在押战犯来说，这是继参观后的又一件大事。国庆节那天，北京天安门广场东侧中央公安部门前，在面对南池子口的地方搭起了特殊的观礼台。当来自秦城监狱的杜聿明（1904—1981 年，原国民党东北保安长官司令部中将司令、徐州"剿总"中将副司令）等战犯在此观礼之际，溥仪那瘦高的身影也出现在抚顺市观礼台的来宾席上。从此以后每逢五一劳动节和国庆节，他都在这里兴致勃勃地观看游行方队和夜空中璀灿的焰火。

中国在外交领域的节节胜利和国际地位的空前提高，党和国家领导人的亲切关怀和会见，以及中国共产党人道主义的改造政策，通过劳动、理论学习和走出监狱大墙到社会上接受再教育等一系列举措对溥仪进行长达十年的教育和改造，终于使溥仪的灵魂得到复苏，从而认清形势，放弃旧我，认罪悔过。溥仪还主动退还了珠宝的存条，表示这都是国家财产，应该还给国家，他决心自食其力。

这时的溥仪能够结合自己的思想实际思考一些问题，不懂就到书里去找答案。溥仪开始认真地思考人生的价值。溥仪从疑惧蒙混到灵魂触动，他开始低头认罪，悔恨万分。

溥仪是个性很强的人，一但脑子开了窍，学习的认真劲就挡不住了，从阅读、写心得笔记、会上发言，他都要走在前头。不懂的问题，非要弄通为止。

在干部和亲属的帮助下，由疑惧转向信服，溥仪在党的改造政策感召下，通过痛苦的磨炼，终于打开了心灵的门窗，脱胎换骨，与旧的世界观决裂，改掉了恶习，成为一个新人。

溥仪的日常生活老是跟不上节奏，干什么都笨手笨脚。整理花草时，他草苗不分，把花秧都拔掉了，受到了其他人的讥讽。有人讥讽他是废物，溥仪气得大病了一场。

为了接待外宾的需要，专门给溥仪备用一套新衣服，平时不穿，用时换上。但他丢三落四的，每次接待外宾时都要同室的人协助他找东西、整理装束。时间久了，溥仪也感觉到自己确实是个废物，他暗下决心，一定要赶上大家。

溥仪开始思考自己无能的原因。溥仪在生活会上大声喊道："什么叫封建社会，把人从小毁坏，这就是封建社会！"溥仪后来终于明白了，因为他是高高在上地生活了四十年，一下子掉在地平线上的，所以总是不服气、生气、委屈的慌；又因为许多事实告诉他，他确实不如人，所以又泄气、恼恨、自卑和悲哀。总之，架子被打掉了，标尺还留着。

自理生活是人类生存的本能，溥仪由于长期处在独特的社会环境及皇室的熏陶，形成了唯我独尊和卑躬屈膝的双重性格。既野心勃勃，又贪生怕死；即疑心重重，又脾气古怪、暴躁；而且是一直离不开别人侍候。对溥仪的改造，也包括让他从简单的劳动开始，首先对个人生活自理的劳动开始。如穿衣、叠被子、系鞋带、缝补衣服等，再逐步参加一定的集体公益性的劳动，使他的世界观渐渐地步入正确轨道。

在管理所里离开家族后，于是溥仪决心从头学起。一根针线在普通人手里轻如鸿毛，可在溥仪手里却重如千斤。他开始自己补袜子，补的补丁落补丁，破的地方还没补住，甚至有时候补到了脚背上。鞋子上的鞋带常穿错眼，有时只剩一只鞋有带。白衣服洗成花衣服。衣服扣子经常丢。

溥仪在战犯管理所温室内浇花

在战犯管理所的帮助下，溥仪开始放下"皇帝"架子，一切从头学起，认真学习，刻苦磨炼，终于学会了补袜子、洗衣服、整理床铺、识别花草树木、浇花种菜等一些力所能及的劳动，就连清理垃圾这样的脏活溥仪也跟着干。

溥仪自己动手补袜子

溥仪以前把劳动看作是“下等人”干的事，把“皇帝”看作是最“高尚”的人，只有他的身体是干净的，开门把手要垫上手帕或手纸。别人下过的浴池他不下去，只用盆接水冲一下即离开澡堂子。别说劳动啦，如今他主动倒马桶，脏活抢着干，扫庭院、种菜种花、捡煤核都是他愿意干的事。

过去除“四害”他认为是“杀生”，别人打苍蝇，他赶苍蝇，后来除“四害”均能完成任务。

溥仪在参加糊纸盒劳动时，开始糊的纸盒揭不开盖，而且影响小组的进度，常受到组长的批评。每当这时，干部只好出面解围。溥仪慢慢地在同伴的帮助下，学会了这套工艺过程，最后糊得又快又好。

溥仪在宫中就喜欢看医书，往往自己给自己开方子。每次大夫开完药方，他都要在处方上增减一两味药。管理所根据他的爱好，为了使他将来能有一技之长，让他参加中医小组学习。他刻苦钻研，很快就能在医生的指导下拿起听诊器给战犯看病，还学会了量血压。

在医务室的日子里，溥仪逐渐掌握了中医中药基础知识，也能协助医生打针、量血压、做护理工作了。据当时担任管理所内科主治医生的温久达回忆，医务室搞过一次业务考核，溥仪在皇宫时虽也读过几本中医书籍，毕竟缺乏基础，实际成绩不足六十分，而同在医务室劳动的前伪满四平省长曲秉善，系奉天南满医科大学毕业生，曾出任伪满文教部大臣、外交部大臣和经济部大臣阮振铎，毕业于南满医学堂，宪钧则当过医院院长，他们的考核成绩全在八十分以上。为了不影响溥仪的情绪，阅卷者有意把他的成绩提高到七十五分，公布时四人都很高兴，使溥仪改造的信心大增。

劳动能改造人，这是永恒的真理。溥仪等人通过劳动课，使他的世界观发生了很明显的变化。他写道：“现在，我第一次学到了赞美劳动的理论。我才知道：原来是劳动创造了人类和社会。……一切不劳而获、坐享其成的思想和行为都是可耻的。”

功夫不负有心人，在党中央领导的关怀下，抚顺战犯管理所全体职工、干部默默无闻地、任劳任怨、一丝不苟地认真实施毛泽东和周恩来指挥的对战犯教育改造工程部署，使溥仪这个人间的一等“废人”，变成了一个自食其力且有用的人；使一个具有顽固的封建君主思想的代表人物变成了一个大胆挑战自我旧的世界观，树立新的世界观，最后成为合格的共和国的公民。

自从大坦白、大检举告一段落后，最高人民检察院东北工作团撤回北京，这一时期大家处于听候处理的阶段。由于大家在不同程度上都提高了一些觉悟，管理所内部在管理方法上也采取了比较宽松的政策。各监号不再用大铁锁锁门，各监号之间可以互相串门。每天的作息时间安排，一般的上午学习，下午就在院内活动，即所谓“放风”。这个时候，溥仪也和大家一起打太极拳、打排球、打克郎棋或晒太阳。

冬天管理所还在院内浇了一小块冰场，供大家滑冰用。冰场方圆五十多平方米，冰鞋和冰刀都是战犯自制的，记得溥仪还由几个侄子架着上去滑过，摔了一大跤。晚饭以后则是娱乐时间，可以听广播，下棋或打扑克牌。

人们也不再视溥仪为金枝玉叶，通常叫他为“老溥”，听到这些既普通又亲切透着人情味的称呼时，溥仪也觉得美滋滋的。从来不合群的溥仪，春节联欢会上踊跃参加合唱《东方红》《歌唱祖国》。在演活报剧 《侵略者的失败》中扮演一个议员的角色，情绪十分投入，演出很成功，受到所长和同犯们的高度赞扬。在球场上、棋桌上经常能看到他的身影。

初到抚顺时伙食还有大、中、小灶之分，按规定溥仪是吃小灶伙食，觉悟后，他认为自己和别人没什么区别，因此主动要求吃大灶伙食。

溥仪在认真回顾他所走过的坎坷道路之后开始写《我的前半生》。书中写道：“我现在的志愿只有一个：我要重新做人，从头建立人的尊严，我要有一个像样的中国人的灵魂。”

在改造期间，溥仪由衷地感谢党和政府对他的重生再造之恩，在狱中他经常写文章并接待来访者，述说自己改造的切身体会。改造期间他先后接待了英国、法国、缅甸、泰国以及国内的大批来访者。

1957 年 5 月 8 日，溥仪接待缅甸联邦民族院议长肖恢塔时，先谈了他在抚顺参观祖国建设情况的感想，继而又谈起出席节日观礼活动的喜悦：“只有在共产党和毛主席领导下的中国，才能给予像我这样的人以如此待遇。您知道：任何国家、任何朝代都绝对办不到的。”

从 1956 年到 1957 年，溥仪在抚顺战犯管理所会见了一批又一批的中外记者。

毋庸置疑，唯有毛泽东和周恩来有气魄作出历史的决定，让一位战争罪犯直接面对全世界讲话。

1956年8月18日，英国路透社记者潦德卫向溥仪发问："你是中国历史上的末代君主，对于现在的处境不觉得悲惨吗？"溥仪回答说："今天才是我一生中最幸福的日子，而清朝和伪满年代对我来说才是悲惨的时光。"他说，今天他已经认识了真理：一个人活着，要为整体利益着想，要为祖国着想，中国好了，更愿意全世界都好，只有这样，才能感到真正是幸福的。至于当皇帝的年代，仅仅考虑个人地位和安全，甚至不惜出卖祖国和人民利益，投靠日本帝国主义，给祖国和亚洲各国带来空前灾难，那当然是一页悲惨历史。

一个月后，法国记者布大尔问他：对于政府长期关押却不审讯宣判的做法，是否感到惊奇？溥仪不紧不慢地回答说："在人类历史上，无论古今中外哪朝哪代，被捕获的帝王都活不成，而我不但活着，还活得很好，这确实令我感到惊奇。"

"请您坦率点儿说，您被关押在这里，是否认为不公平？另外，请您明确点儿说，您是否赞成现政府？"又是一个月以后，加拿大记者又提出了这样的问题。溥仪的答复是："我被关押是罪有应得。至于问我对现政府的态度，当然可以明确回答：我认为现在的人民政府是中国有史以来唯一的真正为人民服务的政府，我坚决拥护！"

香港《大公报》记者潘际垧在采访溥仪后写成了《末代皇帝传奇》一书，引起了全社会的很大关注。

终获特赦

我得到了新生，这不是肉体的新生，而是灵魂的新生。我得到了做人的欢乐，这不是做任何一种人的欢乐，而是做个今天的中国公民的欢乐。我有了真正的人生乐趣，这并不是任何时代、任何地域都可以有的人生乐趣，而只是在这个国家，这个时代才能有的人生乐趣。

——爱新觉罗·溥仪

1959年12月4日，对爱新觉罗·溥仪来说是一个意义重大的日子，是他后半生的起点，从这天开始，溥仪不再是皇帝，也不再是罪犯，而是中华人民共和国的普通公民。因此，这不能不是他感受万千的一天。

在抚顺战犯管理所俱乐部主席台上方，正面悬挂大红绸制成的横幅，写着“抚顺战犯管理所特赦战犯大会”几个大字，右侧条幅写的是“劳动改造，重新作人”，左侧条幅写的是“改恶从善，前途光明”，会场布置颇有喜庆色彩。

大会即将开始，在主席台前排就坐的有辽宁省和抚顺市政府领导干部，省公安厅厅长和省高级人民法院院长，而抚顺市公、检、法的官员坐在后排。

在押的国民党和伪满战犯三百余人列队进入会场，顺序在长条木椅上落坐。记者拍摄的一个镜头录下了当时的真实场景：溥仪他们并排坐着，每人的面孔都是严肃的，完全可以想见那时的心情有多么紧张。不过，左前胸上戴有 981 号白色名签的溥仪却显得安详自若。显然，溥仪对自己不被特赦有很充分的思想准备。

当主持会议的抚顺战犯管理所代所长金源宣布开会后，辽宁省人民政府副秘书长侯西斌代表省委、省政府发表了简短讲话，随后，辽宁省高级人民法院副院长刘生春登台宣读特赦名单，全场鸦雀无声。

“爱新觉罗·溥仪！”这就是那张“特赦名单”所报出的第一个名字。

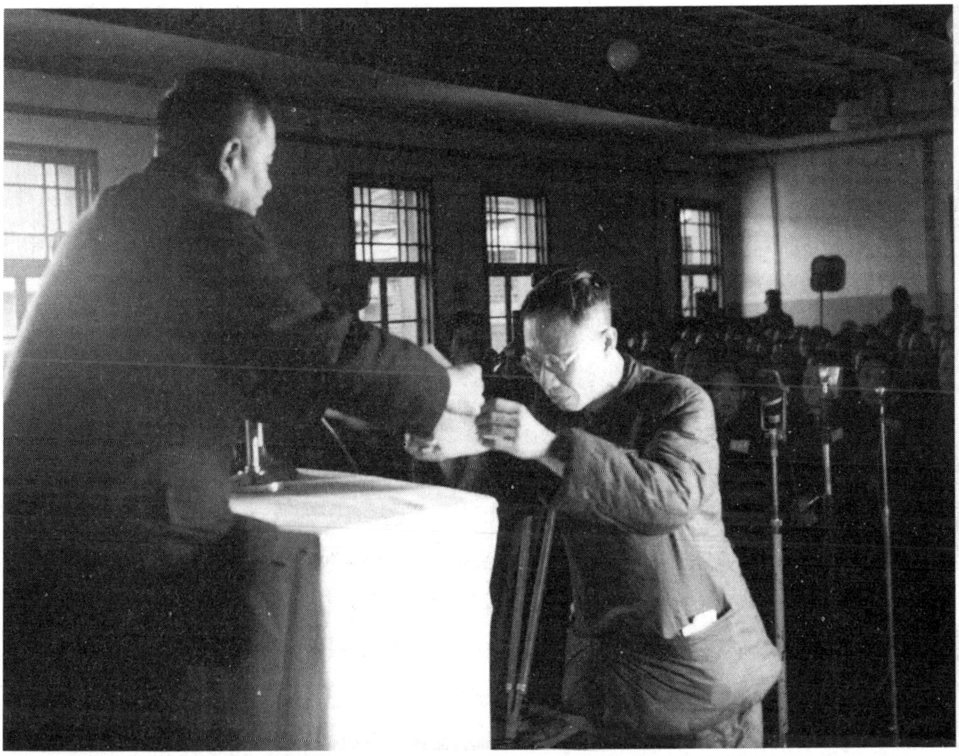

毛主席作出了第一个特赦溥仪的决定。1959 年 12 月 4 日，在特赦战犯大会上溥仪激动地接过了特赦通知书

溥仪一下子愣住了，他完全没有想到的事情却在一两秒钟之内突然出现了，他似乎不知道应该怎样接受这一事实，呆呵呵地坐在原处未动。这时，就在旁边的溥杰急了，暗暗捅他一下，悄声说："快站到前面去！"

溥仪如梦初醒，竟呜呜啕啕地哭了起来。手急眼快的记者迅速摁动快门，留下了这个永恒的瞬间，从照片上看得出：他的激动发自内心，哭出声音、流下热泪，那完全是人之常情。不过当时他还无从知道：毛泽东和中共中央其他领导人都记挂着他的改造，为他的点滴进步而高兴。这次对他的特赦也是党中央最高领导层经过充分讨论所作的决定。

溥仪终于慢慢地站了起来，在全体战犯注目下，缓缓走到主席台前，伸出颤抖的手，从刘生春副院长手中第一个接过《中华人民共和国最高人民法院特赦通知书》，然后鞠躬行礼。那份通知书上标明编号为"1959 年度赦字 011 号"，落款日期上骑印着带有国徽图案的中华人民共和国最高人民法院公章。正文如下：

遵照 1959 年 9 月 17 日中华人民共和国主席特赦令，本院对在押的伪满洲国战争罪犯爱新觉罗·溥仪进行了审查。罪犯爱新觉罗·溥仪，男性，五十四岁，满族，北京市人。该犯关押已经满十年，在关押期间，经过劳动改造和思想教育，已经有确实改恶从善的表现，符合特赦令第一条的规定，予以释放。

这通知书无异于向世界宣告：一个崭新的政治生命诞生了，就诞生在中国的宣统皇帝的躯壳之中。这时记者再摁快门，准确摄下了溥仪从最高人民法院法官手中双手接过特赦通知书时的场面。这消息当天就登上了日本报纸的显要版面，第二天又在华盛顿、伦敦、巴黎，以及台北和香港等地见了报，一下子传遍了全世界。

全国共有三十三名战犯在首批特赦中成为公民，而抚顺战犯管理所共特赦了十人，其中伪满战犯两人：伪满皇帝溥仪和伪满第 10 军管区中将司令官郭文林；国民党战犯八人：国民党 25 军 40 师上校副师长杜聚政、国民党第三绥靖区上校高参赵金鹏、国民党北平市警察局外事科长兼北平警备总司令部少将参议孟昭楹、国民党工兵团 70 军参谋处二科少校科科长唐曦、国民党太原绥靖公署建军委员会军训处训练课少将课长白玉昆、国民党徐州总部定国部队 3 支队中校副支队长周震东、国民党工兵团 72 军 233 师 698 团上校团长叶杰强和国民党晋冀区铁路管理局总务处处长贺敏。

这十位新公民站到前排，无一不激动得泪流满面。上下五千年，纵横八万里，世界上无数的改朝换代产生了无数的末代君主，或断头，或流放，从来就没有好下场，溥仪却改变了历史！

代所长金源后来仍能清晰地记得溥仪在那次特赦大会分组讨论时的发言。他痛哭流涕地总结了前半生的罪恶历史，还面对苍天发问："谁让我走上了犯罪的道路？是封建王朝，是自己企图借助洋人的势力复辟封建制度！是管理所的工作人员，让我懂得了人生的道路。今后，我愿跟着共产党，走社会主义道路，做到老学到老，改造到老。"[1]

特赦大会开完后，根据领导的安排，这十个人搬到同一房间来住，等候出发。因为他们都已经有了新的身份——公民，当然不可以再住"监号"了。

事过八个多月以后，溥仪在1960年8月18日给他侄儿肇毓嵣写了一封信。肇毓嵣即爱新觉罗·毓嵣，也就是《我的前半生》一书中多次出现过的小秀，他前后跟随溥仪二十六年，从长春到苏联伯力又到抚顺一直在一起。1957年春节前夕被释放，回到吉林市定居。溥仪特赦后给他写过两封信，都很长，热情洋溢。十年动乱开始时，因害怕搜查而毁掉了第二封信。第一封则因夹在废纸中幸免于火。这信中有一段话是谈他对12月4日特赦的感想的：

我在去年12月4日，在抚顺管理所蒙到特赦（这次我是和郭文林两个人），完全是做梦也想不到的事。过去对祖国对人民犯下了不可容恕的罪恶，政府和人民不加以惩治，已然是史无前例的宽大，而这次竟蒙特赦到社会中去，能和劳动人民在一起，直接参加社会主义建设，得到真正重新做人的机会，这真是任何古今中外历史上空前的事情。这只有以改造社会、改造人类为历史使命的中国共产党才能这样，对事不对人，治病救人，对什么人都加以彻底救治（除了坚持花岗石脑袋自愿见上帝的人以外），治好了每个人的病，使魔鬼变成了人。所以共产党、毛主席不仅是解救六亿五千万中国人民的大救星，同样也是罪犯的重生再造的父母。

12月4日已成为溥仪心目中的温馨而美好的回忆。

当天晚上，伪满战犯和国民党战犯分别举行晚会，欢送特赦人员。第二天上午则是全所送别大会。有一张照片拍下了十名特赦人员在"改恶从善、前途光明"的条幅前引吭高歌的情景。晚会上的演员是用喉咙歌唱，而这里的十位新公

1 金源：《一次伟大的历史实践》，载《伪满皇帝群臣改造纪实》，辽宁人民出版社1992年版，第48页。

民是用心歌；他们的歌声可能并不悦耳，却震动了世界！从右边数第三人，把嘴张得最大，那眉眼之间所呈现出来的也并非一幅笑眯眯的温情画面。确切地说是一付哭相，宣统帝溥仪在哭，哭声和着歌声表达了他的心声！

送别大会把这次特赦激起的波澜推向新的高潮，俱乐部大厅里响起了震动屋宇的欢笑声，十位新公民被“同学”们一次次地高高举起，并扔向半空，深情的话别，诚挚的祝愿，从管理所的这个角落飘荡到那个角落。任何一个人如果是在这个时候来到这里，都会忘掉“监狱”的概念。

与此同时，发生在这里的事实，被冠以“不可思议的奇迹”“开天辟地的特大新闻”等形容词或评价语，通过有线和无线的电波，迅速传播到世界各个角落。法新社当天从台北发出的一则电讯这样写道：“北京最近特赦释放在押的伪满洲国皇帝溥仪和其他三十三名战犯，在台北看来，这种行动是在表明中国共产党执政十年后的稳固。”

12 月 5 日下午，代所长金源把十位特赦人员召集在一起开座谈会。所长在座谈会上以《新生后怎样正确对待自己》为题的讲话，就像习习的春风、涓涓的溪流，温暖和湿润着特赦人员的心田：

你们学习了十年，这十年间社会起了很大变化，你们不熟悉了。不妨稍住几天，先了解一下再走。当然愿意马上走的也可以，愿意先参观一下的就留一留。所里正给大家准备车票，每个人都发给路费和路上零用钱，到了家乡都给安排职业，没有家的愿意在当地的就给安排在当地工作。到了家里如果有什么困难不好解决，愿意回来的也可以到抚顺就业。

我建议你们，回到家里先向家乡的人们道个歉，因为你们过去对不住他们。

你们道了歉，他们会原谅你们的，也会相信你们已经改好。即使一时还有人怀疑，只要你们用事实表现，怀疑也会消除的。

回到自己家里，自然要明白，家庭是个新的家庭。旧的家长制度没有了，不能再拿出旧日的家长态度了，要团结和睦，互相帮助。

你们在这里十年，现在要走了，今后一定要珍惜来之不易的新生，继续改造自己。对管理所有什么意见，也希望你们提出来，这对我们改进工作是有好处的。

所长想得周到，讲得全面，千叮咛、万嘱咐，情意切切。

实在来说，被特赦者这时的心情也很复杂，十年之间天地发生了巨变，虽然自己已经历了改造，但老乡亲、旧朋友，还有原来的同事等，许多老账和往日的纠缠，会不会再翻腾起来？会不会因为宿怨而又遭白眼？有人就提出来，说他已在战犯管理所内的电机厂学会了电机制造，他对自己使用的那台机床也很熟悉了，遂要求留在电机厂内工作。金源所长说："你是有家的，还是应该回家，至少看看，如果觉得那里不合适，你再回来，给你在抚顺安排一个电机生产的工作。"

为了特赦后的定居和工作安排问题，管理所的领导已经做了不少工作，无论想投亲的，想靠友的，还是想返籍的，想留下的，全依个人自愿充分考虑。他们也为此征求了溥仪的意见，由于他已与住在长春的妻子李玉琴离了婚，又不愿回到那个当了十四年傀儡皇帝的城市去，而希望先回到北京五妹韫馨家暂住，遂根据本人意愿，决定送他回北京。

在座谈会上，特赦人员们异口同声地表示：希望能允许他们多住几天，希望所长再多说几句，为大家指指以后应走的道路。这时，在所长的脸上露出了会心的微笑。正像一位辛勤的耕耘者看到金黄的丰收之象时所能有的表情。他又说："我最后要说的就是：希望你们珍惜自己的新的生命，新的灵魂。改造是长期的，在生活的道路上，每人都不断地要受到考验。在考验中，或者前进，或者后退。自满永远是前进的敌人。"溥仪和其他被特赦者都用心地把所长诚挚的希望牢牢记住了。

当天晚上，战犯管理所为了庆祝特赦，放映了一场电影。看完电影，金源代所长特意把溥仪和溥杰找到一块儿，让这一对儿手足兄弟分别前再推心置腹地聊一聊。

在管理所内一间会议室里，溥仪对二弟说："我这次特赦出去，只剩下孤身一人，妻子死的死，离婚的离婚。今后只有紧跟中国共产党，走社会主义道路，才有自己的光明前途。过去当皇帝，衣来伸手，饭来张口，过的是寄生虫生活。

但经过在管理所的劳动锻炼，体质也有所提高，这回到社会上以后，我要凭两只手，以劳动养活自己。我要为人民服务。”

溥杰听了大哥的话，心情很激动，深感大哥确实进步了，不枉十年改造之功。他对大哥说：“我和你一样，今后如蒙特赦，也是孤身一人，嵯峨浩能否来中国还不知道。我也必须依靠共产党，走社会主义道路，也要凭劳动维持生活，过去的剥削生活是可耻的，我再也不愿回到那样的生活中去了。”

兄弟俩互相勉励。溥仪希望二弟加强自我改造，争取人民的原谅，早日在北京重逢。溥杰则希望大哥不要放松思想改造，正确对待社会上的人和事，尤其要珍惜来之不易的新生。[1]

话锋一转，溥仪面带严肃之色，又非常认真地告诫二弟：“我要走了，而你还留在这里，真不放心！我想，你的主要问题还是日本老婆问题。他们为什么要给你找个日本老婆呢？那是让你紧紧地跟着日本帝国主义走。嵯峨浩（病逝于1987年6月20日，终年73岁，邓颖超和日本国皇后等送了花圈，杨静仁等参加了遗体告别仪式。）肯定是个特务，她要千方百计拉着你靠拢日本帝国主义的，所以你必须和嵯峨浩划清界限，和她离婚。”溥仪特别嘱咐溥杰，与嵯峨浩通信时要特别慎重，因为她为了丈夫的释放问题而在日本采取了“过激行动”，对此则一定要有正确态度。溥仪说：“分别毕竟有十多年了，她现在日本的情况怎样，我们知道得不多，所以必须谨慎从事，不要在这方面犯错误。必要时可当机立断，而不可藕断丝连，更不能因此影响了自己的改造。即使你将来放了出来，也要和她离婚，以表明你的政治立场是正确的。这次特赦没有你，恐怕主要还是你没有处理好日本老婆问题。我相信你会正确对待这个问题，争取下一批获得特赦。”

在嵯峨浩的问题上，溥杰表示“实在不能同意”大哥的看法。他直言不讳地说：“我们虽然靠日本军阀包办了这桩政治婚姻，但我俩的感情却是真挚的。浩是反对日本军阀侵略中国的，浩是听我的话的。我如果特赦出来能够和浩重逢的话，我可以影响浩，使她反对日本军国主义，我俩共同从事中日友好的工作。”他又说；大哥可以放心，在这个问题上，自己能够做出正确判断，能够正确处理与妻子的关系。

溥杰说，那天晚上他们兄弟俩谈了一个多小时，这样的倾心之谈实不多见。金源代所长担心溥杰想不通，事后又特意找他谈话，他说：“溥仪为什么第一批获赦？因为他对日本帝国主义深恶痛绝，他在揭发批判日本帝国主义方面都超过

1 李福生：《改造伪满皇帝琐记》，载《震撼世界的奇迹》，中国文史出版社1990年版，第102～103页。

了我们，所以应该先释放他。”但所长并未要求溥杰与嵯峨浩划清界线，在这个问题上，溥仪实在是有偏见的。12月6日和12月7日两天中，特赦人员兴奋地进行各项出发前的准备工作，他们领取管理所特别发放的全套棉装、棉帽和棉鞋，洗澡、理发、整理行囊，可以说是万事就绪，只待起程了。

这天，新华社辽宁分社记者任步方和李健羽在管理所大会客厅内采访溥仪，管教员李福生把溥仪领进房间后，记者请他坐下，他稍显得有点拘谨地又站了起来，半晌才开口说：“能允许我和新中国的记者握一下手吗？”两位记者被这句话提醒了：溥仪现在已经不是战犯而是一个新生的公民了，应该向他致贺。两人遂起身主动与溥仪握手，很长时间攥在一起，溥仪十分动情地说：“人都有一双手，手本来是用于劳动的，劳动创造了世界。可是我这双手生下来就是废物，事事得靠别人。作为人的手，我这一双在过去是退化了的，简直和原始时代猿猴的爪子差不多。是共产党和社会主义祖国恢复了这双手应有的功能，它今天终于有用，可以劳动了，也庆幸它有资格与新中国的记者握手了。”不能不说这是一席借题发挥的话，却也是发自肺腑之言，临场记者被深深地感动了。

“溥仪先生，我为你重新做人而高兴。可是，你是否知道我小时家住长春，曾经在过往‘宫内府’时向你遥拜呢？”记者李健羽毫不隐讳地说。

“罪过，罪过呀！”溥仪由此又把话题转向当伪满皇帝时的罪恶，表示今后到社会上不会放松思想改造，他一定百倍地珍惜这来之不易的新生。[1]

接着，战犯管理所开始向获赦人员发还由所方代保管的个人财物。为此，所方还把这些财物陈列出来，请所有人一一点验过目。当然，应该收归国有的不在此例。

溥仪的贵重物品最多，都是原清宫藏品，1924年11月他被逐出宫前，以“赏赐”为名，通过溥杰等人陆续偷运出宫，带到天津，带到长春，又带到伯力和抚顺，其间不但大量变卖，赏赐臣下，逃离长春和通化大栗子沟时又大量弃置宋元珍籍及晋唐以来的书画卷轴和部分珍宝而不顾，并且后来还以“支援苏联经济建设”为名捐献了一批，所剩虽已不多，仍能装满两三只大皮箱。

这些贵重物品可以区分为珍宝、钟表和稀有珍品三类。珍宝类中有珍珠数十串，其中有如鸡蛋黄大小的珍珠，有玛瑙、钻石、蓝宝石、红宝石、猫儿眼宝石、绿玉、翡翠、玉佩和黄金首饰等，还有几件是慈禧太后使用过的东西，如绿、黄、白、

1 李健羽：《忆采访首批特赦国内战犯》，载《伪满皇帝群臣改造纪实》，辽宁人民出版社1992年版，第194～195页。

古铜各色佛珠，镶嵌各种宝石的珐琅发簪，镶嵌在帽子上的如大姆指大小的钻石，以及她赏给溥仪的扁叉子等，真是琳琅满目，光彩耀人。钟表类共三十余种，其中大部是各国皇室王公给清朝皇帝的贡品，有双凤朝阳式音乐钟，有镶嵌玉石的表，有可以随时问询钟点的怀表和带有四季景色装饰的怀表。还有一块怀表形似“蝉”，两只翅膀上镶有一百三十多粒钻石，轻轻触动表的尾部，两膀展开便露出表的时针来。稀有珍品类，如乾隆的田黄石玉玺，系三颗方型玉印用石链条系在一起，玉印上刻有“受命于天”，“既寿永昌”字样，雕工极其精细，玉质地发出黄色耀眼的光彩。

其中能够达到国宝级的物品就有四百六十八件之多。此外，溥仪还有一些贵重的日常用品，包括几套西装，十七八件高级衬衣和数十条领带等。

据参与管理所战犯财物保管工作的所方干部孙世强回忆，当年来所参观的中央、省、市级领导很多，他们主要是想看一眼溥仪，能与之交谈则更好，离所前还一定要看看溥仪的那几箱稀世珍宝。金源代所长便与所内其他领导商定，在管教科办公区腾出一个房间，又花五千元定购了展览柜，陈列那些珍宝，专供各级领导和来所的重要客人观瞻。

现在溥仪就要离开战犯管理所了，对于这些珍宝当然要有一个处理。溥仪本人曾多次表示，这些珍宝都是人民的财产，自然该上缴给国家。管理所经上级主管领导批准，向溥仪正式宣布了关于那些珍宝的处理决定：鉴于他的一切贵重物品都是从北京故宫私运出来的，理应全部归还人民，但考虑到他刚刚获得新生，为了今后工作和生活方便起见，允许他在钟表类贵重物品中挑选一件，供私人使用。

当孙世强把溥仪带到贵重物品存放室以后，他没有挑选那些后半生能够赖以生存的价值连城的稀世珍品，只选了那只已经发旧、但仍然金光闪烁的怀表。论价值无法与那些洋人进贡清朝皇帝的钟表相比，而对溥仪却是一个念物。原来它正是 1924 年 11 月 28 日即溥仪从北京醇王府逃往东交民巷日本公使馆那天，为了摆脱父亲派来跟踪的张文治，而在乌利文洋行想主意时购买的那块法国金表。正是这块表记载了他在日本军国主义魔影下度过的全部时刻，他留下这块表，是要让它再陪伴自己走完后半生的分分秒秒。如今，溥仪让它也开始一个新生命，用北京时间，拨正了它的指针。

孙世强回忆当时的情形说：“为了完结手续，我让他给我写一张收据。溥仪接过纸、笔写道：‘今收到政府发给我的金壳怀表一块。’手续办完后，溥仪恭恭敬敬给我行了一个九十度礼，并激动地说：‘感谢人民政府对我十年的教育改造，感谢政府工作人员和孙先生（伪满战犯统称我们管教员为先生）对我的谆谆教导，才使我这个天下第一号大笨蛋变成一个能自食其力的新人。请先生们看我今后的行动吧。’”[1]

现场采访记者李健羽曾回忆溥仪接过怀表时的一个细节，他左看右看，竟不知道应如何让这块表的时针转动起来。管教人员教了半天，他才第一次学会了给表上弦的这个简单动作，当场出了这个丑，他很不好意思，苦笑着对记者说："你们看我这双不中用的手啊！"

溥仪离开抚顺以后，那些珍宝仍保管在抚顺战犯管理所，并继续陈列在展览柜内供来访的各级领导参观。

1964 年 9 月 12 日，周恩来总理在公安部党组《关于处理伪满战犯溥仪等人贵重财物问题的请示报告》上批示："处理这些贵重财物，同意不再经过法律手续，但是必须经过行动手续，不应由一个机关单独处理，应由公安部、法院、财政部、文化部和政法办公室（为主）五个单位负责处理，然后给国务院作一报告结束此案。"[2]

总理批示后，公安部、最高人民法院、财政部、文化部和政法办公室立即组成了中央验收小组。同年 11 月 28 日，抚顺战犯管理所接到公安部的电令，即派管教科科长王奇壮和负责珍宝保管的干部孙世强把溥仪上缴的珍宝押送到北京。并在故宫博物院办公区，经过逐件鉴定、评价和验收后，向中央验收小组转交。仅一块曾镶在慈禧帽子上的钻石就被专家作价为 4000 元，其价值都远远超过了管理所干部原来的估价。

这些珍宝最后的去向也是经总理批示而确定的，其中绝大部分具有重大文物价值的物品移交给故宫博物院，一些文物价值不大的移交给财政部，还有一部分工艺品则移交给北京特种工艺品公司了。[3]

12 月 8 日下午，将返回北京定居的溥仪和孟昭楹，以及路过北京或天津返乡的郭文林、赵金鹏与贺敏同车离开抚顺。为了他们在旅途中方便，战犯管理所派管教员李福生陪同他们一起前往北京。代所长金源和管理所的学习委员会主任亲自陪同特赦人员登上火车，他们要把溥仪等人送到沈阳，还有新华社辽宁分社

---

1 孙世强：《保管和移交溥仪等人珍宝纪事》，载《伪满皇帝群臣改造纪实》，辽宁人民出版社 1992 年版，第 214 页。

2 孙世强：《保管和移交溥仪等人珍宝纪事》，载《伪满皇帝群臣改造纪实》，辽宁人民出版社 1992 年版，第 214 ～ 215 页。

3 金源：《一次伟大的历史实践》，载《伪满皇帝群臣改造纪实》，辽宁人民出版社 1992 年版，第 48 ～ 49 页。

记者任步芳和李健羽也同车从抚顺返回沈阳。列车呼啸着穿越抚顺市区，向沈阳方向疾驶。坐在车窗旁的溥仪向站台上送行的人们频频挥手，留下一片依依惜别之情。

为了避免不必要的麻烦，随行的管教员李福生一再嘱咐同行的人，不要暴露身份。所以，一路上，这列普通客车上的旅客谁都不曾想到，坐在某一个车窗前的身穿普通蓝色棉装的人正是中国末代皇帝。

不过，还是露了点儿“马脚”，据坐在溥仪对面座位上的任步芳和李健羽两位记者说，当列车员端着茶盘到各个座位分送茶杯并为旅客倒水时，轮到溥仪，他还是情不自禁地站起身来打躬行礼，因而引起车上旅客们的注意。有的窃窃私语：这人有点怪，精神好像不大正常。

溥仪当然不是精神上有什么问题，实在他的经历太特殊了，谈到真正以公民身份与社会接触，从出生那一天算起，还是头一回呀！看到两位在场的记者暗笑，溥仪深有所感地小声对他们说：“新中国好，社会主义的服务精神就是好啊！”[1]

溥仪这样说是因为一件眼前发生的事实：有位中年妇女领着一个十来岁女孩也上车了，显然正在生病，摸摸孩子前额挺烫手的，原来是车站附近某小学女学生正上课时小腹剧疼，怀疑是阑尾炎，必须立即到沈阳大医院检查，女教师怕耽误病情，来不及找到家长，便带孩子上了车。这时溥仪后排座上的旅客早已把座位腾出来，让孩子躺下了。这是溥仪出狱后碰上的第一件事，虽是一件小事，却在他的心底激起了巨大波澜，他想起了陈宝琛师傅给他讲过的孟子的一句话:“老吾老以及人之老，幼吾幼以及人之幼。”当年全不在意的这句话，今天一下子理解了。

溥仪这样描述了他当时的心情：

我默默望着车窗外驰过的景色，激情又从我心底升起。我看着这个付给了我这种骄傲之感的城市的景物，逐渐离我远去，让我想起过去的日子。在那里，我才懂得了什么叫人，什么叫生活，什么叫良心，什么叫是非。（引自溥仪未刊手稿）

列车离开抚顺车站，一个多小时以后到达沈阳南站。溥仪等要在这里等候换乘去北京的列车。新华通讯社军事记者李健羽和负责政治报道的记者任步芳，与溥仪握手告别。当时的场面至今深深印在李健羽的脑海里。老任说：“你们到北

1 李健羽：《忆采访首批特赦国内战犯》，载《伪满皇帝群臣改造纪实》，辽宁人民出版社 1992 年版，第 196 页。

京，该是明天天亮的时候，祝你们一路顺风！”溥仪似有所思地说：“明天，天亮；天亮，明天，我会一路顺风的，谢谢，谢谢，请放心吧！”

沈阳南站候车室里人很多，李福生便与车站值班室联系，值班领导听说特赦的前皇帝和将军们在这里等车，便把他们让到贵宾候车室里休息。金源代所长也一直送到沈阳，跟溥仪亲切交谈。

他们上了开往北京的列车，又赶上严重超员，列车长了解到这一情况后，又格外照顾，把他们送入软席车厢。条件虽好，溥仪却连一丝睡意也没有，一路上，与同行的几个人兴奋地相互谈论各自回家的打算，李福生曾问溥仪将来想做什么工作？溥仪很真诚地说：“一切听从党和政府的安排。”

列车开晚餐的时候，餐车服务员还特来商量，说现在就餐的人多，可否最后就餐？大家表示同意。据李福生回忆，那顿晚餐饭菜都做得很好，溥仪的心情也好，他平时的饭量就不小，这一餐吃得更多，是最后一个离开餐桌的。当夜，他们谁都没有合眼。

溥仪默默地望着车窗外的景色，心情十分激动。那刚刚逝去的改造十年啊，使这位末代皇帝感慨万分。也许有人很不理解：一个犯人，被关押了整整十年，而当他获释出狱的时候为什么能产生如此依依惜别的感情？溥仪自己后来在一次全国政协座谈会上发言时回答了这个问题。他是这样讲的：

我所说的一切变化，都是在监狱中发生的。这对许多外国人几乎是不可想象的事。缅甸学者兼政治家、前议会议长肖恢塔，曾和他的夫人一起参观了管理所，和我谈过话。他十分感叹地说，这不是监狱，而是一座大学校。他的夫人想起自己的父亲，想起他作为政治犯住过的那个监狱，对比之下，她哭了起来。是的，我住的监狱就是一个学校——改造灵魂，把鬼变成人的学校。

古今中外的监狱，我从前听人说过，无论是前清的、民国的、伪满的，以及外国的、日本的，那都是和刑罚、侮辱、勒索等分不开的。越是对待共产党员越是残酷。而在我们这里，这一切都完全相反。这种出乎意料的人道主义待遇，连我们刚到的时候也是迷惑不解的。伪满战犯中有不少司法大臣、警察署署长、军法少将一类人物，他们最清楚两种监狱是怎样的不同。

1964年12月，在四届一次全国政协会议上，溥仪作为全国政协委员的发言中，更谈到当他把这种对于监狱的感情向外国朋友述说时所遇到的情形。他是从党的改造政策谈起的，他说：

1964 年 12 月，溥仪在全国政协大会上发言

在这里使我情不自禁地想起 1959 年我蒙特赦、离开那重生之地——抚顺战犯管理所的心情。当时我一方面感激党和政府的宽大，但同时，当管理人员送我出所的时候，我又像一个将要离家的孩子一样，恋恋难舍。这种心情，我曾经同资本主义国家的人们说过，但是他们是无法理解的。这种感情并不是我一个人有，连一些日本帝国主义战犯在离开战犯管理所时，也都异口同声地说，抚顺战犯管理所是自己的重生之地。有些怀着敌意的日本记者，曾企图从日本战犯口中听到对中国政府这种不满的声音，但是他们总是大失所望。无论在管理所以及离开管理所回到日本，日本战犯也总是说我国政府的政策好！（引自溥仪未刊手稿。）

车轮飞转，带动着溥仪的思绪，回到了十年改造的难忘岁月之中。十年，这是多么动人的十年啊！十年后的溥仪已是一位新人。他坐在通往北京的奔驰的列车上，用手——那曾经在紫禁城的小天地里写过复辟谕旨的手，那曾经在不静的“静园”写过勾结帝国主义密信的手，那曾经在魔鬼的宫殿里为屠杀同胞的文件签字画“可”的手，掀开了历史的新篇章！车窗外面是白雪覆盖的平原，光明、辽阔，正如展现在溥仪面前的生活前程。

在溥仪的自传《我的前半生》一书中，溥仪曾这样写道：

十年来的经历和学习，使我弄清了根本是非。这十年间，抗美援朝的胜利，日本战犯的认罪，中国在外交上的胜利和国际声誉的空前提高，国家、社会、民族的变化，这一切奇迹都是在共产党——十年前我对他只有成见、敌意和恐惧——的领导下发生的。这十年来的事实以及一百多年的历史，对我说明：决定历史命运的，正是我原先看不起的人民；我在前半生走向毁灭是必然的，我从前恃靠的帝国主义和北洋反动势力的崩溃也是必然的。我明白了从前陈宝琛、郑孝胥、吉冈安直以及神仙菩萨所不能告诉我的所谓命运，究竟是什么，这就是老老实实做一个自食其力、有益于人类的人。和人民的命运联结在一起的命运，才是最好的命运。

第十二章
公民溥仪

回到北京

1959 年 12 月 9 日，列车呼啸着把经历了十年改造的末代皇帝溥仪送到了首都北京。当列车即将驶进崭新而华丽的北京车站的一刹那间，在爱新觉罗·溥仪的心底情感的波涛是任何语言都无法表达的。

前来迎接他的是四弟溥任、五妹金韫馨和妹夫万嘉熙（病逝于 1972 年）。溥仪与同车抵京的特赦人员郭文林、孟昭楹等一一握手告别后便随同弟妹们一起高高兴兴地穿过辉煌壮丽的北京站台，步出车站。陪同来京的战犯管理所干部李福生则一直把溥仪送到五妹家中。

在北京站前广场上，溥仪看到四周那整齐的建筑群和宽阔的柏油马路，听到北京站钟楼上传出的悠扬悦耳的报时钟声，他深深地呼吸了一口北京的新鲜空气，一种自由的实感顿时充满在溥仪的心中。自由，这是多么宝贵的字眼啊！活了五十四岁的溥仪第一次尝到这“自由”的滋味儿。

溥仪被接到坐落于前井胡同 6 号的五妹家中。这是坐东朝西的带小门斗的院落，除了三间北房和两间西厢房，院庭只剩下一块狭小的空间了。五妹已经把北房东间给大哥收拾好了，还粉刷一新。床上整齐叠放着五妹为他赶制的新被褥，在糊着窗纸的木格窗下是一张普通的硬木方桌，除了置放的茶具和暖瓶，还有当天的报纸。市民政局为他预先购置的生活用品也都送了过来。市委统战部部长廖沫沙一两天前还特意来看了看，对溥仪这个临时住处表示满意。

溥仪的亲友大多住在这一带，族弟溥俭和五妹同院，而距离不过一二百米的南官坊口则住着跟随他多年的族侄毓嵒、毓嶦和毓蘁，绕过后什刹海再走四五分钟就到了六妹所住的四合巷 4 号，四妹住在鼓楼，二妹住在景山东街，还有溥仪感情很深的乳母——老人家早已去世，她的后人也住在离此不远的后门桥，只是三妹住的秦老胡同离这儿稍稍远一点。这一天，亲友们都到了，心情都是那么激动，甚至那一双双眼睛似乎也都一样挂着喜悦的泪珠。亲友们都很理解溥仪——这位在没有自由的天地里生活了半个世纪的人，几乎是异口同声地说："这回你可好好看看咱们的北京城吧！"

溥仪虽曾为人间君王，却第一次尝到手足的情爱和天伦的快乐。

刚到五妹家的溥仪，凝望着毛主席像

在溥仪留下的相册上，至今还能看到这样一张照片：溥仪站在高悬于五妹家正面墙上的毛主席像镜前，久久地凝望着，眼里噙着泪水。五妹则站在大哥溥仪的后侧，笑得那么甜！原来溥仪到京时，北京电影制片厂的摄影人员闻讯也赶到车站去抢镜头，并一直跟到五妹家，这张照片就是他们现场抢拍的。

1961 年溥仪终于有机会把自己获得自由的喜悦心情告诉了毛主席。那是毛主席请溥仪到家里作客的时候。溥仪是特赦战犯中唯一见过毛主席的人，他关于自由的话题给主席留下了深刻的印象。直到 1964 年 6 月，毛主席接见智利外宾时还谈到溥仪，他说："溥仪现在在全国政协搞文史资料工作，他自由了，可以到处跑了。过去当皇帝好不自由。"毛主席又说："过去当皇帝时他不敢到处跑，是怕人民反对他，也怕丧失自己的尊严。当皇帝到处跑怎么行？可见人是可以改变的……”

溥仪确实已经变了。由一个卖国者变成一位爱国者，由一个反对共产主义的人变成一位接受马列主义的人，由一个皇帝变成了一位公民。

把溥仪送到五妹家后，李福生感到已经完成了护送任务，遂向溥仪告辞。自从 1952 年李福生负责管教伪满战犯以来，他与溥仪已有七八年的密切接触了，他曾手把手地教溥仪糊纸盒，也曾一次次地找他谈心，现在就要分别了，溥仪真有些恋恋不舍，眼含泪水地说：“多年来，承蒙您给了我很多帮助，我太感谢您了……”李福生也颇动感情地对溥仪说：“今后你有事，可向当地政府提出，他们会帮助你解决的。”溥仪和五妹一家一直把李福生送出大门口，看着他的背影消逝在胡同的尽头。[1]

回到北京后落户口

回到北京的第二天，溥仪由五妹夫万嘉熙陪同来到西城区丁桥公安派出所办理户籍手续，他成为在北京市有正式户口的普通市民了。继而又到西长安街上的北京市民政局报了到，民政局干部告诉他说，具体工作尚待安排，但从现在算起即是国家公职人员了，每月暂发六十元生活费。作为一个普通的北京市民，一个

1 李福生：《改造伪满皇帝溥仪琐记》，载《震憾世界的奇迹》，中国文史出版社 1990 年版。

国家公职人员，对前途充满乐观的溥仪正急切地期待着有人给他指一条前进的新路。

成为普通市民和国家公职人员的前皇帝溥仪对自己的前半生确实已经能够正确认识，并持有很真诚的批判的态度，《大公报》记者张颂甲对溥仪的采访恰能说明这个问题。这次采访颇有来头，是中宣部直接安排的，《大公报》总编辑常芝青接受任务后，即派记者张颂甲和新华社摄影记者吕厚民一道，于 12 月 11 日即溥仪回到北京的第三天，驱车来到前井胡同溥仪暂且下榻的五妹夫万嘉熙家里。后来，张颂甲撰文忆述了这次采访的全过程。[1]

访问开始，吕厚民打开照相机，从各个角度拍照，闪光灯不时闪亮，溥仪显得有些紧张。他连声倾诉自己的悔罪心情，一再感激共产党和人民对他的宽大处理。他说："这次特赦真是我做梦也没想到的。我对祖国、人民犯下了滔天大罪，实在是一百个死、一千个死也抵不过来。伟大的中国共产党和人民政府不杀我已经是宽大了，现在又给我重新做人的光明前途，我粉身碎骨也不足以报答党和人民的大恩大德于万一……"谈到这里，他的语声哽咽，说不下去了，眼眶里滚动着忏悔、感恩的泪水。

溥仪叙述往事如数家珍，思路清晰，有条不紊。讲述了他自三岁时由父亲醇亲王载沣抱着登上太和殿的皇帝宝座起，到被迫退位，又因"优待条件"的保护，仍然过着骄奢淫逸的"小朝廷"生活，直到 1924 年被冯玉祥赶出皇宫，继而丧心病狂地倒向日本帝国主义怀抱，又在天津过了七年醉生梦死的"寓公"生活，接着就潜往东北，给日本军阀当"儿皇帝"，犯下不赦之罪。

接着，溥仪又滔滔不绝地谈起他从战俘到战犯期间接受改造的经历，他说，随着伪满垮台，他的罪恶生活也结束了，但头脑里的反动思想没有改变，对中国共产党和人民政府毫无认识，到 1950 年苏联政府要把伪满战犯引渡回国，吓得他浑身发抖，认为中国历史上每次改朝换代，高官显宦尚且难免一死，何况他是皇帝？他那时很想找个机会到西方资本主义国家去过寄生生活，为此一连三次上书斯大林，未能成功。

后来抗美援朝战争爆发了，他的心里敲起了小鼓，他那时认为世界不过是几个列强的世界，经过第二次世界大战，德、意、日被打败了，美国成为第一号强国，中国共产党虽然消灭了蒋介石八百万军队，可是美国究竟不是蒋介石所能比的，如果要跟美国较量，无异于"烧香引鬼"，是"不自量力"。但事实上中朝

---

1 张颂甲：《与溥仪一席谈》，载《人民政协报》1986 年 4 月 29 日、5 月 6 日。

人民胜利了，硬把美国侵略军从鸭绿江边打到三八线，溥仪由此受到教育，懂得了战争还有正义和非正义的区别，正义战争一定能够取得胜利，他在战犯管理所还听到了志愿军英雄作的报告，深受感动。

溥仪又说，政府非常关心他，让他的七叔载涛（病逝于 1970 年 9 月 4 日，终年八十三岁，当时担任全国人大代表、“民革”中央委员。）和两个妹妹特地从北京到抚顺看望他，还组织战犯到东北三省参观，让他们在监狱内参加劳动。溥仪兴奋地说，是共产党给了他新的生命，也给了他一双有用的手，十年来，他在战犯管理所养过猪、种过菜，还在所内机械厂里干过活，后来又编到中医学习组，先后学习了《内经知要》《中医学概论》《中药理与应用》等书，能够为人诊病了。

溥仪很真诚地说：“谈起改造，几天几夜也是谈不完的。我能有今天，就活生生地说明共产党的政策真是太伟大了！且不用说我的顽固思想起了变化，就是我这糟踏坏了的虚弱多病的身体，要是没有中国共产党来救我，怕早已做了九泉之鬼了。在旧社会监狱把好人变成鬼，新中国监狱却把我这块坏透了的顽石改造成新人。我的生命和灵魂都是党给的，共产党是我的重生父母。”

可以说溥仪对自己、对历史都已经有了正确的认识，但今后的路应怎样走，新社会是否能够接纳他，后半生将怎样度过，应该说对这些他还心中无数。虽然记者问他今后有何打算时，他表示要在今后生活中努力工作，藉以为前半生赎罪。然而问起更具体的路数，还是没有谱儿。这两天，由北京市民政局召开的以怎样看待溥仪特赦为主题的满族人士座谈会也连续召开了两次，溥仪的亲属、爱新觉罗皇族人士，以及历史上曾处于上层地位的满族人士多人参加，大家都对溥仪获赦表示欢迎，同时也对溥仪今后的出路寄托着希望，说到底，他们还是想看到几十年来他们无数次叩拜过的“皇上”能够再有新的表现和新的发展。

1959 年 12 月 14 日，这是溥仪和其他十名第一批特赦的国民党战犯最难忘的一天。那十名原国民党高级将领，是和溥仪在同一天由北京德胜门外功德林战犯管理所特赦出来的。他们是：前国民党中央委员、东北保安长官司令部中将司令官、徐州“剿总”中将副司令官杜聿明（病逝于 1981 年 5 月 7 日，终年七十六岁，当时担任全国人大代表、第五届全国政协常委，叶剑英等送了花圈，邓小平、邓颖超等出席了追悼会）；前国民党政府山东省主席兼第二绥靖区中将司令官王耀武（病逝于 1968 年，终年六十五岁，当时担任第四届全国政协委员）；前国民党四川省党部中将主任曾扩情；前国民党川湘鄂边区绥靖公署中将主任宋希濂（病逝于 1993 年 2 月 13 日，终年八十六岁，当时担任第七届全国政协常委、黄埔同学会副会长、全国政协文史资料委员会专员，旅居美国纽约）；前国民党天津市警备司令部中将司令官陈长捷；前国民党18军少将军长杨伯涛；前国民党49军中将军长郑庭笈（病逝于1996年6月9日，终年九十一岁，当时担任第七届全国政协委员、民革中央监察委员会委员、北京市黄埔同学会顾问、全国政协文史资料委员会专员）；前国民党青年军整编206师少将师长邱行湘；前国民党浙西师管区中将司令官兼金华城防指挥周振强（病逝于1989年，终年85岁，当时担任全国政协委员）；前国民党第6兵团中将司令官卢浚泉。这十一人于当天下午3时在中南海西花厅受到周恩来总理的接见。国务院副总理陈毅、国务院副总理习仲勋、全国人大副委员长张治中、全国人大常委邵力子、水利部部长傅作义、国务院办公室主任屈武、全国政协常委章士钊、全国政协副秘书长张执一等，参加了接见。

溥仪对总理的这次接见怀有非常深厚的感情，他把总理的讲话当作准绳要求自己、检查自己，他把总理的这次接见，看作是自己新生的起点。每当溥仪想起接见时的情景，总是记忆犹新。总理那慈爱的面容，讲话时的丰富表情，亲切的手势，以及那熟悉而有力的声音，还不时地萦绕在溥仪的脑际、耳畔……

这次接见中，总理向溥仪等十一人谈了四个观点，即爱国观点、阶级观点、劳动观点和群众观点。这就是被特赦人员至今仍十分崇敬地称之为“四训”的内容。溥仪回忆这次谈话时说，这实际是每位特赦人员都将时刻遇到并必须回答的四个极为重要的问题。

总理的接见，溥仪在日记本上有详细的记录。每逢遇到问题、碰到困难或取得成绩时，都要翻看这本日记。每次翻开它，都能从总理的讲话中汲取无穷无尽的力量。特赦以后的八年公民生活，溥仪就是在总理讲话精神的指引下，不断探索，不断前进的。

人们知道：爱新觉罗·溥仪的前半生是从太和殿上的登极大典开始的。为了这个不满三岁的孩童，太和殿前摆起庞大的仪仗，午门楼上的钟鼓一齐鸣响，殿廷之间的中和韶乐、丹陛大乐音域辽阔，大殿内外香烟缥缈。就在这庄严肃穆的气氛中，那个孩童开始了“宣统”帝的不平凡的生活。

溥仪的后半生固然是从特赦那一天开始的，但也可以说是在中南海的西花厅开始的。那里没有仪仗和钟鼓，更没有宫廷大乐，却有一位受到整个世界尊敬的伟大人物。他用民族的希望和共产主义的真理教育了溥仪。从此，这位五十四岁的新公民，便以他特有的风貌，在世人的注目之下出现了。出现在他的同事——前国民党的将军们面前，出现在他的亲属——前皇亲国戚的面前，出现在普普通通的北京市民中间，出现在社会主义建设的热火朝天的场面中。

在植物园

溥仪刚特赦时的心情颇为复杂。一方面因为获得新生而满心欢喜，另一方面想到前途又疑虑重重、忧心忡忡。人民政府已经把他从罪犯改造成为合格的公民，他想用这后半生报答“再生父母”的大恩大德。可又一想，自己一向只会消费不会生产，现在能做什么呢？

1960年年初周恩来接见溥仪，就他的工作安排征询本人意见。在谈话中溥仪的忧虑心情已经流露出来。总理了解他的基础和技能情况，正如溥仪对自己的回顾：数理化“一窍不通”，英文会几句“也忘了”，干工业活儿又是“七百度近视”，干农业活样样不会，到伙房又不会烧菜……溥仪无限悔恨地说：“旧社会把我造成一个大废物，只知道坐吃享乐。”现在，全无一技之长，何以报效国家？

为了给溥仪安排合适的工作，周恩来绞尽脑汁，调查研究，当面商讨。他仔细询问了溥仪的身体状况，调查了他的文化知识基础，读了他写的长篇自传，了解了他的兴趣和爱好，分析了他的历史身份和当前处境。当总理逐步掌握了溥仪的“底子”，同时也一再修改了心目中的方案。

起初，北京市民政局提出，让溥仪在故宫博物院工作并参加轻微劳动，周恩来立即否决了。他说，这样安排不妥，游人会包围他，让他怎么工作呢？这是显而易见的嘛！

继而溥仪提出建议，希望当个医生。原来在宫里他就把医科作为“业余爱好”了，他读过一些中医书籍，听过朱益藩师傅关于中医中药理论的“御前进讲”，考察过无数种类的中药或西药，在抚顺战犯管理所也曾学过医，并参与医务室听诊、打针、量血压、针灸等实践活动，他以为当医生是有把握的，结果又被总理否决了：“你读了不少医书，但是你不要给人家治病，治好了没事，治坏了就会有闲言闲语，这样不好。”溥仪也很服气地回答说：“其实我也没读太多的医书，主要是那时身体不好，借以给自己治病。”

对溥仪的工作，周恩来曾考虑先在中国科学院所属研究所的附设工厂中参加劳动，搞个“三年规划”，学技术，打基础。跟溥仪谈话后，总理根据溥仪的文化底子、动手动脑能力和身体状况，又修改了原有的想法：不能让戴着七百度近视眼镜的溥仪去工厂开车床，也不能让已满五十四岁的溥仪从头学习数理化。

最后，他决定把溥仪派到中国科学院植物研究所所属的北京植物园。位于首都西郊的这个绿色王国，空气清新，环境优雅，总理让溥仪在这里当园丁。

安排既定，周恩来亲自跟中国科学院院长郭沫若打了招呼，中共中央统战部副部长平杰三把这意见转达给北京植物园。当时确定，在北京植物园劳动一年，半日劳动，半日学习，为了照顾他的身体，劳动时间还可缩短。周日休息，活动自由，最好能隔一个星期安排他进城看看，探亲或购物。生活方面，每月六十元的生活补助费继续发放，随时有困难再提出，随时予以解决。

1960 年 2 月 11 日，溥仪等人被请到全国政协机关餐厅，政协领导同志要给他们饯行。出席宴会的有中共中央统战部副部长、全国政协秘书长徐冰、全国政协副秘书长张执一、全国政协常委兼联络委员会主任委员邵力子等。他们一一向溥仪敬酒，祝贺他即将走上崭新的工作岗位。

但溥仪等不得了。他 2 月 14 日便找到市民政局的殷兆玉，要求带他上植物园看看，“熟悉熟悉环境”，两人就一块儿去了。这消息眨眼之间就传到领导同志的耳朵里，市委统战部部长廖沫沙和民政局办公厅主任王旭东随后也到了植物园，他们和溥仪一起参观了宿舍、食堂、温室等处，还请植物园办公室主任奚斌详细介绍了情况。

他们向溥仪简单地介绍了植物园的有关情况后，就带领溥仪到为他安排的宿舍去休息。当他们穿过一排排绿色植物向宿舍走去的时候，溥仪觉得眼前的天空格外蓝，空气特别清新甜美，而身旁的树木花卉的色泽，也显得美丽鲜艳，似乎这里的一切都在迎风招展——热情地欢迎他。溥仪心情之舒畅、欢快，的确是有生以来罕见的。溥仪把这一天，视为“幸福生活的开始”。因为这天他遵照周恩来的指示来到西山脚下中国科学院植物研究所北京植物园。他并非来观赏花卉，而是来上班！他高兴地写道：“这是我在特赦后第一次参加伟大祖国的社会主义建设，是参加劳动的第一天！”

溥仪报到后，被安排在一间整洁的平房宿舍内，在那十八平方米的洁白房间里，人们不仅为溥仪预备了全套生活需要的东西，同时还为他准备了学习用的书籍、笔墨。他与两位青年工人住在一起。这两人一个叫刘保安，一个叫刘宝善，都三十岁左右，为人热情，工作肯干，园领导便托咐他俩关照溥仪的生活。这老少爷们相处得很好，很快就成了知心朋友。

溥仪报到的第三天，植物园主任俞德浚特意为这位新同志召开座谈会，介绍他跟园内各组组长见了面并亲切交谈。会上，园领导把溥仪分配到温室工作，溥仪也惊奇地发现，这里有许多植物学界的名流学者。俞德浚主任就是一位专家，曾执教于英国爱丁堡大学，新中国成立后便越洋归国来了。溥仪所在的组的组长吴应祥，也是从事植物学研究的学者，不久前才从莱茵河畔考察归来。

1960 年 2 月，根据周恩来的指示，溥仪被分配到北京植物园，半日学习，半日劳动

在充满芬芳气息的温室之中，吴应祥一样一样向溥仪介绍那些来自五大洲的奇花异草。在实践中教他技术，传授理论知识，并送他三本植物学的入门书：《植物学基础知识》《华北习见观赏植物》和俞德浚编著的《植物园工作手册》。

在到植物园的最初日子里，溥仪一面认真学习俞德浚主任的著作《植物园工作手册》，一面向各个温室的工人师傅们询问、请教。然后，他把这一切都记在笔记本上，不时加以温习。

关于溥仪到植物园后的心情，可以从他九个月以后写的一段感想中看出一二。他写道：

当时我想，这将是我有生以来第一次和人民一起劳动，是最光荣的一件事情，心里的高兴是千言万语也难以形容的。但思想上也有矛盾的地方，也想到了另外一个方面，如果植物园的干部和职工都知道了我是谁以后，会不会因为我的历史罪恶而对我产生憎恶和歧视呢？当我想到这里的时候，心里又不安起来。

显而易见，这顾虑重重的心情是非常真实的。当然，在工作和生活实践中，溥仪忐忑不安的心情逐渐消除了。出乎他意料的是大家对他的关心、热情帮助，以及在业务技艺方面耐心的指导。这些使他感到惊讶。他甚至在嘲笑自己最初的思想活动有多么愚蠢。很久以后，溥仪才知道原来同事们对于这位“宣统皇帝”是早就清楚了的。

最初，溥仪在大温室劳动，浇浇花呀，搞搞卫生呀，这是技术要求最低的了。

等他逐渐掌握了浇花的技术要领：譬如在什么情况下浇最适宜？哪种作物需要水分多些，哪种水分少些？等等，再调换到扦插繁育温室，这里就需要播种、移栽幼苗、上盆、换盆和松土等较为复杂的技术了。

三个月以后，溥仪又进入观察和繁殖温室，在这里，他逐渐学会了一品红、一品白、一品粉、倒挂金钟、庭桔瓶子花扶叶等花卉的剪枝技术，学会了金点一叶兰、金边万年青和仙客来的换盆技术，甚至学会了龙牙花的嫁接，以及难度很大的"高曲压条法"等技术。劳动使原来对生产知识一窍不通的溥仪变成了智者。

溥仪爱上了植物学和花卉种植的专业，对眼前的作物产生了浓厚的兴趣。溥仪在努力钻研业务的过程中，曾经积累了一大本植物标本。那五花八门、种类齐全的标本，无不倾注着"园艺工作者"爱新觉罗·溥仪的心血，好像这位前不久才开始不断辛勤劳动的公民，正在用自己的汗水洗涤自己的心灵。

溥仪在自题标签《叶片标本一束》的叶片实物笔记本上，整整齐齐地写着时间"1960 年——1961 年"。翻开本子，在凤眼莲叶、日本瓜叶、扶桑、含羞草叶楹、香桉树叶，以及木棉、白兰花、洋凌霄花等作物下面，无不详尽地注出它们的科属、产地、性质和特征。这位年龄已超越五十的园艺工作者是何等地孜孜好学啊！

作为园丁，溥仪与普通劳动者无异。但他毕竟是中国末代皇帝，他又不断得到周恩来和其他领导的爱护。

中国科学院院长郭沫若，不但高兴地接收了溥仪，还根据总理的嘱托，关心他的学习、劳动和生活。他每次到植物园来必定见溥仪，一起游览这里的美丽景色。当时担任科学院党委书记兼副院长的张劲夫，则委托一位住在植物园养病的老公安干部关照溥仪。这位经历过北伐、抗日和解放战争的革命军人的名字——胡维鲁，此后就不断出现在溥仪的通信、记事本和日记本上了。晨练时，他教溥仪打太极拳；散步时，两人常常在讨论认识或区别各类植物；闲聊时，他们交流着对同期经历不同人生的一致看法；进城时他俩也总是搭伴乘园里的汽车，否则，溥仪一走到街上就无法分辨东南西北了。

彭真市长也惦记着溥仪，他常常让民政局的王旭东或殷兆玉去找溥仪谈心，问他有没有困难，有什么要求。有时，彭真还直接把电话挂到植物园主任办公室，希望尽可能多地了解溥仪的思想和活动。

最高人民法院院长谢觉哉、最高人民检察院检察长张鼎丞，作为把溥仪从战犯改造成为公民的专政机关的代表，继续关心溥仪，也到植物园看望他，愿他巩固改造的成果，不断进步。在 1960 年 4 月上旬召开的第二届全国人民代表大会第二次会议上，谢觉哉还就溥仪的成功改造作了专题发言，认为他确已从四体不勤、五谷不分，变成了“合格的植物园工作人员”，这正像溥仪自己所表示的，“是祖国重新给了我生命”。

朱德委员长也喜欢植物园，这位出身劳动者的元帅，还是一位栽花种草的行家里手。他曾亲自在植物园温室内栽植名贵的南国兰花，当时溥仪就在观看这一场面的人群中间。元帅也知道溥仪在此劳动，曾向园领导询问溥仪的情况，听说他在温室，已经学会栽植、修剪花卉的技术了，元帅很高兴。

公民溥仪在植物园的各项“中心任务”中都是积极分子。植物园搞爱国卫生运动，他参加“挖蛹小组”；在“除四害”活动中，他一马当先。想到当年在宫里，为了“不杀生”这条戒律，他连落到自己身上的苍蝇都不许打，现在想来自己也觉得十分可笑。

在我国遭受自然灾害以及极左路线造成的三年困难期间，溥仪不仅响应号召节粮、节棉，而且还参加了植物园里抢收秋菜和养猪的劳动，他把猪养得膘肥体壮。

同年 9 月间，溥仪考虑到一件事，即作为中华人民共和国的公民，有责任和义务保卫祖国不受敌人侵犯。于是，他提笔写下了一份要求参加民兵训练的申请书，递交给领导：“为了保卫伟大的祖国和社会主义建设事业，我志愿参加光荣的民兵师。保证听从指挥，服从领导，严守军事纪律。平时做好本职工作，战时即手执武器，消灭一切入侵之敌。这是我的决心，也是新生溥仪保卫祖国的神圣权利和光荣义务。”

领导担心溥仪“吃不消”，对他参加民兵训练一事存有顾虑，于是他就陈述其健康状况等。到了 9 月 15 日，植物园全体民兵开始出操训练的第一天，领导拗不过这位新来的园艺师，只好对他说：“根据你的真诚请求，经过上级研究，我们破例允许你这位五十开外的老同志参加植物园的民兵训练。但是，无论如何，希望你要注意身体，量力而为！万不可把身体累垮了……”

公民溥仪还没有听完领导的话，就眉开眼笑地大步向操场上排列得整整齐齐的民兵队伍奔去。

溥仪被民兵连长命令“入列”，开始了他有生以来第一次的军事训练。由于心情格外兴奋，他似乎连自己的年龄都忘得干干净净，他觉得国产的半自动步枪并不沉重，背上它，走起路来更加精神、威武。

当然，作为民兵组织，早已考虑到溥仪的高度近视问题，于是决定让他参加一些不必摘掉眼镜就可以进行的训练项目，免得他由于视力的障碍而在基本训练中发生意外，或者闹出什么笑话来。

不难想象，当溥仪手握国产武器，挺身站立在首都民兵的队列中时，在他记忆的荧光屏上，很可能出现他在清宫的时候，那些带刀的“戈什”和手持德制毛瑟枪和美制来复枪的八旗和绿营兵勇，在天津过“小朝廷”生活时，白俄保镖腰际佩带的“自来德”手枪，以及后来背上日本三八式步枪，在“新京”（今长春）缉熙楼前守卫的伪满士兵的形象。可是，历史的浪涛滚滚，向前奔腾。从唯我独尊的帝王，到自由、当家做主的公民，再到站在天安门广场上的持枪保卫祖国的民兵，和亿万同胞同享“站起来了”的人民的欢乐，可真是来之不易啊！后来，当溥仪了解到正是周恩来总理亲自决定安排他到北京植物园来工作的时候，他那由衷的感激之情，更是一发而不可遏止了。

1960 年 2 月 16 日到 1961 年 2 月下旬，溥仪在植物园整整工作了一年时间。在此期间，他对植物产生了深厚的感情，亲昵地称之为“第二个家”。他说：“抚顺战犯管理所的孙所长、金所长以及管教科李福生等同志为我的改造操碎了心，他们是我的亲人，管理所是我的第一个家，植物园则是我的第二个家。”他认为，在植物园的一年中，最大的收获是初步实践了总理提出的四个观点。

1960 年五一劳动节溥仪等观礼后合影
左起：王耀武、杨伯涛、宋希濂、溥仪、周振强、郑庭笈，这帧照片是杜聿明拍摄的

当溥仪即将结束一年植物园生活时，他全面地总结了自己的思想发展进程。其题目是《我在北京植物园一年来的劳动锻炼和几个观点的初步实践》。总结是这样开头的：

“回顾在植物园的一年生活，无论学习还是工作，都有进步，有收获。当然，也存在不少缺点。现在加以总结，对我今后的思想改造是有教益的。来植物园之前，周总理亲切地接见第一批特赦人员，恳切地勉励我们，要求我们要牢固确立四个观点，即民族立场（爱国主义观点）、阶级观点、群众观点、劳动观点。现在，我高兴地看到，自己经历了上述观点的初步实践。我认为，植物园为我建立和确立这些观点，提供了最好的环境……”（引自溥仪未刊手稿，原件藏于伪满皇宫博物院）

文史专员

1961 年 3 月，我结束了准备阶段，走上了为人民服务的正式岗位，在全国政协文史资料研究委员会担任专员职务，我做了一名文史工作者。

——爱新觉罗・溥仪

正当溥仪被安排到北京植物园一边学习一边劳动，并制订了“三年计划”，打算要“从头学习数、理、化”，下定决心要在植物园度过后半生之时，日理万机的总理早已在他那深邃而博大的头脑中为他选择了一条既有事可为、又力所能及的为人民服务的光荣出路。周总理认为他曾有过关系到国家、民族与整个社会的重要经历，这一点很珍贵，并根据他的基础和能力，以秉笔直书，撰写亲历见闻，做一名遗万世后人以第一手历史真迹的文史专员是再合适不过的了。从而，一种已被历史验证是完全正确的安排，开始孕育、成熟。

1961 年年初，第二批特赦人员正在崇内旅馆集中学习，溥杰也住在那儿，溥仪常去看他，从而结识了与溥杰同时获赦的沈醉（病逝于 1996 年 3 月 18 日，终年八十二岁，当时担任第八届全国政协委员、全国政协文史资料委员会专员。1984 年 6 月，经最高人民法院重新审定，他被认定属原国民党起义人员，撤销 1960 年特赦通知书）等新朋友。春节前夕，北京市民政局和中共北京市委统战部，为两批特赦在京人员举行盛大宴会。这次宴会上已经透露出对劳动满一年的首批特赦人员将另行安排工作的消息。

那年春节的正月初四，中共中央统战部设宴招待留京的两批特赦人员。李维汉部长、徐冰和薛子正副部长以及国务院童小鹏副秘书长等领导同志参加了宴会。宴会前，李维汉部长根据周恩来总理的亲自决定，宣布了对溥仪、杜聿明等七名首批特赦人员的工作安排，全部调到全国政协文史资料研究委员会任专员，待遇由劳动期间每人每月发放生活费六十元提高到一百元。

溥仪调入全国政协文史资料研究委员会任专员

据沈醉回忆，溥仪当时很激动，当场向主持宴会的几位领导人表示了他出自内心的感激，并一再说这一安排和待遇，实在出乎意料。因为那正是三年自然灾害期间，一般人的工资收入只有几十元，还要负担孩子们的生活，而一百元的工资比国家17级干部还多一点点。副部长徐冰听了溥仪的话之后对他说："你们这些人过去都是享受惯了的，今天当然不能让你们过和从前一样的生活，但也不能让你们过一般人的生活，而是让你们能在新中国过上中等以上水平的生活。如果有特殊需要，你们还可以提出来，也可以考虑临时补贴。"[1]

溥仪虽然很高兴，但内心还有自己的想法，他特赦回到北京没有几天，周恩来第一次接见中就谈到了写回忆录的问题，实际已把他和文史工作联系起来了。又过去三四天，中共中央统战部副部长兼全国政协秘书长徐冰与溥仪谈话时，也嘱咐他与政协内的文史资料研究委员会常联系，把亲见、亲闻和亲历的史实写出来，留给后人，总结历史教训。直到此前不久周恩来单独接见他和二弟溥杰时，已经透露了工作安排将有变动的信息，溥仪当即表示在北京植物园这一时期的工作和生活都很顺心，他希望能在这里干下去。当李维汉宣布了新的工作安排、而他本人也表了态以后，还曾向北京市民政局提出要求，希望能允许他在全国政协按编制领取工资，而本人仍留在北京植物园参加劳动。虽然他的这项要求没有得到满足，但破例允许他每周可以抽出一天时间到植物园劳动，他满意了。其他几位同事对于这样优厚的安排，也都出乎意料，他们真有喜出望外之感了。

第二天，全国政协文史资料研究委员会的干部及刚刚宣布任职的专员，与中央文史馆的馆员举行联席座谈会，全国政协主席周恩来、副主席陈毅和李维汉、陈叔通两位常务副主席，都出席了会议。溥仪在会上又遇见了一年前以"前大清

1 参见沈醉：《皇帝特赦以后》，载香港《新晚报》1981年3月9日。

翰林院编修”身份向他呈递“请安”折子的陈云诰，那时溥仪很生气，竟把陈先生撵出门去，不久却在北海公园的书法展览会上，看到了陈先生写的称颂祖国社会主义建设的楷书对联，看法已经有所转变，而这次气氛更加不同了，一个是全国政协文史专员，一个是中央文史馆馆员，两人握手言欢。

十天以后，尽人皆知的宣统皇帝和一批蒋介石手下最亲信的司令长官杜聿明、王耀武、宋希濂、杨伯涛、郑庭笈、周振强等七人，一起走进全国政协文史资料研究委员会的专员办公室，时为1961年3月初。

专员办公室，那是青砖黑瓦、坐北朝南带顶柱和走廊的一套正房，坐落在全国政协大院即清朝顺承郡王府的东院——一个环境幽雅的小四合院里。室内有办公桌、卷柜、沙发、茶几等一切必备的工作室用品，溥仪恰与杜聿明坐对面桌，从明亮的玻璃窗望去便是幽静的院庭、粗大的树木、石板铺成的小路、别致的房檐雨搭以及那下面的古色古香的月亮门。

溥仪深知这座王府的历史，它是努尔哈赤之子礼烈亲王代善的孙子——第一代顺承郡王勒克德浑的府邸，这位郡王也是清初八大“铁帽子”王爷之一。清朝顺治定鼎北京后，发展清初的封爵制度，选封努尔哈赤的八个儿子和孙子为“世袭罔替”的“铁帽子”王爷，意即代代都有王位继承人，他们是睿忠亲王多尔衮、礼烈亲王代善、郑献亲王济尔哈朗、豫通亲王多铎、肃武亲王豪格、庄亲王舒尔哈齐、代善之子克勤郡王岳托、代善之孙顺承郡王勒克德浑。到了民国初年，北洋军阀将领徐树铮、汤玉麟都在这里住过，后来成为西北边防总司令部的办公处，再以后又被张作霖购得，成为东北军的“帅府”，张作霖和张学良父子先后在此统兵。新中国成立后，全国政协机关坐落于此，而成为政协干部的溥仪又走进了这个院落。当然，这已不是昔日的王爷府邸，也不是称霸一方的军阀司令部，在里面工作的人更不是历史上的帝王将相了。

文史资料研究委员会是在1959年4月间成立的。当时，正是中国人民政治协商会议第三届全国委员会开会期间，周恩来召集委员中六十岁以上的老人座谈，建议大家“把亲身经历记录下来，传之后代”。不久，全国政协和各省、市、自治区政协以及将近四百个市、县政协，先后成立了文史资料研究委员会或文史资料工作组，开始征集、整理、编写文史资料的工作。这种由当事人或见证人撰写亲身经历和所见所闻形成的文史资料，是有事实根据的“活资料”，可以补充书刊文献之不足，为历史研究、教学部门和各有关方面所重视。

在全国政协内，除了文史资料研究委员会，当时还有学习委员会和联络委员会，前者则是规模上最大的。不过，直到溥仪等七人报到为止，在这个以我国著名历史学家范文澜为主任委员的委员会内，负责具体领导工作的是全国政协副秘书长申伯纯（病逝于 1979 年 7 月 13 日，终年八十一岁，当时担任第五届全国政协常委、全国政协文史资料研究委员会顾问）。开始时在委员会之下只设一个西北军史料组，1961 年以后增添了新的力量，又设置了国民党军事史料组和北洋军阀史料组等。全国政协常委、“民革”常委、前国民党国防部参谋次长刘斐为军事组组长，杜聿明、宋希濂、王耀武、杨伯涛、郑庭笈和周振强六人都是该组成员。溥仪则参加了以全国政协常委阎宝航为组长（继由革命老干部廖华接任）、武志平和张述孔为副组长的“北洋”组的工作。

文史资料研究委员会下设文史办公室，米暂臣为主任，姜可夫为副主任兼《文史资料选辑》总编辑。这本《选辑》在当时还是“内部发行”的，原罗隆基的秘书王述曾、原张治中的秘书万枚子、蔡锷之子蔡端、名记者彭子岗等都是它的编辑，溥仪等专员们也参与审稿工作。

分配工作以后，随之而来又有了新问题，因为溥仪和杜聿明等人都没有乐而忘忧。他们想，全国政协可不是个简单的部门，新中国成立之初连中央人民政府、国家领导人和各项国家大法，都是在政协的大会上产生的呢！能在政协机关工作并且给予“文史资料研究委员会专员”的名义，都感到喜出望外。可是，这些著名人物的个人历史也是无人不晓，免不了受到周围同事们的歧视，这种情况一旦出现怎么办？再说，溥仪当了多年傀儡皇帝，自己执笔写文章的事并不多；杜聿明、宋希濂等人虽然指挥过千军万马，可这三寸笔杆也还没有好好摆弄过，现在老之将至，又要去打这文房四宝的交道，能行吗？怕干不长吧？[1]

他们怀有这样那样的顾虑，完全是可以理解的。不过，实践是最能教育人、说服人的，他们的顾虑最终被实践打消了。因为实践中根本就没有歧视二字，他们七人中间无论谁，连一句风凉话也没有听到。而实际感受到的，是政府的关怀、人民的爱护、集体的温暖和工作的乐趣。

杜聿明先生讲述当时的心情说，刚分配工作时，溥仪和他自己都有“戒心”，怕受“白眼”。其实这完全是“多余”的。在还不到一年时间里，周恩来几次接见他们，统战部和政协的领导更常常来到他们中间促膝相谈。杜聿明说，当时一看到领导那样和蔼可亲、平易近人，早把什么“担心”“戒心”一古脑地抛到九霄云外去了。[2]

---

1 依据《关于溥仪、杜聿明等特赦人员来全国政协工作后情况的综合报告》，原件存全国政协档案室。

2 依据王庆祥 1980 年采访杜聿明先生的笔记。

溥仪等人当时还只是一般的文史资料专员，可是，组织特意安排他们和政协委员一起参加政协直属小组的学习活动。这个直属学习组系由新中国成立初期的学习座谈会演变而来，到60年代初已形成东城和西城两个分组，在京的全国政协委员自愿报名参加，要来便来，不来也可告假，人称“神仙会”。溥仪等专员参加的西城组原有十五人，由王克俊和于树德任组长，每逢周二或周五的下午集中学习，或讨论，或漫谈，形式自由，气氛轻松。起初，他们还感到不好意思，认为不配和那些在历史上有功劳有贡献的委员们坐在一起，经过一段时间才逐渐习惯了。政协那时还经常组织学习理论或时事政策的报告会，有时邀请出国访问归来的领导同志谈国外情况和观感，每次也都吸收溥仪等参加。随着认识的提高，他们越发感到理论知识的不足，便主动提出要求，要到社会主义学院去旁听马列主义基础理论课程，也获得了组织的支持。

在文史资料研究委员会内，副主任委员申伯纯等老同志，和溥仪等人一块学习中国近代历史。在探讨历史发展规律的学习中，他们主动批判自己的反动经历，抒发爱祖国、爱人民的思想感情，在认识上切切实实地提高了一步。

整理撰写文史资料。就生活方面而言，溥仪的确是个特殊人物。政协机关不但对溥仪，对其他专员也都多方面的关照。于是专员们的种种顾虑都已化为乌有，一心一意地投入到工作之中。

溥仪所在的“北洋组”，组稿和审稿的范围是清末和北洋政府时期，前后有十六七年时间。众所周知，这是一段令人头疼的历史：从宣统皇帝退居“小朝廷”，而“大朝廷”的主宰者也像那走马灯上的匆匆过客，袁世凯、黎元洪、冯国璋、徐世昌、曹锟，以及段祺瑞与皖系、吴佩孚与直系、张作霖与奉系、孙传芳与五省联军，还有他们之间的轮番混战、残杀……对溥仪来说，这倒是一段很熟悉的往事。想当年紫禁城里那个名誉皇帝，曾为了大清的复辟事业，仔细研究过走马灯的转动法，并与其中的许多重要人物发生过种种联系。今天“重理旧事”，还是有脉络可寻的。

虽然这段向往复辟的历史已成陈迹，然而那时代和环境留给溥仪的印象是深刻的。从事文史资料工作，熟悉历史固然方便，但并不能因此消除工作的全部难度。溥仪参与的组稿工作就是一项很不容易的抢救性工作。北洋时期重大事件的亲历者虽有幸存但已不多，又都七八十岁了，身体不好，动笔写作很困难。加之这些人接受党的教育和影响较少，封建意识深厚，思想保守，顾虑重重，不可能轻而易举打开局面。在这方面溥仪做了不少工作，有些人士掌握重要资料却不愿写出，经溥仪说服终于拿起了笔。例如，曾参与张勋复辟，后又为张作霖手下重要将领的苏锡麟，起初不肯动笔，后来听说溥仪希望他写出在张勋复辟中的经历，遂写出《我在复辟之役中的亲身经历》一文，很快就在《文史资料选辑》上刊出了。审稿方面，溥仪分担晚清宫廷部分的稿件，内容涉及皇帝、后妃、太监以及王公贵族的政治活动及生活情形。溥仪认真提供审稿意见，并逐篇写出内容概要的备查卡片，发挥了自己特殊经历的作用。从而更广泛地运用他们的经历，为搜罗近代历史资料服务。

在不到一年的时间里，文史专员们写出几十万字的资料，成绩斐然可观。溥仪遵照申伯纯副主任委员的安排，把主要精力投诸长篇自传《我的前半生》一书的写作与修改，并陆续在《文史资料选辑》第26辑、第29辑和第39辑上，以《复辟的形形色色》《我怎样当上的伪满"执政"》和《我第三次做皇帝》为题，先行发表了书中部分章节，反响很好，得到了毛泽东等中央领导人的首肯。经过一番实践，特别是周总理又几次接见并谈话以后，专员们的心踏实了，对工作树立了饱满的信心。他们说："这样的文史工作，过去拿枪杆子的也能干啊！""将来还可能成为专家呢！"

1962年5月28日，又有六名新伙伴走进全国政协大院里的专员办公室。溥仪和这几位新伙伴一年前就已经相识了，当第一批特赦人员刚分配到政协工作的时候，范汉杰等第二批特赦人员正在崇内旅馆集中学习，溥仪常到那里去。中央和北京市的统战、民政部门，也常常组织两批特赦人员一起活动，如座谈、参观或是参加宴会。

随着前战争罪犯一批一批获得特赦，全国政协内的这支文史资料专员队伍也不断扩大。

作为60年代的文史工作者，溥仪对工作的认真和负责，确是有案可查的。董益三先生1963年12月31日日记中有一段非常有趣的记述，在这个公历新年即将来临的"除夕日"的白天，他暗自观察了办公室内每位专员的动态，并认真笔录下来：

今日是1963年的最后一天了，昨日已把有时间性的工作赶完，今日我自己轻松地把革命时期文稿抽看了几部分，顺便整理了一些，主要是抽出其中的人物卡片。上午休息的时候，老郑向我提出：目录打印太多了，装订成一本则太厚，如果分别装订，是否把主要内容也附进去？我考虑可以分装三大册：清末、辛亥、北洋三个时期订为一册，国民党时期订为一册，金融业、工商业、交通运输业、文教、社会生活和人物订为一册，等明年大体计算一下数字后再决定。下午，人们都不约而同地早溜回家了。第一是老郑（庭笈），其次是老李（以勖），第三是宋（希濂），第四是杜（聿明），第五是廖（耀湘），第六是范（汉杰）、罗（历戎），第七是杨（伯涛），第八是溥杰，最后是我，5点15分退。溥仪在食堂吃饭，饭后才回家。（依据董益三先生1982年向笔者提供的日记手稿，未刊）

这段记述真实地反映了溥仪等文史专员当年的业务工作，同时也能看出溥仪埋头本职工作的实干精神，一直做到全年最后一刻。

据沈醉的女儿沈美娟撰文介绍，随着文史专员的增加，申伯纯根据专员们的不同经历及历史背景，又把他们扩编为三个组：一为政治组，组员有沈醉、杜建时、康泽等；二为北洋组，组员有溥仪、溥杰、董益三等人；三为军事组，组员有杜聿明、宋希濂、廖耀湘、范汉杰、郑庭笈等。

1961年6月10日，周恩来总理在中南海西花厅接见溥仪家族成员及老舍等

周恩来亲自为溥仪和他的同事们安排了适宜的工作，大家的心情是愉快的、舒畅的。在不长的时间里，每位专员都作出了自己的贡献，溥仪也写出了他的回忆录。可是，人们顺利时往往也会遇到波折，近现代史料最大的特

点就是涉及许许多多活在世上的人，要不要为贤者讳？为亲者讳？为自己讳？面对这严肃的课题，有人怯笔，有人彷徨。大家都认为溥仪感激党的心情最真诚，然而，连他在这个应否避讳的问题上也曾苦闷、犹豫。还有其他问题随之而出，一位专员在他撰写的回忆录中列出他曾向蒋介石建议的作战方案，言外之意甚明：如果他的方案不被否决，国共内战胜负未卜。在这里，显然流露出不服气的思想。

周恩来总是在关键时刻出现。1965 年 3 月 18 日，总理在四届政协第一次常委会上作了一个半小时的重要讲话。总理强调说，工作方向要对、要存真，实事求是。又说，文史资料要搞好，对以后研究历史很有帮助。不要哗众取宠，故作惊人之笔。

总理讲话传达后，文史资料研究委员会下设的几个组都热烈地进行了讨论，溥仪所在的北洋组也于 3 月 29 日、4 月 29 日和 5 月 8 日，三次讨论了总理的讲话。文史资料研究委员会副主任委员兼北洋组组长沈德纯说："总理讲文史资料要'存真'，存真并不容易。有人是不想拿出第一手材料的，拿出来要暴露他自己。例如某某就不愿意写某次惨案是他下令开枪造成的。"在讨论中各组都表示要实现总理的希望，从 52 辑开始就来一番改革。为此，北洋组对组稿和审稿都重新做了安排，溥仪也热烈地响应总理的号召，他把总理的指示抄在本子上，积极地投入了工作。

为了提高《选辑》的质量，溥仪参加了制订新的组稿计划工作。根据北洋组领导的安排，先请专家何幹之搞一个系统的历史提纲，再由溥仪等熟悉这段实际情况的人员制订具体组稿计划。

溥仪认真研究了何老的提纲，充分地提出了自己的意见。他认为必须在薄弱环节和空白点上加强组稿，还多次提出具体的组稿题目，有一次他提出下列各题：清帝退位前的御前会议；小站练兵；袁世凯和奕劻的关系；袁世凯与小德张的关系；清廷罢黜袁世凯的经过；小德张与奕劻的关系；宋教仁被刺及赵秉筠之死；袁世凯与朱尔典的关系；赵恒惕与吴佩孚的关系；张勋徐州会议。溥仪每提出一个题目都经过认真的思考，反复斟酌。

在溥仪遗留的工作笔记上，他曾记下"清室王公内部矛盾"这样一个题目，同一页上还保存着他对这个题目反复推敲的痕迹，从那些横竖不一，显得乱糟糟的字，可以看出他正思考中的关于上述题目的几个要点：第一，贪污；第二，溥伦在洪宪帝制活动中与袁世凯的关系；第三，溥伟的皇帝欲；第四，辛亥革命后清室活动内幕。笔记中也有关于组稿对象姓名的记载，溥仪正充分利用自己的种种优越条件，把组稿工作做得更好。[1]

溥仪还积极参加了拟订审稿条例的工作，并提出了一些建设性的意见，如他认为审稿应在工作中善于发现线索，澄清史实。他留下的笔记资料能够证明，在讨论和制定《文史资料工作若干问题的意见》的过程中，也发挥了自己的一份作用。作为我国第一代文史资料工作者，溥仪所做的，不少都是开创性的工作。

溥仪在工作上有一股执著追求的进取精神。1965 年，溥仪已经是一个进入晚期的癌症患者了。他不得不施行切除左肾的外科手术，身体更趋衰弱；他也不得不长时间住在医院的病床上，离开心爱的文史工作；他还不得不遵医生之嘱，居家静养，而不准许跨进那熟悉的专员办公室……他真着急呀！

文史工作者溥仪身患绝症以后，没有躺倒，没有颓废，他与病魔争时间，与生命争工作，活得那么顽强。溥仪这个时期的日记令人感动。

1965 年 4 月 26 日：上午审稿六件后交张述孔复审，我又审新稿数件。

1965 年 7 月 2 日：杰二弟和郑庭笈来，谈到沈老让他们转达给我的话："老溥可安心休养，不要急于上班。"

1965 年 7 月 27 日：上班。领导都关心我的身体，劝我继续休息一段时间。

1965 年 7 月 28 日：看书。我向领导要求参加摘写卡片。

1965 年 8 月 23 日：审旧稿。邀溥雪斋来办公室，谈对商衍瀛遗稿中有关珍妃事迹的质疑。

1965 年 8 月 25 日：下午，看《关于文史资料工作若干问题的意见（草案）》。现在征求各组意见，以备修改。

1965 年 9 月 1 日：上午，北洋组讨论《关于文史资料工作若干问题的意见（草案）》。大家对征集史料的范围、重点，以及组稿等问题都提出了修改意见。张述孔和沈德老作了说明。

1965 年 10 月 8 日：下午，各人分别制订组稿计划，拟订题目和写稿对象。按分工，我和溥杰负责清末部分，要求下星期四把计划交给沈老，星期五讨论。

1965 年 10 月 12 日：上午，到溥雪斋家，见到他，向他组稿。

1965 年 10 月 27 日：上午，北洋组研究，准备召集担任过中国国会议员的人开个座谈会。

1965 年 11 月 20 日：上午，同张述孔一起整理北洋时期稿件的分类和编目。

---

1 王庆祥整理注释：《爱新觉罗・溥仪日记》，天津人民出版社 1996 年版，第 297 ～ 339 页。

1966年2月10日：从本日起，在政协召开文史资料研究委员会全国会议。

1966年4月29日：下午到协和医院和吴德诚见面，我要求上班，请吴写一证明。

1966年4月30日：到政协见沈老，申老适来。又遇李金德秘书长，约到党委办公室谈话，张刃先亦来。组织上让我暂不上班，如可能，只参加学习。沈老又说，可以不发言，听听。还说，你应保养身体，我们如果对你的身体照顾不好，会受批评的，总理很惦念你。我要求上班，张刃先让我听大夫的话，暂不工作。他说，等你病好，你想不工作，我们还要叫你工作呢！

关于溥仪对本职工作的热爱和对办公室的深厚感情，沈醉在自己的回忆录中曾有一段轻松愉快的说明，可与溥仪日记相佐证：

还有一年冬天下大雪，政协领导担心我们这些专员们上班时滑倒跌坏，便要我们不要上班，和学校一样放寒假（夏天我们也放暑假的）。溥仪住得也不太远，他也是在家待不住，放假也爱来来，愿意坐坐便坐一会儿，想回去就可以走。[1]

溥仪和他的专员同事们把身心融入本职工作中，从而获得极大的乐趣，通过实践的锻炼，觉得这脚下的路正越走越宽。他们谁也没有忘记曲折的个人经历，但已经懂得：一定要给后世儿孙留下一部信史，得以从那曲折的经历中引申出光明的未来！

那么，作为文史工作者的60年代的溥仪是个什么样子呢？这当然是人们都愿意知道的。

彭子岗曾撰文忆述当年她与溥仪一起工作时融洽相处的情景："当我1960年开始在全国政协编辑文史资料的时候，溥仪是我们委员会里的专员。我们经常一处开会，空时也常一起聊天。他见面总是'彭大姐'、'彭大姐'的，十分和气。记得有一回同在机关食堂吃中饭，我向他问起当年在故宫中生活的感想。溥仪并没有直接回答，只告诉我一件事——为了在宫廷大院中可以骑车驰奔，畅通无阻，他命太监把几个宫门的木头门槛都给锯掉了，因此遭到了太后的申斥。我问他是否穿着龙袍马褂骑车，他说下午给我看一张照片。后来，我在他和杜聿明、王耀武、宋希濂诸位集体使用的专员办公室中，看到这样一张背景是宫廷的小照——

1 沈醉：《皇帝特赦以后》，载香港《新晚报》，1981年4月11日。

溥仪斜倚着一辆自行车，他头戴鸭舌帽，身穿浅色西装衣裤，白皮鞋，浅色高统袜直穿到膝盖下……我当时心想：评价溥仪这一生，是领导上和史学家们的事：如仅从为骑车而锯断宫门门槛和敢于拍便装小照这两个行动来看，溥仪还真有点实用主义和反抗精神。这两个行动与我当年的那个遐想，算是吻合到一块去了。”[1]

1961 年 9 月，我国著名诗人萧三的夫人、德籍摄影工作者叶华曾记下了文史专员溥仪留给她的印象：“一个金色的九月份的上午，我和儿子维加站在政协大礼堂的台阶上，等待着给我们介绍和溥仪见面的人。太阳晒得很热，我闭着眼睛又回到了小时候的想象：皇帝——虽然他早已不是皇帝——一定长个山羊胡子，戴个满清帽子……不一会儿，政协礼堂的大门打开了，走出来两位穿干部服的男人：一个年轻人，另一个年龄较大戴着眼镜。两位都很热情地欢迎我们。我们问：今天能见到溥仪先生吗？那位戴眼镜的说：‘我就是溥仪。同志们，到里面去喝杯茶，谈一谈。’和几十年前一样，我觉得非常奇怪，这位谦虚、朴素的人，难道就是过去那个娇生惯养、轻率、奢侈直到八岁还喝奶妈的奶、自己的父亲应当称呼他‘皇帝陛下’，兄弟应当称呼他‘万岁’的小男孩子？难道就是那个他学习不好时，一个为他服务的男孩子替他挨打，以及无缘无故命令鞭笞别人的臭名远扬的皇帝溥仪吗？这真是难以相信的事。”[2]

这位德国访问者还看到溥仪参加劳动、和同事们亲密相处的情景，以及他回到“政协大院”的家里变成童心犹在的“孩子王”的动人场面。这些不能不使叶华感到惊讶：那个高高在上，骄奢淫逸的皇帝，难道真的是眼前这个热情、善良、朴实的人？

溥仪当上文史专员以后，有一次，书画大师丰子恺到京，想见溥仪，陪同人员与其乘车来到全国政协机关时，已是下午 5 时以后了。值班员说：“老溥已经下班了，明天来吧。”丰先生听到称呼末代皇帝为“老溥”，顿觉意外新鲜，可见这位当年“至尊”，已经非常平民化了。后来值班员获悉来访者乃是丰先生，遂和颜悦色地改口说：“这样吧，老溥家离此不远，就用你们的车把他接来，很快就能见到，怎么样？”两人果然得以相见，互道久仰，交谈融洽。

问到生活起居时，溥仪说：“我一切很满足，上班、下班，生活很有规律，每天晚餐，几杯白干也是一乐。”丰先生也很感兴趣也说：“我们同好，我也爱喝酒，不过我喝的是绍兴黄酒。”又问到平日应酬是否很多？溥仪说：“多、多、

1 子冈：《紫禁城遐想》，载《紫禁城》1981 年第 4 期。
2 叶华：《关于中国皇帝的童话》，载《人民画报》1979 年。

多，每逢星期天和节假日，过去的‘遗老’‘旧臣’，不断来‘朝见’我，有人还要行旧礼，都被我说服制止了。他们异口同声地表示：‘皇上，您如今出来了，我们都愿意跟着您走，您走到哪里，我们就跟您到那里。’我说：‘那好，我现在跟共产党走，你们都和我一起跟共产党走吧。’”[1]

又有一次，陈铭枢（病逝于1965年，终年七十六岁，当时担任全国政协委员）曾往专员办公室向溥仪核实一件史实，他在30年代淞沪抗战后代理国民党政府行政院院长期间，曾给伪满“执政”溥仪发了一份电报，这是蒋介石企图暗中拉拢溥仪的“策略”，但当时没有下文。这件事涉及国民党与伪满之间的复杂关系，虽然事过数十年，陈铭枢还想问个究竟，到底溥仪是否收到了电报？为何采取不予理采的态度？溥仪说，他根本就没见到这份电报，作为政治傀儡，他当年确实不能决定任何实质性的政治问题。

还有一次，仇鳌（病逝于1970年3月9日，终年九十一岁，当时担任全国政协委员、“民革”中央委员）在四川饭店宴请溥仪、载涛等人，席间经载涛介绍，溥仪与毛泽东在《蝶恋花·答李淑一》一词中提到的李淑一女士相识，他深表敬仰地说：“毛主席答您的那首词形神兼备，很有气魂。”载涛还曾介绍溥仪与历史学家白寿彝相识，白教授握着溥仪的手说：“您成为公民实在是历史上的一大奇迹。”溥仪谦逊地说：“创造奇迹的是中国人民，今后还要请您多多指教。”后来在《我的前半生》一书修改过程中，白教授也曾认真审读并提供了颇有价值的修改意见。[2]

像这样令人难以置信的事实并非绝无仅有。在溥仪那样经历过身心巨大变化的人们中间，有过去煊赫一时的将军、总司令，也有不可一世的内阁成员：部长和大臣……这些人长期以来曾经是人民的死敌，后来在王朝崩溃的日子里，一度成为人所不齿的历史垃圾。但是，经过一番痛苦的自我改造，他们在阳光下变成了新人，得到人民群众的谅解。作为一位充满苦难和斗争的近现代史的见证人，他们走到一起来了，大家都为留下或是抢救珍贵史料而努力。

《我的前半生》撰写历程。溥仪从事文史工作的过程中，不仅在各方面的支持和关怀下进行着他在文史资料研究委员会“北洋组”的本职工作，还以极大的热情和认真严肃的态度完成了他的自传体长篇著作《我的前半生》。

---

1 依据胡治均：《丰子恺与溥仪的一次会面》，载《新民晚报》1988年9月2日。

2 依据郑怀义、张建设：《从皇叔到平民》，文化艺术出版社1991年版，第191页。

溥仪从事文史工作的重大成果——《我的前半生》1964 年 3 月由群众出版社发行

《我的前半生》一书的出版，是文史工作者溥仪先生的最重大的成就。这部轰动世界的著作，至今还一版接着一版地发行，当我们面前摆着这本书的时候，怎么能够忘记溥仪和群众出版社为它所花费的心血和付出的劳动呢？

“从 1957 年下半年起就开始为撰写这本书进行准备了，不过当时还没有形成把它写成书、拿出去出版的想法，只是想把一生的经历写出来，留给后人一点历史教训。”在撰写方式上，他当时想得也比较简单，即写一段经历，再作一篇自我批评。这样，到 1959 年年底特赦前，他已经写出一部初稿。特赦不久，周恩来总理就接见了溥仪，询问他改造期间的情况，溥仪便汇报说自己曾撰写了一部文稿。总理对此很重视，当即问文稿现在何处，希望溥仪能把它修改好。溥仪十分感激总理的关怀，第二天就给抚顺战犯管理所金源所长写了一封信，把总理接见的喜讯传到他生活了整整十年的地方，并表示一定按总理指示把书改好，请战犯管理所的领导同志帮助。后来，溥仪这份尚不成熟的文稿又在周总理的亲自关怀下，用十六开本四号字印成征求意见稿。周总理和彭真等中央领导同志都看过这部书稿，又有中肯的批评，在这个基础上，溥仪又几经修改，终于写出了《我的前半生》。

为了撰写此书，溥仪付出了巨大的劳动。溥仪经常反复地回忆，努力地追逐那些早已逝去的时光，以及和这些时间相联系的事件。原来，溥仪有一个好习惯——天天写日记，即便是伪满期间，在日本人的眼皮子底下，他也曾记下大量日记，很可惜，那些已被摄取的历史镜头，却又大量地被历史吞没了。伪满垮台前夕，溥仪令自己的族侄和随侍烧毁了14年的全部日记，因为在那些日记里，有不少“忠顺奴仆”抱怨“主子”的话，溥仪怕日本人发现后饶不过他，同时溥仪还令人在“缉熙楼”地窖内把有关自己的记录影片和照片全部烧毁，“这倒不是为了日本侵略者，而是为了对祖国人民湮灭自己的罪证”。由此，“险些把‘缉熙楼’付之一炬”。从历史上看，这是一大损失，对个人也不利。数年后他写回忆录时，就感到有困难了。好在溥仪的记性不错，连总理也称赞他博闻强记呢！

溥仪在撰写工作中认真细致、一丝不苟，核实了各种各样的历史资料。他在有关部门的支持下，翻阅了二三十年代著名遗老陈宝琛、郑孝胥、张勋、金梁、罗振玉、康有为、胡嗣瑗、刘凤池以及庄士敦等人的奏折、信札等档案资料；寻查了报道过有关事件或清室新闻的中外报纸；翻译并阅读了在世界各国出版的用英文、日文或中文写成的有关溥仪生平的著作；还看过由四弟溥任保存的摄政王载沣日记以及郑孝胥的日记。当时郑孝胥的日记收藏在中国历史博物馆内，时任该馆研究员的著名文物专家史树青先生当年就曾陪同溥仪阅看了这部日记。溥仪对这些历史资料的原则是：以当事人的身份，实事求是地加以鉴别，取其实，弃其虚。这在溥仪留下的《我的前半生》初稿和其他手稿中，能找到大量例证。

溥仪在《我的前半生》一书中，曾专门介绍了他的英文老师庄士敦。这位英籍“帝师”，从溥仪十四岁起即负责教授他学英文，直到他十七岁结婚。之后，庄被派去管理颐和园。1924年溥仪离宫，庄则赴威海卫就新职。以后庄还曾到天津和长春访问过溥仪。他回到英国以后，回忆“帝师”生活，写成一本书，名字叫《紫禁城的黄昏》。溥仪发现这位英国老师并不是实事求是，常常为了炫耀自己和维护溥仪而歪曲事实。溥仪为了澄清事实，要把真相写进自己的著作。

在《我的前半生》第三章第七节，溥仪写了小朝廷在“出洋”问题上内部冲突的真相。当时王公大臣为了保住“优待条件”和自身地位，都一致反对出洋，而溥仪感到处境很危险，同时，为了闯一条“复辟大清”的新路，在庄士敦的引导和二弟溥杰的支持下，经与荷兰公使欧登科联系，秘密研究了逃出紫禁城的计划。结果，由于以醇亲王为首的王公大臣的发现和阻拦而告失败。

庄士敦写这件事的时候，故意歪曲事实。他绘声绘色地叙述事情经过，竟把自己说成与此事毫无关系，只给荷兰公使写过一封信，并没有“参与”溥仪出洋这个“极其孟浪”的计划。其实，与荷兰公使欧登科联络的具体办法正是庄士敦告诉溥仪的。溥仪指出，庄士敦“捏造许多事实耸人听闻，以显示自己的‘高明’。”庄士敦还极力替溥仪开脱。溥仪在自己的笔记上引录了庄的原文，并逐句加括号予以批驳或澄清。现将笔记内容的一部分引在下面：

皇帝对这次失败不如我所想象的那样沮丧。他对这件事的态度更是轻松的。（庄只看外表，轻轻掩盖了我的本质。）如果他那时候就想逃出皇宫的束缚，他绝不能有这种态度，开始的时候，我对这个感到迷惑，但是我们谈话结束之前，我觉得这个计划最初不是他搞出来的。（这是歪曲事实！）而是另有人怂恿，带头干起来罢了。（纯碎是臆断捏造。故意为我开脱，而转嫁责任于旁人。）我深信，（为什么不说我确实知道，而说深信？）真正的角色（不仅为我开脱，更主要是为帝国主义者开脱，为某公使开脱），就是那个我不愿提名道姓的亲王，若不然就是幕后还有别人。（此言暴露他并不摸底而是胡猜，故作惊人之笔，转移读者视听。）

庄士敦叙述了这一事件过程后，又进一步议论说：

因此，我们就可以看出，真正的主谋人物不是别人，而是那个有势力的满洲军阀——张作霖，那个对旧皇朝忠贞不渝的张勋和他关系密切，因为他们本来就有通家之好。那个不提名的亲王在这个密谈里虽然是个必不可少的人物，但比较起来并不重要。他只是给予皇帝种种便利，让他离开紫禁城后，安全抵达天津。张作霖的想法主要是，不管这个计划成功还是失败，都不能让人怀疑他和这个计划有任何关系。这就是为什么这个经过长期考虑的密谋计划在皇帝大婚后的几个礼拜付诸实行。他们所以要这样做，就是需要找一个说得过去的借口，让皇帝上满洲去，这个借口就是让皇帝举行婚后谒陵的仪式。

针对庄士敦的一派胡言乱语，溥仪毫不客气地评论说：

这次我打算出走的内幕，并不是如庄士敦所说的那样，这件事仅是我和溥杰商量的，所谓“负主要责任的那位亲王”——载涛，事实上并不知道。因为载涛和我父亲一样，都不赞成我在平日离开故宫，放弃优待条件。我若告诉他无异于告诉我的父亲。至于张勋、张作霖就更不知道了。张作霖曾经赞成复辟帝制，那是另一回事，是不能和这次活动混为一谈的。庄士敦瞎说一气，无非是显示自己的“高见”，以自吹自擂，但这是根本违背历史的。

溥仪把这件事情的真相写进了《我的前半生》一书，严正地驳斥了庄士敦对事实的歪曲，从而订正了这段史实。这是一个历史见证人的责任，也是一个文史工作者的责任。

以上引录的资料，都是从溥仪遗留下来而没有发表的文稿中摘下的。这些资料能够说明溥仪为了撰写《我的前半生》一书，在搜集、鉴别资料的过程中，付出了多么艰辛而可贵的劳动！其写作态度又是何等认真、严肃！当然，溥仪撰写回忆录的成功，也是和党的鼓励、人民的支持，特别是许多知名和不知名的人士给予具体帮助分不开的。例如，老舍曾在《我的前半生》书稿上修改润色；溥杰则在特赦前和特赦后不倦地帮助溥仪回忆并认识一些过去的事件；群众出版社以及编辑李文达也帮助溥仪修改书稿，还有许多专家提出意见，许多亲属提供过资料，所有这一切溥仪都没有忘记，当他领到稿费的时候，首先想到要拿出一部分酬谢曾在写书中付出了劳动的人。溥仪对撰写回忆录是很有兴致的，他总是对他的妻子李淑贤说：党把自己改造成为公民，要做一个有用的人，写写回忆录是自己力所能及的事。那段时间，溥仪也常常到出版社去，听取编辑关于修改书稿的意见。李淑贤就在一旁看溥仪旧时的照片，还有“皇后”“淑妃”的照片，觉得很有意思。

1964 年 3 月，溥仪的鸿篇巨制《我的前半生》问世，并立即引来国际间一片赞誉之声。一位英国学者写道：“本书是难能可贵的文献，它是第一本中国君主的自传；这位君主的一生，始自爱新觉罗的封建王朝，迄于毛泽东的共产主义。在人类历史上的国王和皇帝中，无人有过像他这样变化多端的经历。”还有一位外国专家说：“他创作了一本真正的书，他所经历的故事，无疑是多年来在中国出现的最令人感兴趣的一部著作。”

毛泽东和周恩来以其敏锐的目光，最早发现了溥仪经历的神话，从写于抚顺那部粗糙的自传原稿起，就给予有力的支持，促成了他的著作的出版，这一点其实也在有识人士的观察之中。一位海外华裔学者评述说：“如果溥仪不是处在北京政权下，他的著作也许永远不会出现，因为一个中国皇帝来写他自己的历史，是没有先例的。”

毛泽东是在行进中的专列上读完了全书的，他认为改得不错，比较满意。他看得很细致，当他看到第八章内“东北人民的灾难和仇恨”一节时，对所述日本每年从我国东北地区掠夺粮食达 300 万吨这一数字表示怀疑，认为按那时东北的粮食产量，这似乎不可能。主席遂对身边的秘书说：“这个数字太大了，恐怕不对，那时东北哪有这么多粮食……”

《我的前半生》出版后，立即引起国内外的普遍关注和空前欢迎，英文版和德文版也很快面世。继而，香港出版了繁体字版本，接着又在日本、美国、匈牙利和意大利翻译出版。

真正的家

过去，我从来不懂得什么叫做友谊，更不懂得什么叫做爱情。只有“君臣”“主仆”，没有“夫妻”“朋友”。如今我有了朋友，有了真正的伴侣。1962 年的五一节，我和李淑贤建立了我们温暖的家，这是我平生第一次有了真正的家。

——爱新觉罗·溥仪

1959 年 12 月 4 日，溥仪热泪盈眶地接过特赦通知书，以中华人民共和国公民身份走进崭新的生活时，他才五十四岁，将要面对漫长的后半生，也需要建立一个新的家庭。因为“皇后”婉容已于 1946 年病逝，“淑妃”文绣早在 1931 年 10 月就离婚走了，他的“最爱”——“祥贵人”谭玉龄也于 1942 年 8 月病死，“福贵人”李玉琴则在 1957 年 2 月与溥仪办理了离婚手续。此时他又是孤家寡人了，需要恋爱，需要婚姻家庭生活。

回到北京以后，亲属们就张罗给溥仪介绍对象，毛泽东、周恩来等国家领导人也关心溥仪的婚姻问题。有人给他介绍一位“门当户对”的皇族“老姑娘”，还有一位“感念皇恩”的传统女郎热情追求，政协领导也介绍了一位懂多种外国语的女士，直到 1962 年 1 月，溥仪才在众多被介绍的对象中选定了关厢医院普通女护士李淑贤，大媒是李淑贤的朋友——人民文学出版社编辑沙曾熙和溥仪的同事——全国政协文史专员周振强。两人一见面，相互都有好感，由此开始了四个月的恋爱生活。

1924 年 9 月 4 日，李淑贤生于风光秀丽的杭州，作为银行职员的女儿经历了自己的孩提时代。她虽然难以想象荣华富贵的生活，却也能跟着父母在小康中安然度日。刚满八岁时母亲病故，最疼爱、最关心她的人撒手去了，杭州的小康之家散了，李淑贤那个美丽的童年梦也随之破灭，然而杭州和被称为“人间天堂”

的西子湖畔，却永远定格在她美好的记忆中。

父亲携李淑贤来到当年任职的中国银行所在地——上海，在这“冒险家的乐园”、黄浦江畔的大城市里，她度过了少年时代，家里添了继母，同时带来后娘的鸡毛掸子。“吃闲饭”的李淑贤整天惴惴然熬日子，就像安徒生童话里的灰姑娘一样，扮演受气包的角色。吃冷饭、干重活，还要看脸子。十四岁那年父亲病逝，凶狠、刁诈的后娘更加放肆地欺侮她、虐待她、役使她。勉强度过三个年头，到十七岁时后娘不肯供她读书，但姑娘的长相讨人喜欢：水灵的眼睛，秀媚的面庞，修长的身材，江南的气质……竟出落得令人羡慕。

继母的眼珠一转，要把姑娘嫁给上海滩的阔老做妾。李淑贤很倔犟，正当继母把新阴谋付诸实践的时候，她断然宣布与家庭决裂，只身北上，到北平投奔一位寡居的远房表姐。然而，表姐生活清贫，仅靠给人家洗衣服度命，不久也过不下去了，遂带着孩子返回南方的婆家。李淑贤孤身一人留下了，艰难地熬过一个又一个年头。

丈夫就是旧社会成年女子的出路，厄运中的李淑贤也不可能避开这一选择，她的第一次婚姻充满了痛苦。十九岁那年嫁给一位开诊所的外科医生之子，是伪警官，纨绔子弟，游手好闲，不务正业。偏偏婆婆又是刁人，不许媳妇说儿子一句。李淑贤只能把苦水往肚里咽，忍气吞声过日子。不久公公去世，整天在外胡闹的丈夫更加肆无忌惮，他金屋藏娇，花天酒地，把原配妻子扔在冷屋子里，看也不看一眼，毫无夫妻情分。由于李淑贤经济不独立，也只好“赖”在夫家混一口饭吃，这就是她在《我的丈夫溥仪》一书中谈到的那桩“可憎的婚姻”。

从结婚到全国解放，五六载寒来暑往、五六度花开花落，据李淑贤自己说与前夫同床共枕还不足半岁时光，更没有几个花好月圆之夜。她怀过一次孕，不久就流产了。遂暗下决心，一定要脱离这个没有爱情、没有温暖的家庭。在充满阳光的古城北京，李淑贤终于得到了实现愿望的机会，先在毓文学校补习文化课，继而约了几位同学考入速成护士训练班，结业后分配在朝阳区关厢医院当护士。取得独立生活能力以后，她便毫不犹豫地和无情丈夫办理了离婚手续，时在1956年。李淑贤人生不幸，这以后又与一位银行职员结婚，因感情不和不久也离异了。然而，几年之后她有幸与爱新觉罗·溥仪不期而遇。

有一次在政协礼堂举办的舞会上，李淑贤邀请男友下场，溥仪本来不会跳舞，却被眼前这位南国女儿的爽快所感动，硬着头皮下了场。他笨手笨脚，缺乏协调与节奏感，步子总是合不上乐曲的节拍，那双锃亮的皮鞋不时落在女舞伴纤细的脚上。溥仪很觉得难为情，或是轻轻说一句“对不起”，或是示以略含歉意的无可奈何的一笑。慢三步还能凑和跟着转，一到快步就乱套了。

“您这位皇帝怎么也没学会跳舞？”

“我当皇帝的年代，被看作是与凡人殊的天子，大臣奏事得跪着说话，平民百姓连抬头望我一眼也不准许，父母弟妹都要给我行礼、请安，你想想，谁还敢跟皇上搭着肩膀跳舞？‘君前失仪’，在封建社会就是死罪呀！”

溥仪终于找到了合乎理想的女朋友，那就是李淑贤。他们一见倾心，真诚相处，精心浇灌着茁壮生长的爱情之花。溥仪能看中她，首先是因为深深同情她早年的不幸遭遇，说明两人都有一份劳动人民的思想感情。还因为她温柔、善良、好学、上进，这样的性格对溥仪自然有强烈的吸引力，相形之下那些“门第高贵”的女性实在并没有多少可爱的地方。更因为她是一名普普通通的国家职工，溥仪立志要建立一个和北京绝大多数市民们差不多的家庭：靠劳动吃饭的双职工的家庭，今天才如愿以偿。溥仪尤其感到高兴的是，爱人还是一位白衣战士，这就使两人有了更多的共同语言。溥仪在抚顺战犯管理所时，就爱读医药方面的书籍，还正式学习过中医，也曾在所里的医务室帮助搞过护理工作，一般说来，打针、试体温、量血压等都已掌握，这无疑能在两人中间增加更有兴趣的一致话题。由于这些因素，使溥仪在相处几个月的时间里深深地爱上了李淑贤，这原是完全可以理解的。

李淑贤为什么能爱上溥仪呢？她说，开始也感到好奇，不知道当过皇帝的人究竟和一般人有些什么不同。一旦见了面，她几乎完全忘记了溥仪的历史身份，逐渐发现他热情、和气、忠厚、诚实。李淑贤是在人生和爱情的道路上经历了种种坎坷与磨难的，当此之际，半老之身多么想找一个能寄托感情的可靠之人啊！溥仪的真诚使她感动，让她深信不疑，有了思想上的共鸣，两人的爱慕之情油然而生，并且迅速发展起来。他们是在平等谅解、互敬互爱的感情基础上结为伴侣的，两人都感到满足，因为各自从中得到的慰藉，极大地弥补了他们在历史上令人遗憾的婚姻生活。

溥仪和李淑贤恋爱期间，全国政协非常重视，对李淑贤做过周密而深入的调查，既掌握她前夫的政治历史问题，也弄清了本人的出身、经历等情况，结论是“无何问题”，所以同意“他们继续来往一个时期”，继而又同意了他们结婚。

1962 年 4 月 30 日晚 7 时，在北京南河沿政协文化俱乐部礼堂举行的婚礼颇为简单，却是一条世界性的大新闻。参加婚礼的人真不少：全国政协的领导们来了，郑洞国、覃异之等著名民主人士来了，杜聿明、范汉杰、王耀武、廖耀湘等专员同事们来了，载涛夫妇、溥杰夫妇、溥仪的几位妹妹和妹夫等都来了，加上

1962 年 4 月 30 日溥仪和李淑贤的婚礼在全国政协文化俱乐部举行，
出席婚礼的爱新觉罗家族成员合影留念

新娘李淑贤的同事和亲友，总有二三百人，场面蔚为壮观。典礼开始后，溥仪在他的新郎致辞中，对人民和人民政府表达了真诚的感激之情。新娘也在掌声中即席讲话，述说新生活开始的无比喜悦。

溥仪新婚，从自由恋爱而建立起幸福家庭，作为一般人来说，自然不足为奇，但对于末代皇帝，其意义就大不相同了。从“真命天子”的什么“三宫六院七十二嫔妃”，到自愿结合的一夫一妻制小家庭，这是一个多么巨大的历史飞跃，又怎能不引起国内外人们的赞叹和重视呢？

一位六十多岁的英国记者从报纸上看到有关溥仪新婚的报道，千方百计来到北京采访新郎和新娘，终于在政协会客厅里见到了溥仪和他的妻子。

李淑贤还是头一次会见外国人，又要当场回答提出的问题，不免心情紧张。溥仪安慰她说：“不用担心，有我在呢！”英国记者详细询问了溥仪在宫中生活的情况，全部录了音。又问李淑贤的情况，听说新娘的父亲是一个普通银行职员异常惊奇。他说：“一位皇帝居然能和一位职员的女儿结婚，这在英国是不可想象的。我想，您起码应该找一位王公贵族的小姐做伴侣。”溥仪回答说：“在封建社会中，那个身为皇帝的溥仪确实不可能娶一位职员的女儿。但是，您面前这

新婚的溥仪夫妇来到天安门前金水桥上

个获得新生的溥仪并不是皇帝，而是一个经过改造的普通公民，我们的结合是自由恋爱的结果。”英国记者走了，溥仪向妻子说：“他和我们的立场不同，来采访我们也有个人的目的，他回到英国会赚一大笔钱。不过，也许他永远也不会理解我们的结合。”（依据李淑贤1980年向笔者提供的回忆资料）

溥仪的新婚确实是意义非凡的。他以公民的身份，挑选了一位普通职员的女儿，建立了最一般的双职工家庭，从而构成中华民族肌体上的一个简单细胞。说明这位经历四十年帝王生活和十年改造的中国末代皇帝终于能理解究竟什么是幸福家庭的真正基础。

一个星期的婚假即将届满，丈夫向妻子建议到天安门前金水桥上留影，纪念美满婚姻的开始，李淑贤欣然同意了。显而易见，溥仪选择天安门前金水桥作为拍照的地方，并不是眷恋那紫禁城里的往日帝王生活。他热爱的是新中国，一个为一切从旧社会污泥浊水中过来的人提供新生活的新中国。人们都记得，新中国的第一面五星红旗，就是在金水桥对面的白色旗杆上升起来的。

溥仪把他与李淑贤的结合称为“真正的家”：“如今我有了朋友，有了真正的伴侣。一九六二年的五一节，我和李淑贤建立了我们温暖的家。这是我平生第一次有了真正的家。”

婚后头一年，溥仪就住在原独身宿舍内，那是政协大院里的一所平房，作为一名普通的国家干部，溥仪特赦后只有一份“按劳分配”的工资收入。婚后第一回开支，溥仪存心想让妻子高兴高兴，从西城转到东城，专买新鲜而有名气的各类食品、商品，什么月盛斋的酱牛肉，信远斋的酸梅糕，六必居的小酱萝卜，东安市场的茯苓夹饼，以及北京蜜枣、雪花膏、香水、头油、花手绢、小剪刀……大包小裹地拎了回来。

溥仪平时喜欢面食，特别爱吃白面和玉米面两搀和的所谓“金银糕”。溥仪自己说过，他那张嘴吃惯了好东西，太馋。所以，常到外边去换换口味，或

周恩来总理接见溥仪夫妇

吃小饭馆，或往机关内部食堂就餐，有时也到文化俱乐部餐厅去。但他不肯多点菜：一盘炸鱼、一盘油酥鸡，再加一杯生啤酒，吃得津津有味。溥仪自己在外边吃早点就更简单了：一碗不加糖的豆浆，再加两根油条和豆沙包足矣，一点儿都不费钱。

结婚一年后，政协给溥仪调房，搬到西城东观音寺胡同，条件更好了：两间卧室，两间客厅，一间饭厅，还有卫生间、厨房和库房。幽静的庭院里生长着青松、翠柏、梨树、海棠和茂密的蓉花树，生活在这里的前皇帝以及他的妻子非常节俭，使水用电、烧煤取暖，一分一角地算计着过日子。靠有限的工资支配生活，扳着手指头计算着花钱，对溥仪来说这显然是特赦后才碰上的新鲜事。

政协领导跟他说过几次：钱不够用就写个申请嘛，还可以给临时补助。连毛泽东也关心他，1964 年 2 月 13 日，毛泽东在春节座谈会上谈到溥仪的生活情况时说："对宣统要好好团结，他和光绪皇帝都是我们的顶头上司，我做过他们下面的老百姓。听说溥仪生活不太好，每月只有 180 多元薪水，怕是太少了吧！"毛泽东转向在场的章士钊，接着说："我想拿点稿费，通过你送给他改善改善生活，不要使他‘长铗归来兮食无鱼’，人家是皇帝吗！”[1]这件事很快就传到溥仪耳朵里，他很激动，与妻子商量后决定“感谢主席的关怀，但还是不收这份钱为宜。两人的想法完全一致：都希望用自己劳动的收入——工资，去创建美满、幸福的生活。溥仪曾经拥有无法计算的财富，却不是劳动所得，因此生活依然无聊。今天，只靠两人工资维持的家庭，虽然有时会因拮据而让人啼笑皆非，却充满了可爱而又令人羡慕的生活。

周恩来先后接见溥仪多次，溥仪和李淑贤同时在场的情况也有两次，一次是1963年11月10日，在人民大会堂，吃饭时总理把溥仪夫妇拉到身边，还亲切地给李淑贤挟菜。另一次是1965年7月20日在首都机场，迎接李宗仁先生从海外回到祖国，亲自把溥仪夫妇介绍给李宗仁，说了几句话。

当然，溥仪与李淑贤的婚姻生活中缺少点很要紧的东西，那就是夫妻间的衾枕之情。对于很多人来说，这种缺欠都将合乎情理地导致婚姻崩溃，溥仪与李淑贤组建的家庭却维系过来了，而且两人感情日密，以至于难舍难分。这似乎不可理解，难道有什么秘密吗？

全国政协曾延聘各路名医治疗溥仪的性机能障碍，如请名医施今墨为其号脉诊断，人民医院院长钟惠澜也曾为他精心配制“睾丸素”，还有海军总医院顾问、四代祖传世医张荣增老先生还给他开过分别以鹿茸和沉香为主的“两剂妙方”，溥仪的病却没有什么起色，李淑贤面对一个生理无能的丈夫，她的苦闷、烦躁，是可以理解的。她需要能谈私房话的朋友，文史专员董益三的妻子宋伯兰就是她这样的朋友。他们常常谈到溥仪的缺欠，李淑贤的话语里或有埋怨的情绪。在这之后不一样了，内容似有转移，埋怨也渐被一种积极的情绪取代了。1965年8月，李淑贤因子宫肿瘤做了一次切除手术，连带卵巢一并拿出了。术后，李淑贤第一次见到宋伯兰时说：“现在好了，真希望老头保养身体多活几年。”从夫妻生活的角度讲，从此两人已经平等了。

溥仪和李淑贤是一对儿不幸的夫妻，他们没有衾枕之乐，更不能生儿育女；同时他们又是一对儿幸福的恋侣，相伴为生，相依为命，谁都离不开谁。“少年夫妻老来伴”，对于夫妻多年的人们来说，对于晚年又有婚恋的人们来说，如果“相伴为生”四字可以作为一般常情的话，“相依为命”四字则更能反映溥仪夫妇的独有特征。

溥仪有病，李淑贤能够理解他，在共同生活的五年多时间里，两人间积淀了

1　郑怀义、张建设：《末代皇叔载涛沉浮录》，群众出版社1989年版，第108页。

真挚的夫妻感情，这在《我的丈夫溥仪》一书中有生动的记述。她还把自己获知丈夫有病以后的心态和想法明白无误地告诉了世人：“我从小失去父爱和母爱，直到碰上溥仪，才又感受到亲人的温暖。他为人忠厚、朴实、诚恳，他时时、处处疼爱我，关心我，照顾我，让我怎么舍得一下子离开他呢！……我心想，‘不是冤家不聚头’，这辈子的事，我认了。”她还安慰溥仪说：“夫妻间并不是除了肌肤之爱就没有别的了，今后你就做我的大哥哥吧！”

祖国观光

1963年11月10日周恩来在人民大会堂福建厅接见并宴请前四批特赦留京人员及其家属时，就向大家宣布了一个好消息：明年春暖花开的时候，所有在京的特赦人员，可以携带家属到祖国东南和西北参观游览。他还再三叮嘱中央统战部和全国政协领导人，要好好安排，不要弄得太紧张、太疲乏。

热烈的气氛因陈毅插话而推向高潮：“为了各位更好地了解新中国社会主义建设规模和新社会面貌，总理安排各位在明年春暖花开的时候，携眷到祖国各地参观建设项目，游览名胜古迹。前不久，我曾陪伴各国驻华使节赴安徽黄山游览，奇峰异壑，苍松翠柏，真是风景优美的好地方，令外宾赞不绝口，他们说欧洲没有这么好的地方，我劝各位不要错过机会，一定去看看。”

会议最后决定把第一轮旅游参观放在上半年的春暖花开之际，3月10日出发，先往长江南北的苏、浙、皖、赣、湘、鄂六省和沪市，“五一”前返京参加庆祝活动；第二轮旅游参观，确定在下半年的金风驱暑之际，再赴黄河上下的延安、西安、洛阳和郑州等地，预定在“十一”前归京参加国庆庆典。

关于沿途的生活起居，领导向大家宣布说，路费、宿费全部由国家报销，伙食费每人每天交五角钱，国家补贴一元钱，另外给每位专员发三百元钱零用。

须提及的是，这个文史专员参观团所到之处，都受到了当地政府和地方政协的隆重接待，有些地方还专门从外地抽调高级名厨给他们做饭。据溥杰回忆，他后来听说有些地方的群众有意见，认为对这些罪恶深重的人不值得高规格接待。领导则给予耐心解释，说像他们这样的人能够接受改造，愿意跟共产党走，是很不容易的，将来还要对祖国统一大业发挥作用，所以应该好好招待他们。溥杰说，他深知这正是周恩来总理的意图，但那时群众生活水平尚低，把很多钱用在招待费上，群众自然有意见。如果不是总理亲自安排，各地是不会如此盛情接待的。[1]

从1964年3月10日到4月29日，溥仪与妻子李淑贤随同“帝王将相”参观团，走遍了大江南北，经过江苏、浙江、安徽、江西、湖南、湖北六省和上海市，行程一万两千华里。先后参观了二十三个工厂、四个人民公社、一个水力发电站、一所大学和一个天文台，瞻仰了井冈山革命圣地、韶山毛主席旧居，游览了南京的中山陵、玄武湖，无锡的太湖、锡惠公园、梅园、蠡园、鼋头渚，苏州的网师园、留园、西园、狮子林、拙政园、虎岳，杭州的西湖，安徽的黄山，汉口的东湖，长沙的岳麓山等名胜古迹，历时五十天。

应该承认，江南对溥仪的吸引力相当大，这当然不仅仅是一般的旅游心理。熟悉清朝历史的人都知道，在溥仪的列祖列宗当中，就有好几位因“南巡”而在中华史册上留下了“巍巍盛典”的记载，其中最著名的，当然就是康熙和乾隆了。

从小熟读《东华录》的溥仪，对祖先的行止自然是十分羡慕的。他曾想树立康熙的雄心，也想拥有乾隆的浪漫，但这都已成为历史了。现在，溥仪对下江南仍是兴致勃勃，这绝不是被“巡幸”之心所激发，而是怀着一颗普通中国公民之心，要饱览祖国壮美山河，要亲眼看看。

游览南京的“高潮”日，溥仪等专员们游览了中山陵、灵谷寺、明孝陵和梅花山。溥仪总是紧紧地跟着解说员，没完没了地问这问那，在别人看来那情形实在滑稽。当时跟在溥仪身边，一切都看得很真切的沈醉先生回忆说，溥仪是第一次到江南，看到什么都感到新奇，都要问个仔细，并且很恰当地联系自己的思想，大家临时便给他取了一个浑名叫“每事问”。当他看到明朝开国皇帝朱洪武的陵墓那么大，而明朝末代皇帝在北京十三陵中是最小最小的，便感慨万分。参观梅花山时；有人告诉他，汪精卫死后埋在那里，抗日战争胜利后，国民党政府还把汪墓炸掉了，因为汪当了汉奸，不配葬在那里。他听了更是刨根问底。他对孙中山的陵墓工程保存那么完好，国民党许多大官在陵墓上题的字都没有弄掉，也很感兴趣。后来沈醉又提议去看看志公殿，溥仪问是不是“志公说法，顽石点头”那个志公，沈醉说正是，溥仪马上同意。他说我们这些顽石虽没有听过志公说法，而只读过马列主义，也同样点了头，这个人还是值得去看。

溥仪特别感兴趣的是参观紫金山天文台，他站在一千八百多年前张衡发明的浑天仪前细细观瞧，随后又来到我国当时最大的一台望远镜前，透视蓝蓝的天空。

参观团于3月16日中午到达南滨太湖、西倚惠山的美丽的无锡市，下车就

---

1 爱新觉罗·溥杰自述、叶祖孚执笔：《溥杰自传》，中国文史出版社1994年版，第162页。

来到生产“惠山泥人”的工厂和无锡泥人研究所，溥仪很喜欢那造型精美、神彩生动的彩色泥塑，与妻子商量说：“买几个带回去吧？”妻子同意，于是他们挑了几个古装美人的泥塑。

从泥人研究所出来，游览了风光明媚的锡惠公园。接着，又参观很能反映无锡特点的工厂——无锡市第一缫丝厂。晚上，溥仪夫妇在下榻的太湖饭店观看彩色纪录片《无锡风景》，正是坐在太湖看太湖，别有一番滋味儿。

世界闻名的苏州园林拙政园、狮子林等，到处都留下了溥仪夫妇的足迹。

溥仪非常喜欢园里的假山，这里石峰甚多，有“含晖”“吐月”“玄玉”“昂霄”等名称，最高的叫做“狮子峰”，为诸峰之主。峰下有石洞，而每一洞景象不同，旧时有“桃源十八景”之称。整个假山全用湖石垒成，外观雄浑，内部玲珑剔透，巨大的峰石都在洞的上面，石缝里还生长着百年大树，景致之奇特令人难以想象。劳动人民的智慧和创造力，使这位从小长于紫禁城中对雕梁画栋习以为常的溥仪又有了新的体会。

溥仪来到苏州西北的虎丘。看过春秋末年吴王夫差埋葬父王阖闾的陵墓后，溥仪夫妇登上仅有三十六公尺高的小山，来到剑池边，觉得有如登临万仞之巅，气势雄伟壮观。由此溥仪想起苏东坡的一句话“到苏州而不游虎丘乃是憾事”，现在他有体会了。

溥仪走一处，看一处，记一处，藉以保存自己的行踪和感想。他还参观了“苏绣”的生产过程，对于苏绣技艺也特别有兴趣。[1]

3月18日午后4时40分参观团离开苏州，晚6时45分抵达上海。由上海市政协招待，下榻于黄浦江边上的上海大厦。

晚饭后，溥仪和爱人挽着手臂在大厦外散步，在外滩眺望黄浦江，那里停泊着我国和世界各国的巨轮，而外滩对面的南京路上，有耸立的高楼、五颜六色的霓红灯和千变万化的广告商标，从长街尽头不断传来海关大钟的悦耳之声。据李淑贤回忆，溥仪以旧社会的外滩与紫禁城相比，颇有感触，这里是帝国主义者的赌场，那里是皇家的享乐之地，都不许一般人涉足，回到房间他还写了一首诗呢。

在上海的几天里，溥仪和同伴们参观的工厂有上海第一钢铁厂、彭浦机器厂、上海手表厂、上海塑料制品第三厂、上海第一印染厂、上海吴泾化工厂和上海微型轴承厂。参观的农村有嘉定县徐行人民公社。参观的街道有被称作上海龙须沟

---

1 参阅王庆祥整理注释：《爱新觉罗·溥仪日记》，天津人民出版社 1996 年版，第 224 ～ 230 页。

的张庙新村，现在这里建起了一排排漂亮的职工宿舍，还有蕃瓜弄和梅村——嘉定一条街。参观的文化单位也不少，如上海工人文化宫、上海工人运动史陈列馆、上海青年宫和上海博物馆等。特别是上海市对外贸易局举办的上海出口商品展览，给溥仪留下了深刻的印象，他在日记中写道："又参观出口商品陈列厅，五光十色，目不暇接。过去都是进口，现在轻工业、纺织工业都出口，作为中国人民感到自豪。"[1]

后来，溥仪又在《我头一次到江南旅行》一文的末尾处，集中谈到他在上海参观中获得的总印象。他写道：

最后，我想说说上海这个世界闻名的大都市。解放前，它是帝国主义侵略的基地，是"冒险家的乐园"，也是官僚资产阶级的"安乐窝"。那时候，外国货充满市场，帝国主义侵略者耀武扬威，随心所欲。我们住的上海大厦，过去就是美国"顾问团"专用的场所，黄浦江上帝国主义的军舰来来往往。今天大厦是中国劳动人民居住的地方，黄浦江上再没有外国帝国主义的军舰了，五星红旗高高飘扬。在旧上海，赌场、鸦片馆和妓院林立，帮会、乞丐、地痞、流氓、妓女，非常之多。解放后短短的十多年，这个畸形发展的消费城市已经变成了生产城市，不仅建设面貌焕然一新，精神面貌以及人与人的关系也完全改变了，帝国主义侵略势力连根拔除了，游民、流氓等也被改造成为自食其力的劳动者了。上海和全国一样，成为人民自己的新上海了。（依据溥仪未刊手稿，曾在中央人民广播电台播放）

3 月 26 日晚 10 时到达杭州，杭州市政协派来的接站车把他们送到西子湖畔的杭州饭店，溥仪夫妇正好住在一间面对湖面的房间，站在窗前，观看西湖夜景，山影逶迤，水光月色，清秀安谧，十分迷人。次日下午，畅游西湖，专员们偕夫人分坐几条摇船，荡于西湖之上。与溥仪夫妇同船的，有溥杰夫妇和杜聿明夫妇，还有随行记者。大家说说笑笑，心情十分愉快，溥仪是从来不玩扑克牌的，在这条令人陶醉的大船上，也加入到小圈子里，尽情地玩了几把。

在杭州的最后两天里，溥仪和同事们参观了龙井茶的家乡——梅家坞大队，以及有特色的浙江麻纺厂。同时游览了黄龙洞、石屋洞、静慈寺、六和塔、虎跑

1 王庆祥整理注释：《爱新觉罗·溥仪日记》，天津人民出版社 1996 年版，第 234 页。

公园和钱塘江大桥。杭州参观结束后召开了南行以来第四次座谈会，专员们总结收获，溥仪发言说："上有天堂，下有苏杭，自己不来看看，还以为只是形容词，现在看起来，至少比过去皇帝住的故宫要好上几十倍，难怪乾隆皇帝要六次下江南。我相信那时他来玩，肯定没有我们玩得这样痛快！"[1]据说，连带队的陈老对溥仪这番言论也有相当好的评价。

溥仪在黄山温泉游泳池游泳时，颇有感慨地说："过去在宫里是不能接触水的，更谈不到游泳。"这次上黄山，却穿上了游泳裤，戴上了游泳帽，竟那样兴奋地一连游了三四天。

参观井冈山博物馆时，溥仪看到两首歌谣，表现了红军不畏艰苦和牺牲的大无畏精神和革命乐观主义，他十分喜爱，立刻抄在本子上。第一首是："红米饭，南瓜汤。秋茄子，味好香。餐餐吃得精打光。"第二首是："干稻草来软又黄，金丝被儿盖身上。不怕北风和大雪，暖暖和和入梦乡。"此外还有以歌颂黄洋界战斗为内容的歌谣："我站在黄洋界上观山景……"4月13日上午到茨坪参观。由老根据地大井乡苏维埃主席俞振坤导游，溥仪和专员们参观了毛主席住过的房子，了解到《井冈山的斗争》和《中国的红色政权为什么能够存在？》两篇文章就是在这里写的。接着又参观红军敬老院，里面住的老人都是当年的勇士。溥仪拉着老人的手，请英雄们到毛主席曾经住过的地方一块摄影留念，他说，能来参观并和老人们一块摄影留念，这是他的光荣。（以上参观井冈山过程依据溥仪：《参观南方六省一市的总结》，写于1964年7月，未刊）

下午，漫谈参观井冈山的感想，溥仪发表了热情洋溢的讲话。后来，这个讲话的一些内容，被写进《给政协全国委员会周主席的报告》中。他说：

通过在井冈山参观访问，使我进一步认识到毛主席思想的正确、伟大。毛主席当时对国内政治形势的深刻分析，武装斗争、土地革命、建立革命根据地三者密切联系的思想，农村包围城市的思想，开展在部队中的建党工作，以及三大纪律、八项注意的建军思想，"敌进我退，敌退我追，敌驻我扰，敌疲我打""分兵以发动群众，集中以应付敌人"的军事思想等，都是在井冈山这一时期形成和发展起来的。在当敌人力量强大、革命力量尚微弱的时候，毛主席就看出"星星之火，可以燎原"，以及有"敢于革命，敢于斗争，敢于胜利"的英雄气概。中国人民革命的胜利，正是援引这些光辉思想而取得的。（溥仪手稿，写于1964年，未刊）

---

1 沈醉：《皇帝特赦以后》，载香港《新晚报》1981年3月19日。

在韶山，溥仪也干了一件逗人发笑的事儿。那是在参观毛泽东父母的居室时。溥杰回忆当时的情形是这样说的："毛主席诞生的那张木床，用绳子拦着，不让人靠近的。在大哥溥仪的要求下，故居管理人员解开了那条绳子。我们大家走上前去，在那张床上摸了一遍又一遍，久久不愿意离开。我们这种心情，别人不易理解，只有我们这些获得新生的人，饮水思源，感谢给了我们新生命的人才会有呀！"[1]虽然沈醉和溥杰的说法不完全一致，但他们都说出了溥仪当时的心情，说出了溥仪和其他专员们对毛主席、共产党、新中国和社会主义的热爱。

溥仪也在当天日记中十分兴奋地抒写了参观韶山的感想："这次我亲眼看见伟大领袖毛主席的旧居，听到韶山同志介绍毛主席幼年和少年时代的生活情况，受到很大的教育和启发。参观韶山冲，对我来说真是最光荣、最幸福的时刻。"[2]

参观团是在 4 月 28 日中午离开武汉的，满载着祖国人民的深情厚意返回北京。江南之行就要结束了，每位专员都感到自己经历了一次丰收的旅行。

回到北京不久，溥仪写了一篇短文，题目是《我头一次到江南旅行》，对自己五十天的南方之行，作了一个很好的总结。他说："这次参观，我亲眼看到了祖国社会主义建设的伟大成就和充满阳光的新社会的人民欢乐。我再一次地感到祖国的兴盛、祖国的可爱和社会主义具有的无可比拟的优越性，使祖国犹如旭日东升，蒸蒸日上，新中国前途真是光芒万丈！"（依据溥仪手稿，写于 1964 年 5 月 13 日，曾在中央人民广播电台播放）

从 1964 年 8 月 5 日至 28 日，溥仪夫妇随全国政协文史专员参观团，到西安、延安、洛阳、郑州两省四市参观访问，瞻仰了革命圣地杨家岭、王家坪、枣园等党中央机关所在地以及毛泽东住过的窑洞，拜谒了烈士陵园，参观了陕甘宁边区参议会大礼堂。此外，还参观了四个博物馆、两个人民公社里的部分生产大队、九个工厂、一所大学、一个纪念馆和八路军办事处旧址，游览了临潼、大雁塔、白马寺和龙门等名胜古迹，历时二十四天。

8 月 5 日上午 10 时许，溥仪等人乘坐的列车离开北京，向西北方向疾驶而去。这次参观，由全国政协文史资料研究委员会文史办公室主任吴群敢和政协其他两位干部带队，参加这次活动的，除诸位文史资料专员及其夫人外，也有全国政协机关的工作人员、医生和中国新闻社的摄影记者等多人随行。

7 次特别快车载着那个"帝王将相"参观团，于 8 月 6 日中午到达西安，下

1 爱新觉罗・溥杰自述、叶祖孚执笔：《溥杰自传》，中国文史出版社 1994 年版，第 161 页。

2 王庆祥整理注释：《爱新觉罗・溥仪日记》，天津人民出版社 1996 年版，第 277 页。

榻于人民大厦。西安是我国历史古都，有很多名胜古迹，溥仪等人到西安那天气温特高，热得出奇。因为马路的路面也都晒得滚烫，而溥杰的妻子嵯峨浩的鞋底太薄，一踩下去就像把脚放在了热锅底上，烫得她大声叫了起来。杜建时和范汉杰的血压都升高了，康泽觉得头晕，王子衡则吃不进饭了，王耀武也有点受不了。大家都佩服溥仪，他不觉得怎样，饭量也丝毫不见减少。（依据董益三先生1982年向笔者提供的日记手稿，未刊）

人民大厦的厨师为“帝王将相”参观团准备了一顿地方风味早点“羊肉泡馍”，就是用一大碗肥羊肉汤来泡馍馍吃，先把像烧饼一样的硬馍弄成一小块一小块，泡在油汤里，等馍馍吸饱了油脂后，再吃泡好的馍馍和羊肉汤。大家都只吃到一半就停下不吃了，溥仪却一口气吃完一大碗油汤和三张馍，又加了半碗汤。[1]吃完泡馍，参观团出发到陕西省博物馆参观。这个博物馆就是闻名于世的“碑林”，可以说是荟萃了我国历代的书法艺术。溥仪从小接受书法训练，见识过清宫收藏的历代书法珍品，当然也就特别喜欢碑林展览，仔细观看了几个展室中历代名家手笔的石刻。在第一室，溥仪看到了我国最大的石质书库，那里有一套石刻十三经，即“开成石经”。这部石经原立于唐朝国子监内，共一百余石，因唐代印刷事业尚不发达，为避免传抄错误，故将封建时代士子必读的经典，刻石以为校正的标准。溥仪说，他少时曾听老师陈宝琛讲过这个石质书库，直到今天才得观其面目。在第二室和第三室，溥仪贪婪地欣赏历代名家书法，那里有僧怀仁所集晋朝王羲之书写而成的《大唐三藏圣教序碑》，有颜真卿写的《颜氏家庙碑》和《唐千福寺多宝塔感应碑》，有柳公权写的《唐大达法师玄秘塔碑》，有欧阳通写的《道因法师碑》，有徐浩写的《广智三藏碑》，有李阳冰写的篆书《三坟记碑》，有智永写的《千字文》，有怀素草书的《千字文》和《圣母帖》等。溥仪知道这都是拥有盛誉的名作，在书法艺术上具有很高的价值。在后几室，溥仪还看到了唐玄宗时期刻的韦项石椁线刻画，每块石上都刻有精美的人物画像。他特别喜欢唐玄宗亲自注解、作序并书写的著名“石台孝经”。碑身是四面合成，下垒三层石台，因以为名。石台上刻有精美流利的装饰花纹，配有卷云蟠龙纹碑头，构成庄严美丽的整体。

溥仪埋头欣赏艺术，却让其他专员因此受了一惊，特别是沈醉，因为他是受到委托负有照顾溥仪之责的，因此最注意溥仪的行踪。他回忆那次参观碑林的情形说：“参观时许多家眷不愿去，溥仪的妻子也没去，可是等到分散参观后，到

1 参见沈醉：《皇帝特赦以后》，载香港《新晚报》1981年3月21日。

集合时间却不见溥仪，大家分头去找，也没找到。有人估计他可能回去照顾妻子去了，便回到人民大厦。一问李淑贤，他并没有回来。几个人又开车到碑林再找，一直找到吃午饭时，还没找到，饭后又去找，这次总算在碑林内把他找到了。原来他在一个别人不注意的角落里，聚精会神地抄一块碑文。因为早上吃得太多，也不觉得饿，所以记不得还要回去吃饭。直到吃晚饭，他还是吃不下东西，一顿羊肉泡馍把他撑饱了一天。”[1]

从 8 月 11 日起一周时间内，参观团走遍了延安各地，溥仪始终精神饱满地跟着参观队伍。这位“每事问”还是嘴巴闲不住，沈醉举了一个例子：不知谁提起延安还有一个名称叫肤施，这一下又惹起溥仪的兴趣，便追问为什么叫这样一个怪名？导游说，从前有个很重道行的苦修僧，把自己的皮肤全都施舍给饥饿了的鸟儿吃掉了，后来为了纪念这个好心善意的和尚，给它起名肤施。溥仪听了更是追问不停，这个和尚叫什么名字？他是坐在什么地方把皮肤喂鸟的？鸟为什么要吃他的皮？他的皮给鸟吃完后死了没有？弄得那位导游也答不上来。[2]

溥仪嘴上“问个不停”，手上“记个不停”，走遍了延安各处革命纪念地，也记满了几个小本子，这使后人能在今天根据他的记录，再现他当年的行踪。

溥仪的延安之行，可以说收获甚巨。他在《到河南、陕西参观的感想》一文中说：

> 我们到了延安，亲眼看到毛主席和各领导人当年所住的窑洞、办公室等地方，听到我们敬爱的领袖毛主席在延安的许多伟大事迹和毛主席艰苦朴素与军民同甘共苦的种种情况，使我非常感动。（依据溥仪手稿，写于 1964 年 9 月，未刊）

溥仪在延安期间，还参观了白求恩大夫生前居住和工作过的窑洞旧址。溥仪说，所谓延安精神，首先是“像白求恩那样全心全意为人民服务的精神”。他参观结束后，向植物园职工报告参观感想时说：

> 中国有句古谚：‘从善如登，从恶如崩。’这是很好的警惕人的句子，人不进则退，只有上游、下游，绝没有悬着的‘中游’。对自己来说，新生活刚刚开始，而在此之前，曾度过了漫长的魔鬼一般的生活。所以，一定要比一般同志付

1 沈醉：《皇帝特赦以后》，载香港《新晚报》1981 年 3 月 21 日。

2 参见沈醉：《皇帝特赦以后》，载香港《新晚报》1981 年 3 月 22 日。

出加倍的努力，不断学习，不断改造，做一个像白求恩大夫那样有益于人民的人。（溥仪《参观河南和陕西后在植物园的讲话稿》，写于1964年9月，未刊）

溥仪夫妇先参观了唐玄宗与杨贵妃在骊山脚下的华清宫旧址，继而又来到杨贵妃沐浴过的“芙蓉池”。溥仪当然也不会放弃这个用“杨贵妃用过的水”洗澡的机会，还动员妻子也下了水。

8月22日参观团到达洛阳，这是个古老的城市，公元前1108年东契丹首先在此建城，周平王东迁后这里成为都城，后经东汉以下九朝建都，又历千年之久。至近代惨遭日本帝国主义的蹂躏和国民党的破坏，城市破败不堪，仅剩四平方公里、八万人口、几个小修配厂、几个私立学校和一所神州医院，特别是龙门、关帝冢等文物，也被勾结洋人的奸商盗卖。新中国成立后该市获得新生，短短几年内城市面积达七十九平方公里，人口达五十六万，古城焕然一新，已成为重要的新兴工业城市。

溥杰参观后写诗抒发情怀：“鲰生有节时光华，喜睹今朝分已夸。巨厦万间新厂矿，长堤千里好桑麻。极天周道驰如矢，到处亲人暖似家。主席精神如日月，红旗灿胜洛阳花。”（依据溥杰先生1984年向笔者提供的手稿）溥仪也有不尽的感想，对该市工业的进步印象尤深，他在参观总结中写道：“这次我在洛阳滚珠轴承厂参观时了解到，赫鲁晓夫政府唯恐我们有石油，拒绝按协议供应石油钻探轴承，该厂职工奋战四十天，自制了我国第一套石油钻探轴承。”（溥仪：《参观河南和陕西两省的总结》，写于1964年9月，未刊）参观洛阳拖拉机制造厂时，他也听到类似情况，在建厂中苏联方面不按协议供应油压箱用的三百六十吨油压机，该工程技术人员自力更生艰苦努力，终于制造出来，使赫鲁晓夫的经济封锁破产了，为祖国和人民争得了荣誉。

洛阳的参观结束了。在继续前行的列车上，溥杰吟成《洛阳三首》，并与大哥切磋，溥仪十分高兴地随口念了出来。其一云：“东南五省遍车舟， 西北今兹快此游。迢递三秦藩北国， 纵横四水贯中州。历朝兴废余陈迹， 到眼风光异旧畴。处处一番新气象，盘桓随遇乐勾留。”其二云：“曾诩花都古洛阳，无非纸上作文章。九朝宫阙花如锦，百战山河史有疆。几历盛衰犹梦幻，饱经兵火几沧桑。百花今日真齐放，古郡新辉万丈光。”其三云：“长渠贯地麦盈畴，厂矿连天耸巨楼。五代九朝崇洛邑，三山四水古中州。龙门有幸留残佛，关冢何缘峙野邱。百废俱兴今日事，红花满眼不胜收。”（依据溥杰1984年向笔者提供的手稿）

8月28日，参观团离开在郑州下榻的中州宾馆，上午9时30分登上返京的第80次快车，溥仪与妻子以及共同生活二十余日的伙伴们，轻松愉快地踏上归途。过安阳吃中餐，过保定吃晚餐，夜10时许，北京站的悠扬钟声又在他们耳边鸣响起来。

下江南，上西北，对溥仪来说都是第一次，他高兴极了。从南方归来，他写了《我头一次到江南旅行》一文，从西北归来，他又写了《到河南、陕西参观的感想》一文，先后在中央人民广播电台的对台湾节目中播出，反映很好。溥仪还多次以参观为题，在专员座谈会上说体会，谈感想，又应邀到北京植物园等单位作专题报告，讲述他在外地的见闻。

政协委员

如果说从皇帝到公民是溥仪一生的伟大转折，那么，从普通公民到政协委员就是溥仪后半生的飞跃进步。

1964年11月18日——北京深秋阳光明媚的一天，溥仪收到了全国政协秘书处发出的通知，上面写着："爱新觉罗・溥仪委员：中国人民政治协商会议第三届全国委员会常务委员会第四十四次会议协商决定：你为中国人民政治协商会议第四届全国委员，特此通知。"

"宣统皇帝"当上了政协委员！消息一下子传开了。那几天，溥仪喜得常常睡不着觉，这倒不是因为提升了职务，而是他看到了自己的进步，看到了政府和人民的信任。

周恩来在人民大会堂福建厅说过的一段话又萦绕在溥仪的脑际："毛主席讲过的话要兑现，你们讲过的话也要兑现。以后还有许多人要被特赦出来，希望你们好好学习，成为他们的标兵。党和政府正在考虑，适当的时候，安排你们中间一些人参加政治活动。"

与溥仪同时当上政协委员的，还有杜聿明、宋希濂、范汉杰、廖耀湘和王耀武，他们很激动。溥仪和杜聿明等还挥笔写信敬呈周恩来，表达对党和政府的感戴之情，决心以有生之年，为新中国建设事业，为台湾返回祖国的民族统一大业，竭尽股肱之力。

时隔一月，溥仪又收到中国人民政治协商会议第四届全国委员会第一次会议的《出席证》。在鲜红的封面上，印着美观的烫金宋体铅字，庄严郑重。姓名栏内填写着"爱新觉罗・溥仪"，单位栏内填写着"特别邀请人士"。（依据李淑

贤女士1980年向笔者提供的证件原物，今存于伪满皇宫博物院）

1964年12月20日上午，中国人民政治协商会议第四届全国委员会第一次会议在政协礼堂隆重开幕。大会主席台的帷幕中央悬挂着中国人民政治协商会议的会徽，两边是毛泽东和孙中山的肖像。溥仪以政协委员的身份，怀着无比激动的心情走进这庄严肃穆的会场。当周恩来主席和彭真、郭沫若、黄炎培、李四光、陈叔通、陈毅、何香凝、帕巴拉·格列朗杰等副主席走上主席台时，溥仪和其他委员一起，报以长时间的热烈掌声。大会由周恩来主持，郭沫若作了政协第三届全国委员会常务委员会的工作报告。

1964年12月21日下午3时30分，溥仪与全体政协委员列席了在人民大会堂举行的中华人民共和国第三届全国人民代表大会第一次会议。当毛泽东主席、刘少奇主席、宋庆龄副主席、朱德委员长、周恩来总理、邓小平总书记等党和国家领导人登上主席台时，他激动、兴奋，使劲地鼓掌，随后听取了周恩来所作的政府工作报告。

12月30日上午，溥仪以全国政协委员的身份，光荣地出席了政协全体会议。新华社当天发出的消息《政协四届首次会议继续举行大会》报道说：“政协全国委员会文史资料研究委员会专员爱新觉罗·溥仪在发言中谈到中国共产党把战争罪犯改造成为新人的伟大政策。”[1]溥仪多次以“特别邀请人士”的身份列席会议，今天，已由列席转为出席了。

在溥仪遗稿中，至今还保存着这篇发言的原稿。重读这份发言稿，好像看见溥仪就站在眼前的讲坛上，讲述自己参加会议的心情：

今天，我能够以中国人民政治协商会议的一个成员在这里发言，心情非常激动。我回想过去，觉得自己是罪不容恕的，愈加痛恨旧社会；但是在今天，我瞻望未来的时候，感到自己的前途充满了光明。我不仅为获得新生而庆幸，更庆幸我们有伟大的国家、伟大的党、伟大的领袖毛主席。

溥仪历数我国十五年来在社会主义建设中取得的巨大成就，并着重以切身经历说明了党的改造政策的成绩。他说：

我对毛泽东思想和党的政策的伟大，越来越有深刻的体会。党的政策帮助我

1《人民日报》1964年12月31日。

从一个战争罪犯变成为社会主义国家的公民，背叛了过去的阶级，认清了必须走社会主义道路才有光明前途。从我的改造过程和近几年的学习中，我深切体会到无产阶级政权的伟大意义，像我过去那样的人，如果没有无产阶级政权的条件，是不可能从敌我矛盾转化为人民内部矛盾的，政府使我彻底从不可救药的犯罪中得到挽救。过去通过对我的强制改造，使我由不能接受改造逐渐走向能够接受改造，从强制改造走向自愿改造。毛主席说改造世界，“其中包括了一切反对改造的人们，他们的被改造，须要通过强迫的阶段，然后才能进入自觉的阶段”。我深深领会了毛主席这一英明论断的正确性。

……

最近有许多外国记者访问我，他们觉得像我溥仪这样的人能够在新中国生存是个奇迹，不但生存，而且生活得很好，更使他们迷惑不解。在社会主义社会，在新中国，在伟大的毛泽东时代，确实出现了这样的奇迹：把战争罪犯改造成新人。这是党和毛主席政策的伟大胜利，也是无产阶级改造世界伟大胸怀的明证。说到这里，使我由衷地感到无产阶级的大公无私，感到中国共产党和毛主席的英明伟大。

在这里使我情不自禁地想起1959年我蒙特赦，离开那重生之地抚顺战犯管理所的心情，当时我很感激党和政府的宽大，然而当管理所人员送我出所的时候，我又像一个将要离家的孩子一样恋恋不舍。这种心情，我曾经同资本主义国家的人们说过，但他们是无法理解的。这种感情并不是我一个人有，连一些日本帝国主义战犯在离开战犯管理所时，也都异口同声地说，抚顺战犯管理所是自己重生之地。有些怀着敌意的日本记者，曾企图从日本战犯口中听到对中国政府这种政策不满的声音，却总是大失所望。无论在管理所，还是离开管理所回到日本，日本战犯们都说我国政府的政策好！

我离开抚顺战犯管理所以后，感到走进了更大的社会主义大家庭，处处受到党的无微不至的关怀和亲切的教育，使我得到工作和继续学习改造的机会。1960年在北京植物园劳动锻炼一年，使我有机会同基层干部、工人同吃、同住、同劳动、同学习，这对我的教育很大。我亲眼看到他们辛勤劳动，艰苦朴素，坦白直爽，具有革命乐观主义精神，处处表现出国家主人翁的态度。这一段生活使我认识到劳动的光荣，渐渐体会到了劳动人民伟大的思想感情。1961年我参加了全国政协文史资料研究委员会的工作，有许多收获，特别是近年来，党和政府安排我们两次去各地参观，对我的教育意义更大，增加了我对社会主义祖国的热爱和社会主义建设事业必胜的信心。祖国人民的前途光芒万丈，我个人的前途也是光

明美好的。（依据李淑贤女士 1980 年向笔者提供的溥仪未刊手稿）

溥仪将要结束发言的时候表示，一定继续加强自我改造，为把我国建设成为伟大的社会主义强国而贡献自己的力量。

当上政协委员以后，溥仪的社会工作增加了，常常要以新的政治身份参加重要会议和重要活动，他很高兴。在溥仪遗物中还有一张“民族工作座谈会出席证”，上面盖有“中华人民共和国全国人民代表大会常务委员会办公厅”的钢印。（依据李淑贤女士 1980 年向笔者提供的证件实物，今存伪满皇宫博物院）这件遗物说明，作为满族人民的代表，他有充分的机会发表政见。遗憾的是，有关溥仪参加这次会议的日记或笔记等文字记录都散失了，无法得知他在会议期间的宏论和感想，可以推想，这位具有代表性的著名旗人一定是非常愉快的。

当 1965 年的春天来到北京之际，溥仪已经失去了他最珍贵的健康，却硬是带病参加了“五一”节纪念活动。4 月 30 日下午，他与王耀武、杜聿明、宋希濂、范汉杰、廖耀湘以及溥杰和嵯峨浩夫妇，出席了中华全国总工会等十三个团体举行的盛大“五一”招待会，同桌的还有政协副秘书长李金德、政协常委郑洞国等。5 月 1 日白天，溥仪参加了在北海公园的游园活动，晚上又登上天安门观礼台观看焰火。

1965 年 7 月 20 日上午 11 时这个庄严的时刻嵌入历史，也把一条轰动的新闻，迅速传向世界每个角落。曾任国民党政府代总统的李宗仁先生，偕夫人郭德洁女士万里来归，飞临北京。在盛大的欢迎人群中，周恩来微端右臂，站在最前列的显要位置上，他后面是全国人大的副委员长、国务院的副总理、全国政协的副主席、中国人民解放军的元帅、各民主党派的领导人，还有当年经代总统派出的国民党和谈代表，以及作为李宗仁的部下，而在解放战争时期率部起义的国民党高级将领和被俘十年后获得特赦的前国民党高级军政人员等。

人们还注意到溥仪和他的妻子李淑贤与李宗仁的老友章士钊、黄绍竑等一起站在靠前边的地方。

当走下舷梯的李宗仁由周恩来陪同来到溥仪夫妇跟前时，停下脚步的总理，以敏锐而深邃的目光发现了将在这里出现的历史性场面，乃向李宗仁和郭德洁介绍说：“这是中国末代皇帝溥仪先生！”于是，中国历史上的末代皇帝和末代总统，就在现任中华人民共和国总理面前，热烈地握紧了双手。瞬间，中国近半个多世纪的历史凝聚起来了，凝聚了悲怆的苦难岁月，凝聚了昨天、今天和明天……

是周恩来又把激动的人们从历史拉了回来，他向李宗仁说：“溥仪先生新生了，你看他，已经五十多岁了，不像吧？”溥仪也愉快地告诉这位前国民党代总统：

“已经五十九岁了，在今天，我感到越活越年轻啊！”总理又指着李淑贤对李宗仁说：“这是溥仪夫人，是我们杭州姑娘呢！”前后左右的人们都笑了。

当天晚上，人民大会堂内华灯照耀，盛宴初开，在周恩来主持的这个接风洗尘宴会上，李宗仁操一口浓重的广西乡音，发言盛赞中国共产党“不咎既往”的宽大精神，抒发回到美丽祖国的欢愉之情。他认为“祖国已经进入了一个伟大灿烂的新时代”。

半个月以后，那是8月6日下午，溥仪又应邀出席了周恩来主持的全国政协欢迎李宗仁的茶会。李先生承认历史，赞扬“服输”精神，他表示，一切国民党人和海外爱国人士，应该“让中国共产党和毛主席领导建国，国家建设好了，我们大家都有份”。

这番话令出席茶会的溥仪很有感触，回到家里以后对夫人李淑贤说：“宗仁先生有‘服输’二字，我也有‘认罪’二字，这也很好嘛！因为这不仅意味着中国共产党的胜利，更是中国人民的胜利和祖国的胜利，也可以说是我和宗仁先生后半生的胜利。”

1965年国庆佳节即将到来之际，溥仪和专员们还应邀一起出席了全国第二届运动会闭幕式，伟大祖国的光辉形象，在庄严、隆重的场景衬托下，变得越来越真切了，溥仪有这种感想，实在是很自然的。

9月28日闭幕的第二届全国运动会，向国庆十六周年献出了一份厚礼，而这次国庆佳节也给溥仪先生留下了几件实物，它们装在一个较大的白色信封内，封面写着“溥仪先生”四个字，是发信人手迹，下款处则有溥仪用红墨水钢笔写的“一九六五年，庆祝我国成立十六周年，周总理在人民大会堂宴会”一行字，显然，这是溥仪生前作为纪念品特意保存下来的。

第一件是庄重而喜庆的红色请柬：“为庆祝中华人民共和国成立十六周年，订于一九六五年九月三十日（星期四）下午七时在人民大会堂宴会厅举行招待会。敬请光临 周恩来。”落款上的三个字，在溥仪看来，是那么亲切而凝重！他珍视，他留恋，还因为久已染身的顽疾，这时更加严重了。

第二件是请柬的附条，上面写道：“此次招待会，您的席位在第4区，第397桌，并请提前由人民大会堂东门入场。”

第三件也是请柬的附件——一张印有红底烫金国徽图案的“菜单”：“烤鸭、白斩鸡、盐水鸭、五香牛肉、烤羊腿、陈皮大虾、西红柿、葱油黄瓜、酸甜白菜、卤冬菇、姜汁松花、五香青鱼、烤麸、油焖红辣、姜汁扁豆、红油香干；点心：月饼、烧饼；水果。”

第四件是在红绸布条上烫金印制的观礼证，上面有国徽图案，有 1949—1965 “国庆”字样，还标明了在观礼台上的位置：西 4 台，第 0417 号。观礼证上盖有“庆祝中华人民共和国成立十六周年筹备委员会”的公章。

第五件是一张铅印的通知：“庆祝中华人民共和国成立十六周年晚会，于十月一日下午八时在天安门广场举行，请您凭红色观礼证上观礼台。除可偕同夫人外，请不要偕带小孩和其他任何人员。特此通知。庆祝中华人民共和国成立十六周年筹备委员会，一九六五年九月二十八日。”（依据李淑贤女士 1980 年向笔者提供的原物，今存伪满皇宫博物院）

溥仪十分珍视这次招待会和次日的国庆观礼，特意在一个大白色信封内保存了有关这些活动的几件实物。

1965 年国庆节到来之前，溥仪的家庭发生了几件大事：6 月间溥仪因癌症施左肾及膀胱一小部连输尿管切除手术顺利完成；8 月间李淑贤因长瘤施子宫摘除手术也很成功。溥仪把这些看成是党和国家关怀、照顾的结果，因此对即将到来的佳节怀有更深的感情与期待。

溥仪在 1965 年 9 月 30 日的日记中写道：“晚 7 时赴人民大会堂周总理招待会，庆祝中华人民共和国十六周年国庆。我们毛主席、刘主席祝酒，周总理讲话。”

9 月 30 日晚 7 时，溥仪在盛大国宴上看到了动人的场面：毛泽东主席、刘少奇主席、周恩来总理，陪同柬埔寨国家元首西哈努克亲王等贵宾步入宴会大厅，乐队高奏欢迎曲和《东方红》乐曲，这时与会的五千名中外人士发出雷鸣般热烈掌声，全场欢腾。刚从海外归来的李宗仁先生也出席了宴会，溥仪十分高兴地问候他，并相互祝酒。

第二天，溥仪从观礼台向广场看去，只见十万群众手持花束组成“一轮红日放射出万丈光芒”的壮观图景，象征伟大的祖国有如旭日东升，蒸蒸日上，他感触万端，不断鼓掌。在焰火晚会上，溥仪颇有兴致地向妻子介绍各种礼花的名称。他指着刚刚飞上夜空的一簇礼花说：“这叫‘锦上添花’，你看它多像一幅抖开的锦缎，迸发出千万颗闪烁的金星。”接着，一串带声响的礼花又冲上天空，好似听见一阵阵鞭炮之声，然后又见礼花四射，出现了宛如鸟鸣的声音，他说：“这叫春暖花开！”继而反问妻子：“你看这礼花有没有满园春色的感觉？”李淑贤笑了：“让你这一说真像是春天又来了。”溥仪还是没完没了地介绍着，这片礼花叫“五谷丰登”，那片礼花叫“麦浪滚滚”，看上去真像撒向夜空的一簇簇金色的种子，呈现出丰收景象。

10 月 4 日，溥仪出席了全国政协为招待港澳归国侨胞而举行的酒会，他在当天日记中留下记载："下午，在人民大会堂参加政协招待港澳归国同胞和亚、非、拉各地华侨的酒会，看文娱节目，同座是从秘鲁回来的华侨。"[1]

频晤外宾谈新生。爱新觉罗·溥仪生前一直是一位受到世界上各界人士关心的人物。在全国政协 1964 年的一份简报中，有一段关于溥仪的文字："溥仪的国内外来信一直很多（每月约有十封），自他的《前半生》出版后来信更多。其中国内来信有询问清朝文物的，有要求作报告的，有要求题词、借赠《我的前半生》的，也有一般表示景仰、盼取得联系的，甚至也有盼能介绍工作或者'奉侍左右'的。国外来信有英国、丹麦、西德、印度尼西亚、墨西哥等，多是要求签名、或者赠给照片的，也有盼对《国际名人录》所载有关溥仪的记述提出增改意见的。"

正因为溥仪的特殊历史地位，来华的外宾，从国家元首到新闻记者，从作家、艺术家到法律工作者，都毫无例外地要求和他会见。因此，就出现了溥仪特赦后的几年里外事活动应接不暇的繁忙情景。根据溥仪日记和相关档案统计，仅在 1963 年 7 月到 10 月末，溥仪接待、会见的外国客人，就有：马里共和国总统府顾问、巴马科律师公会律师当巴·迪亚洛，马里共和国检察官培卡伊·恩迪阿耶，马里共和国驻华大使馆代办尤素甫·库亚特，巴西妇女代表、《巴西邮报》记者伊伏内，巴西妇女代表、《最后一点钟报》记者海思，巴西女作家尔西维拉，梅格拉乌·穆罕默德率领的阿尔及利亚新闻代表团全体人员，肯尼亚下院议员、下院执政党议会党团首席督导约翰·戴维·卡利为首的肯尼亚非洲民族联盟代表团全体人员，巴西里约热内卢"巴中文协"副主席、《幽默报》社长阿帕里·西奥·托雷利，巴西退役空军少将费利贝·方西嘉；巴西著名作家格拉济利安诺·拉莫斯夫人，巴西律师劳尔·林斯·伊·席尔瓦，法国战斗报记者卡力克，瑞典著名记者魏克伯穆，智利参议员、全国和平委员会副主席阿乌马达和夫人，智利新左翼民主运动领导人、前内务部部长蒙特罗和夫人，智利众议员杜马和夫人，尼泊尔全国评议会议长比什瓦·班杜·塔帕和夫人，以及以塔帕为首的代表团全体成员。

上述名单虽然并不完整，但也反映了溥仪在那一段日子里频繁外事活动的概况。这些活动有的是在全国政协礼堂，有的是在人民大会堂，有的是在民族文化宫，也有的是在溥仪西城的家里进行的。

---

1 王庆祥整理注释：《爱新觉罗·溥仪日记》，天津人民出版社 1996 年版，第 427 页。

在“文革”中

我们做任何事，都要对党、对人民有利，无利的事不做。

——爱新觉罗·溥仪

因特赦而成为普通公民的文史资料专员和全国政协委员爱新觉罗·溥仪，是一位举世关注的历史人物。正因为从他身上反映了党的改造政策的成效，也体现了周恩来总理“化腐朽为神奇”的业绩，林彪和“四人帮”反革命集团，在那场“史无前例”的内乱中，是不会轻易放过这位被称为中国近代史见证人的溥仪的。

溥仪自从参加工作以来，是怀着虔诚的心情来对待每一场政治运动的。因此，当1966年上半年，文化大革命的风暴从批判《海瑞罢官》和“三家村”开始，溥仪一面严肃认真地学习；另一方面，他对于被点名批判的吴晗、廖沫沙以及有名的“秀才”邓拓都产生了不同的想法。吴、廖二位和溥仪很熟悉，也时常在会议上、宴会上照面，杯酒言欢。北京副市长和市委统战部部长留给溥仪的印象是待人以诚、学识渊博、忠于革命事业，可是他们怎么会变成搞“反党、反社会主义”活动的坏人呢？对此，溥仪百思不得其解。

自1966年4月以后，溥仪所在的全国政协直属学习组，开始增加学习时间，由每周两个半天改为三个半天。邓拓、吴晗、廖沫沙，这些平时受到溥仪尊敬的领导干部，突然变成了“三家村”黑帮人物，他目睹了廖沫沙、申伯纯等被残酷批斗的情景，面对突变的政治形势，溥仪迷茫地睁大眼睛。

风暴越来越猛烈，大批老革命干部和学术上造诣极高的知识分子被揪斗、抄家、游街，溥仪的困惑也越来越沉重了。

据李淑贤回忆：大约是那年六月间，在溥仪居住地点附近的小公园里，传来了“红卫兵”批斗廖沫沙的消息。溥仪非常惦念廖老，很想看看他的样子和健康状况。于是，我只好陪同溥仪一同去会场。眼前的景象，使溥仪大吃一惊：一块足有二尺见方的大木牌子挂在廖老脖子上，黄豆粒大的汗珠正顺着他那花白的两鬓向下流淌。几个臂戴“红卫兵”袖章的中学生，一面挥着拳头高呼口号，一面用劲向地下按廖老的头。溥仪不忍多看，就失魂落魄地走了出来。由于会场上人多，在拥挤中我和溥仪走散了，直到我回家后足有二十多分钟，一位姓王的邻居才把溥仪送回来。溥仪说：“我心里难过，走错了路，多亏王同志送我回来。”随后，他就坐在沙发上，双手捧着头直叹气，很久很久都一言不发。显然，他思想上搞不通，也惦念着一些曾经帮助、教育、启发过他的革命领导干部。后来，他打算去植物园看望一下那里的老领导，但是，我劝他不要去了。在文化大革命期间，没有革命组织的介绍信，是寸步难行的，老远地去一趟植物园，再碰个钉子，何苦呢？

随着“破四旧”出现的一连串所谓新事物，包括家庭变化、人伦关系的异常，无一不使他困惑不安，心中极度矛盾。开始时，幸好政协机关公布一条规定：文史专员们不介入这场席卷全国的“文革”运动。溥仪和他的同事们得以置身于狂飚之外。但是，没有多久，这条被称为“资产阶级反动路线的规定”，也被冲破了。

6月16日下午5时，李金德副秘书长召集文史专员和干部们讲话，大意是说“群众”对于文史部门意见很大，已经贴出大字报，机关党委已派出工作组，决心彻底把文史部门的问题搞一下。并且建议专员们要去看大字报，自我揭发，也可以揭批别人，对批评要采取欢迎的态度。在李金德讲话的同时，工作组也已到达。

文史专员们不久就变成了斗争的“靶子”。风暴也降临到一向对溥仪最关心的申伯纯老人头上，申老的所谓“专家思想”“文史独立论”都成了批判重点。面对着这类大字报，溥仪感到既混乱又痛苦。

那年七、八两个月，政协机关的运动开展得比较平稳。领导方面强调严格区分人民内部和敌我之间两类不同性质的矛盾，反对扣大帽子。中央统战部副部长平杰三还在讲话中劝导“犯了错误”的干部要“坚决改正”，要“争取光明前途”。但是，当震撼全国的“红八月”到来时，政协机关的一切就在一夜之间发生了巨大变化。“拒不检查”的申老竟然被扣上了“反党”的帽子。接着就发生了杜聿明和沈醉在政协大院内被孩子们（机关干部的家属）捉弄和侮辱的事件。8月8日晚间，溥仪收听中央公布的“文革”运动“十六条”时，曾经认为运动前一段“搞糟了”，“十六条”公布后可能会扭转原有的局面。但是，他的想法未免太天真了，各式各样的暴烈行动出现在北京城的四面八方。全市的商店牌匾，从六必居酱园到全聚德烤鸭店，从同仁堂药店到瑞蚨祥绸布店，一律遭劫，甚至连历史悠久，反映中华民族传统文化的荣宝斋都被冠以“四旧”之名，被“彻底砸烂”。随之而来的是，到处贴出了各式各样的“勒令”“警告”和“通牒”，甚至有“勒令各民主党派一律立即解散”者。

与此同时，在政协机关里也出现了命令全体文史专员参加劳动的大字报。8月26日，文史专员们被强令在政协大院内劳动，扫院子、拔草、劈柴、抬煤……8月27日，政协机关的群众组织突然又贴出告示，要求专员们从即日起停止集体活动，回家“学习”。对溥仪来说，工作的权利是经历十年改造才赢得的，是周恩来总理亲自安排的，现在却被强行剥夺了。溥仪心中感到十分难受，他为此曾对妻子感叹地说：“这么搞下去，国家要受到重大损失啊……”

无班可上的溥仪拖着重病的身体，每天都到繁华的新街口看大字报，其中有攻击国家主席刘少奇的，也有攻击中共中央组织部部长安子文和统战部副部长徐冰的，曾帮助溥仪改写《我的前半生》书稿的群众出版社编辑也被打成“特务”，溥仪困惑极了，对当年那位显赫的“旗手”渐生怀疑。有一次，他直言不讳地向沈醉谈起对江青的看法，认为这样搞文化大革命违背毛主席的政策。沈醉急忙用手去堵他的嘴巴，劝他不要惹是生非。

不久，杜聿明和沈醉首先遭到政协机关家属中的孩子们的捉弄、围攻和辱骂，继而廖耀湘夫人张瀛毓、王耀武夫人吴伯伦等，也被中学生“小将”们当作“国民党将军太太”而攻击。接着，杜聿明、宋希濂、董益三等人被抄家，董益三的妻子宋伯兰的退职金和全部积蓄被抄走，但是，托天之福，当地派出所的公安人员也随之而来，这些人才悻悻而去。溥仪由此预感到，他和他的家庭也不会安宁了。

1965 年 12 月 21 日，毛泽东在杭州同几个人谈哲学问题，这次谈话的部分内容成了文化大革命的理论准备。主席谈分析与综合以及“一分为二”的问题时，曾提及前国民党名将杜聿明，当时他已经是溥仪的同事和好友了。非常幸运，主席谈到这位前将军和前战犯的角度是爱护和保护，从而使这些人从根本上避免了在内乱期间挨整被斗的尴尬处境。

毛泽东说，什么事情都是可分的，都是一分为二的。近代史就是不断地一分为二，不断地斗。斗争中有一些人妥协了，但是人民不满意，还是要斗。辛亥革命以前，有孙中山和康有为的斗争。辛亥革命打倒了皇帝，又有孙中山和袁世凯的斗争。后来国民党内部又不断地发生分化和斗争。

毛泽东又说，分析和综合既是不可分的，又是可分的。我们过去是怎样分析国民党的？我们说，它统治的土地大，人口多，有大中城市，有帝国主义的支持，军队多，武器强；但是最根本的是他们脱离群众，脱离农民，脱离士兵，内部存在无法克服的矛盾。我们过去是怎样综合国民党的？综合就是吃掉敌人。把敌人的东西拿来改造，俘虏的官兵不杀掉，一部分人放走，一部分补充我军；武器、粮食、各种器材，统统拿来。不要的当中还有要的，用哲学的话说，就是扬弃。对待杜聿明这些人正是这样。

从哲学的高度，来认识溥仪和杜聿明等人的改造实践，这也是毛泽东的理论创造。毛泽东这样讲的时候，姚文元的《评新编历史剧〈海瑞罢官〉》已经发表了，中国大地上的动乱年代从此开始。

对溥仪来说，不但社会环境恶化，侵入肌肤的癌细胞也迅速恶化，他的生命只剩下黄昏岁月了。其间，毛泽东忙于导引狂风浊浪中的航船，再也无暇顾及仍然活在世上的这位中国末代皇帝了。然而，溥仪总能在最关键的时刻，幸运地承受到毛主席的恩惠，并借此摆脱危机，这真像是缘分。

在震撼全国的“红八月”中，政协机关内和文史资料专员的住宅区，纷纷贴出命令专员们参加劳动并降低工资的大字报。全国政协机关内的造反派随即作出规定：特赦人员中政协委员一级的（原薪二百元），降薪百分之五十；文史专员一级的（原薪一百元），降薪百分之三十。照规定，溥仪的工薪要降低一半，只剩一百元了。

溥仪特赦后生活方面一直得到组织上的关照，但他严格要求自己，总是拒绝工薪之外各种形式的临时补助。这回降薪却让他很为难，他怕维持不了两个病弱之人的生活，遂老老实实提出“保留一百三十元”的要求，却不获批准，9 月份的工薪袋里就只装了一百元。

正当溥仪最苦恼的时候，曾与他同赴中南海湘味家宴的章士钊的家，也于 1966 年 8 月 29 日夜被抄，作为毛泽东的挚友，这位章老先生连夜写信向毛主席报告情况，主席立即指示：“送总理酌处，应当予以保护。”趁着这个机会，周恩来不仅采取了保护章士钊的周密的措施，还陆续而适时地提出了一批又一批的保护名单。毛泽东、周恩来在保护一批国家领导人和革命老干部、保护对国家作出了重要贡献的高级民主人士和起义将领的同时，也没有忘记保护从皇帝到公民的溥仪和从战犯到公民的他的专员同事们。

造反派头头们虽然很不情愿，但面对中南海严肃的命令只好执行。降薪仅实行了一个月，9 月 29 日，溥仪接到通知，到机关财务科领取为欢庆佳节而提前发放的工资。当厚厚的一叠人民币交到他手中时，溥仪为之愕然了。出纳人员发现他的发愣，告诉他，照原薪发，溥仪又恢复了二百元的月薪。据机关财务科干部说，已经接到上级指示，以后不扣工资了，上月扣的也要补发。今后不再降薪，溥仪的生活因此有了保障，

得力于毛泽东和周恩来的保护，溥仪以及他的家庭安然度过了“破四旧”的“红色”狂潮。

1966 年 9 月 30 日时近中午，溥仪出乎意料地又接到周恩来署名的请柬，并于当天晚上与杜聿明、宋希濂一起，乘坐机关专派的汽车，出席国家总理为庆祝建国十七周年而在人民大会堂举行的盛大国宴。

作为特赦人员的代表，溥仪、杜聿明和宋希濂三人都非常高兴。他们一会儿

来到大庆油田32111钻井队所在的餐桌前，向曾参加扑灭大火的石油工人敬酒，一会儿又跟“铁人”王进喜干杯。第二天，他们还一起登上天安门观礼台，参加观礼活动和焰火晚会。

当时，人们惯于从这类礼仪性活动的参加与否、名次前后等，来判断中央对某人的态度。溥仪能够出席国庆纪念活动，等于穿上一件政治保险外衣，连其他专员也因此看到了希望，感到安心。

当然，这样的政治效果，也正是发出邀请的周恩来所预期的。在形势极端复杂的内乱年月，总理煞费苦心，千方百计给溥仪安排出席重大政治活动的机会，借以为他树立正面形象，这也是在“文革”中对他最好的庇护。

周恩来安排溥仪出席孙中山诞辰百周年纪念活动，并参与这项活动的组织工作，也是“文革”初年一个很突出的事例。

作为清朝末代皇帝，亲自出面纪念中国资产阶级革命领袖和首代总统，这本来就是一件很有意义的事情。所以，1965年10月此事刚刚发起的时候，在刘少奇为首的二百七十一人筹备委员会名单中，就有溥仪的名字。当时，溥仪出席过筹委会的会议，听取过刘少奇主任委员的讲话，还在当天的日记中热情赞颂了中山先生“推翻了封建皇帝，建立了中华民国”的伟大历史功绩。

然而，仅仅数月之后，国内政治风云突变，刘少奇固然没有资格当主任委员了，就连孙中山还要不要纪念？溥仪还可不可以出席？这显然也成了问题。

1966年10月24日，距孙中山诞辰百周年纪念日还不到二十天了，毛泽东在中央汇报会议上一锤敲定，纪念活动照常进行。毛主席说，民主党派还要，政协也还要。同红卫兵讲清楚，中国的民主革命是孙中山搞起来的，反康（康有为）、梁（梁启超），反帝制，今年是孙中山诞生一百周年，怎么纪念呢？和红卫兵商量一下，还要开纪念会。

11月10日，溥仪出席了孙中山诞辰一百周年纪念筹备委员会最后一次会议，听取筹委会秘书长廖承志报告筹备工作情况，并决定了召开纪念大会的日程。

11月12日下午，溥仪走进人民大会堂，出席隆重的纪念大会。也许他并不知道，自己能以“封建皇帝”的“成份”，而于“红卫兵”运动的颠峰时期，在中山先生纪念活动中抛头露面，原是周恩来亲自说了话的。他很激动、很认真地听取了董必武所致的开幕辞，听取了周恩来、宋庆龄、何香凝以及日中友好协会理事长宫崎世民的讲话。然而这已是溥仪一生中最后一次参加重大国事活动了。

工薪虽然不再减发，但处在“文革”高潮中，溥仪家的小院还是安静不了。终于，“文革”运动的狂澜向溥仪本人猛地扑了过来。那是9月初，不报姓名的奇怪的电话常令溥仪坐立不安：“九月一日：晚，来怪电话，说是政协打来的。问他是政协何处？何科？不能答。已向派出所反映。”“九月二日：晚，又来怪电话，同上。”

随着电话信号，五花八门的事情接踵而至。溥仪到人民医院看病，挂号处问他“家庭成份”，他想说自己就是“宣统”，但怕吓坏对方，又不肯说谎话。为此，他曾找董益三，二人同去政协机关请示。但是，机关领导也处境艰难，一个个都是泥菩萨过河——自身难保，实在没有能力管溥仪的事情，就让他自己去找派出所和街道组织商量解决。

溥仪本想自己克服，不料，能够容忍的和难以容忍的事情，仍是一宗宗、一件件地继续冒出来。李淑贤到粮店买细粮也被拒绝，售粮员正式通知她：对“黑五类”今后只售玉米面（粗粮），不再供应面粉和大米（均为细粮）。妻子希望丈夫出面找粮店领导谈谈，自己经过改造已成为公民，这是全世界都知道的呀！溥仪却不愿意为了嘴巴麻烦人，他跟妻子说，还能用粮票上街买馒头，填饱肚子就行啦！

1966 年 10 月 14 日晚饭后，一些外地来北京串连的“红卫兵”借住在溥仪家附近的南草场小学，听说这里住着一位末代皇帝，就来集体“拜访”了。溥仪把他们请进了客厅。他们环顾客厅的陈设后对溥仪说：“你怎么还这么享受？吃着白米饭，睡着沙发软床，生活还真讲究哪……都撤掉，今后不许再用‘资产阶级家具’了！”接着又有“命令”下达：“溥仪，上房去把那一对屋脊上的石狮子打掉！”作为病入膏肓的人，溥仪哪还有登高的能力，正在为难之际，派出所的负责人老李和老陈带着几个警察来了，老李找到领队的“红卫兵”查询有无介绍信，经何人介绍来的，经过一番低声商谈之后，领队的“红卫兵”带小将们撤退了，临走的时候还彬彬有礼地对主人告辞：“溥仪先生，我们走了！”

溥仪打电话请政协来人帮忙打掉屋脊上的石狮子，破除这项“四旧”（旧思想、旧文化、旧风俗、旧习惯）。政协又派大汽车来，拉走客厅中的沙发、卧室中的席梦思双人软床等。李淑贤不得不新买两张单人硬板床和四把硬木椅……

溥仪终于想起了政协领导的提示，为了保持正常的家庭生活，而向管区内的福绥境派出所提出了要求，请他们立即派人长驻 22 号院内，因为这里随时会发生情况。

可是，派出所没有义务进驻每个居民院落承担保护的责任，实际也无法这样做。然而，考虑到溥仪的特殊身份，考虑到事关党和政府的政策，他们决定向上级部门请示。在当时的条件下，这是很困难的，无论北京市公安局，还是国家公安部，都不敢贸然在一些敏感的具体问题上擅自表态。那么，究竟应请示何处呢？

这时有人想起了周恩来，因为溥仪特赦以后得到总理的关照最多，遂尝试着接通了西花厅总理办公室的电话，答复明确而令人鼓舞：对于已经改造而成为公民的溥仪先生，应该加以保护。

有了“尚方宝剑”，福绥境派出所的同志高兴地告诉溥仪说：“问题解决了，今后遇有异常情况打个电话来就行。”溥仪也乐了，立即掏出随身携带的长二寸、宽二寸半的横式小通信录来，记下了当时在场人员的姓名和电话号码。

嗣后果然又有几支造反派小分队前来叩门，溥仪就照约定接通派出所的电话，民警马上就到，有时还带来管区内的“红卫兵”，令那些心怀非非之想的“造反小将”，汹汹而来，悻悻而去。

派出所所长还超权越域，“干涉”粮店的内政。原来这位所长平时常到溥仪家了解情况，他听说停供溥仪细粮，就主动与粮店交涉，一出马便奏效，立即恢复了对溥仪全家的细粮供应。

溥仪在1966年10月27日的日记中又记道：“晚，史所长、唐所长、陈同志来看，关心地问候生活，又问有人来否？我谈及孙博盛的信。史所长等坐一会儿，辞去。临走时又关怀地说：‘如有什么事可以告诉我们。’再三嘱咐，如果有不相当的人来，即以电话通知派出所。”

溥仪的一位同事、原国民党高级官员在日记中有以下一段话：“据公安部门有关同志讲，我们能在无产阶级文化大革命中，至今大体无事，是因为中央有指示，不搞这些人……这个指示对公安部、公安局、对我们机关都传达过。不然，谁能保护这批人？”

1966年9月15日，身着绿色制服的邮递员像往常一样叩开了东观音胡同22号安静的溥仪宅门。据李淑贤回忆，溥仪拆信一看“害怕极了”，顿时就像丢了魂，两只拿信的手也哆嗦开了，木呆呆地站在电话机旁，长时间也不动一动。继而又像想起了什么似的，立即给全国政协机关和群众出版社打电话，却总是叫不通，好不容易通一回又找不到人。那天，溥仪水米未进，夜不安枕，在睡梦中也时而哭醒。

写信的人原是伪满皇宫中的一名童仆孙博盛，他记得当年的“康德皇帝”的凶残和暴虐，也不可能忘记惩罚在自己身上留下的累累伤痕，他把这历史的阶级仇恨一下子倾注在《我的前半生》一书中了。

在“童仆”的来信中，开头便质问溥仪：“你是真接受改造了吗？释放以后你给党和人民做了些什么？你拿人民的钱，吃共产党的饭，在写些什么？”他指责溥仪把祖父奕譞写“荣耀”了，把祖母刘佳氏写“仁慈”了，把父亲载沣写成“不爱做官”，把隆裕皇太后写得太“爱民”，又把自己的罪恶“推到别人身上”了，还污辱宫中电工“愿当镇桥猴”等。该信尾段，更充满了咄咄逼人的语气：“告诉你！我先打开你的《前半生》几十页让你回答。如不然，我就呼吁全国工农兵批判你，一直批判到最后一页，批判到你承认错误为止。你要声明这本书有毒，稿费五千元退回国家。我是不做暗事的，叫你在思想上有所准备。”

“童仆”的批判，是乘着“红色”狂潮而来，当时，《我的前半生》已印制两次，发行了六万余册，而第三次印制的两万册恰好成书于“文革”之中，从出版社到新华书店，谁也不敢为了推销几本书而承担“美化封建帝王”的罪名，于是便把新书直接从印刷厂拉到造纸厂化浆了。

第二天，溥仪即按照“童仆”的要求，把稿费余款四千元送交政协机关。是日为 9 月 16 日，他在日记内记载了这件事：“到政协机关交张主任四千元稿费。另一千元：对于帮助提供材料的人酬谢六百元，余四百元为贤治病用。现实存只四千元，交机关奉还国家。”

交出稿费后，溥仪每天除去医院看病外，几乎用全部时间认真阅读“童仆”的每一封来信，一页一页检查自己的著作，只要怀疑有毛病，就严格自我批判，并且还根据认识，向长春发出一封又一封长信，希望能检查得让人家满意。

尽管写信的人大量使用了令人难以容忍的尖酸刻薄的词语，溥仪却从内心里谅解他，并为他少时遭受的苦难而深感内疚。然而，“童仆”提出的问题越来越多，调子更越来越高。起初仅仅批判书的内容，后来就追查起“政治背景”来了。

国庆后，溥仪埋头检查自己的唯一著作《我的前半生》。虽然一封封的厚信不断寄往长春，但是总不能“过关”。怀着满肚子的问题，一脑门的苦闷，溥仪去找他的好朋友、同事董益三先生。在老董的启发下他的心情变得开朗起来了。原来，老董以自己的经验相传授，告诉他在这种特殊而又特殊的历史阶段，“只有自己独立地去迎接困难、解决问题”。这天是 1966 年 12 月 12 日，溥仪激动地拉着老董的双手不放，说道：“我好比溺在水中的人，是你伸手把我拉起来了。”

后来，由于溥仪的检查态度诚恳、很有思想深度，连那位吹毛求疵的长春造反者也不得不承认他“有所认识”了。但，与此同时，此人又向末代皇帝提出要求，让他交代“是谁支持写的《我的前半生》”。面对着这个难题，溥仪一着急，血压猛升，把李淑贤弄得手足无措。就在那年 12 月 23 日，溥仪尿毒症突发，被送进协和医院住院。

在溥仪住院期间，李淑贤还不断收到长春来信。但是，她和董益三商量后，决定不把这些信送交患者，而去找领导研究，并以个人名义复信说明溥仪住院，待病愈后再继续检查。可是，没有想到这一下子竟然触怒了对方，威协要到北京发动人来斗他们夫妇。

就在这千钧压顶的时刻，一个喜讯传到病房。溥仪的五妹夫万嘉熙告诉他，周总理在一次讲话中又一次肯定了《我的前半生》是一部好书，几天前报上发表《坚定地走与工农兵相结合的道路》一文，谈到出身问题时，引用了周恩来谈到溥仪的几句话："溥仪从苏联回来十六年了，他写了一本书，心情是很沉痛的。我们把末代皇帝改造了，这是世界上的奇迹。"总理的声音令溥仪再也无法抑制泉涌般的泪水，在妻子和妹夫面前哭得两眼模糊。

病床上的溥仪不禁回想起当他写出《我的前半生》初稿交总理审阅时的谈话，当时周恩来公务繁忙，未能看完全文，但已经看出这位末代皇帝向旧社会宣战的决心，乃在谈话中指出，末代皇帝肯这样暴露不容易，沙皇、威廉的回忆录都是吹自己，英国的威尔士亲王也是吹自己，历史上还找不出这样的例子，溥仪能这样做，可以说是开创了一个新纪元。总理说这是旧社会的一面镜子，旧社会结束了，溥仪也转变成了新人，后世的人也会说，最后一代皇帝给共产党改造好了，能交代了，别的皇帝就不能交代。（依据《周总理召见溥仪及其亲属谈话纪要》，原件存全国政协档案室）每当回首令人动情的往事，溥仪就激动得流泪。现在，处于非常时期的总理啊，保护一大批革命老干部的同时，也并没有忘记保护这位中国的末代皇帝。

没多久，毛泽东 1964 年 8 月间在一次谈话中涉及溥仪的部分内容也传了出来："对犯错误的青年人不要开除，开除是害了他，对立面也没了。溥仪、康泽这样的人也改造过来了，青年人有些是党员，有些是团员，还改不过来？开除太简单化。"（依据毛泽东与毛远新的谈话记录，"文革"期间流传）毛主席认为末代皇帝"改造过来了"，这对于动乱中的溥仪具有极大的政治保护作用，谁敢不尊重伟大领袖的指示呢？

显而易见，压力是大的，溥仪的内心痛苦也是极深的。当然，一方面是压力和威胁；一方面是党的关怀，具体说是毛主席、周总理两位领导人对溥仪的关切还并未因"文革"而终止。正因为如此在那种社会秩序极端混乱的情况下，他的人身安全才一再受到保护，未曾遭到任何肉体摧残。

然而，东观音寺胡同 22 号那两扇黑漆大门终于关不住了，臂戴"红卫兵"袖章的"小将"们一批批地敲门进院。

随着运动"向纵深发展"，被点名批判的越来越多了。有革命前辈和功勋盖世的领导人。随着上海掀起的、旨在夺权的“一月风暴”，中央统战部也被造反派接管。原来的领导人都奉命戴“罪”劳动，机关里一片混乱。就在这一时刻，长春伪满皇宫里的“福贵人”忽然由东北来到了北京，找当年的“康德皇帝”溥仪算账。她先到了全国政协机关询问溥仪的地点，接管政协的造反派告诉她，溥仪正在住院治疗，病得很重。为了核实情况，“福贵人”找到溥杰家去，向当年的皇叔了解情况；才知道溥仪患肾癌，病将不治。但在一种狂热的状态下，她对溥杰大声怒吼：“我是来和溥仪算账的，来斗争他的！他过去在伪满皇宫中压迫我，给我规定过二十一条……”

1967 年 1 月 30 日上午 9 时，“福贵人”和她的嫂子来到协和医院住院部。当她们进入病房时，恰好李淑贤在溥仪床头照料。此刻，溥仪已经了解到当年的“福贵人”来京的目的，面色更加苍白，立刻紧张起来。他勉力从病床上起身下地，礼貌而友好地向对方伸出手去，但是，遭到了拒绝。溥仪发现，如今站在他面前的中年妇女，既非伪满皇宫中那个天真无邪的少女，也不是五十年代到抚顺探亲时的那位含情脉脉的少妇，更不是他被特赦后赶来北京相会的那位故人。只见她宛如霹雳一声，厉声怒斥：“我们是代表东北人民来的，今天要同你算老账！”

1967 年 2 月 7 日晚上，“福贵人”又带着“造反派”到位于白塔寺附近的人民医院病房，找刚刚转移到这里的溥仪算账、斗争。据溥仪在日记中记载，对方当众控诉溥仪迫害造成的“种种苦境”，前廊病号纷纷前来观看这场特殊的“批判会”。还有戏剧性场面见之于日记：“福贵人”的嫂子冲着溥仪大声恫吓：“今欲揪你回东北，打碎你的狗头！”在发动凌厉的攻势后，她们提出预先准备好的“十四项问题”。只见“福贵人”写在纸上的第一条是：“溥仪：你要向被你损害者及其家属老实认罪，交代问题！”

溥仪在那年 2 月 10 日的日记上写道：“自己在历史上确是对人民犯了罪行，蒙党和毛主席特赦，重新做人，才有今天。现在有人要借东北人民的名义，煽动不明真相的人向我攻击，自己实在无法对待。”

为了这个“无法对待”的问题，李淑贤到处奔走。她找七叔载涛向总理汇报，找溥杰商量，还找到好友董益三笔写报告材料。但由于溥仪本人不同意向周总理反映，事乃拖延下去。为什么溥仪不愿即时向周总理汇报情况呢？原因并不复杂，也绝非有顾虑存在。他爱周总理，唯恐因自己的事，增加他老人家的负担。所以，“福贵人”大闹协和医院病房和在人民医院召开的“现场批判会”的事情，始终没有上达总理。

后来，由于和溥仪同一病房的一位同造反派组织有关系的大学生出来主持公道，形势缓和下来。但溥仪还是按照政协沈老的意见，给“福贵人”写了证明材料（由溥仪口述、溥杰笔录），内容详尽地解释了“福贵人”及其亲属在伪满时的处境，起了“澄清”事实的作用。

“福贵人”离京前，又去全国政协索取返回长春的路费。溥仪在3月7日记道：“给沈老打电话，关于政协代给李玉琴五十元。我说，我和贤一再望自给，不要动公款，应由自费。但沈老却说：不必了。”后来，溥仪还是在领取补发工资时让会计扣去了这五十元钱。

从《清宫秘史》到《中国末代皇帝——溥仪》之批判。一波未平，一波又起。“四人帮”的笔杆子戚本禹借影片《清宫秘史》攻击刘少奇的长篇文章《爱国主义还是卖国主义》发表后，到东观音胡同找溥仪询问者络绎不绝，仅1967年4、5、6月不足百日中，登门提问者已达十几批。戚文引起的另一个批判题材——由中国新闻社拍摄的大型纪录片《中国末代皇帝——溥仪》又直接威协到溥仪。

明眼人早已看出“文革”操纵者搞这一切都是为了置周总理于死地的最终目的。对于这场“项庄舞剑，意在沛公”的阴谋，溥仪当时未认识其实质。正因为溥仪没有看透这些复杂微妙的关系，所以大感到紧张、不安、委屈。他思想上最感不解，也是为之痛苦的是中国共产党的改造政策被这批人彻底否定了。溥仪曾在日记中抒发了自己这一方面的感想：

（关于纪录片中拍摄外地参观的镜头）参观是总理的号召，总理直接告诉政协各专员的。

……拍电影的问题上，过去自己不认为是毒草。认为拍摄自己成为新人以后的生活，是借以表现伟大的毛泽东思想，表现党和毛主席改造世界、改造人类、改造罪犯的光辉成就。拍电影是为了宣传党的政策。

伴随着大字报的威协，“文革”这场内乱在全国越演越烈。在全国政协机关内部的“夺权斗争”中，平杰三、张执一、史永等领导人遭到无端攻击与诬陷，这些接踵而来的不幸事件，使溥仪陷入极度的悲愤之中。同时，“造反派”在全国范围内“大揪叛徒”。为此，溥仪的“平静生活”再次被破坏了。不断有人要他回忆、交代伪满时期的“大赦名单”，以便发现党的大叛徒和所谓“叛徒纲”……在他生命最后的几个月中，类似的干扰接连不断。

溥仪以普通公民的身份出现在群众之中，感到特别温暖。在他周围，同事、邻里、一切认识他的人，谁也不想乘内乱捉弄这位活着的君王，群众懂得历史，也了解今天，通情达理，时刻爱护着他。1967年夏季里的一天，发生了这样一件有趣的事情：溥仪独自散步，转到西直门一带迷失了方向，突然又乌云四聚，大雨瓢泼。他腹饥口渴，摸摸口袋又未带分文，无可奈何之下信步走进一家民宅，起初颇有顾虑：正在“文革”期间，人家知道了自己是谁，能不能招惹麻烦？现实不等于想象，当作为民宅主人的中年夫妇和一位年迈长者，了解到眼前这位“不速之客”就是改造成为新人的溥仪之后，非常高兴地做饭招待他，饭后又一直送他回到家中。后来溥仪向董益三提起这件事时还悔恨自己忘记了问明那位好心人的姓名。群众爱护溥仪于此可见一斑，而这也正是他身处洪流旋涡之中得以泰然的一个重要因素。

想着总理，看着人民，溥仪宽慰多了。但非常遗憾的是，他的肾癌已在晚期。

1967年10月12日，这是溥仪留下绝笔的日子。当时，在他弥留人世的最后时刻，是多么想听到祖国结束动乱、逐步走上大治的好消息啊！然而，大地上尚未呈现曙光，溥仪在病榻上听到的，除去内战激烈的新闻，就是“你死我活”的派性斗争的消息，连来自政协机关的情况也令人担忧：政协机关的“大联合”还没有实现，新选出的七人筹备小组又宣告“吹台”，在攻讦和对峙之中，相互以对立面的亮相干部为靶心，抓辫子，算旧账，一点儿也看不出安定下来的希望。唉，这场无休无止的“文化大革命”何年何月才能告一段落啊！中国人民还要经历多少浩劫，才能阔步走上繁荣富强的康庄大道？

总之，幸而得到改造，在生命的最后八年又为人民做了一些好事的溥仪，终于在一片不幸的消息中撒手而去了。他没能看到“四人帮”被粉碎的胜利情景，也没能听到祖国拨乱反正的喜讯，更没能感受到改革开放的新时代的脉博，今天只有用文字告慰于九泉之下的爱新觉罗·溥仪了。

病逝前后

我这一世，当过皇帝，也当了公民，归宿还好。现在总算是已经走到了尽头。改造我这样一个人不容易，把封建统治者变成公民，无论什么国家都很难做到，中国共产党办到了，但是我还没给党做什么工作……

——爱新觉罗·溥仪

1962年5月中旬，即溥仪自由选择配偶、建立幸福家庭后两周，肾癌先兆

——轻微的溺血现象已经出现。据李淑贤回忆，曾到人民医院诊治，只是注射维生素K止血。溥仪笃信中医，因而经常找海军医院张荣增老大夫诊察，断为“膀胱热”，开了三剂中药，止住了血，遗憾的是没能早期发现癌细胞。

1963年是癌细胞潜伏的一年。溥仪常常发烧、感冒，显然是体质虚弱的现象，但身体外观还蛮好，精神也不错。

1964年溥仪两次赴外地参观，又能吃，又能睡，连李淑贤也羡慕丈夫身体好，自己虽然年轻，在参观中途还常常“掉队”，大有自愧不如之慨。

8月28日，溥仪结束在西北和中原的参观访问回到北京，按领导安排可以休息几天，但第二天就去植物园了，他说离开几个月，怪想的，去干几天活儿再回来。然而，第二天他突然返家，妻子很奇怪，他说“我又溺血了”，病魔自此缠身。李淑贤当即陪丈夫去人民医院检查治疗，大夫把这种无痛性“间歇血尿”诊断为“前列腺炎”，仍注射维生素K止血，当时没有考虑做尿培养，也未能发现癌症病变。又过了两个月，溺血更加严重，这才于当年11月中旬入人民医院住院治疗。

关键时刻，恰巧周恩来邀请溥仪出席宴会，陪同会见某国贵宾。得知溥仪住院，非常重视，亲自安排确诊，从而为结束长期误诊，展开积极治疗，创造了条件。

次日上午，周恩来打电话给全国政协申伯纯副秘书长“听说溥仪先生已经住院，一定要把他的疾病治好！根据他已溺血来看，绝不是一般的疾病，因此要请专家会诊。”当天晚上，以著名泌尿科专家吴阶平为主，还有其他几位外科、肿瘤科专家参加，对溥仪的病进行会诊，同时采取有效措施止了血。吴大夫已经感到问题比较严重，他以忧虑的口吻说：“别看不尿血了，还有问题。”从此开始长时间的观察和会诊。

1964年12月中旬刚过，溥仪就出院了。旋即上班，与同事们一样参加学习，又很努力地从事本职业务工作，还出席了四届政协首次会议，结果因劳累，溺血又趋严重，1965年2月5日再度住进人民医院。3月6日经膀胱镜检查，发现其膀胱右后顶壁输尿管口上方，长了两个乳头状小瘤子，一如黄豆粒大，一如桑椹大，怀疑是恶性的。医生建议施行外科手术，但他很担心，同事们纷纷来医院劝慰，政协领导也很关心。日理万机的周恩来又一次打电话给政协申伯纯副秘书长，指示立即把溥仪转移到医疗条件更好的协和医院高干病房，全力以赴，精心治疗。总理强调说：“一定要把溥仪膀胱生瘤的病治好！”还指示医院要随时报告溥仪的病情。

3月12日，政协遵照周恩来的指示，把溥仪由人民医院转到协和医院，住进高干病房，准备施以切除二瘤手术。是总理的一句话，使溥仪开始享受国家高级干部的医疗待遇。

3月19日，协和医院根据上级指示，第一次向总理办公室发出《关于溥仪的病情报告》，详细说明了诊断情况和施治方案。

3月23日，协和医院为溥仪施以火疗手术，烧掉了膀胱瘤。溥仪非常高兴，把这一天视为“难忘的日子”。然而，“火疗”的成功也并不意味着根治，医生向溥杰透露了一点实情：“恶性瘤子已经烧掉，将来可能还出，就再烧掉它，只要不让它长得太大，就没有关系。”溥仪自己也略有感觉。他曾在3月31日打电话给全国政协文史办公室吴群敢主任说，膀胱手术后仍有轻微溺血现象。

4月5日溥仪出院，第二天他就参加了文史专员的学习，他多么想以健康之躯投入到火热的生活中去啊！然而无情的癌细胞继续生长，出院刚满十天，又连续溺血。检查的情况载于4月16日日记：“下午3时到协和医院，经吴大夫诊治，尿红血球2～3个。吴谓：‘两个月后检查，可能还生小瘤，届时再住院六七天，疗治和休养。’”[1]

一个月后，溺血现象更加严重。溥仪再到协和医院检查，据日记载，主治医吴德诚谓“尿中红血球又多”，告溥仪“住院再检查”。溥仪遵医嘱于5月25日下午办理入院手续，第二次住进协和医院五楼高干病房。

一次新的全面检查开始了，这是非常关键的检查，只在这次检查中才彻底查清了病源，检查情况在溥仪日记中有详细记载：

5月27日 星期四

二次住“协和”第三天。

上午8时许，钟〔守先〕大夫伴我到泌尿科，经吴德诚大夫作膀胱镜，并作肾照影。又用电烧前次膀胱内的瘤根，只半小时做好。晚，到休息室看电视。

5月28日 星期五

住院第四天。

到院散步。上午钟〔守先〕大夫来，我问他肾照相诊断如何？钟谓自己不是泌尿科，是外科，恐诊断不确，还是等吴德诚大夫来再告诉你。10时许吴大夫来，他说，这次电烧系对上次膀胱根（有点红）的烧，插管入肾内有红血球，因此可

1 王庆祥整理注释：《爱新觉罗·溥仪日记》，天津人民出版社1996年版，第313～314页。

能肾内有问题。这次插管是在左边（上次是在右边，没问题），插管二十六厘米（共长四十厘米）。

肾相片可能今天洗出，他拟晚上来告诉我如何。吴谈，即使肾内有瘤，并不难治，现在治，还是早期。又谈，过去发现膀胱瘤两个：一如黄豆大，一如小桑椹大。按照这个大小形状看，它不可能早在二年前即有红血球或出血，所以他早顾虑肾内有毛病。前次在“协和”检查出的桑椹大的瘤子，在人民医院检查，他们说仅如黄豆，而这次看如小桑椹。因此，吴大夫也疑可能是从这里出血。另一方面，吴尚怀疑肾脏有病。第一次肾照影时插管仅插入膀胱右侧，左侧插一点即痉挛，未能深入。因右侧判明无问题，所以这次检查没有插右侧，而专插左侧，似有毛病，等照片洗好后再决定告我。

5月29日 星期六

10时后，吴德诚大夫说，在左肾有二花生米大的瘤子（联结），必须治。[1]

溥仪在5月29日的日记上，还按照吴德诚大夫的介绍，勾画出三幅速写：一为“肿大的变形”，一为“首次照影不明”，一为肾内乳头状瘤的示意图。吴大夫向溥仪讲的那些话显然还是有所保留的，作为医生不能不考虑病人的精神负担。此时在溥仪的病历上早已载明了诊断结果：左肾乳头状瘤，须行左肾及输尿管切除术。

医院迅速地向政协反映了溥仪的病情以及施治方针，政协又毫不迟延地向周恩来总理作了汇报，总理当即指示：“要征求家属意见，要把手术做好。”

手术于6月7日进行，由吴德诚大夫主刀，取左肾手术一小时，切膀胱一小部连输尿管半小时，顺利施行完毕。6月11日做出化验结果：切除的左肾肿瘤系“移行上皮细胞癌”，属恶性肿瘤。

到6月15日拆线时溥仪已能够自行活动行走了。这天下午，中共中央统战部平杰三副部长和全国政协李金德副秘书长到医院看望溥仪，祝贺手术成功，希望他安心养病。那些天，刘澜涛等领导同志也先后来到医院，向溥仪问寒问暖，为他高兴。

6月26日，经三次向膀胱内注射防癌药后，溥仪于下午4时出院。在这次住院的一个月时间里，宋希濂夫妇、杨伯涛夫妇以及张述孔、杜聿明、郑庭笈、周振强、

1 王庆祥整理注释：《爱新觉罗·溥仪日记》，天津人民出版社1996年版，第352—353页。

沈醉等专员都曾到医院看望溥仪，七叔载涛、溥杰夫妇以及妹妹、妹夫们更常常来，妻子李淑贤则干脆守在床头不离开，这一切无不使溥仪感到温暖和欣慰。

医生要求溥仪出院后仍须休息，但他把长期改造“争”来的工作之权看得特别圣洁，不上班就感到难受。可是他的顶头上司沈德纯以医嘱为重，怕他累着，说啥也不答应他的上班请求，几次让溥杰传话：“告诉溥仪可安心休养，不要急于上班。”又开玩笑说：“我是北洋组组长，又是学习组组长，有权让他休养嘛！”专员们集中学习“四清”文件时沈老也不让他参加。

溥仪“苦熬”了一个月，实在待不住，遂于 7 月 27 日按上班时间准时跨进专员办公室。申伯纯惊讶地问道：“你也来上班？怎么行！”沈德纯则以批评的口吻对他说：“你的身体不属于你个人，要为国家而保重啊！”但这已经不能说服他，还是张刃先主任聪明，想出了“半日上班，半日休息”的折中办法。

8、9、10、11 这四个月中，溥仪病情稳定，偶尔也有溺血现象，但经几次检查，情况还好。据溥仪日记记载：9 月 8 日，张刃先主任在百忙中陪他到协和医院，“经吴大夫检查膀胱镜，未见长瘤，又作右肾照影二次，也好”；10 月 17 日，“早 7 时半到协和医院，经吴大夫作膀胱镜和逆行照影，尚无新生瘤”；到 11 月份曾有过连续几天的溺血现象，却很快又好转了。[1]

12 月 5 日，协和医院吴德诚大夫电话通知政协，要求溥仪住院检查。于是，他在 8 日第三次住进协和医院。当天日记有载：“吴大夫通过张刃先主任电告沈老，让我今天到协和再检查。领导的关心与吴大夫的负责使我非常感动。一定把身体养好，早日出院，努力工作和学习，为人民服务。上午，政协派车送我到协和，贤同来。和吴大夫、关大夫谈话，吴大夫谓：约住两星期，每晨检查小便，过几天试膀胱镜和逆行照影。”[2]

入院第四天，验尿呈阳性，说明又有癌细胞了。12 月 18 日，由著名泌尿科专家吴阶平主持，对溥仪进行全面检查，发现他唯一的右肾内确有可疑的阴影，病变已很明显。溥仪在当天日记中详细记载了检查过程：“早 8 时，吴德诚大夫约吴阶平一同检查。8 时半，吴阶平亲自检查尿道镜、膀胱镜和逆行照影，至 10 时半检查好。在泌尿科照数张，又到二楼放射科照拍断层数张，还从肾直接下管接尿检查。吴德诚大夫和放射科张大夫均在旁……吴大夫谈，照相有阴影（前次

1 王庆祥整理注释：《爱新觉罗・溥仪日记》，天津人民出版社 1996 年版，第 414、431 页。
2 王庆祥整理注释：《爱新觉罗・溥仪日记》，天津人民出版社 1996 年版，第 458—459 页。

也有），可疑。要经尿道检查后，再决定结果如何。”[1]

右肾阴影肯定是不祥之兆，但暂时尚无结果，而溥仪却被一次突然决定的手术，引入新的病痛中。事情是这样的：就在这次全面检查的次日，溥仪忽然盲肠剧痛，夜间尤甚，几不可耐。医院决定立即做阑尾切除术，手术是在12月20日晚上10半到11时半进行的。

李淑贤回忆手术情况说：“手术前，溥仪不让医院通知我，怕我着急。我是在术后第二天早晨才从护士打来的电话中知道了已经发生的事情，赶到医院时，他还处于昏迷状态，口里不断吐出黑紫色的沫子，几天无尿了。由于尿毒症并发，病情更为恶化。头晕、恶心、腹痛、一阵阵咳嗽，特别是大、小便不能通畅，使他纠缠在深深的痛苦中。医生们想了许多办法都没有奏效，后来吴德诚大夫决定采取膀胱镜和肾管导尿，情况好转。中医研究院蒲辅周老先生开的几服中药也逐渐显示了威力，溥仪终于能够通畅地排尿了。”（依据李淑贤1980年向笔者提供的回忆口述资料）

在溥仪最痛苦的时候，党给他送来了温暖。周恩来总理以及中央统战部和全国政协等相关单位，都收到了协和医院新发出的《关于溥仪病情的报告》，已经获悉溥仪病情的严重程度，知道他不幸地患上了双侧肾脏性癌瘤，这将是致命的，但无论如何也要全力抢救。从12月23日到25日的三天中间，全国政协文史资料研究委员会副主委沈德纯、全国政协副秘书长李金德和申伯纯、中共中央统战部副部长平杰三等先后到医院看望溥仪，问候病情。有一次，溥仪刚从昏迷中醒来，就看见平部长俯下身来，轻轻地对他说：“周总理和彭真市长都很惦念你，让我来看看。”溥仪连连点头，热泪盈眶。他后来才从沈醉嘴里得知，是平杰三向周总理报告他的病情后，总理亲自指示立刻召集北京名医抢救他的。那几天，他头昏眼花手发颤，连笔也握不住，但还是坚持把平部长转达的盛意写在日记上，那颤动的笔迹着实难辨，而在弯弯曲曲、断断续续的字里行间，却清晰可见跳动着一颗真诚的心。[2]

曲折的病程当由于盲肠炎引起的病变平复以后，溥仪又在1966年1月5日接受了一次关于肾病的会诊。右肾癌已被确诊，因为这已是溥仪唯一的肾，不能手术摘除了，经讨论决定采用小剂量放射治疗，辅以服用化学抗癌药物，以求控制病情的发展，延长生命。就在这个治疗方案确定之际，总理办公室主任童小鹏

---

1 王庆祥整理注释：《爱新觉罗·溥仪日记》，天津人民出版社1996年版，第463页。

2 参见王庆祥整理注释：《爱新觉罗·溥仪日记》，天津人民出版社1996年版，第467页。

又受到周恩来的指派，前来看望溥仪了。继而一份新的《关于溥仪病情的报告》又摆在了西花厅内的办公桌上，总理仔细阅看了会诊结果和施治方案，在 1 月 9 日批示“请平杰三同志注意”。

考虑到情绪问题，主治医生对患者的病情说明不能不有所保留，吴德诚大夫告诉溥仪说，下一次治疗将是“预防性的”，服药和烤电。至于右肾阴影究竟是什么东西？大夫说的也很巧妙，以下是溥仪写于 1 月 12 日日记中的一段话：“下午，小便又有红色。吴德诚大夫说不必再作膀胱镜，我们已知道其原因，血是从肾脏出来的，不一定是瘤，也可能长肉瘤。从明天起即可试服癌药水（起冲洗作用），以后再烤 X 光。”[1] 稳定患者的精神状态，对整个治疗安排或许是有好处的。然而，早在半个月前，一个不幸的消息已在专员中间传开：癌症已在溥仪仅有的右肾上发生，当为不治之症了，伴着这个消息还有一条纪律：暂对溥仪夫妇保密。

所谓“预防性的”治疗其实正是“抢救性的”治疗，这次以烤电为主的治疗，在 1 月 5 日确定后，从 1 月 12 日起进入具体的准备过程。那天，日坛医院派了一位有经验的细胞学大夫来了解溥仪的病历、病情，准备承担烤电任务。1 月 13 日下午，日坛医院院长吴恒兴（病逝于 1986 年 10 月 30 日，当时担任中华医学会肿瘤学会主任委员，中国抗癌协会和癌症研究基金会主席、国际抗癌联盟理事、国际放射防护委员会常务理事）亲自动手，同协和医院放射科张大夫一起，为溥仪标定了放射 X 光的肾部位置。同时，约定好从 1 月 14 日起，每天上午 9 时到 10 时，在日坛肿瘤医院照射钴 602。

1 月 14 日溥仪接受第一次放射治疗，并记下了当时的情况：“上午 7 时半，协和施正文大夫伴我乘政协汽车到日坛肿瘤医院。先到客厅，由魏新林大夫、杨大望大夫出来接待，吴恒兴院长也赶到了。先与施大夫谈话，后即同我到钴 602 室，同位素放射九分钟。约 11 时还协和医院，大夫、护士均送到室内门，魏大夫再送到车上，非常诚恳，可感。这都是党对我的关心，对我的救护，真是没有话可表达自己的感激。”[2]

当天下午，沈德纯夫妇来看，第二天沈老又陪同卫生部指派的一位女同志前来了解放射治疗的有关情况。前不久，政协文史资料研究委员会办公室第一副主任张刃先和政协联络组办公室主任赵增寿带着新鲜水果到医院慰问溥仪，他们还带来了中共中央统战部徐冰部长及平杰三副部长的亲切问候。接着，国务院总理

---

1 王庆祥整理注释：《爱新觉罗・溥仪日记》，天津人民出版社 1996 年版，第 475 页。
2 王庆祥整理注释：《爱新觉罗・溥仪日记》，天津人民出版社 1996 年版，第 477 页。

办公室主任童小鹏又一次来了，他还是那么爱说爱笑，似乎整个病房都欢快起来。

在1月17日的日记中，溥仪记载了医务人员精心护理病势沉重全身痛楚的他到日坛医院接受放射治疗的情形："薛淑珍护士用小车从卧室推我到地下室门口，乘政协汽车往日坛医院作钴602放射。薛护士和王司机扶我上台阶，薛又助我坐车上。到后，一日坛护士接，由魏大夫为我放射九分钟。后，魏大夫自己推车送我出房门，再送到车前。薛护士、王司机扶上汽车，薛护士把自己的棉外衣给我盖上，我让她穿，坚不肯，仍给我盖上。到协和，仍由薛护士推车送我入室。"[1]1966年的春节，溥仪是在医院中度过的。政协领导和专员们以及溥仪的亲属纷纷前来探病、叙谈，医护人员来来往往互致问候，节日过得很愉快。

这个时期，溥仪一直进行烤电治疗。溥仪日记1月27日载："上午到日坛肿瘤医院烤电（护士黄金龙从），吴院长、魏大夫又把放射点范围扩大一公寸（外围射三分，内围五分许）。我问魏大夫，魏谈系两小瘤，似小黄豆。他说，烤电可以治好，不算晚，放射到验尿再无瘤细胞就算治好。"[2]

可见魏大夫已经较多地向溥仪透露了病况实情，使他确知那魔鬼般的右肾阴影，原来正是如小黄豆的两个小瘤。烤电的疗效究竟怎样呢？魏大夫认为初见好转。他向协和医院的主治大夫介绍情况说，许多瘤细胞经烤电后破碎了，应继续放射三个星期再观察，此间可暂停接受其他治疗。

2月6日下午溥仪出院，这是协和与日坛两个医院经过磋商，为了便于继续施以放射治疗而决定的，从而结束了在协和医院共五十八天的第三次住院生活。这期间，卫生部副部长史书翰与协和医院党委书记林钧才，特邀许多名医，如溥仪在其通信录上记下名字的吴阶平、吴恒兴、许殿乙等泌尿科或肿瘤科专家，给溥仪会诊多次。就在溥仪出院那天的日记上，还有一笔经济账的记载，表明这次住院的总费用为725.28元，其中自费83.81元，主要支付伙食费，其余均由公费报销。在这里，溥仪所记绝不是一页简单的"流水账"，而是对社会主义国家公费医疗制度的发自内心的感激。[3]

溥仪出院后，李金德和张刃先来到溥仪家中看望，他们摸透了溥仪的脾气，知道他一出院就急于上班，这次是先来"封门"的。他们说这次出院是为了更好地接受放射治疗，要听大夫的话，好好休养。

2月22日下午，一辆小汽车停在溥仪家门口，从车上走下来全国政协办公

1 王庆祥整理注释：《爱新觉罗·溥仪日记》，天津人民出版社1996年版，第479页。
2 王庆祥整理注释：《爱新觉罗·溥仪日记》，天津人民出版社1996年版，第487页。
3 王庆祥整理注释：《爱新觉罗·溥仪日记》，天津人民出版社1996年版，第491页。

室副主任冯廷雄，是来接溥仪到河北省招待所会见李德的。怎么回事呢？欲知原委，还要从头说起。

2 月 5 日，即溥仪出院的前一天，同房病友——中央劳动部机关党委副书记郝刚向溥仪介绍了一个情况。他说，河北省监委书记李德曾患肾癌，在北京医院割去一肾，嗣后又溺血，经检查知膀胱生一瘤，于是将膀胱也割去一半。仍是溺血，经吴阶平等泌尿科专家会诊，认为是膀胱生瘤，拟把膀胱全部割去，但李德不肯。从此，一面在北京医院用药水冲洗膀胱，一面在宽街中医院口服中药。这时，有人向李德的爱人介绍祖传秘方，服后效果显著，渐至痊愈。经医院检查瘤已全失，医生大惊，询其究竟，李德讲述了治疗过程。郝刚的介绍引起溥仪很大的兴趣，从李德恢复健康的事实看到了希望。热情的郝刚就要打电话请李德来详谈，溥仪连忙制止，并对他说，我明天出院，自己去找他，不该再麻烦人家跑来一趟。于是，郝刚立即笔示了李德的住址和电话号码。第二天，溥仪十分感激地与病友郝刚握手话别。

很不凑巧，溥仪按地址找到李德住处后，发现他已返回天津的机关去了，很感到遗憾，遂把心思告诉了张刃先。机关领导闻讯后立即派人专程去天津，并与李德约定了在北京与溥仪会面的时间，正是 2 月 22 日下午。

在河北省招待所，李德热情接待了溥仪，介绍了症状和治疗情况，并把早已抄好的一张专治膀胱出血的祖传秘方单子交给溥仪，溥仪感激地握紧李德的手，连声说："谢谢！谢谢！"会面后，冯廷雄又送溥仪回家，汽车穿行在首都的宽平大路上，车内，两人贴心地聊了起来。

"你住院期间手术又并发尿毒症，周总理很担心，立即指示平杰三部长组织名医全力抢救。"

"后来平部长去看我，我还处于昏迷状态，当我稍稍清醒时平部长就告诉我，说总理和彭市长惦念我呢！我当时太激动了……"

"协和医院对你也是极端负责的，每次给你的处方都要经过医院党支部同意，并向政协机关通报。"

"我的新生是党给的，我的健康也是党给的，但我为党做的工作太少了……"

"你还要乐观，要有信心战胜病魔！"

"我应该这样！"

听见汽车鸣笛，李淑贤已经开门来接了。[1]

1 依据王庆祥整理注释：《爱新觉罗・溥仪日记》，天津人民出版社 1996 年版，第 491 ～ 499 页。

溥仪烤电治疗期间，出现了白血球下降的症状，由6500减为4800。为了防止发生急性肾炎，医院在2月25日决定，暂时停止钴放射，休息两个星期。

溥仪对中医有兴趣，倾向于中、西医结合治疗，从3月2日起到中医研究院肿瘤科请王赫焉大夫诊治开方，隔几天看一次，以后又多次请蒲辅周看病。尤为可贵的是，溥仪能运用自己的中医知识，详细记录老先生诊病时的症状、脉象、施治原则和依据，并全文抄录药方，已形成研究老先生临床经验并进而研究中医科学的非常系统的珍贵资料。

病情经过烤电而缓解，日坛医院吴恒兴院长在3月30日对溥仪说，过去尿中有很多癌细胞，烤电后许多已经被破坏了，癌细胞数量迅速减少，到3月25日验尿已没有了。他说，等一个月后再作轻微烤电，以便巩固。

为了对溥仪的身体负责，协和医院认为有必要进行一次全面检查，要求他于1966年3月31日第四次住进协和医院，目的是检查。4月14日进行会诊，溥仪在当天的日记中写道："协和约日坛吴恒兴院长来会诊。吴院长谈，经十数次查尿，均无癌细胞。他的意见可以上半天班，小量活动，不要吃太多，不要饮酒，少吃药（主要指中医）。今后两个月内，每星期四作一次尿检查，如无问题两个月后可考虑再住院作膀胱镜和肾脏照影，并结合定位再作是否烤电的决定。"[1]

4月16日，溥仪出院。这次住院的病历上填写着："诊断：右肾癌，左肾乳头状癌术后。"

出院后，溥仪坚持中医治疗，长治慢养，病情稳定达半年之久。长时间脱离工作岗位而早已按捺不住的溥仪，于4月29日到协和医院请吴大夫写了"可以上班"的诊断证明，他是那么高兴！第二天就早早地跨进了政协的大门。在党委办公室，溥仪先后与李金德、申伯纯、沈德纯、张刃先等领导谈了话，虽然都知道是无法再劝他"安心静养"了，但还是要求他"暂不工作"，"可以适当参加学习，听一听，不必发言"。领导同志讲："总理很惦念你，如果我们对你的身体照顾不好，我们要受批评的。"

溥仪满腔热情地投入到工作之中，参加专员学习，积极发言，主动地"抢"工作干，然而他没有料到，由北京大学的一张大字报而祸及全国的人间浩劫，比病魔更厉害百倍地袭来了，它残酷地剥夺了溥仪与病魔长期搏斗好不容易才争得的为党工作的珍贵权利。维持半年之久的病情稳定也终于在破四旧的"红色恐怖"

---

1 王庆祥整理注释：《爱新觉罗·溥仪日记》，天津人民出版社1996年版，第524页。

中被破坏了。

“协和医院”变成了“反帝医院”。1966年10月中旬，溥仪的血压开始不稳，时而升高170/90，时而又降了下来，为此他又背了包袱，瘤子还没有去净，又添了新毛病，究竟应该先治哪种病呢？其实，“当局者迷，旁观者清”，了解内情的董益三有以下记述：“就买菜之便到老溥家走了一趟，老溥到公社医院门诊部查血压去了，仅李淑贤一人在家。坐了一会儿，老溥回来了，据他说血压为150/84，这血压不算高，应没有什么问题。但老溥为此背了包袱，是以服血压药为主，还是服肿瘤药为主呢？两口子的意见不统一，结果打电话问大夫，回答说可以兼服。老溥的血压据我看没有问题，这些时血压升高是因为东北来信引起了烦恼，再加上不爱活动以至睡眠不好的缘故。”（依据董益三1982年向笔者提供的日记原件，未刊）

老董的话很有道理，溥仪健康上的主要敌人还是那个潜伏着的右肾癌。10月26日溥仪在协和医院验尿时又发现疑点，很可能是几个月没有发现的癌细胞重新出现了。到12月初又发生严重的贫血症状，右胸奇痛，检查血色素仅6.5克，时而流鼻血，时而昏睡不醒，全身浮肿也有多日了，无情的凄风苦雨又来席卷他那所剩无多的健康，为此医生特嘱“多休养”。然而，举国一片混乱，正值“四人帮”制造的腥风血雨席卷神州的历史时刻，心情万分沉重的溥仪，又怎能得到平静的休养呢？层层阴影、重重愁云笼罩着中国末代皇帝新建立的家庭，当时李淑贤也是面容憔悴，精神萎靡，肾盂症又发作了……

12月23日，一个更大的打击临头了：溥仪因尿毒症突发，经人民医院检查后，以“急症”于当日晚上第五次住进协和医院，当时他面部浮肿，流鼻血，腿部凹陷性水肿，非蛋白氮增高，诊断为右肾癌、尿毒症、左肾癌术后。丈夫沉疴在身，李淑贤担心极了。第二天，她曾向宋伯兰哭诉自己的不幸遭遇，董益三记述当时的情形说：“据吴大夫说，溥仪是肾功能有问题，引起尿毒症，可能好不了。淑贤一面说，一面哭，哭她今后怎么办？哭她的命苦……十分悲痛。”（依据董益三1982年向笔者提供的日记原件，未刊）

溥仪入院后每天抽血、注射、输液，这是他在内乱期间的首次住院。老领导们如沈德纯、张刃先等，仍像过去一样常常到病房来看望，那些朝夕相处的同事们，如杜聿明、宋希濂、郑庭笈、廖耀湘、罗历戎、杜建时、周振强等专员，也都不时地携带夫人前来探视。沈醉在其回忆录中写道：“溥仪生病时，我经常带着我1965年在北京结婚的妻子去看他。因我的妻子是医务工作人员，可以给他看看病和买点药，那时住医院很困难。”[1]

溥仪的亲属如七叔载涛、二弟溥杰以及几位妹妹和妹夫，则更是常来常往，轮流陪伴。然而，这赫赫有名的协和医院也和社会上其他单位一样，在“文革”的狂风暴雨中一改容颜！严酷的现实使溥仪和他的妻子以及亲属们都目瞪口呆了。

溥仪入院的头几天，自觉症状有增无减，病势日趋严重。他想邀请蒲辅周老先生诊治并试服中药，但医院根本就无人理睬这位病入膏肓的知名人士。更令人气愤的是，随着“文革”的发展，派性“内战”的普遍发生，协和医院两派斗争竟把溥仪这个重病患者也给牵了进去。“造反派”攻击对方，就以溥仪住高干病房为借口，指控“保皇派”把“货真价实的封建帝王”安排在高干病房，是“坚持资产阶级反动路线”，扬言要驱逐他。

据沈醉讲，像溥仪等人在医疗方面所受到的特殊待遇，原是周总理在十年浩劫之前特别下手令规定的。那个规定明确说：“全国政协文史专员的医疗关系，一律按高级干部待遇。”因为有了这个规定，专员们看病就不用排队了，只要给医院保健室挂个电话，医院便立即根据患者的“高干医疗证”上的号码调阅病历，并约定就诊时间，由医术较精的老大夫诊治，根据病情给予施用一般情况下难以得到的名贵药品。需要住院的，只要经过保健室的医生决定后，便可以住进高干病房。可是，“文革”席卷过来了，专员们又恢复了“帝王将相”的身份，成了“黑几类”之一，别说是“高干医疗待遇”，就是排队挂号也不给用药，甚至随时有挨骂的可能：“死一个，少一个，不给药，回去等死吧！”[2]

针对中国末代皇帝的“逐客令”终于下达了，医院“群众”不同意溥仪继续住在高干病房，因此必须搬走。当患者本人尚未被告知时，已经闻讯的李淑贤则急得团团转，她一口气跑到全国政协机关，已经是晚上七八点钟光景，早过了下班时间，一个领导没碰上。又跑到护国寺，向溥杰讲了医院的情况，也讲了溥仪要求请蒲辅周老先生看病的想法。溥杰立刻找沈德纯汇报，而沈老又汇报到总理办公室。总理闻讯后亲自给协和医院打电话，明确指示：应允许溥仪继续住在高干病房，要给予悉心周到的治疗和护理。总理还亲自告诉蒲老，说溥仪请他诊病，并委托他去时代致问候。（依据李淑贤 1980 年向笔者提供的回忆口述资料及董益三 1982 年向笔者提供的日记原件）

12 月 29 日，蒲老受总理委托，应协和医院和政协的邀请，前来为溥仪诊病。

---

1 沈醉：《皇帝特赦以后》，载香港《新晚报》1981 年 4 月 13 日。

2 参见沈醉：《皇帝特赦以后》，载香港《新晚报》1981 年 4 月 13 至 14 日。

老先生一跨进五楼一病房就对溥仪说："周总理很惦念，让我来看看你！"溥仪热泪盈眶，紧紧地握住蒲老的手，好半天也不撒开。从此蒲老常来诊病开方，采用中西医结合的方法给溥仪治病。[1]

蒲老来的这天，溥仪觉得精神上特别痛快，好像病已减轻了。入院以来有增不降的尿毒，从是日起显著好转，迅速下降了。是周总理的过问和蒲老的到来，给四面楚歌的溥仪带来了欢乐和希望，与此同时，协和医院第十二次向总理办公室、全国政协和卫生部发出了《关于溥仪病情的报告》。此后病情进入一个停滞时期，没有好起来，也没有坏下去，蒲老的部分诊断结论和西医检查结果，可以说明这种情况。

1 月 5 日：液不足，舌淡，宜滋肾养阴。

1 月 13 日：舌白腻苔未退净，宜半调心肾，理脾胃。

1 月 21 日：脉弦滑，苔白腻，色黯，大便好转，睡中筋惕，由肾气不足，心气充虚，宜继续调理心肾。（依据蒲辅周所开诊断处方，溥仪自存，李淑贤 1980 年向笔者提供）

然而，溥仪的废蛋白一直在 70 ～ 90 之间，远比正常人为高。右肾癌，面对这致命的魔鬼究竟应该怎么办呢？溥仪在 1967 年 1 月 28 日日记中记下一个十分动人的情节："通电话闻贤言，倪大夫建议我换一个人工肾，贤自称可将她的一个肾给我，我坚决反对这个建议。我服中药等治疗，虽然一肾有病，也可控制见好，怎能割剩下一肾换贤？倪大夫的这个建议真是毒辣，要害两个人，噫！但是，他是痴人说梦，根本做不到的！"[2]

倪大夫系从工作出发，是按医学允许的条件提出意见的，显然他被冤枉了。当然，溥仪出于对爱人的感情，一时偏激而说了鲁莽话，并非基于对大夫的积怨，倪大夫是不会怪罪的。

随着"文革"掀起的阵阵浊浪激流，历史悠久的协和医院也在"造反派"的锣鼓声中改名为"反帝医院"。医院改个名字倒也罢了，糟糕的是一部分医护人员的服务态度也发生了变化，并且医疗质量也大打折扣，特别对于高干病房的患者，态度更为恶劣。

1 王庆祥整理注释：《爱新觉罗·溥仪日记》，天津人民出版社 1996 年版，第 596 ～ 597 页。

2 王庆祥整理注释：《爱新觉罗·溥仪日记》，天津人民出版社 1996 年版，第 611 页。

2月2日医院接到一项“政治任务”，治疗在苏联被打伤的九名中国留学生，随后又增加了在伊拉克被苏驻伊使馆人员打伤的四名中国留学生。为此，医院先后通知一批患者提前出院，让出病床。谁将首先被赶走？目标自然是革命老干部，所谓“走资本主义道路当权派”。眼见一位患严重心脏病的病友单殿元遭到驱赶，溥仪心中的悲痛之情是难以言喻的，回想自己在伪满“新京”当“康德皇帝”时，这位病友已经拼搏在抗日战场上了，如此革命功臣竟然被“造反派”轰出了病房，更何况他的病头天晚上还曾发作，呼吸困难，堵闷得难受。正当“末代皇帝”为他昔日的政敌、今天的病友鸣不平的时候，他本人也被医院定为“腾床”对象了，迫于形势，只得迁往北医附属人民医院一号病房，这是他第二次住进这家医院的普通病房。[1]

这次在人民医院住了十八天，主要是观察，经常检查非蛋白氮、二氧碳化结合力和血压，服西药，注射睾丸酮，也请蒲老开方，吃中药，至2月20日出院。这期间，溥仪面部仍浮肿，食欲也很差。

出院才几天，溥仪又感冒了，而且尿毒症复发，情况严重。2月27日检查结果，非蛋白氮99.6，二氧碳化结合力21，血色素57，极不正常。

3月1日，溥仪又第三次住进人民医院，一面继续服用蒲老的中药，一面注射胰岛素、输葡萄糖液、抽血，然而，没有收到明显的疗效。

经家属要求，十四天后溥仪转院，第六次住进协和医院，一直住了四十七天，于“五一”节出院。住院病历上只有很简单的记载：“因双肾肿瘤，尿毒症加重，再次住院。吴德诚大夫检查病情并采取治疗。”不久，另一位大夫又作出以下诊断：“肾功能不断恶化，术后不良。”（依据溥仪病历，李淑贤1980年向笔者提供）

“文革”中的医院风气变了，医护人员的服务态度深深地刺痛了溥仪的心。到4月下旬，他的病又有起色，废蛋白已从90降到60，终于又伴着明媚的春光出院了。

从1967年4月末到9月末，溥仪在自己以公民身份亲手创建的小家庭中度过了生命末期的五个月。这五个月里，他几乎天天看病，请蒲老开方。然而，任何一位高手名医，对于病入膏肓的患者也爱莫能助，无力回天。老先生们尽着最大的努力，延缓中国历史上最末一代皇帝的生命，总想让他能随着时代走得更远些。同事们也为他着急，有人给他介绍民间大夫，有人帮他找来治癌偏方。6月27日溥仪偕同妻子前往和平里政协宿舍罗历戎家，抄回了“半枝莲”治癌秘方，

1 王庆祥整理注释：《爱新觉罗·溥仪日记》，天津人民出版社1996年版，第616～618页。

据说此方是天津清河人民法院审判的犯人李旭平在死刑执行前两天为防失传而供出的，已治愈两百名癌症病人了。那天住在和平里的专员同事盛情欢迎溥仪夫妇，“李以劻、廖耀湘、杜建时、范汉杰、罗历戎以及王耀武妻合伙招待吃便饭”。[1]然而溥仪的病势还是日趋沉重，7月、8月和9月，他从每两周上医院复查一次，进而一周复查一次，从全身乏力、胸闷气短、呼吸困难，逐渐发展到不能走路，生活不能自理，连洗脸、洗脚、洗澡也都要由妻子服侍了。在9月中旬的病历上，已出现了“心力衰竭”的记载，虽然溥杰曾千方百计从日本空运固体血浆到北京，准备给严重贫血的大哥输入体内，但为时已晚。

1967年10月4日上午，溥仪还由妻子搀扶着到协和医院门诊部诊病取药，当天下午还邀请友人沙曾熙的女儿与其男友在家中会面，并留他们吃饭，当年老沙给溥仪和李淑贤当大媒，而今这两口子又给老沙的女儿介绍对象了。溥仪怎么也想不到，刚刚送走快乐的年轻人，自己却痛苦地病情恶化了。

次日凌晨5时，一位身材瘦高、面色苍白的病人，被一大帮亲属护送着来到人民医院急诊室，来者正是溥仪，他痛得在床上滚来滚去，李淑贤急如星火，到处奔走，求人帮忙，在一个白天里，分别到人民医院和协和医院作了检查。根据病情急需住院，但床位很紧张，医院内部分人员在极左路线影响下反对收留一个“封建皇帝”住院。情况刻不容缓，政协立即向中南海内的总理办公室反映了情况，总理很生气，提笔批示“特殊照顾”。批示传达到人民医院后，医院虽然不得不同意收留住院，但在泌尿科病房竟找不出一张闲床，于是暂时住进内科第九号病房。就在这里，溥仪度过了生命的最后几天。（依据李淑贤1980年向笔者提供的回忆口述资料）沈醉后来对这件事有以下评论：“这事真太凑巧了，在中国历史上一直把九当成极数，所以对皇帝常常爱用九，如九五之尊、九重天子……而溥仪这位末代皇帝住院的病房号为九号，这种无心的安排，好在出自造反派头头，要是别人，他们一旦听到读书人的指点，那还得了！”[2]

这位心力衰竭病弱不堪的老人在自己生命的最后时刻，仍以颤抖的手，费劲地握住已经实在难以控制的三寸笔管，记呀，写呀，字迹已经模糊不清，可那精神和毅力能见、能知。在一个两寸半长、两寸宽的小笔记本上，却有一页字迹清晰，笔法刚劲，那是溥仪在10月6日，即逝世前11天，写给妻子的一张便条，内容是：“小妹，我感气虚。你来时，千万把‘紫河车’（胎盘粉）带来。今天

1 王庆祥整理注释：《爱新觉罗·溥仪日记》，天津人民出版社1996年版，第684—685页。
2 沈醉：《末代皇帝之死》，载《文汇读书周报》1992年12月26日。

晚上服用。耀之。”[1] 溥仪字耀之，“小妹”则是他对妻子的爱称。

10月8日，当宋希濂和杨伯涛到医院看望溥仪的时候，他只能依靠输氧和注射葡萄糖维持生命了。

据沈醉回忆，当时人民医院的医护人员在造反派的控制下，对溥仪不敢好好照顾，怕被那些家伙扣帽子，同情帝王将相。遇上溥仪排尿困难，如有造反派在场，便要让他难受得大汗满头，痛苦万分，那些家伙反以此为乐。只有这群披人皮的畜牲不在场，才敢给他导导尿。溥杰常常去陪伴他，也遭到造反派的刁难和呵斥。尽管环境险恶，董益三、杜聿明、范汉杰等同事们还是一个个地悄悄前来看他，为他病势的沉重而悲伤，也为他遭受迫害而愤愤不平。沈醉在他的回忆录中写道，当时医院中很多人认识他，甚至用鄙夷的眼光看待这位“《红岩》小说中描写的杀人不眨眼的严醉”，可是，他不顾这些，还是“偷偷摸摸”地去溥仪的病房，“看一眼，讲几句话就赶快走”。一旦被发觉，总是连推带骂被赶出医院。有一次，他看到原在保健室工作的一位护士正在值班，因为是熟人便溜了进去，以为她会装作看不见，然而她却无可奈何地说：“头头们早关照过，不准你这个‘严醉’去看溥仪，我让你去了，我得挨批，说我到今天还划不清界限，我过去为你们服务，都是我的罪行，你就原谅我吧！”[2] 听了她这番话，沈醉也只好走了。

然而，当时沈醉家就住在西黄城根，离医院不远，所以还能常来找机会往里溜，他回忆说：“有一天，我溜进病房，看到溥仪鼻子里插着氧气管，眼神无力，见我走过去，便拉着我的手，泪珠不断流出来。我也是泪珠滚滚，强忍着心头的悲痛，劝他不要难过，总理很关心他，病一定会治好。到了那种程度，他仍然相信，党不会不给他治病。”沈醉又说：“这时，我已从一个老医生那里得知他患了肾癌，又加上他有冠心病、贫血，更严重的是排不出尿来，天天得用导管导尿，而一些护士也怕因太照顾而被扣上‘同情黑五类大头子’的帽子，经常不给他导尿。他当时怎么会知道是林、江反革命集团在横行霸道，把党的政策早抛在一边，而一心阴谋篡党夺权呢！去年5月间，全国政协为他举行的追悼会上，指出他是受林、江一伙极左路线的迫害而致死的，这完全正确，我便是他们迫害溥仪而使他死去的见证人！”[3]

人民医院实习医生张崇信当时就在溥仪住院的疗区内值班，他回忆说，溥仪

1 王庆祥整理注释：《爱新觉罗·溥仪日记》，天津人民出版社1996年版，第716—717页。
2 依据沈醉：《末代皇帝之死》，载《文汇读书周报》1992年12月26日。
3 沈醉：《皇帝特赦以后》，载香港《新晚报》1981年4月19至20日。

刚住院时精神还好，只是脸上有些浮肿。他爱活动，经常在病房里走动，还频频与同病房的另一位病人搭话，但这位病人在当时的政治气氛下总是答得牛头不对马嘴。溥仪戴着很厚的眼镜片，看东西很吃力，常常看到李淑贤给他读一些信件或别的什么，在他身上，还多次发生上厕所忘了带手纸或不拿碗碟就去盛饭盛菜之类的事。溥仪的病情很快就恶化了，排尿发生困难，有一次他躺在床上痛苦地呻吟，李淑贤在一旁抽泣。我在这种气氛中给他导了尿，排空尿液后，溥仪轻松一些了，频频向我点头致意，李淑贤也连声道谢。我心中很不是滋味，知道溥仪在世的日子不长了，而护士出身的李淑贤也不会不清楚这一点。[1]

1967 年 10 月 12 日，溥仪留下绝笔。这位一生好记的人所写的日记至是日而终，他再也无力握笔管了，绝笔日记也十分模糊，难以辨认。但仔细辨认还是看得出，他这最后的字迹是在抄录蒲老的诊断和药方。[2] 据沈醉回忆，溥仪这次住院后，周恩来一直为他操心，曾让许多有名的大夫去看他，但那时几位名大夫也正在挨批斗，所以去得少。只有蒲辅周老大夫去过几次，为溥仪切脉后认为病情严重，需要长期治疗，好生护理。

绝笔和遗言。1967 年 10 月 19 日，新华社向全世界播发了溥仪逝世的消息。在“文革”中见报的这个消息实在过于简略了：“新华社 19 日讯：中国人民政治协商会议全国委员会委员爱新觉罗·溥仪先生因患肾癌、尿毒症、贫血性心脏病，经长期治疗无效，于 10 月 17 日 2 时 30 分逝世于北京。终年六十岁。”[3] 据溥仪逝世时在场的一位实习医生十八年后撰文评论说：“这段消息就是从溥仪的死亡证明上主治医师书写的原文抄录的，一字未改。记者也确够小心的了。”[4]

遗憾的是，即使这样简略的报道从世界范围来说也还算不上新消息，因为头一天的许多日本报纸，已在显著版面上，作了有关前“康德皇帝”病逝于“红色首都”的绘声绘色、图文并茂的报道。

实际上，比起外国电讯来，在中国共产党的改造政策下洗心革面、成为新人的爱新觉罗·溥仪的逝世，中国的报道实在是太少、太简单，甚至连一点评价或悼念之意都没有透露。但被“左派”人士斥为“地、富、反、坏、右总头子” 的溥仪之死，能在党报上占一小块篇幅加以报道，已是大不易的事情了。据说这还是由于周恩来总理得知溥仪的死讯后，亲自下令让新华社播发才得以见诸报端的。

1 依据张崇信：《末代皇帝之死》，载《解放日报》1985 年 2 月 24 日。

2 王庆祥整理注释：《爱新觉罗·溥仪日记》，天津人民出版社 1996 年版，第 718 页。

3《人民日报》1967 年 10 月 20 日。

4《解放日报》1985 年 2 月 24 日。

显然，溥仪得了不治之症，生命早已无可挽回。他的死亡消息传出，了解情况的人并不感到惊奇。甚至连北京的一些市民也了解底细，并关注着"宣统"的末日，沈醉回忆文章中的一段话便是明证："从1967年10月中旬开始，自西北高原随大风刮来的大量黄沙，在北京上空盘旋了几天。汽车停下来，一会儿就落上一层薄薄的黄土。许多关心'小皇帝'的北京老人，是知道溥仪病重住院，看到满天黄沙，便纷纷谣传，'天发黄，小皇帝怕快……'老人们连最后一个'死'字都不忍说出来，都是这么爱他。而医院造反派却加重对他的折磨，让这位被中国共产党改造过来的中国末代皇帝终于在10月17日凌晨悄悄与世长辞。"[1]

然而，每天守护在溥仪身旁的李淑贤却不相信丈夫就会死掉。六年来，他和自己朝夕与共、恩恩爱爱，难道就这样撒手而去了吗？事实是严酷的，对李淑贤来说不啻是一声晴天霹雳，沉重地击中了她那不堪承受的病弱之身。在巨大的悲恸之中，李淑贤的眼前一再出现丈夫弥留之中的神态。那痛苦的眼神把溥仪的未亡人带回到国庆前夕的静谧之夜。

东观音胡同22号长形的院落里，被秋风卷落的树叶轻轻飘下，竟不发出一些声响。一长排正房都是暗的，唯有主人的卧室透出微弱的光。这难忘的寂静让人感到奇怪，感到可怕。一年多来，溥仪夫妇一直是在喧闹之中度日，所闻所见无非是吵、闹、乱 ，内乱中的祖国充满了枪声、炮声和高音喇叭的号叫……今晚怎么突然安静了？是福？是祸？谁知是什么兆头！

溥仪盖一条毛毯，半依在缎被前面，又拉住妻子的手，让她坐在自己身边，两只眼睛死死地盯住了妻子，他清楚地知道自己不会久留于世了，真想多看爱人几眼。李淑贤见他眼眶里滚动着泪珠，心痛地掏出手绢为丈夫轻轻地擦拭，他们就这样无言相对了好一会儿。溥仪久藏心头的几句话终于是无法不说了。他说：

我快要离开人世了。这么长时间我不愿意和你讲这件事，是因为不愿意伤你的心。我的病是不能治愈的绝症。我曾对你讲，现在科学发展了，能治好我的病。以前这样说说不过是为了安慰你，我早已知道，这身上的病是不会好了。

我这一生，当过皇帝，也当了公民，归宿还好。现在总算是已经走到了尽头！有所悬念的是：第一条对不起党。改造我这样一个人不容易，把封建统治者变成公民，无论什么国家都很难做到，中国共产党办到了，但是我还没给党做什么工作；第二条对不起你。我们结婚五年多，又把你一个人扔下了。我年岁大，

1 沈醉：《末代皇帝之死》，载《文汇读书周报》1992年12月26日。

从各方面说都很对不起你。你体弱多病，我又没有什么东西留下，离开我以后怎样生活？现在又是文化革命中，谁能管你？我最不放心的就是你呀！（依据李淑贤 1980 年向笔者提供的回忆口述资料）

李淑贤轻轻抚摸丈夫的手，忍住泪水安慰他说：“你不用发愁，慢慢养病吧！等稍微好些咱们就一块儿逛公园去，到颐和园、北海……”她多么希望这会成为活生生的现实啊！

溥仪的时间一分一分地接近生命的终点，最后的晚上来到了。范汉杰和李以劻前来探望。溥仪躺在病床上，昏昏然度过许多时间，晚 10 时左右，突然在亲友们的盼望中睁开发亮的眼睛，又开口说话了，头脑十分清醒。范汉杰和李以劻已在床边静静地守候了一个多小时，这时都非常高兴。老范看着溥仪的脸问道：“老溥！你还认识我吗？”

“认得！你是范汉老。”溥仪毫不犹豫地回答说，吐字相当清楚。

这时，李以劻插嘴对溥仪说：“我们来看你，已经坐了很长时间，还要赶末班车以前回去，现在应该走了，你好好休养吧！”

溥仪急忙摆手，并对李以劻说：“老李！你先别走，等我二弟来。”停了一会儿，又像似想起了什么，几乎是喊着说：“快！赶快找孟大夫，孟大夫不来你不要走！”孟大夫是人民医院泌尿科的主治大夫，始终负责溥仪的诊断治疗。老范和老李注意到，溥仪的脸上呈现出令人同情的痛苦表情，他用一种虽然微弱却很清晰的声音继续说道：“我还不应该死呀！我还要给国家做事呀！你们救救我，赶快找孟大夫！”

李以劻立刻去找来孟大夫，只见溥仪一把攥住孟大夫的手，不住口地说：“救救我！我要给国家做事，救救我！我要给国家做事呀！”

“你不要害怕！你的病慢慢就会好了，你还有机会给国家做事的。”孟大夫这么一说，溥仪立刻高兴起来，脸上掠过一丝笑容。然而，这毕竟只是孟大夫安慰他的话。当他又静静地睡去后，孟大夫就把实情告诉了老范和老李：“溥仪先生过不去今天晚上了，你们看到方才他很清醒，这就是所说的回光返照现象。”

末班车的时间逼近了。老范和老李不得不离开病房去赶车，但又舍不得骤然离开垂危的好友，乃以矛盾的心情，依依不舍而去，临走还为溥仪盖了盖被子，看到他已瘦得皮包骨头，感到心酸难受。原来肾癌引起肾功能失调，营养不能吸收，以致早就羸弱不堪了。（依据李淑贤 1984 年向笔者提供的回忆口述资料）

睡去的溥仪从此再没能醒转过来，悲戚如痴的李淑贤一直紧挨着丈夫的身体焦急地等待，两位在他家工作过的保姆也红着眼圈守候着，外甥宗范也守候在侧低声抽泣。就在他停止呼吸的前几分钟，二弟溥杰闻讯赶到了。在这最后时刻，李淑贤又快步跑向医院值班室，喊来几位医生，做了轮番抢救。时间一秒一秒地过去，已经全身浮肿的溥仪呼出一口长气之后，安详地与世长辞了。李淑贤再也按捺不住心头的巨大悲痛，伏在丈夫的遗体上放声恸哭，时为1967年10月17日凌晨2时30分。中国历史上的末代皇帝溥仪先生，永远离开了他留恋并热爱着的20世纪60年代的新世界。

天一放亮，消息迅速在亲友中间传开，悲痛的人们从四面八方涌向人民医院。

李淑贤在保姆帮助下，给丈夫穿上刚刚拆洗的棉衣棉裤，口中喃喃说："这是为今年冬天准备的，穿去吧，能遮遮风寒。"因为溥仪双脚浮肿，妻子特意让保姆上街买双大号新棉鞋，她说丈夫生前爱散步，鞋要穿舒服些。继而又把丈夫平时最喜欢的一顶深蓝色呢帽端端正正地给他戴在头上。接着，又让人取来他平时使用的枕头和褥子，为亲人展铺身下，垫正头部。

李淑贤凝望着爱人的遗容，亲友们纷纷上前劝她节哀，请她暂时离开遗体，她哪里肯依？向来劝的人们说："你看，溥仪的眼睛和嘴都半睁半闭，是对我不放心哪！"于是，用手轻轻地抚摸爱人的脸，直到他的双眼闭住，嘴也闭严，又给爱人梳梳头，这才允许保姆把盖在丈夫身上的白布单拉过头顶……

十年动乱之中，是周恩来排除各种阻力千方百计地保护了溥仪，使他没有遭到揪斗迫害，幸免于浊流的吞噬。然而，总理却没能阻止病魔的袭击，溥仪最终还是被不治之症夺去了生命。

第十三章
溥仪身后事

毛主席和周总理没有忘记溥仪

溥仪最后的春秋，是在毛泽东的保护之下和周恩来的更具体地关照之中度过的。他上缴的稿费退还了，他夫人李淑贤的住房问题、生活问题解决了，他安心地合上了双眼。然而，毛泽东还没有忘记溥仪，20 世纪的世界也没有忘记这位当过皇帝的公民。

溥仪去了，周恩来却没有忘记他，这位日理万机的总理也没有忘记溥仪的家属和亲人，而最先想到了李淑贤的生活困难。

溥仪去世后半年多的时间里，李淑贤“连收音机也没有打开过”。她“感到无依无靠，不知今后应该怎样生活”。“因为怀念溥仪，总想到八宝山公墓看看他的骨灰盒，摸一摸，擦一擦，坐上一会儿。”那一阵子几乎天天都去。她“索性买了一张汽车月票，来来去去，仿佛到那里，就能见到爱人似的”。

“文革”期间，李淑贤的事情几乎无人过问。由于患有多种慢性病，不能坚持工作，李淑贤早在 1964 年 7 月 14 日就以“停薪留职”的方式在家中养病。溥仪在世，可以依赖丈夫的收入，今后怎么办呢？

溥仪逝世刚满两个月，在总理处理溥仪后事的指示中，就包括了照顾遗孀生活的内容：除按规定付给李淑贤五百二十元抚恤金之外，还命全国政协机关立即发还溥仪一年前上缴的《我的前半生》稿费四千元，全部交给李淑贤。如果说这样的事情在落实政策的时候很平常，那么，在“文革”期间就是罕见的特例了。

这当然不是事情的结束。有好几年李淑贤是在极端困难中度过的，她没有分文收入，只有坐吃丈夫那本《我的前半生》的稿费。她年仅四十二岁，还有漫长的生活，坐吃山空没有出路，乃于 1968 年年初向原工作单位提出了复职要求，单位却以“没有健康检查证明”为由拒绝了。在那特殊的历史时期，没有人敢同情这位著名战犯的遗孀。

李淑贤鼓足勇气写了一封信，说明了自己的情况，贴上邮票就寄到了中南海西花厅，她盼望伟人周恩来伸出援手。然而，正如预料那样，寄出的信根本不能达于总理之手，很快即被转回原单位。

李淑贤难以长期承担有客厅、卧室及其他生活设备的宽敞住宅的房租、水电等项开支，遂自愿退掉曾与溥仪共居的大房，迁居杜聿明先生院内一间由原卫生间改造的又黑又潮的小房子，这对李淑贤的健康更加不利了。

“文革”的疾风终于有了减弱。到了1971年6月下旬，李淑贤再次鼓起勇气，冒了风险投书中南海，汇报了自己的生活境遇，要求解决复职和有关的问题。非常幸运，周恩来收到了这封信。据李淑贤回忆，她发信不到十天，国务院机关事务管理局副局长侯春槐，就奉了总理之命，来到她的小屋。

侯副局长详细询问了李淑贤的身体和生活状况，问她有何困难，有什么要求。李淑贤提出两条：一是复职，安排力所能及的工作，以解决生活出路问题；二是现居房屋条件太坏，希望调一调。侯春槐一一记录在案，临走告诉李淑贤说：“我把您的要求带回去向总理汇报，处理结果，请和政协直接联系。”

不久，全国政协机关来人通知李淑贤，考虑到她的身体状况，即便是轻工作怕也难以胜任，因此可以暂不工作，由政协按月发放生活费，每次六十元。同时安排两间阳光充足的正房，立即调换。

说到此处，来人特别加了一句话：“总理亲自部署对你的生活照顾，连每个细节都考虑得很周到哇！”李淑贤激动地流下了热泪。第二天一大早，李淑贤就赶到西郊八宝山抚摸着溥仪的骨灰盒说：“你离开我以前放心不下的事情，已经由我们的好总理给解决了。你今后可以安心长眠了！”溥仪九泉有知，也会感到无限欣慰。

1971年10月8日，中国人民的领袖毛泽东与埃塞俄比亚皇帝海尔·塞拉西一世在人民大会堂北京厅亲切交谈时还谈到了已经去世四年的溥仪。

这位年近八旬的皇帝作为埃塞俄比亚国家元首第一次前来我国进行国是访问就向毛泽东提出要见见中国的末代皇帝溥仪。他提出这样的要求完全可以理解，因为溥仪这个名字和他在清朝使用的年号——宣统，是塞拉西青年时代就非常熟悉的。

海尔·塞拉西一世在1930年11月2日加冕，当时的埃塞俄比亚是一个独立的帝国。1936年5月至1941年5月该国被意大利法西斯侵占期间，塞拉西流亡英国，嗣后在英军帮助下返回亚的斯亚贝巴复位，继续实行君主立宪的政治制度，统治这个一百二十多万平方公里的非洲国家。而爱新觉罗·溥仪却在日本法西斯侵略中充当了傀儡皇帝。就是由于这历史上的缘由，塞拉西头一次来到中国想见溥仪是不奇怪的。毛泽东告诉他，中国这位宣统皇帝已在四年前病逝。塞拉西闻讯 扼腕长叹，惜乎夙愿难偿。

会见毛泽东后，塞拉西着意参观了中国明、清两代帝王的宫廷和溥仪青少年时代居住过的地方——紫禁城。他还向陪同活动的周恩来表示，没能见到溥仪而深感遗憾。

如果讲命运的话，在第二次世界大战中，面临法西斯的疯狂入侵，塞拉西被迫逃离了祖国，但他不曾背叛自己的民族，就此而言，他的命运比溥仪好。然而，从人生的角度来说，从生命的结局来说，他和溥仪就不能同日而语了。正是这位海尔·塞拉西一世，访华回国，就被门格斯图领导的革命所推翻，他本人作为埃塞俄比亚的末代皇帝，终于没能逃脱被处死的命运，尤其可悲的是，其尸骨于 1975 年 8 月 27 日被秘密埋藏在新总统的办公室某一角落下面三米深的地方，十六年之后才因门格斯图总统被推翻而取出并重新安葬。

溥仪和塞拉西，他们都是末代皇帝，生前都遇上了法西斯，也都经历了革命，结局的差异竟如此鲜明。这充分证明：毛泽东和周恩来亲手制定的改造政策，是一贯的、有始有终的，溥仪由皇帝到公民的转变，并不仅仅是一个人的改造，而是一项政策的成功和历史意义深远的胜利。正如周恩来总理所说："我们把末代皇帝改造好了，这是世界上的奇迹。"

美国《纽约时报》助理总编辑托平也在一篇报道中记述周恩来曾谈到"被废黜的日本傀儡、满洲国皇帝溥仪"，说他去世之前，一直住在北京过自由生活。

溥仪逝世后，周恩来总理并没有忘记这位末代皇帝曾在他的后半生做了一些好事。总理接见外宾时，曾一再提到已故的爱新觉罗·溥仪先生。当他同日本《朝日新闻》编辑局局长石藤基夫会见的时候，曾经说："'满洲国的皇帝'溥仪已经死了。说句公道话，最后他改造得不错。"在那次会晤中，周恩来曾把溥仪写的《我的前半生》推荐给日本朋友读，他对石藤说："你们都读过他写的这本《我的前半生》吧，从他来说，认识是提高了。不到六十岁就死了，如果不得肾癌的话，一定会活得更长。使一个末代皇帝能有这样的觉悟，不是一件容易的事。"

李淑贤积极抢救、整理、捐献末代皇帝文化遗产

1979 年夏秋之际，王庆祥作为某学术刊物的历史编辑到北京组稿，偶然获

悉李淑贤女士仍独身生活在北京，遂想邀她撰写她所了解的溥仪生平活动。通过朋友介绍，王庆祥很快就在东城北小街草原胡同23号院内一间不起眼的厢房里会见了李淑贤女士。她那年五十五岁，丈夫去世也有十二年了，体态瘦弱，举止文雅，从眼神中还能透露出江南女性特有的秀媚之气。在简陋的小屋里，王庆祥惊奇地发现了中国末代皇帝爱新觉罗·溥仪遗留的大量日记、文章、发言稿等亲笔手稿，以及反映溥仪后半生生活的许多照片，这些原始文字和图片资料，真实再现了溥仪先生作为公民的后半生生涯，真是宝贵之至。

这些资料使李淑贤眼睛湿润了，陷入对往事的追忆之中，她向王庆祥讲述了“文革”期间溥仪不得不把日记、书信等宝贵手稿填入火堆，李淑贤机智抢救的细节。

“文革”初期，“破四旧”狂潮骤起，造反派们把《通令》贴到李淑贤家院子里，吓得当过皇帝的丈夫立即把他与毛泽东的合影上交政协机关。

溥仪家书很多，他曾向政协机关借几只书架，有的摆在客厅，有的放在卧室，都摆满了。这些书大部分是溥仪特赦后陆续购置的，也有机关发的、别人送的。溥仪说，文化革命嘛，这些书也可以不用了。说着，动手一本本撕开来，又跟李淑贤两人一筐筐抬到房后小院内，找个僻静角落点火焚烧。书籍烧得差不多了，溥仪又让李淑贤帮他把一大筐书法作品也拎出来烧掉。那几年常有国内外的朋友向他索字，溥仪是个很好说话的人，差不多有求必应，而且总是认真给人家写，如有哪个字稍不满意就废弃不用，随手丢在一个竹藤编制的箩筐里。平时没事的时候他自己也喜欢练字，常常一连写出好多大大小小的条幅来，等墨迹一干便通通丢进箩筐，天长日久，挺大的一只箩筐竟装满了一卷卷溥仪亲笔书法作品，结果都在那个令人痛惜的日子里化为灰烬了。

事情尚未结束。更让人揪心的是，溥仪又要烧他的笔记本、日记本、诗文册一类东西了。也许当时在他看来，用火一烧这就算“革命”了吧？或者是因为他太担心了，他无法预料会有什么事情即将发生，一烧似可安然。太可惜了！他仍是一页一页地自己撕下来，让李淑贤一页一页地添进火堆！先烧掉了诗文稿本，其中有一个小册李淑贤很熟悉，那是1964年春夏之际她们在江南参观游览的时候，溥仪触景生情随手写下的诗文，写得兴奋还念一两首诗给妻子听，回想那时真快活，真幸福，与火堆前的丈夫比，心境又何等不同啊！

当溥仪继续燃烧那些日记和笔记的时候，李淑贤再也看不下去了！日记里记的不正是她们共同度过的美好时光么？她怎么能忘记那些愉快的周末，怎么能忘记那些花好月圆的良宵，又怎么能忘记发生在客厅、卧室和这座长满树木的院落内那些温馨的往事呢？她忽然想出一个对付丈夫的办法，她说："老溥啊，我听着好像有人叩大门，我在这儿烧，你去看看吧！"溥仪是个特认真的人，加上当时有几分紧张，便马上悄悄走向大门。溥仪先在里边听听没动静，开门又不见人，遂出去到街口观望一阵，李淑贤所需要的正是这一段时间，它使李淑娴从火堆前抢救出十几本日记和笔记，当时她这样做并非已经认识到这些溥仪亲笔资料的价值，只是想留作念物，留下美好的记忆。那天溥仪望门回来还埋怨李淑贤"活见鬼"，可李淑贤心里真高兴啊！现在看来是做了一件大好事。

越过十年浩劫中令人难忍的日日夜夜，李淑贤终于把那批溥仪亲笔日记保存到"四人帮"覆灭、人民胜利的那一天。这些资料是中国末代皇帝的最后遗产，也是中国两千年封建制度的专制代表最后被历史埋葬的实证，它们的历史价值和无与伦比的珍贵性是不言而喻的。

李淑贤对王庆祥当时提出的三条意见完全同意：一、请她把家中现存的全部溥仪遗稿集中起来以备整理；二、请她细细地回忆与溥仪共同生活的经历，准备撰写回忆录；三、整理遗稿和撰写回忆录的工作由她和某学术刊物编辑部合作进行，并将在此基础上合作撰写《溥仪的后半生》。李女士很愿意立即着手准备工作，一方面集中溥仪遗稿，另一方面开始回忆与溥仪共同生活的片段。他们由此建立起以弘扬溥仪的后半生生活为主题的合作关系。

回到长春不久，王庆祥又给李女士寄去一份提纲，希望她围绕以下范围回忆与溥仪共同生活的经历：一、特赦后到结婚，结婚场面及感想；二、植物园劳动；三、南方参观过程及细节；四、文史资料和回忆录；五、国家领导人毛泽东、周恩来等接见情况；六、会见外宾情况（每次一忆）；七、与旧军政人员如李宗仁、杜聿明等以及皇族溥杰等的接触；八、平日生活（家庭、闲谈、衣食住行等）；九、去世前后。此后她正是按照这个提纲回忆的，他们之间频繁的通信也从这时开始了。

由于合作的需要，王庆祥每年几次到北京去，或往档案、文物及图书部门搜集资料，或向溥仪生平知情人查核史实，其中许多工作是在李淑贤的支持和帮助下完成的。李淑贤曾带王庆祥到东城宽街载涛先生的家，与其四儿媳鄂静源有过长时间的谈话。他们还先后一起到过鼓楼西大街溥仪二妹韫和、东外胡家园三妹韫颖、西城前井胡同五妹韫馨等几位"格格"家中，她们对大嫂都很尊重，慷慨提供了史实及图片资料。王庆祥和郭布罗・润麒先生也是那时相识的，此后有过多次的通信与交往。还记得李淑贤带王庆祥第一次跨进爱新觉罗・毓嵒先生当年在东官房那间简陋小屋时的情景，那是80年代中期，毓嵒先生的家境还十分困难，墙上贴着他自己书写的“何陋之有”几个大字，李淑贤给他留了一点生活费，虽然很少，但毓嵒先生还是以深深的一躬表达了对婶母的感激与对溥仪大叔的怀念之情。李淑贤还介绍王庆祥与溥仪在全国政协的专员同事董益三及其夫人宋伯兰相识，他们夫妇拿出当年留下的工作与生活的珍贵记录，十分真诚地支持了他们的工作。这些接触与交往，不但使王庆祥得到了核查史实的机会，更使他对曾在溥仪周围长期生活的许多人士，对他们的外貌、性格、言谈、举止及其家庭环境等有了亲身感受，大有益于他的研究工作。

王庆祥依据丰富的第一手资料，加以所在学术刊物编辑部领导的安排和勤奋努力，到1980年10月前后，《溥仪的后半生》、李淑贤的回忆录《溥仪与我》和《溥仪手稿选编》等书稿都已经进入整理和撰写状态。1980年10月31日，他在北京团结湖李淑贤女士的新居，与其正式签订了《关于溥仪遗稿的整理与出版有关事宜的协议》和《关于〈和溥仪共同生活（李淑贤回忆录暂用名）〉一文的协议》，经所在学术刊物编辑部盖章生效。数月后，王庆祥开始按协议向有关出版社交付逐步完成的书稿，其中一部很快转入制版印刷状态。至此，他们的合作已经步入了新阶段，王庆祥也开始称呼她“李阿姨”了。

溥仪去世以后李淑贤带着对丈夫的深深怀念孀居三十年，她与王庆祥合作撰写回忆录宣传溥仪的成功改造，载有《溥仪与我》的《长春文史资料》在1984年2月发行后，立即引起了轰动，长春市政协又不失时机地将其汇编入《末代皇后和皇妃》一书，交吉林人民出版社在同年10月公开出版。与此同时延边教育出版社也出版了《溥仪与我》。

《溥仪与我》所以能如此受到社会关注，是因为口述者李淑贤以深切的怀念感情，真实、详细地回忆了她自1962年与溥仪恋爱结婚、组成家庭、参加社会活动、与病魔抗争、度越“文革”风暴，直到1967年10月溥仪逝世的经历及生活细节。作为国际性的历史人物和新闻人物，千千万万的人都关心他的命运，使得确实已经改造好了的溥仪的真实形象，伴随《溥仪与我》一书的广泛流传而备受关注。

1985年7月，由李淑贤提供资料、王庆祥编著的长达42万字的《溥仪的后半生》一书，也在吉林省政协编辑的《吉林文史资料》上发表了。一股强劲的“溥仪热”在中国大地上升腾起来，产生了良好的社会影响。

风风雨雨历经十年波折，“李淑贤提供资料、王庆祥编著”的《溥仪的后半生》一书终于由天津人民出版社在1988年11月正式出版。

李淑贤把她从火堆中抢救出来的那批资料称作“末代皇帝的最后遗产”，《溥仪的后半生》出版以后，她即以此为题撰文交给《文汇报》发表。合作有成，著作面世，李淑贤的脸上露出了会心的微笑。

1990 年 10 月，上海人民出版社又推出了王庆祥和李淑贤合作编著的《爱新觉罗·溥仪画传》一书。李淑贤女士提供了溥仪最初的宫廷生活和生命的最后八年中色彩斑斓的生活照片。

进入 90 年代，王庆祥和李淑贤的合作又开始向国外以及港台地区拓展了。

1992 年 2 月，李淑贤口述、王庆祥整理的《溥仪与我》一书韩文版，以《中国末代皇帝溥仪——他的后半生生涯和爱情》为书名，由韩国电波科学出版社在汉城出版。1994 年 9 月，李淑贤提供日记、王庆祥整理注释的《溥仪日记》一书日文版，由日本学生社在东京出版。两年后，该书中文版也以《爱新觉罗·溥仪日记》为书名，由天津人民出版社出版了。

1997 年 5 月下旬，李淑贤的新版回忆录《我的丈夫溥仪》一书日文版，由日本学生社在东京出版，该书是王庆祥根据李淑贤的口述和日记撰写的，不但写出她与溥仪共同生活的经历，还详细撰写了溥仪去世后她在“文革”年代遭受的磨难，在改革开放历史新时期的思想和生活，一直写到 1996 年在华龙皇家陵园为丈夫建墓，入土为安，而使各国读者能从这个特殊家庭的角度了解中国社会和时代的气息。

令人遗憾的是，当散发着油墨香的崭新而漂亮的样书从东京寄到长春时，李淑贤已经飘然远行了。

李淑贤匆匆而去，甚至连一句告别的话也没来得及说出，但王庆祥却可以骄傲地说：“我曾与中国末代皇帝的妻子有过成功的合作，那浇铸了两人血汗的一本本著作，一段段胶片，是我们合作历程上的一座座纪念碑，我和李阿姨的缘分也在这些纪念碑中间，它们将永留人间，向世人传达有关中国末代皇帝及其时代的最真实和最后的信息。

1982 年李淑贤来长春办事，在王庆祥的积极建议下，出于对文物安全和社会价值的长远考虑，在伪皇宫陈列馆（2001 年已更名为伪满皇宫博物院）由领导陪同参观之际，就已明确表示：将把手中的溥仪遗物捐给国家。至 1987 年正式办理了捐赠手续，捐出品包括溥仪亲笔日记、文稿和政协会议上的发言稿、总理邀请溥仪参加 1965 年国庆招待会的请柬、溥仪参加全国四届政协一次会议的出席证、溥仪在政协工作时使用的提兜、溥仪生前使用的小水壶和戴的灰色单帽、溥仪生前使用的毛笔等几十件珍贵文物。她认为这些文物放在博物馆远比留在自己的手里更有意义，更能凸显其文物价值，以宣传党的改造政策，具有非同寻常的政治意义，更为我国文物事业作出积极的贡献。

溥仪之墓今何在?

溥仪停止了呼吸，停止了心跳。根据刚刚收悉的有关情况，国务院总理办公室迅速写出关于溥仪病逝的简要报告。当周恩来总理以沉痛的心情看完以后，立即批转一位副总理，要求全国政协机关提出处理溥仪后事的方案“送批”。

1967年10月18日上午，总理办公室的一位干部奉命来到溥仪的家，向李淑贤转达了周恩来总理的慰问。来人对李淑贤说：“总理得知溥仪先生去世的噩耗，心情非常沉痛。总理衷心希望你节哀，保重身体。”

溥仪生前的同事——全国政协文史资料研究委员会的专员们闻讯纷纷到医院或家中去吊唁，并慰问李淑贤。范汉杰、罗历戎、李以劻夫妇、董益三夫妇，还有廖耀湘夫人张瀛毓、王耀武夫人吴伯伦等都赶来安慰李淑贤。溥仪生前所在的专员学习组副组长宋希濂根据大家的要求，向政协领导请示可否在溥仪遗体火化之前，搞一个简单的告别仪式，以表示对于溥仪的哀思。可是，当时正处于特殊时期，谁敢来作这个主呢？

10月19日，正当中国末代皇帝之死在全世界传开之际，溥仪的遗体却在北京西郊八宝山火葬场悄悄地火化。不摆花圈、不放哀乐，只有李淑贤、溥杰以及李以劻夫妇等少数几位自己作主护送灵柩而来的至亲好友在侧。

溥仪的遗体火化后，处理骨灰在当时也成为难题。全国政协机关议论过，没有拿出明确的意见；爱新觉罗家族的人们讨论来讨论去，也不知该怎么办好。还是周恩来总理适时作了指示，为了尊重满族的习惯和爱新觉罗家族的历史传统，把决定权交给溥仪的家属和亲属。总理说，这个问题应由爱新觉罗家族的人自己决定，既可以选择在八宝山革命公墓、万安群众公墓寄存骨灰，也可以在其他地方修建漂亮的陵墓。

遵照周恩来的指示，爱新觉罗家族主要成员于10月21日再度聚会，亲属们全都不赞成修建“漂亮的陵墓”，这显然不合时宜，果真那样做，就给总理添乱了，溥仪在九泉之下也难以安眠。七叔载涛提议放在八宝山人民骨灰堂寄存，溥杰完全同意，李淑贤亦无异议，她说：“溥仪生前爱热闹的地方，放在群众公墓，长期和普通百姓在一起就很好。”遂经家族一致商定了。

两个月后，周恩来总理批准了家族的意见。李淑贤在溥杰和一位街坊的女儿陪同下，随即办理了手续，并护送溥仪的骨灰到八宝山人民公墓骨灰堂内的壁架上。

在爱新觉罗·溥仪去世十二年半以后，即1980年5月29日下午，党和政府为三位故去的全国政协委员溥仪、王耀武和廖耀湘补开了追悼会。邓颖超、乌兰夫、彭冲、朱蕴山、季方、王首道、杨静仁、胡子昂、刘澜涛、李维汉、胡愈之和王昆仑等领导人都送了花圈，并由统战部副部长、全国政协秘书长刘宁一致悼词。会后，由二弟溥杰捧着长兄的遗像，遗孀李淑贤抱着丈夫的骨灰盒，重新安放在八宝山革命公墓副一室。

前宣统，“康德皇帝”爱新觉罗·溥仪，身后没有像他的祖宗那样葬入豪华森严的陵墓，而是作为一个卓越的公民长久安息在那些革命的英灵之中，这正是他无尚的光荣。

90年代初，李淑贤因为年事渐高，开始考虑身后事了。李淑贤说，丈夫最后的归宿，很多年以来就是她的一块心病。溥仪在1967年10月去世的时候正是“文革”闹剧的巅峰时期，当时周恩来总理曾提出可以为他修建漂亮的陵墓，但在当时那样的政治氛围中，当妻子的也好，当叔叔和弟弟的也好，谁也不敢有那种奢望，一致同意把溥仪的骨灰装进花五元钱买的小骨灰盒，寄存在老百姓存放骨灰的八宝山人民骨灰堂。1980年5月，全国政协为溥仪补开了追悼会，李淑贤才趁机购置了高档的大骨灰盒，把丈夫的骨灰重新安放在八宝山革命公墓副一室。十年后李淑贤又有了新的想法，要为丈夫溥仪买一块永久性的坟地，待自己百年之后与之合葬，永远在一起。她还多次提过，谭玉龄的骨灰也还扔在外面，她是溥仪前半生中最喜欢的女人，溥仪特赦后曾把自己的头发和指甲剪下，放入谭玉龄的骨灰坛里，所以要了却溥仪的这一心愿，让谭玉龄与溥仪和自己合葬在一起。

这件事李淑贤想了几年，一直没有找到合适的墓地，1991年她曾想在万安公墓买一块坟地，想来想去总不如意。1994年春天有人表示愿出巨资为清朝皇族后人在河北遵化马兰峪建一块墓地，溥仪是当然的头号人选，但后来因皇族内部意见不一而不了了之。同年初冬，又有朋友找上门来，这次给李淑贤带来的消息说，香港实业家张世义先生在河北易县清西陵崇陵（光绪帝墓）附近开发了一处墓地，即华龙皇家陵园，希望把溥仪先生的骨灰迎入安葬，并表示愿为溥仪及合葬者修建规模适合的陵墓。李淑贤考察了陵园之后同意了，因为张世义先生这项陵园事业得到了国家民政部以及河北省、保定市和易县各级民政部门的支持，而且溥仪少年时代就曾在这附近选定陵址，他的名分上的父亲光绪皇帝墓也在其侧，把溥仪安葬于此也能照应历史的关系。

1995年1月，溥仪的骨灰正式入葬河北易县清西陵崇陵的华龙皇家陵园。

末代皇帝溥仪在党和人民政府的关怀下走完了他的人生历程，他的亲人同样也在党和政府的关怀下走完了最后的岁月。

1997年6月9日下午3时10分，在北京中日友谊医院的一间病房内，有位73岁的著名女士正在度尽她人生的最后时刻，她的身边没有子女，也没有直系亲属，只有一两个朋友和远亲，以及雇用的保姆。她还来不及对身后事做出深思熟虑的安排，就匆匆而去了，她就是中国末代皇帝溥仪特赦后自由恋爱结婚的妻子李淑贤女士。

2001年4月24日上午9时15分，另一位与溥仪有过历史婚姻关系的李玉琴女士，因肝硬化而在长春逝世。当人们怀着沉痛的心情，在两天后举行的遗体告别仪式上，向这位见证了历史沧桑的政协委员鞠躬致意的时候，都看到了悬挂在遗像两侧的挽联“经年砥砺芳百世；一生沧桑琴断音”，它真切地再现了中国最后一个“皇妃”的生平经历，令人感慨系之。

长春溥仪研究会的成立

随着对溥仪生平研究的不断深入，新资料的不断发现，研究人员的不断增加，利用溥仪研究成果开发创作的文艺作品层出不穷，影响也在逐步扩大，由此对溥仪研究也有了更高的要求。随之，由长春市政协牵头，与伪满皇宫博物院、吉林省社会科学院历史研究所、吉林大学文学院等多位知名专家、学者共同发起的学术性社会团体——长春溥仪研究会于2005年8月成立。为国内外学者搭建学术研究、文化交流的平台，既是溥仪研究的客观要求，也是溥仪研究学术团体的职责所在。长春溥仪研究会现已拥有包括国内各兄弟省市及美国、日本、俄罗斯、韩国、意大利等国资深专家、学者会员两百余人，正在不断发展壮大，其会刊《溥仪研究》也独具学术特色。

长春溥仪研究会到目前为止已举办五届溥仪研究国际学术讨论会。每届会议都以溥仪研究的一个方面或一个历史脉络为主要论题，既明晰了学术组织系统、有序研究溥仪的工作新思路，又为溥仪研究打开了更加宽广的国际化视野。国内外与会学者围绕中心选题发掘资料，深入研讨，各抒已见，交流学术思想，共享学术成果。会议无论从参会人数、会议规模，还是会议影响来看，可谓是屡创新高，其研究成果无论从历史研究、人性角度还是从时代意义上讲，都堪称为与时俱进的创新之作，令与会学者和嘉宾耳目一新，从而使溥仪研究突破了历史局限和原有定式，切换出了溥仪研究的新视角，并使溥仪研究焕发出了新的活力。

五届溥仪研究国际学术讨论会学风均务实、求真，更趋于理性化。对各个时期的溥仪也都作了重要解读，过去没有细化的、模糊不清的、杂乱无章的，在这五次学术讨论会上都进行了全面研究，使之细化、深化、清晰、系统，并在细化和深化溥仪研究内容的同时，也填补了溥仪研究的弱势领域和空白领域，并涵盖了理性研究和人文关怀，极大地推动了溥仪研究工作向纵深高层次发展。这些对于我们今天的溥仪研究，对于今天的我们，更具有时代和现实的意义。

如今，五届溥仪研究学术讨论会的科研成果《漂泊沉浮多少事——解读溥仪》《末代皇帝溥仪在天津》《末代皇帝溥仪在苏联》《末代皇帝溥仪在紫禁城》和《末代皇帝溥仪在长春》五本著作已由中国文史出版社、天津人民出版社和吉林大学出版社出版，五本书均突破了论文集的传统规制，以巧妙的构思，创新的模式，博得了社会各界的称赞与好评，并在学术著作的社会影响和图书发行等方面都起到了积极的示范作用。

所谓“众人拾柴火焰高”，长春溥仪研究会在明确溥仪研究的范围和领域的前提下，以长春伪满皇宫、天津历史风貌街区等国内与溥仪有密切关联的历史文化遗存为依托，实现联合与互动，努力在旧址、文献、资料的整合、利用与成果转化上下功夫，把旧址保护与旅游开发、溥仪研究、文化传播等有机地结合起来，形成良性互动，相得益彰，进一步推进了溥仪研究的深度与广度，扩大了溥仪研究的成果，以及研究成果的转化与利用。同时借助溥仪研究这个平台，加强和促进了长春、天津与全国，中国与世界的联系与沟通，达到了溥仪研究的系列化、产品化、品牌化，进而为下一步形成规模特色和规模效益打下基础。如此做下去，对溥仪研究和提高城市的文化品位和城市地位都具有重要意义，也必将产生深远的影响。

长春溥仪研究会正呈现出多角度、多侧面、全方位的良好发展态势，从而为其下一步推出一批看得见、叫得响、立得住的溥仪研究新成果夯实了基础。长春溥仪研究会已逐步彰显出溥仪研究的龙头作用和独特魅力，正严谨求实、扎实有序地朝着科学化、系列化、权威化、国际化的可观规模发展。

溥仪是一扇窗口，凭而可见中国的一段历史、一片文化和一方社会。

毫无疑问，这是因为溥仪有末代皇帝的身份，而且他的身份在沧桑历史中不断变化，由清朝皇帝一变而为逊帝，二变而为寓公，三变而为傀儡，四变而为囚徒，五变而为战犯，最后变成公民。纵观溥仪的一生，有很多举世罕见之经历，他从皇帝到公民的传奇人生是古今中外绝无仅有的。然而溥仪于 20 世纪 60 年代从普通公民成为政协委员，开始参政议政，并在新中国这片崭新的国土上重新诠释自己的政治生命和意义，也实属世上之罕见。

由于这个特定身份，在溥仪与慈禧和光绪之间，与袁世凯和蒋介石之间，与张作霖和张学良之间，与郑孝胥、罗振玉和王国维之间，与毛泽东和周恩来之间，与胡适和泰戈尔之间，与梅兰芳和马连良之间，都曾有过鲜为人知的故事，这是中国末代皇帝一生中最重要的经历，也是为万千读者打开溥仪之谜的一把金钥匙。

从 1906 年溥仪诞生，到 2001 年李玉琴逝世，这是刚刚过去的一个中国的世纪。溥仪与他的后、妃、贵人和妻子，在这个世纪中的人生沉浮，恰能折射出从清朝帝国到中华民国，再到中华人民共和国这几个历史阶段时代的内涵。

因此，我们有理由，也有必要，像研究慈禧、光绪、孙中山、袁世凯、蒋介石和毛泽东一样，重视溥仪的研究，研究他所走过的坎坷道路和所经历的变幻时代，研究他的思想转变过程，研究他与政界、思想界乃至文化艺术界代表人物的交往，研究中国最后的帝王之家。

溥仪从末代皇帝到傀儡皇帝，到新中国公民，再到政协委员的传奇人生，由于其特殊的身份而与中国近现代历史进程息息相关，从而在一个侧面展现和反映着中国近现代社会翻天覆地的变革。通过揭示溥仪其人其事，可以真实形象地再现中国近现代历史，既展现旧中国的剧变与动荡，内乱与外侵，又展现着新中国和共产党的伟大。

经过溥仪研究可以使溥仪生平经历的许多生动情节显现于世。如果说从皇帝到公民是溥仪一生的历史转折，那么，从普通公民到政协委员就是溥仪后半生的伟大跨越，它正是中国近现代历史变迁的一个缩影，恰能折射出国家民主与法治进步的曙光，是我们国家和社会不断走向进步和成熟的最好见证。这是只有在中国这块伟大的国土上才可能出现的奇迹，再一次印证了中国共产党改造政策和统战政策的成功和伟大。

笔者相信，随着溥仪热和溥仪研究热的出现以及长春溥仪研究会的成立，溥仪研究成果一定会得到长足的进步与发展，并在与时俱进中不断发挥它更大的作用。

参考文献

1. 爱新觉罗·溥仪著：《我的前半生》，群众出版社 1964 年版。
2. 爱新觉罗·溥仪著：《我的前半生（全本）》，群众出版社 2007 年版。
3.《醇亲王载沣日记》，群众出版社 2014 年版。
4. 丁中江著：《北洋军阀史话》，中国友谊出版公司 1996 年版。
5. 溥伟：《让国御前会议日记》，载《社会科学战线》1982 年第 3 期。
6.《土匪军阀张宗昌》，中国文史出版社 1991 年 6 月版。
7. 潘际坰著：《末代皇帝传奇》，通俗文艺出版社 1957 年版。
8. 庄士敦著：《紫禁城的黄昏》，李敖出版社 1988 年版。
9. 曹伯言整理：《胡适日记全编 3（1919—1922）》，安徽教育出版社 2001 年版，
10. 单士元著：《小朝廷时代的溥仪》，南粤出版社 1988 年 4 月香港版。
11. 唐德刚、王书君著：《张学良世纪传奇》，山东友谊出版社 2002 年 4 月版。
12.《晚清宫廷生活见闻》，文史资料出版社 1982 年版。
13.《太监谈往录》，紫禁城出版社 2010 年版。
14.《八十三天皇帝梦》，文史资料出版社 1985 年版。
15. 王庆祥、张临平著：《溥仪的生死时刻》，天津人民出版社 2010 年版。
16. 王庆祥著：《伪帝宫内幕》，吉林文史出版社 1986 年版。
17. 王庆祥著：《毛泽东、周恩来与溥仪》，人民出版社 1993 年版。
18. 王庆祥著：《溥仪秘史：从皇帝到公民的传奇人生》，团结出版社 2007 年版。
19. 王庆祥著：《溥仪的后半生》，东方出版社 2007 年版。
20. 李淑贤忆述、王庆祥撰写：《我的丈夫溥仪》，团结出版社 2007 年版。
21. 李国雄口述、王庆祥撰写：《随侍溥仪纪实》，东方出版社 1999 年版。
22. 王庆祥著：《中国末代皇帝溥仪改造全记录》，天津人民出版社 2009 年版。
23. 王庆祥著：《伪满洲国两“贵人” 谭玉龄、李玉琴传》，团结出版社 2006 年版。
24. 李淑贤提供爱新觉罗·溥仪遗稿，王庆祥整理、注释：《溥仪日记（全本）》，天津人民出版社 2009 年版。

25. 战月昌主编：《漂泊沉浮多少事——解读溥仪》，中国文史出版社 2008 年版。

26. 李立夫、路红主编：《末代皇帝溥仪在天津》，天津人民出版社 2010 年版。

27. 李立夫主编：《末代皇帝溥仪在苏联》，天津人民出版社 2011 年版。

28. 伪满皇宫博物院（原伪皇宫陈列馆）编辑：《伪皇宫博物院年鉴》（原《伪皇宫陈列馆年鉴》（1984 年——2008 年）。

29. 爱新觉罗·溥杰自述、叶祖孚执笔：《溥杰自传》，中国文史出版社 2001 年出版。

30. 毓君固著：《末代皇帝的二十年——爱新觉罗·毓嶦回忆录》，中国社会科学出版社 2000 年版。

31. （民国）秦翰才著：《满宫残照记》，岳麓书社 1946 年版。

32. 丘树屏（台湾）：《伪满洲国十四年史话》，长春政协文史资料委员会 1998 年版。

33. 伪满皇宫博物院编：《勿忘九·一八——日本侵略中国东北史实》，吉林美术出版社 2006 年版。